Böhlau

L'Homme Schriften. Reihe zur Feministischen Geschichtswissenschaft
Band 14

Christine Bard

Die Frauen in der französischen Gesellschaft des 20. Jahrhunderts

Aus dem Französischen von Regine Othmer

2008

Böhlau Verlag Köln · Weimar · Wien

Dieses Buch erscheint im Rahmen des Förderprogramms
des französischen Außenministeriums, vertreten durch die Kulturabteilung der französischen Botschaft in Berlin, sowie mit freundlicher Unterstützung des *Centre national du Livre* des französischen Kultusministeriums.

Ouvrage publié avec le concours du Ministère Français chargé de la Culture – Centre National du Livre.

Bibliografische Information der Deutschen Nationalbibliothek:
Die Deutsche Nationalbibliothek verzeichnet diese Publikation in der Deutschen Nationalbibliografie; detaillierte bibliografische Daten sind im Internet über http://dnb.ddb.de abrufbar.

Umschlagabbildung:
Plakat der Union des femmes françaises, Paris, Bibliothèque Marguerite Durand.

Ursulaplatz 1, D-50668 Köln, www.boehlau.de

Satz: Punkt für Punkt GmbH, Düsseldorf
Druck und Bindung: Strauss GmbH, Mörlenbach
Gedruckt auf chlor- und säurefreiem Papier
Printed in Germany

ISBN 978-3-412-07306-0

Inhalt

Einleitung

1 Wozu eine „Geschichte der Frauen"?

Die Formulierung „Geschichte der Frauen" hat den Vorzug, eine Gruppe (eine „paradoxale Minderheit"[1], da sie der Zahl nach ja in der Mehrheit ist) deutlich zu bezeichnen, deren historische Rolle lange verleugnet, vernachlässigt oder von Vorurteilen entstellt worden ist. Verleugnet wurde sie, weil Frauen in der „großen Geschichte", in der politischen und in der Militärgeschichte, der Nationalgeschichte der positivistischen Schule, keinen Platz hatten, übrigens auch nicht in der Wirtschafts- und Sozialgeschichte, die später aus den Erneuerungsbestrebungen der Schule der *Annales*[2] hervorgehen sollte. Vernachlässigt wurde ihre Rolle, von der man meinte, sie beschränke sich im wesentlichen auf die Familie, weil man sie für marginal hielt. Entstellt wurde sie, weil man meinte, der Einfluß von Frauen sei verhängnisvoll, er könne nur zu Gewalt und Exzessen führen, den einen galt er als zu revolutionär, den anderen als zu konservativ. Zwar gibt es eine Reihe „berühmter Frauen", aber sie werden als Ausnahmen behandelt, welche die Regel bestätigen.

Nimmt man sich vor, eine Geschichte der Frauen zu schreiben, so heißt das zunächst, diese Vorurteile zurückzuweisen und das Leben von Frauen in der Vergangenheit in all seiner Vielfalt und Verschiedenheit zu entdecken. Es kann sich jedoch nicht darum handeln, ihre Geschichte von jener der Männer zu trennen, denn nur eine vergleichende Historie ermöglicht es, Unterschiede und Gemeinsamkeiten herauszuarbeiten. Außerdem ist das Verhältnis zwischen Männern und Frauen für unsere Überlegungen zentral. Man kann die Männer, die an den Hebeln der politischen, ökonomischen und kulturellen Macht sitzen, nicht einfach ausblenden. Sehr oft haben wir nur durch sie – durch ihre Ansichten, ihre Schriften, ihre Handlungen – Zugang zu Informationen über die Frauen. Es geht um ein Herrschaftsverhältnis, das Feministinnen mit ihrer Analyse des „männlichen" oder „patriarchalischen" Systems angegriffen und in Frage gestellt haben. Einer der sichtbarsten Aspekte dieses Systems ist das männliche Machtmonopol, oder vielmehr das männliche Gewaltmonopol in Staat, Armee, Polizei, Justiz, aber auch das Machtmonopol bei den Gegenkräften (Oppositionsparteien, Gewerkschaften), das Machtmonopol im medizinischen und im intellektuellen Bereich bis hin zu jener Gewalt, die der Code Civil[3] von 1804

1 Um die treffende Formulierung der Historikerin Catherine Marand-Fouquet aufzugreifen.

2 *Anm. d. Ü.*: Schule der *Annales*: Benannt nach der 1929 von den Historikern Marc Bloch und Lucien Febvre begründeten geschichtswissenschaftlichen Zeitschrift *Annales d'histoire économique et sociale* (seit 1994: *Annales. Histoire. Sciences sociales*). Mit dieser mittlerweile mehrere Generationen von Historikern umfassenden Schule wurden durch eine Orientierung an Disziplinen wie Geographie, Soziologie und Ökonomie in die Methodologie und Praxis der Geschichtswissenschaft bedeutende Neuerungen eingeführt.

3 *Anm. d. Ü.*: Code Civil, nach der Französischen Revolution unter Napoleon erarbeitetes Bürgerliches Gesetzbuch.

den Vätern und Ehemännern verbürgt. Das System funktioniert mit Hilfe einer präzisen Rollenzuschreibung für beide Geschlechter innerhalb der verschiedenen Bereiche von Öffentlichkeit und Privatheit. Für Frauen gibt die Mutterrolle den entscheidenden Ausschlag. Nach der vorherrschenden Meinung entsprechen diese Einteilungen einer von der „Natur“ gewollten und durch die gesellschaftliche Ordnung garantierten Komplementarität. Aber diese Rollenverteilung wird angefochten, und zwar so stark, daß sich gelegentlich Krisen der Geschlechtsidentität daraus ergeben, die in regelmäßigen Abständen zu einer Weiterentwicklung und Anpassung des patriarchalen Systems führen.

2 Geschlechtergeschichte

Die sozialen und kulturellen Unterschiede der Geschlechter sind nämlich keineswegs „natürlich“: Sie sind historisch konstruiert; diese Tatsache nennt man seit einigen Jahren „Gender“. Diese Präzisierung ist ausgesprochen wichtig für westliche Gesellschaften, in denen vor dem Hintergrund einer starken Konditionierung das biologische Geschlecht (Sex) und das soziale Geschlecht (Gender) in einem rigiden System zusammenfallen, in dem „Gender den Sex übersetzt“ und in dem „die Geschlechterdifferenz als Grundlage der persönlichen Identität, der gesellschaftlichen Ordnung und der symbolischen Ordnung“[4] konzipiert wird. Man kann die Infragestellung des biologischen Geschlechts (Sex), diesem harten Kern des „Natürlichen“, auch noch weiter treiben. Aus der Biologie übernehmen wir lediglich Wahrnehmungen, die von der Kultur abhängig sind, und zwar vor allem von einer Wissenschaftskultur, welche das Erbe der biologischen Anthropologie des 19. Jahrhunderts weiter tradiert, die es auf die Herstellung eines radikalen Unterschieds zwischen Weiblichkeit und Männlichkeit abgesehen hatte. So werden etwa Stärke und Schwäche mit dem biologischen Geschlecht verbunden, ganz unabhängig davon, welchen Einfluß das Milieu – körperliche Tätigkeiten, Ernährung, Pflege, Bemühungen, den ästhetischen Normen zu entsprechen – auf die Konstitution der Individuen des einen oder anderen Geschlechts hat.

Die Entmystifizierung der „Natur“ und die Hervorhebung von Gender (soziale Konstruktion von Weiblichkeit und Männlichkeit) sind selbstverständliche Voraussetzungen für jeden Versuch, die Geschichte der Frauen zu verstehen. Dies heißt nicht, daß die Wahrnehmungen der Unterschiede zwischen den Geschlechtern nicht auch untersucht werden müßten. Für solche Untersuchungen können wir auf zahlreiche normative Texte zurückgreifen, in denen von der weiblichen oder der männlichen „Natur“ die Rede ist. Diejenigen, die sich gegen solche Auffassungen wenden – und das sind vor allem die Feministinnen – , stellen das

4 Nicole-Claude Mathieu: *L'Anatomie politique. Catégorisations et idéologies du sexe*, Côté-femmes, 1991, S. 232. (Wenn der Erscheinungsort nicht angegeben ist, handelt es sich immer um Paris).

vorherrschende Modell des Geschlechterverhältnisses nicht immer wieder neu in Frage. Denn es ist sehr schwierig, gegen Vorurteile anzugehen, die so tief verwurzelt sind, daß sie zur psychischen Konstitution der Individuen beitragen. Zu Beginn des 20. Jahrhunderts hat sich die Ärztin und Feministin Madeleine Pelletier gegen die von ihren naturwissenschaftlichen Kollegen etablierte Geschlechterhierarchie gewandt, die unter anderem zu der Behauptung führte, die Gehirne von Frauen seien kleiner als die von Männern und diesen infolgedessen unterlegen. Der schärfste Angriff auf die Naturwissenschaften ist aber der von Simone de Beauvoir: „Man wird nicht als Frau geboren: man wird es" (*Le Deuxième Sexe,* 1949). Geschichtsschreibung ist eines der Mittel, über die wir verfügen, um dafür den Nachweis antreten zu können. Simone de Beauvoir hat mit dieser berühmten Formel signalisiert, daß die Biologie kein Schicksal ist und daß unsere Geschlechtsidentität durch die Sozialisation geprägt wird, durch die Erziehung, die Arbeit, die Kultur, die Familie...

Der Begriff Gender ist auch ein Analyseinstrument, das es ermöglicht, die uns geläufigen Denkkategorien zu überprüfen. Nehmen wir zum Beispiel den Begriff „Arbeiterklasse": Implizit bezieht er sich auf einen männlichen Objektbereich, in Wirklichkeit ist es der Arbeiter und nicht die Arbeiterin, von dem in den Quellen und in der Historiographie zum Thema überwiegend die Rede ist. Wenn man aber danach fragt, ob die Arbeiterklasse vergeschlechtlicht ist, dann wird nicht nur die dominante Rolle offenkundig, welche die Männer dabei bis ins Imaginäre hinein spielen, sondern man kann auch die Vielfalt in der Zusammensetzung der Arbeiterklasse darstellen, man macht die Arbeiterinnen, die Hausfrauen, die streikenden Frauen, die militanten Gewerkschafterinnen sichtbar...

3 Frauen im Plural

Wenn wir den Plural verwenden – „Geschichte der Frauen" – dann tun wir es nicht nur, um den Fallen des Stereotyps, des Mythos der Frau, des „ewig Weiblichen"[5] zu entgehen, sondern auch, um auf Vielfalt und Verschiedenheit hinzuweisen: Wir müssen die Gemeinsamkeiten von Frauen zugleich mit ihren Verschiedenheiten darstellen. Die Arbeiterin und die Frau, die von ihrem Vermögen lebt, die Frauenrechtlerin und die Nonne, die Krankenschwester und die Bankierin, die Bäuerin und die Schriftstellerin: Es gibt beträchtliche Unterschiede zwischen Frauen. Dabei sind soziale Unterschiede grundlegend. Eine weitere Diskrepanz ist die, welche die „berühmten" Frauen von der Mehrzahl der Frauen trennt.

5 „Das Wort ‚Frauen' steht in einem bewußten Gegensatz zu dem Wort ‚die Frau', das die Vorstellung von einer unveränderlichen weiblichen Natur, von einem ewig Weiblichen, das per definitionem der Geschichte entzogen ist, hervorruft. Mit dem Substantiv im Plural werden die Frauen als eine gesellschaftliche Gruppe eingebürgert, die einer Dynamik fähig ist." (Marie-France Brive, in: Irène Corradin, Jacqueline Martin (Hg.): *Les Femmes sujets d'histoire,* Toulouse, PUM, 1999, S. 335).

Wie viele Unbekannte aus der schweigenden Mehrheit kommen auf eine Colette oder Marie Curie? Die außergewöhnlichen und die ganz normalen Frauen sollten gleichermaßen Beachtung finden.

Es geht hier um die Geschichte der „Frauen in der französischen Gesellschaft" und nicht um die „Geschichte der Französinnen", die für ein Einwanderungsland und eine ehemalige Kolonialmacht wie Frankreich keinen Sinn machen würde. Der nationale Status ist darüber hinaus ein starkes Element der Differenzierung zwischen Frauen in Frankreich. Die Genderanalyse ist ein Gewinn für die Untersuchung von Migrationsbewegungen und Rassismen. Das Kolonialreich, das sich zu Beginn der 1960er Jahre auflöste, wird uns im Rahmen unserer Untersuchung über die französische Gesellschaft nicht beschäftigen. Diese Einschränkung ist anfechtbar, insbesondere was die algerischen Départements betrifft, die zu französischen Siedlungskolonien geworden waren, aber auch in Bezug auf die überseeischen Départements und Territorien. Sind aber die Grenzen der französischen Republik die gleichen wie die der französischen Gesellschaft? Ganz sicher nicht. Den Begriff „französische Gesellschaft" kann man auf alle Fälle zweifelhaft finden, er läßt die Grenzen zwischen Wirklichkeit und Fiktion verschwimmen, weil er sich tendenziell über kleinere Gemeinschaften (wie die Region oder auch das Dorf, die als Bezugsrahmen manchmal wesentlich ausschlaggebender sind als das Hexagon[6]) hinwegsetzt, und weil er eine Autonomie vorspiegelt, die in Zeiten eines vereinigten Europas und der Globalisierung zunehmend als fragwürdig erscheint. Die vorliegende Synthese geht jedoch, da sie an den aktuellen Stand der Literatur gebunden ist, von einem nationalen Maßstab aus.

4 Die Frage der Emanzipation

Jede historische Arbeit entfaltet eine Problemstellung. In Bezug auf die Frauen im Frankreich des 20. Jahrhunderts drängt sich eine Reflexion über die Emanzipation förmlich auf. Auch wenn es keine kontinuierlichen Fortschritte gegeben hat, haben sich innerhalb eines Jahrhunderts im Geschlechterverhältnis doch derartige Umwälzungen vollzogen, daß man sie durchaus mit dem Wort „Revolution" belegen könnte. Der feministische Kampf um die Gleichstellung der Geschlechter prägt das 20. Jahrhundert. Zu welchen Veränderungen hat er geführt? Wie soll man die Kluft zwischen dem Prinzip – Gleichstellung der Geschlechter ist seit 1946 ein Verfassungsauftrag – und der Realität bewerten? Emanzipation, Förderung, Befreiung: Diese Wörter haben Feministinnen je nach ihrer Ausrichtung und zu verschiedenen Zeiten benutzt. Sie beziehen sich auf unterschiedliche Deutungsmuster und evozieren Kontroversen, die heute noch aktuell sind. Jedenfalls gelten sie für alle Lebensbereiche und

---

6 *Anm. d. Ü.*: Hexagon: Sechseck, geläufige Bezeichnung für die territoriale Gestalt Frankreichs auf dem europäischen Kontinent.

setzen eine aufmerksame Prüfung des Rechts, der Mentalitäten, des politischen Geschehens, gesellschaftlicher Normen, aber auch sozialer Praxen voraus.

Wir werden uns gelegentlich von dieser Fragestellung entfernen, die zwar notwendig und anregend ist, die sich aber auch als vereinfachend und – da die Expertin aus einer bequemen und sicheren Zeitdistanz urteilt – als etwas abgehoben erweisen kann, weil sie keineswegs alle die Wahrnehmungen umfaßt, die Frauen von ihrem individuellen und kollektiven Dasein entwickelt haben.

Offensichtlich setzt Emanzipation eine Distanz zur traditionellen weiblichen Identität voraus, die im Zusammenhang der Rollen als Ehefrau und Mutter entsteht. Wir werden also danach fragen, wie Frauen jenseits der Identität ihres Vaters oder ihres Ehemannes eine eigene Identität ausbilden können, wir werden nach ihrer „Subjektwerdung" und ihrer „Autonomieentwicklung" fragen. Daraus entsteht auf der persönlichen Ebene eine Spannung, welche häufig in der Literatur zum Ausdruck kommt, die mit dem „gespaltenen Ich" ein gutes Thema gefunden hat.[7] Die gleiche Ambivalenz entdecken wir auch in der historischen Untersuchung: Fortschritte sind kaum jemals eindeutig.

Eine Geschichte der Frauen, die sich zum Ziel setzt, die Wirtschaftsgeschichte, die Sozialgeschichte, die politische Geschichte und die Kulturgeschichte zu durchqueren, ist, in aller gebotenen Unbescheidenheit, eine gesamtgeschichtliche Darstellung.[8] Sie in einzelne Kapitel aufzuteilen, bereitet viel Kopfzerbrechen. Da dieses Buch auch als Lehrbuch verwendet werden soll, wurde schließlich eine klassische thematische und chronologische Aufteilung vorgenommen. Diese normative Vorgehensweise erschien aus pädagogischer Sicht gerechtfertigt, aber auch, weil damit bewiesen werden kann, daß die Geschichte der Frauen, welchem Gegenstandsbereich sie sich auch immer zuwenden mag, sehr gut in Seminare und in Lehrbücher aufgenommen werden kann. Hier und da werden sich Lücken bemerkbar machen, die entweder auf einem Versehen der Autorin oder auf einem Mangel an Untersuchungen zu bestimmten Themen beruhen. Gelegentlich gehen sie aber auch auf freie Entscheidungen zurück, die durch die Bemühung, einen Überblick zu geben, notwendig wurden.

---

7 „Ich habe die Frauen beschrieben, wie ich sie sah und immer noch sehe: als gespalten", schreibt Simone de Beauvoir in *La Force des choses* (1963); Dt.: Dies.: *Der Lauf der Dinge*, Hamburg, Rowohlt, 1966. Vgl. Annik Houel: *L'Adultère au féminin et son roman*, Armand Colin, 1999, S. 96.

8 Vgl. Françoise Thébaud: *Écrire l'histoire des femmes*, Fontenay-aux-Roses, ENS Saint-Cloud, 1998. Für einen Überblick zur Geschichte der Frauen in der westlichen Welt vgl. Georges Duby und Michelle Perrot (Hg.): *Histoire des femmes en Occident*, Plon, 1991, fünf Bände von der Antike bis in die Gegenwart. Vgl. insbesondere den von Michelle Perrot und Geneviève Fraisse herausgegebenen Bd. IV und den von Françoise Thébaud herausgegebenen Bd. V.; Dt.: Georges Duby und Michelle Perrot (Hg.): *Geschichte der Frauen (in 5 Bänden)*, Frankfurt/New York, Campus Verlag, 1993–1995.

Simone de Beauvoir oder der epistemologische Bruch

Die Frauen von heute sind im Begriff, den Mythos der Weiblichkeit außer Kraft zu setzen. Sie beginnen, ihre Unabhängigkeit konkret zu behaupten, jedoch gelingt es ihnen nicht mühelos, ihr Menschsein voll auszuleben. Von Frauen in einer weiblichen Welt erzogen, ist ihr übliches Schicksal die Ehe, die sie dem Mann praktisch noch immer unterordnet. Das männliche Prestige ist keineswegs erloschen, es stützt sich weiterhin auf solide gesellschaftliche und ökonomische Grundlagen. Darum muß das herkömmliche Los der Frau sorgfältig untersucht werden. Wie sie ihr Frausein erlernt, wie sie es empfindet, in welches Universum sie eingeschlossen ist und welche Fluchten ihr erlaubt sind, all das werde ich zu beschreiben versuchen. Erst dann können wir begreifen, welche Probleme sich denen stellen, die sich, belastet mit dem Erbe der schweren Vergangenheit, um die Gestaltung einer neuen Zukunft bemühen.

Wenn ich die Wörter „Frau“ oder „weiblich“ gebrauche, meine ich selbstverständlich keinen Archetypus, kein unveränderliches Wesen. Die meisten meiner Behauptungen beziehen sich auf den gegenwärtigen Stand der Erziehung und der Sitten. Es geht hier nicht darum, ewige Wahrheiten auszusprechen. Vielmehr soll der gemeinsame Hintergrund beschrieben werden, von dem sich jede einzelne weibliche Existenz abhebt. [...]

Man kommt nicht als Frau zur Welt: man wird es. Keine biologische, psychische oder ökonomische Bestimmung legt die Gestalt fest, die der weibliche Mensch in der Gesellschaft annimmt. Die gesamte Zivilisation bringt dieses als weiblich qualifizierte Zwischenprodukt zwischen dem Mann und dem Kastraten hervor.

Le Deuxième Sexe, Bd. 2, *L'Expérience vécue*, Gallimard 1949, S. 9–13. [Dt.: *Das andere Geschlecht*, Zweites Buch: *Gelebte Erfahrung*, Hamburg, Rowohlt, 2000, S. 333 f.]

[*Anm. d. Ü.*: Die Übersetzung von Grete Osterwald, die im ersten und zweiten Satz den Kollektivsingular „die Frau“ verwendet, wurde hier nach Beauvoir verändert.]

Ich möchte mich bei all denjenigen bedanken, die dieses Buch gelesen, kommentiert und zu seiner Verbesserung beigetragen haben. Dazu gehören Jack und Jacqueline Bard, Corinne Bouchaux, Sylvie Chaperon, Célia Chauvin, Laurent Ferron, Catherine Gonnard, Françoise Gaspard, Slava Liszek, Jean-Luc Marais, Brigitte Rollet, Geneviève Sellier. Mein Dank gilt auch den Historikerinnen, die in Frankreich seit mehr als dreißig Jahren die Geschichte der Frauen vertreten, insbesondere Michelle Perrot, Yvonne Knibiehler, Rita Thalmann und Françoise Basch sowie jenen früheren und heutigen Feministinnen, ohne die es das Buch gar nicht gäbe. Noch ist es nicht soweit, daß sich aufgrund der offensichtlichen Legitimität des Gegenstandes eine solche Anmerkung erübrigen würde. Ich danke auch der Bibliothèque Marguerite Durand (BMD)[9], die mir freundlicherweise die Mehrzahl der Bilddokumente in diesem Band zur Verfügung gestellt hat.

9 *Anm. d. Ü.*: Bibliothèque Marguerite Durand (BMD): 1932 wurde die nach der Schauspielerin, Journalistin und Frauenrechtlerin Marguerite Durand (1864–1936) benannte Frauenbibliothek in Paris gegründet. Im Jahr zuvor hatte Durand der Stadt ihre Privatbibliothek geschenkt, mit der Auflage, sie der interessierten Öffentlichkeit zur Verfügung zu stellen. Die Bibliothek versteht sich als Studien- und Forschungseinrichtung und ist in Form einer Präsenzbibliothek zugänglich. Vgl. auch Christine Bard, Annie Metz und Valérie Neveu (Hg.): *Guide des source de l'histoire du féminisme*, Rennes, Presses universitaires de Rennes, 2006.

Kapitel 1

Die Auswirkungen des Ersten Weltkriegs

Fängt das 20. Jahrhundert mit dem Ersten Weltkrieg an? Auf jeden Fall entspricht dieser Konvention, die sich viele Historiker zu eigen gemacht haben, ein Anhaltspunkt im kollektiven Gedächtnis: Wer weiß nicht, daß die Frauen auf den Feldern, in den Fabriken und Behörden, bei der Verwundetenhilfe unentbehrlich waren? Leider hat sich dann sehr schnell eine manichäische Sichtweise der Dinge durchgesetzt, wonach die Frauen bis 1914 auf das Haus beschränkt waren und nach 1914, indem „sie die Männer ersetzten", mit ihrer Emanzipation begannen. Freilich hat, wie wir noch sehen werden, sich der Kriegseintritt durchaus auf das Alltagsleben der Frauen ausgewirkt, jedoch hatten sich zahlreiche Veränderungen bereits seit mehreren Jahren angebahnt. Bei der Volkszählung von 1906 stellen Frauen bereits mehr als ein Drittel aller Erwerbstätigen. Es gibt christliche und laizistische Frauenorganisationen in großer Zahl, und die feministischen Gruppen unter ihnen fordern bürgerliche und politische Rechte. Die Parlamentarier schneiden die Debatte über das Frauenwahlrecht an. Auf der kulturellen Ebene kann von einem radikalen Ausschluß der Frauen nicht mehr die Rede sein: Sie erhalten Zugang zur Primarschulbildung, einige wenige besuchen Lyzeen und sogar die Universität. Gelegentlich wird die Belle Epoque als das „Goldene Zeitalter des Feminismus"[1] bezeichnet; denn die Situation der Frauen wurde zu dieser Zeit

---

1 Laurence Klejman und Florence Rochefort: *L'Égalité en marche. Le féminisme sous la Troisième République*, Presses de la Fondation nationale des sciences politiques et éditions Des Femmes, 1989.
Bei dem Wort „Feminismus" geht man von einem militanten Kampf zugunsten der Gleichstellung der Geschlechter aus. Der „Feminismus der ersten Welle" bezeichnet die Sammlungsbewegung, die in Frankreich mit dem Ende des Zweiten Kaiserreichs (1868) entstand, sich unter der Dritten Republik weiter ausbreitete und anschließend bis zu den 1960er Jahren stark zurückging. Die „zweite Welle" bezieht sich auf die Zeit nach 1970 (Entstehung des MLF). Die Erfindung des Wortes „Feminismus" wird in Nachschlagewerken zu Unrecht dem Sozialisten Charles Fourier (1837) zugeschrieben. In Wirklichkeit ist es der Schriftsteller Alexandre Dumas-fils, der das Wort als Adjektiv 1872 zum ersten Mal verwendet. Er greift einen Terminus aus dem medizinischen Vokabular auf, der die pathologische Feminisierung männlicher Subjekte umschreibt. Vor allem Hubertine Auclert verwendet 1882 den Begriff als eine der ersten zur Selbstbezeichnung. Der erste Kongreß, der sich feministisch nennt, findet 1892 statt. Die Idee zur „Verteidigung der Rechte der Frauen" geht also der Erfindung des Wortes voraus. „Feminismus" wird häufig mit einem Adjektiv verbunden, das die Geisteshaltung, die politische Orientierung, die Kampfziele und -methoden genauer umschreibt. Diese Vielfalt, die den Plural „Feminismen" nahelegen könnte, muß hervorgehoben werden. Der Antifeminismus hat viel zur Verwirrung des Wortsinns beigetragen und sich bemüht, den „Feminismus" lächerlich zu machen oder zu verteufeln. Es ist festzuhalten, daß die Frauenbewegung und die feministische Bewegung häufig verwechselt werden. Eine (nicht gemischtgeschlechtliche) Frauenbewegung kann feministisch sein oder auch nicht. Die feministische Bewegung dagegen ist nicht immer nur eine Bewegung von Frauen (es gibt gemischtgeschlechtliche Organisationen und feministische Männer).

durch Romane und Theaterstücke, durch die Presse und militante Aktionen zum Gegenstand einer breiten öffentlichen Debatte. Man wird sich also fragen, welche Rolle denn der Krieg für einen Emanzipationsprozeß gespielt hat, der längst in Gang gesetzt worden war. Paßt der Begriff „Integration" – den man auf sozial oder politisch marginalisierte Bevölkerungsgruppen wie die Arbeiter oder die Katholiken nach der Trennung von Kirche und Staat anwandte – auch für die Frauen? Die Umstände des Krieges und die Durchsetzung der Union sacrée[2] haben nämlich einen Prozeß der „Nationalisierung" der Frauen ausgelöst.[3] Indessen reimen sich Integration und Nationalisierung nicht unbedingt auf Emanzipation. Die Ungleichheit der Geschlechter ist tiefgehend und historisch gesehen sehr alt, durch den Krieg konnte sie in bestimmten Bereichen noch länger aufrechterhalten und sogar verstärkt werden.

1 Der weibliche Bürgersinn

1.1 Die Frauen haben ein Vaterland

„Frauen unseres Landes und unserer Rasse, wir willigen ein, alle Opfer zu bringen, die uns abverlangt werden. Dadurch, daß wir, ohne zu wanken, diejenigen hergeben, die wir mehr lieben als uns selbst, wollen wir Mut und Zuversicht verbreiten"[4], schreibt Julie Siegfried, die Präsidentin des Nationalrates französischer Frauen. Marguerite de Witt-Schlumberger, Präsidentin des französischen Verbandes für das Frauenstimmrecht, vertritt die wesentlich härtere Meinung, daß „jede Frau, die zu dieser Stunde das Pflichtgefühl des Mannes gegenüber seinem Vaterland ins Wanken bringt, eine Kriminelle wäre"[5]. Vom ersten Kriegstag an schließen sich die Frauen der Union sacrée an, deren Argumente sie aufgreifen: Frankreich

2 *Anm. d. Ü.*: Union sacrée: „Heiliges Bündnis": Mit dieser rhetorischen Formel wurde die patriotische Eintracht aller Franzosen bei der Verteidigung Frankreichs jenseits ihrer politischen, religiösen und sozialen Differenzen im Ersten Weltkrieg beschworen und durchgesetzt. In Deutschland wird das gleiche Phänomen als „Burgfrieden" bezeichnet.

3 Der Ausdruck stammt von Françoise Thébaud. Normalerweise wird er auf Wirtschaftsgüter angewendet, und das scheint nahezulegen, daß die Frauen eher Objekte sind, die „nationalisiert" werden können, als Subjekte dieser Nationalisierung. In welchem Maße sind Frauen Akteurinnen dieses Prozesses? Darüber gibt es eine Auseinandersetzung. Vgl. Françoise Thébaud: La Grande Guerre. Le triomphe de la division sexuelle, in: Georges Duby, Michelle Perrot (Hg.): *Histoire des Femmes en Occident*, Bd. 5: *Le XXe siècle*, herausgegeben von Françoise Thébaud, Plon, 1992, S. 31–74. Dt.: Françoise Thébaud: Der Erste Weltkrieg. Triumph der Geschlechtertrennung, in: Georges Duby, Michelle Perrot (Hg.):*Geschichte der Frauen*, Bd. 5, Frankfurt a. M./New York, Campus Verlag, 1995, S. 33–91.

4 Zitiert nach Christine Bard: *Les Filles de Marianne. Histoire des féminismes 1914–1940*, Fayard, 1995, S. 50.

5 Id., S. 17.

führt einen Verteidigungskrieg, einen „gerechten Krieg". Dies ermöglicht den Frauen, das Ideal internationaler Eintracht, auf das sie vor 1914 gesetzt hatten, nicht vollkommen zu verleugnen. Bereits vom ersten Kriegstag an entsteht spontane Begeisterung. Sie bringt einen Patriotismus zum Ausdruck, der bei Männern wie Frauen gleichermaßen lebhaft ist. Die Spontaneität schließt jedoch nicht aus, daß die Feministinnen eigene Motive verfolgen, die im Laufe der Zeit erkennbar werden: Der Krieg bietet eine großartige Gelegenheit, den Bürgersinn der Französinnen, ihr Organisationstalent und ihre unverzichtbare Rolle im Hinterland gegenüber dem Staat unter Beweis zu stellen, das heißt, er ist eine Gelegenheit, die Einführung des Stimmrechts zu beschleunigen. Daher ist in ihren Reden immer von Gleichwertigkeit die Rede, nämlich von der Gleichwertigkeit der Opfer an der Front und im Hinterland, von der Gleichwertigkeit des Leids auf der einen und der anderen Seite. So erklärt sich auch die Militarisierung ihrer Kampfbegriffe (sie sprechen zum Beispiel von einer „weiblichen Armee", um darauf hinzuweisen, daß alle Taten für die Front und für das Hinterland aus freien Stücken vollbracht werden). Der Krieg führt zwischen den Feministinnen und den Staatsorganen zu einer Annäherung: Die Mobilisierung des Hinterlandes, die von zahlreichen alten und neuen Vereinen auf privatem Wege organisiert wird, wird zu weiten Teilen vom Staat subventioniert. Die philantrophische Erfahrung der Reformfeministinnen kann in umfangreicher Weise eingesetzt werden und erfreut sich zum ersten Mal einer offiziellen Anerkennung. Es gibt zahlreiche Probleme: Sie betreffen auseinandergerissene Familien und Flüchtlinge aus den besetzten Départements, Arbeiterinnen, die auf Grund der wirtschaftlichen Desorganisation ihren Arbeitsplatz verloren haben und für die Nähstuben und Stellenvermittlungen eingerichtet werden, die Arbeitsbedingungen und die Gehälter in den kriegswichtigen Fabriken, in denen man Kantinen, Krippen und Stillräume einrichtet, die Ehefrauen der eingezogenen Soldaten, die Kriegswaisen, die zunehmende Armut, das Anwachsen der Prostitution, aber auch die Zunahme von Geschlechtskrankheiten und Alkoholismus. Die Verwundetenversorgung an der Front oder im Hinterland und die moralische Unterstützung der kämpfenden Soldaten – um die sich die berühmten Kriegspatinnen kümmern – sind natürlich ebenfalls unentbehrlich.[6]

Der weibliche Patriotismus kommt auch in der Sorge um die Geburtenrate zum Ausdruck. „Nach dem Krieg wird es die erste Pflicht sein, viele Kinder zu bekommen, um die Lücken zu füllen"[7], erklärt Cécile Brunschvicg von der französischen Vereinigung für das Frauenstimmrecht. Die Präsidentin dieser Vereinigung, Marguerite de Witt-Schlumberger, die die „gewollte Unfruchtbarkeit" der Frauen geißelt, betrachtet den Aufschwung der Geburtenrate als eine für das Land überlebenswichtige Angelegenheit. Diese Reformfeministinnen engagieren sich auch sehr stark im Kampf gegen den Alkohol. Die Gründung einer Vereinigung der Französinnen gegen den Alkohol findet 1916 statt. Ihre Kampagne gegen die Zunahme der Prostitution findet allerdings keinen großen Widerhall. Im Krieg erweist sich

6 Vgl. Françoise Thébaud: *La Femme au temps de la guerre de 14*, Stock, 1986.
7 Christine Bard: *Les Filles de Marianne*, op. cit., S. 64.

Plakat der Vereinigung der Französinnen gegen den Alkohol (um 1916) (BMD)

Der Kampf der Frauen gegen den männlichen Alkoholismus wendet sich auch gegen die Gewalttätigkeiten, die er innerhalb der Familien hervorruft.

schließlich auch, daß Frauen alle Berufe ausüben können, einschließlich der gröbsten Tätigkeiten: Die Feministinnen versäumen es nicht, dies zu unterstreichen. Die Frauen werden nun vollkommen in die Nation integriert. Während des Krieges liefern sie ein weiteres Unterpfand für ihr mustergültiges patriotisches Verhalten: Sie stellen sich kategorisch gegen den Pazifismus, der jetzt mit „Defätismus" gleichgesetzt wird. 1914 ist diese Frage noch nebensächlich, aber seit dem ersten Halbjahr 1915 wird sie öffentlich verhandelt. Bei einigen Frauen kommt ein zügelloser Chauvinismus zum Vorschein, wozu sie durch die Propaganda gegen die deutsche „Barbarei" sehr ermutigt werden.

1.2 Bürgerinnen durch den Krieg?

Als Hubertine Auclert, die erste französische Stimmrechtskämpferin, 1914 stirbt, ist das Frauenwahlrecht zum wichtigsten Anliegen der Feministinnen geworden. Es erscheint von da an im Gesamtzusammenhang aller für die Frauen erhofften Reformen als krönender Abschluß. Freilich lehnen die Französinnen im allgemeinen das energische und kühne Vorgehen der britischen Suffragetten ab, die weltweit zum Inbegriff feministischer Radikalität geworden sind. Der ironische und pejorative Begriff „Suffragette" inspiriert so manches

Pamphlet und viele Karikaturen. Um sich davon zu distanzieren, nennen sich die Feministinnen in Frankreich „Suffragistes". Der entscheidende Anstoß zu ihrer Organisation geht 1904 von der Gründung der Internationalen Frauenstimmrechtsvereinigung aus. Die Teilhabe von Frauen am politischen Leben ist in Neuseeland, in Australien, in einigen der Vereinigten Staaten von Amerika und in Finnland schon Wirklichkeit geworden. Im Jahr 1914 besteht die französische Vereinigung für das Frauenstimmrecht, die 1909 gegründet wurde, bereits aus 12 000 Personen. Sie strahlt, vor allem dank der Volksschullehrerinnen, auf das gesamte nationale Territorium aus. Bei den Versammlungen sind die Säle zum Bersten voll. Es gibt einen wahren Strom von Petitionen. Bei den Wahlen kandidieren Feministinnen und versammeln im Durchschnitt 4 % der Stimmen auf sich, die aber natürlich gar nicht gezählt werden. Einige von ihnen fordern – vergeblich –, in die Wahllisten eingetragen zu werden. 1914 organisieren Feministinnen mit Hilfe der Tageszeitung *Le Journal* eine „weiße Wahl". Eine halbe Million Zettel mit dem Aufdruck „Ich möchte wählen" werden in die Wahlurnen geworfen. Am 5. Juli kommen zur ersten großen Demonstration etwa 6 000 Personen auf der Straße zusammen, die von den Tuilerien zur Statue Condorcets am Quai de Conti marschieren. Diese Mobilisierung zugunsten des Frauenstimmrechts wird von der Zeitung *La Fronde* auf den Weg gebracht, die in der Pressegeschichte einzigartig ist, denn es handelt sich um eine feministische Tageszeitung, deren gesamtes Personal von der Direktorin (Marguerite Durand) bis zur Botin weiblich ist. Die erste 1897 erschienene Ausgabe wurde in mehr als 200 000 Exemplaren verkauft. Aber auch andere Tageszeitungen sowie wöchentlich und monatlich erscheinende Zeitschriften besetzen das Feld, insbesondere *La Française*, die von Jane Misme herausgegeben wird. Es ist 1914 nicht mehr nötig, die öffentliche Meinung zu mobilisieren. Jedoch müssen die Parlamentarier noch überzeugt werden. Am Vorabend des Krieges werden 300 Parlamentsabgeordnete für die Sache gewonnen sein, unter anderem dank der Tätigkeit der 1911 gegründeten Wählerliga für das Frauenstimmrecht. Im Jahr 1901 legt der gemäßigte radikaldemokratische Abgeordnete Gautret den ersten Gesetzesentwurf zum Frauenwahlrecht vor, in dem das Wahlrecht nur für unverheiratete Frauen vorgesehen ist, die nicht durch einen Ehemann vertreten werden. 1906 schlägt der liberale katholische Abgeordnete Dussaussoy vor, daß Frauen das Kommunalwahlrecht bekommen sollten, allerdings ohne sich selbst zur Wahl stellen zu können. Dieser Vorschlag wird der Kommission zum allgemeinen Wahlrecht zur Prüfung vorgelegt. Ferdinand Buisson erarbeitet einen Bericht über das Frauenstimmrecht. 1914 setzt die Kriegserklärung dieser parlamentarischen Aktivität und dem Aufschwung der Suffragistinnen jedoch ein deutliches Ende.

„Und das Wahlrecht? Wir fordern es mehr denn je", schreibt Cécile Brunschvicg im Jahr 1916, „aber es wäre unserer Sache weder angemessen noch dienlich, eine eifrige Wahlrechtskampagne anzufangen [...] zu einem Zeitpunkt, an dem unser Vaterland gegen einen barbarischen Feind kämpft"[8]. Manche Parlamentarier denken trotzdem darüber nach. Der

8 Christine Bard: *Les Filles de Marianne*, S. 82.

nationalistische Schriftsteller Maurice Barrès schlägt vor, das Wahlrecht eines für Frankreich gefallenen Soldaten solle, wenn er verheiratet war, auf seine Witwe übertragen werden, wenn er Junggeselle war, auf seinen Vater und im Falle des Ablebens des Vaters auf seine Mutter – ein Vorschlag, dem die Feministinnen aufs Heftigste widersprechen. Andere Vorschläge beziehen sich auf ein Familienwahlrecht – danach bekämen unverheiratete Frauen und weibliche Familienvorstände das Wahlrecht –, wogegen sich die Feministinnen aussprechen – eine Frau, die heiratet, würde ihre Rechte verlieren – oder auf ein kommunales Wahlrecht, mit dem die ganz gemäßigten Feministinnen sich in Erwartung besserer Zeiten wohl zufriedengegeben hätten. Das Beispiel Großbritanniens, wo Frauen über dreißig Jahren im Februar 1918 das Wahlrecht zugestanden wurde, ermutigt die Französinnen, ihre Strategie beizubehalten: Weiblicher Bürgersinn wird doch belohnt.

1.2.1 Der „Heroismus" der Französinnen

„Kriegsverdienstkreuz", „Kreuz der Ehrenlegion", „französische Anerkennungsmedaille", „Epidemienmedaille", viele Frauen werden wegen ihrer außerordentlichen Verdienste während der bewaffneten Auseinandersetzungen mit solchen Orden ausgezeichnet. In zahlreichen Broschüren und Büchern werden sie geehrt, etwa in dem monumentalen Werk von Léa Bérard, das 10 000 Portraits von Frauen enthält. Keine dieser Frauen hatte die Möglichkeit, zu den Waffen zu greifen. – Frankreich läßt dies im Gegensatz zu anderen kriegführenden Ländern nicht zu und weist die Bitten von Fliegerinnen um Kriegsverwendung ab. – Das gilt zumindest offiziell, denn zweifellos kämpften in Frankreich Frauen, die eine männliche Identität angenommen hatten.

Wenige Kriegsheldinnen haben sich unmittelbar ins Gefecht begeben. Die Rollenverteilung zwischen den Geschlechtern wird respektiert. In den besetzten Gebieten wird den Frauen, die zugleich Opfer, Widerstandskämpferinnen und manchmal auch Märtyrerinnen sind, viel Freiraum gelassen: Volksschullehrerinnen und Postbeamtinnen streiten sich als provisorische Bürgermeisterinnen mit den Deutschen herum; Posthalterinnen und Telefonistinnen setzen ihre Arbeit mitten im Granatenhagel fort; und dann gibt es noch die Frauen, die einem Fluchthilfenetz oder einem Nachrichtendienst angehören. Heroinnen jeden Alters und aus allen sozialen Milieus. Die bekannteste von ihnen ist Edith Cavell, denn die Nachricht ihrer bevorstehenden Hinrichtung hatte bei den Alliierten und in den USA eine Welle des Mitgefühls ausgelöst. Als Engländerin hatte sie sich in Brüssel niedergelassen, wo sie eine Schule für Krankenschwestern leitete, Soldaten zur Flucht verhalf und damit, wie sie meinte, ihrer Pflicht als Christin folgte. Louise de Bettignies, eine leidenschaftliche Katholikin aus Lille von 34 Jahren, die über eine gute Erziehung verfügt, arbeitet für den *Intelligence Service*. Zusammen mit Léonie van Houtte entwickelt sie ein umfangreiches Nachrichten- und Fluchthilfenetzwerk. Die Führungsgruppe wird 1915 verhaftet: Die zunächst verhängten Todesstrafen werden in lebenslängliche Zwangsarbeit im Gefängnis von Siegburg umgewandelt. Dort setzt Louise de Bettignies den Widerstand fort, indem sie die Gefangenen dazu anhält, keine Granatensprengköpfe herzustellen. Sie wird mit Kerkerhaft bestraft, zieht sich eine eitrige Rippenfellentzündung zu, wird dann ohne Desinfektion operiert und stirbt am 27. September 1918.[9] Die Kriegspropaganda läßt die Nonnen nicht außen vor, deren hingebungsvolle Verwundetenpflege einhellig begrüßt wird.

Die Kriegskultur räumt auch heroischen Kindern einen großen Stellenwert ein, die zu wahren Legenden werden.[10] Nur etwa zehn von ihnen sind Mädchen, im Verhältnis zu mehr als achtzig Jungen. Sie begeben sich nicht ins Feuer, und wenn sie zu den Waffen greifen, dann tun sie es, um sich selbst zu verteidigen. Die Geschichte der Emilienne Moreau entspricht diesem Schema der Minderjährigen, sie ist übrigens unter den heroischen Mädchen, von denen man kriegerische Fähigkeiten nicht erwartet, die einzige mit einem Kriegsverdienstkreuz. Emilienne, deren Alter auf etwa 16 bis 17 Jahre geschätzt wird und die später Volksschullehrerin werden wird, hat sich den Deutschen in ihrer Heimatstadt Loos, in der Nähe von Lille, hartnäckig widersetzt. Sie hat fünf Soldaten getötet, als die Alliierten die Stadt zurückeroberten. Die Geschichte von Denise Cartier (10–13 Jahre), Opfer eines Luftangriffs auf Paris, der ein Bein amputiert wurde, weist dagegen Züge eines eher passiven Heroismus auf: Man kann aus patriotischer Begeisterung auch auf heitere Weise leiden.

Die Spioninnen stellen ein viel zu trübes Kapitel dar, sie lassen sich nicht leicht zu Heldinnen machen. Der Ruhm, den Marthe Richard sich selbst zuschreibt, folgt erst aus den Heldentaten, die sie in *Ma vie d'éspionne au service de la France* (1936) für sich in Anspruch nimmt. Die Spioninnen, über die man spricht, werden bezichtigt, für den Feind gearbeitet zu haben: Mehrere von ihnen werden durch ein Exekutionskommando hingerichtet, und wahrscheinlich sind auch Unschuldige darunter, denn die Furcht vor Spitzeln blüht und die Militärgerichtsbarkeit kann Schnellverfahren einsetzen. Mata-Hari, niederländischer Herkunft, ist die bekannteste Spionin. Vor dem Krieg galt sie als ein Star mondäner Erotik, und später haben französische Offiziere ihr wertvolle Informationen im Bett zugeflüstert. Sie soll den Deutschen angeblich nichts besonders Interessantes übermittelt, dafür aber den Franzosen Erkenntnisse geliefert haben, obwohl sie als Agentin H 21 von Berlin besoldet wurde. Dennoch ist sie offiziell keine Doppelagentin, und ihr zweifelhafter Ruf schadet ihr. Sie wird am 15. Oktober 1917 hingerichtet.

Patriotische Losungen dringen in den kulturellen, den religiösen und den sozialen Raum ein. Es ist sehr schwierig, dem zu entgehen. So werden, wie man gesehen hat, den Mädchen wie den Jungen heroische Bilder einer Kindheit im Krieg vorgesetzt. Die Leserinnen von *La Semaine de Suzette* verfolgen, was Becassine im Krieg tut, während die *Fillette* zeigt, wie die schelmenhafte Lili Krieg führt. Auch in den Schulen ist Patriotismus obligatorisch: In den Mädchenschulen gibt es mehr Handarbeitsstunden als früher, damit Kleidungsstücke für die Soldaten hergestellt und Pakete gepackt werden können.[11] Man lehrt diese Jugend, den

9 Antoine Rédier: *La Guerre des femmes*, éd. De la vraie France, 1924.

10 Stéphane Audouin-Rozeau: *La Guerre des enfants 1914–1818*, Armand Colin 1993, S. 134 ff.

11 Id., S. 164.

Feind zu hassen und bei den Katholiken bringt man ihr bei, eine gottgewollte Prüfung hinzunehmen, die den Glauben festigen soll. Die katholischen Mädchenschulen treiben es mit den patriotischen Opfergaben recht weit: Fasten und endlose Gebete. Die Schwestern des Ordens „Visitation de Sainte Marie“ lancieren einen „Kinderkreuzzug“, eine Armee des Gebets unter dem Schutz der Jungfrau Maria und Jeanne d'Arcs. Der Wahlspruch vom „Dienst“ (am anderen) wird diese Generation prägen.

1.2.2 Die Krankenschwestern in der Verwundetenhilfe

Die dominierende Gestalt weiblichen Heldentums ist wohl die der Krankenschwester: Beim Roten Kreuz werden Hunderte von Frauen mit Orden dekoriert. Dutzende davon werden erst posthum ausgezeichnet. Der Feminist Léon Abensour schreibt 1917: „Wer immer an die französische Frau von 1914 denkt, stellt sich eine junge Krankenschwester vor, die blau oder weiß gewandet ist und trotz der klösterlichen Haube, auf der ein blutrotes Kreuz leuchtet, vor Leben sprüht.“[12] Im Jahr 1918 kann der Sanitätsdienst des Militärs auf 120 000 Frauen zählen; 30 000 davon sind bezahlte und 70 000 freiwillige Arbeitskräfte, 10 000 sind Nonnen und 10 000 Krankenbetreuerinnen. Sie sorgen für drei Millionen Verwundete und Hospitalisierte, ohne die kranken Soldaten mitzuzählen, die sich mit Typhus, Tuberkulose und Cholera angesteckt haben. Die Freiwilligen gehören dem Roten Kreuz an, das damals 250 000 weibliche Mitglieder zählt, und sind in einer seiner drei Gesellschaften organisiert: der Société de secours aux blessés militaires (entstanden 1864), der Union des femmes en France (1879) und der Association des dames françaises (1881). Im wesentlichen arbeiten die Krankenschwestern im Hinterland, und zwar entweder in Militärhospitälern oder in requirierten Zivilkrankenhäusern oder in den vom Roten Kreuz eingerichteten Hilfskrankenhäusern; sie werden mit Spenden versorgt, weil sie nur wenig (staatliche) Unterstützung bekommen. Erst ab 1915 werden sie an die Front gelassen. Manche von ihnen gehören zum Personal der fahrbaren chirurgischen Operationsstationen, den „auto-chir“, die leicht Angriffen ausgesetzt sind (74 von 850 Krankenschwestern kommen dabei ums Leben). Marie Curie entwickelt fahrbare Röntgenstationen und übernimmt die Leitung der Röntgendienste für die Armee. Mit den Röntgenwagen, den „kleinen Curies“, wird das Aufspüren von Projektilen bei den Verwundeten vereinfacht. Die Fliegerin Jeanne Pallier organisiert den Club weiblicher Automobilisten für Transporte von den Evakuierungsbahnhöfen in die Lazarette. Auch auf den Lazarettschiffen finden sich Krankenschwestern ein. Diese Initiativen tragen zur Verbesserung eines schlecht organisierten Sanitätsdienstes bei. Die Verwundeten werden aus der Kampfzone evakuiert, und es dauert manchmal tagelang, bis sie in den Lazaretten im Hinterland ankommen, vollkommen erschöpft, mit infizierten Wunden und verklebten Verbänden. Krankenschwestern werden bei den Verwundetentransporten in

12 Zitiert nach Françoise Thébaud: *La femme au temps de la guerre de 14*, S. 83. In diesem Abschnitt wird ihr Kapitel 3 über die „weißen Engel“ zusammengefaßt.

Zügen nicht zugelassen, da man es für unschicklich hält, wenn sie sich mit so vielen Männern auf engem Raum befinden.

Die Aufgaben der Krankenschwestern sind noch nicht klar umschrieben, aber es ist selbstverständlich, daß sie außer in Notfällen nicht für die Ärzte, unter denen es ein paar Frauen gibt, von denen aber kaum eine zum Sanitätsdienst zugelassen wird, einspringen können. Sie sind fast alle ausgebildet, gleich ob es sich um bezahlte oder freiwillige Arbeitskräfte handelt, und verstehen es also, Operationen vorzubereiten, Verbände zu wechseln, den Zustand der Verwundeten zu beurteilen und auftretende Komplikationen zu melden. „Nursing" gilt jedoch nicht als erworbenes Wissen, vielmehr glaubt man, ohnehin vorhandene Ressourcen der weiblichen „Natur" zu nutzen. Die Frau ist die „geborene Krankenschwester", sagt ein Arzt.

Die Arbeit der Krankenschwestern wird ausführlich kommentiert. Lobesreden überwiegen. Wie sollte man nicht beeindruckt sein von dem Ansturm der Kandidatinnen, die sich beim Roten Kreuz ausbilden lassen und die sich danach drängen, selbst die allergefährlichsten Posten zu übernehmen? Das Angebot an Freiwilligen übersteigt die Nachfrage bei den Sanitätsdiensten bei weitem. Der Ausdruck der religiösen und patriotischen Gefühle dieser Frauen stärkt die Union sacrée. Viele sprechen vom „Opfer", von der Hingabe ihrer selbst, wie etwa jene Schauspielerin, die erklärt: „Ich bin es mir schuldig, weil sie sich alle für uns Frauen hingeben." Nichtsdestotrotz kommen auch kritische Reden auf, man muß sie aber, im Gegensatz zu den Lobesreden, mit Vorbehalt betrachten, weil sie mit den üblichen frauenfreundlichen und frauenfeindlichen Vorurteilen durchsetzt sind. Die Antiklerikalen kreiden den Frömmlerinnen ihren Mißbrauch physischen und moralischen Elends an, das sie nur benutzten, um für ihren Glauben zu werben. Die Konformisten reden von Verführerinnen oder beschuldigen junge Mädchen, sie würden auf den Lazarettbetten nach schwesterlichen Seelen suchen, weil ihnen ein Verlobter fehle. Heftig kritisiert wird der Snobismus der mondänen Damen, die ihre Rot-Kreuz-Uniform zur Schau stellen. Ein Vorwurf scheint allerdings gerechtfertigt zu sein: der an die Behörden gerichtete Vorwurf, man habe Frauen aus dem Volk von den Hilfsdiensten ausgeschlossen. Die Rot-Kreuz-Gesellschaften werden nämlich von Damen aus der Aristokratie und dem Großbürgertum geleitet und ihre Freiwilligen müssen für ihre Bedürfnisse selbst aufkommen können. Die bezahlten weiblichen Arbeitskräfte beim Militärdienst kommen dagegen aus den Mittelschichten, in denen Frauenerwerbsarbeit legitim und (bei den Unverheirateten) manchmal sogar notwendig ist. Ihre Beziehungen zu den Ehrenamtlichen scheinen gespannt zu sein. Freiwillige aus den unteren Bevölkerungsschichten, die mithelfen wollen, werden jedenfalls von den Behörden abgelehnt, eine Ungerechtigkeit, die sie als sehr schmerzhaft empfinden.

Die Kriegskultur gibt den Frauen auf eine ganz neue Weise dadurch eine bedeutende Stellung, daß sie ihre weibliche „Rolle" ausweitet. Die Postkarten, die für die Korrespondenz zwischen Front und Hinterland intensiv genutzt werden, verdeutlichen sehr gut, in welchem Maße die Gemüter von der Vorstellung des Paares und der Familie bewegt werden. Diese schmeichlerische Propaganda, die verschiedene Register von der Frömmigkeit bis zur Anzüglichkeit zieht, kann allerdings nur den Geschlechtergegensatz betonen: die Männlichkeit des Landsers und die Sanftheit seiner „Blonden".[13]

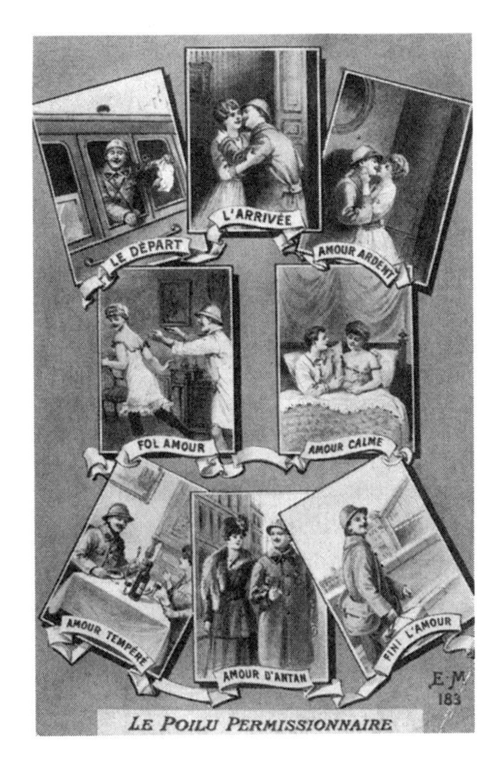

Der Landser auf Fronturlaub

Die Liebe nimmt in den Mühen des Krieges einen verkannten Platz ein: Das ungeduldige Warten auf Fronturlaub inspiriert viele Postkarten, die wie hier verschiedene Facetten der „Erholung des Kriegers" darstellen.

2 „Die Frauen ersetzen die Männer"

Die Frauenerwerbstätigkeit setzt nicht, wie man oft meint, mit dem Ersten Weltkrieg ein. Im Jahre 1914 stellen die Frauen 36,7 % der erwerbstätigen Bevölkerung. Sie werden vermehrt in den Büros und im Handel beschäftigt, aber aufgrund der zunehmenden Maschinisierung, der Weiterentwicklung von Arbeitstechniken und des Anstiegs der Produktion auch in der Industrie. Die Arbeitgeber profitieren sehr von diesen Arbeitskräften, die im Durchschnitt, aber auch auf vergleichbaren Arbeitsplätzen, nur halb soviel Lohn bekommen wie die männlichen Arbeitskräfte. Das Angebot an Arbeitsplätzen deckt jedoch nicht die reichliche Nachfrage auf Seiten der Frauen.

13 Vgl. das wunderschön illustrierte Buch von Marie-Monique Huss: *Histoires de Famille. Cartes postales et culture de guerre*, Noesis, 2000.

Das Gesetz von 1907, das verheirateten Frauen die freie Verfügung über ihren Lohn einräumt, trägt der Tatsache ihrer immer stärker werdenden Lohnabhängigkeit Rechnung. Doch kann der Ehemann gesetzlich gegen eine Erwerbstätigkeit seiner Frau vorgehen. Arbeit wird immer noch im Zusammenhang mit Familie gedacht: Als Familienvater sollte eigentlich der Mann für die Bedürfnisse der Familie sorgen. Wenn die Frau arbeitet, trägt sie mit ihrem Lohn lediglich eine Ergänzung, ein „Zubrot", bei. Diese Rollenverteilung wird durch den Krieg bedroht, weil die eingezogenen Männer fehlen und weil so viele Frauen jetzt in der Pflicht sind, ihren eigenen und den Lebensunterhalt ihrer Angehörigen zu verdienen. Nachdem wir die Reichweite dieses Wandels eingeschätzt haben, werden wir auf die Reaktionen eingehen, die er hervorruft.

2.1 Der Aufschwung der Frauenerwerbstätigkeit

Der Konflikt von 1914–1918, der erste totale Krieg, bei dem sowohl die Front wie das Hinterland mobilisiert werden, stellt in Bezug auf die Erwerbstätigkeit von Frauen einen Ausnahmezustand dar. Wurde Frauenerwerbsarbeit zuvor gewöhnlich schlecht gemacht, so wird sie nun von höchster Stelle begrüßt. Sie erscheint nämlich als eine Manifestation des Patriotismus. Die Feministinnen sehen darin eine Chance, schneller zu einer staatsbürgerlichen und zivilrechtlichen Gleichstellung zu kommen. Faktisch läßt sich jedoch der Anstieg der Frauenerwerbstätigkeit allein mit dem großen Angebot an Arbeitsplätzen erklären. Wegen der Unterbrechungen bei den Volkszählungen muß man sich mit einer ungefähren Schätzung begnügen: 1917 sind sechs von zehn Frauen im arbeitsfähigen Alter.[14]

Die Rüstungsarbeiterinnen liefern das stärkste Bild für die Teilhabe von Frauen an der industriellen Produktion in einem bis dato ausgesprochen männlichen Sektor, der Metallverarbeitung. Frauen werden hier erst seit 1915 eingestellt. Sie sind das letzte Aufgebot, nachdem zuvor schon nicht eingezogene Männer, Arbeiter aus den Kolonien und aus dem Ausland angeworben sowie Facharbeiter von der Front zurückbeordert worden waren. Der Staat greift ein. Ein Komitee für Frauenerwerbsarbeit wird 1916 beim Unterstaatssekretär für Artillerie und Munition eingerichtet, um ihre Anstellung mit Hilfe mehrerer Frauenverbände zu organisieren. Eine einmalige Gelegenheit für Arbeiterinnen, die seit 1914 arbeitslos sind, und für Hausfrauen, die ohne den Lohn ihres eingezogenen Ehemannes nicht überleben können. Der angebotene hohe Lohn führt auch zahlreiche Hausangestellte und Schneiderinnen in Versuchung. Trotz der Vorbehalte von Moralaposteln – wegen der Gemischtgeschlechtlichkeit in den Werkstätten – und von Hygienikern – wegen der anstrengenden Arbeit – werden die Frauen in der Kriegsindustrie mit großem Beifall aufgenommen: Die Umstände erklären diesen völligen Gesinnungswandel auf allen Seiten...,

14 Nach Jean-Louis Robert, zitiert bei Françoise Thébaud: *La femme au temps de la guerre de 14*, S. 189.

außer bei der CGT[15], die sich doch tatsächlich von der Union sacrée zu lösen versucht. Alphonse Merrheim, Vorstand des Metallarbeiterbundes und Friedenskämpfer, ruft 1916 aus: „Liefern wir die Frau nicht einem Brandopfer aus!“[16] Man ist erstaunt über die Fähigkeiten der Rüstungsarbeiterinnen, welche die Gleichheit der Geschlechter unter Beweis stellen, aber gelegentlich regt man sich auch über die „Vermännlichung“ der Frauen auf. In diesen Fabriken haben die Arbeiterinnen nur gering qualifizierte Stellen inne, im wesentlichen in der Herstellung von Munition. Sie lernen von der Pike auf: Der Krieg ermöglicht keine Anhebung des Qualifikationsniveaus von Frauen, er setzt im Gegenteil eine Rationalisierung der Arbeit und eine extreme Arbeitsteilung in Gang, die sich ein paar Jahre später verallgemeinern werden. Die Erfahrung mit den Rüstungsarbeiterinnen ist ein Anlaß für Kommentare zu den besonderen Qualitäten und Mängeln weiblichen Arbeitsvermögens: Die Frau ist geduldig, sie verträgt Monotonie, es fehlt ihr aber an Einfallsreichtum und Entscheidungsfähigkeit. Die Löhne der Frauen liegen konstant unter denen der Männer (7,50 Francs bis 12 Francs am Tag gegen 8,50 Francs bis 18 Francs im Juli 1918), sind im Vergleich zu anderen Industriesektoren jedoch hoch und steigen aufgrund der vom Staat festgelegten Tarife. Die Arbeitsbedingungen sind hart: Regelarbeitszeiten gibt es nicht mehr, die Arbeitstage umfassen bis zu 14 Stunden, Nachtarbeit wird zugelassen, und es gibt unzählige Arbeitsunfälle.

Durch öffentliche und private Initiativen versucht man, diese Situation zu verbessern, aber die Mehrheit der Arbeiterinnen wird davon nicht erreicht. Also gründen Feministinnen im März 1918 eine Schule für Fabrikinspektorinnen, die sich um das physische und psychische Wohlbefinden der Arbeiterinnen kümmern und als Mittlerinnen gegenüber den Arbeitgebern fungieren sollen. Große Sorgen gelten dem Geburtenrückgang und den möglichen Auswirkungen der anstrengenden Arbeit auf die Fortpflanzungsfunktion der Frauen: Das Gesetz vom 5. August 1917 schreibt die Einrichtung von Stillräumen vor und genehmigt zweimal am Tag die Entfernung vom Arbeitsplatz ohne Lohnabzug, damit die Säuglinge gestillt werden können. Das Entbindungsheim für Arbeiterinnen von Levallois-Perret und die Kinderkrippe von Citroën sind spektakuläre Einrichtungen. Es gibt jedoch insgesamt nur wenige Krippen in den Fabriken und viele werden nach Kriegsende wieder aufgegeben.

---

15 *A. d.Ü.*: CGT (Confédération générale du travail): „Allgemeiner Arbeitsbund“, größte französische Gewerkschaft, gegründet 1895. Vor dem Ersten Weltkrieg war die CGT die einzige Gewerkschaftsorganisation Frankreichs. 1921, bei der Trennung zwischen Sozialisten und Kommunisten erfuhr die CGT die gleiche Trennung: 1936, während der Volksfrontregierung von Léon Blum fand eine Wiedervereinigung der CGT statt. Während des Vichy-Regimes wurden die CGT und die ihr angeschlossenen Gewerkschaften aufgelöst. 1943 fand die Wiedergründung der CGT im Untergrund statt.

16 Zitiert nach Mathilde Dubesset, Françoise Thébaud und Catherine Vincent: Les munitionettes de la Seine, in: Patrick Fridenson (Hg.): *1914–1918 – L'autre Front*, Heft der Zeitschrift *Le Mouvement Social*, Nr. 2, Éditions ouvrières, 1977, S. 194. Dieser Abschnitt stellt eine Zusammenfassung ihres Artikels dar.

Auch in der Administration werden die Gepflogenheiten durch den Krieg vollkommen umgekrempelt: Etwa tausend Frauen unterrichten in Sekundarschulen für Jungen, 12 000 männliche Postangestellte werden durch Frauen ersetzt. Mehr als 1 400 Militärkrankenhäuser werden von Frauen geleitet. Auf dem Land ist die Arbeitsleistung und der Einsatz von Frauen ebenfalls bemerkenswert: Sie führen den Pflug, bedienen die Mähmaschine und erledigen die Feldarbeit unter besonders schwierigen Bedingungen, da die Pferde requiriert worden sind. 850 000 Frauen sorgen an Stelle ihrer eingezogenen Ehemänner, welche aus der Ferne die geleistete Arbeit durch Korrespondenz nachvollziehen können, für die Aufrechterhaltung der landwirtschaftlichen Betriebe. 300 000 Ehefrauen von Landarbeitern müssen für den Unterhalt ihrer Familien aufkommen. Insgesamt gesehen tragen Frauen die Verantwortung für mehr als ein Drittel der Familien auf dem Land.[17] Sie werden als „Garanten der Kontinuität" wahrgenommen, eher als „Hüterinnen" des Hauses denn als „emanzipierte" Frauen.

2.2 Das traditionelle Mißtrauen bleibt bestehen

Die feindselige Einstellung gegenüber Frauenerwerbsarbeit entspannt sich während des Krieges, aber sie verschwindet nicht. Zur Rechtfertigung dieser Haltung beruft man sich auf die Geburtenrate und die Familie, gelegentlich wird dabei auch – wesentlich unverblümter – im Namen männlicher Interessen oder im Namen der „Natur" gesprochen.

2.2.1 Die demographischen Sorgen

Die Sorgen um die Bevölkerungsentwicklung, die durch den Krieg erneut geschürt werden, beleben zwangsläufig die Furcht vor Frauenerwerbsarbeit. Um die Jahrhundertwende war die Fruchtbarkeit in der Arbeiterklasse stark zurückgegangen. Praktiken zur Geburtenregelung waren damals weit verbreitet. Zum Teil läßt sich dies auf den Einfluß der Bewegung der Neomalthusianer zurückführen, deren anarchistische Anführer der anarchosyndikalistischen CGT nahestanden.[18] Ihre Agitation ist stark antimilitaristisch, und sie wiegeln die Frauen auf, sich zu weigern, „Kanonenfutter" in die Welt zu setzen. Das ist auch Thema des Liedes „La grève des mères" („Der Gebärstreik") von Montéhus aus dem Jahr 1905. Wesentlich mehr Einfluß hat jedoch zweifellos der Wunsch, mit einer geringeren Kinderzahl besser leben und bei besserer Gesundheit bleiben zu können. Die „Kosten" für ein Kind sind

---

17 Georges Duby, Armand Wallon (Hg.): *Histoire de la France rurale*, Bd. 4: *La fin de la France paysanne de 1914 à nos jours* (herausgegeben von Michel Gervais, Marcel Jollivet und Yves Tavernier), Le Seuil, 1976, S. 172.

18 Francis Ronsin: *La Grève des ventres. Propagande néo-malthusienne et baisse de la natalité en France XIXe–XXe siècles*, Aubier, 1980.

im übrigen gestiegen, da Kinder den Eltern nun wesentlich länger zur Last fallen, bevor sie anfangen zu arbeiten. Mit Einführung der allgemeinen Schulpflicht wird auch Kinderarbeit gesetzlich untersagt. Zwar zeichnet sich bei der Kindersterblichkeit ein Rückgang ab, sie liegt aber trotzdem noch auf einem relativ hohen Niveau, und dafür wird die Erwerbstätigkeit der Mütter verantwortlich gemacht.

Durch den Krieg werden Fortschritte beim Arbeitsschutz für erwerbstätige Frauen gestoppt. „Arbeitsschutz“ ist freilich ein zweideutiger Begriff, denn damit werden zum Beispiel auch Mutterschutzbestimmungen belegt. Im Jahr 1909 war den Arbeiterinnen gesetzlich garantiert worden, daß sie nach der vorgeschriebenen Pause von acht Wochen nach einer Geburt auf ihren Arbeitsplatz zurückkehren könnten. Mit dem Gesetz Strauss von 1913 wird für Lohnabhängige eine Lohnersatzleistung vorgesehen, die sie während der Dauer ihres Mutterschaftsurlaubs erhalten.[19] Diese gesetzlichen Regelungen kommen verspätet und zaghaft, aber sie machen eine Realität aktenkundig: die Erwerbstätigkeit von Müttern.

Das Gesetz von 1892 soll ebenfalls die Frauenerwerbstätigkeit schützen. Es untersagt den Frauen die Nachtarbeit (von 21.00 bis 5.00) und die Arbeit im Bergwerk unter Tage. Dabei geht es aber im wesentlichen um eine Maßnahme zum Schutz der *Fruchtbarkeit* (man will die künftige Mutter bzw. die Frau als Mutter „schützen“). Durch seinen allgemeinen symbolischen Wert ermahnt das Gesetz die Frauen, ihre Pflicht zur Fruchtbarkeit zu erfüllen, und entzieht ihrer Erwerbstätigkeit die Legitimität.[20] Auf jeden Fall läßt das Gesetz von 1892, das 1904 etwas gelockert wird, zahlreiche Ausnahmen zu. Es wird auch von der Arbeitgeberschaft teils umgangen und teils bekämpft. Festzuhalten ist, daß die Gewerkschafter den sogenannten Arbeitsschutzgesetzen positiv gegenüberstehen. Ebenso die Mehrheit der Feministinnen: Nur eine Minderheit kommt zu dem Ergebnis, daß das Gesetz von 1892 in Wirklichkeit eine Maßnahme zum Schutz *männlicher* Erwerbsarbeit ist. Im Jahr 1919 wird das französische Arbeitsschutzgesetz durch die Konvention der *International Labour Organisation* von Washington bestätigt.

2.2.2 Die Achtung der „Naturgesetze“

Seit dem 19. Jahrhundert gilt bezahlte Arbeit von Frauen als eine Vergewaltigung der „Gesetze der Natur“, die die Frau zu Mutterschaft und Hausarbeit bestimmen.[21] Im vorherrschenden Denkmodell wird das bäuerliche Familienunternehmen idealisiert, wo die

19 Anne Cova: *Maternité et droits des femmes en France (XIXe–XXe siècles)*, Anthropos, 1997.

20 Michelle Zancarini-Fournel: Archéologie de la loi de 1892 en France, in: Leora Auslander, Michelle Zancarini-Fournel (Hg.): *Différences des sexes et protection sociale (XIXe–XXe siècles)*, Anthropos, 1997.

21 Joan W. Scott: „L'ouvrière, mot impie, sordide“... Le discours de l'économie politique française sur les ouvrières 1840–1860, in: *Actes de la recherche en sciences sociales*, Nr. 83, Juni 1990, S. 2–15.

Aufgaben von Männern und Frauen strikt getrennt sind und die Frauen ihre Arbeit unterbrechen, um sich um Mann und Kinder zu kümmern. Die besondere Art der Industrialisierung in Frankreich hat zur Folge, daß zahlreiche Frauen Heimarbeit verrichten, und zwar noch bis zur Mitte des 20. Jahrhunderts.[22] Die Nähmaschine macht die Herstellung von Konfektion und Schuhen in Heimarbeit möglich. Es gibt keine schlimmere Form der Ausbeutung: endlose Arbeitstage, lächerliche Bezahlung und keinerlei gewerkschaftliche Organisation. Dies ruft besorgte Philantrophen und Feministinnen auf den Plan, und nach einer großen Kampagne zur Mobilisierung der öffentlichen Meinung wird 1915 ein Gesetz verabschiedet, das zur Festsetzung von Mindestlöhnen verpflichtet. Trotzdem erscheint Heimarbeit immer noch als glückliche Lösung, um die Mutter- und Hausfrauenrolle mit der Notwendigkeit vereinbaren zu können, den eigenen Lebensunterhalt zu verdienen. „Die Elektrizität mag zur Wiederherstellung der Haushalte beitragen, die der Dampf zerstört hat“[23], hofft ein christlicher Gewerkschafter.

Die soziale Organisation katholischer Arbeiter und Arbeitgeber propagiert die Rückkehr der Mütter ins Haus, denn man hält Frauenerwerbsarbeit für eine wahre „soziale Plage“, mit der sich die bedeutende Zahl von Abtreibungen, die geringe Fruchtbarkeit, die gravierende Kindersterblichkeit und die hohe Jugendkriminalität erklären ließen. Die Organisation lehnt sich an die erste Sozialenzyklika Papst Leos XIII. *Rerum Novarum* von 1891 an: „Von Natur aus ist die Frau zu häuslichen Arbeiten berufen.“ Die Zuteilung eines „gerechten Lohns“ würde dem Mann erlauben, allein für den Bedarf seiner Familie aufzukommen. Nach dieser Diagnose erscheint Frauenarbeit als einer der skandalösesten Belege für die Unmoral des ökonomischen Liberalismus. Die christlichen Gewerkschaften und die katholischen Sozialverbände, die sich anschicken, die Arbeiterklasse zurückzuerobern, legen auf dieses Thema ganz besonderen Wert. Aber die Staatsorgane zeigen sich demgegenüber vorläufig noch ziemlich gleichgültig.

2.2.3 Das Mißtrauen der Arbeiterbewegung

Auch die Arbeiterbewegung ist dem Ideal der Frau am heimischen Herd sehr verbunden, denn „der Erhalt der Familie stellte einen Rettungsanker dar, eine Form der Selbstverteidigung, des Widerstandes gegen die Schäden der Industrialisierung. [...] der Kampf der Arbeiter [...] ist nicht einfach eine Reproduktion des herrschenden Diskurses; er verfolgt eigene Zwecke: die Verteidigung einer Identität, einer Autonomie, eines Raumes, einer Intimität, eines Zuhauses (eines Fürsichseins), die dem Arbeitsleben und der Kontrolle in der Fabrik entzogen sind.“[24] Die Gewerkschaften bestätigen die Komplementarität der Geschlechts-

22 Madeleine Guilbert, Viviane Isambert-Jamati: *Travail féminin et travail à domicile*, CNRS, 1956.

23 Louis Blain: L'avenir de la famille ouvrière, in: *Le Nord Social*, 25. März 1923.

24 Michelle Perrot: L'éloge de la ménagère dans le discours des ouvriers français au XIXe siècle, in: *Romantisme*, Nr. 13–14, 1976, S. 118.

rollen: „Der Mann in der Werkstatt, die Frau am Herd“. Ihr „Lob der Hausfrau“ maskiert ihre feindselige Einstellung zur Frauenarbeit, die als „unlautere“ Konkurrenz wahrgenommen wird. Sie vertreten vor allem die materiellen Interessen der männlichen Arbeiter: den Kampf gegen die Abwertung der Löhne.[25] Angesichts dieser realen Gefahr konnten sie nachdrücklich Lohngleichheit fordern, aber der Slogan „gleicher Lohn für gleiche Arbeit“ ist in Bezug auf Frauenerwerbsarbeit nur ein Lippenbekenntnis. Die Gewerkschaftsbewegung, die eine entscheidende Rolle bei der gesellschaftlichen Integration der Arbeiterklasse spielen wird, integriert nur Männer, denen sie eine starke, auf männlichen Werten beruhende Identität verleiht.[26] Die Virilität des muskulösen Arbeiters mit aufgekrempelten Ärmeln, die seit Beginn des Jahrhunderts allmählich die Gewerkschaftsplakate erobert, behält für lange Zeit die Oberhand,[27] sie tritt an die Stelle einer Gemischtgeschlechtlichkeit der Massen. An der Spitze dieses Kampfes tut sich der Verband der Buchhersteller der CGT in Lyon hervor, der 1914 großes Aufsehen erregt, weil er die Schriftsetzerin Emma Couriau, die immerhin zu einem Gewerkschaftstarif arbeitet, ausschließt, ebenso wie ihren Mann, den man für schuldig befindet, weil er sie hat arbeiten lassen. Zwar ist diese Affäre ein Extremfall; sie zeugt aber nichtsdestotrotz von der weitverbreiteten Ablehnung der Frauenerwerbsarbeit und deren gewerkschaftlicher Organisation. Andere Verbände wie der der Dock- und Hafenarbeiter haben Frauen überhaupt erst einige Jahre vor dem Krieg zugelassen.

Es wäre ungerecht, die wenigen Fürsprecher, die sich für die Verteidigung des Rechts der Frauen auf Erwerbsarbeit einsetzten, nicht zu erwähnen, denn sie zeigen, daß man auch in einer nicht-traditionellen Weise darüber denken kann. So versucht zum Beispiel der Sozialist Jules Guesde zu erklären, daß das Übel in dem hohen zusätzlichen Profit liege, den die Unternehmer aus den niedrigen Frauenlöhnen zögen, und nicht in der Frauenerwerbsarbeit an sich: „Die Frau hat ihren Platz ebensowenig am Herd wie anderswo. Wie der Platz des Mannes ist ihr Platz überall [...], wo sie sich betätigen kann und will. Warum und mit welchem Recht sollte man sie in ihrem Geschlecht einschließen und stillstellen, das man [...] in einen Beruf verwandelt hat, um nicht zu sagen in ein Gewerbe?“[28]

25 Marie-Hélène Zylberberg-Hocquard: *Féminisme et Syndicalisme en France*, éditions Anthropos, 1978; Dies.: *Femmes et féminisme dans le mouvement ouvrier français*, Éditions ouvrières, 1981.

26 Charles Sowerwine: Workers and Women in France before 1914: The debate over the Couriau Affair, in: *The Journal of Modern History*, 55, September 1983, S. 411–441.

27 Diese ikonographische Tendenz ist nicht spezifisch für Frankreich. Vgl. Eric Hobsbawm: Sexe, symboles, vêtements et socialisme, in: *Actes de la recherche en sciences sociales*, Nr. 23, September 1978, S. 2–18.

28 Madeleine Guilbert: *Les Femmes et l'organisation syndicale avant 1914*, éd. du CNRS, 1966, S. 174.

2.3 Streik und gewerkschaftliche Organisierung

2.3.1 Streikende Frauen fallen auf

Als wollten sie dem Bild der „Streikbrecherinnen" widersprechen, das ihnen in der Arbeiterbewegung angehängt wurde, machen die Frauen sich während des Krieges mit beachtlichen Streiks bemerkbar. Der Streik wird jedoch als männliche Aktion wahrgenommen. Es stimmt, daß der Anteil von Frauen an Streiks nicht proportional zu ihrem Anteil an der erwerbstätigen Bevölkerung ist. Wie läßt es sich erklären, daß sie sich dieses wichtige Mittel der Gegenwehr so wenig zunutze machen? Einerseits werden sie durch ihre Beschäftigungsvoraussetzungen geschwächt, entweder weil sie (als Heimarbeiterinnen) isoliert sind, oder weil sie unqualifizierte Arbeitsplätze innehaben, auf denen sie leicht durch andere, folgsamere Frauen ersetzt werden können. Andererseits verfügen sie aufgrund ihres geringen gewerkschaftlichen Organisationsgrades nicht über die nötige Logistik (Streikkassen, Streikführerinnen). Diese Hemmnisse erklären, warum sie den Ruf haben, passiv zu sein, der sich im übrigen aber als ungerechtfertigt erweist, weil die Frauen sich zum Beispiel in Protestbewegungen gegen die Verteuerung der Lebenshaltung als sehr aktiv erweisen. Die Streiks von Frauen unterscheiden sich von anderen durch besondere Merkmale: Sie sind kurz, spontan und defensiv. Das Hauptanliegen besteht zumeist darin, sich gegen drohende Lohnkürzungen zu wenden.[29] Daß Arbeiterinnen so selten den Streik als Mittel einsetzen, bedeutet nicht, daß sie politisch konservativer wären als andere: Es zeigt lediglich, wie gebremst die Protestbegeisterung in den Schichten der Arbeiterklasse ist, die am stärksten unterdrückt sind.

Im Krieg werden indessen besondere Voraussetzungen geschaffen. Das gilt vor allem für die Metallverarbeitung. Um Streiks in diesem Bereich zu verhindern, hat das Dekret Albert Thomas (Januar 1917) die Wahl von Delegierten und bestimmte Schiedsverfahren vorgesehen, während es den eingezogenen Soldaten und den ausländischen Arbeitskräften zugleich jeden Streik förmlich untersagt. Damit bekommen die Rüstungsarbeiterinnen eine Rolle allerersten Ranges. Bezeichnend ist, wie sich die Metallarbeitervereinigung verhält: Sie ist nun sehr darauf bedacht, die Frauen zu integrieren und fordert „gleichen Lohn für gleiche Arbeit". Von 1915 bis 1916 fanden in Paris 77 Streiks von Männern und 18 von Frauen statt. 1917 kehrt sich das Verhältnis durch eine Radikalisierung und einen Ausbruch von Unzufriedenheit zugunsten der Frauen um: 85 Streiks von Männern gegenüber 106 Streiks von Frauen. Im Jahr 1918 sind es 39 gegenüber 27 Streiks – was immer noch ziemlich viel ist.[30] Daraus läßt sich schließen, daß es einer wirklich kritischen Situation bedarf, ehe Arbeiterinnen dieses Druckmittel einsetzen. Kritisch ist die Situation im Hinterland, aber

29 Michelle Perrot: *Les Ouvriers en grève. France 1871–1890*, Mouton, 1974, S. 318–330.

30 Jean-Louis Robert: *Ouvriers et mouvement ouvrier parisiens pendant la Grande Guerre*, Diss., Université de Paris I, 1989, S. 462.

auch an der Front, wo die Verzweiflung zu Meutereien führt. Als die Union sacrée auseinanderbricht, nehmen die Streiks eine pazifistische Färbung an.

2.3.2 Die Grenzen der gewerkschaftlichen Organisierung von Frauen

Die gewerkschaftlichen Aktivitäten, die durch die Mobilmachung und die Kompromisse der Union sacrée gebremst wurden, nehmen erst allmählich wieder zu und müssen sich nun mit einer neuen Rollenverteilung auseinandersetzen: Infolge der Zunahme der Frauenerwerbstätigkeit gibt es viele neue Beitrittserklärungen. Mit 89 364 weiblichen Mitgliedern (8,70 % der Gesamtmitgliederzahl) ist die Stellung der Frauen in den Arbeitergewerkschaften 1914 nicht gerade prächtig.[31] In der allergrößten Mehrheit schließen sie sich der CGT in den Verbänden an, die am meisten mit Frauenarbeit zu tun haben: Textilien, Bekleidung, Nahrungsmittel... Mit der Entstehung christlicher Frauengewerkschaften zeichnet sich allerdings eine Alternative ab.

Das Recht, sich gewerkschaftlich zu organisieren, das beide Geschlechter 1884 erhalten, stellt die Anerkennung einer sehr wichtigen Form sozialer Staatsbürgerschaft dar, über deren politisches Äquivalent die Frauen noch nicht verfügen. Um einer Gewerkschaft beizutreten, brauchen Frauen jedoch die Erlaubnis ihres Ehemannes. Als Obleute können sie erst ab 1908 gewählt werden. Die Zwänge, denen die Arbeiterinnen unterliegen, sind so stark, daß das Recht, das sie 1884 erworben haben, keine spektakulären Wirkungen zeitigt. Dieser geringe gewerkschaftliche Organisationsgrad hat zum Teil mit der Art des französischen Syndikalismus zu tun: Er erscheint als elitär – die Quote der gewerkschaftlichen Organisierung liegt 1914 nur bei 5 Prozent. Nun ist aber, wie das deutsche Beispiel zeigt, eine massenhafte Gewerkschaftsbewegung auch eine Bewegung, die Frauen erfolgreich zu rekrutieren versteht. Sie ist auch ausgesprochen „politisch“: Jeanne Bouvier berichtet in ihren Memoiren, in den Versammlungen sei immer von Revolution, von Generalstreik, von Enteignung und von Lohnabbau die Rede gewesen, und gesteht ein, daß sie von all dem nichts verstanden habe.[32] Es ist außerdem für Frauen sehr schwierig, Zeit und Geld für die Gewerkschaft aufzubringen – die Gewerkschaftsbeiträge für Frauen sind im übrigen geringer als die für Männer. Zudem haben viele von ihnen nicht vor, sich auf Dauer dort zu engagieren, sei es, weil sie davon träumen, die Erwerbsarbeit aufzugeben, sobald sie verheiratet sind oder ein Kind bekommen haben, sei es, weil sie ihren Arbeitsplatz häufig wechseln. Die Mitgliedschaft in einer Gewerkschaft setzt voraus, daß sich bereits ein Bewußtsein herausgebildet hat, mit Leib und Seele „Arbeiterin“ zu sein.

31 Madeleine Guilbert: *Les femmes et l'organisation syndicale, op. cit.*, S. 29. – Diese Untersuchung ist, soweit ich weiß, bisher nicht über 1914 hinausgeführt worden.

32 Jeanne Bouvier: *Mes Mémoires ou 59 années d'activité industrielle, sociale et intellectuelle d'une ouvrière 1876–1935*, Neuauflage herausgegeben von Daniel Armogathe und Maïté Albustir, La Découverte/Maspéro, 1983.

Die Forderungen der Bewegung während des Krieges führen zu einer Erhöhung des gewerkschaftlichen Organisationsgrades von Frauen. Man müßte genauer untersuchen, welche Zuständigkeiten die militanten Aktivistinnen zu übernehmen bereit waren, weil ihre Genossen eingezogen wurden: Hélène Brion übernahm so den Vorsitz des Gewerkschaftsbundes der Volksschullehrer und -lehrerinnen in Frankreich und den Kolonien, der der CGT angegliedert war. Hat sich aber die Gesinnung der Gewerkschafter weiterentwickelt? Eines von zahlreichen Beispielen ist, daß der Kongreß der CGT in Le Havre im Juni 1918 verlauten läßt: „Seinen Vorstellungen von gesellschaftlicher Emanzipation getreu, meint er, daß die Frau ins Haus gehört." Lohngleichheit wird gefordert, „wenn die Frau die gleiche Arbeit verrichtet wie der Mann", bei „Arbeiten, die ausschließlich auf weibliche Fertigkeiten zurückgehen", ist dagegen nur die Rede von einem für die Frau und ihre Familie „ausreichenden Lohnentgelt".[33] Die Zunahme der Frauenerwerbsarbeit, die Frauenstreiks und die gewerkschaftliche Organisation von Frauen haben nichts an der Sichtweise geändert, Arbeit und Lohn müßten nach Geschlecht differenziert und dementsprechend ungleich behandelt werden. Es ist eine naheliegende Frage, ob es die Sorge um Gerechtigkeit ist, die hinter der Forderung nach gleichen Löhnen für die wenigen betroffenen Frauen steht, oder nicht vielmehr eine egoistische Furcht vor Geschlechterkonkurrenz in den Industrien, die bisher zumeist männlich besetzt waren.

2.3.3 Ist Arbeit emanzipatorisch?

Für die meisten Gewerkschafter vollzieht sich die Emanzipation der Frauen also nicht durch Arbeit. Frauenerwerbsarbeit ist für sie nie mehr als eine bedauerliche Notwendigkeit. Es werden Stimmen laut, um das Recht der Frauen auf Erwerb zu verteidigen: Die radikalsten Feministinnen kommen zu dem Befund, die Übertreibung der Familienrolle sei eine Falle für die Frauen und die Einschränkungen von Erwerbsarbeit für verheiratete Frauen stellten eine Gefahr für alle Frauen dar, und zwar besonders für diejenigen, die absolut gezwungen sind, ihren Lebensunterhalt zu verdienen: Unverheiratete, Geschiedene oder Witwen, die sich mit „Zuverdiensten" begnügen müssen. Diese Feministinnen, die dem gewerkschaftlichen, sozialistischen oder libertären Milieu nahestehen, fordern Lohngleichheit und ökonomische Unabhängigkeit für Frauen, sprechen sich gegen besondere Regelungen für Frauenerwerbsarbeit aus und prangern die sexuelle Ausbeutung von Frauen durch ihre Arbeitgeber an. Sie weisen nach, daß die Arbeiterinnen zwei Formen der Ausbeutung ausgeliefert sind: einer durch das kapitalistische System und einer durch ein männliches System. Außerdem bezichtigen sie die Arbeiterbewegung des Antifeminismus. Wir verdanken ihnen sehr sorgfältig dokumentierte Untersuchungen über die Ausbeutung der Arbeiterinnen. Jeanne Bouvier, die zuerst Arbeiterin, dann Angestellte war, eine militante Gewerkschafterin und Femi-

---

33 Zitiert nach John Barzmann: *Dockers, métallos, ménagères. Mouvement sociaux et cultures militantes au Havre 1912–1923,* Presses universitaires de Rouen et du Havre, 1997, S. 147.

nistin, macht sich einen Namen als Spezialistin für Frauenarbeit, vor allem für Heimarbeit. Die reformistischen Feministinnen, die vom Kampf um das Frauenstimmrecht in Anspruch genommen sind, können sich offenbar weniger um die Arbeiterinnen kümmern. Sie übernehmen den Standpunkt progressiver Republikaner und wollen das Problem mit Hilfe von Unterstützungsmaßnahmen, Arbeitsschutz und einer verbesserten Sozialarbeit lösen.[34]

Ökonomische Unabhängigkeit und Zufriedenheit durch eine frei gewählte Berufstätigkeit sind die feministischen Themen, die in die Literatur eingehen und auf die Bühne gebracht werden (vgl. den Erfolg von Henrik Ibsens *Nora oder ein Puppenheim,* ein Drama, dessen Heldin, Nora, den Müßiggang und die Abhängigkeit in ihrer Hausfrauenstellung nicht mehr erträgt und ihre Familie verläßt, um in der Arbeit eine würdige Existenzform zu finden). Diese Forderungen umfassen auch eine Anerkennung der Frau als Individuum mit eigenen Ambitionen und Bedürfnissen: Der Feminismus geht mit dem Aufschwung des Individualismus einher. Dies führt, wie wir gesehen haben, zu heftigen Debatten und zahlreichen Einsprüchen.

3 Kriegsleiden

Während des Krieges ist öffentlich wenig Aufhebens von den Leiden gemacht worden, die die Bevölkerung ertragen mußte, weder von den extremen Qualen der Soldaten, noch von dem Leid der Zivilisten, insbesondere dem der Frauen, die für ihre Familien verantwortlich waren. Die Zensur wacht darüber, daß weder in der Presse noch in den Korrespondenzen etwas auftaucht, das zur „Demoralisierung" der Nation beitragen könnte. Auch die Selbstzensur geht sehr weit, denn man will seine Lieben zu Hause oder an der Front nicht in Unruhe versetzen.

3.1 Die Gewalttätigkeiten

Die Gewalttätigkeiten, denen Frauen im besetzten Belgien und in den besetzten nordöstlichen Regionen Frankreichs ausgeliefert waren, entgehen dem Gesetz des Schweigens. Erst gab es nur Gerüchte, die dann aber von der Presse aufgegriffen und in Stimmungskampagnen weiterverbreitet wurden. 1914 von (deutschen) Soldaten begangene Vergewaltigungen fügen sich einer mehr als tausendjährigen Tradition ein. Doch verändert gerade der Charakter des ersten weltweiten Konflikts deren Bedeutung. Auf französischer Seite werden die Vergewaltigungen als Beispiel für die Barbarei der Invasoren dargestellt. Neun Monate nach der Invasion entsteht um die „Vergewaltigungskinder" eine nationale Debatte.[35] Soll man

34 Christine Bard: *Les Filles de Marianne*, op. cit.

35 Stéphane Audouin-Rouzeau: *L'Enfant de l'ennemi, 1914–1918*, Aubier, 1995.

Abtreibung und Kindermord zulassen? Die Feministinnen plädieren für eine verständnisvolle Haltung und empfehlen im allgemeinen einen Freispruch, die reformistischsten unter ihnen halten Abtreibung jedoch weiterhin für ein Verbrechen. Dem Schicksal der Kinder, die bei einer Vergewaltigung gezeugt wurden, gilt 1915 wesentlich höhere Aufmerksamkeit als den Leiden der Opfer. Die öffentliche Debatte zeigt zudem, wie mächtig der Auftrieb einer biologischen, „rassischen" Definition von Nationalität ist, von der manche Nationalisten so besessen sind, daß sie Abtreibung, Kindermord und Aussetzung von Neugeborenen „unreinen Blutes" verzeihen wollen, und zwar in offenem Widerspruch zu den religiösen Überzeugungen, die sie sonst in den Vordergrund zu stellen pflegen. Werden die Zivilopfer berücksichtigt, so wird deutlich, daß die kriegerische Auseinandersetzung nun die Züge eines totalen Krieges annimmt und nicht mehr nur eine militärische Konfrontation ist, und daß der Ausbruch von Gewalt einen bisher unbekannten Höhepunkt erreicht.

Man kann die Debatte über die Vergewaltigungen als Anzeichen dafür interpretieren, daß eine „Nationalisierung" der Frauen in Gang gekommen ist. Eine französische Frau ist in gewisser Weise ein Bestandteil des nationalen Territoriums. Von Frauen wie von Territorien sagt man im Französischen, sie seien vergewaltigt worden. Frauen gehören zu ihrem Land und geben sich für es hin, so wie sie auch zu ihrem Ehegatten gehören und sich ihm hingeben. Auch wird ihre Untreue in Zeiten des Krieges als schwerere Verfehlung betrachtet als sonst: Wenn ihr Ehemann an der Front ist, riskieren sie Gefängnishaft, wenn nicht, eine einfache Geldbuße. Wenn aber ein eifersüchtiger und betrogener Ehemann auf Fronturlaub ein sogenanntes „Verbrechen aus Leidenschaft" begeht, wird er unter dem Beifall des Publikums von den Gerichten freigesprochen.[36]

3.2 Die Trauer

1,4 Millionen Tote (17 % der 8 Millionen, die zum Kriegsdienst eingezogen wurden, 10 % der männlichen Erwerbstätigen, 3 % der französischen Bevölkerung): Der Krieg hat das Leben zahlreicher Mütter, Ehefrauen und Verlobter, die man „weiße Witwen" nennt, vollkommen durcheinandergebracht. Dennoch „bleibt die Trauer privat und wird kaum wahrgenommen, weil sie selten Anlaß zu kollektiven Inszenierungen gibt".[37] Freilich ist sie für manche Schriftsteller die „höchste Form des Heroismus der Frauen", die den Schmerz stoisch ertragen. Verblüffend ist auch, wie gering die Klassenunterschiede angesichts des Dramas erscheinen. Der Schmerz der Mütter löst keinerlei Polemiken aus, aber der Schmerz der Witwen wird ziemlich ambivalent wahrgenommen. Die ideale Vorstellung wäre, eine

36 Ich beziehe mich hier auf ein laufendes Forschungsprojekt von Jean-Yves Le Naour an der Universität Toulouse Le Mirail.

37 Françoise Thébaud: La guerre et le deuil chez les femmes françaises, in: Jean-Jacques Becker et al. (Hg.): *Guerre et cultures 1914–1918*, Armand Colin, 1994, S. 105.

Witwe widmete ihr Leben dem Andenken des Verstorbenen, das heißt vor allem, sie sollte sich nicht wieder verheiraten. Jedoch ist sie auch eine „alleinstehende Frau“ und löst als solche eine gewisse Angst aus. Die Prüfung durch das Unglück muß nicht unbedingt allein bestanden werden: Die Umgebung bietet Hilfe an, die Religion eine Zuflucht, der Staat seine Solidarität. – Mit dem Gesetz vom 27. Juli 1917 wird die nationale Fürsorge für Kriegswaisen institutionalisiert: Es werden eine Million Waisen sein. Außerdem werden Vereine gegründet: Dem Komitee der vereinigten Wohlfahrtsvereine, das sich um Mütter, Witwen und Waisen des Krieges kümmert, unterstehen 14 Vereine, deren wichtigster der 1915 gegründete Hilfsverein für Witwen der Kämpfer des Großen Krieges ist, der für 10 000 Witwen und 15 000 Waisen zuständig ist. Im Jahr 1933 beläuft sich die Zahl der Kriegerwitwen insgesamt auf 700 000, von denen 262 500 wieder verheiratet sind. Für viele wird die Trauer außergewöhnlich lange dauern und manchmal unabschließbar sein, und zwar vor allem aufgrund der Zensur der Trauer. Es ist immer schwieriger, um Helden zu trauern, weil sie idealisiert und verehrt werden, auch ist man gehalten, ebenso viel Mut an den Tag zu legen wie sie. Ein Leid, das man nur schwer mitteilen kann – so läßt sich zum Beispiel „unter dem Eindruck des massenhaften Massakers“[38] ein auffälliges Nachlassen der Trauer verzeichnen –, wird verdrängt. Zweifellos mischt es sich mit den Schuldgefühlen der männlichen und weiblichen Überlebenden, besonders bei älteren Menschen, bei denen eine mit der Trauer verbundene höhere Sterblichkeit festgestellt wird.

3.3 Die Alltagsschwierigkeiten

Der Preisanstieg und die mangelhafte Versorgung erschweren das Alltagsleben, zumal die Löhne zu Beginn des Krieges nicht steigen (die Erhöhung der Löhne seit 1916 folgt nicht auf die steigende Inflation). Die Schwierigkeiten sind besonders groß für die Frauen, die nicht mehr über die Löhne ihrer Männer verfügen können und die sich durchbeißen müssen, um ihre Familie zu ernähren. Der Staat gewährt den Soldatenfrauen eine Beihilfe von 1,25 Francs am Tag, plus 50 Centimes für jedes Kind unter 16 Jahren, aber das ist völlig unzureichend. Die Mietzahlungen werden durch ein Moratorium aufgehoben. Die städtischen Fürsorgeämter gewähren Unterstützung in Notfällen. Privatinitiativen entstehen: Suppenküchen für die Bevölkerung zum Beispiel. Aber die Entbehrungen sind beträchtlich. Zuerst werden für Kohle, aber auch für Lebensmittel Rationierungen eingeführt. Ausreichende Brotrationen sind wichtiger für Männer (besonders für die Schwerarbeiter unter ihnen) als für Frauen und Kinder. Die Frauen erheben sich gegen die Teuerungen: Es beginnt ein Kampf gegen die Händler, wegen der hohen Profite, die sie erwirtschaften, wie sich an der Spanne zwischen Großhandelspreisen und Einzelhandelspreisen zeigt. Aber eine Preiskontrolle ist nicht durchzusetzen; sie wird offensichtlich politisch nicht gewollt und die

38 Stéphane Audouin-Rouzeau, Annette Becker: *14–18, retrouver la guerre*, Gallimard, 2000, S. 206.

Union sacrée schränkt in den ersten drei Kriegsjahren die Protestmöglichkeiten ein. Deshalb ist der Aufruhr der Mütter und Hausfrauen nur um so bemerkenswerter. Zwar erscheint er als spontan, doch gibt es in bestimmten Arbeiterstädten schon eine Tradition des Kampfes gegen Teuerungen. – Kurz vor dem Krieg hatte die Gewerkschaftsvereinigung in Le Havre daher auch eine Hausfrauengewerkschaft zugelassen – obwohl es sich nicht um bezahlte Arbeitskräfte handelte –, die auf den Märkten aktiv war und den „raffgierigen“[39] Händlern auf die Finger sah. Häufig bestehen Demonstrationen in unorganisierten Märschen, die sich auf das Rathaus zubewegen. Die Inflation vergrößert die Unzufriedenheit, vor allem ab 1917. Durch die Rekrutierung eines Teils ihres Personals geschwächt, können die öffentlichen Einrichtungen nicht mehr allen ihren Aufgaben nachkommen: Mütter müssen sich um ihre Kinder sorgen, die in überfüllten Klassenzimmern sitzen oder ausreißen. Viele Jungen und Mädchen verlassen vor allem in den besetzten Gebieten die Schule, bevor ihre Schulpflicht beendet ist. Durch die Armut vergrößert sich das Angebot an Prostituierten, dem auf Seiten der Soldaten und alleinstehenden Arbeitern eine große Nachfrage entspricht. Der Staat erlaubt – oder unterstützt? – die Einrichtung frontnaher Kriegsbordelle. Es gibt noch mehr „Gelegenheitsprostituierte“, die sich jeder Kontrolle entziehen. Einem sehr hohen Risiko ausgesetzt, an Syphilis zu erkranken, stecken sie ihrerseits andere mit der Krankheit an.

Ein Brief Paulines an ihren Abgeordneten (Ferdinand Bougère, der das Département Maine-et-Loire vertritt)

Pauline schreibt im Namen einiger Handwerkerfrauen aus dem Ort Denée, etwa fünfzehn Kilometer von Angers entfernt. Sie verfügt über ein Schulabgangszeugnis, betreibt ein Geschäft und hat drei Kinder. Ihr Mann, der eingezogen worden ist, hat ihr verboten, nach Angers zu gehen, um eine Berufsausbildung zu machen. Sie versucht daraufhin mit Unterstützung der Marquise de Seihlac für die 22 Frauen aus ihrem Dorf, die sich beteiligen wollen, die Einrichtung einer Werkstatt durchzusetzen. Sie bleibt erfolglos.[40]

Juli 1917
Herr Abgeordneter,
Angesichts der Ungerechtigkeiten, denen wir in unserem Umkreis wiederholt ausgeliefert waren, haben wir Soldatenfrauen beschlossen, uns an Sie als unseren rechtmäßigen Vertreter mit der Bitte zu wenden, sich unser Anliegen zu eigen zu machen, um eine Erhöhung der Beihilfen zu erreichen.

39 John Barzman: *Dockers*, S. 59.

40 Handschriftlicher Brief im Privatarchiv von Louis Thareaut, Angers.

Wir sind unser elendes, entbehrungsreiches Leben leid. Die Lage ist ernst, und sie ist nicht mehr auszuhalten, wenn es darum geht, unsere Kinder dessen zu berauben, was absolut notwendig ist. Könnten Sie, Herr Abgeordneter, mit 1,25 Francs am Tag leben und ihre Kinder mit der bescheidenen Summe von 75 Centimes am Leben erhalten? Sie müssen nicht nur ernährt, sondern auch gekleidet werden, sie brauchen Wärme etc.

Sie werden mir gewiß antworten: Man muß arbeiten. Damit habe ich gerechnet, Herr Abgeordneter! Hat aber eine Familienmutter mit drei oder vier kleinen Kindern nicht genug mit ihren Kleinen zu tun, wie jedermann, der seine Kinder nicht auf der Strasse aufwachsen lassen will? Und wie viele Mütter haben leider nicht mehr die Kraft und die Gesundheit, um nach den Entbehrungen, die sie drei Jahre lang ertragen mußten, Schwerarbeit zu verrichten! Andererseits konnten viele Mütter mit älteren Kindern, die einige Stunden zur Arbeit hätten gehen können, nach wiederholter Stellensuche, selbst auf Anfragen von Mme la Marquise de Seihlac, keine Arbeit in Angers finden. Man hat ihnen schlicht und einfach geantwortet: Keine Arbeit für die vom Land. Daher befinden sich alle Arbeiterfrauen, die selbst Arbeiterinnen sind, in der allergrössten Not, zumal angesichts der immer noch steigenden Preise für Lebensmittel.

Unsere Männer an der Front sind ausgesprochen niedergeschlagener Stimmung, warum? Ganz einfach, weil sie wissen, daß ihre Familien dem Elend und den schlimmsten Entbehrungen ausgeliefert sind. Unsere eigene Gemütsverfassung ist noch deprimierender als ihre und wir werden unsere Situation nicht mehr lange verbergen können. Ohne Geld und ohne Kredit werden wir in Kürze auf Plünderungen angewiesen sein, um zu überleben, wenn man uns nicht zur Hilfe kommt. [...] Wir fordern 2 Francs für die Mütter und 1 Franc Erhöhung für die Kinder. Aber selbst diese Summe wird uns ein gutes Auskommen wie vor dem Krieg nicht ermöglichen, da für die meisten von uns alle früheren Arbeitsstellen auf immer zerstört sind.

Herr Abgeordneter, unsere Männer haben Sie damit betraut, die Interessen unseres Landes zu vertreten, bitte berücksichtigen Sie nun unsere nur allzu gerechtfertigten Forderungen und setzen Sie sich dafür ein, daß sie erfüllt werden. Denn es ist ein Hohn, daß eine Familienmutter mit drei Kindern in diesen Zeiten von 3,50 Francs am Tag leben können soll.

4 Die pazifistischen Abweichlerinnen

Am 28. April 1915 wird in Den Haag ein Internationaler Kongreß der Frauen für den Frieden eröffnet, der die seit dem 1. August 1914 zerrissenen Bande wiederherstellen soll.[41] Die nationalen Sektionen der nicht Krieg führenden Länder sind dort gut vertreten, – besonders

41 Christine Bard: *Les Filles*, op. cit., S. 89–124.

die aus den USA, die sich sehr darum bemühen, die Neutralität ihres Landes zu bewahren. Auch militante deutsche und englische Pazifistinnen sind gekommen. Keine Französin: All die Vereine haben eine Teilnahme abgelehnt und davon öffentlich viel Aufhebens gemacht. Jeanne Mélin, eine Stimmrechtskämpferin aus den Ardennen, hat dennoch eine individuelle Verpflichtungserklärung gesendet. Dann haben sechzehn französische Dissidentinnen ein Manifest zur Unterstützung geschickt. Aus dieser Kerngruppe entsteht wenig später die französische Sektion des Internationalen Frauenausschusses für dauernden Frieden, der als Ergebnis des Haager Kongresses gegründet wurde. Sie richtet sich in der Rue Fondary ein, bei Gabrielle Duchêne, die ihres Amtes als Vorsitzende des Arbeitsausschusses des Nationalrats französischer Frauen enthoben worden war. Für den Friedensausschuß interessieren sich nur wenige Frauen, höchstens hundert, darunter Aktivistinnen, die bereits als Feministinnen und Sozialistinnen bekannt sind, wie Jeanne Bouvier, Jeanne Halbwachs, Marthe Bigot, Louise Bodin, Marcelle Capy. Wegen der Zensur und weil sie polizeilich überwacht werden, produzieren sie unter schwierigen Bedingungen klandestin eine pazifistische Broschüre, *Un devoir urgent pour les femmes* („Eine dringliche Pflicht für die Frauen"), in der sie jedoch keinen sofortigen Frieden verlangen.

Ende 1917 sorgt der feministische Pazifismus für größeres Aufsehen. Eine Volksschullehrerin, Hélène Brion, wird verhaftet und ins Gefängnis gebracht, weil sie pazifistische Broschüren verbreitet hat. Als Aktivistin verschiedener feministischer Vereine leitet sie einen Zusammenschluß der CGT, der sich in der Opposition zur Union sacrée sehr hervortut, was mehrere seiner militanten Kämpfer(innen) mit Verwarnungen und Entlassungen zu bezahlen haben. Die Auflösung der Union sacrée und der Amtsantritt Clemenceaus erklären die Zunahme der Repression, zu deren berühmtesten Opfern Hélène Brion zählt. Im März 1918 bietet ihr Prozeß vor dem Kriegsgericht nämlich paradoxerweise den Pazifisten eine Tribüne. Hélène Brion baut ihre Verteidigung jedoch vor allem auf ihren feministischen Überzeugungen auf: „Ich bin eine Feindin des Krieges, weil ich Feministin bin: Der Krieg ist ein Triumph brutaler Gewalt, der Feminismus kann nur durch moralische Überzeugung und durch geistige Werte zum Sieg gelangen. Zwischen den beiden besteht ein absoluter Gegensatz."[42] Es ist auch eine günstige Gelegenheit, wie Olympe de Gouges während der Revolution – „Die Frau hat das Recht aufs Schaffot zu steigen, so soll sie auch das Recht haben, auf die Rednertribüne zu steigen" –, daran zu erinnern, daß Frauen zwar politischer Vergehen angeklagt werden können, aber über keinerlei politische Rechte verfügen. Das Urteil fällt eher milde aus: Nach vier Monaten Haft im Gefängnis von Saint-Lazare wird Hélène Brion zu drei Jahren Haft auf Bewährung verurteilt. Der Andrang von Zeugen, die zu ihren Gunsten aussagen, vor allem aber ihre Redegewandtheit, die mit der Eloquenz Louise Michels verglichen wird, erklären diesen Urteilsspruch vermutlich ebenso wie die Furcht, eine beliebte Persönlichkeit zu einem „Opfer" zu machen. Lucie Colliard, die wie

42 Dies., a.a.O., S. 105.

Hélène Brion Volksschullehrerin, Gewerkschafterin, Feministin und Pazifistin ist, hat nicht so viel Glück. Sie wird ohne Beweise angeklagt, defätistische Reden gehalten zu haben, und vom Kriegsgericht in Grenoble zu zwei Jahren Gefängnishaft verurteilt.

Unter den Frauen, die, wie Pazifisten etwas später sagen werden, „unsere Ehre gerettet haben“, soll auch Louise Saumoneau erwähnt werden, die die verschwindend kleine Gruppe französischer Sozialistinnen leitet. Sie ist eine der ersten Pazifistinnen in Frankreich. Als die etwa fünfzig Mitglieder ihrer Gruppe der SFIO (Section Française de l'Internationale Ouvrière), die sich der Union sacrée anschließt, beipflichten, beschließt sie auf eigene Faust im März 1915 nach Bern in die Schweiz zu fahren, wo die Internationale Konferenz sozialistischer Frauen stattfindet. Diese Konferenz wird von der deutschen Aktivistin Clara Zetkin organisiert, die einen sofortigen Frieden und das Selbstbestimmungsrecht der Völker fordert. Die zwei Monate, die Louise Saumoneau nach ihrer Rückkehr im Gefängnis verbringt, rauben ihr nicht ihren Mut. Sie produziert weiterhin Flugblätter und Broschüren, die den internationalistischen Prinzipien der Arbeiterbewegung entsprechen.[43]

Der Pazifismus bekommt Auftrieb, es gibt ein erstes Echo auf die russische Revolution, Meutereien und Streiks mehren sich: Von 1917 an begünstigt die soziale und politische Agitation die Entwicklung eines radikalen, revolutionären und pazifistischen Feminismus. Zwei neue Gruppen entstehen: die Action des femmes und das Comité d'action suffragiste. Ab Oktober 1917 erscheint auch die Wochenzeitung *La Voix des femmes*, für die Louise Bodin und Colette Reynaud so begabte Federn wie die von Séverine, Madeleine Pelletier, Hélène Brion und Magdeleine Marx gewinnen konnten, aber auch die von Romain Rolland, dem Autor von *Au-dessus de la mêlée (Über dem Schlachtgetümmel)*, und von Henri Barbusse, dem Autor von *Feu (Das Feuer)*... Marcelle Capy, die 1916 das Buch *Une Voix de femme dans la mêlée* („Eine Frauenstimme im Schlachtgetümmel“) veröffentlicht hat, bringt zusammen mit ihrem Lebensgefährten eine weitere feministische und pazifistische Zeitung, *La Vague*, heraus.

Am 11. November 1918 werden die Frauen auf brutale Weise aus der Industrie abgezogen, um den zurückgekehrten Landsern Platz zu machen. Sie werden entlassen und bekommen häufig noch nicht einmal eine Abfindung, viele von ihnen befinden sich danach in großer materieller Bedrängnis. Da man sie nicht als Arbeitslose betrachtet, werden sie wieder zu „Hausfrauen“. Auch wenn die Arbeitslosigkeit bei Frauen (9,3 %) zu niedrig veranschlagt wird, liegt sie 1921 immer noch über der der Männer (6,4 %). Die mittellosen Frauen wenden sich an die Wohlfahrt und an andere Nothilfsdienste, oder sie versuchen, Näharbeiten zu finden, die sie zu Hause oder in Nähstuben verrichten können. Eine Minderheit behält das Privileg einer Anstellung, vor allem Witwen. Der Krieg hat die Struktur weiblicher Erwerbstätigkeit nicht verändert. Hat er etwas an der Einstellung dazu geändert? Man könnte es angesichts übertrieben optimistischer Erklärungen meinen: „So manche Men-

43 Charles Sowerwine: *Les Femmes et le socialisme*, Presses de la FNSP, 1978.

schen waren überrascht, zu sehen, daß Frauen seit dem Krieg Berufe ausübten, Arbeitsplätze besetzten und Unternehmen führten, zu denen bis dahin nur Männer Zugang hatten. Viele Menschen waren überrascht, viele waren feindselig, aber angesichts der Notwendigkeit sind schließlich die Vorurteile verschwunden. Die Frauen tun etwas, wozu sie sich aufgrund einer falschen Erziehung oft selbst nicht für fähig hielten", schreibt eine Feministin.[44] Viele Frauen haben tatsächlich unter Beweis gestellt, wozu sie fähig sind. Sie haben deshalb aber noch keine neuen Rechte erworben. Der Krieg „bringt jedes Geschlecht wieder auf seinen Platz zurück. Er ist von Grund auf konservativ, sowohl dem Prinzip wie seinem Geltungsbereich nach."[45] Die Auswege, die sich zwischendurch zu eröffnen schienen, wurden wieder verschlossen. Man kann, ganz im Gegensatz zu dem verbreiteten Klischee, von „antifeministischen Effekten"[46] des Krieges sprechen, welche die kommenden Jahrzehnte prägen werden.

---

44 Marguerite Billot-Thullard am 16. April 1918 in der in Angers erscheinenden Tageszeitung *Le Petit Courrier.*

45 Michelle Perrot: Sur le front des sexes: un combat douteux, in: *Vingtième siècle*, No. 3, Juli 1984, S. 76.

46 Vgl. Françaises Thébaud und Christine Bard: Les effets antiféministes de la Grande Guerre, in: Christine Bard (Hg.): *Un siècle d'antiféminisme*, Fayard, 1999, S. 149–166.

Kapitel 2

Die Königinnen des Hauses in der Zwischenkriegszeit

Die „Königin des Hauses" ist gleichzeitig Gattin, Mutter und Hausfrau. Der Ausdruck, der in der Zwischenkriegszeit sehr verbreitet ist, weist auf die Glorifizierung dieser Rolle hin, die als eine „Macht" dargestellt wird. „Wenn der Mann die Gesetze macht, so die Frau die Sitten", heißt es oft. Die Rolle der Frau ist eine „Bestimmung", eine hehre „Aufgabe", die von der Natur gewollt ist und auf die die Erziehung die Mädchen vorbereiten soll. In der Fülle der Druckerzeugnisse zu diesem Thema tritt ein normativer Diskurs zutage, der immer mehr Gewicht bekommt und sich an ein stets größer werdendes Publikum richtet. Die Organisation des Privatlebens wird zu einer öffentlichen Angelegenheit: Der Staat interveniert zugunsten einer Erhöhung der Geburtenrate, zugunsten des Mutterschutzes und einer Verbesserung des Gesundheitszustandes der Bevölkerung. Die Zwänge, denen Frauen ausgeliefert sind, sind keineswegs eindeutig, denn sie kommen von allen Seiten: Von Traditionalisten und Erneuerern, von Konservativen und Progressiven. Männer, die in Politik, Rechtsprechung und Medizin die Macht innehaben, üben Druck auf die Frauen aus, aber auch Frauen, die zwar etwas randständiger sind, jedoch ebenfalls über eine gewisse Macht verfügen, indem sie die öffentliche Meinung beeinflussen oder indem sie sich im Erziehungswesen, im Gesundheitswesen und in den sozialen Berufen eine höhere Position erobert haben. Wie reagieren die Frauen auf diesen Druck? Verinnerlichen sie die neuen Normen? Wir wollen versuchen, das Ideal der Königin des Hauses mit den Alltagsaufgaben von Frauen im häuslichen Bereich zu konfrontieren, und uns bemühen, die Veränderungen zu begreifen, die diesen Zeitraum kennzeichnen.[1]

---

1 Anne Marie Sohn hat in ihrer Habilitationsschrift *Chrysalides. Femmes dans la vie privée,* 2 Bde., Publications de la Sorbonne 1996, anhand von Gerichtsakten Verhaltensweisen im Privatbereich untersucht. Dabei hat sie sich auf Aufzeichnungen bezogen, die in Ermittlungsverfahren über zumeist belanglose Verbrechen und Straftaten entstanden waren. Ihre Untersuchung stellt sehr verbreitete Mentalitäten und Praktiken dar, die im allgemeinen in gedruckten Quellen, zu denen der Zugang leichter ist, übersehen oder entstellt werden. Es kann nicht davon ausgegangen werden, daß ihre Statistiken und Schlußfolgerungen für die Mehrheit der nicht-bürgerlichen Frauen – vier von fünf – repräsentativ sind, da der Quellenlage entsprechend junge Frauen aus der städtischen Unterschicht stark ins Gewicht fallen. Die von Anne-Marie Sohn durchgeführte Arbeit enthält freilich einen so großen Reichtum an Material für die Zwischenkriegszeit, daß sie in diesem Abschnitt über weite Strecken benutzt und zitiert wird.

1 Vorbereitung auf die Ehe

1.1 Die soziale Bestimmung der Mädchen

Im allgemeinen erwartet man von den Mädchen keine besonderen schulischen Leistungen, die ihnen zu einem Beruf und einem ökonomisch unabhängigen Leben verhelfen würden. Von Kindheit an werden sie darauf vorbereitet, Familienbeziehungen den Vorrang zu geben. Dafür ist die Aussteuer ein gutes Beispiel. Vorausschauende Mütter beginnen unmittelbar nach der Kommunion ihrer Töchter, für deren Aussteuer zu sorgen. In der Ehe wird die Aussteuer Eigentum der Frau bleiben. Sie setzt sich von Familie zu Familie, von Region zu Region und in verschiedenen Schichten jeweils anders zusammen. Sie besteht aus Möbeln, dem Schlafzimmer – Bett, Toilettentisch, Nachttische, Schrank –, das die Braut mitbringt, aber vor allem aus Wäsche, insbesondere der Bettwäsche. Die Aussteuer schafft ein symbolisches Band zwischen Mutter und Tochter: Die Laken werden vom Geld der Mutter gekauft. Die Mütter achten auch darauf, daß die Wäsche gezeichnet wird, entweder mit einem roten Faden und Kreuzstich, oder in weiß, was eleganter ist. Im Alter von 15 Jahren fangen die Mädchen an, sich ihre Kleidungsstücke selber zu nähen. Die ganze Aussteuer wird auf lange Zeit gleichsam den Charakter von etwas Heiligem, Unberührbarem annehmen: Man bewahrt und spart sie auf. Häufig bleiben die unbefleckten Laken im Schrank, bis dieser selbst ausgedient hat, als Zeichen der Jugendzeit, als Beweis für einen individuellen Beitrag zur Ehe. Die Aussteuer ist ein Anlaß für Kreativität, Vergnügen und einen gewissen Stolz. Wie das Stricken, das eine Gelegenheit für Anstandsunterricht ist, ermöglicht die Herstellung der Aussteuer, die Mädchen zu kontrollieren. „In einem Alter, in dem die Jungen Tag und Nacht durch das Dorf streifen, in einem Alter, wo sie mit ihren Jagdaktivitäten die Grenzen der Wildnis erforschen, nähen die kleinen Mädchen mit gebeugtem Rücken, die Augen auf die zu zählenden Fäden geheftet wird ihre ganze Aufmerksamkeit von ihrer Handarbeit beansprucht."[2] Nadelarbeiten sind eine Dressur für Geist und Körper und sie haben schon seit langem einen starken Anteil an der sozialen Zurichtung von Frauen.[3] Die Arbeit an der Aussteuer bereitet die Mädchen auf ihr gesellschaftliches „Schicksal", die Ehe, vor. Das Fest der Rosière ist ein weiteres Beispiel dafür, welche Rolle den künftigen Frauen vorgeschrieben ist. Aus einer dörflichen Tradition hervorgegangen wird es städtischen Verhältnissen angepaßt, und es findet selbst in den roten Vororten statt. Die Krönung eines jungen Mädchens an Pfingsten als Höhepunkt der Volksfeste, ist eine Belohnung der Tugend: ihrer Jungfräulichkeit (sie ist weiß gekleidet wie eine Braut), aber zunehmend auch von Ver-

---

2 Agnès Fine: À propos du trousseau: une culture féminine? In: Michelle Perrot (Hg.): *Une histoire des femmes est elle possible?*, Rivages, 1984, S. 175–176.

3 Nicole Pellegrin: Les vertus de l'ouvrage. Recherches sur la féminisation des travaux d'aguille (XVIe–XVIIe siècles), in: *Revue d'histoire moderne et contemporaine*, 46, Nr. 4, Oktober/November 1999, S. 745–764.

diensten wie bescheidene Herkunft und moralische Qualitäten. Die mit Geschenken überhäufte und daher gut ausgestattete Rosière kann sich einen Mann suchen.[4] Diese Zeremonie wird nicht mehr wie ehedem von der Kirche organisiert, sondern von der Stadtverwaltung.

1.2 Die jugendliche Sexualität

Lange Zeit hat sich die Dorfgemeinschaft um die Sexualkontrolle der Jugendlichen gekümmert. In den Dörfern der Vendée hält sich die Sitte des „Maraîchinage“: Sobald Mädchen und Jungen fünfzehn Jahre alt sind, dürfen sie einander umarmen, betasten und streicheln, solange sie sich in der Nähe anderer gleichaltriger Paare aufhalten. Junge Mädchen aus guter Familie bleiben unter den wachsamen Augen ihrer Mutter oder einer anderen Anstandsdame. Gelegenheiten zu einem Flirt gibt es nur selten. Wenn sie an „Matineen“ teilnehmen oder sogar an „Überraschungsparties“, genießen sie dennoch größere Freiheit, eine Freiheit, die sie selbstverständlich nicht mißbrauchen dürfen. Ganz anders geht es in den unteren Bevölkerungsschichten zu, wo die Mädchen im allgemeinen mit 12 oder 13 Jahren von der Schule abgehen, um zu arbeiten. Dreizehn Jahre ist das Alter sexueller Mündigkeit. Wie soll man die jungen Mädchen schützen? In laizistischen Kreisen werden seit Beginn des Jahrhunderts Wohltätigkeitsvereine eingerichtet, um den Mädchen nach ihrem Schulabgang in Abendkursen eine moralische, gesellschaftliche, berufliche und hausfrauliche Weiterbildung zukommen zu lassen.[5] Die Katholiken reagieren darauf, indem sie eigene Betreuungseinrichtungen schaffen. Es kann allerdings bezweifelt werden, daß sie effektiv zur Verhütung frühzeitiger Sexualerfahrungen beigetragen haben.

Weniger die Furcht vor der Sünde, als vielmehr die Furcht vor einer unerwünschten Schwangerschaft schränkt die Sexualität der jungen Mädchen ein. Eine „ledige junge Mutter“ zu sein ist ein Drama. Allerdings haben 11 bis 17 % der jungen Frauen schon vor der Ehe sexuelle Beziehungen gehabt. Die Zahl der vorehelichen Schwangerschaften ist nicht zu vernachlässigen: Am Tag ihrer Hochzeit sind 12 bis 13 % aller Bräute schwanger.[6] In den unteren Bevölkerungsschichten des Nordens, des Ostens und des Pariser Beckens wird der Lebenswandel junger Mädchen, die ihre Unschuld verloren haben, außerdem nur selten moralisch verurteilt. Im Fall einer Schwangerschaft greifen die wagemutigeren eher als andere Frauen auf die Abtreibung zurück und gelegentlich auch auf den Kindermord (der insgesamt gleichwohl sehr zurückging).

---

4 Martine Segalen: Du village à la ville. La fête de la rosière à Nanterre, in: *Ethnologie française*, 12, Nr. 2, April-Juni 1982, S. 185–194.

5 Agnès Thiercé: De l'école au ménage. Le temps de l'adolescence féminine dans les milieux populaires (Troisième République), in: *Clio*, Nr. 4, 1996, S. 75–90.

6 Die Umfrage und die demographische Erhebung werden zitiert bei Edward Shorter: *Naissance de la famille moderne XVIIIe–XXe siècles*, Points Seuil, 1977, S. 140.

In konservativen Kreisen hält man die Sexualerziehung unverheirateter Mädchen natürlich immer noch für eine „Entweihung". Aber allmählich entwickelt sich die öffentliche Meinung weiter. Der Begriff Sexualerziehung ist (mit wechselndem Inhalt) bereits seit 1914 durchaus gebräuchlich.[7] Es gibt jedoch heftige Vorbehalte, und zwar in erster Linie deshalb, weil diese Art der Erziehung auch Informationen über empfängnisverhütende Mittel bereitstellen könnte. Sie legen sich jedoch unter dem Druck der Feministinnen, welche die Folgen der Unwissenheit junger Mädchen öffentlich anprangern, aber vor allem nach der Kampagne der Société de prophylaxie sanitaire et morale („Gesellschaft zur gesundheitlichen und moralischen Prophylaxe"). Dr. Pinard vertrat im Jahr 1918 die Auffassung, bei der Prophylaxe ginge es „um die Zukunft der Rasse"; damit spielte er auf die Zunahme der Syphilis an, die man noch nicht heilen konnte. Prophylaxe (heute spricht man von Prävention) sollte im Idealfall schon in der Schule beginnen. Die Groupes féministes de l'enseignement laïque („Feministische Gruppen im laizistischen Schulwesen") diskutieren 1924 über Sexualerziehung. Im Jahr darauf gründet die Ärztin Germaine Montreuil-Strauss das Comité d'éducation féminine („Komitee für Frauenbildung") der Prophylaxegesellschaft.

Bekanntmachung des Komitees für Frauenbildung der französischen Gesellschaft für gesundheitliche und moralische Prophylaxe

Die französische Gesellschaft für gesundheitliche und moralische Prophylaxe, die sich der Schwierigkeiten bewußt ist, denen junge Mädchen und Frauen begegnen, wenn sie sich in einer gesunden und wissenschaftlichen Weise über Fragen der weiblichen Hygiene und der Mutterschaft unterrichten wollen, hat ein *Komitee für Frauenbildung* geschaffen, das diese unverzichtbaren Bildungsinhalte durch Vorträge und Broschüren verbreiten soll.

Zur Zeit weiß das junge Mädchen, ob es zur Klasse der Wohlhabenden oder zur Arbeiterklasse gehört, nämlich nichts über die Organe und die Funktionen, die es ihm gestatten werden, die Freuden der Mutterschaft zu erleben. Wenn sie heiratet, ist sie nicht nur wehrlos angesichts der materiellen Gefahren (Kindbettfieber, Geschlechtskrankheiten), die sie bedrohen, sie und ihre Kinder bedrohen, sondern auch angesichts der Irrtümer und Vorurteile, die stets aus einer systematisch aufrechterhaltenen Unwissenheit hervorgehen.

Um auf ihre Rolle als Ehefrau und Mutter vorbereitet zu sein, sollte das junge Mädchen Bescheid wissen über die Existenz und die Konstitution der weiblichen Organe, über ihre normalen Funktionen (Pubertät oder Entwicklung, Menstruation, Schwangerschaft, Menopause oder Wechseljahre), über die Gefahren, die sie betreffen können (Geschlechtskrankheiten, Kindbettfieber, Krebs), über die großen Vererbungsgesetze und die Pflege, die sie braucht, um gesund zu bleiben und gesunde Kinder zu bekommen.

7 Yvonne Knibiehler: L'éducation sexuelle des filles au XXe siècle, in: *Clio*, Nr. 4, 1996, S. 139–160.

Neben dieser zur Vorbereitung auf die Ehe unverzichtbaren Bildung besteht für die Heranwachsende, die einer Lohnarbeit nachgehen muß und die allen Gefährdungen der Straße, allen Bedrängnissen in der Fabrik und der Werkstatt ausgesetzt ist, großer Nutzen in der vorbeugenden Erziehung.

Wie kann ein junges Mädchen, das durch die Presse, die Theater, die Kinos, die Illustrierten, die Werbung, die Gossensprache, ganz zu schweigen von den Gesprächen in der Werkstatt und im Büro, täglich mit den Tristheiten und Grobheiten des modernen Lebens in Berührung kommt, gegen deren deprimierenden oder erniedrigenden Einfluß ankämpfen, wenn nicht durch ein richtiges Verständnis ihres Sexuallebens.

Ebenso wie der junge Mann, ja vielleicht mehr als ein junger Mann, muß die junge Arbeiterin über ihr Genitalleben aufgeklärt werden, über die Verantwortung für ihre Taten und die möglichen Auswirkungen ihrer Fehler. Denn für sie kann das geringste Versagen die schlimmsten individuellen und sozialen Folgen haben, da es sie ja zur Mutter machen kann.

Dank der in unserem Lande organisierten militärischen Erziehungspropaganda ist der Mann vor Geschlechtskrankheiten auf der Hut und vor erblichen Belastungen gewarnt. Für die Frau ist in dieser Richtung offiziell bisher nichts unternommen worden, und sie begegnet als Heranwachsende in der Familie wie in der Schule nur allzu oft einem Schweigen als Antwort auf ihre Fragen und ihre begründete Sorge.
Dennoch ist es in der Familie die Frau, die die schwerste physiologische Verantwortung trägt.

Dem jungen Mädchen zu helfen, sich rein und gesund zu erhalten, sie auf ihre Rolle als Ehefrau und Mutter vorzubereiten, das hat sich das Komitee für Frauenbildung zum Ziel gesetzt.

Das Komitee für Frauenbildung, das vom Hygieneministerium subventioniert wird, steht schulischen und nach-schulischen Wohltätigkeitseinrichtungen, Frauenorganisationen, Berufsgewerkschaften, Schirmherren, sozialen Wohnheimen etc. zur Verfügung, um Rednerinnen zu vermitteln, pädagogische Broschüren zu verteilen und Lehrbücher zu empfehlen [...].

Die Präsidentin
Dr. Montreuil-Strauss
75, rue de l'Assomption Paris – XVIe

Die Generalsekretärin
Dr. Hartmann-Coche
6, rue d'Astorg Paris – VIIIe

Angesichts solcher laizistischer Initiativen reagieren die Katholiken. Der Abbé Viollet setzt sich für eine Erziehung der Jugendlichen beiderlei Geschlechts ein, die jedoch physiologische Beschreibungen vermeiden sollte. Die 1929 gegründete École des parents („Elternschule“) dagegen vertritt die Meinung, eine solche Erziehung solle im Familienrahmen stattfinden. Trotz zahlreicher Publikationen, die sie in ihrer neuen Bemühung zu einem

Dialog mit dem Kind unterstützen sollen, bleiben viele Eltern stumm und delegieren faktisch die Unterweisung an einen Lehrer, einen Arzt oder einen Priester. In Wirklichkeit findet diese Art der Erziehung „an Ort und Stelle" statt oder unterbleibt ganz.

1.3 Die frühe Erfahrung männlicher Gewalt

Scham, Entehrung durch den Verlust der Jungfräulichkeit, Angst: Die jungen Mädchen, die sexuelle Gewalt erfahren, schweigen meistens darüber. Landarbeiterinnen, Dienstbotinnen, die häufig jeder Unterstützung durch die Familie entbehren: Den Gerichtsquellen nach sind dies die Hauptopfer von Vergewaltigung.[8] Man stellt sich den Vergewaltiger als unsteten Junggesellen vor, doch handelt es sich in einem von zwei Fällen um einen verheirateten Mann. Häufig ist er ein Vertrauter, manchmal ein Verwandter. Nicht selten ist die Vergewaltigung ein Inzest, der häufig wiederholt wird. Gemeinschaftliche Vergewaltigungen junger Männer nach dem Ende eines Tanzvergnügens oder Festes werden mit großer Milde beurteilt. Wenn manche Männer es auch (kraft ihrer väterlichen Autorität zum Beispiel) für legitim halten, jemanden zum Geschlechtsverkehr zu zwingen, wissen die meisten doch, daß sie eine strafbare Handlung begehen, setzen aber darauf, straflos auszugehen, weil Klagen so selten sind. Denn es ist nicht selbstverständlich, sich an die Justiz zu wenden. Auf dem Land kommt es noch vor, daß die Familie des Opfers mit dem Vergewaltiger über eine finanzielle Entschädigung verhandelt und dafür den Bürgermeister oder den Pfarrer als Vermittler einschaltet. Die Anonymität der Anzeigen und die große Zahl zurückgezogener Klagen sind Anzeichen für das Problem, ein schwieriges Verfahren bis zum Ende durchzustehen, vor allem dann, wenn der Vergewaltiger einen höheren sozialen Rang einnimmt. Aus Entmutigung, aus Angst, daß das Verfahren eingestellt werden könnte, oder aus Furcht vor Repressalien verzichten viele Opfer darauf, Klage zu erheben. Schließlich ist die Aussage des Opfers a priori suspekt, und zwar von den ersten Verhören und medizinischen Gutachten an. Wenn die Beweise für eine Vergewaltigung nicht spektakulär genug sind, wird das Opfer leicht zur Schuldigen gemacht: Man hält ihr vor, daß sie eigentlich nur ihre Zustimmung und ihre Unsittlichkeit verbergen oder einen persönlichen Konflikt mit dem Angeklagten auf diese Weise regeln wolle. Im Spiegel der Gerichtsakten erscheint Vergewaltigung als ein Verbrechen der Armen, das an den Armen verübt wird. Schützt die Bourgeoisie ihre Töchter besser? Oder bewahrt sie nicht vielmehr ihre Ehre, indem sie ihre Geheimnisse besser hütet? Jedenfalls sind die Sexualverbrechen der herrschenden Klassen in den Gerichtsarchiven unterrepräsentiert. Ganz allgemein wird Vergewaltigung selten bestraft, es sei denn das Verbrechen wurde an einem männlichen oder weiblichen Kind begangen.[9]

8 Anne-Marie Sohn: Les attentats à la pudeur sur les fillettes et la sexualité quotidienne en France (1870–1939), in: *Mentalités,* Nr. 3, 1989, S. 71–112.

9 Laurent Ferron: *La répression pénale des violences sexuelles. L'exemple du ressort de la Cour d'appel d'Angers au XIXe siècle,* Diss., Université d'Angers, 2000.

1.4 Die, die nicht heiraten werden

In der Zwischenkriegszeit ist eine von zehn Frauen ledig. Die Angst, keinen Ehemann zu finden, ist generell groß. Auf dem Land, wo die Arbeit von der Aufgabenverteilung in der Familie abhängt, ist es eine Anomalie, nicht verheiratet zu sein. Es bedeutet auch, dem Mißtrauen oder der Verachtung ausgeliefert zu sein, die sich in Redewendungen niederschlagen wie „vieux garçon, vieux cochon“ oder „vieille fille, vieille guenille“: „alter Knabe, altes Schwein“, „altes Mädchen, alter Lumpen“. Deshalb möchte man vermeiden, „der heiligen Katharina einen Kopfschmuck aufzusetzen“ (und das dafür vorgesehene Häubchen zu tragen). Die Sorge darum ist weit verbreitet, denn ab dem Alter von fünfundzwanzig Jahren wird es tatsächlich schwierig, sich zu verheiraten. Besorgte junge Mädchen beten zu ihrer Schutzpatronin, der heiligen Katharina und nehmen an ihrem Namenstag, dem 25. November, an Wallfahrten teil.[10] Abergläubische Sitten (die Nadel einer Verheirateten oder ein Efeublatt auf dem Herzen zu tragen) mischen sich mit katholischen Riten. Ist die Furcht unverheiratet zu bleiben, stärker als früher? Das könnte man annehmen, weil die Debatte über die unverheirateten Frauen, die man liebenswürdigerweise als „überzählig“ bezeichnet, in der Zwischenkriegszeit eine so große Bedeutung bekommt. Die Unglücklichen haben sich ihre Lage nicht ausgesucht; es gibt einfach zu wenig heiratsfähige Männer. Auch junge Mädchen aus „deklassierten“ Familien, die keine oder nur eine sehr geringe Mitgift bekommen, müssen befürchten, für immer ledig zu bleiben.

Soll man gute Miene zum bösen Spiel machen? In einer Gesellschaft, die wegen der Geburtenrate die Mutterschaft verherrlicht, ist es sehr schwer, sich gegen die harten Vorurteile gegenüber „alten Jungfern“ zu wehren. „Das Zölibat ist keine Absicht der Natur“, schreibt der antimoderne Abbé Grimaud in einem Werk mit dem bezeichnenden Titel *Les Non-mariées* („Die Nicht-Verheirateten“), der aus dem Mangel eine Identität macht. „Frau oder Fräulein?“ ist eine entscheidende Frage. Die Journalistin Louise Weiss berichtet, als sie 1934 heiratete, habe sich ihre gesellschaftliche Situation von einem Tag auf den anderen verbessert. „Die Gesellschaft jener Zeit duldete keine alleinstehenden Frauen.“[11] Es gibt einige Versuche, diese wenig beliebten Frauen wieder in die Gesellschaft einzugliedern.[12] Man versucht, ihnen ihre Berufung zu laizistischer Mission schmackhaft zu machen. Nun kann die Junggesellin zwar der Einsamkeit entkommen, indem sie Freundschaft und Selbstlosigkeit kultiviert: Sie hat aber kein Recht auf Liebe. Letzten Endes ist Ehelosigkeit jedoch

---

10 Martine Segalen: *Amours et mariages dans l'ancienne France*, Bibliothèque Berger-Levrault, 1981.

11 *Combats pour les femmes* (1946), Neuauflage Albin Michel, 1980, S. 16.

12 Lya Berger: *Le vaste champ du célibat féminin*, Avignon, Aubanel aîné, 1936. Zur Geschichte des Zölibats vgl. Arlette Farge und Christiane Klapisch-Zuber (Hg.): *Madame ou Mademoiselle. Itinéraires de la solitude féminine*, Arthaud-Montalba, 1984.

immer noch besser als eine Mesalliance. Davon sind die Eltern überzeugt, die an ihrem gesellschaftlichen Rang festhalten, und die Töchter scheinen bei ihrer Gattenwahl noch anspruchsvoller zu sein. Natürlich gibt es Frauen, die die Ehe ablehnen: diejenigen, die eine religiöse Berufung haben und diejenigen, die ein unabhängiges Leben führen wollen. Eine Junggesellin ist nämlich ab dem Alter von einundzwanzig Jahren eine mündige Frau – im Gegensatz zur verheirateten Frau. Das Zölibat kann auch eine feministische Lebensentscheidung sein: Madeleine Pelletier ist dafür eingetreten. Da wechselnde Partnerschaften, freie Liebe und Ehe in ihren Augen nur verschiedene Abstufungen sexueller Sklaverei waren, war der Status der Jungfräulichkeit für sie die einzige Garantie wirklicher Unabhängigkeit.

1.5 Amor ist endogam

Daß die Verbindung eines Mannes und einer Frau, die sich lieben, durch die Ehe besiegelt wird, ist eine Konzeption jüngeren Datums. Lange Zeit hat das materielle Interesse überwogen, und es bleibt auch weiterhin ein wichtiges Anliegen. Von einer solchen Verbindung erhoffen Frauen sich das Glück. Nur wenige können sich diesen starken emotionalen Erwartungen entziehen, weil das kulturelle Umfeld das verheiratete Paar so nachdrücklich idealisiert. Es gibt Eltern, die mißtrauisch sind angesichts stürmischer Liebesbegeisterung, und verständnisvolle Mütter, die ihren Töchtern ersparen wollen, was sie selbst erlebt haben: Man begegnet beiden Einstellungen. Diejenigen, die noch nicht fünfundzwanzig sind, brauchen auf jeden Fall die Einwilligung der Eltern. Diese verfügen über einige Möglichkeiten, Druck auszuüben, zum Beispiel durch die Verweigerung der Mitgift. In der Bauernschaft wie im Bürgertum besteht also immer noch eine starke Abhängigkeit von den Eltern. Bei den städtischen Unterschichten ist die Unabhängigkeit größer, aber auch nur bis zu einem gewissen Grade, weil die Loyalität gegenüber der Familie eine große Rolle spielt und die jungen Paare häufig mit den Eltern zusammenleben.

Bei der Herzensneigung bleibt nur wenig dem Zufall überlassen. Homogamie ist die Regel. Freilich geht sie nicht mehr so stark von den Forderungen der Eltern, sondern von subtileren, häufig unbewußten Faktoren aus. Die Homogamie ist eine räumliche, da die geographische Mobilität in Frankreich nur schwach ausgebildet ist. Man heiratet zwischen Dörfern. Die Landflucht junger Frauen, die in der Stadt ein besseres Leben suchen, ist auch mit der Hoffnung verbunden, einen Städter nach ihrem Geschmack zu finden. Soziale Homogamie wird in der Oberschicht durch ausdrückliche Verbote hergestellt, ist aber auch abhängig davon, was man in den verschiedenen sozialen Milieus unter einem „guten Ehemann" versteht. Die Frauen der unteren Schichten sind vor allem darauf aus, daß er nicht trinkt und fleißig ist. Aus männlicher Sicht soll die Musterehefrau ebenfalls „arbeitsam", sparsam, tapfer, liebevoll und treu sein. Die Kleinanzeigen im *Chasseur français* veranschaulichen die Kriterien der Wahl und der Auswahl von Ehepartnern, die für das Kleinbürgertum in der Provinz zählen. Dort läßt sich die Bedeutung der Habe (Ersparnisse zählen eher als der ausgeübte Beruf), der Ehrbarkeitsnachweise und Belege für einen guten Leumund entdecken. Eine Inserentin möchte warmherzig, ernst, häuslich wirken. Für Frauen wie Männer spielt nun auch die Beschreibung des Äußeren eine Rolle.[13] Man heiratet „unter Menschen, die den gleichen Kreisen angehören". In der feinen Gesellschaft „bezieht man sich selten auf Verliebtheit als ausschlaggebenden Faktor der Wahl", die rational sein muß.[14] Auf die Gefahr, sich zu verändern, läßt sich der Adel in der Zwischenkriegszeit leichter darauf ein, daß seine Töchter bürgerliche Männer heiraten, was nicht gleichermaßen für die Söhne gilt, die den edlen Familiennamen aufrecht erhalten.

Alle Konfessionen achten sehr darauf, daß die religiöse Homogamie respektiert wird. Für die Katholiken ist eine Mischehe besonders skandalös: Im Fall einer Ehe mit einem Protestanten reduziert sich die Zeremonie auf einen Ehesegen in der Sakristei ohne Bekanntgabe des Aufgebots, und das auch nur, wenn der Bischof einen Dispens erlassen hat, gegen das Versprechen, die Kinder im katholischen Glauben zu erziehen und die Ehefrau ihre Religion frei praktizieren zu lassen. Dagegen wird die Ehe mit einem „Israeliten", dies ist der damals verwendete Begriff, oder einem Muslim von der Kirche förmlich untersagt, und es gibt nur sehr selten einen Dispens. Dieses religiöse Eheverbot steht in der besseren Gesellschaft an erster Stelle, wenn es um Mesalliancen geht.

Die Ehehygiene bringt einen „wissenschaftlichen" Aspekt in die Gattenwahl. Das Wachstum ist für junge Mädchen mit fünfundzwanzig Jahren abgeschlossen. Mit dreißig Jahren kann eine Niederkunft für eine Erstgebärende Schwierigkeiten mit sich bringen. Das legale Heiratsalter liegt bei sechzehn Jahren (achtzehn für Jungen). Es gibt keine voreheliche Untersuchung, und man vernachlässigt den Ärzten zufolge viel zu sehr die physischen Unvereinbarkeiten zwischen den Eheleuten und die Krankheiten, chronisch, erblich oder nicht, von denen sie befallen werden können. Ein Altersunterschied zwischen den Eheleuten ist die Norm, ein Mann heiratet später als eine Frau. Er muß bereits in einer gut situierten beruflichen Position sein. In der besseren Gesellschaft heiraten die Mädchen zwischen zwanzig und vierundzwanzig Jahren.

Die Verlobungsvorschriften sind unterschiedlich: Es gibt Abweichungen, die Dauer der Verlobungszeit betreffend, die von zwei Monaten bis zu einem Jahr reichen kann. Bei der offiziellen Erklärung ergreift immer der junge Mann die Initiative, der sich ins Elternhaus seiner künftigen Verlobten begibt, um bei deren Vater um ihre Hand anzuhalten. Das Ereignis wird durch einen Verlobungsring und Blumengeschenke gekrönt, auch durch eine gemeinsame Mahlzeit der beiden Familien, manchmal durch eine Messe. Die Verlobten müssen keusch bleiben, aber in der Literatur werden junge Mädchen beschrieben, die durch ihre Lektüre und durch Gespräche mit älteren Frauen bereits wohl unterrichtet sind und deren Sinne durch den Flirt geweckt wurden: Man nennt sie – nach dem Titel eines Romans

13 Marc Martin: Images du mari et de la femme au XXe siècle: les annonces de mariage du *Chasseur français*, in: *Revue d'histoire moderne et contemporaine*, April-Juni 1980, S. 295–311.

14 Cyril Grange: *Les Gens du Bottin mondain (1903–1987): y être, c'est en être*, Fayard, 1996, S. 143.

von Marcel Prévost – „demi-vierges“ („Halbjungfrauen“). In den Kreisen praktizierender Katholiken herrscht Wachsamkeit. Besorgte Jugendliche fragen sich daher, ob Verlobten wohl ein Kuß auf den Mund gestattet sei. Die jungen Mädchen sollen jungfräulich in die Ehe gehen – natürlich auch ihre Verlobten, aber es wird weitgehend toleriert, daß sie ihre sexuelle Initiation bei leichten Mädchen erfahren. Auch in den fortschrittlichen Kreisen sieht man es nicht gern, wenn sich jemand einen Vorgeschmack auf die Freuden der Ehe verschafft. Dort ist man der Meinung, man müsse seinen sexuellen Appetit zu zügeln lernen, um durch dauerhaftes Glück belohnt zu werden. Vor dem Hintergrund dieser Laienmoral wird den jungen Mädchen vor allem empfohlen, Sport zu treiben, damit sie ihr Übermaß an Energie loswerden. Die Mütter weigern sich, über die Hochzeitsnacht zu sprechen. Ihre Tränen bei der Trauung können als düsteres Vorzeichen gedeutet werden.

2 Die Ehe

2.1 „Der schönste Tag im Leben einer Frau“

Der Hochzeitstag wird als der schönste Tag im Leben einer Frau angesehen. Eine Hochzeitsphotographie, die seit dem Ende des 19. Jahrhunderts zum Ritual gehört, verewigt diesen Tag. Das Datum ist sehr wahrscheinlich von den Eltern der Braut gewählt worden. Empfohlen wird der Zeitraum zwischen dem achten und dem fünfzehnten Tag nach der Menstruation. Man knausert nicht mit Ausgaben, um ein denkwürdiges Fest zu organisieren: Tischgesellschaften von mehreren hundert Personen in der Bretagne, eine große Menge von Gästen in den besseren Kreisen, zwischen fünfzig und hundert Personen bei gewöhnlichen Hochzeiten. Seit kurzem hat sich Weiß als Farbe für das Brautkleid durchgesetzt. Es ist ein Zeichen für die Reinheit der Braut. In großer regionaler Vielfalt haben sich alte Traditionen auf dem Lande erhalten. Über die religiöse Zeremonie hinaus, die viel wichtiger ist als die Ziviltrauung, nimmt die ganze Gemeinschaft und vor allem die Altersgruppe der Eheleute an einem Fest teil, das um so mehr geschätzt wird, als es den Rhythmus der „Werke und Tage“ durchbricht. Die Ehefrau wechselt vom Haus ihres Vaters in das ihres Ehemannes („Haus“ besagt dabei mehr als „Familie“). Eine reiche Symbolik gestattet der Gemeinschaft teilzunehmen, wenn das Paar sein erlaubtes Sexualleben aufnimmt (dieser Mangel an Intimität ermöglicht, die Jungfräulichkeit der Braut und die Männlichkeit des Bräutigams festzustellen), ihre Wünsche für eine fruchtbare Verbindung zum Ausdruck zu bringen und Vermutungen über die Kräfteverhältnisse des Paares anzustellen: Wer wird die Hosen tragen? Der Bräutigam kann sicher sein: Wenn es ihm gelingt, den Trauring ganz leicht bis zum Fingeransatz seiner Frau herunterzuschieben, wird seine Autorität respektiert werden. In der Stadt ist die Gemeinschaft nicht so stark an der Hochzeit beteiligt, diese ist auch nicht so abhängig von der Verwandtschaft, sondern findet eher im privaten Rahmen statt. Die Hochzeitsriten sind nicht so zahlreich und nüchterner. Praktiziert wird hier noch das Entwenden der Strumpfbänder, die anschließend versteigert werden. Nur in wohlhabenden Kreisen kann man sich ein großes Fest erlauben, das mit dem Beginn einer Hochzeitsreise endet.

2.2 Die eheliche Sexualität

Die „Hochzeitsnacht" ist für die junge Braut oft angstbesetzt und heikel für ihren Partner, der zwischen Furchtsamkeit, Alkoholisierung und Gewalttätigkeit schwankt. Nur dem Ehemann gesteht man eine aktive Rolle zu. Die Ansichten der Mediziner widersprechen sich: Die einen fordern den Mann auf, seine Frau schnell zu überwältigen, andere empfehlen dagegen Sanftmut, Verständnis und Geduld. Die Romanliteratur stellt seit dem 19. Jahrhundert den ersten Sexualverkehr als legale „Vergewaltigung" dar. Das trifft sicherlich auch noch für die Zwischenkriegszeit zu. Warum sollte man sich also darüber wundern, daß Frigidität unter den Frauen so weit verbreitet ist? Sie gilt als normal, und man ist der Meinung, sie gezieme sich für anständige Ehefrauen. Ob Last oder Lust, der Koitus ist für die Ehefrau auf jeden Fall eine „eheliche Pflicht". Aber in welchen Grenzen muß sie ihr entsprechen? Damit befassen sich praktizierende Katholiken und Katholikinnen: Die Briefe an den Abbé Viollet, der die Association du mariage chrétien („Vereinigung der christlichen Ehe") ins Leben gerufen hat, sind eine außerordentlich aufschlußreiche Quelle, wenn man etwas über ihre Gewissensbisse und ihre Sexualpraktiken erfahren möchte.[15] Wenn der Zweck des Sexualaktes in der Zeugung besteht, ist dann Sexualverkehr, der unfruchtbar bleibt, eine Sünde? „Die Antwort der Moraltheologen ist jedoch eindeutig und beruhigend: Solange die Ehegatten nichts zur Verhütung unternehmen, ist ehelicher Geschlechtsverkehr legitim",[16] denn ein weiterer Zweck der Ehe besteht darin, die Begierde zu stillen. Es bestehen aber weiterhin Skrupel, und zwar weniger bei den Männern als bei den Frauen, die sich fragen, welches Maß an „Vertraulichkeiten" zulässig sein mag. Denn der „Betrug" (in der Sprache des Volkes) oder die „Onanie" (in der Sprache der Kirche) fängt schon an, sobald der „Same" sich nicht in das „weibliche Gefäß" ergießt. Die Ehemänner werden ermahnt, ihren Frauen mehr Achtung entgegenzubringen und ihre Glut zu zügeln. Manche Ehefrauen leiden unter einer aufgezwungenen Enthaltsamkeit; andere fragen sich, ob der Liebesgenuß eine Sünde ist; sehr viele bringen aber ihren Abscheu gegenüber dem Sexualakt zum Ausdruck und sprechen von ihrer Erschöpfung durch permanente Schwangerschaften. Abbé Viollet antwortet ihnen, der Akt sei von Gott gewollt und die Erfüllung der ehelichen Pflicht sei der Einsatz für ein gutes eheliches Einvernehmen. Die Mediziner, die sich mit „Ehehygiene" befassen, kehren die Schuldgefühle beiseite und führen andere Normen ein.

15 Martine Sévegrand: *L'Amour en toutes lettres. Questions à l'abbé Viollet sur la sexualité (1924–1943)*, Albin Michel, 1996.

16 Id., S. 74.

Die Ärztin Houdré meint zum Beispiel, daß beim Geschlechtsverkehr ein Rhythmus von ein- bis dreimal wöchentlich angemessen sei.

2.3 Die Abhängigkeit der Ehefrau: Rechtsstatus und gesellschaftliche Realität

Die Identität von Frauen ist auf der Ehe begründet, wesentlich stärker als die Identität von Männern, wie es zum Beispiel durch die Annahme des Familiennamens des Ehemannes belegt wird, die gesetzlich gar nicht zwingend ist. Die Ehe bringt für sie auch spezifische Zwänge mit sich: Der immer noch geltende Code Napoléon (von 1804) beraubt die verheiratete Frau ihrer Rechtsfähigkeit, sie wird entmündigt und ist von ihrem Ehemann, dem sie Gehorsam schuldet, abhängig. Keine Urkunde, kein Verkauf, kein Darlehen, keine Spende darf ohne seine stillschweigende und manchmal auch schriftliche Erlaubnis getätigt werden. Die Ehefrau ist vor Gericht nicht verhandlungsfähig. Wenn das Paar nicht bei einem Notar Gütertrennung vereinbart hat, gilt automatisch Gütergemeinschaft. Dann wird der Mann ohne ein Mitbestimmungsrecht der Frau zum Verwalter des gemeinsamen Vermögens. Er kann plötzlich mit dem gemeinsamen Geld verschwinden und seiner Frau keinen Sou hinterlassen. Die verlassene Ehefrau ist im Unrecht; sie verläßt das „eheliche Domizil", wenn sie ihrem Ehemann nicht folgt. Zudem gibt es auch noch eine Ungleichheit bei der Erbfolge: Der Ehemann kann die Ehefrau testamentarisch der Vormundschaft über die unmündigen Kinder entheben. Um einen Paß zu bekommen, braucht die Ehefrau die Genehmigung des Mannes, was unmöglich ist, wenn der Ehemann abwesend oder ins Ausland gegangen ist. Das Aufsichtsrecht des Mannes erstreckt sich auch auf die Korrespondenz oder auf den Umgang der Frau. Feministinnen kämpfen gegen diese in dem Gesetzbuch enthaltenen Ungleichheiten. Im Jahr 1907 können sie durchsetzen, daß die Ehefrau mit Ausnahme ihres Beitrags zum Haushalt über ihren Arbeitslohn selbst verfügen kann. Als sich im Ersten Weltkrieg zwischen 1914 und 1918 herausstellt, daß die Frauen entgegen aller Erwartung sehr wohl als „Familienoberhaupt" handeln können, beschleunigt dies die Reform des bürgerlichen Gesetzbuches nicht. Ab 1927 kann eine verheiratete Frau ihre eigene Nationalität behalten. Im Jahr 1938 werden die Frauen durch eine weitreichendere Reform zum Teil emanzipiert: Sie genießen nun volle Rechtsfähigkeit, aber der Ehemann bleibt „Familienoberhaupt"; immer noch entscheidet er über den Wohnsitz und kann sich einer Berufsausübung seiner Ehefrau widersetzen... Ihm allein obliegt die elterliche Gewalt.

Der Code Civil erlegt den besitzenden Klassen ein patriarchales Gesetz auf. Was aber bedeutet dieses Gesetz für die Masse der Frauen? Es ist, so scheint es, weitgehend unbekannt und wird umgangen. Die Frauen meinen, sie seien ihren Ehegatten gleichgestellt. Sie arbeiten ohne deren Erlaubnis, welche die Arbeitgeber auch nur sehr selten verlangen. Sie verfügen über ihre Einkünfte und verwalten das gemeinsame Eigentum. Die Vorstellung eines männlichen Familienoberhauptes wird ebenso wie die dem Ehemann obliegende Unterhaltspflicht weitgehend abgelehnt. Das Strafgesetzbuch scheint keinen Einfluß auf das Verhalten zu haben, denn ein Ehebruch wird nicht als Vergehen aufgefaßt. Man kann von einer Gleichgültigkeit der Bevölkerung gegenüber dem Diskurs der Eliten sprechen; diese ist besonders ausgeprägt in den Milieus der Armen, die auf etwa 10 % der Gesamtbevölkerung veranschlagt werden.

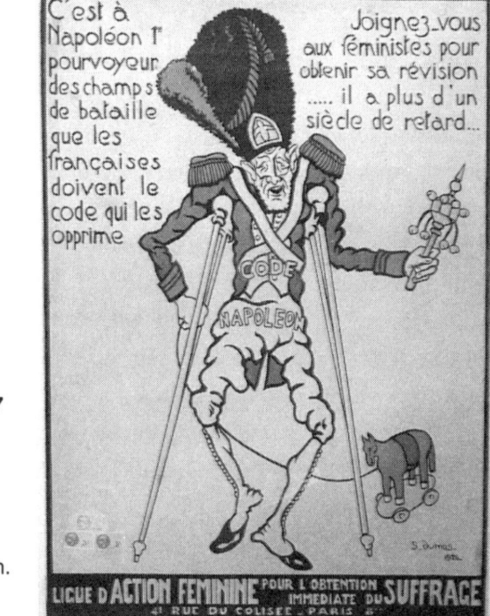

Plakat der Frauenliga für den Kampf um sofortigen Erhalt des Stimmrechts von 1927 (BMD)

Die Feministinnen prangern hier mit Humor die Ungerechtigkeiten des Code Civil von 1804 an. Sie erreichen dessen partielle Reform im Jahr 1938.

Aber die Tradition reicht – für diejenigen, die das bürgerliche Gesetzbuch nicht kennen – aus, um manche Ehemänner darin zu bestärken, daß ihre Autorität gegenüber der Ehefrau legitim sei; als Hausfrau, Heimarbeiterin oder Händlerin ist diese besonders abhängig. Die Männer nehmen sich das Recht, sie zu züchtigen: Mit Schlägen erinnern sie sie daran, „wer Herr im Hause" ist. Der Altersabstand verleiht der Beziehung häufig einen Anschein „väterlicher" Herrschaft. Freilich kann Brutalität von der Nachbarschaft angezeigt werden; sie ist ein häufiger Scheidungsgrund. Haustyrannen und Eifersüchtige, die in ihrer Gewalttätigkeit bis zum Verbrechen gehen, gibt es in allen Schichten. Auch wenn die soziale Phantasie dem Bauern, der seine Frau schamlos mißbraucht, und dem betrunkenen Arbeiter, der am Zahltag seine Frau schlägt, sehr viel Raum gibt. Diese alltägliche Gewalt bringt letzten Endes eine viel schlimmere Herrschaft hervor als die Zwänge des Code Civil. Meistens sind Angst und ein fehlender Ausweg die Gründe für die Unterwerfung der Frauen. Die Ehefrauen, „die die Hosen anhaben", sind nur Ausnahmen, welche die Regel bestätigen.

3 Die Mutterschaft

3.1 Gebären

Für die meisten Frauen ist die Schwangerschaft kein besonderer Zeitabschnitt. Als „natürliche“ Erscheinung bedarf sie keiner medizinischen Behandlung.[17] Unwohlsein und Übelkeit rechtfertigen weder eine Unterbrechung der Arbeit noch die Einnahme von Medikamenten. In Erwartung des „glücklichen Ereignisses“ fehlt es freilich nicht an Ängsten: Es wird wahrscheinlich auf eine schmerzhafte Bewährungsprobe hinauslaufen. Die Vorstellung von den Schmerzen der Niederkunft ist nicht nur in den Köpfen der Gebärenden fest verankert, sondern auch bei Ärzten und Hebammen, welche die Leiden für normal und unvermeidlich halten. Die Verabreichung schmerzstillender Mittel oder eine Betäubung sind daher außergewöhnliche Maßnahmen; die Geburtshelfer versuchen vor allem, Mutter und Kind Sicherheit zu geben. Die Angst, bei der Geburt sterben zu können, scheint nicht so weit verbreitet zu sein. Die Müttersterblichkeit geht dank der Abnahme des Kindbettfiebers und besserer Prävention stark zurück. Freilich opfern die Ärzte, wenn sie zwischen dem Leben der Mutter und dem Leben des Kindes zu entscheiden haben, immer noch häufig die Mutter. Abtreibung aus therapeutischen Gründen ist bei den Schwindsüchtigen, deren Krankheit sich durch Mutterschaft immerhin verschlimmert, nicht zulässig.

Zwischen den Kriegen gibt es einen raschen Fortschritt in der medizinischen Versorgung, bei dem die alten Gebräuche und Gewohnheiten, Scham und Nachlässigkeit über den Haufen geworfen werden. Als erste profitieren davon die Städterinnen und die wohlhabenden Frauen. Es entstehen mehr Entbindungsstationen in den Krankenhäusern. Das Entbindungshaus Baudeloque, das um die Jahrhundertwende zur Klinik wurde, dient als Modell. Es wird von Professor Adolphe Pinard geleitet, der mit modernen Methoden der Geburtshilfe experimentiert und Forschung und Lehre weiterentwickelt. In den Entbindungsstationen sind Hygieneregeln, Disziplin, unpersönlicher Umgang und Anonymität vorgeschrieben. Die Frauen müssen dort allein bleiben, das Besuchsrecht ist eingeschränkt. In Paris überschreiten die Krankenhausgeburten 1927 eine Marge von 50 %. Die Hebammen sind trotz der Berufsvereinigungen, die ihre Rechte wahrnehmen, durch die Entwicklungen im Klinikbereich und die Entstehung anderer Frauenberufe, wie Krankenschwester und Sozialarbeiterin, einer harten Konkurrenz ausgesetzt.

Auf dem Land findet die Geburt dagegen weiterhin zu Hause statt. Nicht immer ist dabei eine Hebamme tätig. „Gute Feen“ leisten Beistand kraft ihrer Erfahrung als kinderreiche Familienmütter oder aufgrund von Informationen, die sie sich in der Stadt bei einer

17 Françoise Thébaud: *Quand nos grands-mères donnaient la vie. La maternité en France dans l'entre-deux-guerres*, Lyon, PUL, 1986.

Hebamme besorgt haben.[18] Zwar mag es bei der Niederkunft im ländlichen Milieu nicht so hygienisch zugehen, psychologisch ist es jedoch einfacher, sie in einer vertrauten und weiblichen Umgebung zu erleben. Wie in der Stadt nehmen auch auf dem Land die Männer dabei nicht teil, entweder weil sie es nicht wollen oder weil es einfach als undenkbar erscheint. Äußerst selten sind die Väter, die diese Erfahrung teilen und sich um die ganz kleinen Kinder kümmern, was ausschließlich Aufgabe der Frauen ist.

3.2 Akkulturation der Mütter?

Die Mütter haben jetzt mehr Chancen, ein lebendes Kind zur Welt zu bringen und zu sehen, wie ihr Neugeborenes heranwächst. Die Kindersterblichkeit geht zwischen 1901 (142 %) und 1938 (66 %) um die Hälfte zurück. Von medizinischer Seite wird starker Druck auf die Mütter ausgeübt, damit sie den Kindern die Brust geben: Das Stillen, dem alle möglichen guten Eigenschaften nachgesagt werden (eine natürliche Methode, besser für das Kind, befriedigend für die Mutter), wird über einen langen Zeitraum praktiziert, manchmal bis das Kind zwei Jahre alt ist. Es wurde sogar eine Stillprämie geschaffen, aber sie ist so lächerlich gering, daß sie keinerlei Auswirkungen hat. Trotz der intensiven Werbung für das Stillen, das günstige Auswirkungen in Bezug auf die Kindersterblichkeit hat, setzt sich das Fläschchen durch.[19] Die von der Reklame angepriesene Milch wird immer besser kommerzialisiert und erleichtert vielen arbeitenden Frauen das Leben, die ihrer Umgebung oder einer Kinderfrau die Betreuung und Ernährung des Säuglings überlassen. Der Stillzwang scheint samt seinen gelegentlich schmerzhaften und unschönen Folgen nicht besonders gut aufgenommen zu werden. So läßt sich ein stummer Widerstand gegen die Ermahnungen der Eliten feststellen, die sich nicht scheuen, Mütter, die nicht stillen wollen, des Kindermords zu bezichtigen.

Materielle Schwierigkeiten und der Einfluß der Mediziner und Moralisten können zu einer engeren Beziehung zwischen Mutter und Kind führen. Weil es so kostspielig ist, werden Säuglinge nur noch selten zu einer Amme gegeben (in den 1920er Jahren 20 % der kleinen Pariser, nach 1935 10 %); außerdem sind die damit verbundenen Schuldgefühle stärker als ehedem. Erwerbstätige überlassen ihr Kind tagsüber lieber der Obhut einer Nachbarin, ihrer Mutter oder der älteren Tochter. Immer noch wird die Babypflege von verschwenderischen Ratschlägen aus dem weiblichen Umfeld angeleitet, zunehmend jedoch auch von den Entbindungsstationen und der Säuglingsberatung. Gegen die Überlieferung drängt der Wind der Modernisierung die Mütter, sich in Säuglingsschwestern zu verwan-

---

18 Giordana Charuti, Claudine Favre-Vassas, Agnès Fine: *Gestes d'amont. Les femmes du pays de Sault racontent le travail*, Villelongue d'Aude, Atelier du Gué, 1980, S. 30 ff.

19 Catherine Rollet-Echalier: *La Politique à l'égard de la petite enfance sous la IIIe République*, PUF/INED Cahier Nr. 127, 1990.

deln, jedoch vollzieht sich die kulturelle Anpassung je nach Region und sozialem Milieu in unterschiedlichen Rhythmen. Sehr verschieden ist es um die Kenntnis der Hygienevorschriften bei der Ernährung bestellt: Man muß lernen, sterilisierte Milch zu verwenden, das Fläschchen auszukochen und die Nahrung dem Alter anzupassen; aber – um nur ein Beispiel zu nennen, das besonderes Aufsehen erregt – man gibt den Kleinkindern gelegentlich immer noch Schnaps, Cidre oder Kaffee.

Eine weitere wichtige Auseinandersetzung betrifft die Sauberkeit. Die Kinder der Zwischenkriegszeit sind insgesamt gut angezogen. Die Mütter entwickeln zunehmend einen gewissen Stolz, gut gekleidete Kinder zu haben. Aber unter den Leibchen der Säuglinge und den Kleidern der Kleinkinder sammelt sich Schmutz an. Die Gewohnheiten der Bevölkerung lassen sich nur schwer außer Kraft setzen. So wird der Rat der Ärzte, nach jeder Flasche die Windeln zu wechseln, nicht befolgt. Man scheut sich, die Babys zu waschen, aus Angst, sie könnten sich erkälten. Der Dreck, so die verbreitete Meinung, ist ein guter Gesundheitsschutz, auch Ungeziefer und Läuse. Die Kinder entsprechen dem Vorbild der Erwachsenen, die sich nur die Hände, das Gesicht und manchmal die Füße waschen. Die Schule und eine bessere Versorgung mit Trinkwasser ermöglichen einige Veränderungen, aber auf dem Land sind sie noch lange nicht in Sicht. Die Sozialarbeiterinnen haben die Aufgabe, die Mütter bei der Kinderpflege zu unterstützen. Sie bringen ihnen bei, Symptome zu analysieren, erste Hilfe zu leisten, zu erkennen, wann man einen Arzt aufsuchen muß. Die Gesundheitsämter und die Erstattung der Kosten für medizinische Versorgung durch die Sozialversicherung verbessern die gesundheitliche Situation von Kindern. Die Akkulturation der Mütter ist in vollem Gange, allerdings in der Stadt und auf dem Land offenbar mit unterschiedlicher Geschwindigkeit. Aber der Wandel ist manchmal schwer zu ertragen. Die Intervention von außen beeinflußt die freie Entscheidung der Mütter und kann sogar zum Zwang werden: Die Drohung des Entzugs der elterlichen Gewalt lastet auf den Frauen und Männern, die nicht genügend Einkünfte haben.[20]

Die Mütter haben eine erdrückende Verantwortung zu tragen, solange ihre Kinder noch nicht zwei Jahre alt sind, und die Belastung bleibt hoch bis zum siebten Lebensjahr. Aus Mangel an Plätzen kann nur eines von sieben Kindern in die École maternelle („Kindergarten“) aufgenommen werden. Die Zeit, die man den Kindern widmet (ein bis zwei Stunden am Tag) nimmt zu, und sei es nur, weil sich die Arbeitszeit insgesamt verkürzt. Mütter mit mehreren Kleinkindern sind daher häufig gezwungen, ihre Erwerbstätigkeit einzustellen, es sei denn, sie arbeiteten auf dem Land oder zu Hause. Die allerärmsten Mütter entscheiden sich manchmal dafür, die Kinder bei ihren Familien, bei karitativen Einrichtungen oder bei der öffentlichen Fürsorge unterzubringen. Väter mischen sich in die Kindererziehung kaum ein; diese Aufgabe bleibt den Frauen überlassen. Nach einer Scheidung bekommen 80 % der Mütter das Sorgerecht, weil die Richter sie für „besser geeignet“ halten, Kin-

20 Anne-Marie Sohn: *Chrysalides*, op. cit., S. 336.

der groß zu ziehen als die Väter: Ihre Reaktion steht im Widerspruch zu dem Gesetz, das die elterliche Gewalt ausschließlich dem Vater überträgt. Die Mutterliebe (aber auch die Liebe des Vaters) drückt sich weniger zurückhaltend aus als früher.

3.3 Das malthusianische Frankreich

In der Zwischenkriegszeit geht die Zahl der kinderreichen Familien zunehmend zurück; die Geburt des ersten Kindes findet immer später statt. Für das malthusianische Frankreich gibt Paris den Ton an. Die Geburtenkontrolle ist ziemlich effektiv. Das gebräuchlichste Mittel ist der Koitus interruptus: Wenn sich der Mann zurückzieht, trägt er faktisch die Verantwortung für den Erfolg der Verhütung, und in den meisten Fällen deutet dies darauf hin, daß die Entscheidung, keine Kinder zu bekommen, von beiden Partnern getroffen wurde. Präservative, die einzigen Verhütungsmittel, die erlaubt sind, weil sie die Verbreitung von Geschlechtskrankheiten einschränken, sind ziemlich teuer und selten zu finden; schließlich werden sie auch kaum benutzt. Nur wenige Frauen machen Spülungen, benutzen samentötende Schwämmchen oder Pessare. Zeitweilige Enthaltsamkeit, wie sie die Ogino-Methode empfiehlt, wird als Verhütungsmittel zwischen 1934 und 1936 bekannt. Die Oberhäupter der katholischen Kirche haben diese Methode nicht offen verurteilt, weil sie den natürlichen Zyklus der Frau respektiert. Sie vereitelt jedoch zudem die Absicht der Geburtenkontrolle, denn sie ist nicht besonders zuverlässig.

Trotz aller damit verbundenen Gefahren ist Abtreibung weit verbreitet.[21] Diejenigen, die das Pech haben, vor Gericht zu kommen, äußern häufig, daß sie schon zu viele Kinder hätten, daß sie in sehr kurzen Abständen immer wieder schwanger geworden seien oder daß es ihnen aufgrund ihrer materiellen Verhältnisse unmöglich sei, ein weiteres Kind groß zu ziehen. Es ist Sache der Frauen, sich mit der Unterstützung von Freundinnen „zu helfen" zu wissen oder Mittel und Wege zu finden, um das Kind „loszuwerden". Die Entscheidung wird schnell getroffen, oft schon nach dem Ausbleiben der Regel, selten nach dem dritten Schwangerschaftsmonat. Es werden verschiedene Mittel eingesetzt, manche davon (Bäder, Umschläge oder Kräuteraufgüsse) sind unwirksam und andere (zum Beispiel Schläge, um den Fötus zu lösen) sind gefährlich. In einem von vier Fällen machen die Frauen den Eingriff selbst, entweder mit einer Kanüle oder mit irgendeinem anderen spitzen Instrument. Die abtreibenden Frauen, die kaum Schuldgefühle haben, müssen allerdings physische Schmerzen ertragen: Rißwunden, Blutungen und Infektionen. Die meisten greifen auf „professionelle" Hilfe zurück: Hebammen, Ärzte und Krankenschwestern handeln gelegentlich in malthusianischem Kampfgeist – sie verlangen keine hohen Preise und machen es

21 Dieser Abschnitt stützt sich auf die von Anne-Marie Sohn anhand von Gerichtsakten über Abtreibungsprozesse durchgeführte Untersuchung. Vgl. Dies.: *Chrysalides*, op. cit., S. 828–908.

sogar umsonst, manchmal aber auch aus Geldgier – es gibt Betrüger, die die Notsituation ausbeuten. „Angst vor der Polizei hat keine abschreckende Wirkung. Das Gesetz ist entweder nicht bekannt oder es wird abgelehnt."[22] Manchmal kommt die Polizei aufgrund einer – häufig anonymen – Anzeige. Dahinter können sich eine rachsüchtige Nachbarschaft, das Bedürfnis, eine offene Rechnung in der Familie zu begleichen oder moralische Bedenken gegen die Abtreibung verbergen. Die Zunahme von Gerichtsprozessen beweist nicht, daß tatsächlich auch die Abtreibungen zugenommen haben; sie vermittelt nur eine Ahnung davon, daß die Strafverfolgung härter geworden ist. Die zeitgenössischen Schätzungen sind mit Vorbehalt zu nehmen, denn sie dienen dazu, Abtreibung als „soziale Plage" zu stigmatisieren: So ist 1914 vor dem Krieg von 500 000 bis zu einer Million Abtreibungen jährlich die Rede und im Jahr 1938 prangert die Alliance nationale contre la dépopulation („nationales Bündnis gegen die Entvölkerung") das „Massaker" an „400 000 kleinen Franzosen an, die jährlich getötet werden". Nach neueren Auswertungen sind die Zahlen wesentlich niedriger: 60 000 Abtreibungen im Jahr 1914 und etwa 12 000 pro Jahr in der Zwischenkriegszeit.[23]

In der Geburtenbeschränkung drückt sich für die einen die Absicht sich zu bereichern aus, während die anderen der Pauperisierung entgehen wollen. Der Malthusianismus[24] ist vor allem mit den materiellen Schwierigkeiten verbunden, unter denen die Mehrzahl zu leiden hat. Als der Malthusianismus sich in den westlichen Ländern verbreitet, hört er auf, eine französische Besonderheit zu sein. In Frankreich gibt es freilich immer noch gewisse soziale oder geographische Inseln mit starker Fruchtbarkeit. Vor allem Elsaß-Lothringen und der Nordosten zeichnen sich diesbezüglich aus. Wie eine Umfrage von 1924 zeigt, ist die katholische Frömmigkeit besonders furchtbarkeitsfördernd: Die Nachkommenschaft der Paare, die mindestens ein Kind haben, das ins Kloster gegangen ist, beläuft sich statistisch gesehen auf eine Zahl von 6,6 bis 6,9 Kindern.[25] In der Aristokratie impliziert die Weitergabe des Erbes die Geburt vieler Kinder: Im Jahr 1936 haben diese Familien 4,2 Kinder, während sich der nationale Durchschnitt auf 2,5 beläuft. Hat der Adel den Babyboom vorweggenommen?[26]

---

22 Anne-Marie Sohn: *Chrysalides*, op. cit., S. 887.

23 Id., S. 906 f.

24 *Anm. d. Ü.*: Malthusianismus: Bevölkerungstheorie, die sich auf Thomas Robert Malthus (1766–1834), einen britischen Theologen und Nationalökonomen, stützt. Malthus ging davon aus, daß das Bevölkerungswachstum exponentiell steige, die Nahrungsmittelproduktion aber nur linear. Wegen der mit einer tendenziellen Überbevölkerung verbundenen Hungersnöte, Kriege und anderen Gefahren setzt sich der Malthusianismus für eine Geburtenbeschränkung mit verschiedenen Mitteln ein.

25 Vgl. Philippe Ariès: *Histoire des populations françaises et de leur attitudes devant la vie depuis le XVIIIe siècle*, Points Le Seuil, 1979, S. 318.

26 Dies ist die Hypothese von Cyril Grange in: Ders.: *Les Gens du bottin mondain*, op. cit., Fayard, 1996.

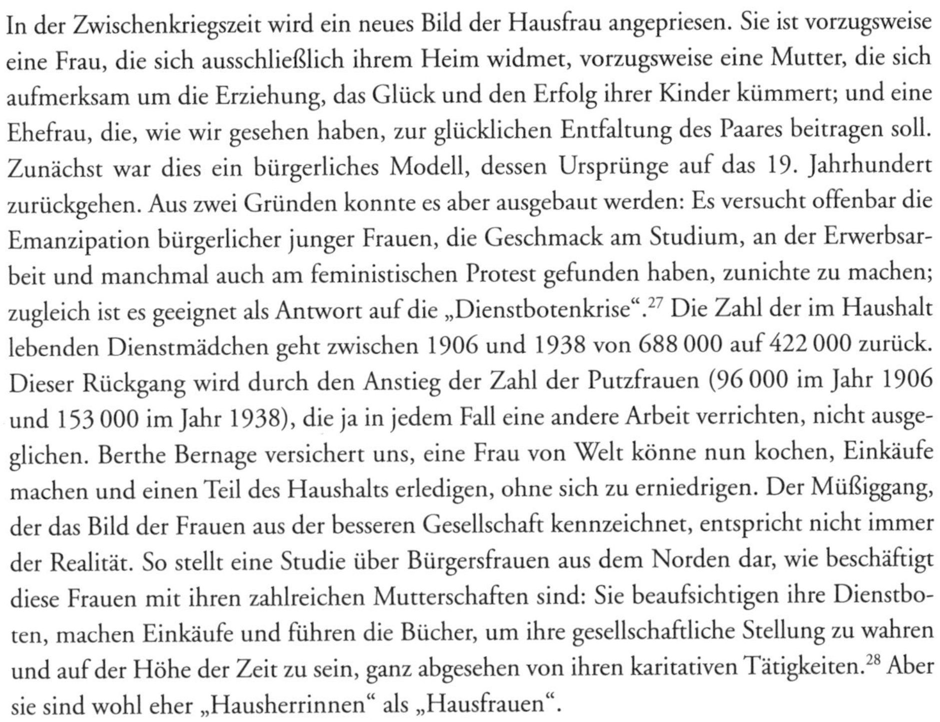

4 Die Hausfrau als „Engel des Hauses“

In der Zwischenkriegszeit wird ein neues Bild der Hausfrau angepriesen. Sie ist vorzugsweise eine Frau, die sich ausschließlich ihrem Heim widmet, vorzugsweise eine Mutter, die sich aufmerksam um die Erziehung, das Glück und den Erfolg ihrer Kinder kümmert; und eine Ehefrau, die, wie wir gesehen haben, zur glücklichen Entfaltung des Paares beitragen soll. Zunächst war dies ein bürgerliches Modell, dessen Ursprünge auf das 19. Jahrhundert zurückgehen. Aus zwei Gründen konnte es aber ausgebaut werden: Es versucht offenbar die Emanzipation bürgerlicher junger Frauen, die Geschmack am Studium, an der Erwerbsarbeit und manchmal auch am feministischen Protest gefunden haben, zunichte zu machen; zugleich ist es geeignet als Antwort auf die „Dienstbotenkrise“.[27] Die Zahl der im Haushalt lebenden Dienstmädchen geht zwischen 1906 und 1938 von 688 000 auf 422 000 zurück. Dieser Rückgang wird durch den Anstieg der Zahl der Putzfrauen (96 000 im Jahr 1906 und 153 000 im Jahr 1938), die ja in jedem Fall eine andere Arbeit verrichten, nicht ausgeglichen. Berthe Bernage versichert uns, eine Frau von Welt könne nun kochen, Einkäufe machen und einen Teil des Haushalts erledigen, ohne sich zu erniedrigen. Der Müßiggang, der das Bild der Frauen aus der besseren Gesellschaft kennzeichnet, entspricht nicht immer der Realität. So stellt eine Studie über Bürgersfrauen aus dem Norden dar, wie beschäftigt diese Frauen mit ihren zahlreichen Mutterschaften sind: Sie beaufsichtigen ihre Dienstboten, machen Einkäufe und führen die Bücher, um ihre gesellschaftliche Stellung zu wahren und auf der Höhe der Zeit zu sein, ganz abgesehen von ihren karitativen Tätigkeiten.[28] Aber sie sind wohl eher „Hausherrinnen“ als „Hausfrauen“.

Die Hausarbeit erscheint jetzt in einem schmeichelhafteren Licht: In den 1920er Jahren entstehen einige Zeitschriften, die sich auf die Kunst der Haushaltsführung spezialisieren.[29] Paulette Bernège, die sich zur Fürsprecherin einer taylorisierten (wissenschaftlich organisierten) Haushaltsführung macht, stellt die Hausfrau als wahre „Fachfrau“ dar.[30] Die jungen Mädchen aus der Mittel- und Oberschicht erhalten in den Lyzeen Haushaltsunterricht. Es gibt auch entsprechende Kurse für die unteren Schichten. Durch Frauenmagazine, Hygienehandbücher und Sozialarbeiterinnen erfahren die neuen drakonischen Normen für Hausfrauen eine weite Verbreitung. Aber „man erkennt schlecht, wie eine verheiratete Frau nicht ihren ganzen Tag darauf verwenden könnte, vor allem dann nicht, wenn man die Kindererziehung zusätzlich berücksichtigt. Tatsächlich handelt es sich um ein Ideal, von dem die

---

27 Anne Martin-Fugier: *La Place des bonnes*, Grasset, 1979; Geneviève Fraisse: *Femmes toutes mains. Essai sur le service domestique*, Le Seuil, 1979.

28 Bonnie Smith: *Les Bourgeoises du Nord*, Perrin, 1981.

29 Françoise Werner: Du ménage à l’art ménager: l’évolution du travail ménager et son écho dans la presse féminine de 1919 à 1939, in: *Le Mouvement social*, Nr. 129, Oktober-Dezember 1984, S. 61–87.

30 Martine Martin: Ménagère: une profession? Les dilemmes de l’entre-deux-guerres, in: *Le Mouvement social*, Nr. 140, Juli-September 1987, S. 89–106.

meisten keine Ahnung haben, das sich auf die zahlreichen Französinnen, die arbeiten, nicht anwenden läßt, und das in Bezug auf den wissenschaftlich geführten Haushalt finanziell nicht erreichbar ist."[31] So kostet etwa ein Kühlschrank, der den täglichen Verpflegungsnachschub erübrigt, 7 000 Francs, während sich das Jahresgehalt einer Dienstbotin auf 4 500 Francs beläuft.[32] Trägt der Feldzug der Hygieniker gegen die Mikroben Früchte? Da die Situation von Region zu Region verschieden ist, läßt sich diese Frage nicht einfach beantworten. Es macht den Anschein, als werde einmal in der Woche die Leibwäsche und einmal im Monat die Bettwäsche gewechselt. Bei der jährlichen „großen Wäsche" auf dem Land sind die Frauen tagelang auf den Beinen. In der Stadt, wo es nicht so viel Platz gibt, findet die Wäsche regelmäßiger statt und ist dank des Waschkessels, in dem die Wäschestücke gekocht werden können, auch einfacher zu handhaben.

Auf dem Land wie in der Stadt werden die Hausarbeiten im Anschluß an die unmittelbar produktive Arbeit verrichtet. Manche Aufgaben werden auch an die Kinder delegiert, vor allem an die Mädchen. Männer beteiligen sich in unterschiedlicher Weise, allerdings immer nur in beschränktem Maße: Aufgaben wie das Reinhalten der Wäsche gelten als unmännlich. Im Norden kann man allerdings Arbeiter sehen, die einkaufen und kochen. Beschwerlichkeit hat keinen Einfluß auf die Arbeitsteilung zwischen den Geschlechtern: Frauen tragen die schweren Wassereimer vom Brunnen nach Hause oder schleppen Säcke mit Holz und Kohle. Die Zubereitung der Mahlzeiten, deren Qualität „der Hausfrau Ehre machen soll" hat eine besondere Bedeutung: Sie nimmt in den Erwartungen des Ehemannes und als Anlaß für Streitigkeiten einen Vorrang ein. Dies ist eine schwere Aufgabe auf dem Land, wo vier bis fünf Mahlzeiten am Tag zubereitet werden, die aus Suppen, Brei, Pfannkuchen und Ragouts bestehen. Sehr ritualisiert ist sie in manchen Regionen, wo die Frauen die Männer bedienen und im Stehen essen. Aber auch die Hausarbeit der Landbewohnerinnen entwickelt sich weiter; der Anteil der Eigenproduktion bei der Herstellung von Wäsche und Lebensmitteln geht zurück.

Die Städterinnen reduzieren ihre Hausarbeit: Sie scheuen sich nicht, häufiger Kleidungsstücke zu kaufen, weil sie keine Zeit zum Ausbessern haben. Viele können übrigens nicht nähen. Manche verwahren sich deutlich dagegen, „Dienerin" ihres Ehemannes zu sein, was allerdings auf dem Land immer noch häufig der Fall ist. Der häusliche Pflichteifer der Frauen scheint an die Stärke ihrer Gefühle gebunden zu sein, er nimmt jedenfalls bei Unstimmigkeiten ab. Trotz verschiedener Wohnungsprobleme gibt es eine deutliche Bindung an das Zuhause, die darin zum Ausdruck kommt, daß man es sorgfältig möbliert und schmückt.

31 Anne-Marie Sohn: *Chrysalides*, op. cit., S. 128.
32 Id., S. 124.

5 Altern

Die Verbesserung des Lebensniveaus, der Hygiene, der Ernährung, der medizinischen Versorgung verändert die Einschätzung der Lebensdauer: Die Sterblichkeit nimmt kontinuierlich ab und gegen Ende der 1920er Jahre steigt die Lebenserwartung bei Männern auf 54 Jahre und bei Frauen auf 59 Jahre an. Von diesen Fortschritten sind die Demographen nicht begeistert, die das Altern der Bevölkerung in Angst und Schrecken versetzt: Der Anteil der über Sechzigjährigen an der Gesamtbevölkerung beläuft sich im Jahr 1911 auf 12 % und im Jahr 1946 auf 16 %. Frankreich altert, Frankreich geht unter und wird nur noch von alten Frauen in Schwarz bevölkert, heißt es. Dieser ideologische (pronatalistische und häufig misogyne) Diskurs wird nicht durch die Fakten gestützt, die zeigen, daß es nur einen leichten Anstieg der Lebenserwartung auf 60 Jahre gibt. Im Jahr 1920 betrifft dies 15,07 % der Gesamtbevölkerung, im Jahr 1938 15,26 % (der Wert für die Männer stagniert bei 13,5 %).[33] In Wirklichkeit ist es der Rückgang der Kindersterblichkeit, der die Lebenserwartung hat steigen lassen. Gleichwohl nimmt man an, daß das Alter bei Frauen wesentlich früher beginnt als bei Männern. Als Mann steht man noch mit 65 oder 70 „im Saft", während sich Alter und Verfall bei Frauen schon ab 45 oder 50 Jahren ankündigen. Die Menopause wird als „Krankheit" betrachtet, die mit schweren physischen und psychischen Störungen verbunden ist. Die gesellschaftliche Wertschätzung der Fruchtbarkeit tut ein übriges: Ist eine Frau, die nicht mehr gebären kann, überhaupt noch eine Frau? Viele meinen, sie sei vermännlicht und habe jede sexuelle Anziehungskraft eingebüßt. Es gibt nur wenige Mediziner, die das Ereignis nüchtern betrachten und erklären, eine gesunde Frau mit guten Ernährungsgewohnheiten, die körperlich und geistig auf sich hielte, habe nichts zu befürchten. Wenn allerdings gesundheitliche Probleme auftreten, dann werden sie durch nichts gelindert. Manche Frauen gelten schon vor diesem biologischen Ereignis als alt: die Junggesellinnen und die Witwen.

Das Alter scheint für Frauen ein starker Ausschlußfaktor zu sein; mehr Frauen als Männer ziehen sich (sofern sie über die nötigen Mittel verfügen) vor der Welt in ein Altersheim zurück. Hospize für die Ärmsten sind abstoßend: Es sind Endstationen, denen Frauen noch eher als Männer zu entkommen scheinen, dank der häuslichen Dienste, die sie ihren Nächsten erweisen können. Viele Frauen überleben ihren Ehemann. In den 1930er Jahren beträgt die Lebenserwartung Zwanzigjähriger bei Frauen noch 48,6 Jahre und bei Männern 43,6 Jahre. Die Konvention schreibt in Trauerfällen genaue Regeln vor, die für Witwen zwingender sind als für Witwer; mit einem „aktiven" Leben vertragen sie sich schlecht. Die Trauer dauert zwei Jahre. Im ersten Jahr soll man nur selten ausgehen und nicht an Vergnügungen, einschließlich musikalischer Veranstaltungen teilnehmen, erklärt Berthe Bernage,

33 In diesem Abschnitt über das Altwerden beziehe ich mich auf den Artikel von Élise Feller: Les femmes et le vieillissement dans la France du premier XXe siècle, in: *Clio,* Nr. 7, 1998, S. 199–222.

die Hüterin der nationalen katholischen Traditionen.[34] Symbolisch markieren die Farben, wieviel Zeit vergangen ist: Für die „große Trauer" ist vollkommenes Schwarz vorgeschrieben, „Trauer" und „Halbtrauer" lassen Grau, Blasslila und Schwarz-Weiß zu. Nach dem Gesetz darf eine Witwe erst nach dreihundert Tagen wieder heiraten (für einen Witwer gibt es keine solche Verpflichtung; der Anstand gebietet jedoch eine Karenz von sechs Monaten). Tatsächlich tragen vor allem auf dem Lande viele Witwen bis zu ihrem Lebensende Schwarz. In den Kirchen sind sie stark vertreten. Die Mutter des Schriftstellers Marcel Jouhandeau, die 1931 mit 71 Jahren in Guéret von ihren Einkünften lebt, hat die tröstliche Wirkung der Religion sehr gut beschrieben: „Wie gut war es, daß ich in die Kirche zurückgefunden habe! Das erhält mich lebendig. Man macht Bekanntschaften und fühlt sich nicht mehr so allein."[35] Ein sanfter Tod ist nicht immer traurig, da die Trennung nur vorübergehend ist: „Er ist beim lieben Gott, der ihn zu sich gerufen hat, aber wir werden uns, wenn es an der Zeit ist, wieder mit ihm vereinigen", erklärt sie ihren Enkelkindern, die sich fragen, wann sie ihren Großvater wiedersehen werden. Die Erinnerung erleichtert den Verlust. Manche Witwen sind gar nicht unzufrieden, einen anspruchsvollen Ehemann losgeworden zu sein, und schätzen es sehr, nach ihrem eigenen Rhythmus leben zu können. Alle entdecken sie eine Beschaulichkeit, die keineswegs immer mit Langeweile gleichzusetzen ist. Auf dem Land bietet die Beobachtung von Tieren, Pflanzen und Jahreszeiten denjenigen, die abzuwarten verstehen, ein großartiges Schauspiel, und auch Nadelarbeiten sind sehr beliebt. Ganz abgesehen von meisterlichen Stickereien kann auch das einfache Strümpfestopfen schon sehr angenehm sein: „wenigstens bleibe ich sitzen und denke dabei", schreibt Marie Jouhandeau. Sollten das Recht, sitzen zu bleiben, und Gedankenfreiheit Privilegien des Alters sein? Freilich handelt es sich hier um das Zeugnis einer Frau, die sich auf den „Geschmack des Glücks" versteht; und es gibt sicher alte Frauen, die von ihrem materiellen und körperlichen Elend so niedergedrückt sind, daß sie die Lust am Leben verlieren.

In den glücklichsten Fällen ist das reife Alter ein Faktor der Befreiung. Die Frauenvereine sind ein gutes Beispiel dafür, denn dort sind die älteren Frauen wesentlich zahlreicher vertreten als die Frauen in mittlerem Alter, die keine freie Zeit haben; es sei denn, sie kämen aus sehr wohlhabenden Kreisen. Auf dem Land erfüllen die „Alten" wichtige soziale Aufgaben – sie helfen bei Geburten und kümmern sich um die Verstorbenen –, und sie kommen endlich in den Genuß bestimmter Freiheiten, wie die, lange herumlaufen oder ausführlich schwatzen zu können. In den Witwenvereinen, die während des Krieges entstehen, versammeln sich zahlreiche, eigentlich noch junge Frauen. Diese Vereine sind für ihre Mitglieder ein Heilmittel gegen die Einsamkeit und dienen natürlich auch der Verteidigung ihrer Rechte. Die Rolle der Großmutter bringt im Alter auf jeden Fall eine „Umstellung der weiblichen Identität" mit sich. Diese Rolle wird zunehmend wichtiger bei den Kindern, deren

34 *Le Savoir-vivre*, op. cit., S. 326.

35 Zitiert nach Françoise Cribier: Vieillir à Guéret dans les années trente, in: *Pénélope*, Nr. 13, Herbst 1985, S. 78 ff.

Mütter nicht die Möglichkeit haben, sich ständig um sie zu kümmern. In den unteren Schichten geht es um eine Art Tausch: Dem Ehepaar erleichtert die unentgeltliche Arbeit der Großmütter seine Erwerbsarbeit und ermöglicht es ihnen umgekehrt, Tisch und Bett anzunehmen, ohne sich als Belastung zu empfinden. Die lächerlich geringen Renten der Frauen ermöglichen ihnen schwerlich ein unabhängiges Leben.

6 Die Intervention des Staates

6.1 Von der Bevölkerungs- zur Familienpolitik

Die pronatalistische Ideologie erobert sich in der Zwischenkriegszeit eine dominante Position. Da die republikanischen und laizistischen Kreise in der Sache bereits engagiert waren, mußte nur die katholische Öffentlichkeit noch überzeugt werden. Nun war der Kirche überbordende Fruchtbarkeit schon immer suspekt, war sie doch aller Wahrscheinlichkeit nach ein Anzeichen für übertriebene sexuelle Aktivität. Zudem vertrat die Kirche den Standpunkt, daß Keuschheit allem anderen überlegen sei. Die demographischen Sorgen führten jedoch auch hier zu bedeutenden Veränderungen. Der Abbé Jean Viollet gründet im Jahr 1918 die Association du mariage chrétien („Verein für die christliche Ehe"), um junge Katholiken auf die Ehe vorzubereiten und „die Gesetze der ehelichen Moral" wiederherzustellen, im Jahr darauf die Conféderation generale des familles („Allgemeine Familienkonföderation"). Die französischen Bischöfe veröffentlichen einen gemeinsamen Brief, in dem sie dazu aufrufen, „die vom Tode gerissenen Lücken zu füllen, wenn man will, daß Frankreich den Franzosen erhalten bleibt und stark genug ist, sich zu verteidigen und zu gedeihen."[36] Fruchtbarkeit wird nun aufgewertet, und diese Weiterentwicklung wird im Jahr 1930 mit der Enzyklika *Casti Conubii*, die Verhütungspraktiken feierlich verurteilt, konkretisiert.[37] Diese Art des Natalismus ist eng mit einer Kampagne für die „guten Sitten" verbunden. In seiner Schrift *L'Indiscipline des mœurs* („Die Zuchtlosigkeit der Sitten") von 1919 entwickelt Paul Bureau die Thesen der Ligue française pour le relèvement de la morale publique („Französische Liga zur Verbesserung der öffentlichen Moral"): Abschaffung der Ehelosigkeit, der wilden Ehe, des Egoismus junger Eheleute und vor allem der Erwerbsarbeit von Frauen in Handel und Industrie.

Am erstaunlichsten ist jedoch, daß Feministinnen sich diesen Thesen anschließen – mit Ausnahme der radikalsten, die die „freie Mutterschaft" vertreten. Sie teilen die Sorge um „das Überleben der französischen Rasse", und auch sie stigmatisieren den „Egoismus der

36 Martine Sévegrand: *L'Amour*, op. cit., S. 89.

37 Martine Sévegrand: *Les Enfants du bon Dieu. Les catholiques français et la procréation au XXe siècle*, Albin Michel, 1995.

Unverheirateten". Die Familie ist in ihren Augen die unverzichtbare Keimzelle der Gesellschaft, deren Erfolg durch die Zahl der Kinder bestätigt wird. Puritanismus? Dies war die Meinung der revolutionären und anarchistischen Kämpferinnen, die dem „bürgerlichen" Feminismus feindlich gesonnen waren. Dessen Puritanismus muß jedoch differenziert betrachtet werden, denn die Feministinnen verurteilen die vom Staat reglementierte Prostitution und protestieren mit dem Slogan „Eine Moral für beide Geschlechter" gegen die Heuchelei einer doppelten Moral, der immer wieder die Frauen zum Opfer fallen. Vor allem die Protestantinnen tun sich in diesem Kampf hervor, auch in Frankreich, wo sie dem reformistischen Feminismus ihren Stempel aufprägen. Sie verbinden ihren Glauben und ihren Willen zur Frauenemanzipation mit einem rückhaltlosen republikanischen und laizistischen Engagement. Das ändert nichts daran, daß ihr Kampf sich wie ein moralischer Kreuzzug ausnimmt, der allerdings nicht so konservativ ist wie jener der Katholikinnen, die sich in den 1920er Jahren den gemäßigten Frauenvereinen anschließen.

Die Einstellung der Mehrheit der Feministinnen läßt sich zum Teil mit der Stärke der herrschenden Ideologie erklären. Der pronatalistische Diskurs hat in erster Linie wissenschaftliche Stärken, dank der entstehenden Demographie, die eng mit der politischen Macht verbunden ist. Eine weitere Stütze des pronatalistischen Diskurses ist die Ärzteschaft. Professor Pinard wird zu ihrem Vorbeter und beendet seine Karriere im Parlament. Schließlich stützt sich die natalistische Lobby auf eine mächtige Vereinigung, die von Jacques Bertillon geleitete Alliance nationale pour l'accroissement de la population française („Nationales Bündnis für das Wachstum der französischen Bevölkerung").[38] Im Jahr 1896 gegründet, 1913 als gemeinnützig anerkannt, erzwingt diese Allianz eine Intervention des Staates: Die Frauen werden zum Spielball der Bevölkerungspolitik.[39]

Die ersten Maßnahmen gehen aus Privatinitiativen hervor. Im Osten und Norden Frankreichs bewilligen katholische Arbeitgeber ihren kinderreichen Arbeitnehmern Zusatzlöhne. Auf Wunsch des Direktors der Samaritaine wird 1920 der Cognacq-Jay-Preis geschaffen, mit dem kinderreiche Familien ausgezeichnet werden. Der Staat zögert, sich finanziell zu engagieren. Freilich ist festzuhalten, daß die Regelung zur progressiven Einkommenssteuer vom Juli 1914 Steuerermäßigungen für kinderreiche Familien beinhaltet. Auch wenn die Parlamentsfraktion für Familie und Geburten von Adolphe Landry bereits 1911 gegründet wurde, wird die von den Pronatalisten geforderte Politik doch erst nach dem Kriege eingeleitet werden. Die Politik der Geburtenförderung geht zweigleisig vor: Einerseits operiert sie mit Anreizen, andererseits mit Repression.

---

38 Françoise Thébaud: Le mouvement nataliste dans la France de l'entre-deux-guerres: l'Alliance nationale pour l'accroissement de la population française, in: *Revue d'histoire moderne et contemporaine*, April-Juni 1985, S. 276–301.

39 Die Rolle der Männer wird indes nicht vernachlässigt, wie sich an der Ligue des pères de familles nombreuses („Liga der Väter kinderreicher Familien") zeigt, an der Forderung eines Familienwahlrechts für kinderreiche Väter oder der bei den Pronatalisten verbreiteten Forderung einer Gleichstellung der väterlichen Pflichten mit der Militärpflicht.

Die ersten überzeugenden Ergebnisse konnten die Natalisten nach dem Ende des Krieges erreichen. Die bei den Wahlen siegreiche Rechte beschließt eine Reihe von Maßnahmen, die von Vorschlägen des ersten Kongresses für Geburtenförderung angeregt wurden, der 1919 stattfand. Am 27. Januar 1920 wird der Conseil superieur de la natalité („Beirat zur Geburtenförderung") gegründet, der von Auguste Isaac, dem Präsidenten der Vereinigung La plus grande famille („Die größte Familie") geleitet wird. Dieser Beirat, der unter seinen einunddreißig Mitgliedern nur zwei Frauen zählt, setzt sich dafür ein, „alle Maßnahmen ausfindig zu machen, die geeignet sind, die Entvölkerung zu bekämpfen, den Geburtenanstieg zu fördern, die Kinderpflege auszubauen und die kinderreichen Familien zu ehren". Er untersteht dem gerade neu eingerichteten Ministerium für Hygiene, soziale Unterstützung und Vorsorge, das noch eine große Rolle spielen wird. Am 30. April 1920 wird der Beschluß gefaßt, Geburtsprämien für Familien mit drei und mehr Kindern zu schaffen, die mit Hilfe des Staates von den Départements und den Gemeinden verteilt werden sollen. Am 26. Mai wird die Medaille für die französische Familie mit mindestens fünf ehelichen Kindern eingeführt, die noch bis heute vergeben wird. Das Gesetz vom 22. Juli 1923 zur nationalen Förderung kinderreicher Familien sieht eine jährliche Beihilfe ab dem vierten Kind vor. Im Jahr 1926 wird der Muttertag offiziell eingeführt.

Auf Vorschlag der Sozialkatholiken werden mit dem Gesetz vom 11. März 1932 Familienbeihilfen eingeführt, eine in Europa bahnbrechende Maßnahme. Bis dahin wurden sie nur von den Ausgleichskassen der Arbeitgeber vergeben und betrafen nur die Hälfte der Arbeiter. Die eingestandene Absicht des Gesetzesentwurfs von Poincaré besteht darin, Geburten zu fördern und die Rückkehr der Frauen ins Haus zu unterstützen. Durch das Gesetz kommen nun auch Lohnabhängige im Handel und in der Industrie sowie Personen, die einen der freien Berufe ausüben, in den Genuß der Beihilfen. 1936 werden sie auf die landwirtschaftlichen Berufe ausgedehnt. Sie sind einkommensunabhängig und gelten nicht für uneheliche Kinder. Die Ermutigung, mehr Kinder in die Welt zu setzen, nimmt auch andere Formen an, so gibt es Vorschläge von Abgeordneten, ein Familienwahlrecht einzuführen. Erwähnenswert ist unter anderem der Vorschlag des Abbé Lemire von 1920, einem verheirateten Wähler zwei Stimmen zu geben und drei Stimmen, wenn er Vater von mindestens vier Kindern ist. Oder der Vorschlag von Henry Roulleaux-Dugage, der das Frauenwahlrecht mit dem Familienwahlrecht verbinden will, das vom Vater wahrgenommen wird. Während der Krise in den 1930er Jahren nimmt der Druck von Seiten der Pronatalisten und der Familialisten, die eine beispiellose Kampagne zur Rückkehr der Mütter ins Haus führen, allmählich ab. Sozialkatholische Vereine, die einen großen Aufschwung erleben, verherrlichen die „hehre Mission" der Mutterschaft.

Am Vorabend des Zweiten Weltkrieges nehmen die demographischen Sorgen zu. Im Juli 1939 wird das Familiengesetzbuch angenommen; es tritt am 1. Januar 1940 in Kraft. Es ist ein Ergebnis der Kämpfe von Geburten- und Familienpolitikern und setzt, wie die Erklärung französischer Kardinäle zur „schrecklichen Gefahr des Geburtenrückgangs" vom April 1939 zeigt, eine „Union sacrée" ins Werk. Das Gesetz schreibt Prämien bei der ersten Geburt vor, macht Familienbeihilfen für alle zugänglich und verschärft die repressive Politik zur Beschränkung von Abtreibungen. Die feministischen Vereine lehnen es zwar nicht vollkommen ab, weisen aber auf die Ungerechtigkeit der Prämie zur ersten Geburt und deren lächerlich geringe Höhe hin. Auch beklagen sie, daß es keine Unterstützung für ledige junge Mütter gibt.

6.2 Der Mutterschutz

Geburtenpolitik setzt eine Politik für die Mütter voraus, sagen die Feministinnen, die für Mütter keine Barmherzigkeit mehr wollen, sondern ein wirkliches Recht auf Unterstützung fordern. Ihre Wünsche werden nur in sehr begrenztem Maße erfüllt. Das Gesetz Strauss (1913) zur Arbeitsunterbrechung für Frauen im Wochenbett ist ein erster Schritt. Entscheidend ist auch die Mutterschaftsversicherung, die dem Umstand Rechnung trägt, daß zahlreiche Mütter einer Erwerbstätigkeit nachgehen. Sie wird im Rahmen des Sozialversicherungsgesetzes eingeführt, das 1928 erlassen wird. Sie ermöglicht während der Schwangerschaft und sechs Monate nach der Niederkunft die pauschale Übernahme der Erstattung pharmazeutischer Mittel, der Honorare für Hebammen oder einen ärztlichen Geburtshelfer, die partielle Bezahlung für den Aufenthalt in der Entbindungsstation. Es gibt eine spezielle Versicherung für Hausfrauen. Die Versicherte erhält zwölf Wochen lang eine tägliche Vergütung, die die Hälfte ihres Einkommensverlustes ersetzt. Dieses im Verhältnis zu den Nachbarländern späte, schlecht ausgeführte Gesetz wird ebenfalls streng kritisiert: Man hält die Ersatzleistung für zu gering; die Beteiligung der Versicherten an den Geburtskosten ist umstritten; Versicherte, die nicht lohnabhängig und nicht mit einem Arbeitnehmer verheiratet sind, werden benachteiligt. Die Mutterschaftsversicherung bleibt jedoch „ein großer Schritt zugunsten des Mutterschutzes“.[40] Die Volksfront setzt diese Familienpolitik fort, indem sie die Mutterschaftsbeihilfen aufstockt. Es wird ein Unterstaatssekretariat für Kinder geschaffen, das mit der Volksschullehrerin Suzanne Lacore besetzt wird. Cécile Brunschvicg organisiert beim nationalen Bildungsministerium Schulspeisungen.

Zwischen den Kriegen macht die Kinderpflege Fortschritte. Eine feministische Ärztin, Germaine Montreuil-Strauss, vertritt im Komitee für gesundheitliche und moralische Prophylaxe die Erziehung der Mütter. Sozialhygiene wird zu einer „Wissenschaft“, die von den Frauen verbreitet wird, die in die neuen Sozialberufe gehen. Die Bemühungen gelten dem Stillen der Mütter als einem Mittel zur Bekämpfung der Säuglingssterblichkeit, die wegen der Magen- und Darmkrankheiten vor allem im ersten Jahr sehr häufig ist. „Die Milch der Mutter gehört dem Kind“, erklärt Adolphe Pinard, und seine Botschaft wird weitergetragen wie das Evangelium. Das Gesetz vom 24. Oktober 1919 gesteht den Müttern, die in den Genuß der gesetzlichen Wochenbettregelung kommen, eine Zusatzleistung zu, wenn sie ihr

40 Anne Cova: *Maternité et droits des femmes en France (XIXe–XXe siècles)*, Anthropos, 1997, S. 517.

Kind während der ersten zwölf Monate selbst stillen. Die Feministinnen kämpfen ihrerseits für Stillräume, die „für die Bevölkerung zu wahren Kinderpflegeschulen gegen Vorurteile und Unwissenheit" werden könnten (*La Française*, 16. April 1921). Von privaten Institutionen und Stadtverwaltungen werden auch Mütterheime eingerichtet für Frauen, die dort vor, während und nach ihrer Niederkunft eine Zuflucht finden können und ihnen die Möglichkeit geben, anonym zu gebären; aber eine allgemeine Verbreitung dieser Einrichtungen, für die sich Abgeordnete einsetzen, kommt nicht zustande.

Junge ledige Mütter haben nämlich unter starken gesellschaftlichen Vorbehalten zu leiden. Als jedoch die Zahl der unehelichen Kinder zunimmt, werden im Jahr 1907 mildere gesetzliche Regelungen eingeführt, welche bei einer späteren Heirat die Anerkennung dieser außerehelich gezeugten Kinder als legitim zulassen. Ein Gesetz von 1912 ermöglicht durch ein minutiöses Verfahren einen Vaterschaftsnachweis: Die jungen ledigen Mütter werden nun nicht mehr allein für die Zeugung ihrer Kinder verantwortlich gemacht. Der Vaterschaftsnachweis ist jedoch nicht möglich, wenn bekannt ist, daß die Mutter zum Zeitpunkt der Zeugung einen schlechten Lebenswandel geführt hat oder wenn der angebliche Kindsvater zeugungsunfähig ist. Auch wenn ein neuer Rechtsstatus für das legitimierte uneheliche Kind geschaffen wurde, haben die ledigen Mütter immer noch unter gesellschaftlicher Ächtung zu leiden. Die Toleranz nimmt freilich gerade zu dem Zeitpunkt zu, als die Zahl der ledigen Mütter zurückgeht. Sogar in katholischen Kreisen bildet sich, weil man Abtreibung als letzten Ausweg vermeiden will, eine weniger vorwurfsvolle Einstellung heraus. Die Feministinnen von der Liga für Menschenrechte verlangen dagegen, daß im Fall einer Mutterschaft überhaupt kein Unterschied in Bezug auf die Zeugungsumstände gemacht werden solle. Der gesellschaftliche Druck, den die Pronatalisten ausüben, erklärt, warum besondere Mütterheime und andere private und öffentliche Einrichtungen geschaffen werden, die diese zumeist jungen und armen Frauen unterstützen.

6.3 Bestrafung von Verhütung und Abtreibung

Die Fördermaßnahmen der Zwischenkriegszeit werden begleitet von einer Reihe von Strafmaßnahmen. Am 31. Juli 1920 verabschieden die Abgeordneten in großer Mehrheit ein Gesetz, das Abtreibungen härter bestraft und die Propaganda der Neo-Malthusianer[41] ebenso verbietet wie den Verkauf von Verhütungsmitteln, mit Ausnahme von Präservativen, die im Kampf gegen Geschlechtskrankheiten nützlich sind. Das Gesetz wird 1923 in der Absicht abgewandelt, eine gleichmäßigere und einheitlichere Strafverfolgung zu gewährleisten, so daß strafmildernde Umstände, welche die Geschworenen eines Schwurgerichts beeinflussen könnten, nicht mehr in Betracht gezogen werden. Daraufhin steigt die Zahl der Verurtei-

41 *Anm. d. Ü.*: Neo-Malthusianer: Der Neomalthusianismus verband die Bevölkerungsfrage mit der Sozialen Frage und der Frauenfrage und revolutionierte die Sexualethik.

lungen beträchtlich. Die Reformfeministinnen stimmen diesen Maßnahmen, die sie schon seit mehreren Jahren gefordert hatten, zu, aber sie fordern auch, die „Verbrecherin" zugleich als „Opfer" zu betrachten, als Opfer der sozialen Vorurteile, mit denen junge ledige Mütter konfrontiert sind, und als Opfer von Armut, die sie zum „Verbrechen" treibt. Den Reformfeministinnen zufolge sollte es mehr Prävention geben, und auch die Verantwortung des männlichen Partners sei zu berücksichtigen.

Im Jahr 1939 verschärft das Familiengesetzbuch die Strafverfolgung der Abtreibung, indem es zwischen fünf und zehn Jahren Gefängnis für diejenigen vorsieht, die eine Abtreibung durchführen und zwischen sechs Monaten und zwei Jahren für diejenigen, die abtreiben lassen. Die Feministinnen protestieren nicht gegen die Schwere der Strafen, sondern fordern mehr politische Präventionsmaßnahmen. Vor allem beschweren sie sich, daß das Gesetzbuch ohne ihre Beteiligung erarbeitet wurde. Ihre Vorwürfe fallen allerdings kaum ins Gewicht angesichts der Zufriedenheit, die von katholischen Frauen – der Union féminine civique et sociale oder der Ligue d'action catholique féminine – zum Ausdruck gebracht wird, die damals wachsenden Erfolg hatten.

Das geburtenhungrige Klima, das seit dem Ersten Weltkrieg in Frankreich herrscht, schränkt den Einfluß der neo-malthusianischen Bewegung ein, während die Geburtenkontrolle im übrigen Europa zunimmt.[42] Für die französischen Neo-Malthusianer hat die Abschaffung des Gesetzes von 1920 Priorität. Aber ihr Kampf bleibt randständig. Die Weltliga für Sexualreform kann in Frankreich nicht wirklich Fuß fassen, trotz der Bemühungen von Eugène Humbert, der von der 1931 gegründeten Association d'études sexologiques („Vereinigung für sexualwissenschaftliche Studien") beauftragt war und von Victor Basch, dem Präsidenten der Liga für Menschenrechte, unterstützt wurde. Auch Berty Albrecht setzt sich dafür ein, aber ihre Zeitschrift *Le Problème sexuel* wird aus Mangel an Lesern bald wieder eingestellt. Die Monatszeitschrift *La Grande Réforme* von Eugène Humbert erscheint dagegen zwischen 1931 und 1939 regelmäßig. Nur eine Minderheit der Feministinnen kämpft für die „sexuelle Befreiung". Als Freidenkerinnen, Revolutionärinnen und Antimilitaristinnen kämpfen sie unter verschiedenen Aspekten gegen die klerikale und nationalistische „Karnickelzucht" und wollen die „freie Mutterschaft" durchsetzen, „das Recht auf freie Verfügung über unsere Lenden" (Nelly Roussel). Den Natalismus klagen sie wegen seines Gründungsmythos' von der angeblichen „Entvölkerung" an, zwar stagniert die französische Bevölkerung, aber sie nimmt nicht ab: 41,5 Millionen im Jahr 1911, 39,1 Millionen im Jahr 1920 und 41,5 Millionen im Jahr 1936.[43] Sie halten die weltweite Überbevölkerung für eine „gefährliche Plage". Sie wenden sich auch gegen die Folgen der pronatalistischen Politik: Frauensterblichkeit infolge von heimlichen Abtreibungen oder permanenten Schwangerschaften, Beschränkungen des Rechts auf Arbeit und Einschließung der Frauen im Haus.

42 Francis Ronsin: *La Grève des ventres*, Aubier Montaigne, 1980.

43 Agnès Fine und Jean-Claude Sangoï: *La Population française au XXe siècle*, PUF, Que sais-je?, 1988, S. 5.

Offensichtlich ist der neo-malthusianische Kampf mit bestimmten Risiken verbunden. Im Jahr 1921 werden Eugène und Jeanne Humbert jeweils zu fünf und zwei Jahren Gefängnis verurteilt.[44] Volksschullehrerinnen aus den Groupes feministes de l'enseignement laïque („Feministische Gruppen im laizistischen Schulwesen") werden 1927 angeklagt, weil sie *La Maternité, fonction sociale* („Die Mutterschaft, soziale Funktion") veröffentlicht haben, einen Bericht, der sich für die Geburtenkontrolle ausspricht. Sie werden nach einer bedeutenden Unterstützungskampagne freigesprochen. Madeleine Pelletier, die 1913 das erste feministische Plädoyer für das Recht auf Abtreibung veröffentlicht hatte, muß dafür einen hohen Tribut zahlen. Denn sie übt dieses Recht in ihrer ärztlichen Praxis aus, um Frauen in Not zu helfen. Im Jahr 1939 wird sie angezeigt und verhaftet, sie wird in ein Irrenhaus gebracht, wo sie sechs Monate später völlig unbeachtet stirbt.[45] Die Härten des Gesetzes von 1920 sind kein ausreichender Grund, um die Schwäche der neo-malthusianischen Bewegung zu erklären, die von der Linken nicht die Unterstützung bekam, die sie sich erhofft hatte. Freilich hat der PC[46] 1933 – vergeblich – die Abschaffung der Gesetze von 1920 und 1923, ebenso wie die Legalisierung der Abtreibung unter bestimmten Voraussetzungen, gefordert. Aber nur ein Jahr später hat Maurice Thorez in einer spektakulären Kehrtwendung den Geburtenrückgang als „eine der allergefährlichsten Plagen" bezeichnet.[47] Die Volksfront ändert das Gesetz von 1920 nicht. Die Sozialisten halten nichts davon, den ideologischen Konsens in dieser Frage aufzukündigen. Es kommt also eine deutliche Spaltung zum Vorschein zwischen der politischen Klasse – eigentlich sogar den Eliten insgesamt – und der Bevölkerung, die ihrerseits malthusianisch bleibt.

Angesichts der neuen Zwänge – der zunehmenden Bedeutung von Ehelichkeit, der Rolle der Gattin, Mutter, Hausfrau, der verschärften Kontrolle von Sexualität im Hinblick auf mehr Geburten – entwickeln sich stumme Widerstände. Setzt mit ihnen die Modernisierung der Beziehungen ein, die erst in den 1960er Jahren deutlich sichtbar wird?[48] Oder sind es im Gegenteil nur Überbleibsel aus freieren Zeitläuften mit einer anderen Form der Regulierung von Sexualität durch die Gemeinschaft und nicht durch den Staat, weniger pedantisch von Seiten der Kirche?[49] Das Familienmodell, das die Eliten der Zwischenkriegszeit durchzusetzen versuchen, wird allmählich verinnerlicht, aber in welchem Ausmaß? Notwen-

44 Roger-Henri Guerrand und Francis Ronsin: *Le Sexe apprivoisé. Jeanne Humbert et la lutte pour le contrôle des naissances*, La Découverte, 1980.

45 Charles Sowerwine, Claude Maignien: *Madeleine Pelletier, une féministe dans l'arène politique*, Éditions ouvrières, 1992.

46 *Anm. d. Ü.*: PC: Parti communiste (Kommunistische Partei).

47 François Delpla: Les communistes français et la sexualité (1932–1938), in: *Le Mouvement social*, Nr. 91, April-Juni 1975, S. 121–152.

48 Anne-Marie Sohn: *Du premier baiser à l'alcove. La sexualité des Français au quotidien (1850–1950)*, Aubier, 1996.

49 Jean-Louis Flandrin: *Le Sexe et l'Occident. Évolutions des attitudes et comportements*, Le Seuil, coll. points, 1981.

digkeit ist das Gesetz vieler Frauen, die den Einflüsterungen des Rechts, des Staats und der Ärzte gegenüber gleichgültig bleiben.[50] Weit entfernt davon, „Königinnen des Hauses“ zu sein, haben sie ein „hartes Leben“, das von Arbeit bestimmt wird.

„Mütter, lernen Sie sich auszuruhen“

1. Zunächst einmal, tun Sie nichts Unnötiges.
2. Sie sprechen zuviel: das Reden kann nur schädlich für Sie sein, es stört den Atemrhythmus und macht den Atem flach.
3. Ich weise hier lediglich zur Erinnerung auf das überflüssige Gerede hin, mit dem Sie Dreiviertel Ihrer Zeit vergeuden.
4. Wenn Sie absolute Erholung suchen, so bewahren Sie absolute Stille.
5. Ändern Sie die Arbeitsformen: beim Stopfen erholt man sich vom Haushalt, beim Gemüseputzen erholt man sich von der Pflege der Kleinsten, Buchhaltung ist nach der Wäsche beruhigend etc.
6. Strecken Sie Ihre Beine aus, wann immer Sie die Möglichkeit dazu haben. Es gibt so viele Arbeiten, die Sie im Sitzen verrichten können, sei es auf einem Liegestuhl oder einem Sessel mit einem Schemel davor, ja sogar auf zwei Stühlen! Nähen, Lesen, Schreiben, Mahlzeiten vorbereiten, die Kleinen hätscheln etc.
7. Zum Schluß: Halten Sie inne, am Morgen, am Abend, auch mitten am Tag, einfach um sich fünf oder zehn Minuten zu besinnen, sei es um etwas Gutes zu lesen, sei es um die Seele im Gebet zu erheben. Und schließlich ist das die beste Erholung, die Ihre körperlichen Kräfte erneuert und zugleich ihrer seelischen Energie einen wunderbaren Schwung verleiht.

Le Nord social, Organ der christlichen Gewerkschaften Nordfrankreichs, 23. März 1930.

50 Anne-Marie Sohn besteht zu Recht auf der Autonomie dieser Frauen, geht aber vielleicht ein bißchen weit mit ihrer Feststellung, es habe in der Dritten Republik einen „Thriumph des weiblichen Individuums“ gegeben. Vgl. Dies.: *Chrysalides*, op. cit., S. 1009.

Kapitel 3

Erwerbstätige Frauen in der Zwischenkriegszeit

Die Erwerbsbeteiligung von Frauen bleibt auch in der Zwischenkriegszeit hoch, selbst wenn sich ab Mitte der 1920er Jahre allmählich ein Rückgang abzeichnet. Eine von drei Erwerbsarbeitskräften ist weiblich. Es ist ein besonderes Merkmal der ökonomischen Entwicklung in Frankreich, daß sie große Teile der weiblichen Bevölkerung für Erwerbsarbeit zu rekrutieren vermag. Aber der berufliche Werdegang der Frauen wird von ihren Aufgaben in der Familie bestimmt. Bei der Untersuchung weiblicher Erwerbstätigkeit müssen daher auch die familialistischen und natalistischen Zwänge einbezogen werden, denen die Frauen ausgesetzt sind.[1] Außerdem muß einerseits unterschieden werden zwischen den Diskursen, die weibliche Berufstätigkeit legitimieren oder nicht, und der Erfahrung der Wirklichkeit, den materiellen Zwängen, aber auch den erfüllten oder unerfüllten Wünschen, andererseits. Frauenerwerbsarbeit ist, wie schon früher, durch besonders hohe Ausbeutung gekennzeichnet: Geringe Löhne, unqualifizierte Tätigkeiten, starke körperliche und seelische Belastung am Arbeitsplatz... Diese geschlechtliche Diskriminierung kommt auch darin zum Ausdruck, daß den Frauen das Recht auf Arbeit abgesprochen wird, eine Tendenz, die sich durch die ökonomische Krise der 1930er Jahre noch verstärken wird. Jedoch kündigt sich in der Zwischenkriegszeit eine stärkere berufliche Anerkennung von Frauen an. Dazu tragen die gewerkschaftliche Organisierung von Frauen und die Beteiligung der Erwerbstätigen an den großen sozialen Kämpfen bei, aber auch das – allerdings ziemlich ambivalente – Vorhaben, besondere Arbeitsschutzmaßnahmen für Frauen zu schaffen. Die Entwicklung des höheren Schulwesens, die Öffnung der freien Berufe, der Ausbau des Erziehungsbereichs, des Gesundheitswesens und des Sozialwesens tragen dazu bei, daß qualifizierte Berufslaufbahnen für Frauen entstehen. Was aber versteht man eigentlich unter „Frauenarbeit“? Für die Zeitgenossen ist sie gleichbedeutend mit der „Beschäftigung verheirateter Frauen außerhalb des Hauses“. Junge Mädchen, unverheiratete Frauen und Witwen kommen daher in Abhandlungen über Arbeit kaum vor. Eine Subjektivität des Diskurses, die nicht besonders erstaunlich ist, aber auch die statistischen Daten erlauben keinen Zugang zu einer objektiveren Realität.

---

1 Als „Familiarisierung“ kann man das Ergebnis verschiedener politischer, ökonomischer, gesellschaftlicher und kultureller Zwänge definieren, die Individuen dazu bringen, Familien möglichst nach dem sogenannten „bürgerlichen“ Modell (Ehe und mehrere Kinder) zu bilden. Mit „Familialismus“ wird hier die dazugehörige Ideologie und eine militante Bewegung bezeichnet, die sich zugleich auf (rein quantitative) natalistische Ziele wie auf moralische Imperative versteift (die Familie gilt ihr als Keimzelle und Garant einer „guten“ Gesellschaftsordnung).

1 Die Entwicklung in den drei Sektoren der Produktion

1.1 Der offizielle Umfang weiblicher Erwerbsbeteiligung

Die alle fünf Jahre stattfindenden Volkszählungen sind die wichtigste Quelle für quantitative Untersuchungen zur Erwerbsarbeit. Die allgemeine wie die besondere Erwerbsbeteiligung von Frauen wird dabei in hohem Maße unterschätzt. Bestimmte Merkmale einer vorindustriellen Ökonomie, die man heute informelle Ökonomie nennen würde (Austausch von Gütern oder Dienstleistungen gegen Bargeld oder eine Bezahlung in Naturalien) gehen nämlich erst gar nicht in die Statistik ein.[2] Nun verrichten hauptsächlich Frauen gerade diese Art von Arbeit, entweder gewollt unentgeltlich (freiwillig) oder bezahlt, aber nicht versteuert, d. h. schwarz. Sie sind zudem für die Hausarbeit und verschiedene Hilfsdienste gegenüber der Nachbarschaft verantwortlich. Es gibt sehr viele Frauen, die Gelegenheitsarbeiten verrichten, die nur zeitweilig oder nur in Teilzeit arbeiten, ohne ihre Erwerbstätigkeit zu melden. Heimarbeit, in der im Jahr 1936 offiziell 250 000 Personen, mehrheitlich Frauen, beschäftigt sind, scheint grundsätzlich unterschätzt zu werden. In Wirklichkeit müßte es sich um eine Million Personen handeln. Die Zahl der Dienstboten geht in diesem Zeitraum zurück, aber wie viele Frauen besorgen den Haushalt, die Wäsche, das Bügeln und Nähen für andere? Wie viele Frauen und Töchter von Selbständigen sind als nicht gemeldete, mithelfende Familienangehörige tätig? Seit dem Ende des 19. Jahrhunderts gilt die Tätigkeit von Hausfrauen nicht mehr als Arbeit. Doch war im letzten Kapitel zu erfahren, wie schwer, hoch spezialisiert und anstrengend die Aufgaben sind, die sie erledigen. Ihre Produktivität wird geleugnet, außer von den Marxisten, die erklären, daß Hausfrauen im kapitalistischen System die Arbeitskraft mit geringerem Kostenaufwand reproduzieren und erhalten. Trotzdem werden sie als unproduktiv eingestuft, ebenso wie kleine Kinder und Alte beiderlei Geschlechts, die häufig mehr tun, als man sich vorstellt. Außerdem sollte klar sein, daß Arbeitslosigkeit bei Frauen aus einem ganz einfachen Grund gravierend unterschätzt wird: Arbeitslose, deren Ehemann oder Eltern erwerbstätig waren, hatten keinen Anspruch auf Ersatzleistungen und wurden daher nicht als solche gezählt. Nun werden aber Personen, die auf Arbeitssuche sind, sehr wohl zur Erwerbsbevölkerung gerechnet. Wir werden also Statistiken benutzen, die die Wirklichkeit nicht exakt widerspiegeln.

Die verschiedenen Modalitäten der Schätzung weiblicher Erwerbstätigkeit werden häufig verwechselt. Der *Prozentsatz von Frauen an der gesamten Erwerbsbevölkerung* ermöglicht, ihren Beitrag zur Produktion zu bestimmen. Im Jahr 1921 werden 7,2 Millionen erwerbstätige Frauen gezählt, im Jahr 1931 7 Millionen und im Jahr 1936 6,5 Millionen.[3] Während der 1930er Jahre nimmt auch die Zahl der männlichen Erwerbstätigen ab, 1931 sind

2 Diese Kritik stützt sich zu weiten Teilen auf Informationen im vierten Kapitel von Siân Reynolds: *France between the Wars. Gender and Politics*, London und New York, Routledge, 1996.

3 Olivier Marchand, Claude Thélot: *Deux siècles de travail en France*, INSEE Études, 1991, S. 68.

es 13,4 Millionen, 1936 12,6 Millionen. Aber der Frauenanteil geht nur leicht zurück: 36,14 % im Jahr 1921, 34,25 % im Jahr 1931 und 34,08 % im Jahr 1936.

Die *Quote weiblicher Erwerbstätigkeit* wird im Verhältnis zur gesamten weiblichen Bevölkerung errechnet. Sie liegt 1921 bei 35,5 % und 1936 bei 30,6 %, aber die Quote männlicher Erwerbstätigkeit geht in dieser Zeit ebenfalls zurück. Der durchschnittlich größte Abstand liegt im Jahr 1931. Dieser Prozentsatz ist schwer zu verstehen, wenn man nicht über ein Äquivalent für die Männer und über den Durchschnitt für beide Geschlechter verfügen kann (*grosso modo* beläuft sich die Erwerbstätigenquote insgesamt auf etwa 50 % der Gesamtbevölkerung). Vor allem werden daraus voreilig Rückschlüsse auf die Beschäftigungssituation gezogen, obwohl Nicht-Erwerbstätigkeit auch etwas mit den Bildungsfortschritten von Frauen und mit der Asymmetrie der Lebenserwartung zu tun haben kann: Ältere Frauen erhöhen die Quote der Nicht-Erwerbstätigen. Deshalb ist es überzeugender, den *Prozentsatz weiblicher Erwerbstätiger an der Bevölkerung im erwerbsfähigem Alter* zu benutzen, oder besser, *an der Bevölkerung im Alter zwischen 15 und 64 Jahren.* Dann kommt man auf ein Verhältnis von eins zu zwei und auf einen leichten Rückgang: 51,7 % im Jahr 1921, 48,4 % im Jahr 1931 und 46,7 % im Jahr 1936. Die durchschnittliche Erwerbsquote nimmt aber schon seit Beginn des Jahrhunderts ab.

Jahr	Erwerbsbevölkerung – Gesamtbevölkerung (Prozent)			Erwerbsbevölkerung – Bevölkerung im erwerbsfähigen Alter (Prozent)			Erwerbsbevölkerung – Bevölkerung zwischen 15 und 64 Jahren (Prozent)		
	Männer	Frauen	Gesamt	Männer	Frauen	Gesamt	Männer	Frauen	Gesamt
1911	66,9	36,2	51,3	86,8	46,3	66,1	101,3	55,1	77,8
1921	69,3	35,5	51,6	86,9	43,4	63,8	102,3	51,7	75,6
1931	67,4	32,8	49,5	86,7	41,1	62,8	99,6	48,4	73,1
1936	63,9	30,6	46,6	82,2	38,4	59,1	97,7	46,7	71,2

Jahr	Erwerbsbevölkerung (in Millionen)			Nicht Erwerbstätige		
	Männer	Frauen	Gesamt	Männer	Frauen	Gesamt
1911	12,879	7,217	20,096	6,375	12,721	19,096
1921	12,776	7,231	20,007	5,669	13,122	18,791
1931	13,411	6,986	20,397	6,500	14,331	20,831
1936	12,650	6,542	19,192	7,147	14,844	21,991

Quelle: Olivier Marchand, Claude Thélot: *Deux siècles de travail en France*, INSEE Études, 1991, S. 68 f.[4]

4 *Anm. d. Ü.*: INSEE: Institut national de la statistique et des études économiques, „Nationales Institut für Statistik und Wirtschaftsstudien", gegründet 1946.

700 000 erwerbstätige Frauen weniger in einem Zeitraum von fünfzehn Jahren: Das ist ein Rückgang, der sich aus allen Indikatoren ablesen läßt. Dafür ist nicht ausschließlich die ökonomische Krise maßgebend, denn in der Industrie zeichnet sich der Abwärtstrend schon vor 1931 ab. Vielmehr handelt es sich um den Beginn einer neuen Regelung von Frauenarbeit, die vierzig Jahre lang durch eine niedrigere Erwerbsquote geprägt sein wird. Aber für die Zeitgenossen ist dieser Rückgang nicht spürbar; es herrscht vielmehr der Eindruck vor, die Frauen seien seit dem Krieg überall.

In der Zwischenkriegszeit kommt es in Frankreich zu einem Gleichgewicht der drei großen Sektoren, auf die sich Erwerbsarbeit verteilt. Die Verteilung der Arbeitskräfte auf die einzelnen Sektoren ist bei Männern und Frauen fast gleich.

1.2 Die Landwirtschaft

Durch die Kriegsfolgen (Trauerfälle und Invalidität) steigt der Anteil von Frauen, die einen landwirtschaftlichen Betrieb leiten, im Jahr 1921 auf 13 % an. Dieser Anstieg ist von Dauer, denn es sind im Jahr 1936 immer noch 11 %: Es handelt sich zumeist um verwitwete Mütter, deren Sohn im Krieg gefallen ist, und um ledige Frauen. Die jungen Witwen zieht es in die Stadt, oder sie sind auf ein Dasein als mithelfende Familienangehörige in einem landwirtschaftlichen Betrieb beschränkt. Auf Drängen ehemaliger Frontkämpfer erkennt der Staat in einem Gesetz von 1924 zur Einrichtung von Landwirtschaftskammern die neue Rolle von Frauen an: „Wählen können französische Frauen ab 25 Jahren, die nach bürgerlichem Recht Leiterinnen eines landwirtschaftlichen Betriebs sind; sowie diejenigen, die während des letzten Krieges in Abwesenheit ihres eingezogenen Ehemannes, Vaters oder Bruders einen landwirtschaftlichen Betrieb geleitet haben.“[5] Diese Weiterentwicklung ändert nichts an der allgemeinen Regel: In der Landwirtschaft sind Familienoberhaupt und Betriebsvorstand deckungsgleich, aber nur wenige Frauen sind „Familienoberhaupt“. Landwirtin zu sein ist kein Beruf, sondern rechtlich gesehen allein ein Ehestatus. Einen Berufsstatus haben in der Landwirtschaft nur die weiblichen Lohnabhängigen (Tagelöhnerinnen, Dienstmädchen oder Arbeiterinnen, deren Lage im allgemeinen miserabel ist), die es noch in großer Zahl gibt: 340 000 im Jahr 1926, 302 000 im Jahr 1931 (insgesamt kommen 1,45 Millionen beziehungsweise 1,36 Millionen lohnabhängig Beschäftigte auf etwa 3 Millionen selbständige Landwirte).[6]

„Eine Frau muß alles machen“, schreibt die Anthropologin Yvonne Verdier, die das traditionelle bäuerliche Leben in Minot beobachtet hat, einem Dorf von 360 Einwohnern im Châtillonais, nicht weit von Dijon.[7] Dies gilt auf jeden Fall bis in die 1960er Jahre hinein.

5 Zitiert in „Femme et Terre“, *Pénélope*, Nr. 7, 1982, S. 126.

6 Olivier Marchand, Claude Thélot: *Deux siècles de travail en France*, op. cit., S. 115.

7 Yvonne Verdier: *Façons de dire, façons de faire. La laveuse, la couturière, la cuisinière*, Gallimard, 1976.

Körperlich belastende Arbeitsaufgaben sind kein Anlaß für eine Arbeitsteilung zwischen den Geschlechtern: Frauen tragen schwere Reisigbündel, sie nehmen an der Heumahd teil, sie lesen auf, was die Männer abgemäht haben. Das Los der Bäuerinnen ist wirklich hart. Eine gute Ehefrau ist eine, die „arbeitet wie ein Mann". Freilich hat sie ihre eigene Wirkungsstätte, unabhängig von dem Außenbereich, in dem die Geschlechter zusammenarbeiten. Kochen, Nähen und Waschen gehören zum weiblichen Know-how, sie sind die Schlüssel zu einer Weltsicht, in der das Leben von der Geburt bis zum Tod von regelmäßig wiederkehrenden Ritualen geprägt wird. Der Garten, der Hühnerhof, das Melken und die Molkerei, das Verkaufen auf dem Markt, für all das sind zumeist die Frauen zuständig. Bei der Ernte und der Weinlese ist ihr Beitrag unverzichtbar. Die Aufgaben, die man ihnen anvertraut, sind je nach der Region verschieden. Im Sault verrichten sie drinnen wie draußen Tag und Nacht eine ganze Reihe von Tätigkeiten. Der Hanf, den die Männer anbauen, wird im Winter von den Frauen weiterverarbeitet und zu Schnüren gedreht.[8] Wie man mit Spinnrocken und Spindel umgeht, wird seit dem Beginn des 20. Jahrhunderts nicht mehr tradiert: Stoff und Faden werden seitdem gekauft. Die Mädchen auf dem Dorf lernen zu häkeln, zu stricken, zu nähen und zu sticken. In armen Landstrichen fangen die Mädchen früh zu arbeiten an und bleiben wie die Jungen der Schule fern, zum Beispiel, um Kühe zu hüten. Eine schulische Grundausstattung ermöglicht es allerdings einer Minderheit, dem Land zu entkommen, wenn auch nicht dem Dorf: Die Hauskrankenschwester und die Posthalterin befinden sich in einer beneidenswerten Situation.

1.3 Die Industrie

Im Jahr 1921 arbeiten 1,9 Millionen Frauen in der Industrie, im Jahr 1936 1,6 Millionen (im Verhältnis zu 4,2 und 4,1 Millionen Männern). Die ganz alten und stark feminisierten Zweige des Schneidergewerbes (Spitzenklöpplerinnen, Flick- und Hausschneiderinnen, Wäscherinnen und Büglerinnen) verschwinden allmählich. Dagegen entwickelt sich die Konfektionsindustrie weiter, aber sie bietet den Frauen nur noch unqualifizierte Tätigkeiten an.[9] Auch in den traditionell männlichen Industriezweigen, vor allem Metallverarbeitung, Mechanik, Elektrizität und Chemie, sind Arbeiterinnen nun sehr viel zahlreicher vertreten. Man kann also in diesem Sektor, der für die zweite Industrialisierung emblematisch ist, von einer relativen Feminisierung sprechen. Das *Journal d'usine* (*Fabriktagebuch*) der Philosophin Simone Weil beschreibt die beschwerlichen Arbeitsbedingungen zur Zeit der

8 Giordana Charuti, Claudine Favre-Vassas, Agnès Fine: *Gestes d'amont. Les femmes du pays de Sault racontent le travail*, op. cit.

9 Madeleine Guilbert: *Les Fonctions des femmes dans l'industrie*, Mouton, 1966. Ein regionales Beispiel findet sich bei Helen Harden-Chenut: *La construction sociale des métiers masculins et féminins dans la bonneterie troyenne, 1900–1939*, Paris, CNRS, 1987.

tayloristischen Rationalisierung. In den großen Fabriken werden zahlreiche Frauen als Hilfsarbeiterinnen für die standardisierte Serienfabrikation (beim Schweißen und an der Presse) eingestellt. Dafür scheinen die üblichen Erklärungen nicht ausreichend zu sein. Zwar wird Körperkraft durch mechanische Kraft ersetzt und die niedrigen Löhne sind für die Arbeitgeber von Vorteil; aber dies fällt zweifellos weniger stark ins Gewicht als die Anpassungsfähigkeit weiblicher Arbeitskräfte an die neuen, taylorisierten Arbeitsmethoden und ihre geringere Bereitschaft zum Protest (schwacher gewerkschaftlicher Organisationsgrad). „Man brauchte neue Arbeitskräfte, die nicht in gewerkschaftlichen Traditionen verankert waren: Frauen oder Immigranten.“[10] Für viele Arbeiterinnen hat freilich „die Rationalisierung nicht so sehr die Bedeutung einer Dequalifizierung als vielmehr die eines neuen Beschäftigungsangebots, eines Zugangs zu Professionalisierung und zu besseren Lohnbedingungen. Die Stellung von Frauen in den dynamischen Industriesektoren wird auf diese Weise konsolidiert.“[11] Ihr Los ist wirklich beneidenswerter als das der isolierten Frauen, die Heimarbeit verrichten.

1.4 Die Feminisierung des tertiären Sektors

Bis zum Ersten Weltkrieg gab es in der Arbeiterschaft mehr Frauen als unter den Angestellten und Führungskräften. Dies ändert sich mit Beginn der Zwischenkriegszeit. Im Jahr 1926 sind 33 % der Angestellten in der Industrie Frauen, 40 % der Angestellten im Handel, bei den Banken und in der „persönlichen Pflege“, außerdem 40 % der Angestellten im öffentlichen Dienst.[12] Im Unterschied zur Industrie, die den Frauen eher eine Beschäftigung als einen Beruf bietet, hat der tertiäre Sektor ein positives Image. Nach einer in Saint-Étienne durchgeführten Umfrage sind die einzig zulässigen und gesellschaftlich anerkannten Frauenberufe die der Hebamme und der Primarschullehrerin.[13] Geburtshilfe und Erziehung sind berufliche Tätigkeiten, mit denen die Aufgaben von Frauen im Privatbereich ausgeweitet werden. Oder anders gesagt: „Frauenberufe sind Berufe, in denen ‚Weiblichkeit‘ zur Berufseigenschaft erhoben wird.“[14] In Frankreich insgesamt ist das Spektrum der gut angesehenen Frauenberufe wesentlich breiter, aber es trifft zu, daß sie alle an weibliche „Eigen-

---

10 Sylvie Zerner: De la couture aux presses: l'emploi féminin entre les deux guerres, in: *Le Mouvement social*, Juli-September 1987, S. 23. – Es handelt sich um einen Ausschnitt aus der Dissertation der Autorin „Travail domestique et force de travail. Ouvrières et employées entre la Première Guerre et la grande crise“, Université de Paris X, 1985.

11 Catherine Omnès: *Ouvrières parisiennes. Marchés du travail et trajectoires professionelles au XXe siècle,* École des Hautes études en sciences sociales, S. 334.

12 Vgl. Sylvie Zerner: De la couture aux presses, a.a.O.

13 Mathilde Dubesset, Michelle Zancarini-Fournel: *Parcours de femmes. Réalités et représentations. Saint-Étienne 1880–1950,* Presses Universitaires de Lyon, 1993.

14 Josiane Pinto: Une relation enchantée, in: *Actes de la recherche en sciences sociales*, Nr. 84, 1990.

schaften“ appellieren, das heißt sich eigentlich auf Kompetenzen beziehen, die Mädchen in ihrer Kindheit und Jugend erwerben, die aber nicht als berufliche Fähigkeiten anerkannt sind. Traditionell stehen Frauen untergeordnete Positionen als Verkäuferin oder Kassiererin im Handel offen, und die Arbeiterinnen beneiden sie darum, trotz der schwierigen Arbeitsbedingungen: zahlreiche Überstunden und, obwohl ein Gesetz Sitzgelegenheiten vorschreibt, endloses Stehen im Geschäft oder an der Auslage im Freien sowie finanzielle Aufwendungen, um „schick“ auszusehen.[15]

Neu ist dagegen das massive Vordringen von Frauen in die Büros, wo sie als Typistinnen, als Stenotypistinnen, in der mechanischen Datenverarbeitung, als Fakturistinnen, als Kopistinnen etc. arbeiten.[16] Dies ist ein bedeutender Fortschritt, denn sie haben nun Zugang zu Arbeitsplätzen, die sich nicht am unteren Ende der sozialen Stufenleiter befinden. Innerhalb der Kategorie „Angestellte“ stellen sie freilich die Masse derjenigen, deren Qualifikationen nicht anerkannt sind, die keine wirklichen Karriereperspektiven haben und nicht in höhere Positionen kommen können – Führungskräfte, Ingenieure, Techniker. Im allgemeinen verfügen sie nur über ein Abgangszeugnis der Primarschule – im Gegensatz zu den männlichen Angestellten, die die mittlere Reife haben und qualifizierter sind. Wenn es noch eines Beweises für den Unterschied zwischen weiblichen und männlichen Angestellten bedarf, so zeigt er sich darin, daß sie kaum jemals untereinander heiraten; eine weibliche Angestellte wird sich eher mit einem Arbeiter verbinden.[17]

Eher als die Typistin, die immer häufiger in einem anonymen Schreibbüro arbeitet, Geschwindigkeitsnormen ausgesetzt ist und nach Leistung bezahlt wird, ist die Sekretärin der Inbegriff der Weiblichkeit im Erwerbsleben. Mit ihrem Chef zusammen gibt sie das perfekte Bild für die hierarchische Komplementarität zwischen den Geschlechtern ab. Ihre Ausbildung erhält sie auf privatem Wege, von den *Écoles Pigier* (private Handelsschulen) und von Büromaschinenfabrikanten. Die Ministerien beginnen im Jahr 1900 damit, unter den Abgängerinnen der höheren Primarschulen[18] und Lycées[19] Frauen zu rekrutieren, die ein eigenständiges Leben anstreben. Der erste Concours[20] für Schreibmaschinendamen wird im

15 Françoise Parent-Lardeur: *Les Demoiselles de magasin*, Éditions ouvrières, 1969.

16 Delphine Gardey: Du veston au bas de soie: identité et évolution du groupe des employées de bureau (1890–1930), in: *Le Mouvement social*, Nr. 175, April-Juni 1996, S. 55–77.

17 Delphine Gardey: *Un monde en mutation, les employées du bureau en France 1890–1930*, Diss., Université de Paris VII, 1995. Vgl. auch Cécile Dauphin, Pierrette Pézerat (Hg.): *Femmes au bureau*, *Pénélope*, Nr. 10, Frühjahr 1984.

18 *Anm. d. Ü.*: Höhere Primarschulen: Écoles primaires supérieures, die zum Abschluß des „brevet“ (mittlere Reife) führen.

19 *Anm. d. Ü.*: Lycée: Bis zur gaullistischen Schulreform von 1959 traditionelle siebenjährige Sekundarstufe des Schulwesens, vergleichbar dem Gymnasium; seither Bezeichnung für die dreijährige Sekundarstufe II. Das französische Lycée schließt mit dem Baccalauréat (Abitur) ab.

20 *Anm. d. Ü.*: Concours: Auf allen Ebenen des öffentlichen Dienstes sowie im Schul- und Hochschulwesen praktizierte einheitliche, anonyme Wettbewerbsprüfung.

Jahr 1901 eröffnet. Zwar erledigen zwei Typistinnen die Arbeit von drei Expedienten, sie werden aber geringer entlohnt und aufgrund ihres Status als Hilfskräfte werden für sie keine Rentenbeiträge entrichtet.[21]

An der Spitze der Feminisierung steht seit 1921 mit 52 % weiblichen Angestellten, denen man ein angemessenes Gehalt zusichert, die Post.[22] Dennoch gibt es wie bei der Telefongesellschaft weiterhin Diskriminierungen: Viele weibliche Angestellte werden als Hilfskräfte beschäftigt, und sie bleiben dies manchmal mehr als zehn Jahre lang, weshalb sie keine Arbeitsplatzsicherheit haben und keine Renten- und Urlaubsansprüche. Bei Stelleninhabern beiderlei Geschlechts, welche die gleiche Arbeit verrichten, wird zwischen „angestellten Damen“ und „Kommis“ unterschieden. Da sie besser bezahlt werden, können die letzteren sich Hoffnungen auf eine Karriere machen. Diese Situation führt zwischen 1924 und 1930 zu Konflikten. Die Arbeitgeber behaupten, daß Frauen, denen es an Autorität und Initiative mangele, nicht zu höheren Positionen zugelassen werden könnten.[23]

2 Die Parameter der Erwerbstätigkeit von Frauen

2.1 Unzureichende Bildung, ungeeignete Berufsausbildung

Während der Dritten Republik hat sich in erster Linie die Elementarschulbildung weiter entwickelt: Die Ferry-Gesetze (1881–1882), mit denen die unentgeltliche, obligatorische und laizistische Primarschule eingeführt wird, machen keinen Unterschied nach dem Geschlecht und kommen den Mädchen noch mehr als den Jungen zugute. Mit ihnen kann das Eintrittsalter ins Erwerbsleben heraufgesetzt werden, und fast alle Mädchen und Jungen erhalten nun Grundkenntnisse im Lesen, Schreiben und Rechnen. Diese Gesetze schaffen auch die Grundlage für die Entstehung einer republikanischen Meritokratie, da die Schulbildung im Prinzip sozialen Aufstieg ermöglicht. Aber die Ungleichheit der Chancen besteht fort, und in den unteren Bevölkerungsschichten sind die geringen Chancen, der Lage der Eltern zu entkommen, für Jungen allemal günstiger als für Mädchen, die gerne „geopfert“ werden. Die Schulpflicht gilt bis zum dreizehnten Lebensjahr; es sei denn, das Abschlußzeugnis wäre schon früher erworben worden. 1936 wird der obligatorische Schulbesuch bis zum Alter von vierzehn Jahren ausgedehnt. In der Zwischenkriegszeit hat ein Drittel der Pariser Arbeiterinnen die Volksschule bereits vor dem dreizehnten Lebensjahr verlassen; weniger als eine von fünf Arbeiterinnen hat darüber hinaus eine Schulausbildung erhalten. Eine große Mehrheit verfügt über gar keinen Schulabschluß und muß sich mit

21 Guy Thuillier: *Les Femmes dans l'administration depuis 1900*, PUF, 1988.

22 Susan Bachrach: La féminisation des PTT au tournant du siècle, in: *Le Mouvement social*, Nr. 140, Juli-September 1987, S. 69–88.

23 Françoise Battagliola: *Histoire du travail des femmes*, La Découverte, 2000, S. 64–68.

unqualifizierten manuellen Tätigkeiten und Dienstleistungen begnügen, später auch auf Gelegenheiten zur beruflichen Umschulung verzichten. Schon früh wirkt sich die Ungleichheit der Chancen im Lebenslauf aus, da sie stark mit dem sozioprofessionellen Milieu der Eltern korreliert. Diejenigen, die aus der Gegend von Paris kommen, werden denen vorgezogen, die aus der Provinz stammen. Am stärksten benachteiligt sind die Töchter aus bäuerlichem Milieu, dann folgen die Arbeitertöchter, deren Mutter Hausfrau ist, danach die Arbeitertöchter mit zwei erwerbstätigen Eltern, schließlich die Töchter von Angestellten, Handwerkern und Gewerbetreibenden, die es meistens schaffen, eine Lehrstelle zu bekommen.[24]

Die jüngsten dieser Frauen können vom Gesetz Astier profitieren, mit dem ab 1919 nach der Volksschule Ausbildungskurse für Lehrlinge eingeführt wurden. Aber diese Kurse führen vor allem in die traditionellen Schneider- und Modegewerbe ein, die im Niedergang begriffen sind. Die Berufsbildung „trägt also dazu bei, die jeweiligen Frauen- und Männerrollen auf dem Arbeitsmarkt zu verfestigen, obgleich sie durch die industriellen Veränderungen seit dem Ersten Weltkrieg längst erschüttert worden waren. Dadurch stellt die Berufsbildung eine Bremse sowohl für die Modernisierung der französischen Wirtschaft als auch für eine Veränderung der Stellung von Frauen in der französischen Gesellschaft dar."[25] Die Lücken des Ausbildungssystems, aber auch die Rolle der Frau in der Familie, haben zur Folge, daß Arbeiterinnen auf gering qualifizierte Tätigkeiten beschränkt bleiben.

2.2 Die Familiarisierung der unteren Bevölkerungsschichten

In der Stadt wie auf dem Land wurde viel Mühe darauf verwendet, daß die unteren Bevölkerungsschichten eine Lebensweise übernehmen, die jener der wohlhabenden Schichten vergleichbar ist, bei der sich die Frauen auf die Rolle der Hausfrau und Mutter beschränken. Die Familiarisierung der Arbeiterklasse wurde ursprünglich von einer Arbeitgeberschaft gefordert, der es um die Stabilisierung der Arbeitskräfte ging. Es gelang ihr, Lohnabhängige beiderlei Geschlechts dadurch festzuhalten, zu disziplinieren und zu kontrollieren, daß sie verheirateten Paaren Vorteile bot: Ihnen zum Beispiel eine Unterkunft zur Verfügung stellte, Zusatzlöhne und andere Prämien versprach. Die Landflucht, von der hauptsächlich Frauen Gebrauch machen, bringt ebenfalls die Frage mit sich, wie die familiale Produktionsweise überleben kann. Was läßt sich angesichts der Abneigung von Frauen gegen zu harte Arbeiten und ein allzu festgelegtes Leben tun? Die Literatur, in der Frauen stigmatisiert werden, die davon träumen, einen Städter zu heiraten, hat überhaupt keinen Einfluß. Als wesentlich wirksamer erweist sich die Einführung des landwirtschaftlichen Haushaltsunterrichts. Die Gräfin Kéranflech-Kernezne gründet 1922 die Union centrale des associations

24 Id., S. 285–288.
25 Id., S. 283.

féminines rurales („Zentralverband der Landfrauenvereine"), die versucht, die Frauen auf dem Land zurückzuhalten, indem sie ihnen eine goldene Darstellung ihrer Arbeit und ihrer Rolle in der Haushaltsführung präsentiert. Das Weiblichkeitsideal dieser Organisation ist besonders konservativ, da sie für eine „vollständige Selbstaufgabe im Dienste Gottes, der Familie und des Hauses" eintritt.[26] Die Formulierung ist aufschlußreich, weil die produktive Arbeit in ihr völlig ausgeblendet bleibt. Das Ziel der gutsherrlichen Mystik besteht vor allem darin, die Flucht in die Städte, die als Orte des Verderbens gelten, aufzuhalten und das Land wieder zu bevölkern. Die nicht ganz so konservative, eher sozial orientierte Jeunesse agricole chrétienne (JAC, „Christliche Landjugend"), eine einflußreiche Bewegung und Kaderschmiede für politische und gewerkschaftliche Führungskräfte, trägt stark zur Familiarisierung des landwirtschaftlichen Milieus bei.[27] Als 1933 die Frauenabteilung dieser Organisation entsteht, setzt sie sich zum Ziel, die Landwirtin als Mutter, Arbeiterin und Aktivistin zu legitimieren. Sie kämpft gegen das Modell der „dienenden Bäuerin" und fördert das Bild der „mitarbeitenden Hüterin des Hauses". „Die Frau, die sich ihrer Aufgabe im Haus verweigert, verhält sich wie ein Soldat in Kriegszeiten, der desertiert" (*Jeunesse agricole féminine*, Februar 1936). Dieses „Recht auf ein Heim" entspricht dem Ideal des Sozialkatholizismus, nimmt aber eine moderne Färbung an: Die Hausarbeit und die Erziehungsarbeit werden durch eine Lehre „professionalisiert" – die herkömmliche Weitergabe der Kenntnisse der Mutter an die Tochter reicht nicht mehr aus.

Der gesellschaftliche Zwang zur Familiarisierung wirkt sich einigermaßen erfolgreich aus, selbst wenn er in Bezug auf die Geburtenzahlen nicht die erwarteten Ergebnisse zeitigt. Im Laufe der Zwischenkriegszeit übernimmt die Arbeiterklasse das Ideal der Hausfrau. Dies ist „nicht so sehr das Ergebnis einer Verbürgerlichung der Arbeiter, sondern vielmehr ein Ausdruck der Realität ihrer Klassenerfahrung", das heißt ihrer Beschäftigungs-, Arbeits- und Lohnverhältnisse.[28] Viele Arbeiter machen es sich zur Aufgabe, ihren Frauen die Strapazen der Fabrikarbeit zu ersparen. Sie messen der Familie, diesem schützenden und regenerierenden Mikrokosmos, der seinen Mitgliedern zu einer rechtmäßigen (geschlechtlichen, elterlichen, gesellschaftlich angepassten) Identität verhilft, einen hohen Stellenwert bei.[29] Auch ist die Familie eine wirtschaftliche Einheit, da das Einkommen gemeinsam für die Grundkosten des Nahrungs- und Wohnungsbedarfs aufgewendet wird. Es ist das System der „solidarischen Familie", das, wenn es funktionieren soll, ein Gleichgewicht zwischen Verdienern und Konsumenten voraussetzt, aber auch einen Verwaltungschef, nämlich die

26 Comtesse de Kéranflech-Kernezne: *La femme de la campagne, ses épreuves et ses responsabilités*, Spes, 1933, zitiert nach Juliette Caniou: La fermière idéale dans l'enseignement ménager agricole (1860–1960), in: *Pénélope*, Nr. 7, Herbst 1982, S. 81.

27 Martyne Perrot: La jaciste: une figure emblématique, in: Rose-Marie Lagrave (Hg.): *Celles de la terre*, École des hautes études en sciences sociales, 1987, S. 33–60.

28 Louise Tilly, Joan Scott: *Les Femmes, le travail et la famille*, Rivages, 1987, S. 226.

29 Olivier Schwarz: *Le Monde privé des ouvriers, hommes et femmes du Nord*, PUF, 1990.

Mutter. In Arbeiterhaushalten ist die Mutter für das Essen und die Wäsche zuständig, aber auch „Finanzministerin", da sie den Lohn des Ehemannes und der im Haushalt lebenden Kinder verwaltet. Der Arbeiter läßt sich nämlich in diesem Bereich „regieren", erst von seiner Mutter und später von seiner Frau, an die er seine Macht delegiert. Geldsorgen und die Versuche, sie zu überwinden, gehen also hauptsächlich zu Lasten der Mutter, ist sie doch für den Erfolg oder das Scheitern der Familie verantwortlich.

Ehefrauen und Mütter aus Arbeiterfamilien geben ihren „Pflichten" Vorrang vor ihren persönlichen Neigungen. Deshalb gibt es trotz der 1919 beschlossenen Arbeitszeitverkürzung (auf acht Stunden am Tag und achtundvierzig Stunden in der Woche) keine Aufteilung der Hausarbeit. Als Arbeiterinnen der Bekleidungsindustrie im Jahr 1917, etwas früher als andere, die „englische Woche", das heißt eine Woche mit arbeitsfreiem Samstag bekamen, wurde dieser sehr bald „Besensamstag" genannt. Die Idealisierung der Arbeitermutter bringt in gewisser Weise eine Art der Anerkennung für diese dauernden „Opfer" zum Ausdruck. Zwar verbessert sich das Lebensniveau der Arbeiterklasse und die Zwänge lockern sich ein wenig, es entsteht auch bei den Arbeitern eine Freizeitkultur, aber davon profitieren die Frauen weniger als die Männer und anders als sie.[30]

Frauenerwerbstätigkeit hängt von den Bedürfnissen der Familie ab. Junge Mädchen arbeiten aus Not, vor allem im ländlichen Milieu, wo sie schon früh dazu aufgefordert werden, ihre Familien zu verlassen, um in der Fabrik zu arbeiten. Die Alternative, von der seltener Gebrauch gemacht wird, wäre, als Dienstmädchen zu arbeiten. Verheiratete Frauen sind häufig erwerbstätig, auch wenn die Erwerbstätigkeit bei Frauen mit kleinen Kindern vorübergehend abnimmt; sie ist aber absolut notwendig in den ärmsten Familien, entweder weil der Ehemann krank oder weil er arbeitslos ist, aber auch in Zeiten der Krise. Auch Witwen entgehen diesem Schicksal nicht. Die nach Altersstufen gegliederten Quoten erwerbstätiger Frauen ergeben eine Kurve in Form eines „U", wobei der Hohlraum die – häufig vorübergehende – Unterbrechung der Erwerbstätigkeit von Müttern mit kleinen Kindern markiert. Dieser diskontinuierliche Erwerbsverlauf schränkt viele Arbeitnehmerinnen auf gering qualifizierte Tätigkeiten ein, bei denen es keine Aufstiegschancen gibt. Auch die Rückkehr auf den Arbeitsmarkt ist mit Schwierigkeiten verbunden; häufig führt sie zu Arbeitslosigkeit.

2.3 Die Zeit der Wirtschaftskrise

Man sollte den Einfluß der wirtschaftlichen Konjunktur auf die Beschäftigung von Frauen nicht übertreiben: Vor einer reduktionistischen Darstellung der industriellen „Reservearmee", die je nach dem momentanen Bedarf rekrutiert und entlassen werden kann, sollte man sich hüten. „Die Verteilung von Arbeitsplätzen unter Männern und Frauen vollzieht

30 Alain Corbin: *L'Avènement des loisirs 1850–1960*, Aubier, 1995.

sich nicht ohne Unterschiede. Frauen werden die Arbeitsplätze zugewiesen, auf denen hauptsächlich oder überwiegend manuelle Tätigkeiten verrichtet werden, die Fingerfertigkeit und Schnelligkeit erfordern und einem repetitiven Arbeitstakt folgen. Männern stehen Arbeitsplätze zu, auf denen sie Maschinen bedienen, Arbeitsplätze, die Kraft, Widerstandsfähigkeit und Qualifikation voraussetzen. Daher ist es eine ziemlich seltene Erscheinung, daß bei Konjunkturschwankungen Frauen durch Männer oder Männer durch Frauen ersetzt werden, weil dies häufig eine vollkommene Neuorganisation des Arbeitsprozesses zur Folge hätte."[31] Frauen, die vor 1914 geboren wurden, konnten ein langes Erwerbsleben erwarten, selbst wenn sie auf eine Tätigkeit als Arbeiterin beschränkt blieben. Bei der darauffolgenden Generation jedoch, die einer ungünstigen Konjunktur zum Opfer fiel, ist die Erwerbslaufbahn wesentlich kürzer. Diese Generation hat als Folge der Familienpolitik eher die Tendenz, sich ins Haus zurückzuziehen.

Mit der ökonomischen Krise, die in Frankreich im Jahr 1931 beginnt, verstärkt sich der Druck gegen die Frauenerwerbstätigkeit. In der Presse erscheinen um diese Zeit die ersten feindseligen Artikel. Die sozialkatholischen Vereine bilden in einer für sie günstigen Konstellation, in der Arbeitslosigkeit und demographische Ängste zusammenfallen, die Speerspitze des Kampfes. Sie stützen sich auf eine Enzyklika von Papst Pius XI., der die von seinem Vorgänger in der Enzyklika *Rerum Novarum* entwickelten Vorstellungen wieder aufgreift: „Familienmütter sollen in ihrer Häuslichkeit und dem, was dazu gehört, ihr hauptsächliches Arbeitsfeld finden in Erfüllung ihrer hausfraulichen Obliegenheiten. Daß dagegen Hausfrauen und Mütter wegen Unzulänglichkeit des väterlichen Arbeitsverdienstes zum Schaden ihres häuslichen Pflichtenkreises und besonders der Kindererziehung außerhäuslicher Erwerbsarbeit nachzugehen genötigt sind, ist ein schändlicher Mißbrauch, der, koste es, was es wolle, verschwinden muß" (*Quadragesimo Anno* 1931).

Im Jahr 1933 finden in Paris mehrere Kongresse statt, bei denen die Rückkehr der Frauen ins Haus gefordert wird. Einer der glühendsten Verfechter dieser Ansicht ist der Industrielle Philippe Lecleqc. Als Präsident der Vereinigung Pour la femme au foyer („Für die Hausfrau") vertritt er die Auffassung, daß es Arbeit für 500 000 arbeitslose Männer geben könnte, wenn die zwei Millionen verheirateten erwerbstätigen Frauen sich ausschließlich ihren Kindern widmeten.[32] Wie soll aber in einer derartig stark nach Geschlechtern segregierten Arbeitswelt eine solche Übertragung der Aufgaben bewerkstelligt werden? Sollen die Bergarbeiter zu Stenotypistinnen umgeschult werden? Die Metallarbeiter zu Schneiderinnen? Wären die Männer bereit, Frauenlöhne zu akzeptieren, die um 25 % unter den ihren liegen und in der Altersgruppe zwischen dreizehn und sechzehn Jahren sogar um 50 %? Marguerite Thibert legt der Internationalen Arbeitsorganisation einen Bericht vor, in dem die ökonomische Sinnlosigkeit der demagogischen Vorschläge, Frauen „in das Haus zurück" zu schicken, nachgewiesen wird.

31 Catherine Omnès: *Ouvrières parisiennes*, op. cit., S. 334.
32 In *Le Nord social*, Dezember 1939.

Wie sollen die Frauen überhaupt dazu bewegt werden, ins Haus zurück zu kehren? Bedarf es eines Gesetzes, das sie dazu zwingt? Oder soll man ihnen lieber Anreize bieten? Genauer gesagt, stehen eigentlich verheiratete Frauen im gebärfähigen Alter oder solche, die bereits Mütter sind, im Zentrum der Debatte. Daß aber ihre Erwerbstätigkeit als illegitim angesehen wird, hat negative Konsequenzen für alle erwerbstätigen Frauen.

Im Ausland wurde in den Diktaturen (Deutschland und Italien), aber auch in den Demokratien (unter anderem in den USA) Frauenerwerbstätigkeit durch Verbote und Quoten eingeschränkt. Frankreich zeichnet sich in Bezug auf seine weiblichen Arbeitskräfte durch eine moderate Politik aus. Nicht die französischen Frauen, sondern Ausländer beiderlei Geschlechts, die seit 1932 in großer Zahl ausgewiesen werden, sind die Sündenböcke der Krise. Im Jahr 1935 beschließt die Regierung Laval, verheiratete weibliche Angestellte im öffentlichen Dienst zugunsten von Beamten zu entlassen. Auf unauffällige Weise bleibt das Aufnahmeverfahren für die öffentliche Verwaltung von da an faktisch Männern vorbehalten. Ein gesetzliches Verbot der Erwerbstätigkeit verheirateter Frauen stößt indessen bei den Familialisten auf starke Vorbehalte. Ihrer Ansicht nach würde dabei aus verschiedenen Gründen der Teufel mit dem Beelzebub ausgetrieben werden: Denn die psychologischen und ökonomischen Ursachen der Frauenerwerbstätigkeit würden nicht bekämpft; das Gesetz werde wahrscheinlich durch die Zunahme wilder Ehen umgangen; außerdem schwächten der Staat und die Arbeitgeber die „häusliche Entscheidungsgewalt". Die Idee, den Müttern, die zu Hause bleiben, eine Beihilfe zu geben, kann sich dagegen behaupten. Bei dem ersten in diese Richtung gehenden Vorschlag des Abbé Lemire, einem Abgeordneten aus dem Département Nord, wurde einer Familienmutter, die ihre Erwerbsarbeit aufgäbe, eine Beihilfe von 360 Francs für jedes Kind unter 16 Jahren versprochen. Die familialistischen Abgeordneten formulieren 1935 und 1936 neue Vorschläge, kommen aber in der Sache nicht weiter. Denn die Volksfront setzt sich 1936 für die Verteidigung der Frauenerwerbsarbeit ein. Letzten Endes hat die Krise nur begrenzte Auswirkungen auf die Beschäftigung von Frauen. Denn die Depression betrifft vor allem die Industriesektoren, in denen hauptsächlich Männer beschäftigt sind. Darüber hinaus begünstigt das Gesetz zur Vierzigstundenwoche aus dem Jahr 1936 die Einstellung von Frauen, die geringer entlohnt werden als Männer. Arbeitslosigkeit ist im Jahr 1936 trotzdem unter Frauen mit 5,6 % weiter verbreitet als unter Männern mit 5,4 %. Nach der öffentlichen Meinung trifft nun aber genau das Gegenteil zu, und so kurbeln die Familialisten ihre Kampagne wieder an.

Die Familienpolitik, die zwischen den beiden Kriegen eingeführt wird, hat nur begrenzten Einfluß auf die Geburtenrate, und sie erreicht ihr zweites Ziel, die Verringerung der Frauenerwerbstätigkeit, nicht. Als sich abzeichnet, daß ein Krieg bevorsteht, und die Sorgen der Natalisten zunehmen, werden deshalb von den Behörden ehrgeizigere Maßnahmen eingeleitet. Mit den Gesetzeserlassen vom 11. November 1938 werden die Familienbeihilfen auf die gesamte erwerbstätige Bevölkerung ausgedehnt. Die Raten werden angeglichen und erhöht, wenn die Mutter zu Hause bleibt. Am 29. Juli 1939 wird der Zuschlag durch eine neue Gesetzgebung, den Code de la famille („Familiengesetzbuch")[33], in eine Beihilfe für die nicht erwerbstätige Mutter umgewandelt, wobei der Betrag verdoppelt wird. Die Beihilfe wird nicht gewährt, wenn nur ein einziges Kind zum Haushalt gehört. Der Kriegseintritt im September macht jedoch eine erneute Mobilisierung von Frauen für die Wirtschaft erforderlich. In den Rüstungsbetrieben verdreifacht sich ihre Zahl.

2.4 Das Verhältnis der Frauen zur Erwerbsarbeit

Wahl oder Zwang? Von dieser Alternative gehen die zeitgenössischen Kommentare zur Frauenerwerbsarbeit aus. Oft kommen sie zu dem Schluß, daß die Frauen ja „leider" keine Wahl haben, und daß ihr Erwerbseinkommen nötig ist, um das Familienbudget auszugleichen. Wählen zu können, sei ein Luxus der Bourgeoisie. In den Kommentaren wird explizit oder implizit die Ideologie übernommen, daß die Frau ins Haus gehöre. Mit dem Problem werden nur Frauen konfrontiert... Die Kommentatoren entwerfen das Klischee einer arbeitenden Frau, die ihr Schicksal erleidet und mit ihrer Erwerbstätigkeit nur wenig verbindet. Anderen Quellen läßt sich eine andere Vorstellung über das Verhältnis von Frauen zur Erwerbsarbeit entnehmen. Eine Studie über Pariser Arbeiterinnen zeigt, daß sie der Arbeit Werte zuschreiben, die ihren Berufsweg maßgeblich beeinflussen.[34] Natürlich ist Arbeit für sie eine Einkommensquelle, nur eine Minderheit betrachtet sie aber unter diesem rein instrumentellen Aspekt. Die meisten halten sie für eine Quelle affektiver Befriedigung und beziehen daraus ihre soziale Identifikation und Legitimation.[35] Ob sie in einer Werkstatt oder in der Fabrik arbeiten, sie schätzen die Kameradschaftlichkeit und gegenseitige Unterstützung, die sie dort erfahren, die Geselligkeit unter Frauen, die durch kleine Geschenke, durch das gemeinsame Kantinenessen, durch Gespräche über ihren Familienalltag bereichert wird. Die Arbeit verbindet sie mit der Gemeinschaft der Werktätigen, bindet sie aber auch in eine – manchmal, insbesondere bei den Schneiderinnen sehr starke – Berufsgemeinschaft und in eine Unternehmensgemeinschaft ein. Die Bindung an das Arbeitsinstrument ist kein Monopol der Männer: Achtung für Maschinen haben beide Geschlechter. Diese Arbeiterinnen sind ziemlich stolz auf ihre berufliche Bilanz, zumindest haben sie „durchgehalten". Aber ihr Leben ist hart: „Eine Kindheit in Armut, die oft durch den vorzeitigen Tod des Vaters oder der Mutter durcheinander geraten ist; ein häufig durch Alkoholismus oder eingeschränkte Sexualität zerbrochenes Eheleben; mütterliche Gefühle, die durch die hohe Kindersterblichkeit, die erforderliche Geburtenbeschränkung oder die

33 *Anm. d. Ü.*: Code de la famille: Mit diesem Familiengesetzbuch wurde die moderne französische Familienpolitik institutionalisiert. Die zunächst im außerstaatlichen Bereich durch sozialkatholische Unternehmer entwickelten familienpolitischen Maßnahmen wurden damit gesetzlich geregelt.

34 Catherine Omnès: *Ouvrières parisiennes*, op. cit., Kapitel 11 „Le valeur du travail".

35 Anne-Marie Sohn: *Chrysalides*, op. cit., S. 138.

Notwendigkeit, das Kind einer Amme oder der entfernt lebenden Mutter anzuvertrauen, enttäuscht wurden; dies sind die wiederkehrenden Merkmale des erbärmlichen Bildes, das aus den lebensgeschichtlichen Erzählungen von Arbeiterinnen hervorgeht, die vor 1914 geboren sind."[36]

3 Die Ausbeutung der Arbeiterinnen und die gewerkschaftlichen Kämpfe

3.1 Aspekte der Ausbeutung erwerbstätiger Frauen

Die Löhne für Frauen liegen mehr als ein Drittel unter denen der Männer. Diese Diskriminierung wird mit der Vorstellung vom „Zuverdienst" gerechtfertigt, dem Zuschuß, den ein junges Mädchen seinen Eltern und später die Frau ihrem Ehemann einträgt. Der Zuverdienst ermöglicht dem Mann, Haupternährer des Haushalts zu bleiben, was ihn in seiner Machtposition bestärkt. Für die Unternehmer ist er ebenfalls nur von Vorteil, da sie mehr Profit machen können, wenn sie Frauen einstellen. So bekommen etwa die Arbeiterinnen häufig einen Stücklohn, während die Arbeiter einen Stundenlohn erhalten. Die patriarchale und die kapitalistische Logik stützen sich wechselseitig: In der Zwischenkriegszeit verdienen Frauen, deren Mann ebenfalls im Unternehmen beschäftigt ist, in manchen Fabriken weniger als ihre Kolleginnen. Häufig wird die Geringfügigkeit der Frauenlöhne mit einem Qualifikationsmangel der Arbeiterinnen begründet. Das Beispiel der Arbeiterinnen, die in der Zwischenkriegszeit in großen Betrieben arbeiten, in denen die Arbeitsorganisation rationalisiert wurde, ist diesbezüglich erhellend. In Wirklichkeit haben diese Frauen eine Ausbildung. Die meisten von ihnen haben Nähen gelernt, sie haben Erfahrungen mit Hausarbeit und mit repetitiver Fabrikarbeit, die ihnen die berühmten, angeblich „natürlichen" Fähigkeiten vermittelt: Genauigkeit, Geschicklichkeit, Disziplin, Geschwindigkeit und Geduld.[37] Im Jahr 1936 wird mit Tausenden von Tarifverträgen, die nach den Matignon-Vereinbarungen[38] geschlossen werden, der doppelte Standard für Frauen- und Männerlöhne offiziell bestätigt; sogar bei identischen Arbeitsplätzen wird beim Lohn nach Geschlecht unterschieden. Die Unterschiede sind variabel: In der Pariser Metallindustrie beläuft sich der Stundenlohn für einen gelernten Schweißer auf 7,20 Francs und für eine gelernte Schweißerin auf 6,00 Francs. Bei der Luftfahrt verdienen Buchhaltungsgehilfen 1930 Francs im Monat und Buchhaltungsgehilfinnen für genau die gleiche Arbeit 1600 Francs. Haben die Lohnabhängigen, die sich besonders stark bei Streiks engagieren, Angst, gleiche Bezahlung zu fordern,

36 Id., S. 138.

37 Sylvie Zerner: De la couture aux presses: l'emploi féminin entre les deux guerres, in: *Le Mouvement social*, Juli-September 1987, S. 23.

38 *Anm. d. Ü.*: Matignon-Vereinbarungen: Am 7. Juni 1936 zwischen Léon Blum als Regierungschef, dem französischem Arbeitgeberverband und der CGT im Hôtel Matignon getroffene Vereinbarungen, die zur Grundlage von Tarifverträgen werden.

weil sie ihnen in Zeiten der Arbeitslosigkeit schaden könnte? Es ist nützlich, sich klarzumachen, daß es bei der Arbeitsleistung keine Unterschiede gibt. Die Frauen, die seit Beginn des Krieges in den Schieferbrüchen von Trélazé als Spalterinnen beschäftigt wurden, konnten die Männer an Produktivität übertreffen. Auch eine Fehleinschätzung der Arbeitsanstrengung trägt zu Vorurteilen bei. So erklärt eine Arbeiterin, die bei einem Geldschrankfabrikanten mit dem Schneidbrenner Teile zugeschnitten hat: „Ich habe die Arbeit eines Mannes gemacht, aber ich fand das sehr viel weniger anstrengend als den Haushalt."[39]

Der Verschleiß durch Fabrikarbeit ist übrigens bei Frauen unter 30 Jahren außergewöhnlich hoch.[40] Denn die Arbeitgeber suchen in erster Linie junge Frauen (während sie Männer in den besten Jahren vorziehen), und deren Sterblichkeit ist wesentlich höher als bei gleichaltrigen Männern. So sind in der Textilindustrie, wo die weiblichen Arbeitskräfte in der Mehrzahl sind, chronische Erkrankungen der Atemwege sehr verbreitet. Gesundheitsprobleme rühren nicht nur von ungesunden und unhygienischen Verhältnissen in den Fabrikhallen her, sondern auch von körperlicher Überbeanspruchung und Mangelernährung, beides Folgen der niedrigen Löhne. Der diskontinuierliche Erwerbsverlauf von Arbeiterinnen, den man im allgemeinen mit ihrer Absicht erklärt, sich um ihre kleinen Kinder zu kümmern, hat also zweifellos auch mit dem frühen Verschleiß junger Frauen zu tun. Die Unterbrechung der Erwerbstätigkeit trägt ihnen ein paar Jahre mehr an Lebenserwartung zu einem Zeitpunkt ein, an dem für die Männer die intensivste Abnutzungsphase beginnt, die ihre Lebenserwartung verkürzen wird.

Bei den Frauen nehmen die Arbeitsschwierigkeiten besondere Formen an. Sie unterliegen sehr strikten Vorschriften, mit denen ihre Frisur, ihre Kleidung, ihre Haltung, ihre natürlichen Bedürfnisse und ihre Bewegungen kontrolliert werden sollen. Formen der Hausarbeit gibt es auch in der Fabrik, wie etwa die Reinigung der Maschinen, der Fabrikhallen und der Toiletten, die nicht bezahlt wird und nach der Arbeit erfolgt, auch muß die Arbeitskleidung (für die lediglich der Stoff geliefert wird) selbst hergestellt werden. Frauen sind (wie Lehrlinge) bevorzugte Objekte für Gewalttätigkeiten, Strafen und Grobheiten. Viele junge Mädchen träumen davon, in kleinen Schneiderwerkstätten zu arbeiten, wo das Aufsichtspersonal weiblich ist. Einer der Gründe dafür ist, daß sie dort vor männlichen Übergriffen geschützt sind.

In allen Berufsbereichen wird das „droit de cuissage"[41] praktiziert: Besonders Kindermädchen, aber auch Bauernmädchen, Büroangestellte und Arbeiterinnen haben unter

39 Zitiert bei Michelle Perrot: Sur le front des sexes: un combat douteux, in: *Vingtième siécle*, Nr. 3, Juli 1984, S. 71.

40 Alain Cottereau: Usure au travail. Destins masculins et destins féminins dans les cultures ouvrières en France au XIXe siècle, in: *Le Mouvement social*, Nr. 124, Juli-September 1983, S. 71–112.

41 *Anm. d. Ü.*: Droit de cuissage: Die Bezeichnung „Schenkelrecht" geht angeblich auf den Brauch zurück, daß der Grundherr in der Hochzeitsnacht sein Bein in das Bett der Braut eines Bauern legte und damit symbolisch sein Vorrecht auf diese anzeigte. Eine andere Bezeichnung für dieses Vorrecht ist „ius primae noctis". Im übertragenen Sinne wird die sexuelle Ausnutzung von Abhängigkeitsverhältnissen am Arbeitsplatz als „droit de cuissage" bezeichnet.

sexueller Ausbeutung zu leiden.[42] Wie viele Frauen davon betroffen sind, läßt sich unmöglich feststellen; das Ausmaß dieser Praxis wird aber durch unterschiedliche Informationen (über Kindermorde, Selbstmorde und Kriminalprozesse) ebenso belegt wie durch Umfragen unter Arbeiterinnen, durch Lieder und die Presse... Erleichtert wird diese Praxis durch die Straffreiheit der Arbeitgeber und in geringerem Maße auch der Vorarbeiter, die häufiger angezeigt werden. Reaktionen der Arbeiter sind selten. Sie geschehen nicht im Namen der Klassensolidarität, sondern im Namen des Kinderschutzes, der Familienehre und/oder der Männerehre. Die Angelegenheit wird dann „unter Männern", häufig in gewaltsamer Weise, erledigt. Die Arbeiter, die mit einem ihre Frau oder Schwester betreffenden Übergriff konfrontiert werden, empfinden angesichts der sexuellen Konkurrenz eines sozial Stärkeren zweifellos ohnmächtige Wut und erleben es als Demütigung, daß sie ihre Frau nicht ausreichend schützen und versorgen konnten, um ihr ein Leben zu Hause zu ermöglichen. Viele von ihnen müssen sich mit dieser relativen Enteignung in Bezug auf „ihre" Frauen abfinden. Seit Anfang des Jahrhunderts wird die sexuelle Ausbeutung, der Arbeiterinnen zum Opfer fallen, von Gewerkschaften bei Streiks, bei Veranstaltungen und in Artikeln der Gewerkschaftspresse thematisiert. Ein Hinweis darauf, wie häufig gerade Ausländerinnen von seiten der Arbeitgeber schlecht behandelt und sexuell ausgenutzt werden, ist, daß Ende der 1930er Jahre in den Départements Hilfskomitees zum Schutz von Immigrantinnen eingerichtet werden. Freilich sind sie nur von begrenztem Nutzen, vor allem auch deswegen, weil es zu wenige Inspektorinnen gibt.

Für alleinstehende Frauen mit oder ohne Kinder sind die niedrigen Löhne gleichbedeutend mit Armut, manchmal mit absoluter Not. Da Arbeiterinnen die Möglichkeit haben, sexuelle Dienstleistungen – zumeist außerhalb der reglementierten Prostitution – gegen Geld anzubieten, wird davon ausgegangen, daß der „Zuverdienst", der durch andere Einkommensquellen ergänzt werden muß, ausreicht. Manche Feministinnen, wie etwa Nelly Roussel, dehnen den Begriff der Prostitution auch auf die wilde Ehe oder die Ehe „aus Not" aus. Im Rentenalter ist die Armut noch größer. Nur wenige Rentnerinnen kommen in den Genuß einer Beamtenpension, die etwa die Hälfte eines mittleren Gehalts ausmacht. Das Rentengesetz von 1910, das Arbeiter- und Bauernrenten betrifft, diskriminiert die Frauen, da nur wenige von ihnen 30 Jahre lang Beiträge gezahlt haben; verschwindend gering ist die Zahl der Frauen, die die Zusatzzahlungen für freiwillig Versicherte aufbringen können. Diejenigen, die im Gewerbe ihres Mannes mitarbeiten, auf dem Hof, in der Werkstatt oder im Geschäft, ohne ein Gehalt zu bekommen, haben überhaupt keine Rentenansprüche. Eine Witwe bekommt nur die Hälfte der Rente ihres verstorbenen Ehemannes, unter der Voraussetzung, daß sie nicht wieder heiratet. Für viele Frauen ist der einzige Ausweg, sich an die staatliche Fürsorge für notleidende alte Menschen zu wenden, die 1905 eingerichtet wurde, weswegen das Alter von Frauen „unter dem Vorzeichen von Abhängigkeit und Fürsorge" steht.[43]

42 Marie-Victoire Louis: *Le Droit de cuissage*. France 1860–1930, L'Atelier, 1994.

43 Élise Feller: Les femmes et le vieillissement dans la France du premier XXe siècle, in: *Clio*, Nr. 7, Femmes, dots et patrimoines, 1998, S. 217.

3.2 Frauen und Gewerkschaften

Helfen die Gewerkschaften den erwerbstätigen Frauen im Kampf um ein besseres Los? Das Gesetz vom 20. März 1920 ermöglicht den Frauen, sich ohne Erlaubnis ihres Ehemannes einer Gewerkschaft anzuschließen. Der gewerkschaftliche Organisationsgrad von Frauen nimmt deshalb zu: Im Jahr 1920 werden 239 000 weibliche Gewerkschaftsmitglieder gezählt. Aber es gibt, wie bereits im ersten Kapitel erklärt, immer noch zahlreiche Hindernisse. Sich für das Recht der Frauen auf Erwerbsarbeit oder für gleiche Löhne einzusetzen, hat für die Gewerkschaftsbewegung, die es vorzieht, vom „Frauenarbeitsschutz" zu sprechen, keine Priorität. Freilich muß auch gesagt werden, daß nur eine kleine Minderheit von Feministinnen sich für eine egalitäre Logik einsetzt, die sich gegen jede Art geschlechtsspezifischer Arbeitsregulierung sperrt. Diese Minderheit schafft sich ab 1929 mit dem neuen Verband *Open Door International* Gehör, der sich von der angeblich protektionistischen Linie der Internationalen Arbeitsorganisation abgrenzt, die nur als indirektes Mittel zur Beschränkung von Frauenerwerbsarbeit gesehen wird.

Die überwältigende Mehrheit der gewerkschaftlich organisierten Frauen gehört der CGT an, beziehungsweise einer der beiden CGTs, die zwischen 1922 und 1936 bestanden. Wegen der russischen Revolution im Jahr 1917 und wegen des pazifistischen Protests im Ersten Weltkrieg war es nach der Gründung der Kommunistischen Partei im Jahr 1920 zu einer Spaltung der CGT gekommen: Es gab danach die alte, nunmehr reformistische CGT und die neue CGTU (unitaire) mit revolutionären Ambitionen. Letztere war gegenüber Frauen und feministischen Forderungen offenbar aufgeschlossener als die alte CGT, wie die Wahl Marie Guillots auf den Posten der Gewerkschaftssekretärin des Bundes im Jahr 1922 beweist. Marie Guillot, die vorher Generalsekretärin der Féderation (unitaire) de l'enseignement („Lehrergewerkschaftsvereinigung") war, bemühte sich mehr als zehn Jahre lang, innerhalb der Gewerkschaften eine spezifische Organisation für Frauen einzurichten, die ihnen ermöglichen sollte, ihre Forderungen unter sich zu erörtern und sich zu schulen, um sie vor allen Aktivisten vertreten zu können. So war sie auch dazu gekommen, die Groupes féministes de l'enseignement laïque („Feministische Gruppen im laizistischen Schulwesen") einzurichten.[44] Als sie in das Büro der GGTU gewählt wird, setzt sie dort eine zentrale Frauenkommission ein. Die Anfänge sind schwierig, wegen der Skepsis der Aktivisten und weil es zu wenig Aktivistinnen für diese Arbeit gibt. Die Probleme werden durch Streitigkeiten innerhalb der CGTU noch schlimmer. Die militanten Kommunisten verlangen, die Mitglieder der Frauenkommission hätten die von der Partei ausgegebenen Richtlinien zu respektieren. Marie Guillot, die für die Unabhängigkeit der Gewerkschaften eintritt und überzeugt ist, daß Richtungskämpfe dabei nur schaden können, legt ihr Amt nieder.[45] Trotz

44 Anne-Marie Sohn: Exemplarité et limites de la participation féminine à la vie syndicale: les institutrices de la CGT, in: *Revue d'histoire moderne et contemporaine*, Juli-September 1977, S. 391–414.

45 Slava Liszek: *Marie Guillot, De l'émancipation des femmes à celle du syndicalisme*, L'Harmattan, 1994.

des ungünstigen Kontextes, in dem politische Fragen im Vordergrund stehen, wird die Frauenkommission ihre Arbeit fortsetzen und zu gegebenem Zeitpunkt auch eine nicht zu unterschätzende Rolle spielen.

Bei der „alten" CGT ist es Jeanne Bouvier, die als feministische Wächterin fungiert. Sie kann im Laufe der Zeit feststellen, daß die Beteiligung von Frauen an den Kongressen des Bundes abnimmt. „Neben der CGTU ist die CGT zu langsam und zu zurückhaltend, um eine Form der Organisation zu schaffen, die speziell auf Frauen zugeschnitten ist."[46] Im Jahr 1929 wird dennoch eine Frauenkommission eingerichtet. Jeanne Chevenard wird als Propagandistin abgeordnet. Die Propaganda hebt vor allem zwei Fragen hervor: die des Mutterschutzes und die des Schutzes der Heimarbeiterin.

Ein Plakat der CGT von 1934 (BMD)

In gewerkschaftlichen Darstellungen der Arbeiterklasse ist die Fabrik eine Männerwelt. Wenn vor ihren Toren eine Frau oder ein Kind auftritt, so scheinen sie diesem Universum nicht anzugehören, gleichzeitig aber davon abzuhängen: Die erhoffte Sozialgesetzgebung soll den Arbeiterfamilien Glück bringen.

Bis zur Volksfront bleibt die Beteiligung von Frauen am Gewerkschaftsleben, obwohl es im Verhältnis zu Vorkriegszeiten Fortschritte gegeben hat, sehr schwach, sogar in den stark von Frauen dominierten Gewerkschaften der Bekleidungs-, Textil- und Nahrungsindustrie. Allerdings gibt es eine Reihe von Frauen, die sich als Aktivistinnen hervortun, so Alice Brisset und Martha Desrumeaux aus der Textilgewerkschaft, Bernadette Cattanéo aus der Angestelltengewerkschaft, die 1931 Mitglied des Büros der CGTU wird, Georgette Bodineau, die ab 1933 ebenfalls Mitglied dieses Büros und später Generalsekretärin der Bekleidungsgewerkschaft wird. Durch die Streiks von 1936 verbessert sich die Lage ein wenig: Zahlreiche Frauen treten der Gewerkschaft bei. Im Jahr darauf sind beim Kongreß der Bekleidungsgewerkschaft 27 Frauen vertreten, beim Kongreß der Textilgewerkschaft zehn und bei

46 Françoise Blum: *Féminisme et syndicalisme: les femmes dans la féderation de l'habillement*, Magisterarbeit, Université de Paris I, 1978, S. 106.

dem der Nahrungsmittelgewerkschaft ebenfalls zehn. Da sie immer noch eine zu kleine Minderheit sind, haben die Frauen nur wenig Einfluß. Wesentlich effektiver sind sie, wenn sie sich in nicht gemischtgeschlechtlichen Organisationen für ihre Sache einsetzen, wie das Beispiel des Kampfes der weiblichen Angestellten der PTT Ende der zwanziger Jahre, aber auch die Erfahrung der christlichen Gewerkschaften zeigt.

Die Conféderation française des travailleurs chrétiens (CFTC, „Französische Konföderation christlicher Arbeiter") kümmert sich besonders um die Frauen, die seit der Gründung der Konföderation im Jahr 1919 fast die Hälfte ihrer Mitglieder stellen.[47] Sie profitiert nämlich vom Beitritt der zwei nationalen Frauengewerkschaftsbünde, die zu Beginn des Jahrhunderts entstanden, ebenso wie von dem der unabhängigen Frauengewerkschaften im Département Isère: Insgesamt waren es 35 000 Mitglieder, das heißt 15 % aller gewerkschaftlich organisierten Frauen in Frankreich. Die Konföderation spielt zwar unter den Arbeiterinnen keine große Rolle, tut sich aber bei den Angestellten hervor: 1919 sind 63 % ihrer Mitglieder Angestellte. Die freien Gewerkschaften bieten Dienstleistungen an: eine Vielzahl von Abendkursen, Kurse zur Berufsbildung, Einkaufskooperativen, Frauenrestaurants, gemeinsame Wanderungen, festliche Abendveranstaltungen, Kinovorführungen „für die Familie". Die CFTC möchte die Frauen mit einem konkreten Syndikalismus überzeugen, der zum politischen Syndikalismus der Konkurrenz im Gegensatz steht. Die Frauen werden von dem konfessionellen Gepräge angezogen: Die Unterstützung der Kirche, die Gebete zu Beginn der Gewerkschaftsversammlungen haben einen vertrauten und beruhigenden Charakter, der sich wohltuend von den männlichen Ritualen der CGT unterscheidet. Auch daß die Versammlungen nicht gemischtgeschlechtlich sind, ist ein wichtiger Trumpf. Dies ermöglicht ein dynamischeres Handeln und erleichtert es den Mitgliedern, sich zu äußern und Verantwortung zu übernehmen – schafft also all die Schwierigkeiten aus der Welt, denen Aktivistinnen in den Kreisen der CGT begegnen. Dieser außergewöhnliche Zuspruch von Frauen mag bei einer Organisation, die eine vehemente Kampagne für die Rückkehr der Frau ins Haus führt, als paradox erscheinen. Die gewerkschaftliche Organisation von Frauen erweist sich dennoch nicht als Widerspruch, sondern ist realistisch: Die Frauengewerkschaften vertreten zwar die Rückkehr der „Mama" an den Herd, fordern aber während der Krise das Recht der Frauen auf einen „Lohn zum Lebensunterhalt".

47 Christine Bard: L'Apôtre social et l'Ange du foyer: les femmes et la CFTC à travers le *Nord-Social*, in: *Le Mouvement social*, Nr. 165, Oktober-Dezember 1993, S. 23–41.

4 Die Berufslaufbahnen von Frauen

4.1 Ehrgeiz unter Kontrolle

Von den Frauen, die der Generation der zwischen 1917 und 1924 Geborenen angehören, haben 77 % vor ihrem 35. Lebensjahr einen Beruf ausgeübt. Am häufigsten sind Töchter von Arbeitern und Angestellten erwerbstätig (mit 81 %), aber auch Töchter aus den höheren Schichten gehen einer Arbeit nach (mit 69 %).[48] Eine der wichtigsten Entwicklungen der Zwischenkriegszeit ist der Zugang bürgerlicher Frauen zur Erwerbsarbeit, eine logische Folge ihres Zugangs zu Oberschul- und Hochschulbildung, aber auch von Veränderungen im Lebensstil der höheren Schichten: Es gibt nur noch wenige Menschen, die von ihren Vermögenseinkünften leben, und eine Mitgift für die Töchter wird immer seltener. Manche Frauen aus dem Bürgertum sind als Unverheiratete, als Witwen oder Geschiedene zur Erwerbsarbeit gezwungen. Andere entwickeln eine neue Art von Ambitionen und wenden sich damit gegen die Wünsche ihrer Eltern, wie Simone de Beauvoir beschreibt, die 1929 ihre Agrégation[49] in Philosophie ablegt: „In meinen Kreisen fand man es unangemessen, daß ein junges Mädchen ernsthafte Studien betrieb. Einen Beruf ergreifen bedeutete Abstieg. Es versteht sich von selbst, daß mein Vater gegen die Frauenbewegung war [...] seiner Meinung nach war der Platz der Frau in den Salons und am häuslichen Herd."[50] An diese bürgerlichen Eltern wendet sich Jules Isaac im Jahr 1922 mit seinem Buch *Carrières féminines* („weibliche Berufslaufbahnen").

Aus dem Vorwort zu Carrières féminines von Jules Isaac, 1922

Sie sprechen wirklich von dem Schmerz, den Eltern angesichts der Notwendigkeit empfinden müssen, daß ihre Töchter ihren Lebensunterhalt vielleicht durch Arbeit zu verdienen haben. Als Eltern aus der Bourgeoisie haben Sie recht, denn das Gefühl, von dem Sie sprechen, ist sehr bürgerlich. Die Arbeit von Töchtern oder Ehefrauen gilt als Niedergang. Gestatten Sie mir in dieser Frage eine freundschaftliche Auseinandersetzung mit Ihnen [...]

Meinen Sie nicht, daß eine Art Lektion über den Egoismus in dieser Schwäche der Eltern enthalten ist, die nicht wünschen, daß ihre Töchter einem Gewerbe nachgehen? Dies Wort ist hart. Sie würden wohl Beruf oder Karriere vorziehen. Ich verwende es aber absichtlich, um besser zu verdeutlichen, daß es um etwas Lebensnotwendiges geht.

48 Nach Françoise Battagliola: *Histoire du travail des femmes*, op. cit., S. 61.

49 *Anm. d. Ü.*: Agrégation: Staatsprüfung im Auswahlverfahren (Concours), die Zugang zum Lehramt auf den Sekundarstufen und an den Hochschulen gibt; Agrégé bzw. Agregée ist der entsprechende Titel.

50 Simone de Beauvoir: *Memoiren einer Tochter aus gutem Hause*, Reinbek bei Hamburg, Rowohlt, 1986, S. 169.

Erfüllt eine Tochter, die sich nicht für die Aufgaben im Hause interessiert und deren ganze Last ihren Eltern überläßt, wirklich ihre Pflicht?

Wie viele unserer Töchter werden sich nicht verheiraten? Wie viele werden jahrelang auf eine günstige Gelegenheit warten, um einen Ehemann zu finden, der ihrer würdig ist, einen Mann, der imstande ist, sie zu ernähren, sie und ihre Kinder? Mit sechzehn oder höchstens siebzehn Jahren soll die Erziehung eines jungen Mädchens abgeschlossen sein. Was wird sie tun vor der günstigen Gelegenheit, die Jahre auf sich warten läßt und sich vielleicht niemals einstellt? Sollen wir sie die Gewohnheit annehmen lassen, ihr Leben mit jenen tausenderlei Nichtigkeiten auszufüllen, die den Anschein von Tätigkeit erwecken und die vielfältige Bedürfnisse entstehen lassen, bei denen man gar nicht sicher ist, ob sie sich später befriedigen lassen? Wäre es nicht besser, sein Dasein so einzurichten, daß man an den Aufgaben der Familie durch eine Arbeit teilhat, die als Regel für das ganze Leben verstanden werden kann? Die Familie, werden Sie sagen, kann auf eine solche Unterstützung verzichten. Um so besser, aber könnte das junge Mädchen in diesem Falle nicht für sich selbst arbeiten, für ihre Aussteuer, für die Kosten ihrer späteren Einrichtung? [...]

Glauben Sie nicht, daß auch die Familie es verdient hätte, daß man sich ihr widmet und sich dafür mit allen Tugenden wappnet, daß man zu allen Opfern bereit sein soll, um sie zu verteidigen? [...] Indem sie mit ihren Händen arbeiten, werden unsere Töchter die Handarbeit wieder zu Ehren bringen, der so viele Kinder aus der Arbeiterklasse zu entkommen suchen. Dadurch werden sie über den Intellektualismus oder die Prätention zur Intellektualität erhaben sein. Zu allem Überfluß wird auch ihre Gesundheit davon profitieren, ohne daß sie zur Verbesserung ihres Kreislaufs und zur Stärkung ihrer Muskeln auf die Kunstgriffe der schwedischen Gymnastik oder irgendeiner wissenschaftlichen Massage zurückgreifen müßten.

Man solle seinen Rang wahren, war der Rat, den man früher in allen Abhandlungen zur Erziehung fand. Er paßte zu einer Gesellschaft, die von dem sozialen Wandel, den wir heute erleben, noch nicht erschüttert war; aber das heißt nicht, daß man den Eltern, die weniger Nachkommen in die Welt setzen, um das Erbe nicht aufteilen zu müssen, wegen ihrer übertriebenen Vorsicht Vorwürfe ersparen könnte. Manche Eltern meinen, sie müßten jedem ihrer Kinder genau so viel Vermögen hinterlassen, wie sie von ihren Vorfahren erhalten haben. Dies ist eine berechnende Denkungsart, die unweigerlich zur Geburtenbeschränkung führt. Seine Stellung nicht einzubüßen und seinen Rang zu wahren, kann heute nur noch im immateriellen Sinne verstanden werden. Die Familie muß sich vor allem durch ihren moralischen Wert behaupten, durch ihre Qualitäten, ihre Tugenden, ihre Traditionen, die ihr einen Platz in der Elite der Gesellschaft verschaffen. Sie muß sich damit abfinden, soziale Ungleichheiten zu ertragen und sich gleichzeitig anstrengen, sie zu überwinden, wenn das Glück oder die außergewöhnlichen Talente ihrer Mitglieder es erlauben. Unter den heutigen Bedingungen spielt der persönliche Wert eine zunehmend wichtigere Rolle; unsere Söhne und Töchter werden soviel wert sein, wie unsere Erziehung und unser Beispiel ihnen vermittelt haben. Noch stärker wird aber ins Gewicht fallen, was sie selbst aus sich gemacht haben, durch Arbeit, Klugheit und gesunden Menschenverstand. Diejenigen, die von früher Jugend an Bewährungsproben, Schmerzen und Kampf durchgestanden haben, gehören zu den Besten. Sie werden ihren Weg machen in einer Welt, in der das Vergnügen nicht den größten Raum einnehmen kann; sie werden sich angewöhnen, die zu betrachten, die unter ihnen stehen, sich nicht mit den Glücklicheren, sondern mit dem Unglücklicheren zu vergleichen. Sie werden frohen Mutes undankbare und schwere Aufgaben übernehmen und wenn es an der Zeit ist, daß sie ihren Lebensunterhalt, wie so viele Millionen Menschen, im Schweiße ihres Angesichts verdienen müssen, dann werden sie von ihrem Schicksal nicht niedergeschlagen sein und werden sogar in ihrer neuen Tätigkeit jene Zufriedenheit entdecken, ohne die das, was die Menschen Glück nennen, nur eine vergebliche und flüchtige Illusion ist.

Wenn auch allmählich zugestanden wird, daß Frauen, die unverheiratet bleiben könnten, ihren Lebensunterhalt verdienen müssen, so sollen die für zulässig gehaltenen Berufe doch eine Erweiterung der den Frauen zugeschriebenen Familienaufgaben darstellen, die der Vorstellung entsprechen, welche man sich von der weiblichen „Natur" macht. „Lehren, pflegen, helfen, dies sind die Aufgaben, die in der Familie an erster Stelle den Müttern übertragen werden. Die dafür nötige Ausbildung kann zur Ausübung eines sozial angesehenen Berufes führen oder sie kann im häuslichen Rahmen eingesetzt werden. Indem sozial als weiblich konstruierte Tugenden zur ‚symbolischen Mütterlichkeit' überhöht werden, wird ein gesondertes weibliches Universum errichtet, mit Aufgaben, die zur Einschränkung der Bereiche dienen, in denen Professionalisierung für Frauen als legitim gilt."[51]

4.2 Die höheren Schulen: Gleichheit und Differenz als Spielregeln

Die Lycées für junge Mädchen unterscheiden sich stark von den höheren Schulen für Jungen.[52] Sie wurden erst 1880 mit dem Gesetz Camille Sée eingeführt; die Zahl der Unterrichtsstunden ist geringer; Unterricht in Griechisch wird nicht erteilt, und in Latein bestenfalls in Schnellkursen für die Schülerinnen, die das Baccalauréat ablegen möch-

51 Françoise Battagliola: *Histoire du travail*, S. 68.

52 Im folgenden beziehe ich mich auf Françoise Mayeur: *L'Enseignement secondaire des jeunes filles sous la Troisième République*, Presses de la FNSP, 1977.

ten.[53] Aber das ist nicht das angestrebte Ziel dieser Institution, die es vorzieht, den Schülerinnen ein Schulabgangsdiplom auszustellen. Das differenzierte Schulsystem ist auch sparsamer: Die Lehrerinnen an den höheren Mädchenschulen bekommen geringere Gehälter als ihre männlichen Kollegen.

Der Widerspruch zwischen der Zweckfreiheit der höheren Schulbildung für Mädchen und dem Wunsch, bis zum Baccalauréat zu kommen und einen Beruf zu ergreifen, hat sich bereits vor 1914 deutlich gezeigt. Im Jahr 1905 hat Mathilde Salomon im – privaten, aber laizistischen – Collège Sévigné einen Vorbereitungskurs für Kandidatinnen zum Baccalauréat eingerichtet. Seit 1902 gibt es dort nämlich einen Zweig für Latein und Sprachen (ohne Griechisch) mit einem vereinfachten Unterricht in Naturwissenschaften. Dieser Unterricht, der an den Mädchenschulen sonst nicht erteilt wird, bietet also eine ganz gute Vorbereitung, vorausgesetzt, es werden zusätzliche Lateinstunden gegeben. Die privaten religiösen Schulen, die lange Zeit die Nachhut gebildet hatten, haben einen Anteil an dieser Entwicklung zu Beginn des Jahrhunderts. Feministinnen und Lehrerinnen, von denen viele feministischen Organisationen angehören, fordern eine egalitärere Schulbildung, die zu wirklichen Berufslaufbahnen führt. Sie haben die Diskriminierung von Frauen am eigenen Leib erfahren. So gründen die Agrégées im Jahr 1920 eine eigene Vereinigung, weil die 1914 gegründete Gesellschaft der Agrégés ihnen keinen Zutritt gewährt hatte. Sie hoffen, den Forderungen für den Unterricht in Mädchenschulen mehr Nachdruck verleihen zu können. Es geht darum, diesen Unterricht an die Realität anzupassen. Dem Einfluß der Agrégées ist der Erlaß von Léon Bérard zu verdanken, mit dem 1924 in den Mädchenlyzeen ein fakultatives Unterrichtsprogramm zur Vorbereitung auf das Baccalauréat eingeführt wird, das identisch mit dem Unterricht für Jungen ist. Die Einheitlichkeit des Unterrichts ist allerdings keine vollständige: Bei den Mädchen wird an der Vorbereitung zum Diplom festgehalten – allerdings wird sie bald ungebräuchlich – und Nadelarbeiten und Musik sind für sie Pflicht. Die Pädagoginnen selbst halten an dieser Zweigleisigkeit fest, da sie zugleich Egalität und Differenz wollen. Ist dies nicht unvereinbar? Die Frage ist berechtigt, denn die Handarbeitsstunden sind ja Unterrichtsstunden, die von den anderen, allgemeinbildenden Stunden abgezogen werden. Koedukation, wie es mit einem zeitgenössischen Begriff heißt, also die Präsenz von Jungen und Mädchen in ein und derselben Schule, hat damals nachgerade einen revolutionären Beigeschmack. Sie wird, aufgrund von Sachzwängen, lediglich in den Städten akzeptiert, in denen es keine höhere Mädchenschule gibt. Die höheren Mädchenschulen bewahren, selbst nach 1924, ihre besondere Atmosphäre, in der sich moralische Strenge mit pädagogischer Qualität verbindet. Es ist eine ziemlich abgeschlossene Welt, die ausschließlich dem Unterricht gewidmet ist, für den die besten Schülerinnen ausersehen sind. Indessen überwiegt die Tendenz zur Egalisierung der Studienbedingungen. Im Jahr

53 *Anm. d. Ü.*: Baccalauréat: französisches Abitur in Form einer anonymen, für ganz Frankreich einheitlichen Prüfung.

1930 werden die Mädchen zum Concours géneral zugelassen.[54] Die intellektuellen Erfolge der Studentinnen in der Zwischenkriegszeit (vgl. Kapitel 5) verstärken diesen „universitären Feminismus".

4.3 Die Bestimmung zum Lehrberuf

Im Jahr 1914 lag der Frauenanteil des Lehrpersonals an öffentlichen Primarschulen bei 59 %, im Jahr 1932 sind es 66 %.[55] Wegen der Einführung der höheren Primarschulen werden zunehmend mehr Lehrerinnen rekrutiert. Die jungen Männer ziehen dagegen besser bezahlte und angesehenere Laufbahnen vor: Lehrer kommen in der Regel aus bescheideneren Verhältnissen als ihre Kolleginnen. Der Beruf der Primarschullehrerin ist nun nicht mehr wie im 19. Jahrhundert zwangsläufig mit dem Zölibat verbunden. Im Gegenteil, die Ehe zwischen Primarschullehrern und -lehrerinnen wird gefördert, was sich für die Schulverwaltung als sehr bequem erweist. Die Lehrerin kümmert sich um die Kleinsten. Der Eindruck von Mütterlichkeit, den sie vermittelt, wird dadurch verstärkt, daß sie die Frau des Lehrers ist. Dies ist einer der wenigen Berufe, in dem Frauen das Gleiche verdienen wie Männer – nach heftigen gewerkschaftlichen Kämpfen, die 1919 beendet werden.

Ein „Professorat" (und eine Schulleitung) zu bekommen, das heißt, Lehrerin an einem Lycée zu werden, ist für die Frauen, die einen Hochschulabschluß haben, die wichtigste Berufsperspektive.[56] Aber bis in die 1950er Jahre scheint dieser Beruf mit einer Ehe nicht vereinbar zu sein. Zur besseren Vereinbarkeit von Arbeit und Familie setzt sich allmählich die Idee der Halbtagsbeschäftigung durch. Jedenfalls wird das Professorat noch nicht als „Frauenberuf" wahrgenommen und die Gleichstellung der Geschlechter findet im Sekundarschulbereich viel später statt als in den Primarschulen: gleiche Gehälter im Jahr 1927, das Recht auf Teilnahme an Prüfungskommissionen für das Baccalauréat im Jahr 1928, Gleichstellung im Dienst 1932.

Bei den Agrégationsprüfungen wird nach Geschlecht unterschieden: Die für Frauen sind stärker an Pädagogik orientiert, die für Männer auf ein anspruchsvolleres wissenschaftliches Niveau ausgerichtet. Dies führt zu einem ziemlichen Durcheinander, als mit dem Dekret von Bérard im Jahr 1924 Kandidaten und Kandidatinnen unter den gleichen Voraussetzungen zu den Concours und Zertifikaten antreten können. Denn es gibt weiterhin Agrégations für Frauen parallel zu denen für Männer. Gegen eine Vereinheitlichung der Agrégations, wie die Feministinnen sie angestrebt hatten, bestehen starke Widerstände: Die

---

54 *Anm. d. Ü.*: Concours général: jährlicher Leistungswettbewerb der besten Lycéens und Lycéennes der Abschlußklassen.

55 Françoise et Claude Lelièvre: *Histoire de la scolarisation des filles*, Nathan, 1991.

56 *Anm. d. Ü.*: „Professorat": Lehrer und Lehrerinnen an den weiterführenden Schulen in Frankreich haben Anspruch auf den Titel „professeur".

männlichen Oberschullehrer sehen darin nur ein „Vorspiel zu einer gefährlichen Konkurrenz und einer möglichen Abwertung ihrer eigenen Situation".[57] Man ist der Meinung, die Concours seien für junge Frauen zu hart – sie werden vor allem schlecht vorbereitet, sogar in Sèvres[58] – und zeigt sich um ihre Gesundheit als künftige Mütter besorgt. Während der Krise nimmt diese Ablehnung zu. Zur Agrégation in Geschichte zum Beispiel, werden Kandidatinnen 1938 nicht mehr zugelassen.

4.4 Die sozialen Berufslaufbahnen

Die Entwicklung von Berufslaufbahnen für Frauen wird in der Zwischenkriegszeit stark von der Professionalisierung der sozialen Arbeit geprägt. Entstanden ist die Sozialarbeit gegen Ende des 19. Jahrhunderts in der Absicht, den Klassenkampf zu befrieden. Wohltätigkeit aus christlicher Nächstenliebe reichte nicht mehr aus; öffentliche Fürsorge dagegen setzte voraus, daß den Mittellosen Rechte zuerkannt wurden und sie einen Eingriff des Staates akzeptierten. Deren Fürsprecherinnen verbanden also politischen Konservatismus mit Sozialreform. Sehr schnell nahm das Projekt eine Wendung zum Professionellen. Im Jahr 1911 wurde die katholische École normale sociale eingerichtet, im Jahr 1912 die protestantische École pratique de service social.[59] Vor dem Krieg entstehen in Paris und Umgebung Sozialstationen. Sie bieten Frauen und Kindern ihre Dienste an: Kinderbetreuung, Gespräche über Erziehung, Beratung in moralischen Fragen, Weiterbildung für Hausfrauen, Beschaffung von Heimarbeit etc. Die Fürsorgerinnen sind zwar ausgebildet, arbeiteten aber noch als Ehrenamtliche.

Der Krieg veranlaßt die Spezialistinnen für Soziales dazu, weitere Initiativen in Gang zu setzen. Cécile Brunschvicg, Nicole de Montmort, Marie Diémer, Mme Viollett und Marie Routier gründen 1917 mit Unterstützung des Arbeitsministeriums und Subventionen von Arbeitgebern die École des surintendantes („Schule für Inspektorinnen").[60] Diese Schule mit einer Ausbildung auf hohem Niveau ist für wohlhabende junge Frauen gedacht, die sorgfältig ausgewählt werden. Die privaten Bemühungen treffen sich mit staatlichen Bestrebungen, als 1920 das Ministerium für Hygiene, Soziale Unterstützung und Vorsorge einge-

57 Françoise et Claude Lelièvre: *Histoire de la scolarisation des filles*, S. 432.

58 Françoise Mayeur: *L'Enseignement secondaire des jeunes filles sous la Troisième République*, op. cit., S. 430. – Die École normale supérieure (ENS) in Sèvres, die 1881 gegründet wurde, ist für junge Frauen das Äquivalent der wesentlich älteren École normale supérieure in der rue d'Ulm.

59 Jeanine Verdès-Leroux: *Le Travail social*, Minuit, 1978; Roger-Henri Guerrand, Marie-Antoinette Rupp: *Brève histoire du service social en France*, Toulouse, Privat, 1978; Christine Rater-Garcette: *La Professionalisation du travail social. Action sociale, syndicalisme, formation 1880–1920*, L'Harmattan, 1996.

60 Laura Lee Downs: Les marraines élues de la paix sociale? Les surintendantes d'usine et la rationalisation du travail en France, 1917–1935, in: *Le mouvement social*, Juli-September 1993, S. 53–76.

richtet wird. Die Sozialhelferinnen spezialisieren sich und können nun für Unternehmen, für Ersatzkassen, für die Sozialwohnungsverwaltung oder auch für die Sozialversicherung arbeiten, je nachdem, ob sie als häusliche Krankenpflegerin, Fabrikinspektorin, Kontrolleurin für die Sozialversicherung oder vielseitige Familienhelferin tätig sind. Im Jahr 1933 wird das Diplom für Sozialfürsorgerinnen geschaffen.[61] Die häuslichen Krankenpflegerinnen suchen Familien der unteren Bevölkerungsschichten zu Hause auf. Ihnen wird 1922 ein staatliches Diplom zuerkannt. Sie sind am Kampf gegen die Tuberkulose und die Kindersterblichkeit beteiligt, stellen fest, welche Krankheiten und Mängel vorliegen und verbreiten die Botschaft der Hygiene. Sie führen soziale Erhebungen durch, das heißt, sie halten fest, welche Familien sich „bessern" können und welche nicht, stellen – von ihren Fragen und Beobachtungen ausgehend – soziale Diagnosen auf und schlagen geeignete Verfahrensweisen für die Problemfälle vor, mit denen sie konfrontiert werden (Alkoholismus, geistige Behinderung, Schwierigkeiten jugendlicher lediger Mütter etc.). Für Berufslaufbahnen im Gesundheits- und Sozialwesen werden ganz eindeutig Frauen vorgesehen. Denn diese Berufe erfordern „das Feingefühl, die Geschicklichkeit, das Gespür für Nuancen, die psychologische Erfahrung, die man den Frauen gern zugesteht."[62] Die Pflege ist schon lange eine weibliche Aufgabe, aber mit Beginn des Jahrhunderts ändert sich ihr Status, da die Vielzahl der Schulen eine Professionalisierung und Laizisierung des Berufs der Krankenschwester ermöglicht.[63] Im Verhältnis zwischen Arzt und Krankenschwester werden die Hierarchie der Geschlechter und die geschlechtliche Arbeitsteilung reproduziert. Die Laizisierung des Pflegepersonals vollzieht sich ohne einen großen Bruch mit früheren Einstellungen, bei denen Opferbereitschaft, Selbstverleugnung und Hingabe zählen; im übrigen erinnern die Schwestern durch ihre Tracht an Nonnen.

4.5 Freie Berufe und öffentliches Amt

Dagegen dringen Frauen nur zögerlich in die medizinische Berufe vor. Seit der Revolution können sie Apothekerinnen werden, aber erst ab 1892 werden sie als Dentistinnen oder Ärztinnen zugelassen. Bis in die 1960er Jahre stellen Frauen weniger als 10 % der Ärzteschaft, leichter zugänglich ist der Beruf der Zahnärztin (im Jahr 1933 entfallen 18 % aller Diplome auf Frauen) und der Pharmazeutin (32,7 % der Diplome im Jahr 1933). Diese Pionierinnen widmen sich in ihrer Praxis häufig ausschließlich Frauen und Kindern. Sie verbünden sich miteinander in einem Berufsumfeld, das ihnen mißtraut.

---

61 Yvonne Knibiehler: *Nous les assistantes sociales*, Aubier, 1989.

62 Suzanne Cordelier: Femmes au travail. Étude pratique sur dix-sept carrières féminines, Plon 1935, S. 3; zitiert nach Françoise Battagliola: *Histoire du travail*, op. cit., S. 72.

63 Yvonne Knibiehler: *Cornettes et blouses blanches: les infirmières dans la société française 1880–1980*, Hachette, 1984. Vgl. auch "La femme soignante", *Pénélope* Nr. 5, Herbst 1981.

Die Frauen, die einen Abschluß in Jura oder politischer Wissenschaft gemacht haben, sehen sich mit Berufsverboten konfrontiert. Jeanne Chauvin, der man verweigert hat, den Eid abzulegen, kämpft mit den Feministinnen um die Zulassung zum Anwaltsberuf. Das Verbot wird einige Jahre später, im Jahr 1900, aufgehoben. Im Jahr 1901 gibt es neun Anwältinnen (0,1 %), im Jahr 1921 bereits 623 (8,3 %), im Jahr 1931 sind es dann 1432 (18 %).[64] Die Pionierinnen haben unter Vorurteilen zu leiden, ihre Kollegen sind ihnen nicht besonders wohlgesonnen, und die Klientel verhält sich zurückhaltend, da sie alle Erfolgschancen für sich verbuchen will. Die Anwältinnen werden sehr bald mit dem Stereotyp belegt, sie würden ihre Rolle aus altruistischen Gründen übernehmen und Witwen, Geschiedenen und Waisen helfen, wie es ihrer „weiblichen Natur" entspräche.[65] Im Jahr 1932 wird ein Gesetzesvorschlag vom Parlament abgelehnt, der es den Frauen ermöglicht hätte, auch andere juristische Laufbahnen einzuschlagen, wie die Laufbahn einer Gerichtsschreiberin, Notarin oder nicht plädierenden Anwältin. Das Richteramt bleibt ihnen ebenfalls verschlossen.

In der Staatsverwaltung öffnet als erstes das Handelsministerium im Jahr 1919 den Frauen seine Pforten und beschäftigt zwei Schriftleiterinnen. Im Jahr 1926 sind zwei Frauen stellvertretende Büroleiterinnen. Die antifeministische Romanschriftstellerin Colette Yver karikiert sie in *Madame sous-chef* und führt danach ihre Heldin in das Haus zurück, wo sie „die Wunden ihres angenagten Stolzes leckt". Der Staatsrat stellt 1936 fest, daß Frauen „die gesetzliche Eignung" zur Beschäftigung „in zentralen Verwaltungsämtern der Ministerien" haben; aber die Regierung kann sich aus Gründen der Amtsorganisation trotzdem gegen ihre Einstellung und ihre Beförderung sperren. So werden Stellen im höheren Dienst für Frauen gesperrt. Der diplomatische Dienst bleibt ihnen ohnehin vollkommen verschlossen.

Die Einstellung von Frauen auf den unteren Rängen des öffentlichen Dienstes ermöglicht Einsparungen, da sie geringer entlohnt werden als Männer. Erst nach erheblichen Kämpfen, in denen ihre männlichen Kollegen sich selten solidarisch verhalten, erreichen die Frauen eine Gleichstellung der Gehälter: In der Zwischenkriegszeit bekommen als erste die Primarschullehrerinnen und dann die Sekundarschullehrerinnen ihr Recht.

4.6 In den Kolonien

Als die Société française d'émigration des femmes aux colonies („Französische Gesellschaft für die Auswanderung von Frauen in die Kolonien") im Jahr 1897 gegründet wurde, sollte damit der Arbeitslosigkeit von Frauen Abhilfe geschaffen werden. Im ersten Jahr bewarben

64 Christine Bard: *Les Filles de Marianne*, S. 178.

65 Anne-Laure Catinat: Les premières avocates au barreau de Paris, in: *Mil neuf cent*, Nr. 16, 1998, S. 43–56.

sich etwa fünfhundert Frauen für die Auswanderung, darunter Lehrerinnen, Angestellte und Hebammen. Es ging auch darum, die Position der Siedler und der Beamten aus der Metropole zu stärken, indem sie die Möglichkeit erhielten, eine Familie zu gründen und die kolonialen Sitten zu „zivilisieren". Diese Initiative wurde mit schlüpfrigen Kommentaren bedacht und stieß auf zahlreiche Vorbehalte. Die ersten, die abreisten, waren „Soldatenmädchen", Marketenderinnen, die für die Versorgung der Truppen mit Nahrungsmitteln und Getränken zuständig waren. Viele Siedler meinten, die Frauen könnten sie in gefährlicher Weise von den Kolonisierten isolieren, sie könnten sich, umgeben von *boys*, auf amouröse und sexuelle Abenteuer lauernd und Zwietracht unter den Männern säend, in einem lasterhaften Müßiggang einrichten. In der Zwischenkriegszeit kommen medizinische und natalistische Sorgen dazu: Tropenkrankheiten könnten die weißen Frauen und ihre Nachkommen schwächen. Vor allem verhalten sich Arbeitgeber ablehnend gegenüber den Vorschlägen von Frauen. Im Unterschied zu Großbritannien ist Frankreich kein Auswanderungsland und es ist nicht geplant, die kolonisierten Zonen mit Auswanderern zu bevölkern. Eine Minderheit von Frauen wagt das Abenteuer trotzdem, ein schweres Abenteuer für alleinstehende Frauen, selbst wenn eine von ihnen meint, daß „eine Frau, die mit einem Beruf in Tonkin ankommt, sich ihres Erfolges sicher sein kann."[66] Aber das Vermögen, das Mme de la Souchère anhäuft, die über eine Domäne herrscht, auf der im Jahr 250 Tonnen Kautschuk produziert werden, die ein Dorf, eine Krankenstation, eine Pagode und eine Kapelle bauen läßt, ist natürlich außergewöhnlich. Die kulturellen und pädagogischen Leistungen von Suzanne Karpélès, der ersten Frau an der École française de L'Extrême-Orient in Kambodscha, sind einzigartig. Für Minderbemittelte stellen die hohen Reisekosten von vornherein ein Hindernis dar. Die Siedlerinnen sind meistens verheiratet und müssen aufgrund ihres Status als Ehefrau in den Kolonien noch stärkere Einschränkungen hinnehmen als in der Metropole: Für sie ist es unmöglich, zu arbeiten, ihr gesellschaftlicher Umgang ist eingeschränkt und streng geregelt und sie haben mit Ausnahme der Diener keinen Kontakt zu den Einheimischen. Beruflich können Frauen nur in der Schule und im Gesundheitsbereich Fuß fassen, wo sie alsbald zu privilegierten Beobachterinnen der Lage der einheimischen Frauen werden. Durch das Brennglas ihrer Kultur urteilen sie ohne Nachsicht über die Landesbräuche, die sie entdecken, und entwickeln eine Art „Maternalismus", der das Kolonialunternehmen menschlicher macht. Dabei kümmern sie sich vor allem um die Gesundheit von Frauen und Kindern, richten Notdienste ein und geben ihre Kenntnisse weiter, soweit sie dazu aufgrund ihrer Beherrschung der jeweiligen Sprache in der Lage sind. Das Monopol für die Pflege bleibt freilich in ihren Händen: In keiner der fünf Schulen für Krankenschwestern, die in der Zwischenkriegszeit im Maghreb bestehen, ist eine Muslimin eingeschrieben. Die laizistischen oder religiösen „Kolonialfrauen" sind Zeuginnen der Ausbeutung lokaler Arbeitskräfte, bei der kein Unterschied nach Geschlecht oder Alter gemacht wird. Einige profitieren davon, andere prangern die Verhältnisse an, gehen aller-

66 Yvonne Knibiehler, Régine Goutalier: *La femme aux temps des Colonies*, Stock 1985, S. 108.

dings selten so weit, das ganze Kolonialsystem in Frage zu stellen. Bei den Generalständen des Feminismus, die sich 1931 mit den Kolonien befassen, werden einige fromme Wünsche formuliert: Die Mädchen sollen Schulbildung bekommen und einen einträglichen Beruf erlernen, in den Kolonien soll das französische Arbeitsrecht angewandt und es sollen Stellen für Arbeitsinspektorinnen eingerichtet werden.

Durch ihre Hausarbeit haben die Frauen – jedenfalls die meisten von ihnen – den Männern das Leben erleichtert. Durch ihre Lohnarbeit haben sie häufig zum Wohlergehen ihrer Familiengemeinschaft beigetragen. Arbeit ist, wie wir gesehen haben, eine Familienangelegenheit, die den Frauen als Individuen nur wenig Spielraum läßt. Was die Zeitgenossen freilich nicht wahrnehmen konnten, ist, daß die Erwerbsarbeit von Frauen die Männer in den Büros und in den Fabriken vor Dequalifizierung bewahrt hat, „indem ihnen die am höchsten qualifizierten und am meisten geförderten Arbeitsbereiche überlassen blieben".[67] Dies ist eine wichtige Grundlage für die soziale Mobilität von Männern. Sind aber Frauen in der Arbeitswelt nur Verliererinnen? Wie soll man ihre mögliche Emanzipation bewerten? Die Öffnung bestimmter Berufe für Frauen weist in die richtige Richtung, und die Feministinnen, die dafür gekämpft haben, sehen auch, daß eine Entwicklung stattgefunden hat. Ist der Sog, der Frauen vom Land in die Stadt, von der Heimarbeit in die Fabrik und in den tertiären Sektor zieht, tatsächlich ein Fortschritt? Ihr Lebensniveau verbessert sich, aber sie bleiben mit ihrem häufig prekären Status am unteren Ende der sozialen Hierarchie. Erwerbsarbeit von Frauen steht nicht in gutem Ruf, sie gilt kaum als legitim. Erwerbstätige Frauen werden als Zeitarbeiterinnen betrachtet, die sich mit bescheidenen Löhnen zufrieden geben, keine Karriereabsichten haben und sich nicht den Gewerkschaften anschließen werden. Sie werden auch nach der Art ihrer Tätigkeit beurteilt: Die Berufe bleiben bis auf weiteres geschlechtsgebunden. Außerdem muß betont werden, welche bedeutende Rolle es für den Erwerbsstatus von Frauen spielt, daß sie keine Staatsbürgerrechte haben: Sie werden zu bestimmten Prüfungen nicht zugelassen, bei denen es Voraussetzung ist, daß man seinen Militärdienst abgeleistet hat, sie „zählen" als Wählerinnen nicht und verfügen daher auch nicht über das Druckmittel einer Wahlstimme, was immer man von deren Wirksamkeit halten mag. Daß die gesellschaftliche Erniedrigung von Frauen ein Ganzes bildet, vergessen die Feministinnen nicht, wenn sie gleiche Rechte für Frauen fordern, indem sie daran erinnern, daß die Französinnen arbeiten und Steuern zahlen. Der Beitrag der Frauen zur Nationalökonomie ist nicht das schwächste Argument für das Frauenstimmrecht.

67 Françoise Battagliola: *Histoire du travail*, op. cit., S. 68.

Kapitel 4

Frauen und Politik, zwischen Ausschluß und Engagement (1918–1939)

„Frauen und Politik", aber auch „Politik und Frauen": Das Verhältnis ist von zwei Seiten zu betrachten, da die Frauen in der Politik Handelnde sind, zugleich aber auch von ihr „verhandelt" werden. Obwohl sie bis 1944 nicht über das aktive und passive Wahlrecht verfügen, halten sich viele Frauen doch für „Citoyennes".[1] Sie waren in der Vergangenheit an allen revolutionären Bewegungen beteiligt, und dies hat im kollektiven Gedächtnis Spuren hinterlassen. In der Zwischenkriegszeit symbolisieren bei den Gegnern des Frauenstimmrechts noch immer die „Tricoteuses" und „Pétroleuses"[2] die fragwürdigen Exzesse der Frauen. Um einen Überblick über die Vielfalt des politischen Engagements von Frauen vor dem Zweiten Weltkrieg zu bekommen, soll ihre Stellung in den Parteien ebenso untersucht werden wie die Rolle, die sie in Organisationen am Rande der institutionalisierten Politik gespielt haben, in einem großen „vorpolitischen" Bereich, wo sie sich besser aufgehoben fühlten.

1 Frauen und politische Formationen: Begrenzte Öffnung, zwiespältige Bilanz

In den Parteien, die zu Beginn des Jahrhunderts entstanden, sind die weiblichen Mitglieder und Aktivistinnen nicht sehr zahlreich und häufig ziemlich unauffällig. Ihre Geschichte zeigt, wie zögerlich sich die meisten Parteien gegenüber der Zulassung von Frauen verhielten, wie feindselig sie der „Frauenfrage" gegenüberstanden, außerdem aber auch ihre Entwicklung zu einem pragmatischen Umgang mit den Frauen, die für den Aufbau von Massenorganisationen unverzichtbar waren und die früher oder später auch wählen würden. Aus der Perspektive der Frauen betrachtet, zeigt diese Geschichte, daß es schon lange vor

---

1 Das Wort „citoyenne" (Staatsbürgerin) war während der Französischen Revolution gebräuchlich und die Sozialisten verwendeten es zu Beginn des 20. Jahrhunderts ebenfalls.

2 *Anm. d. Ü.*: „Tricoteuse" und „Pétroleuse": Frauengestalten, die mit der Gewalt und dem Terror der (revolutionären) Massen assoziert werden bzw. den gefürchteten „weiblichen" Charakter des Mob symbolisieren. Dem Bild der Tricoteuse (Strickerin) entspricht eine Frauenfigur, die während der Französischen Revolution (manchmal umgeben von ihren Kindern) strickend den Debatten der Nationalversammlung folgte, politische Clubs besuchte etc. Das Bild der Pétroleuse (Brandstifterin) gehört zur Pariser Commune von 1871. Später haben Frauen die polemischen Bezeichnungen gelegentlich auch als Ehrentitel verwendet, wenn sie etwa Olympe de Gouges eine „Tricoteuse" nannten und Louise Michel eine „Pétroleuse".

1944 politisches Engagement gab und, wenn man so will, ein staatsbürgerliches Bewußtsein bereits vor der politischen Gleichstellung. In diesen für Männer geschaffenen und von Männern bestimmten Zirkeln machen Frauen ihre Lehrzeit durch, und manche von ihnen verwirklichen bereits ihre Ambitionen in Erwartung eines Besseren: des passiven Wahlrechts. Die Frauenabteilungen der Parteien werden in gewissem Maße zu Kaderschmieden für die weiblichen Abgeordneten der Vierten Republik. So war die feministische Anwältin Germaine Poinso-Chapuis, die 1947 zur ersten französischen Ministerin wurde, vorher eine Aktivistin des Parti démocrate populaire („Demokratische Volkspartei") gewesen.

1.1 Auf der Linken

Der Parti radical („Radikale Partei"), der das System der Dritten Republik „verkörpert", ist zugleich unter allen Parteien diejenige, die politische Rechte für Frauen am stärksten ablehnt. Die Radikale Partei ist die Hauptverantwortliche dafür, daß das Frauenstimmrecht im Parlament eine Abstimmungsniederlage erfährt: Angst vor einem konservativen Wahlverhalten der Frauen, das die Republik und den Laizismus bedrohen könnte, sollen ihre Gegnerschaft rechtfertigen. Von ihrer Gründung im Jahr 1901 bis ins Jahr 1924 bleibt sie Frauen verschlossen. Ihr Antisuffragismus ist mit dem Antisuffragismus der Freimaurer verbunden, deren Großlogen seit dem 19. Jahrhundert nur für Männer zugänglich sind. In dieser „Republik der Brüder" haben die Frauen keinen Raum, als ob ihr Eindringen die Gefahr einer Destabilisierung mit sich bringen könnte.[3] Daß Frauen aus den Logen ausgeschlossen werden, die Orte der Auswahl, der Bildung, der wechselseitigen Unterstützung im Dienste eines fortschrittlichen politischen Ideals sind, ist natürlich ausgesprochen folgenreich. Nicht alle „Brüder" akzeptieren diesen Ausschluß: Mit der Unterstützung von Feministen wie Léon Richer und Georges Martin wurde Maria Deraismes im Jahr 1882 initiiert. Diese Regelverletzung führte zu einer Spaltung und im Jahr 1883 zur Gründung der Symbolischen Schottischen Großloge Le Droit Humain, einer gemischten Loge, die jedoch in einer Minderheitenposition blieb. Im Jahr 1924 läßt die Radikale Partei endlich Frauen zu, eine Entscheidung, die zweifellos dazu bestimmt ist, die Suffragistinnen in dem Augenblick, in dem die Partei wieder an Macht gewinnt, zu beschwichtigen. Von diesem Zeitpunkt an wurden mehrere bedeutende Feministinnen, vor allem die Anführerinnen der französischen Vereinigung für das Frauenstimmrecht, zu Mitgliedern der Partei, in der Hoffnung, innerhalb derselben die Positionen ihrer politischen Freunde verändern zu können. Sie bilden den Kern einer 1935 geschaffenen Féderation des femmes radicales („Föderation radikaler Frauen"), die jedoch keinen großen Einfluß hat. Die Strukturen und die Organisationsfor-

3 Françoise Gaspard: Franc-maçonnerie, République et exclusion des femmes, in: Éliane Viennot (Hg.): *La Démocratie „à la française" ou les femmes indésirables*, Publications de l'Université de Paris VII, 1996, S. 63–76.

men der Partei erleichtern es ihnen nicht, Druck auszuüben. Einige dieser Frauen geben die feministische Perspektive auf, um sich an den Spielen der Macht zu beteiligen, andere probieren es mit einer gefährlichen Balance. Im Jahr 1936, als die Linke, die in der Abgeordnetenkammer die Mehrheit hat, die Regierung stellen kann, widersetzt sich die Radikale Partei jeder Veränderung des Stimmrechts und setzt sich damit bei ihren Partnern in der Volksfront durch.

In der Section française de l'internationale ouvrière („Französische Sektion der Arbeiterinternationale"), SFIO, die 1905 gegründet wurde, gibt es etwa fünfhundert weibliche Mitglieder. Unter allen sozialistischen Parteien Europas hat diese den geringsten Frauenanteil.[4] Diese Situation erscheint als paradox, denn früher war ein Bündnis zwischen Feminismus und Sozialismus zur gemeinsamen Analyse der Unterdrückung in der bürgerlichen Gesellschaft durchaus möglich gewesen. Im Gegensatz dazu hat sich jetzt eine Konkurrenz zwischen den beiden Bewegungen etabliert, zur Verzweiflung der Frauen, die diese beiden Kampfrichtungen gar nicht voneinander trennen wollten. In Frankreich wird diese Konkurrenzsituation dadurch erleichtert, daß die Sozialisten nicht viele Gedanken an die Frauenemanzipation verschwenden. Marx, Engels und Bebel wurden kaum noch gelesen; Flora Tristan war ebenso wie Charles Fourier seit langem vergessen.[5] Gerade zu der Zeit, als die Frauenstimmrechtsbewegung in vielen Ländern zu einer Massenbewegung wird, setzt die sozialistische Internationale ihre kritische Auffassung eines bürgerlichen Feminismus durch, der mit dem Frauenwahlrecht ein zweitrangiges Recht erobern wolle, das nur machthungrige Frauen aus wohlhabenden Kreisen bewege, die dem Schicksal der Arbeiterinnen oder der Dienstmädchen, die sie beschäftigten, gleichgültig gegenüberstünden. Im Jahr 1907 bringt die Anführerin der deutschen sozialistischen Frauenbewegung, Clara Zetkin, den Beschluß durch, daß ein Engagement in der sozialistischen Partei und ein Engagement in der bürgerlichen Frauenbewegung prinzipiell unvereinbar seien. In den darauffolgenden Jahren verlassen die Aktivistinnen von Format die SFIO, in der ihre feministischen Forderungen kein Gehör mehr finden. Die französische Partei war übrigens auch gar nicht imstande gewesen, in ihrer Mitte eine nennenswerte Frauenbewegung zu bilden. Zwischen den beiden Kriegen ändert sich nichts an der Stellung der Frauen in der SFIO. Louise Saumoneau wacht darüber, daß jeder feministische Ansatz innerhalb der Partei schon im Keim erstickt wird. Bedeutende Kämpferinnen, darunter Suzanne Buisson, bilden in den 1930er Jahren ein Nationalkomitee sozialistischer Frauen. Aber die Agitation unter den Frauen führt nicht zu positiven Effekten: Im Jahr 1931 zählt die SFIO nur 2800 eingetragene weib-

4 Charles Sowerwine: *Les Femmes et le socialisme*, Presses de la FNSP, 1978.

5 Maximilien Rubel: L'émancipation des femmes dans l'œuvre de Marx et d'Engels, in: Christine Fauré (Hg.): *Encyclopédie politique et historique des femmes*, PUF, 1997, S. 383–404. Über Bebel postum vgl. die von Anne-Marie Sohn herausgegebene Wiederauflage seines „Klassikers" *La femme dans le passé le présent et l'avenir* (1883), Genf, Ressources, 1979. Dt.: August Bebel: *Die Frau und der Sozialismus* (62. Auflage, Berlin/DDR, Dietz Verlag, 1973).

liche Mitglieder (2,1 % der Gesamtmitgliedschaft), vor allem aber wird im Jahr 1936 das Frauenwahlrecht von der Volksfront mit Zustimmung dieser Aktivistinnen beerdigt.

Im Parti communiste („Kommunistische Partei") scheint die Situation für die Frauen günstiger zu sein.[6] Seit ihrer Entstehung im Jahr 1920 agitiert die Partei unter den Frauen mit bemerkenswertem Aufwand: Sie propagiert die Gleichstellung der Geschlechter, begeht am 8. März den Internationalen Frauentag, stellt bei Wahlen Kandidatinnen auf, stimmt im Parlament für alle Anträge der Suffragistinnen, schafft Frauenorganisationen für den Frieden, den Antifaschismus, die Mädchenbildung, prangert die besondere Ausbeutung der Frauenarbeit an und ruft die Arbeiterinnen dazu auf, sich gewerkschaftlich zu organisieren. Nicht zuletzt ist sie zehn Jahre lang gegen das Verbot von Abtreibung und Verhütung eingetreten. Die Partei führt die Direktiven der Dritten Internationale aus. „Lenin hat es erklärt: Die Zeit ist gekommen, wo jede Köchin lernen muß, den Staat zu regieren." „Ruhm der russischen Revolution, die die Befreiung der Frau verwirklicht hat", verkündet die Frauenzeitung der Partei, *L'Ouvrière*, im Jahr 1923.

Manche Feministinnen, wie Madeleine Pelletier, Hélène Brion und Marthe Bigot, sind in der jungen Kommunistischen Partei aktiv. Ihre pazifistische Einstellung während der Kriegsjahre liefert ihnen dafür gute Gründe, sie machen jedoch nur eine Handvoll aus. Sie sind begeisterte, aber auch wachsame Anhängerinnen der Partei, wie der 1922 von der Ärztin Pelletier veröffentlichte Bericht *Mon voyage aventureux en Russie soviétique* („Meine abenteuerliche Reise durch Sowjetrußland") zeigt, der eine zwiespältige Bilanz aus den russischen Erfahrungen zieht. Aber schon die erste Neuordnung der Partei gegen Ende 1921, Anfang 1922 führt zu Austritten. Die zweite Austrittswelle erstreckt sich zwischen 1924 und 1927. Danach zählt die Partei keine einzige Frau mehr in ihren Reihen, die außerdem noch in einer feministischen Vereinigung engagiert wäre. Die erste Generation der Aktivistinnen, die der „Vorübergehenden", überläßt das Feld der Generation der „Getreuen", die ihre Energie entfalten, als die Partei sich zwischen 1927 und 1933 auf einem Tiefpunkt befindet. Eine dritte Generation, die der „Erbinnen", wird während der Volksfront an der Erneuerung und am Aufschwung der Partei teilhaben.[7]

Die Entwicklung der Zahl weiblicher Mitglieder bestätigt diese Periodisierung: Im Jahr 1924 sind es 2 600 (3–4 %), im Jahr 1926 964 (1,7 %) im Jahr 1929 200 (0,6 %). In den 1930er Jahren registriert die Partei ihre Zahl nicht mehr, während der Volksfront hat es aber wahrscheinlich eine spürbare Erhöhung gegeben. Auf die Dauer gesehen stagniert die Zahl

6 Christine Bard, Jean-Louis Robert: The French Communist Party and Women, 1920–1939: From "feminism" to "familialism", in: Helmut Gruber und Pamela Graves (Hg.): *Women and Socialism, Socialism and Women. Europe between the two World Wars,* New York/Oxford, Berghahn Books, 1998, S. 321–347.

7 Vgl. Jacqueline Tardivel: Des pacifistes aux résistantes, les militantes communistes, en France, dans l'entre-deux-guerres, Diss., Université de Paris VII, 1993.

weiblicher Mitglieder allerdings auf einem besonders niedrigen Niveau. Man könnte daher nahezu von einer Überrepräsentanz von Frauen bei den nationalen Kongressen sprechen, wo 1925 15 (6 %) weibliche Delegierte vertreten sind, 1926 30 (8,6 %) und 1936 23 (2,7 %). Dem Parteikomitee, in dem 1920 15 % Frauen saßen, gehören 1922 nur noch 6 % Frauen an, in den 1930er Jahren ist es schließlich nur noch mit Männern besetzt.

Im Jahr 1936 opfert der PCF die freie Entscheidung über Verhütung und Abtreibung auf dem Altar der Volksfront. Die Partei beseitigt ihre revolutionären Unebenheiten und besteht von nun an auf ihrem nationalen, republikanischen Charakter, und sie paßt ihren Diskurs über die Frauen ihrer neuen Strategie an; jetzt sind Weiblichkeit, Mütterlichkeit und eine einwandfreie Moral die Werte, auf die es ankommt. Paradoxerweise ist im PCF, der Partei, die die größte Aufmerksamkeit auf ihre Frauenpropaganda verwendet, die Zahl der weiblichen Mitglieder besonders gering, auch wenn die Bedeutung ihrer Aktivistinnen dies leicht in Vergessenheit geraten läßt. Dies hat nicht damit zu tun, daß die Partei ein der französischen Kultur einfach aufgepfropftes fremdes Gebilde wäre, sondern damit, daß sie, indem sie sich am Rassemblement populaire („Sammlungsbewegung des Volkes") beteiligt, den Schauplatz der Wahlpolitik betritt, von dem Frauen ausgeschlossen sind. Darüber hinaus spiegelt ihre Basis, zumal in den 1930er Jahren, die kulturellen Merkmale einer Arbeiterklasse wider, in der die Hierarchie der Geschlechter eine Realität ist. Als sie ihre Wiedergeburt als Massenpartei mit etwa 300 000 Mitgliedern erlebt, ist sie einer politischen und sozialen Realität aufgesessen, in welcher der Feminismus keinen Platz mehr hat, obwohl das Anliegen, weibliche Mitglieder zu rekrutieren, bestehen bleibt. 1936 findet die Gründung der Union des jeunes filles de France, („Vereinigung der jungen Französinnen") statt.

Feministische Ideen machen eher im Einflußbereich des Anarchismus die Runde, wo eine Organisationsform vom Typ einer „Partei" schon allein wegen deren häufig bloß wahltaktischer Zielsetzung vollkommen ausgeschlossen ist. Freilich verachten die Anarchisten das Wahlrecht, diesen „Papierfetzen", und in diesem Sinne sind sie antisuffragistisch. Aber ihre eingefleischte Abneigung gegen Machtverhältnisse sensibilisiert sie in mancher Hinsicht für die Unterdrückung von Frauen. Der Antimilitarismus und der Pazifismus, den sie vertreten, findet bei den Frauen potentiell Anklang, und der Neomalthusianismus läßt zwischen einigen Anarchisten und mehreren Feministinnen, darunter Madeleine Pelletier und Nelly Roussel, einen Bereich des Einverständnisses entstehen. Aber trotz des leuchtenden Beispiels von Louise Michel sind die militanten Anarchistinnen nicht sehr zahlreich. Ihre Geschichte muß ebenso wie die der Kämpferinnen der extremen Linken, die sich in feministischen, ultrapazifistischen oder auch gewerkschaftlichen Organisationen eingesetzt haben, noch geschrieben werden. Sie sind bereits in den Anfängen der trotzkistischen Strömung in Frankreich dabei, aber das Aktionsprogramm, das sie vertreten, scheint die Frauen zu vergessen, worüber Trotzki sich 1935 erstaunt zeigt: „Sie sagen nichts über die Frauen (Löhne, Nachtarbeit, Schwangerschaftsurlaub etc.). Eine wirklich revolutionäre Strömung, die ihre Zukunft sicherstellen will, darf niemals die Fragen der Jugend vernachlässigen und auch nicht die der Frauen und der unterdrückten Völker (in Ihrem Programm steht nichts über die Kolonien)."[8]

Über die Beziehungen der Linken zur Frauenemanzipation gibt wahrscheinlich das Zustandekommen der Volksfront am besten Aufschluß. Das Frauenwahlrecht – nicht aber das Recht der Frauen auf Erwerbsarbeit – war, wie bereits erwähnt, aus dem Programm des Rassemblement populaire herausgenommen worden; dazu verpflichtet das Bündnis mit den Radikalen. Die anderen Partner geben bereitwillig nach. Ein Antrag, der auf einem kurz zuvor abgehaltenen Kongreß der SFIO diskutiert wird, ist ausgesprochen vielsagend, obwohl er nicht mehrheitsfähig war: Seine Lehren daraus ziehend, daß manche französischen Zeitungen über den Wahlsieg Hitlers gesagt hatten, er sei aufgrund einer Mehrheit von Frauenstimmen zustandegekommen – was falsch war –, stellte der Antrag das Frauenwahlrecht als eine Gefahr für die Demokratie dar. Ende Juni 1936 stimmen die französischen Abgeordneten ein letztes Mal – bei einer Gegenstimme – einstimmig für einen Gesetzesvorschlag, den Frauen volle politische Rechte zu gewähren. Aber die Regierung handelt nicht, und trotz einiger letzter Demonstrationen der Suffragistinnen weigert sich der Senat, zur Erörterung des Vorschlags überzugehen. Léon Blum bietet den Frauen eine symbolische Kompensation: Er beruft drei Frauen in die Regierung und meint, daß damit „die Sozialistische Partei praktisch die Gleichstellung der Geschlechter verwirklicht hat".[9] Die der Kommunistischen Partei nahestehende Nobelpreisträgerin Irène Joliot-Curie wird zur Unterstaatssekretärin für Wissenschaft und Forschung ernannt. Suzanne Lacore, eine ehemalige Primarschullehrerin und alte sozialistische Kämpferin, wird Unterstaatssekretärin für Kinderschutz. Cécile Brunschvicg, Mitglied der Radikalen Partei und Präsidentin der Französischen Vereinigung für das Frauenstimmrecht, wird Unterstaatssekretärin für Bildung. Sehr bald sind, nach der Amtsniederlegung Irène Joliot-Curies, die Frauen in der Regierung nur noch zu zweit. Sie leisten dort gute Arbeit, aber das Experiment wird 1937 beendet.

1.2 Auf der Rechten

Im konservativen, antirepublikanischen und klerikalen Lager sind die Frauen sehr viel zahlreicher. Der Prozeß der Trennung von Kirchen und Staat hat bei den Katholiken zahlreiche Initiativen in Gang gesetzt. Vor allem die Gründung der Ligue des femmes françaises („Liga französischer Frauen") im Jahr 1901 und der Ligue patriotique des Françaises („Patriotische Liga der Französinnen") im Jahr 1902, die einen außergewöhnlichen Aufschwung erlebt: 1917

8 Zitiert nach Michel Dreyfus: Des femmes trotskystes et pacifistes sous le Front populaire, in: *Cahiers Léon Trotsky*, Nr. 9, Januar 1982, S. 59.

9 Siân Reynolds: Women and the Popular Front in France: The Case of the Three Women Ministers, in: *French History*, Vol. VIII, Nr. 2, 1994, S. 196–224; Dies.: Trois dames au gouvernement (1936), in: Christine Bard (Hg.): *Un siècle d'antiféminisme*, S. 193–204.

verzeichnet die LPF 500 000, 1927 800 000 und 1932 eineinhalb Millionen Mitglieder. Auf Wunsch Roms fusioniert sie mit der Liga französischer Frauen zur Ligue féminine d'action catholique française („Katholischer Frauenkampfbund Frankreichs"), die am Vorabend des Zweiten Weltkrieges zwei Millionen Mitglieder haben wird. Obwohl sie politisch angeblich neutral sind, steht die eine der beiden Ligen der Action française[10], die andere der Action libérale populaire[11] nahe. Beide setzen sich dafür ein, daß bei Wahlen für die Kandidaten gestimmt wird, die das Eigentum, das Vaterland, die Freiheit und die Religion vertreten.

Politischer Aktivismus, religiöse Bekehrung, soziales Handeln: Das sind die drei Stützen der öffentlichen Intervention der Ligue patriotique des Françaises. Das Ganze ist antifeministisch: Für die Ligistinnen ist der Feminismus laizistisch, freidenkerisch, revolutionär und pazifistisch, und wenn er nicht unter dem Einfluß der Internationalen steht, ist er die Frucht einer jüdisch-freimaurerischen Verschwörung. Der religiöse Aspekt dieses Engagements fällt stark ins Gewicht. Ohne der Kirche unterstellt zu sein, greift die LPF die Meinungen der katholischen Zeitung *La Croix* auf, die die Liga subventioniert. In den Vordergrund stellt die Liga jedoch die im engeren Sinne weiblichen Motive zum Kampf: Die Ehefrau muß die Scheidung bekämpfen, um ihr Glück sicherzustellen. Das Handbuch der Liga fordert zum Beispiel dazu auf, Geschiedene niemals zu grüßen. Die Familienmutter soll politischen Einfluß ausüben, nicht indem sie wählt, sondern indem sie zum Beispiel für die Erziehung ihrer Kinder und die Interessen der – katholischen – Privatschule eintritt. Mit der Zeit macht die Liga in ihrem Kampf übrigens eine Entwicklung zur religiösen Mission und zur Wohltätigkeit durch. Durch die Dienstleistungen für ihre Mitglieder wird die LPF zu einer Massenvereinigung, geleitet wird sie jedoch von einer Elite aus dem Großbürgertum und dem Adel: Die erste Präsidentin ist die Baronin de Brigode, die zweite die Baronin de Reille.

Die Ligistinnen, für die Politik ein männliches Vorrecht bleiben muß, werden von der Presse der Rechten als politische Kämpferinnen mit großer Wirkung gefeiert. Ideologisch gesehen verfügen sie über keinerlei Besonderheit, aber sie sind ziemlich eigenständig in ihrer Organisation, die, wie ihre gute gesellschaftliche Integration, ihre zahlenmäßige Stärke, ihre Langlebigkeit und die Vielfalt ihrer Initiativen auf karitativer Ebene zeigt, ein voller Erfolg ist.[12] Wendet sich ihr Antifeminismus nicht eher gegen die laizistische Republik als gegen

---

10 *Anm. d. Ü.*: Action française: 1899 gegründete nationalistische Bewegung in Frankreich, die in der Konfrontation wegen der Dreyfus-Affäre um die Schriftsteller Charles Maurras und Léon Daudet entstand. In der Zwischenkriegszeit war sie eine der einflußreichsten Organisationen der französischen Rechten, obwohl sie im parlamentarischen System Frankreichs keine Rolle spielte. Zeitweilig hatte sie rund 60 000 Mitglieder, bis 1944 gab sie die Tageszeitung *Action française* heraus.

11 *Anm. d. Ü.*: Die Action libérale oder Action libérale populaire wurde 1901 von den ehemaligen Monarchisten Jacques Piou und Albert de Mun gegründet, die sich auf Verlangen Papst Leos XIII. zur Republik bekannten. Die Action libérale übte starken moralischen Einfluß auf die katholische Wählerschaft aus.

12 Odile Sarti: *La Ligue patriotique des Françaises 1902–1933. A Feminine Response to the Secularization of French Society*, New York und London, Garland Publishing, 1992; Anne-Marie Sohn: Les femmes catholiques et la vie publique en France (1900–1939), in: *Stratégies des femmes*, Tierce, 1984, S. 97–120.

die Rechte der Frauen? Ihre Verherrlichung der Monarchie und der christlichen Sozialordnung kann nämlich durchaus eine feministische Färbung annehmen. Sie verteidigen die Religion, die in ihren Augen die Würde der Frau wahrt, ein Ancien Régime, in dem es den Frauen an politischem Einfluß nicht mangelte, ein ökonomisches System, das auf die familiale Produktionsweise und auf die Komplementarität der Geschlechtsrollen zentriert ist. Es ist immer möglich, zu behaupten, diese komplementären Rollen seien nicht hierarchisiert, sie seien nicht gleich, aber gleichwertig, und letztendlich sei die Monarchie „feministischer" als die Republik. Die Mobilisierung der Frauen im konservativen und klerikalen Lager beweist auf jeden Fall, daß die feministische Bewegung für ein Engagement von Frauen im Staat Weichen gestellt hat, auch in eine Richtung, von der sie sich nichts hatte träumen lassen.

Sogar die Action française organisiert ein Damenkomitee. Die älteste aller nationalistischen Vereinigungen hat in der Person von Marthe Borély ihre Theoretikerin gefunden. Sie trägt 1919 in *L'Appel aux Françaises* („Der Appell an die Französinnen") eine wahre Doktrin des Antifeminismus vor. „Der Gegen-Feminismus", erklärt sie, „hat sich vorgenommen, die Allgemeinheit wieder zur alten Arbeits- und Pflichtenverteilung, zur menschlichen Trennung der sozialen Zuständigkeitsbereiche der Geschlechter zurückzuführen, im Gegensatz zum Feminismus, der alles durcheinander bringen will."[13] Sie sieht den Feminismus als eine Krankheit der Moderne: Sein materieller Antrieb ist die Automatisierung, die den Frauen die Pforten der Fabriken und Büros geöffnet hat, sein geistiger Antrieb ist das Ideal der Demokratie. Wie der Alkoholismus stellt Marthe Borély zufolge auch der Feminismus einen Preis dar, den das Zeitalter an den Fortschritt zu entrichten hat. Das Frauenwahlrecht ist nutzlos, da die Frauen so wählen werden wie ihre Männer. Das „Wesen französischer Frauen" wird sich nicht in der demokratischen Wahl Ausdruck verschaffen können, sondern durch einen subtileren Einfluß. Die größte Gefahr ist der verheerende Einfluß des Feminismus auf die Geburtenrate. Die Mutterschaft soll zum „Patriotismus der Frauen" werden. Marthe Borély feminisiert das berühmte Schlagwort von Charles Maurras, dem Ideologen der Action française: „Frankreich den Französinnen". Sie macht sich auch das Thema der Einwanderung zu eigen: „Von 44 Anwältinnen, die 1917 der Anwaltskammer von Paris angehörten, waren 40 Ausländerinnen oder Jüdinnen, nur 4 waren rein französisch. Sind sie verheiratet und haben in Frankreich Wurzeln geschlagen, so werden sie in der Politik den Ruhm finden, den die Anwaltskammer ihnen versagt. Diese blassen Anwältinnen, die zu Politikerinnen geworden sind, sind unsere künftigen Abgeordneten."[14] Auch der politische Antisemitismus hat es auf die Feministinnen, den weiblichen Teil der republikanischen Eliten, abgesehen. Ihm fällt zum Beispiel Cécile Brunschvicg, die Präsidentin der Französischen Vereinigung für Frauenstimmrecht, die in der Regierung Blum Unterstaatssekretärin wurde, zum Opfer. Für die extreme Rechte ist der Feminismus eine „jüdische Erfindung".

13 Zitiert nach Christine Bard: *Les Filles de Marianne*, S. 142.

14 Christine Bard: *Les Filles de Marianne*, op. cit., S. 405.

Auch die sozialkatholische Strömung trägt ihren Teil zum Aufbau des Antifeminismus bei, allerdings in einer weniger aggressiven Weise. Die Union féminine civique et sociale („Staatsbürgerliche und soziale Frauenunion"), UFCS, 1925 von Andrée Butillard gegründet, ist eine der dynamischsten Vereinigungen der Bewegung des Sozialkatholizismus. Sie tritt für familialistische Konzeptionen ein, die sich dem feministischen Individualismus entgegenstellen. Zusammen mit anderen katholischen Organisationen führt sie in den 1930er Jahren eine entscheidende Kampagne für die Rückkehr der Frauen ins Haus durch. Ihre Durchsetzungsfähigkeit hat sich bei den Vorverhandlungen zur Reform der Rechte verheirateter Frauen im Jahr 1938 darin erwiesen, daß an der väterlichen Gewalt festgehalten wurde.

2 Stärken und Schwächen der Feministinnen in der Zwischenkriegszeit

Zwischen den beiden Kriegen erweitert sich die feministische Bewegung; im Gegenzug entstehen jedoch politische Spaltungen. Die Fraktionierung in drei große Strömungen macht sie schließlich unfähig zu gemeinsamem Handeln.

2.1 Der reformistische Feminismus

Diese Strömung, die von den ältesten Vereinigungen getragen wird – Union française pour le suffrage des femmes, Conseil national des femmes françaises, Ligue française du droit des femmes, um nur die wichtigsten zu nennen –, dominiert die feministische Bewegung. Es ist eine republikanische, laizistische, radikale oder dem Sozialismus nahestehende Strömung, die sich die Eroberung der Rechtsgleichheit vorgenommen hat und der übrigens sehr viele Anwältinnen angehören. Ihr Hauptanliegen ist das Wahlrecht, für das sie in ziemlich moderater Weise wirbt, indem sie Politiker zu beeinflussen versucht und die öffentliche Meinung mobilisiert – durch zahlreiche Veranstaltungen, bei denen sich im Durchschnitt 400 bis 600 Personen einfinden, aber auch durch die Presse. Die Routine der Stimmrechtskämpferinnen wird in den eigenen Reihen durch die radikalste Gruppierung dieser Strömung, die Ligue („Liga"), die von zwei Anwältinnen, Maria Vérone und Andrée Lehmann, geleitet wird, in Frage gestellt. Die Ligue organisiert vor dem Senat behördlich verbotene Demonstrationen. Besonders kühne Stimmrechtskämpferinnen wagen sich bis in den halbrunden Senatssitzungssaal vor, um dort ihre Slogans auszurufen, ihre Flugblätter zu verteilen, oder sich an die Sitze zu ketten. Diese direkten Aktionen oder Demonstrationen im Freien wirken abstoßend auf andere Kämpferinnen, die sich auf ein gemäßigtes Vorgehen und auf Gesetzestreue verpflichtet haben. Die Journalistin Louise Weiss versucht zwischen 1934 und 1936 auch die Methoden der „Suffragetten" durchzusetzen. Mit großem Medientalent führt sie mit ihrer Gruppe, La Femme nouvelle („Die neue Frau"), viele spektakuläre Unternehmungen durch.

Im ganzen vermittelt diese Strömung einen eher bürgerlichen Eindruck. Vereinsvorsitzende können häufig ihre gesamte Zeit auf ehrenamtliche Tätigkeiten verwenden; andere gehen einem Beruf nach, wie die Anwältin Maria Vérone, die von bescheidener Herkunft ist. Zwar ist die Zusammensetzung der Mitglieder soziologisch relativ differenziert, aber es sind nur wenige Frauen aus den unteren Schichten dabei. Insgesamt sind Männer nicht sehr zahlreich vertreten, spielen jedoch in manchen Gruppen, wie etwa in der LFDF, die sich etwas darauf zugute hält, daß Victor Hugo einer ihrer Ehrenvorsitzenden war, eine aktive Rolle. Die Aktivistinnen dieser Strömung zeichnen sich im wesentlichen durch ihr gehobenes Bildungsniveau aus – viele von ihnen üben qualifizierte Berufe aus, Primarschullehrerinnen stellen die Mehrheit – und durch den Umstand, daß sie fast alle aus protestantischem und aus jüdischem Milieu kommen.

Wie die 1929 in Paris einberufenen Generalstände des Feminismus zeigen, bewegen sich im Umkreis der großen Frauenstimmrechtsvereine eine ganze Reihe anderer Frauenorganisationen mit besonderen Schwerpunkten. Das Frauenwahlrecht ist dabei nur eine Forderung unter anderen, wenn auch die bedeutendste. Die reformistische Strömung arbeitet nämlich ein Programm aus, in dem der künftige spezifische Beitrag von Frauen zum politischen Leben geplant wird: gegen die Not und den Krieg, gegen die sozialen Plagen; in den 1930er Jahren dann für eine eigene Politik nach dem Modell des Haushalts, den Hausfrauen zu führen imstande sind. Dieser altruistische Entwurf, der die Frauen aufwertet, weil er sich als Alternative zur schlechten männlichen Führung präsentiert, wird am Ende von den Männern ziemlich gut angenommen. In Wirklichkeit ist nichts Originelles an dem Entwurf, bis auf die selbst beanspruchte weibliche Besonderheit; zudem weist er zahlreiche Ähnlichkeiten mit den Entwürfen der Veteranenvereine auf.

Seine Belanglosigkeit sagt viel über das Wesen des reformistischen Feminismus aus, der durch eine sehr weitgehende Anpassung an einen männlichen Politikstil geprägt ist, sich gegenüber den politischen und intellektuellen Autoritäten des Landes respektvoll verhält und nicht zuletzt den Werten der Republik zutiefst verpflichtet ist. Anpassung an männliche Sitten: Die feministischen Kongresse ähneln in ihrer Organisation in allen Punkten den politischen Kongressen. Respekt vor der republikanischen Meritokratie: Im Jahr 1938 wird die Association des femmes décorées de la légion d'honneur („Verein der Ordensträgerinnen der Ehrenlegion") gegründet, die den Bürgersinn der weiblichen Elite des Landes unter Beweis stellen soll. Ehrfurcht vor der Aufgabe des Citoyen: Die Feministinnen organisieren Vorlesungen zum Recht, um die künftigen Wählerinnen zu schulen. Bindung an die Republik: Sie glauben, daß deren Prinzipien für Frauen verheißungsvoll seien. Außerdem bewahren sie einem Regime die Treue, das doch von links wie von rechts angefochten wird. Die Feministinnen aber hüten sich im großen Überschwang republikanischer Milde und um den Preis einer gewissen Blindheit davor, dieses Regime anzuprangern.

2.2 Die gemäßigte Strömung

Mit der Gründung der Union nationale pour le vote des femmes („Nationales Bündnis für das Frauenwahlrecht") im Jahr 1920 dehnt sich der Feminismus auf die Katholikinnen aus. Die Vereinigung ist zwar nicht konfessionell – dies Feld ist bereits besetzt –, aber ihr Feminismus gibt sich als gemäßigt, und ihre Leiterinnen verhehlen ihre Sympathien für die Parteien der politischen Rechten – Alliance libérale, Féderation républicaine und sogar die Jeunesse patrioteso[15] – nicht. Ihre Definition der weiblichen Identität bleibt traditionell: Die Frau ist dazu „geboren, Mutter zu sein"; sie verwirklicht ihre „Mission" in der Familie. Dies hindert sie jedoch nicht daran, „für die Frauen einen Teil der Rechte [zu] fordern, die die Männer sich untereinander im Laufe der Jahrhunderte zugestanden haben, juristische, berufliche und politische Rechte, das Recht auf Besitz, auf Bildung, auf Zusammenschluß etc."[16] Freilich, präzisiert die Herzogin von La Rochefoucauld, „wollen wir uns bei keiner Gelegenheit von der größtmöglichen Höflichkeit entfernen und wir möchten, daß unser Handeln die vollkommene Mäßigung bewahrt, die unserem Geschlecht und den zivilisierten Völkern entspricht".[17] Wie schon der Name der Vereinigung anzeigt, ist das dringendste der Rechte, die sie fordert, das Wahlrecht, für das sie eine dynamische Kampagne führt, die ihren Mitgliedern (100 000 sind in den 1930er Jahren eingetragen) und den künftigen Wählerinnen staatsbürgerliche Bildung vermitteln sowie die männlichen Eliten des Landes überzeugen soll. Die Schriftstellerin Edmée de La Rochefoucauld, die Geographin Mariel Brunhes-Delamarre sowie die Anwältin und Heldin des Ersten Weltkrieges Marie-Thérèse Moreau geben der Vereinigung mit ihrer Tatkraft Impulse. Die Erklärung von Papst Benedikt XV. zugunsten des Frauenwahlrechts im Jahr 1919 spielt für das suffragistische Engagement eines Teils der katholischen Frauen in der Zwischenkriegszeit zweifellos eine große Rolle. Die Überzeugung, daß das Frauenwahlrecht unumgänglich sei, führt auch in den rechten Parteien zu einem Wandel, die von den künftigen Wählerinnen, die sie für klerikal halten, viel erwarten. Die Masse der katholischen Frauen steht jedoch dem Feminismus gleichgültig oder sogar feindselig gegenüber.

2.3 Die radikale Strömung

Radikale Feministinnen kritisieren die reformistische und die gemäßigte Strömung aufs schärfste. Für sie geht der Feminismus über die rechtliche Gleichstellung hinaus. Er muß

15 *Anm. d. Ü.*: Féderation républicaine („Republikanische Föderation"): 1903 von Anti-Dreyfusards gegründete, ursprünglich liberalkonservative Partei. – Jeunesses Patriotes („Patriotische Jugend"): Eine extrem rechte, paramilitärische Organisation mit mobilen Einsatzgruppen, die ihre Mitglieder hauptsächlich unter Studenten rekrutierte und von Industriellen finanziert wurde. Gegründet wurde sie 1924 von Pierre Taittinger, der unter anderem von Mussolinis „Schwarzhemden" inspiriert war.

16 Edmée de La Rochefoucauld: *La Femme et ses droits*, Flammarion, 1939.

17 Zitiert nach Christine Bard: *Les Filles de Marianne*, op. cit., S. 271.

sich gegen alle Facetten des Maskulinismus – das System zur Unterdrückung der Frauen, das heute eher Patriarchat genannt wird – wenden, insbesondere in der Familie und in der Sexualität. Er ist, wegen der Ausbeutung der Arbeiterinnen, notwendigerweise auch antikapitalistisch. Die radikalen Feministinnen sind im allgemeinen auch Revolutionärinnen und überzeugte Pazifistinnen, die sich – wie während des Ersten Weltkrieges zu sehen war – dem Internationalismus verbunden fühlen. Sie sind selbstverständlich gegen die Religion, eine maskulinistische Erfindung, die dazu dient, Frauen in der Knechtschaft und der Passivität festzuhalten. Madeleine Pelletier, Hélène Brion und Nelly Roussel haben mit ihren Vorträgen, ihren Büchern und ihren Artikeln in verschiedenen Zeitungen diese Vorstellungen vertreten, die von der Zeitung *La Voix des femmes* („Die Stimme der Frauen") weiter verbreitet werden. Sie sind auch in den Gruppen im laizistischen Schulwesen sehr einflußreich, die sich innerhalb der CGTU gebildet hatten. Die Opposition zu den anderen feministischen Strömungen macht sich besonders deutlich fest an dem Gesetz von 1920, das die Radikalen bekämpfen, und am expliziten oder impliziten Nationalismus der großen Vereine. Die radikale Strömung ebbt aus mehreren Gründen ab. Sie stützt sich nicht mehr auf Vereine und vor allem verzettelt sie sich in ihren Bestrebungen: Manche Kämpferinnen sind vom Pazifismus vollkommen in Anspruch genommen, wie Madeleine Vernet und vor allem Gabrielle Duchêne, welche die französische Sektion des Internationalen Frauenausschusses für dauernden Frieden (1919) leitet. Andere ziehen die Politik vor, die Kommunistische Partei enttäuscht sie jedoch sehr bald. Nicht eine von ihnen hat aber die Fackel an die jüngere Generation weitergegeben. Madeleine Pelletier, die Theoretikerin des egalitären Feminismus, wundert sich in ihrer Hellsicht weder über die Langsamkeit noch über die Rückschritte des Marsches zur Gleichstellung der Geschlechter, den sie allerdings für unvermeidlich hält.[18] In Erwartung der großen Wende ist politische und persönliche Vereinsamung das Los der radikalen Feministinnen. Von der politischen Macht erhoffen sie sich nichts. Diese sehen sie in einem Licht, von dem die Reformistinnen nichts ahnen: Hélène Brion und Lucie Colliard haben im Gefängnis gesessen;[19] Madeleine Pelletier hat berufliche Schikanen durchgemacht, ist dann aufgrund einer Anzeige wegen Abtreibung verhaftet und schließlich in eine Anstalt für Geisteskranke eingewiesen worden. In den 1930er Jahren gibt es den radikalen Feminismus nicht mehr. Die alternden Kämpferinnen engagieren sich zu dieser Zeit in antifaschistischen, beziehungsweise ultrapazifistischen Kämpfen.

18 Christine Bard (Hg.): *Madeleine Pelletier (1874–1939). Logique et infortunes d'un combat pour l'égalité*, Côté-femmes, 1992.

19 Slava Liszek: *Marie Guillot, de l'émancipation des femmes à celle du syndicalisme*, L'Harmattan 1994.

3 Der soziale Fortschritt und der Friede: Frauenkämpfe

Zum Teil erklärt zweifellos der Ausschluß aus der Staatsbürgerschaft, warum die Frauen zu Beginn des 20. Jahrhunderts für Vereinstätigkeiten in den verschiedensten Bereichen solche Begeisterung an den Tag legen. Die bedeutendsten Bereiche sind der Pazifismus und die Sozialhilfe. Die Sozialhilfe ist gewissermaßen die natürliche Verlängerung der den bürgerlichen Frauen zugewiesenen Wohltätigkeitsaufgaben. Um die Jahrhundertwende gibt eine neue Generation, durch eine fortgeschrittenere Erziehung ermutigt, die herkömmliche Wohltätigkeit auf, um die Grundlagen zu legen für das, was später Sozialarbeit genannt wird, und um Frauen auf diese Weise verschiedene Ausbildungsmöglichkeiten und Berufslaufbahnen anbieten zu können. Das beste Beispiel dafür ist die 1917 gegründete École des surintendantes d'usines („Schule für Fabrikinspektorinnen"). Diese Welt der Vereine wird nicht von politischen Problemen gespalten, auch nicht die Société des détenues et liberées de Saint-Lazare („Gesellschaft für Gefangene und Haftentlassene des Frauengefängnisses Saint-Lazare"). Die Gesellschaft, die für die Wiedereingliederung haftentlassener Frauen arbeitet, hat direkte Verbindungen zur Union contre la prostitution réglementée („Vereinigung gegen die reglementierte Prostitution"). Die Prostituierten kommen zumeist aus bescheidenen Verhältnissen und ziehen aus ihrer Tätigkeit, von der sie meinen, sie sei nur vorübergehend, nur wenig Gewinn. Zahlreiche Frauenvereine kümmern sich um ihre „Besserung". Die Klöster der Schwesternkongregation Bon Pasteur („Guter Hirte") nehmen „Büßerinnen" auf. Ihre Bilanz ist zwiespältig: Bei einigen Frauen können Erfolge verbucht werden, bei anderen, die fliehen, die Nonnen beschimpfen und sie sogar schlechter Behandlung beschuldigen, scheitern die Schwestern. Handelt es sich um Opfer oder um lasterhafte Personen? Die Öffentlichkeit meint eher, es gehe um Laster – um dem schlechten Gewissen zu entgehen? – und übernimmt die von Medizinern entwickelte These von der angeborenen Schwäche der gefallenen Mädchen und deren frühzeitiger Gewöhnung an einen unsittlichen Lebenswandel. Sehr vereinzelt lassen sich großzügigere Stimmen vernehmen, die sie als Opfer betrachten, welche durch die Not, den Mangel an Unterstützung und die von Kindheit an erfahrene Gewalt zum Äußersten getrieben wurden.

Das reglementierte System der Prostitution wird seit dem letzten Drittel des 19. Jahrhunderts von der Bewegung der „Abolitionistinnen" bekämpft. Insbesondere protestantische Frauen sind in diesen Kampf involviert. Da sie die Prostitution für eine Art der Sklaverei halten, fordern sie, daß die staatlichen Behörden deren Reglementierung abschaffen.[20] Das französische Regulierungssystem ist in ihren Augen illegal, unmoralisch und wirkungslos. „Illegal" ist es, weil es nicht auf einem Gesetz beruht, sondern auf kommunalen Verordnungen (in den großen Städten) und weil es eine Bevölkerungsgruppe aus dem allgemeinen Recht ausklammert. „Unmoralisch" ist es, weil es das „Laster" begünstigt. Deshalb verbünden sich

20 Anne-Marie Käppeli: *Sublime croisade. Éthique et politique du féminisme protestant. 1875–1928*, Genf, Zoé, 1990.

die Abolitionistinnen mit den Ligen für öffentliche Moral. „Wirkungslos“ ist es, weil es keine Überwachung der zahlreichen nicht registrierten und Gelegenheitsprostituierten ermöglicht. Die Kampfoffensive der Abolitionistinnen wird in der Zwischenkriegszeit stärker dank solcher Vereinigungen wie der Union temporaire contre la prostitution réglementée („Temporäres Bündnis gegen die reglementierte Prostitution“), die von einer Feministin, Marcelle Legrand-Falco, geleitet wird. Aber dieser Kreuzzug stößt mit einer sehr effizienten Lobby von Reglementaristen zusammen, die von zahlreichen Medizinern unterstützt wird und auf der Rechten wie auf der Linken über Einfluß verfügt. – Weil er zu isoliert ist, scheitert der Gesundheitsminister der Volksfront, Henri Sellier, mit seinem Versuch, die Zuhälterei zu verbieten. – Hatten die Abolitionistinnen mit einem moralischen Protest gegen die sexuelle Sklaverei begonnen, so kommen sie am Ende zu einer harschen Kritik des Staates, der diese stützt und sich daran bereichert. Diese Vereine, die einen Wohlfahrtsstaat fordern, bestehen auf einem besonderen Schutz für Frauen, insbesondere für Arbeiterinnen. Sie alle kämpfen auch für eine natalistische und familialistische Politik, die auf keinen Fall den grundlegenden Mutterschutz außer acht lassen darf. Auf nationaler Ebene nur selten anerkannt, schaffen sie einen Durchbruch auf kommunalem Niveau. So fehlt es nicht an Freiwilligen, als bestimmte Städte in den 1930er Jahren beschließen, ihren Stadtrat für eine oder mehrere Frauen zu öffnen, die berufen oder gewählt werden können, allerdings mit dem Sonderstatus, daß sie nur beratende Funktion haben. Ihr Engagement im sozialen Bereich bedeutet, daß Frauen im Zentrum einer der wichtigsten Veränderungen des 20. Jahrhunderts stehen. Dieser Sektor, der für die institutionalisierte Politik noch ein Randsektor ist, wird von den Frauen sofort besetzt, zweifellos auch, weil er im Gegensatz zu anderen Bereichen des politischen Lebens nicht darunter zu leiden hat, daß er durch männliche Standesinteressen besetzt ist.

Auch der Pazifismus eröffnet ein breites Handlungsfeld. Genau wie die Sozialhilfe wird er mit Stereotypen über die mütterliche und daher friedliche weibliche Natur assoziiert. Zwischen den beiden Kriegen wird er zu einem charakteristischen Betätigungsfeld des bürgerrechtlichen Engagements von Frauen und insbesondere von Feministinnen. Sie greifen die

„Die Frau soll wählen“ (BMD)

Postkartenwerbung, die in den 1920er Jahren von der Société pour l'amélioration du sort de la femme („Gesellschaft zur Verbesserung des Frauenschicksals“) herausgebracht wurde. Die Slogans bringen die Themen, für die der reformistische Feminismus sich einsetzte, ganz gut auf den Punkt.

Zeitstimmung nicht einfach auf: Sie schaffen sie. Im allgemeinen spielen sie die politische Dimension ihres Kampfes herunter, den sie lieber als humanistisch bezeichnen. Bei einigen kommt in der unpolitischen Haltung eine bestürzende Naivität zum Vorschein. So schreibt die Ligue internationale des mères pour la paix („Internationale Liga der Mütter für den Frieden") an Hitler, um ihn höflich zu bitten, er möge doch aufpassen, daß der Inhalt deutscher Schulbücher nicht allzu nationalistisch ausfalle... Andere werden durch den „Geist" von Genf, der in Frankreich von Aristide Briand verkörpert wird, zu unablässiger nationaler und internationaler Bündnisaktivität inspiriert, die allerdings gebremst wird, nachdem das Scheitern des Völkerbundes feststeht. Die Feministinnen der äußersten Linken haben dagegen einen Pazifismus mit klarer definierten ideologischen Herausforderungen entwickelt, indem sie den Militarismus, den Kolonialismus und die nationalistische Indoktrination aufs Korn nehmen. Das weitere pazifistische Umfeld läßt auch die Möglichkeit zu, sich in gemischtgeschlechtlichen Organisationen zu betätigen. Paradoxerweise wird dies durch die Existenz und die Dynamik der zahlreichen Frauenvereine ermöglicht. Der Einfluß von Marcelle Capy und Madeleine Vernet als Vertreterinnen des Ultrapazifismus und der von Gabrielle Duchêne als Vertreterin des Antifaschismus reicht weit über die Frauenvereine hinaus.

In Vereinen aktiv zu sein, ist also für die Frauen, die nicht über staatsbürgerliche Rechte verfügen, eine Art der zwar nicht politischen, aber doch bürgerrechtlichen Intervention, denn die „unpolitische" Haltung ist einer Mehrheit der Frauen lieber. Sie betätigen sich auch in anderen Bereichen, wie etwa im Journalismus, der nun professionell betrieben wird: Andrée Viollis, Louise Weiss oder auch Geneviève Tabouis sind als hellsichtige politische Beobachterinnen anerkannt. Im Bildungsbereich und in der Arbeitswelt entstehen in der Zwischenkriegszeit immer mehr Frauenvereine und sie drängen darauf, daß Frauen eine Aufgabe im Staat bekommen. Auch die Gewerkschaftsarbeit ermöglicht ein Engagement, das von politischem Einsatz nie sehr weit entfernt ist.

Plakat des Weltkomitees gegen Krieg und Faschismus, Mitglied der weltweiten Sammlungsbewegung für den Frieden (September 1936) (BMD)

Die pazifistische Propaganda stellt in der politischen Ikonographie eine Ausnahme dar, weil sie häufig eine weibliche Symbolik der Liebe und der Mutterschaft verwendet und darauf abzielt, Frauen als Friedenskämpferinnen zu mobilisieren.

4 Erklärungen zur französischen Verspätung

4.1 Die politische Blockierung

Die Französinnen hätten ihre politischen Rechte, so wie die Frauen der meisten europäischen Westmächte, unmittelbar nach dem Krieg bekommen sollen. Der Bürgersinn der Frauen sollte mit der politischen Gleichstellung offiziell belohnt werden. Dem Gesetzesvorschlag, der von den Abgeordneten schon 1919 verabschiedet wurde, verweigerte der mehrheitlich von der Radikalen Partei getragene Senat jedoch seine Zustimmung, indem er entweder gegen den Vorschlag des Abgeordnetenhauses stimmte (1922) oder die Erörterung aufschob. Die Abgeordneten stimmten 1936 ein letztes Mal für die politische Gleichstellung der Frauen, aber die Regierung löste sich auf, noch bevor die Senatoren mit der Diskussion begonnen hatten. Man könnte an dieser Stelle eine erste Erklärung versuchen: Der Senat war als eine konservative Kammer gedacht, die den Eifer der Abgeordneten dämpfen sollte. Über diese historische Aufgabe hinaus macht die Art seiner Rekrutierung ihn tatsächlich zum Repräsentanten eines ländlichen Frankreichs, das Traditionen verhaftet ist. Die zweite Erklärung ist politischer Art: Es fehlten gerade die Stimmen einer Mehrheit der Vertreter der Radikalen Partei. Viele von ihnen (etwa die Hälfte) sind Freimaurer. Die Verteidigung des Laizismus ist zweifellos das einzige starke Band, das sie politisch eint, und genau das ist auch der offen eingestandene Hauptgrund für ihre Opposition gegen das Frauenstimmrecht. Trotzdem sind manche Freimaurer Feministen, und manche Radikale unterstützen das Frauenwahlrecht. Rein politische oder institutionelle Erklärungen sind also nicht zureichend. Keine Regierung riskiert es, einzugreifen. Die Zeitgenossen deuten an, daß die Abgeordneten sich doppelzüngig verhielten, weil sie sicher sein könnten, daß der Senat die Vorschläge ablehnen werde, denen sie im Parlament zugestimmt haben. Die Fälle, in denen Abgeordnete für das Frauenwahlrecht gestimmt haben, und, nachdem sie Senatoren geworden waren, dagegen, bringen die Heuchelei an den Tag. Man muß wohl davon ausgehen, daß die Verantwortung für das Scheitern des wirklich allgemeinen Wahlrechts im Parlament breiter verteilt ist und sich bemühen, die verschiedenen, gelegentlich uneingestandenen Gründe dafür zu verstehen.

Die Opposition gegen das Frauenwahlrecht weist vor allem auf die weitverbreitete Furcht vor einer Ausweitung der bereits begonnenen Emanzipation hin. Diese Furcht wird belegt durch die Bandbreite des Widerstands gegen sehr viele andere Frauenrechte, um die immer stark gerungen werden muß. Das Wissen wird allmählich zu einer geteilten Macht; die Erwerbsarbeit setzt sich wohl oder übel als eine Notwendigkeit durch; aber die politische Macht ist ein schwer zu teilendes Vorrecht. Ist der Zugang von Frauen zur Staatsregierung einfacher in Betracht zu ziehen, als ihr Zugang zur Volksvertretung? Darauf scheint die Ernennung von drei Frauen zu Staatssekretärinnen im Jahr 1936 hinzudeuten, eine symbolische Maßnahme, aber eben auch nur eine „platonische". Die misogynsten Parlamentarier und vehementesten Gegner des Frauenwahlrechts leugnen nicht, daß es „Ausnahmefrauen" gibt, die über die politische Begabung von Männern verfügen. Wenn sie daran festhalten, ihnen die Ausübung der Macht zu verweigern, dann tun sie es deshalb, weil sie der Gefahr begegnen wollen, daß dieses Privileg auf alle Frauen ausgedehnt wird. Die Ernennung oder je nachdem auch die Wahl von Stadträtinnen, die nur beratende Funktion haben, wurde im Frankreich der 1930er Jahre im übrigen wohlwollend aufgenommen. Es ist einfacher, beim passiven Wahlrecht einzulenken als beim aktiven. Nicht so sehr die Aussicht, daß Frauen gewählt werden können, ruft die stärkste Gegnerschaft hervor, sondern die Aussicht, daß sie als Wählerinnen ihr Gewicht auf die Waagschale bringen könnten.

4.2 Die Kalauer der Republik

Die Blockierung läßt sich nicht allein mit politischen Kalkülen erklären. Die politische Tätigkeit verhilft zu Prestige und Privilegien, und sie schafft Gewohnheiten, die sich im Kontakt mit fremden Elementen zu ändern drohen. In den derben Witzen, mit denen manche Parlamentarier glänzen, gibt es eine Frauenverachtung, die wir heute als sexistisch bezeichnen würden. Diese Verachtung, Reflex einer bestimmten Angst vor Frauen oder vor dem Weiblichen, liegt dicht neben Vorurteilen, die nicht immer öffentlich zugegeben werden. Der Präsident der Liga für Menschenrechte, Victor Basch, Professor an der Sorbonne, äußert nur privat im vertrauten Kreis, daß die Französinnen das Wahlrecht nicht brauchen, da sie „alles dirigieren".[21] Wenn es einem Mann mit solchen geistigen und moralischen Qualitäten nicht gelingt, diese Frage auf vernünftigere Weise zu begreifen, und wenn er sich zu „Stammtischparolen" hinreißen läßt, was ist dann erst von der großen Mehrheit der Politiker zu erwarten? Die Vorstellung, daß „wenn Männer die Gesetze machen, so die Frauen die Sitten", ist weit verbreitet. Muß man deren bereits immense Macht also noch weiter vergrößern? Indem man ihnen die Mehrheit bei den Wahlen überläßt? Denn es geht auch um eine arithmetische Furcht. Dort wo die Frauen der Geschlechterproportion nach zahlenmäßig im Vorteil sind, wie im Nachkriegsfrankreich, sind die Widerstände besonders heftig. Man kann ähnliches auch im Vereinigten Königreich beobachten, wo mit dem Gesetz von 1918 nur Frauen ab dreißig Jahren das Wahlrecht bekommen haben, weshalb die Männer ihren Mehrheitsanteil in der Wählerschaft bis 1929 behalten; zu diesem Zeitpunkt haben sich die Mehrheiten zwischen den beiden Geschlechtern angeglichen.

Die Opposition gegen das Frauenwahlrecht greift zum Teil auch die misogynen Phantasmen auf, die von antifeministischen Schriftstellern seit dem Ende des 19. Jahrhunderts verbreitet wurden.[22] Es gilt, sich dem wachsenden Einfluß von Frauen zu widersetzen und auch einer Gleichstellungsforderung, die sich, ist sie einmal erfüllt, in Frauenherrschaft verwandeln wird. Es geht darum, die Männlichkeit zu verteidigen, die schon durch die als

21 Françoise Basch: *Victor Basch*, Plon, 1994, S. 187.

22 Annelise Maugue: *L'Identité masculine en crise au tournant du siècle*, Rivages, 1987.

weiblich geltenden Werte der Demokratie und des Pazifismus ziemlich geschwächt wird. Schmeichlerisch, aber nicht weniger verachtungsvoll, ist die galante Einstellung. „Die Hand einer Mutter ist sehr viel mehr dazu angetan, ehrfurchtsvoll geküßt zu werden, und die einer Verlobten liebevoll, als dazu, einen Wahlzettel zu tragen" (Henri Maupoil, Radikaler).[23] „Das Frauenwahlrecht ist gerecht, es ist demokratisch, das ist schon möglich; aber der Akt ist gemein. Und wir mögen das nicht" (Gustave Hervé, Sozialist).[24] In das Kapitel der Vorurteile gehört auch das „Argument" von der weiblichen Unterlegenheit. Die Ungleichheit ist schon von der Natur vorgesehen, sie hat die Frauen zu Wesen gemacht, die physisch schwach und psychisch labil sind, weil sie periodischen Stimmungsschwankungen unterworfen sind. Die patriarchale Gesellschaft „schützt" sie in ihrem Dasein, vorausgesetzt sie verstehen, daß sie an ihrem Platz bleiben müssen. Wenn sie die politische Bühne nicht betreten dürfen, so ist das nur zu ihrem besten. Andernfalls könnte es Katastrophen geben. Wenn sich die Spekulationen über das Stimmrecht der künftigen Wählerinnen auch stark unterscheiden, weil jeder die Gefahr ausschließen will, das gegnerische Lager zu stärken, so stimmen sie doch zumindest in der irrationalen Angst vor einem Abstimmungsverhalten überein, das nur den Extremen zugute kommen könnte. Vorauszusehen ist auch eine Flut von Scheidungen – Paare zerbrechen an ihren politischen Meinungsverschiedenheiten –, eine Welle von Alkoholismus – der Trost von Männern, die unter ihren staatsbürgerlichen Ehefrauen leiden – oder von Kindersterblichkeit – Säuglinge werden an den Wahltagen ohne Fürsorge allein gelassen –. Soll man Prostituierten das Wahlrecht geben? Wurde dieser Blödsinn aus dem *Journal officiel de la République* [25] eigentlich jemals ernst genommen? Da sie die entsetzliche Erbärmlichkeit und die gewöhnliche oder außergewöhnliche Misogynie der parlamentarischen Debatten herunterspielten, befaßten sich historische Untersuchungen bisher vorzugsweise mit den rationalsten Beweggründen für die „französische Verspätung".

Clément Vautel: „Uneingeschränkter Feminismus", in: *Cyrano*, 24. April 1936

„In jedem Wahlbezirk – zumindest in Paris – läßt ein Kandidat zum Schein irgendeine feministische Liga von der kostenlosen Plakatwerbung auf den Anschlagwänden profitieren, mit denen Wähler konfrontiert werden. So werden Aufrufe plakatiert, aus denen in riesigen Buchstaben die folgende Beschwörungsformel hervortritt: DIE FRAU WILL WÄHLEN!

23 Zitiert nach Christine Bard: *Les Filles de Marianne*, op. cit., S. 166.

24 Zitiert bei Christine Bard (Hg.): *Un siècle d'antiféminisme*, op. cit., S. 54.

25 *Anm. d. Ü.*: *Journal officiel de la République*: Tageszeitung des französischen Staates, die zugleich als Amtsblatt fungiert.

Nun gut! nein, es stimmt nicht, sie will nicht wählen. Wenn sie wählen wollte, wäre das aber bekannt, wie es so schön heißt. Zweifellos gibt es Frauen, die das Wahlrecht fordern, die Wahlkabinen für Damen verlangen, aber sie sind eine verschwindende Minderheit. Und darunter sind nur wenige, sehr wenige Bürgerinnen, die bereit wären, ihre Absicht zu wählen anders als mit Worten unter Beweis zu stellen. Bei feministischen Demonstrationen sind stets nur ein paar Versprengte anwesend. Die Ligen der Militanten sind in Wirklichkeit bloß Rahmen (cadres), in denen es übrigens an alten Bildern nicht mangelt. Es sind Führungsstäbe (cadres) ohne Truppen.

Der Feminismus ist in Frankreich eine Überzeugung oder Attitüde von – zumeist jüdischen – Anwältinnen, von Ärztinnen, Blaustrümpfen und Intellektuellen, die im Grunde gekränkt sind, daß sie Frauen sind. Damit haben sie allerdings unrecht...

Zu diesem mageren Haufen gehören auch einige „große Damen", die der Kardinal-Erzbischof von Paris schätzt und segnet, denen er aber keine andere Aufgabe als die der Stuhlverleiherin anvertrauen würde, sollten sie ihn um eine Anstellung in Notre-Dame bitten. Auf der Linken des französischen Feminismus rangieren die aufgebrachten Anhängerinnen des Pazifismus, des Internationalismus, des Sozialokommunismus.

Die durchschnittlichen Französinnen zucken die Achseln, wenn man ihnen von feministischen Forderungen erzählt: Das Frauenwahlrecht? Das ruft ihnen ihre erste Rechenaufgabe in Erinnerung. Was die Bäuerinnen angeht... Fragen Sie sie doch einmal: „Wollen Sie wählen?" Sie werden schallendes Gelächter zur Antwort bekommen oder einen Schlag mit dem Besen. Vielleicht sogar beides.

Auf den Wahlplakaten – die die Frauen nicht lesen, die die Männer kaum lesen –, verkünden die Feministinnen, immer noch in riesigen Lettern, das Prinzip der GLEICHHEIT DER GESCHLECHTER.

Das Prinzip ist falsch. Die Frau ist dem Mann nicht überlegen, sie ist ihm nicht unterlegen, und sie wird ihm niemals gleich sein. Die Frau ist anders als der Mann, und das ist alles. Sie unterscheidet sich physisch (Hurrah, der kleine Unterschied! wird der Engländer von Caran d'Ache rufen); sie unterscheidet sich geistig und moralisch (es ist so wahr, daß die Worte für Männer und Frauen nicht den gleichen Sinn haben, wie es vergeblich ist, unter Personen verschiedenen Geschlechts zu diskutieren, da die intimste Nähe zwischen „ihm" und „ihr" nichts daran ändert, daß „sie" und „er" in anderen Punkten, durch die, wenn ich so sagen darf, größte interplanetarische Entfernung voneinander getrennt sind). Also keine Gleichheit. Die Natur hat sie nicht vorgesehen und zweifellos hat sie dafür gute Gründe gehabt.

– Wir werden dieses überholte System abschaffen, sagen die Anwältinnen, denn das natürliche Gesetz und das menschliche Gesetz sind in einer wirklich zivilisierten Gesellschaft zweierlei.

Aber nein, es gibt kein wahres, gutes, gerechtes Gesetz, außer dem natürlichen, und Verfassungen wie Gesetzesbücher sind nur dazu gemacht, seine Anwendung in den Einzelheiten zu präzisieren und zu erleichtern. Im übrigen müssen, damit die Frau die Gleichheit der Geschlechter in Anspruch nehmen kann – sie wird verlieren, an dem Tag, an dem sie sie erreicht –, Pflichten und Rechte für Evas Töchter die gleichen sein wie für Adams Söhne.

– Wir bezahlen Steuern! sagen Sie, Bürgerinnen.

Erlauben Sie, es gibt aber eine Pflicht – und das ist die schwerste –, die Sie nicht abgelten: den Militärdienst.

– Wir bezahlen, sagen Sie wieder, den Blutzoll auf unsere Weise. Und die Mutterschaft... Im übrigen sind nicht alle Männer Soldaten gewesen.

Aber auch nicht alle Frauen sind Mütter. Die Mutterschaft, eine natürliche Funktion, kann im übrigen nicht mit einer sozialen, nationalen Pflicht verglichen werden, wie es der Militärdienst ist: immer dieser Unterschied....

– Nun gut! antworten Sie, wir sind bereit, unter der Fahne zu dienen!

Bürgerinnen, Sie wollen wirklich zwei ihrer schönsten Jugendjahre in der Kaserne verbringen – und ich spreche nur von Friedenszeiten –, um das Recht zu bekommen, alle vier Jahre ein Stück Papier in einen Umschlag zu stecken und den Umschlag anschließend in einen Holzkasten zu legen, der Urne genannt wird? Also wirklich! Wenn eine Frau sich etwas in den Kopf gesetzt hat...

Es gibt eine weitere Ungleichheit, ganz zum Vorteil dieser Damen und dieser Fräulein. Für sie gibt es keine Todesstrafe, zumindest nicht in der Praxis. Die abscheulichste Verbrecherin riskiert nicht, von Herren geweckt zu werden, die sehr korrekt sind, aber wenig Neigung haben, sie bis in die Puppen schlafen zu lassen. Sie kommt um die Guillotine herum, weil es in dem Land, in dem so viele vollkommen unschuldige Frauen im Namen der Freiheit, der Gleichheit und der Brüderlichkeit geköpft wurden, die Regel ist, daß die schlimmsten Monster des schönen Geschlechts der höchsten Strafe entgehen [...]

Es lebe die Gleichheit der Geschlechter! Unter der Voraussetzung, daß Männer und Frauen aus den gleichen Gründen und auf gleiche Weise einen Kopf kürzer gemacht werden können."

4.3 Können die Frauen politische Subjekte sein?

Wenn der politische Ausschluß von Frauen für viele Parlamentarier in der Zwischenkriegszeit noch selbstverständlich ist, so liegt das auch an seinem ehrwürdigen Alter. Die Vorstellung, daß der Wähler die Familie „repräsentiert", ist weiterhin verbreitet. Die Vorschläge zu einem „Familienwahlrecht", bei dem der Familienvorstand je nach der Zahl seiner Kinder eine oder zwei Stimmen zusätzlich bekommen soll, die in der Zwischenkriegszeit von der katholischen Rechten eingebracht werden, sind als ein Mittel gedacht, mit dem das Frauenwahlrecht verhindert oder doch ausgewogen werden soll.[26] Sie trüben und komplizieren die parlamentarischen Debatten noch immer. Außerdem kann der unmündige Rechtsstatus der Ehefrau mit dem Status politischer Mündigkeit als unvereinbar erscheinen: Staatsbürgerliche und bürgerliche Emanzipation sind eng verbunden, aber auch die Reform des Code Civil stößt auf beträchtliche Widerstände. Man muß bis 1938 warten, daß den Frauen ihre bürgerliche Rechtsfähigkeit zugestanden wird, wobei allerdings der Ehemann seinen Status als Familienoberhaupt behält. Die französische Verspätung findet also auf zwei Ebenen statt: Sie betrifft die staatsbürgerlichen und die bürgerlichen Rechte zugleich. Nun sind aber die Länder, in denen die Rechte von Ehefrauen seit dem 19. Jahrhundert anerkannt sind, zugleich auch die, in denen Frauen zuerst wählen konnten.

Kann eine Frau unter männlicher Vormundschaft als Individuum anerkannt werden? Die Vorschläge zu einem „Totenwahlrecht" nach dem Ersten Weltkrieg beweisen, daß dem nicht so ist. In Belgien wird 1918, gleichzeitig mit der Einführung des allgemeinen Wahlrechts für Männer, das Wahlrecht für Witwen, die nicht wieder geheiratet haben, für Mütter von Soldaten, die vom Feind getötet wurden und für Kriegsheldinnen eingeführt. So erlangt eine Minderheit das Wahlrecht als Ehefrau oder Mutter, und nicht als autonomes Individuum.

Da sie abhängig sind, gelten die potentiellen Wählerinnen auch als unreif. Deshalb wird für sie in mehreren Ländern, darunter in Frankreich, oft eine stufenförmige Lehrzeit in Staatsbürgerlichkeit in Betracht gezogen, die mit dem kommunalen Wahlrecht beginnen soll. Das Zugeständnis dieses eingeschränkten Wahlrechts ist jedoch vor allem ein Mittel, um die Gewährung der vollen politischen Rechte zu verzögern.

In Belgien nehmen die Frauen seit 1919 an den Kommunalwahlen teil, müssen aber bis 1949 warten, bis sie zum ersten Mal das Parlament wählen können. Jene dreißig Jahre

26 Robert Talmy: *Histoire du mouvement familial en France (1896–1939)*, Paris, UNCAF, 1962.

Kommunalerfahrungen haben an den Einwänden und Widerständen gegen das Frauenwahlrecht nichts geändert. Da man den Frauen einen Bildungsmangel unterstellt, sehen manche Vorschläge ein Wahlrecht nur für die gebildeten unter ihnen vor.

In der Zwischenkriegszeit sind auch die kolonisierten Völker aller staatsbürgerlichen Rechte beraubt. Es gilt als selbstverständlich, daß die Französinnen auf der Prioritätenliste an vorderster Stelle stehen. Der Gesetzesentwurf (Blum-Viollette) aus dem Jahr 1936, der vorsieht, den Algeriern die Staatsbürgerrechte zu geben, wird von den Suffragistinnen offensichtlich schlecht aufgenommen. Auf alle Fälle sind die politischen Rechte der Französinnen und die politischen Rechte der autochthonen Völker des Imperiums – besonders die der algerischen Départements – zumindest unbewußt eng miteinander verbundene Fragen. Beide lösen die gleiche Furcht vor der Menge und dem Unbekannten aus. In der Frage der Kolonien wie in der Frauenfrage hält sich der republikanische Konsens an den Status quo. Ist die Unbeweglichkeit in dieser Sache nicht nur einfach ein Konservativismus?

Es ist sicher auch das ganze Modell der französischen Republik, das der Anerkennung von Frauen als politischen Subjekten im Wege steht. Im britischen politischen System können die Frauen als besondere Gruppe berücksichtigt werden. Aber der Universalismus à la française läßt der Theorie nach keinerlei Differentialismus zu.[27] In der Praxis ist der Citoyen männlichen Geschlechts. Die Feministinnen passen sich diesem doppelbödigen Diskurs schließlich auf geschickte Weise an, da sie zugleich für die Forderung auf das natürliche Recht weiblicher Individuen, politische Rechte auszuüben, eintreten, und für die Vorstellung, daß die Frauen eine Gruppe sind, die spezifische Interessen vertritt.[28]

4.4 Die französischen Ausnahmen

Um die Verspätung Frankreichs zu erklären, bezieht man sich häufig auf die Schwäche seines Feminismus, allerdings zu Unrecht. Ganz im Gegensatz zu den verbreiteten Vorurteilen war der französische Feminismus eine dynamische, bedeutende und in sich differenzierte Bewegung. Das hartnäckige Vorurteil über seine „Schwäche" läßt sich zum Teil aus der Unkenntnis seiner Geschichte erklären. Eine weitere in der Zwischenkriegszeit geläufige „Erklärung" ist das Desinteresse der Französinnen an der Politik. Louise Weiss wird häufig in diesem Sinne zitiert: „Die Bäuerinnen rissen Mund und Augen auf, als ich ihnen vom Wahlrecht sprach. Die Arbeiterinnen lachten, die Händlerinnen zuckten die Achseln, die

27 Vgl. Pierre Rosanvallon: *Le Sacre du citoyen. Histoire du suffrage universel en France*, Gallimard, 1992. Rosanvallon meint, die Blockierung sei philosophisch begründet. Gegen diese These wendet sich Siân Reynolds. Vgl. Dies.: Le sacre de la citoyenne. Réflexions sur le retard français, in: Yolande Cohen, Françoise Thébaud (Hg.): *Féminismes et identités nationales. Le processus d'intégration des femmes au politique*, Lyon, Programme Rhône-Alpes de recherche en sciences humaines, 1998, S. 71–84.

28 Joan Scott: *La citoyenne paradoxale. Les féministes françaises et les droits de l'Homme*, Albin Michel, 1998.

bürgerlichen Frauen stießen mich fürchterlich zurück."[29] Diese Negativvorstellung von der Apathie der Französinnen wird in ihren Memoiren einige Seiten weiter durch die Darstellung der Begeisterung, die ihre Stimmrechtsaktionen hervorriefen, dementiert. Einige Anmerkungen sollen dieses vorschnelle Urteil über die Indifferenz der Französinnen durch eine differenziertere Vorstellung zu ersetzen helfen. Die Parteien werden zwischen den beiden Kriegen durch andere Formen politischer Intervention (in Ligen, Vereinen und Clubs) stark in Frage gestellt, da die Parteien und die Freimaurerei, die für die Errichtung der Republik gesorgt hatten, allmählich verknöcherten. Das Engagement in einer Partei war unter den Männern eine Minderheitenerscheinung. Warum sollte es erstaunlich sein, daß dies noch mehr für die Frauen zutraf? Die Zwischenkriegszeit ist, für die Frauen wie für die Männer, eine Zeit der Selbstbesinnung, die eine Politisierung nicht begünstigt. Dieser Rückzug ins Private, der von einer neuen Aufwertung des Kindes und des Ehelebens begleitet wird, ist zum Teil mit der traumatischen Erfahrung des Krieges verbunden, aber auch mit einer spürbaren Verbesserung der Lebenshaltung breiter Bevölkerungsschichten.

Läßt die vergleichende Untersuchung des Zugangs von Frauen zum Wahlrecht in den westlichen Ländern noch andere Hypothesen über die französische Verspätung zu? Zunächst einmal ist klar, daß Frankreich zu den südeuropäischen Ländern zählt, die im Vergleich zu den nordeuropäischen Ländern in diesem Bereich langsamer sind. Die Norwegerinnen und die Finninnen haben schon vor 1914 gewählt. Spanien ist im Jahr 1931 das erste romanische Land, das das allgemeine Frauenwahlrecht umsetzt.

Die protestantischen Länder haben einen gewissen Vorsprung. Freilich gestehen auch katholische Länder wie Irland (1928) und Polen (1918) den Frauen relativ früh das Wahlrecht zu. Der Umstand, daß Papst Benedikt XV. im Jahr 1919 das Frauenwahlrecht begrüßt, beseitigt übrigens einige Hemmnisse: Es entstehen katholische Bewegungen für das Frauenwahlrecht und die konservativen Parteien schließen sich ihrer Sache an, unter anderem, weil sie darin ein nützliches Bollwerk gegen den Bolschewismus erkennen.

Frankreich unterscheidet sich von den nordeuropäischen Ländern auch durch eine spezifische Wahlkultur: Die Frauen werden dort viel leichter zu Wählerinnen, wo das politische Wahlrecht nicht als besonders sakrosankt gilt oder wo andere Formen der Wahl in sozialen, beruflichen, schulischen, religiösen Praktiken gut verankert sind. Zudem erleichtert die bei den Angelsachsen verbreitete reformistische Methode die politische Inklusion von Frauen ebenso wie die Verhältniswahl mit Listen, während die „revolutionäre" Methode und die Persönlichkeitswahl die Konturen eines brutaleren männlichen Universums hervortreten lassen, das die gewaltsamste Konfrontation, das Duell, legitimiert und die Frauen stärker ausschließt.[30]

---

29 Louise Weiss: *Ce que femme veut*, Gallimard 1945, S. 14. Vgl. Célia Bertin: *Louise Weiss*, Albin Michel, 1999.

30 Odile Rudelle: Droits politiques des femmes européennes: bilan des deux guerres mondiales, in: Christine Fauré (Hg.): *Encyclopédie politique et historique des femmes*, Paris, PUF, 1997, S. 580.

Regimewechsel scheinen für die politische Inklusion von Frauen günstige Umstände zu bieten: In Rußland (1917), in Deutschland (1918) oder in Spanien (1931) bestätigen die entstehenden Republiken mit dem Frauenwahlrecht, daß es ihnen mit der Demokratie ernst ist. Daß Frankreich in der Zwischenkriegszeit schon eine „alte Demokratie“ ist, wirkt sich nachteilig für das Frauenwahlrecht aus. Man kann nämlich in Europa erkennen, daß spätere Erweiterungen der Zensuswahl und des männlichen Wahlrechts die Inklusion von Frauen begünstigt haben, indem sie den Stimmrechtskämpferinnen historische Gelegenheiten verschafften, die Debatte zu beeinflussen. In Frankreich ist dagegen das männliche Wahlrecht eine „alte Affäre“, und der Kampf der Suffragistinnen führt dazu, daß alles wieder hochkommt, was 1848 verdrängt wurde: Zum Teil erklären die Frühzeitigkeit des allgemeinen Wahlrechts für Männer und die für die Republikaner ebenso frühe Lektion über seine Gefahren für die Republik die Verzögerung des Frauenwahlrechts. Frankreich ist auch eine sehr alte „Nation“. Nun macht es den Anschein, daß Frauen in den jungen Nationen, die sich gerade konstituieren oder verteidigen müssen, wie Finnland oder Norwegen, leichter zu Staatsbürgerinnen geworden seien. Dies ermöglicht den Frauen, „die traditionelle Rollentrennung zu überwinden, aber auch eine gemeinsame Identität zu erreichen und eine Stellung in der imaginären Gemeinschaft, welche die Nation ist.“[31] In jenem Europa, das aus dem Ersten Weltkrieg hervorgegangen ist, erlangen die Deutschen, die Österreicherinnen, die Ungarinnen, die Tschechoslowakinnen, die Estinnen und die Litauerinnen das Wahlrecht. In der Türkei gesteht die junge laizistische Republik beiden Geschlechtern gleiche politische Rechte zu. Dies ist jedoch ein Sonderfall im Süden Europas, denn Rumänien und das Königreich der Serben, Kroaten und Slowenen bleiben gegenüber den Frauenstimmrechtsforderungen indifferent.

Man stellt sich politisch engagierte Frauen gewöhnlich als Ausnahmen vor; die sichtbarsten unter ihnen verdanken ihre Bekanntheit auch nicht den klassischen Organisationen des politischen Lebens, sondern ihrer Randständigkeit.[32] Manche von ihnen sind einflußreiche Musen, Freundinnen oder Geliebte herausragender Politiker – womit der Mythos von der geheimen Macht der Französinnen fortgeschrieben wird.[33] Durch die Spanierin Dolores Ibarruri, die in den 1930er Jahren so beliebt ist, wird ein anderes Ausnahmemodell publik, das der „Pasionaras“. Die revolutionären Ereignisse in Rußland und in Deutschland haben einer Alexandra Kollontai und einer Rosa Luxemburg ihren Rang verschafft. Sollte die Stabilität der Institutionen dem Hexagon politische Heldinnen vorenthalten? Es gibt in Frank-

31 Florence Rochefort: L'accès des femmes à la citoyenneté politique dans les sociétés occidentales. Essai d'approche comparative, in: Yolande Cohen, Françoise Thébaud (Hg.): *Féminismes et identités nationales. Le processus d'intégration des femmes au politique*, op. cit., 1998, S. 39.

32 Christine Bard: Les femmes et le pouvoir politique dans la France de l'entre-deux-guerres, in: Armelle Le Bras-Chopard und Janine Mossuz-Lavau (Hg.): *Les Femmes et la politique*, L'Harmattan, 1997, S. 41–56.

33 Marie-Thérèse Guichard: *Les Égéries de la Republique*, Payot, 1991.

reich auch keine Gattin eines Staatschefs, die das Format einer Eleanor Roosevelt in den Vereinigten Staaten hätte. Aber die politischen Institutionen unterscheiden sich: In Frankreich sind die Ministerpräsidenten wie Zugvögel und die Präsidenten der Republik haben repräsentative Aufgaben, weshalb es kaum Chancen für Karrieren ihrer Gattinnen gibt. Darüber hinaus behandelt die Republik das Privatleben ihrer Berühmtheiten mit Diskretion und versucht nicht, deren Familie zur Schau zu stellen, da dies einen monarchistischen Beigeschmack hätte. Selbst in revolutionären oder anarchistischen Milieus stehen die militanten Frauen selten im Vordergrund. Nur die Geschichte hat den Frauen in der Politik einige wenige Vorbilder zu bieten: Jeanne d'Arc ruft jenseits aller politischen Spaltungen immer noch Begeisterung hervor – die Ikone der Suffragistinnen wird auch von den Nationalisten verehrt; Louise Michel, die einen solchen Konsens offensichtlich nicht erwarten kann, bleibt ein Vorbild für die Linke und die Anarchisten; die Hinterlassenschaft von Olympe de Gouges, die 1791 die *Déclaration des droits de la femme et de la citoyenne*[34] schrieb, wird nur in feministischen Kreisen verteidigt. Das Fehlen zeitgenössischer Vorbilder stellt für den Eintritt der Französinnen in die Politik ein gewisses Handicap dar.

Auch die Feministinnen werden als Ausnahmen wahrgenommen. Sie konnten oder wollten dieses Handicap nicht durch spektakuläre Aktionen überwinden. Als Reformistinnen oder Gemäßigte entsprechen sie dem Bild ihrer Väter, Ehemänner, Brüder, Freunde und Kollegen, sie teilen deren politische Kultur und Weltanschauung. Diese Haltung, die sie als klug und weise ausgeben, ermöglicht zu ermessen, mit welcher Stärke sie dem Regime verhaftet bleiben, obwohl es stark erschüttert ist, aber auch der Demokratie, obgleich sie weiterhin die Hälfte der Bevölkerung ausschließt. Es sind diese Parias, die paradoxerweise die leidenschaftlichsten Plädoyers für das Ideal der Republik gehalten haben. Für fast alle ist der Kompromiß die Norm. Muß man insofern den Schluß ziehen, daß die Frauen in Frankreich keine politische Kraft sind? Man kann im Gegenteil genauer auf ihre Versuche eingehen, selbst wenn sie nur bescheiden waren, um die komplexen Gründe für ihre „Niederlage" besser zu verstehen. Auf der politischen Bühne der Zwischenkriegszeit fehlen die Frauen nicht. Es sei an die Debatte über das Frauenwahlrecht im Parlament und in der Öffentlichkeit erinnert, an die Tätigkeit der Frauenvereine, an den weiblichen Pazifismus, an die Teilhabe von drei Frauen an der Volksfrontregierung, an die Zustimmung zu mehreren Gesetzen, die die Feministinnen durchsetzen konnten: vor allem das Gesetz von 1938, das der Ehefrau ihre bürgerliche Emanzipation bringt.

34 *Anm. d. Ü.*: Déclaration des droits de la femme et de la citoyenne („Erklärung der Rechte der Frau und der Bürgerin"): Diese Schrift von Olympe de Gouges (1748–1793) ist in Anlehnung an die „Erklärung der Menschen- und Bürgerrechte" vom 26. August 1789 verfaßt worden. De Gouges, die unter anderem auch einen Entwurf für einen Gesellschaftsvertrag unter Ehepartnern geschrieben hat, wurde 1793 verhaftet und guillotiniert.

Kapitel 5

Kulturelle Veränderungen zu Anfang des 20. Jahrhunderts

Das Radiohören, die sonntägliche Messe, die sportlichen Aktivitäten, die Lektüre eines Romans, die Herstellung eines Kunstwerks, der Kinobesuch, die geistige Arbeit, die Art zu sprechen, sich anzuziehen oder zu kochen: Zahllos sind die Praktiken, die man ins Auge fassen müßte, um darin einen sehr wahrscheinlichen Unterschied der Geschlechter zu erkennen. Trotz ihres neuen Aufschwungs vernachlässigt die Kulturgeschichtsschreibung des zeitgenössischen Frankreichs diese grundlegende Tatsache noch immer sehr stark. In den vorangehenden Kapiteln sind kulturelle Praktiken von Frauen in bezug auf die Familie, die Arbeit und das politische Engagement bereits berührt worden. Wir werden uns hier also mit den geschlechtlichen (und oft auch sexuellen) Herausforderungen kultureller Veränderungen befassen, die mit der Moderne verbunden sind, und mit den Kontroversen, die sie begleiten.

1 Religionskultur und religiöse Praxis: Die Feminisierung des Katholizismus

Die katholische Geistlichkeit, die über ihre Trennung vom Staat (1905) hinwegkommen und sich der modernen Welt anpassen muß, begreift, daß der Kampf gegen die Säkularisierung über die Frauen führt, die den Glauben weitergeben. Als Werkzeuge einer Reconquista sind sie manchmal zugleich auch Erneuerinnen, die zu einer Weiterentwicklung der Kirche und des Bildes der „christlichen Frau" beitragen.

1.1 Heilige Frauen und Missionarinnen

Im Volksglauben spielen die Frauen eine große Rolle. Es sei nur an die Schäferin erinnert, die Kriegerin und Nationalheldin wurde: Jeanne d'Arc, die 1920 von Rom heilig gesprochen und zur „Schutzpatronin" Frankreichs befördert wurde. Oder Bernadette Soubirous, jene andere Frau aus dem Volke, gestorben 1866, heilig gesprochen 1933: Die Massen strömen in der Hoffnung auf Wunder nach Lourdes, wo ihr die heilige Jungfrau erschien. Oder auch Thérèse, die Karmeliterin aus Lisieux, 1897 gestorben, 1923 selig gesprochen, 1925 heilig gesprochen und zur „Patronin aller Missionen" ernannt. Ihre Botschaft weist den Gläubigen den „kleinen Weg" zu Gott. Daß sie von einer Frau kommt, ist erhellend für die Verbindung, die sich zwischen Weiblichkeit, Selbstaufgabe (bis zum Opfer), Liebe und Einfalt („sich wie ein Kind der Obhut des lieben Gottes überlassen") herstellt. In der ganzen Welt angebetet, hat die Heilige Therese eine außergewöhnliche Ausstrahlung. Ihr zu Ehren wählt Schwester Theresa von Kalkutta, die Gründerin des Ordens „Missionarinnen der Nächstenliebe", im Jahr 1931 ihren religiösen Namen. Im Jahre 1944 macht Papst Pius XII. die Heilige Therese zur zweiten Patronin Frankreichs.

Die Frauen steuern einen beachtlichen Beitrag zur Missionsbewegung der Kirche bei, die ihren Höhepunkt zu Ende des 19. Jahrhunderts erreicht und sich auf hohem Niveau hält, bis seit den 1960er Jahren die Ordensberufungen abnehmen.[1] Die Mission ist in den Kirchengemeinden beliebt. Das Interesse an fernen fremden Ländern ist hier nichts Außergewöhnliches. Schwester Marie-André aus dem Lehrorden *Sacré-Cœur* (geboren 1899) ist ein beredtes Beispiel dafür, wie sich die Kirche weiterentwickelt hat. Zunächst der erste Abschnitt ihres Werdegangs: Mit einem Krankenschwesterdiplom und einer (1924 verteidigten) juristischen Doktorarbeit über die Vernachlässigung der Familie in der Tasche schließt sie sich den Weißen Schwestern von *Notre-Dame d'Afrique* an. Sie reist in den Nigerbogen[2], wo sie die Lage der Frauen studiert, um afrikanische Familien besser christianisieren und den französischen Einfluß ausdehnen zu können. Ihre Beobachtungen bringen sie dazu, die Zwangsarbeit von Frauen ebenso anzuprangern wie die Zwangsverheiratung. Sie hat den Anstoß für das Dekret von 1939 gegeben, das die Einwilligung der jungen Mädchen erfordert und den Witwen die freie Entscheidung über sich selbst zugesteht. Bis zum Ende ihres Lebens wird Schwester Marie-André du *Sacré-Cœur* bei der UNO wie im Vatikan die Spezialistin für die „Frauenfrage" in Afrika sein.

1.2 Tatkräftige katholische Bürgerinnen

„Wohltäterin" zu sein, war im 19. Jahrhundert die Aufgabe zahlreicher bürgerlicher katholischer Frauen, die ihre christliche Barmherzigkeit für einige Stunden in der Woche oder mehr „ihren" Armen widmeten. Mit den Umbrüchen zu Beginn des Jahrhunderts nimmt das Engagement der Katholikinnen eine ganz andere Wendung. Vom laizistischen Staat belagert und vom Fortschreiten der Arbeiterbewegung bedroht, verteidigt sich die Kirche durch die Frauen und wird von ihnen verteidigt. Im Zusammenhang mit diesem Kampf entsteht die Patriotische Liga der Französinnen, deren politische Rolle bereits erwähnt wurde. Ein unversöhnlicher Katholizismus prägt das Engagement zahlreicher Frauen, die mit den Männern ihrer Kreise die Utopie eines auf christlichen Grundlagen neu begründeten Frankreichs teilen. Im Gegensatz zum liberalen Katholizismus, der dazu bereit ist, sich mit der modernen Welt zu arrangieren, hat der konservative Katholizismus einen Beigeschmack von Ancien Régime, der zahlreiche Aristokraten und Großbürger anzieht. Für sie darf sich

1 Élisabeth Dufourcq: *Les Aventurières de Dieu*, Lattès, 1993.

2 *Anm. d. Ü.*: Nigerbogen – heute Burkina Faso: 1896 durch Frankreich besetzt, 1919 Schaffung der französischen Kolonie Haute-Volta (Obervolta), 1932–1947 Aufteilung der Kolonie auf die Nachbarkolonien Soudan Français, Niger und Côte d'Ivoire, 1960 Unabhängigkeit.

die Religion nicht auf die Privatsphäre beschränken, sondern muß den öffentlichen Raum erobern und sich deshalb dem Sozialen öffnen. Deshalb gehen die bürgerlichen Frauen nun in einem ganz anderen Geist als im 19. Jahrhundert „zum Volke" und entwickeln vor allem den gesamten Sektor der Volkserziehung weiter.[3] Die weibliche katholische Bourgeoisie zeigt auch im intellektuellen Bereich Präsenz, was sich in einer beachtlichen Zahl von Veröffentlichungen niederschlägt, darunter die Romane, Essays und Heiligengeschichten von Colette Yver. Neben zahlreichen Frauenorden, die am Montmartre angesiedelt sind, unterstützen auch Persönlichkeiten wie die Herzogin d'Uzès das Zentrum religiösen Lebens, das mit der nationalen Basilika Sacré-Cœur am Montmartre entstanden ist.[4] Sie finanzieren die Bauarbeiten und nehmen Einfluß auf die dekorative Gestaltung. Die Frauen, welche die Kirche aktiv unterstützen, sind keine Feministinnen, da ihnen eine der laizistischen Welt entstammende Protestbereitschaft fern liegt, aber sie haben autonome Wirkungsstätten gefunden und bringen es zu bedeutender Verantwortung.

1.3 Der Aufschwung der Jugendbewegungen

Die Betreuung der Mädchen hat für die Katholiken Priorität. Nach dem Krieg werden in den Diözesen Mädchenbünde organisiert.[5] Sie finden großen Anklang, ohne jedoch die gleiche Stärke wie die Action catholique de la jeunesse française („Katholischer Bund der französischen Jugend") für die Jungen zu erreichen. Das Ziel dieser Betreuung ist die Glaubenserziehung. In Studienzirkeln und Exerzitienklausuren wird eine Elite herangebildet, die imstande ist, Ämter zu übernehmen. Auch die Patriotische Liga der Französinnen verfügt ab 1920 über ihre eigenen Jugendorganisationen. Sie hat aber in den darauffolgenden Jahren darunter zu leiden, daß die Kirche der unabhängigen Action catholique spécialisée den Vorrang gibt. Im Jahr 1928 wird die Jeunesse ouvrière chrétienne féminine („Christlicher Bund der weiblichen Arbeiterjugend"), JOCF, gegründet, ein Jahr nach der entsprechenden Organisation für Jungen, der JOC. Für die jungen Arbeiterinnen und Arbeiter sieht diese Erneuerungsbewegung eine individuelle Förderung durch Ausbildung, Erziehung und Autonomie vor: „Sehen, Urteilen, Handeln" ist ihre Devise. Sie bildet künftige Gewerkschaftsaktivisten heran, die einhellig der Meinung sind, daß die JOC für die Jugendlichen, die nur über einen Primarschulabschluß verfügen, eine gute Schule war. Nach der JOCF entsteht im Jahr 1930 die JECF (für Studentinnen), 1933 die JACF (für die weibliche Landjugend) und 1936 die JICF (für Unabhängige).

3 Sylvie Fayet-Scribe: *Associations féminines et catholicisme. De la charité à l'action sociale. XIXe–XXe siècles*, Éditions ouvrières, 1990.

4 Jacques Benoist: *Le Sacré-cœur des femmes de 1870 à 1960*, L'Atelier, 2000.

5 Jacqueline Roux: *Sous l'étendard de Jeanne. Les fédérations diocésaines de jeunes filles 1904–1945*, Le Cerf, 1995.

Die aus England kommende Pfadfinderbewegung entwickelt sich in Frankreich zwischen den beiden Kriegen. Wie eine Parallelschule bereitet sie ihre Mitglieder darauf vor, Verantwortung jeder Art zu übernehmen und impft ihnen einen soliden Bürgersinn und eine humanistische Gesinnung ein.[6] Die Féderation française des éclaireuses („Französischer Pfadfinderinnenbund") (1920) vereinigt unionistische (protestantische) und neutrale (laizistische) Sektionen unter ihrem Dach, denen sich 1927 die jüdische Sektion anschließt. Die katholischen Guides de France („Pfadfinder Frankreichs") organisieren sich ab 1923.[7] Zunächst für Jugendliche – ein Wort, das damals noch unbekannt war – gedacht, wurde die Bewegung mit den „Jeannettes" (1927) um die Sieben- bis Zwölfjährigen erweitert, später auch um die Gruppe der älteren Pfadfinderinnen (Guides ainées). Im Jahr 1939 gehören den Guides de France mehr als 20 000 Mitglieder an, was eine beachtliche Größenordnung ist, die aber weit unter der der Mitgliederzahlen in England liegt. Läßt sich dies mit den Widerständen der Eltern erklären? Oder mit dem zur Schau gestellten Elitedenken der Gründerinnen, die nur die „Besten" zusammenbringen wollen, die künftige christliche Führungsschicht der Nation? Die Pfadfinderorganisationen bieten ein Wirkungsfeld außerhalb der Familie und genau darin besteht ihr Reiz: Leben in Lagern unter freiem Himmel, Kameradschaft, körperliche und handwerkliche Tätigkeiten, abendliche Zusammenkünfte am Feuer, Feste und Lieder. Das Erscheinungsbild dieser Mädchen in einer Uniform aus blauer Baumwolle mit einem Rucksack ist sehr modern, manche finden es zu modern. Der Verhaltenskodex der Pfadfinderinnen stört: Er fördert Zuversicht, Initiative und Hingabe, ohne sich lange mit der Erbsünde und mit Selbstkasteiungen aufzuhalten. Die Pfadfinder sind eine Bewegung, die „innovativ [ist], nur nicht in der Politik".[8] Trotzdem fördert sie das Frauenwahlrecht, das Studium und die Erwerbstätigkeit von Frauen.

1.4 Die Frauen praktizieren ihren Glauben mehr als die Männer

Dies ist eine Feststellung, die wohl bis heute zutrifft.[9] Selbst wenn sich die Verhältnisse von einem Bistum zum anderen unterscheiden, sind unter den praktizierenden Katholiken immer mehr Frauen als Männer. Mitte des 19. Jahrhunderts kommen bei den regelmäßigen Kirchgängern zwei Frauen auf einen Mann, in der Stadt wie auf dem Land. Je stärker der

6 Vgl. die Artikel von Geneviève Poujol und von Anne-Sophie Faulimmel in: *Bulletin de la Société de l'histoire du protestantisme français*, Bd. 143, Juli-September 1997, der sich mit den Jugendbewegungen befaßt.

7 Marie-Thérèse Chéroutre: *Scoutisme féminin et promotion féminine 1920–1990*, Pau, éd. des Guides de France, 1990.

8 Aline Coutrot: La naissance des Guides de France, in: Françoise Mayeur, Jacques Gadille (Hg.): *Éducation et images de la femme chrétienne en France au début du XXe siècle*, Lyon, L'Hermès, 1980, S. 186.

9 Claude Langlois: „Toujours plus pratiquantes". La permanence du dimorphisme sexuel dans le catholicisme français contemporain, in: *Clio*, Nr. 2, 1995, S. 229–260.

Kirchenbesuch abnimmt, desto größer wird der Abstand zwischen den Geschlechtern. Man kann also von einer Feminisierung des Katholizismus sprechen, ob es sich um obligatorische Praktiken handelt – einmal im Jahr die Kommunion zu Ostern, die Teilnahme an der sonntäglichen Messe – oder um fromme Handlungen – mindestens einmal im Monat zum Abendmahl gehen. Das mit der Kirche verbundene Sozialverhalten allein kann die Unterschiede zwischen den Geschlechtern nicht erklären, da diese auch die intime Gebetspraxis prägen (im Jahre 1952 beten 69 Männer im Verhältnis zu 100 Frauen täglich oder häufig). Die Religionsausübung ist sozialer Konformismus und persönliches Glaubensbekenntnis. Die Ablösung der Männer von der Religion datiert ins 19. Jahrhundert zurück, sie begleitet den Fortschritt des antiklerikalen Republikanismus. Nun betrifft jedoch die Politisierung, zu der das allgemeine Wahlrecht die Männer einlädt, die Frauen nur am Rande. Gegen Ende des 19. Jahrhunderts wird der religiöse Glaube in weiten Teilen der Arbeiterklasse durch die Religion des Fortschritts und den Sozialismus ersetzt. Aber auch dabei entstehen Geschlechtsunterschiede, weil die Frauen nicht in gleicher Weise wie die Männer ein „Klassenbewußtsein“ entwickeln. Der Dimorphismus erklärt sich auch durch die Erziehung: In der Familie wie in der Schule haben die Zwänge der Religion für die Mädchen immer ein stärkeres Gewicht, weil man sie zu „bewahren“ wünscht. Führt nicht möglicherweise auch die Tatsache, Verantwortung für die Harmonie der Familie zu übernehmen, sich für die Kinder, aber auch für die alten Eltern zuständig zu fühlen, zu einer stärkeren Glaubenstreue?

Manche Geistliche meinen, die sentimentale Pietät für den „kleinen Jesus“ und die „Heilige Jungfrau“ bringe die Männer vom Glauben ab, während sie die Frauen befriedige. Der Schönheitssinn, den die letzteren entwickeln sollen, steht auch im Zusammenhang mit dem Besuch der Kirche. „Man konnte in der Schule fehlen. Man verpaßte nichts. Aber nicht in der Messe, die Dir durch die Teilhabe an dem Reichtum, der Schönheit und dem Geist (bestickte Meßgewänder, goldene Kelche und Kirchenlieder) sogar im hinteren Teil der Kirche das Gefühl vermittelte, nicht wie ein Hund zu leben“[10]: So erklärt die Romanschriftstellerin Annie Ernaux den starken Glauben ihrer Mutter. Konnte die Religion nicht auch zu einer Sphäre weiblichen Glanzes, einer Quelle von Stolz, eines heimlichen Gefühls moralischer Überlegenheit werden, wenn der Ehemann sich von diesen Dingen fern hielt? Im übrigen muß man diesen Glauben in seinen Wandlungen betrachten. Der Katholizismus des Volkes mildert die strengen, strafenden Aspekte des Glaubens und stellt sich mehr und mehr als eine Liebesreligion dar. Gott zu lieben, um die Kränkungen besser ertragen oder kompensieren zu können, die, wie man weiß, Frauen wesentlich eher aus dem Gleichgewicht bringen als Männer, ist das nicht auch eine der Erklärungen für die geschlechtliche Zweiteilung der Glaubenspraxis?

10 Annie Ernaux: *Une femme*, Gallimard/Folio, 1987, S. 29.

2 Die Frauen und die Künste

2.1 Das künstlerische Schaffen, ein männliches Gebiet

„Meine Herren, in dem Augenblick, in dem ich zu Ihnen spreche, ist der größte französische Prosaschriftsteller eine Frau: Colette; der größte französische Dichter ist eine Frau: Mme de Noailles; und unser größter Gelehrter ist ebenfalls eine Frau: Mme Curie“,[11] verkündet Anatole de Monzie im Jahre 1935. Mit dieser Aussage soll dem Feminismus Genugtuung verschafft werden, denn trotz der Qualität dieser drei Frauen betrachtet man weibliche Kreativität immer noch als Ausnahme. Für die misogyne Tradition ist schöpferische Arbeit dem Wesen nach männlich und das Genie ist ein Wesensmerkmal des Mannes. Die Frauen sind vor allem dazu da, etwas wiederzugeben oder nachzuahmen, manchmal sind sie die inspirierenden Musen. Wenn sie sich herausnehmen, etwas zu schaffen, so ziehen sie damit die Rolle, die die „Natur“ ihnen zuschreibt, ins Lächerliche und stören – vor allem, wenn ihr Werk subversiv ist – die etablierte Geschlechterordnung. Das Leben als Künstlerin ist den Frauen in zweierlei Weise versagt: In seiner Bohemeversion wird die Freiheit zum Skandal gemacht (die Bildhauerin Camille Claudel wird auf Verlangen ihrer Familie von 1913 bis zu ihrem Tode im Jahr 1943 in einer psychiatrischen Anstalt interniert); in seiner akademischen Version bleiben ihnen der Unterricht und die Orte der höheren Weihen versperrt. Man kann diesen Ausschluß auf verschiedene Weise deuten.[12] In den künstlerischen Berufen zeigen sich Standesängste, insbesondere die Furcht vor einer Abwertung, die mit dem Eintritt von Frauen verbunden sein könnte. Die Kunst ist auch eine Macht; vielleicht keine, die die Welt verändert, aber eine, die die Vorstellung von der Welt verändert, und hier wie anderswo bleibt Macht eher ein männliches Monopol. Gerade zu dem Zeitpunkt als die Künstlerinnen zahlreicher werden und beginnen, einen gewissen Bekanntheitsgrad zu erreichen, vermännlicht sich das Bild des Künstlers. Die Futuristen der Belle Epoque, die weitere Avantgarden ankündigen, stellen dies nachdrücklich unter Beweis.[13] Jenseits ihrer ideologischen Gegensätze leben die engagierten Schriftsteller in einem vom Krieg oder der Revolution zerklüfteten Universum und machen dabei ihre weiblichen Figuren zur unbedeutenden Staffage.[14] Wenn allein der Kampf das Werk begründet, was könnten die aus der großen Geschichte ausgeschlossenen Frauen dann außer „kleinen“ banalen und sentimentalen Geschichtchen schon erzählen? So mag es wohl nachvollziehbar sein, daß die Rezeption der Werke von Frauen durch schwere Vorurteile verdorben wird. Die flammende Miso-

11 Zitiert von Yvonne Netter: *Plaidoyer pour la femme française*, NRF Gallimard, 1936, S. 17.

12 Michelle Coquillat: *La Poétique du mâle*, Gallimard, 1982.

13 Giovanni Lista: *F. T. Marinetti*, Séguier, 1995.

14 Annelise Maugue: De Nizan à Drieu La Rochelle, in: Christine Bard (Hg.): *Un siècle d'antiféminisme*, op. cit., S. 215–228.

gynie des 19. Jahrhunderts, der die schreibende Frau als Monster galt,[15] ist zwar nicht mehr angebracht, doch wird eine subtilere Form der Entwertung eingesetzt.

2.2 Die Schriftstellerinnen außerhalb des literarischen Feldes

Wenn man das literarische Feld als ein von Institutionen beherrschtes Berufsmilieu definiert, das vom Urteil der Kollegen reguliert wird und seine Autonomie im Verhältnis zu anderen – politischen oder medialen – Bereichen durchsetzen muß, so findet man dort kaum Frauen.[16] Diese Definition umreißt nur den harten und hochgradig aufgewerteten Kern eines ansonsten offeneren und freieren Zusammenhangs. Im Jahr 1929 kommt eine Frau auf fünf Schriftsteller. In der Société des gens de lettres[17] sind von insgesamt 3617 Mitgliedern 536 Frauen, 136 sind Gesellschafterinnen. Aber die Großinstitutionen des literarischen Lebens leisten Widerstand. Die Académie française ist ausschließlich männlich. Die Jury des Prix Goncourt ist es ebenfalls, seitdem Judith Gautier, die 1910 als einzige und erste Frau aufgenommen worden war, 1917 starb. Colette ist die zweite Frau, die im Jahre 1945 ziemlich spät gewählt wird. Auf dem Gipfel ihres Ruhms wird sie vier Jahre später sogar Präsidentin. Die als misogyn verschriene Jury prämiert vor 1945 kein einziges Werk einer Frau.[18] Um dieser Frauenfeindlichkeit etwas entgegenzusetzen, wurde 1904 der Prix Fémina gegründet. Seine Jury versammelt die berühmtesten Schriftstellerinnen der Zeit. Etwas weniger als die Hälfte der mit dem Preis ausgezeichneten Werke sind von Frauen geschrieben, deshalb wirft man der Jury ihre „Parteilichkeit" vor.

Die Republik ist eine bessere Mutter als die literarischen Institutionen: Im Jahr 1922 wird Colette mit dem Orden der Ehrenlegion ausgezeichnet und Anna de Noailles wird 1931 zur ersten Kommandantin des Ordens der Ehrenlegion. Es bleibt die Anerkennung in den Medien. Die Presse interessiert sich für die Frauen als Außenseiterinnen, besonders die Frauenpresse und natürlich die feministische Presse: Der Ruhm einer einzigen Frau strahlt auf alle anderen ab. Um bekannt zu werden, sagt man, braucht es Talent und/oder Glück und/oder einen Skandal. Die beiden berühmtesten Frauen haben ganz offensichtlich Talent. Anna de Noailles, die „Muse der Republik" mit einer blendenden Begabung zur Konversation und stürmischen Liebschaften gehört zur feinen Gesellschaft, im Gegensatz zu Colette, der Gauklerin, die durch den Skandal gefördert wird. Erstere ist schnell und zu Un-

15 Christine Planté: *La Petite Soeur de Balzac*, Le Seuil, 1989.

16 Gisèle Sapiro: *La Guerre des écrivains, 1940–1953*, Fayard, 1999. Und Monique de Saint-Martin: Les "femmes écrivains" et le champ littéraire, in: *Actes de la recherche en sciences sociales*, Nr. 83, 1990, S. 52–56.

17 *Anm. d. Ü.*: Société des gens de lettres (SDGL): „Verein der Literaten", Schriftstellerverband.

18 Der Prix Goncourt für 1944, der 1945 verliehen wird, geht an Elsa Triolet für *Le premier accroc coûte deux cents francs* (*Das Ende hat seinen Preis*).

recht vergessen worden, die zweite inspiriert Biographen immer aufs Neue. Das Leben dieser Frauen weckt genau soviel Neugier wie ihr Werk, wenn es nicht sogar spannender ist. Dies ist ein Anzeichen dafür, daß sie wie andere Künstlerinnen Vorbilder für die Emanzipation der Frauen abgeben.

2.3 Die Abstraktion für den Mann, die Emotion für die Frau?

„Keine Frau konnte den *Discours de la Méthode* verfassen. Aber kein Mann hätte die *Briefe* der Mme de Sévigné oder bestimmte Seiten von Colette und Mme de Noailles schreiben können",[19] schrieb ein Kritiker im Jahr 1929. Es ist sehr verbreitet, die Geschlechter auf diese Art zu unterscheiden. Dieses führt zur Marginalisierung der Frauen, die auf die Lyrik und den traditionellen Roman beschränkt werden, weit abgeschlagen von denjenigen, die in der Literatur die Moderne vertreten: Proust, Gide und Valéry. Man wirft ihnen einen Mangel an Stil oder, anders gesagt, an Professionalität vor. „Ich wollte nichts sein als ein verliebter Mund / Der das Universum schmeckt und trinkt" (Anna de Noailles). Das Ich und die Erregungen des Herzens, die Lust: Diese starken Tendenzen des Schreibens von Frauen werden als zweitrangige, egozentrische Anliegen abgetan. Die Romanschreiberinnen sind nach den Aussagen der Kritiker in ihrer Weiblichkeit gefangen, „Sklavinnen ihrer Sinne", unfähig, männlichen Gestalten Fleisch und Glaubwürdigkeit zu geben oder die Gesellschaft in der Art eines Balzac, eines Zola zu beobachten. Sollte es sich um einen Mangel an Kultur handeln? „Eine Desbordes-Valmore, die überhaupt nicht belesen ist, rührt uns unendlich viel mehr als eine Louise Ackermann oder eine Daniel Stern, die mit Philosophie gesättigt sind."[20] Die Falle schließt sich wieder einmal.

Welche Lösungen gibt es also für die Schriftstellerinnen? Sie können wie Lucie Delarue-Mardrus eine weibliche Position in Anspruch nehmen: „Der geometrische Geist des Mannes wird niemals die geheimen, unerklärlichen großartigen Strudel des weiblichen Ozeanischen zulassen. Männer brauchen Gründe. Verlangt man sie von den Wellen des Meeres?"[21] Sie können – und viele tun das auch – eine weibliche und „feministische" Position einnehmen, das heißt ihre eigene Situation und die ihrer Zeitgenossinnen aus der Perspektive des Unglücks und/oder der Emanzipation schildern. Außerdem können sie versuchen, ihr Geschlecht zu neutralisieren nach Art Marguerite Yourcenars, die die Perfektion der Klassik sucht. Mit der Stärke des misogynen Vorurteils wird immer wieder belegt, daß den Werken von Frauen Allgemeingültigkeit nicht zugestanden werden könne; es bestimmt also deren Rezeption und beeinflußt am Ende sogar die Position der Künstlerin.

19 Jean Larnac: *Histoire de la littérature féminine en France*, Kra, 1929, S. 279.
20 Id., S. 224.
21 In kritischer Absicht zitiert von Jean Larnac, op. cit., S 240.

In Wirklichkeit ist es unmöglich, die Werke von Frauen auf ein Genre oder einen Stil zu reduzieren. Im Bereich der Malerei finden sich Frauen in allen Schulen, allen Strömungen, von den klassischsten bis zu den innovativsten: Kubismus, Surrealismus, Abstraktion. Marie Laurencin mit ihren Pastellfarben und ihren rehäugigen Mädchen nimmt eine „weibliche" Inspiration in Anspruch. Die kommerziellen Erfolge von Tamara de Lempicka, ihre Blumen und Frauen, gefallen ebenso wie ihr kubistischer Stil, der durch die Verfeinerung des Details gemildert ist: perfekte Bilder, um ein modisches Interieur auszuschmücken. Aber Frauen artikulieren sich auch in den innovativsten Strömungen. Sophie Täuber-Arp, zunächst Dadaistin, dann Mitglied der Gruppe Abstraction-Création, ist eine der bemerkenswertesten. Sonja Delaunay und zahlreiche russische Künstler beeinflussen das Kunstgewerbe der Zeit. Die Abstraktion, eine eher als männlich wahrgenommene „Eigenschaft", inspiriert viele Malerinnen. Für die Architektur seien die Namen von Eileen Gray und Charlotte Perriand genannt, für die Musik die der Komponistinnen Lili Boulanger und Germaine Tailleferre. Der moderne Tanz verdankt den Frauen viel: Loïe Fuller, Isadora Duncan, Martha Graham.

Die Liste der zu ihrer Zeit sehr bekannten und dann vergessenen Künstlerinnen könnte verlängert werden. Heute werden sie durch Biographien wiederentdeckt, aber noch ist es nicht an der Zeit für einen Überblick. Einer der Wege, die in der Forschung weiter zu verfolgen wären, ist ihr doppelter Kampf um eine anerkannte Berufstätigkeit und ein Ansehen als Künstlerin. Denn die 1881 von der Bildhauerin Hélène Bertaux gegründete Union des femmes peintres et sculpteurs („Vereinigung der Malerinnen und Bildhauerinnen") hatte die Öffnung der École des beaux-arts für Frauen gefordert. Dieses Ziel wurde 1897 erreicht. Rodin bildete ebenfalls zahlreiche Schülerinnen aus.[22] Es mußten dann noch Mäzeninnen – wie die Herzogin von Uzès und die Prinzessin von Polignac –, Aufträge und Ausstellungsorte gefunden werden. Die seit dem Ende des 19. Jahrhunderts häufig von Frauenkunstvereinen organisierten Ausstellungen mit Werken von Künstlerinnen ermöglichen es, den Bann der Männer zu durchbrechen. Die letzte derartige Ausstellung in europäischen Dimensionen findet 1937 statt, und man muß bis 1976 warten, bis in Los Angeles eine Ausstellung stattfindet, die nach dem gleichen Prinzip Werke von Frauen versammelt.

2.4 Die Versprechen der Anfänge oder die Lektionen des Kinos

Es sollte deutlich geworden sein, daß es um so schwieriger für die Frauen ist, sich zu einem Bereich Zugang zu verschaffen, je mehr dieser als Ort der Macht besetzt ist. Das Beispiel des Kinos ist in dieser Hinsicht besonders erhellend. So lange es als künstlerische, spielerische, experimentelle Tätigkeit betrachtet wurde – das waren kaum dreißig Jahre –, die für ein

22 Siân Reynolds: Comment peut-on être femme sculpteur en 1900? Autour de quelques élèves de Rodin, in: *Mil neuf cent*, Nr. 16, 1998, S. 9–26.

breites Publikum bestimmt war, von den Intellektuellen, die es noch nicht als „siebte Kunst" betrachteten, aber verschmäht wurde, konnten Frauen hinter der Kamera arbeiten. Bekannt sind die Brüder Lumière als Erfinder des Kinos im Jahr 1895, ebenso Méliès, der erste Filmregisseur, aber von Alice Guy, die Stenotypistin bei Gaumont war und die nach ihrem ersten Film *La Fée aux Choux* („Die Kohlfee") zwischen 1896 und 1907 vierhundert Filme gedreht hat, weiß man kaum etwas.[23] Musidora, die erste Filmschauspielerin, ist ein beliebter Filmstar. Sie hofft, auf die andere Seite der Kamera wechseln und Bücher von Colette verfilmen zu können. Sie gründet sogar eine eigene Produktionsfirma, gibt aber aus Geldmangel nach einigen Filmen auf und muß sich mit dem Sekretariat der Cinémathèque zufriedengeben. Die Journalistin Germaine Dulac ist vom Kino begeistert, in dem sie bereits eine neue Kunstform erkennt. Sie inszeniert 1919 mit *La Fête espagnole* (*Das spanische Fest*) nach einem Drehbuch von Louis Delluc die Rivalität von zwei Männern um eine Frau, findet aber 1924 in *La souriante Madame Beudet* (*Die lächelnde Madame Beudet*), einem Film, den sie als gewöhnliches Drama einer Frau bezeichnet, deren Leidenschaft für die Dichterei von einem mittelmäßigen Ehemann erstickt wird, wesentlich direktere Ausdrucksformen. Sie dreht ungefähr zwanzig Filme, aber der Publikumserfolg stellt sich nicht ein. Gleichzeitig vertritt sie als Präsidentin der Fédération des ciné-clubs de France ihre künstlerische Konzeption des Kinos. Der Durchbruch des Tonfilms mit seinen umfangreichen Budgets und großen Maschinen im Jahr 1929 führt zum Ausschluß der Filmregisseurinnen. Es bleiben die Schauspielerinnen, die Scriptgirls und die Cutterinnen. Marie Epstein, deren Bruder ebenfalls Filmemacher ist, ist die Ausnahme, welche die Regel bestätigt. Hollywood macht Frankreich scharfe Konkurrenz und dort läßt sich nur eine einzige Filmregisseurin ausmachen: Dorothy Arzner.

2.5 Eine strahlende Ausnahme: Die Photographie

Die sogenannte Photographie des Neuen Sehens (1920–1940) ist außergewöhnlich, wegen der großen Zahl und der Qualität von Frauen, die darin ein neues künstlerisches Ausdrucksmittel fanden und zugleich einen potentiell einträglichen Beruf aufgrund des Aufschwungs der illustrierten Presse und der Werbung.[24] Bei der Ausstellung zeitgenössischer Photographie im Jahr 1928 ist die Parität von Männern und Frauen unter den Ausstellenden hergestellt. Von Erfolgsbeispielen ermutigt – wie etwa dem von Laure Albin Guillot – fangen die Frauen an, in den Studios der Erfahreneren in die Lehre zu gehen. Zahlreiche Ausländerinnen werden von dem außergewöhnlichen künstlerischen Treiben in der Hauptstadt und der Freiheit, die sie ihnen bietet, angezogen. Denn eine „Karriere" als Photographin begeistert

23 Paule Lejeune: *Le Cinéma des femmes*, Atlas Lherminier, 1987.

24 Christian Bouqueret: *Les Femmes photographes de la Nouvelle vision en France 1920–1940*, Marval, 1998.

diese unabhängigen Frauen, Künstlerinnen, die manchmal aus der Malerei kommen. Die notwendige Ausstattung ist leicht und einfach zu beschaffen: eine Rolleiflex oder eine Leica. Kein Atelier zu haben, ist kein Hindernis. Die im Jahr 1933 von einer Frau, Gertrude Fehr, gegründete École de photographie de Paris zählt zu zwei Dritteln Frauen unter ihren Schülerinnen.

Diese Photographinnen gehen in unterschiedliche künstlerische Richtungen, welche die Tendenzen der Photographie des Neuen Sehens verdeutlichen. Die genauen, geschickt belichteten Porträts in ungewohntem Ausschnitt sollen vor allem psychologische Bildnisse sein. Gisèle Freund, die vor dem deutschen Antisemitismus floh, photographiert Schriftsteller. Das Porträt von Malraux mit wehenden Haaren auf seinem Balkon und die Bilder von Virginia Woolf in ihrer bestürzenden Melancholie gehören zu ihren berühmtesten Arbeiten. Ihr Zugang zur Photographie sei eher journalistisch als künstlerisch, sagt Gisèle Freund mit der Bescheidenheit einer Intellektuellen, denn sie ist auch Autorin der ersten Doktorarbeit über die Geschichte der französischen Photographie (1936). Einige wenden sich der Photographie der Stadt zu: Als Flaneurin fängt Marianne Breslauer das alltägliche Paris ein, während Germaine Krull durch die schlecht beleumdeten Straßen des nächtlichen Paris streift, Fähren und Kräne völlig verwandelt, und den Eifelturm von unten photographiert „wie einen in die Wolken gestoßenen Dolch“.[25] Im Selbstporträt, das bei den Malerinnen seit dem 18. Jahrhundert beliebt ist, zeichnen sich nun die Photographinnen aus. Claude Cahun mit ihrer surrealistischen Ader schafft hunderte davon.[26] Als Anhängerin der verrücktesten Verkleidungen startet sie einen Angriff auf die festgelegte Darstellung der Geschlechter, indem sie sich mit kahlrasiertem und entstelltem Schädel oder mit der Perücke einer Marquise photographiert. Im Vergleich dazu erscheinen die Selbstporträts von anderen in ihrer Machart und Intention wesentlich beschränkter. Aber es bedeutet einen gewissen Fortschritt auf dem Weg zur Unabhängigkeit, daß die Frauen beschließen, sich ein Bild von sich selbst zu machen und sich bei der Arbeit darzustellen.

Die Photographie als Hauptträger der Repräsentation im 20. Jahrhundert kann das Bild der Frauen verändern und daher auch den Blick auf sie. Florence Henri, die wegen ihrer Arbeit zur Abstraktion geschätzt wird, photographiert „entschlossene, selbstsichere, individuelle“ Frauen.[27] Auch auf den Titeln der Magazine tritt in den 1930ern das Bild moderner Frauen, sportlicher und mutiger Amazonen hervor. Für die Photographien, die am weitesten verbreitet sind – Werbephotographien mit Mannequins – zeichnen jedoch in der Mehrheit Männer verantwortlich. Als ein typisches Beispiel für die Verkehrung, die uns aus der Geschichte der Frauen vertraut ist, wird die Photographie nach dieser glücklichen Periode zu einer von Männern beherrschten Disziplin.

---

25 Um das Bild eines ihrer wohlwollendsten Kritiker aufzugreifen, zitiert nach Christian Bouqueret, op. cit., S. 41.

26 François Leperlier: *Claude Cahun. L'écart et la métamorphose*, Jean-Michel Place, 1992. Es ist anzumerken, daß Claude Cahun ihre Selbstporträts zu ihren Lebzeiten niemals ausgestellt hat und im Gegensatz zu den anderen hier angeführten Künstlerinnen auch nicht von ihrer Arbeit als Photographin lebte.

27 Christian Bouqueret: *Les Femmes photographes*, op. cit., S. 20.

2.6 Intellektuelle?

Die Definitionen des intellektuellen Feldes, die von Institutionen ausgehen, legen eine Unterschätzung von Frauen nahe. Unter den Akademikern sind sie noch ausgesprochen selten, obwohl immer mehr Frauen studieren und Doktortitel erwerben. Nachdem Marie Curie 1908 einen Lehrstuhl an der Sorbonne bekommen hatte, dauerte es bis in die 1930er Jahre, ehe weitere Frauen in der Literaturwissenschaft, in Jura und Medizin berufen wurden. Wenn man die Ausbildung an der École normale supérieure de la rue d'Ulm[28] als ausschlaggebendes Kriterium wählt, sind die Frauen offensichtlich stark in der Minderheit.[29] Denn zu den Khâgnes[30] wurden Mädchen erst ab 1924 zugelassen. Im gleichen Jahr bestand zum ersten Mal eine junge Frau den geisteswissenschaftlichen Concours für die ENS, die erste hatte 1910 den naturwissenschaftlichen Concours bestanden. Trotz der Spannungen, die durch ihren Eintritt in die ENS hervorgerufen wurden, erzielten die ersten Ulmiennes hervorragende Ergebnisse. Eine der bemerkenswertesten Karrieren ist die von Jacqueline de Romilly, die beim Auswahlverfahren 1933 den zweiten Platz erreichte und in den 1970er Jahren in das Collège de France[31] und in die Académie des inscriptions et belles lettres[32] gewählt wurde. Unter den Normaliennes der Zwischenkriegszeit fällt Simone Weil, die bei ihrem Eintritt im Jahr 1928 den sechsten Platz belegt hatte, dadurch auf, daß sie eine der wenigen Agrégées in Philosophie ist. Sie unterscheidet sich aber auch durch einen intellektuellen Werdegang und durch Lebensentscheidungen, die dem Wort „Engagement" großen Nachdruck und Glaubwürdigkeit verleihen. Das Spektrum intellektueller Frauen erweitert sich auch nicht, wenn man sich mit Petitionen, der für Intellektuelle maßgeblichen Form politischer Intervention befaßt, denn Unterschriften von Frauen sind dort höchst selten zu finden. Aus der historischen Distanz lassen sich indessen vor allem mit einer geschärften feministischen Neugier einige intellektuelle Frauengestalten entdecken. Freilich sollten wir nicht vergessen, daß sie zu ihrer Zeit als Frauen diskriminierte Außenseiterinnen waren; eine Diskriminierung, die sich noch verstärkte, wenn sie Feministinnen waren. Der Fall von Madeleine Pelletier ist exemplarisch, wenn man daran denkt, wie wenig

---

28 *Anm. d. Ü.*: École normale supérieure de la rue d'Ulm (ENS): Hochschule zur Ausbildung von Lehrern an Höheren Schulen. Normalien, Normaliennes: Studierende und Absolventen/Absolventinnen der ENS. Ulmien, Ulmienne: Studierende der École normale supérieure de la rue d'Ulm.

29 Jean-François Sirinelli: *Génération intellectuelle*, Fayard, 1988, S. 208–215.

30 *Anm. d. Ü.*: Khâgne: Vorbereitungsklasse für den Concours zur Aufnahme in die École(s) normale(s) supérieure(s).

31 *Anm. d. Ü.*: Collège de France: Renommierte Lehranstalt in Paris, deren Vorlesungen von jedem besucht werden können, die aber keine Diplome o. ä. vergibt.

32 *Anm. d. Ü.*: Académie des inscriptions et belles lettres: „Akademie der Inschriften und schönen Künste": Gelehrte Gesellschaft für wissenschaftliche Forschungen, die sich mit Sprachen, Geschichte, Kultur und Kunst der gesamten Alten Welt von den Anfängen bis heute beschäftigt. Die Mitglieder werden auf Lebenszeit gewählt.

Resonanz ihre anthropologischen und psychiatrischen Forschungen und ihre Werke über die Geschlechterverhältnisse fanden, welche die Analyse Simone de Beauvoirs in *Le Deuxième Sexe* vorwegnahmen.

Die Verteidigung humanistischer Anliegen, die nicht von einem so radikalen Feminismus getönt ist wie bei Madeleine Pelletier, ermöglicht es jedoch einigen Journalistinnen, Bekanntheit zu erreichen. Séverine, eine der Größen bei der Liga für Menschenrechte, gehört zu dieser Minderheit und hilft der folgenden Generation, sich durchzusetzen. In der Zwischenkriegszeit macht sich Louise Weiss mit ihrer akademischen Bildung, mit der Furchtlosigkeit ihrer gewagten Reportagen und schließlich mit ihrer Zeitschrift *L'Europe nouvelle* einen Namen. Sie setzt sich in einem sehr männlichen Milieu von Spezialisten für internationale Beziehungen durch, ohne das Anliegen der Suffragistinnen zu vernachlässigen. Andrée Viollis, die einen literaturwissenschaftlichen Universitätsabschluß gemacht hat, ist wegen ihrer großen Reportagen berühmt: Nach *Seule en Russie* (1927) veröffentlicht sie über Afghanistan, Indien, China, Japan, Indochina und Tunesien zahlreiche Zeugnisse gegen die Verheerungen, die der Kolonialismus angerichtet hat. Als Mitherausgeberin der linken Zeitschrift *Vendredi*, die jederzeit im antifaschistischen Kampf gefechtsbereit ist, ist sie zugleich eine engagierte Feministin. Eine weitere Journalistin – bei *L'Œuvre* und bei Radio Luxemburg – zeichnet sich durch ihre Wachsamkeit gegenüber dem Hitlerismus aus: Geneviève Tabouis, die sich in diplomatischen und politischen Kreisen bestens auskennt.

Man sollte auch die ersten Generationen von Anwältinnen nicht vergessen. Ihr Vorbild ist Suzanne Grinberg, Juraprofessorin an der HEC Jeunes Filles[33], die erste Frau, die von Berufs wegen mit dem Orden der Ehrenlegion ausgezeichnet wurde, und Gründerin des Juristinnenvereins; die erste Frau, die sowohl in den Vorstand der Confédération des travailleurs intellectuels[34] als auch in den des nationalen Anwaltsvereins kam. An ihrem Beispiel läßt sich erkennen, daß sich die zugleich berufliche und feministische Vereinstätigkeit von Frauen positiv auf ihre Integration auswirkte und nicht in ein „Ghetto" führte. Die Pionierinnen sind nicht eigentlich individualistisch: Sie halten seit den Zeiten ihrer Ausbildung zusammen, knüpfen ihre Beziehungen über Ehemaligenvereine von Lyzeen, Écoles normales und über die Association des Françaises diplômées des universités („Akademikerinnenverein"), die 1919 gegründet wurde.

Das herausragendste Beispiel intellektuellen Erfolges kommt aus dem rein naturwissenschaftlichen Bereich, zu dem man dem weiblichen Geschlecht kaum Zutritt gewährt. Im Jahr 1903 erhält Marie Curie den Nobelpreis für Physik (gemeinsam mit ihrem Mann Pierre Curie und Henri Becquerel) für die Entdeckung des Radiums. Nach dem Tod ihres Mannes im Jahr 1906 übernimmt sie seinen Lehrstuhl an der Sorbonne und setzt ihre For-

---

33 *Anm. d. Ü.*: HEC Jeunes Filles: Eine Frauenhochschule für Wirtschaft (École des hautes études commerciales), die nicht mehr existiert.

34 *Anm. d. Ü.*: Confédération des travailleurs intellectuels (CTI): „Konföderation geistiger Arbeiter", gegründet 1920.

schungen fort, die ihr 1911 den Nobelpreis für Chemie eintragen. Der Umgang mit den radioaktiven Substanzen, der ihre Gesundheit schädigt, der Skandal ihrer Beziehung zu einem verheirateten Mann, dem Wissenschaftler Paul Langevin, die fremdenfeindliche Kampagne gegen sie, die Polin, vermögen ihre Zielstrebigkeit nicht aufzuhalten. Sie hat ihre Leidenschaft für die Forschung an ihre Tochter Irène weitergegeben. Auf dem Höhepunkt der Familientradition erhält letztere 1935 (zusammen mit ihrem Mann Frédéric Joliot) für die Entdeckung der künstlichen Radioaktivität den Nobelpreis für Chemie. Weder sie noch ihre Mutter werden in die Académie des sciences aufgenommen.

3 Die Freizeit der Frauen

Es soll gleich vorausgeschickt werden: Die Frauen haben weniger Freizeit als die Männer, selbst wenn sie „zu Hause" sind.[35] Hinzuzufügen ist, daß die sozialen Spaltungen hier besonders eklatant sind: Man muß zur Bourgeoisie (der *leisure class*) gehören, um sich beim Skifahren, einem Wochenende in Deauville, einer Kur in Vichy oder auf transatlantischen Kreuzfahrten zu vergnügen. Lauter Praktiken für eine sehr kleine Minderheit, die in den Romanen und Magazinen der Zeit beschrieben werden. Die Ferien: ein Wort, das für die überwiegende Mehrheit der Bevölkerung fast keinen Sinn macht. Es wird noch eine Weile dauern, bis die fünfzehn bezahlten arbeitsfreien Tage sich in wirkliche „Ferien" verwandeln. Zumindest verfügt man in der Zwischenkriegszeit schon über die „englische Woche", in der eineinhalb Tage zum Ausruhen und für die Freizeit zur Verfügung stehen.

Diese Freizeit ist etwas Neues, Aufregendes, auch für die Moralapostel, die stets darum besorgt sind, daß Frauen ihre Zeit auch richtig nutzen. Die Arbeitsmoral ist vor allem in den unteren Bevölkerungsschichten stark, in denen „Faulheit" nicht sonderlich geschätzt wird. Deshalb sind Freizeitbeschäftigungen so wichtig, die einen Nutzen haben, wie das Nähen oder die Gartenarbeit. Der Erfolg der TSF[36], die sich in den 1930er Jahren verbreitet, hat vielleicht mit dieser Möglichkeit zu tun: Man kann Radio hören, während man Hausarbeiten verrichtet. Die Frauen gewinnen damit gleichzeitig einen Zugang zur Welt durch Informationen, aber auch eine Quelle der Zerstreuung (Spiele, Lieder).

Manche Freizeitvergnügen scheinen vom Unterschied der Geschlechter kaum berührt zu werden. So das Kino, das wahrscheinlich genauso häufig von Männern wie von Frauen besucht wird: Man geht dort mit der Familie hin; man geht auch dorthin, um zu flirten, zu lärmen, zu lachen, dem Alltag zu entkommen und den neuen Starkult zu zelebrieren. So der Tanz, der die Geschlechter auf der Tanzfläche zu Paaren vereint. Der Tango, der zu Beginn des Jahrhunderts nach Frankreich importiert wird, hat den sinnlichen Geschmack der verbotenen Frucht. Man kann dabei nicht improvisieren: Man muß die Schritte lernen, er ist

35 Anne-Marie Thiesse in: Alain Corbin: *L'Avènement des loisirs 1850–1960*, Aubier, 1995, S. 302.

36 *Anm. d. Ü.*: TSF: Abkürzung für „Transmission sans fil" („drahtlose Übertragung").

also auch eine schauspielerische Darbietung. Nach dem Krieg, der die Schließung der Tanzsäle veranlaßt hatte, kommt das Zerstreuungsbedürfnis in einer ungeheuren Tanzmanie zum Ausdruck. Es werden Tanzlokale für eine wohlhabende, gut angezogene Klientel eröffnet, die sich mit Cocktails und Champagner beschwipst. Die jungen Leute erfinden die *surprise party*. Manche Pariser Tanzlokale sind wegen der sexuellen Freiheit, die dort herrschte, in die Legende der Années folles[37] eingegangen. Der Jazz, der mit den amerikanischen Soldaten nach Frankreich kam, wird von rhythmischen Tänzen begleitet, die den Zorn der Konformisten erregen. Der Charleston, der Shimmy, der Foxtrott sprengen die Vorstellung vom Paartanz und lassen große Interpretationsfreiheit zu. Das Bild einer Garçonne mit einer langen Perlenkette, die sich rhythmisch zuckend auf der Tanzfläche bewegt, ist wahrscheinlich eine der stärksten Darstellungen der Frauenemanzipation. Man tanzt auch One-Step, Tango, Rumba, Biguine, Pasodoble und natürlich Walzer und Musette. Der Swing, Vorfahre des Rock and Roll, wird seit den 1930er Jahren gespielt. Die Jazzfans üben sich in diesem akrobatischen Tanz, der jungen Leuten mit guter Körperkondition vorbehalten bleibt, in der Zeit der Besatzung, mit allen Risiken und Gefahren, die damit für sie verbunden sind. Mit den Klängen des Swing wird Frankreich die Befreiung feiern. Die schamlose Pirouette über die Schulter des Partners markiert einen neuen Schritt in der Ablösung von moralischen Konventionen.

3.1 Frauensport: Begeisterung unter Kontrolle

Die harmonische Gymnastik von Irène Popard begann sich zu Beginn des Jahrhunderts zu entwickeln.[38] Leibesübungen wurden für die Mädchen, die Sekundarschulen besuchten, 1925 zur Pflicht: Diese neue Körperhygiene scheint mit Weiblichkeit vereinbar zu sein, sie begleitet den Durchbruch der modernen, gesunden und kräftigen, aber graziösen Frau. Ganz anders ist der Eindruck, den die vielen sportlichen Frauen vermitteln, die sich in den zahlreicher werdenden Frauenclubs versammeln. Pierre de Coubertin widersetzt sich einer „Frauenolympiade" in der Meinung, der rüde Wettkampf in den Stadien müsse Männern vorbehalten bleiben. Häufig haben die Sportlerinnen einen schlechten Ruf: Man wirft ihnen vor, sich öffentlich zu „entblößen" und „verfehlte Knaben" zu sein. So werden zum Beispiel die Fußballerinnen verhöhnt, die ihre ersten Mannschaften im Jahr 1917 aufstellen, indem man ihre Kleidung und ihr angeblich mittelmäßiges Spiel angreift. Die Präsidentin des Bundes der Frauensportvereine, Alice Milliat, bemüht sich, die Öffentlichkeit zu überzeugen, indem sie unterstreicht, wie wohltuend sich der Sport auf die Gesundheit der Mädchen und ihre künftige Mutterrolle auswirke. Im Jahr 1922 organisieren die Frauen

37 *Anm. d. Ü.*: Années folles: „Verrückte Jahre", in Frankreich ein Synonym für die („Goldenen") Zwanziger Jahre.

38 Pierre Arnaud, Thierry Terret (Hg.): *Histoire du sport féminin*, L'Harmattan, 1996.

zum ersten Mal ihre eigenen Spiele, die in Paris stattfinden, ein Jahr nach der Entstehung des Internationalen Frauensportbundes. Erst 1928 werden sie zu den olympischen Spielen zugelassen. Ohne daß es ihrer Beliebtheit Abbruch tut, werden die Sportlerinnen permanent beschuldigt, vermännlicht zu sein. Violette Morris, Speerwerferin, Kugelstoßerin und Rennfahrerin, bekommt das zu spüren: Man entzieht ihr ihre Lizenz aufgrund ihres angeblich zu männlichen Verhaltens. Aber die elegante Suzanne Lenglen, die erste professionelle Tennisspielerin, genießt wegen ihres schnellen und kraftvollen Spiels durchaus ein Ansehen als Champion. Mit der Zurschaustellung des Sports bekommen die Spitzensportlerinnen eine sehr wichtige Rolle als Vorbild – oder Gegenbild – für die Frauen insgesamt. Ihre Heldentaten und ihre Persönlichkeit haben Einfluß auf die Wahrnehmung der Frauenemanzipation, die sie in mancherlei Hinsicht selbst verkörpern.

Dies trifft ganz besonders auf die Flugpionierinnen zu, die mit ihren männlichen Kameraden ein aufregendes Heldenepos erleben, welches das Publikum fasziniert.[39] Ihr Vorbild ist Adrienne Bolland, die, nachdem sie 1921 die Anden überquert hat, durch ihre Loopingserien bei Luftparaden zu einer Berühmtheit wurde. Sie wird 1923 mit dem Orden der Ehrenlegion ausgezeichnet. Der darauffolgenden Generation gehören Maryse Bastié, Léna Bernstein, Maryse Hilz und Hélène Boucher an, Stars in den 1930er Jahren neben englischen, amerikanischen, deutschen Fliegerinnen, deren bekannteste Amelia Earheart ist, der es fünf Jahre nach Lindbergh gelingt, den Atlantik zu überqueren. Für Frankreich ist Hélène Boucher ein Muster an Jugendlichkeit, Kompetenz und Kühnheit: Innerhalb von drei Jahren hat sie es auf das Niveau der großen Piloten gebracht und erreicht 1934 den Geschwindigkeitsweltrekord. Ihr tragisches Ende ist ein nationaler Trauerfall. „Sie war einfach, sie war loyal... Sie war auch eine Pilotin. Sie übte diesen Beruf wie ein Mann aus, mit der Achtung vor wohlgeratener Arbeit und der Demut der wahren Erbauer", erklärt Antoine de Saint-Exupéry in einem zweideutigen Nachruf. Obwohl es im Jahr 1929 schon 40 und im Jahr 1939 150 von ihnen gibt, werden die Pilotinnen von der Berufsfliegerei auf staatlichen oder kommerziellen Linien ausgeschlossen. Als Maryse Bastié auf dem Gipfel ihres Ruhmes um eine Anstellung in der Luftfahrt bittet, antwortet ihr der Minister Pierre Cot, daß es zu früh sei, „in der Fliegerei im großen Maßstab bei Frauen und Männern gleiche Leistungen festzustellen." Im großen und ganzen unterstützt der Staat den Frauensport nicht. Nur die Disziplinen, die man mit „Weiblichkeit" für vereinbar hält und die unter hygienischen Gesichtspunkten als nützlich gelten, werden unterstützt. Außerdem soll festgehalten werden, daß der Sport für Frauen wesentlich stärker als für Männer einen Klassencharakter bewahrt – unter anderem, weil so wenige Frauen in populären Sportarten wie dem Radsport und dem Boxen vertreten sind.

---

39 In diesem Abschnitt beziehe ich mich auf Bernard Marck: *Les Aviatrices*, L'Archipel, 1993 (Zitate auf S. 218 und S. 253).

3.2 Die Frauenpresse

Die Lektüre von Presseerzeugnissen nimmt im Leben von Frauen einen privilegierten Platz ein, selbst in den bescheidenen Milieus.[40] Die „Frauenpresse", die für Frauen bestimmt ist, aber nicht zwangsläufig von ihnen gemacht wird, steht in voller Blüte. In diese weitläufige Kategorie fallen die Modejournale, zum Teil mit Titeln, von denen es mehrere schon im 19. Jahrhundert gab. Am Anfang richteten sie sich nur an Frauen aus wohlhabenden Kreisen, aber *Le Petit écho de la mode* wird 1930 in einer Auflage von mehr als einer Million verkauft. Wie *Femmes d' aujourd'hui* verbreitet die Zeitschrift eine konservative Moral, die ganz auf die Pflichten der Hausfrau ausgerichtet ist, der man Ratschläge zur Haushaltsführung beschert. In diese Marktlücke dringen auch zahlreiche Tageszeitungen vor, indem sie mit ein paar zusätzlichen, gut ausgestatteten Freizeitseiten „Frauenbeilagen" entwickeln. Presserzeugnisse, die sich der Haute Couture widmen, richten sich an die eleganten, reichen Frauen (*Vogue*). Eine der großen Veränderungen der Zeit besteht darin, daß ästhetischen Ratschlägen zunehmend mehr Raum gegeben wird. So wird *Votre beauté* (1932) zum luxuriösen Werbeträger für Kosmetik und Schönheitsinstitute. Der kommerzielle Erfolg dieser Art Presse lädt dazu ein, immer neue Titel zu erfinden und Versuche mit Zeitschriften zu starten, die sich häufig nicht genug voneinander unterscheiden.

Marie-Claire, einer Zeitschrift, die 1937 herauskommt, gelingt freilich eine wirkliche Innovation. Die Wochenzeitschrift, die nur wenig kostet, hat mit einer modernen aufgelockerten Gestaltung, ziemlich kurzen Texten und vielen Photos den Anstrich von Luxusjournalen. Das Titelblatt, das vom Gesicht einer jungen, schönen und fröhlichen Frau im Großformat und in Farbe geziert wird, ist von amerikanischen Magazinen inspiriert. Als Titel wurde originellerweise ein gewöhnlicher Vorname gewählt, um eine Identifikation der Leserin mit ihrer Zeitschrift herzustellen. „Sie sind alle Marie-Claires", erklärt das erste Editorial, „sowohl der französische Typus des jungen Mädchens wie der der Frau." Das heißt mit anderen Worten: „Zugleich einfach und elegant, begeistert und maßvoll, mutig, ohne Stolz beharrlich in der alltäglichen Arbeit, aber zur gleichen Zeit sehr fröhlich."[41] Marcelle Auclair verleiht dem Wochenmagazin einen neuen Tonfall von „praktischem Optimismus", indem sie die Leserinnen ermutigt, sich mehr zu pflegen, einen gefälligen Schick und mehr Selbstvertrauen zu entwickeln. Die Städterinnen aus den Mittelschichten wissen dies zu schätzen und stellen den Verkauf einer Auflage von 800 000 Exemplaren sicher.

Mit *La Mode* (eher volksnah), die über eine Rubrik „Unter Leserinnen" verfügt und *La Femme de France* (eher bürgerlich), deren Rubrik „Der Bienenkorb" Briefe der „Bienen"

40 Anne-Marie Thiesse: *Le Roman du quotidien. Lecteurs et lectures populaires à la Belle Époque*, Le Chemin vert, 1984. Diese Untersuchung erstreckt sich nicht mehr auf die Zwischenkriegszeit.

41 Zitiert nach Evelyne Sullerot: *La Presse féminine*, Armand Colin, 1966, S. 54. In diesem Abschnitt über die Presse werden Ergebnisse dieses Buches, das keineswegs veraltet ist, zusammengefaßt.

veröffentlicht, kann man eine andere Dimension der Frauenpresse in der Zwischenkriegszeit entdecken: Das Bedürfnis nach Ausdruck und Kommunikation bei den Leserinnen, die versuchen, ihre Einsamkeit zu durchbrechen. Im Jahr 1938 greift *Confidences* die amerikanische Methode der *true stories* auf, die damals in Frankreich noch unbekannt ist. Den Frauen, die sich mit ihren Problemen alleingelassen fühlen, bietet die Zeitschrift die Probleme von anderen, die in der ersten Person Singular beschrieben sind, zur Lektüre an. Die beruhigende Wirkung ist garantiert. Die Zeitschrift ist wie ein Beichtstuhl: Sie wird schnell mit einer Fülle von Briefsendungen überhäuft, die aussortiert und anschließend für die Veröffentlichung überarbeitet werden. Im Jahr 1939 wird sie in einer Auflage von einer Million Exemplaren verkauft, im wesentlichen an Frauen aus bescheidenen Verhältnissen. Am Vorabend des Krieges zeigt sich am modernen Pol der Frauenpresse eine deutliche Neigung zur Glückssuche, zur Lösung von „Herzensangelegenheiten", während es an dem von christlicher und häuslicher Moral geprägten konservativen Pol beim Hergebrachten bleibt. Die feministische Presse schließlich ist die große Verliererin einer Entwicklung, die von finanziellen Interessen dominiert wird. Zwar umfaßt sie in der Zwischenkriegszeit gut dreißig Titel, hat aber ihr Prunkstück, die Tageszeitung *La Fronde* von Marguerite Durand, verloren. Es bleiben noch mehrere Wochenzeitungen: *La Française* (1906), herausgegeben von Jane Misme und später von Cécile Brunschvicg, die die Ideen des reformistischen Flügels der Bewegung vertritt; *La Voix des femmes* (1917) von Colette Reynaud mit einer pazifistischen und revolutionären Ausrichtung; *Minerva* (François Foussarigues, 1925) die wie *Le Journal de la femme* (Raymonde Machard, 1930) zugleich für Frauen und Feministinnen gedacht ist. Die meisten Vereine haben ein Nachrichtenblatt oder eine Zeitschrift, z. B. *Le Droit des femmes*, die Monatszeitschrift der französischen Liga für Frauenrechte seit 1905. Diese Art von Presse wird aber nur von einer Minderheit gelesen und es mangelt ihr an materiellen Mitteln.

3.3 Metamorphosen der Mode

Das Wort „Metamorphose" ist nicht zu stark, um die Mode der Zwanziger Jahre zu kennzeichnen, die Jahre der „Garçonne".[42] Sie wird als Befreiung erlebt: Durch das Korsett war die Frauenkleidung sehr einengend gewesen. Die neue Mode zeigt einen Epochenwechsel an, den die Feministinnen, die einen Männeranzug trugen, oder die Fabrikarbeiterinnen im Krieg, die Hosen und kurze Haare von den Männern übernahmen, schon früher angekündigt hatten. Die Mode der Garçonne drückt auf ihre Art eine Form des Sich-Freimachens aus und sie wird als Skandal erlebt. Denn sie wertet das Androgyne auf: Die Haare sind zum Bubikopf geschnitten, die Silhouette ist langgestreckt, im totalen Bruch mit der früheren

42 Christine Bard: *Les Garçonnes. Modes et fantasmes des Années folles*, Flammarion, 1998.

„8“ einer Schnürtaille, die das Gesäß, die Hüften und die Büste hervortreten läßt.[43] Nun werden in den Kleidern mit tiefer Taille die Brüste zum Verschwinden gebracht: Ein Band kann Rundungen abflachen helfen oder sie werden noch radikaler mit dem Skalpell reduziert. Die Garçonne muß schlank sein: Die Années folles leiten ein Jahrhundert der Fettphobie ein. Die Garçonne schätzt die Bequemlichkeit von Kostümen und Sportkleidung. Sie liebt die scheinbare Einfachheit: Chanel entmachtet ihren Rivalen Paul Poiret mit ihrem berühmten „kleinen Schwarzen“ (1926). Die Garçonne enthüllt ihren Körper. Der Saum, der bis zum Knie hochrutscht, läßt in Rosentönen bestrumpfte Beine sehen. Die Rationalisierung erfaßt auch die Dessous: Die Korsetts werden durch Mieder ersetzt, geschlossene Höschen bringen die Unterröcke aus der Mode. Der Glockenhut wird 1921 zum unvermeidlichen Accessoire, er ist ebenfalls als Bruch zur Belle Epoque mit ihren ausladenden Hüten gedacht. Die Zigarette, häufig mit einer Zigarettenspitze, könnte die Zweideutigkeit des Geschlechts der Garçonne, die über die Kunst verfügt, männliche Attribute zu verweiblichen, auf den Begriff bringen. In den Modekollektionen tauchen Hosen für den Sport, für den Strand oder in Form von Pyjamas für das Haus auf. Selbst in der „feminisierten“ Form sind sie noch ein Symbol der Überschreitung, weil eine Polizeiverordnung von 1800, die Frauen das Hosentragen untersagt, immer noch in Kraft ist.[44]

Die Männermode andererseits wird „weiblicher“. Seidenhemden, weichfallende Kragen und Hosen, die so weit sind wie Röcke, finden die Dandys hinreißend. Das Androgyne wird für beide Geschlechter zu einem ästhetischen Bezugspunkt. Es wird allerdings abgemildert. Die Abendkleider und voluminösen Schmuckstücke feminisieren die Ephebensilhouette der Garçonne. Mit dem Aufschwung der Kosmetikindustrie und der Schönheitsinstitute verbreitet sich das Schminken. Tonangebend sind die Mannequins mit Augen, die durch das Auszupfen der Brauen vergrößert und durch einen schwarzen Strich mit orientalischem Khôl betont werden; der Mund ist herzförmig nachgemalt, die Nägel an Händen und Füßen rot lackiert. Immer häufiger werden Parfums und Deodorants verwendet. Die Mode verwandelt die Erscheinungsformen bis hin zu einer neuen Modellierung der Körper. Eine Muskeldecke ersetzt das Korsett. Der Körper wird nicht mehr versteckt oder angedeutet, sondern stolz gezeigt. In den 1920er Jahren entstehen in Frankreich die ersten Nudistenvereinigungen. Die von den Ärzten gepriesenen Wohltaten der Sonnentherapie sind begehrt. Auf diese Weise verschwindet ein weiteres Element zur Unterscheidung der Geschlechter: der Gegensatz der Hautfarbe, braun für den Mann und weiß für die Frau. Wurde sie einst mit mühevoller Arbeit assoziiert, so erinnert Bräune jetzt an den Luxus der Ferien. Der Badeanzug, der bei manchen Defilés der Modeschöpfer gezeigt wird, ist vereinfacht worden,

43 Unter den zahlreichen Werken zur Geschichte der Mode von unterschiedlicher Qualität soll hier insbesondere auf die folgenden interessanten Bücher hingewiesen werden: Marylène Delbourg-Delphis: *Le Chic et le look. Histoire de la mode féminine et des moeurs de 1850 à nos jours*, Hachette, 1985; Yvonne Deslandres und Florence Müller: *Histoire de la mode au XX*ᵉ *siècle*, Somogy, 1986.

44 *Femmes travesties, un „mauvais“ genre*, *Clio*, Nr. 10, 1999.

und taugt nun eher zum Schwimmen. In den Vorstellungen der Music-Hall verliert der entblößte Körper seinen pornographischen Charakter: Josephine Baker tanzt und singt 1926 auf der Bühne nur mit einem Bananenrock bekleidet.

Die Kritik ist lebhaft. Eltern und Ehemänner schätzen die Veränderung keineswegs immer. Von den kurzen Haaren sagt man, daß sie zur Kahlköpfigkeit führen könnten oder im Gegenteil zu einem übermäßigen Haarwuchs.[45] Die Schlankheit wird als eine Ablehnung mütterlicher Rundungen mit malthusianischem Einschlag gedeutet. Die Feministin Madeleine Vernet ist aufgebracht über die vielen geschminkten, dekolletierten Frauen mit entblößten Beinen. Die „freizügige" Mode, die zur Vergewaltigung aufreize, ist in ihren Augen verbrecherisch. Es wäre nicht überzeugend, wollte man die Männer für diese neue „Tyrannei" der Mode verantwortlich machen: Es hieße, die Bedeutung von Gabrielle Chanel, Jeanne Lanvin, Jeanne Paquin, Elsa Schiaparelli und Madeleine Vionnet zu unterschätzen, die zusammen mit anderen Schneiderinnen und Modistinnen, nach einem Ausspruch der Prinzessin Bibesco einen regelrechten „Kleideradel" bilden. Trotz der Kritiken überwiegt das Gefühl, daß die Erscheinung der Frauen befreit worden sei. Für aktive Frauen gemacht, die sich viel bewegen, reisen, Auto fahren und tanzen, habe die Mode jetzt eine praktische Bedeutung, meint die Presse, und sie habe sich demokratisiert. Man spricht von einer „Nivellierung durch Eleganz". Im Jahr 1928 läßt das Versandhaus *La Redoute* einen Katalog in 600 000 Exemplaren verteilen.

Madeleine Vernet: Die entblößte Puppe, in: *La mère éducatrice*, Mai 1921

„Sonntag abend! Ein bißchen herumbummelnd gehe ich zum Bahnhof Saint-Lazare zurück. [...] Jetzt bin ich am Boulevard Haussmann. Da bemerke ich auf dem Gehsteig mehrere Männer, die sehr aufmerksam in ein beleuchtetes Schaufenster blicken. Es ist eines der Schaufenster von Printemps. Das Geschäft ist geschlossen, aber die Auslagen sind strahlend erleuchtet.

Dann sehe ich, was die Männer betrachten. In der Vitrine sind sieben bis acht Wachspuppen in „Negligées" oder „Hauskleidern". Die Kleider sind so tief dekolletiert wie nur möglich; die Arme kommen aus einer Flut von Seidenmusselin und Spitzen hervor. Da sitzt eine Frau auf einem Sessel mit übereinandergeschlagenen Beinen, die unter dem halb geöffneten Kleid und den modischen Strümpfen fast nackt sind.

Diese Mannequins sind ja so „gut gemacht". Die Haltung, das Aussehen, die Geste, der Blick gleichen denen unserer modernen Hübschen so sehr, daß man für einen Moment die Illusion wirklicher Frauen hat.

45 Steven Zdatny: La mode à la garçonne, 1900–1925: une histoire sociale des coupes de cheveux, in: *Le Mouvement social*, Nr. 174, Januar-März 1996, S. 23–56.

Aber nun wandert mein Blick zu denen zurück, die diese Frauen betrachten. Es ist seltsam, es gibt – außer mir – keine einzige Frau unter den Zuschauern. Es sind lauter Männer.

Plötzlich entdecke ich, mit welchem Blick diese Männer die Wachspuppen verschlingen. Kein Zweifel, daß auch für sie die Illusion der Wirklichkeit besteht, der Anschein wirklicher Frauen oder vielmehr wirklicher Puppen, die sich für sie zur Schau stellen, halb nackt und provozierend.

Im Weggehen denke ich, daß die Frauenkleidung sich allerdings verbessert hat, daß sie freier geworden ist und daß sich aufgrund der Lehren des Krieges für unsere Sitten ein großer Fortschritt ergeben hat."

NB: Im Jahr 1999 wurden *lebendige* Mannequins, die Unterwäsche trugen, in die Auslage der Galeries Lafayette gestellt.

4 Von der Garçonne zur Garce[46]

4.1 Der Skandal der „Garçonne"

In der Literatur, auf dem Theater, in Essays und in der Presse nimmt die Frage der Frauenemanzipation einen wichtigen Platz ein. Hier geht es darum, sich genauer mit der Frauengestalt zu befassen, die in dieser Zeit dominiert: die der sexuell befreiten Frau. Man kann dann verstehen, wie sich sexuelle Phantasien, soziale Ängste und auch politische Pläne miteinander verknüpfen. Ob „Garçonne" oder „Garce", diese Gestalt ist eine imaginäre Konstruktion, das heißt sie ist in hohem Maße erfunden. Die List besteht darin, sie trotz allem glaubwürdig erscheinen zu lassen. Und wenn möglich, faszinierend und aufregend.

Alles fängt mit einem Roman an, einem der größten Literaturskandale des Jahrhunderts. Im Jahr 1922 veröffentlicht Victor Margueritte, ein bekannter Autor, den Roman *La Garçonne.* Seine Heldin, Monique Lerbier, ist eine junge Bourgeoise, die enttäuscht ist von ihrem Verlobten, der sie betrogen hat, und von ihren Eltern, die diese Verbindung arrangiert haben. Sie beschließt, ihr eigenes Leben zu leben und von ihrer Freiheit Gebrauch zu machen, wie ein Junge. Sie verwirft also die traditionelle Moral und bereichert ihr Liebesleben um vielfältige erotische Erfahrungen, die im einzelnen nacheinander beschrieben werden. Die Ehe, die am Ende die Heldin vor der Selbstzerstörung bewahrt, ändert nichts an der Wahrnehmung des Buches, das als pornographisch gilt.

46 *Anm. d. Ü.*: „Garçonne" und „Garce" bleiben hier unübersetzt, um die Assonanz zu erhalten: „Garçonne" hat sich im Deutschen nach vielen unglücklichen Übersetzungen längst eingebürgert, „Garce" bedeutet soviel wie „Biest".

Eine Garçonne

„Und übrigens keine Sorge, die Zeit wird kommen, in der wir unsere Kinder ganz alleine machen werden", erklärt diese Garçonne dem staunenden alten Mann.

Zeichnung von Fabien Fabiano, „La môme Progrès", in: *Fantasio* 1926.

Infolge einer Klage der Liga der Väter kinderreicher Familien wird Victor Margueritte der Orden der Ehrenlegion entzogen, weil er gegen die Ordensdevise „Ehre und Vaterland" verstoßen habe. Der Vatikan setzt das Buch auf den Index. Die Presse verurteilt es einstimmig. Die Antifeministen sehen in der Garçonne die Personifizierung des Feminismus, der seine Ziele erreicht hat: die Abschaffung des Geschlechtsunterschieds. Zudem bedauern die meisten Feministinnen den Skandal, der im Jahr 1922 zur Unzeit kommt, weil der Senat endlich über das Frauenwahlrecht verhandelt, um es schließlich doch abzulehnen.

Der Skandal erreicht einen weiteren Höhepunkt im Jahr 1923 mit der Verfilmung von *La Garçonne*, die von der Zensur nicht freigegeben wird, da „das Werk eine armselige Entstellung des Charakters französischer junger Mädchen" sei. Im Jahr 1926 führt die Bühnenfassung zu Tumulten, die von den Camelots du roi[47] und den katholischen Studenten organisiert werden. Die zweite Verfilmung von 1935, die nach einigen Kürzungen von der Zensur genehmigt wird, ruft abermals Proteste und wütende Kritiken hervor. Der Roman hat freilich einen enormen kommerziellen Erfolg: Bis zum Jahr 1929 sind in Frankreich 1 Million Exemplare verkauft worden und er ist bereits in zwölf Sprachen übersetzt.

47 *Anm. d. Ü.*: Camelots du roi: Militante Jugendorganisation der (royalistischen) Action française, gegründet 1908. Als „Camelots" werden in Frankreich Straßenhändler bezeichnet.

4.2 Das Lamento über die nationale Dekadenz

Die allergrößten Pessimisten erkennen in diesen als hedonistisch bezeichneten Nachkriegsjahren nichts Geringeres als „den Zusammenbruch der Zivilisation".[48] „Unter dem Druck des sorgfältig organisierten Einflusses von Juden und Freimaurern läßt sich die christliche Gesellschaft wie eine fügsame Herde zu den Sitten des Heidentums drängen",[49] schreibt der Abbé Grimaud im Jahr 1922. Die Radikalisierung des konservativen und klerikalen Lagers nach dem Sieg des Linkskartells von 1924 bestärkt die Kampagne für eine moralische Ordnung. Aber auch die Linke beklagt sich über eine „verdorbene", zynische Gesellschaft, die sich dem Kult des Geldes verschrieben habe. Die Presse stellt die verschiedenen Aspekte der Korruption heraus. Der Geist der „ehemaligen Frontkämpfer" erfüllt die Schmähreden gegen eine „aus der Bahn geworfene" Gesellschaft, die des Opfers derer, die „für Frankreich gestorben" sind, unwürdig sei.

Die Hierarchie der Generationen scheint bedroht: In dem Roman von Victor Margueritte behauptet Monique Lerbier ihre Freiheit, indem sie sich der elterlichen Autorität widersetzt. Diese Generation, der es während des Konflikts, wie es oft heißt, an einem Vater und an Orientierung gemangelt habe, tritt nun in den Vordergrund und wird mit Kritik überhäuft. Denn die sehr umstrittenen kulturellen Veränderungen der Années folles werden der „Jugend" zugeschrieben. Auch die Hierarchie der Klassen scheint zu verschwinden, eine Befürchtung, die sich in der Explosion des Antikommunismus nach der spektakulären sowjetischen Revolution niederschlägt, die sich aber auch an realen gesellschaftlichen Veränderungen festmacht, deren Reichweite übertrieben wird; z. B. am Gegensatz zwischen den ruinierten Privatiers und den neureichen Kriegsgewinnlern, die ihr Vermögen frech zur Schau stellen, oder an der Verbesserung des Lebensniveaus der unteren Bevölkerungsschichten. „Heute steht der Bolschewismus der Sitten, der eingefleischte Kommunismus auf der Tagesordnung", so sieht der Schriftsteller Paul Morand seine Zeit: Infolge der Vergnügungssucht seien die gesellschaftlichen Schranken gefallen. Liefert nicht Sowjetrußland, wo es immer mehr Scheidungen gibt und wo Abtreibung erlaubt ist, bereits das beste Beispiel für die Zerstörung der Familie, der „Keimzelle der Gesellschaft"? In Bezug auf den „Internationalismus" droht Gefahr nicht nur aus dem Osten. Der amerikanische Einfluß, dem man den Jazz verdankt, aber auch Schönheitswettbewerbe – Miss America von 1921 macht in Europa Schule – ruft zahlreiche Polemiken hervor.

48 Mary Louise Roberts: *Civilization without Sexes. Reconstructing Gender in Postwar France, 1917–1927*, University of Chicago Press, 1994.

49 Jean-Louis Bodinier, Didier Guyvarc'h: *Les Folles agapes de Nantes au clair de lune. La construction des scandales au regard de l'historien*, Nantes, Apogée, 1999, S. 96 (das Buch analysiert die politische Manipulation von zwei "Sittenskandalen").

Der Nationalismus macht Fremdenfeindlichkeit zu etwas Alltäglichem.[50] Victor Margueritte entgeht dem zwischen den beiden Kriegen so geläufigen Rassismus nicht. Seine Garçonne wird ihr Heil an der Seite von Georges Blanchet finden, einem wahren Franzosen, Philosophieprofessor am Lycée von Versailles, verwundet am Chemin des Dames, aufgeklärter Patriot, ausgestattet mit dem Vorzug der „lächelnden Miene eines Bischofs". Aber vor diesem Ausgang stillt sie ihre sexuelle Neugier mit einem italienischen „Metöken"[51], so wie andere „weiße, von ihrem Körper besessene Frauen", die der Photograph Brassaï auf dem 1925 in Paris eröffneten „Bal Nègre" photographiert, es mit einem „Neger" tun.[52] So wird der Rassismus in Gestalt einer sexuellen Konkurrenz zwischen „wahren Franzosen" und „Metöken" dargestellt, aber wahrscheinlich auch erlebt.

Wenn Victor Margueritte beschreibt, wie Monique Lerbier von den Annäherungsversuchen eines jüdischen Millionärs bedrängt wird, der als „abstoßendes Tier" und „Giftpilz" bezeichnet wird, nimmt er das in den Romanen der Zeit tausendfach wiederholte Klischee der physisch abstoßenden Juden auf, die mit einem ihrer orientalischen Herkunft zugeschriebenen unersättlichen Sexualappetit ausgestattet werden. Für die Rechtsextremen zeigt sich der jüdische Einfluß in der „Zügellosigkeit der Sitten", in der Scheidung (die von dem „Juden" Naquet wieder eingeführt wurde) und in der Psychoanalyse (Freud), die vorehelichen Sexualerfahrungen (Blum) nicht zu vergessen. Dieser Einfluss zersetzt den Verstand und den Körper: Die Juden werden bezichtigt, Geschlechtskrankheiten zu verbreiten. Der jüdische Einfluß bedroht die „Rasse", denn für die Antisemiten bleiben die Juden ewige Fremde, seit jeher vaterlandslose Gesellen. Die Furcht vor einer Mischung der „Rassen" geht um.

Die „französische Rasse" wird auch von anderen Plagen bedroht, so vom übermäßigen Alkoholkonsum. Der Alkoholismus der Männer und der unteren Bevölkerungsschichten gehörte ins Bild, aber in den Zwanziger Jahren, so meint man, werden die Frauen in diese Exzesse einbezogen. Junge Mädchen aus der besten Gesellschaft würden sich mit Cocktails betrinken und sich in obszöner Weise zur Schau stellen. Wenn sie nicht die künstlichen Paradiese suchen: Opium, Heroin, Morphium, aber vor allem Kokain sind kostspielige und verbotene Lüste, die jedoch in Paris leicht zu finden sind. Unter Drogeneinfluß würden die jungen Mädchen zu Nymphomaninnen... Außer in Romanen ist auch in der Presse vom moralischen Verfall der reichen städtischen Jugend die Rede, mit einem Wort, von der Dekadenz der Pariser Jugend. Da die Bevölkerung in den Städten anwächst und bei der

---

50 Die Ausländer stellen 1931 7,1 % (2,7 Millionen) der Bevölkerung. Sie sind aus wirtschaftlichen Gründen gekommen: Frankreich fehlt es an Arbeitskräften. Dafür wird oft die Emanzipation der Frauen verantwortlich gemacht.

51 *Anm. d. Ü.*: „Metöke" für frz. „métèque": Schimpfwort für unerwünschte Ausländer.

52 200 000 schwarze GIs sind 1917 gekommen, um die „Freiheit" zu verteidigen. Die 135 000 Kriegsteilnehmer, die aus den westafrikanischen Kolonien gekommen sind und die 500 000 „Kolonialen", die in den Kriegsfabriken arbeiten, haben nicht die Aura der GIs, und wenn es zwischen ihnen und Französinnen zu sexuellen Kontakten kommt, führt das gelegentlich zu Zwischenfällen.

Volkszählung von 1931 die symbolische Hürde von 50 % überschreitet, ist das Thema der verderbten Stadt hoch aktuell.

4.3 Die Furcht vor der sexuellen Anarchie

Ist die Furcht vor sozialer und „rassischer" Mischung nicht auch eine sexuelle Furcht? Die Frauenemanzipation wird häufig als eine der Ursachen für eine sexuelle Ununterscheidbarkeit angesehen. Deshalb wird sie zum ersten Anhaltspunkt dafür gemacht, daß die Gesellschaftsordnung erschüttert ist. Das Patriarchat wird dennoch nicht bedroht. Die Veränderungen sind real, aber begrenzt. Geht es nicht vielmehr darum, die *Perspektive* einer Egalität der Geschlechter zu bannen? Der allgemeinen Meinung nach hat der Krieg die Frauen emanzipiert und ihnen zum Geschmack an der Freiheit verholfen. Er hat auch ein demographisches Ungleichgewicht herbeigeführt, welches das Gefühl einer abrupten Feminisierung der Gesellschaft vermittelt.[53]

Madame ne veut pas d'enfants ist der Titel eines Theaterstücks von Clément Vautel, das 1924 enormen Erfolg hat. Auch Monique Lerbier will kein Kind. Die Unfruchtbarkeit der Garçonne wird, weil sie gewollt ist, als Ausdruck des weiblichen Egoismus stigmatisiert, zu dem angeblich der Feminismus und die Geburtenkontrollpropaganda die Frauen ermutigten. Die Ablehnung der Mutterschaft wird umso mehr verurteilt als die Ängste vor „Entvölkerung" zunehmen.

Während des Krieges haben Zweifel an der Treue der Ehefrau offenbar so manches Mal die Gemütsverfassung der Soldaten vergiftet. Im Jahr 1923 rührt Raymond Radiguet diesen empfindlichen Punkt in *Le diable au corps* wieder an, indem er den Ehebruch einer Frau beschreibt, deren Mann an der Front ist. Der Skandal ist beträchtlich. Die schmerzhafte Erinnerung an den Krieg ist nicht der einzige Grund dafür. Die ehebrecherische Frau wird immer noch unnachsichtig verurteilt. So sieht das Strafgesetzbuch bis zu zwei Jahren Gefängnis für die Schuldige vor, während beim ehebrecherischen Mann eine einfache Geldbuße genügt. Zudem muß die Anwesenheit einer Geliebten unter dem ehelichen Dach bewiesen werden, ein ziemlich selten anzutreffender Fall. Männliche Eifersucht, die bis zum Verbrechen geht, wird von den Gerichten verziehen. Für die Moralapostel der Rechten landet eine Ehebrecherin unweigerlich auf der schiefen Bahn der Ausschweifung; kaum etwas trennt sie von der Prostituierten. Man fürchtet den „sozialen Kreislauf des Lasters", der ausgehend vom gesellschaftlichen Abschaum schließlich sogar die Oberschichten bedroht, wo „Bastarde" verhindert werden müssen. Die Moralapostel der Linken dagegen beschreiben die umgekehrte Bewegung, indem sie die müßigen Oberschichten bezichtigen, den Reigen anzuführen.

53 Bei der Volkszählung von 1921 liegt der Männeranteil an der Bevölkerung zwischen 20 und 39 Jahren bei 45,4 % und der Frauenanteil bei 55,6 %.

Nichts belegt einen Anstieg außerehelicher Beziehung während der 1920er Jahre. Was die Scheidungsziffer betrifft, so bleibt sie trotz einer Erhöhung (15 000 im Jahr 1914, 25 000 im Jahr 1935) insgesamt niedrig. Trotzdem wird deswegen viel Tinte vergossen. Das Gesetz von 1884 wird aus religiösen, aber auch aus sozialen Gründen immer noch heftig angefochten.[54] Daß die Frauen wesentlich häufiger als die Männer die Initiative zur Trennung ergreifen, wird unterschiedlich gedeutet. Für die einen ist die Frauenemanzipation der Grund dafür: Die Ehefrauen ertragen nicht mehr, was ihre Mütter noch stillschweigend hinnahmen. Für die anderen ist es die männliche Gewalt, die zur Trennung zwingt. Man muß daran erinnern, daß die einzig mögliche Scheidung die nach dem Schuldprinzip ist: Dies könnte man bei der Lektüre der Pamphlete über den Sittenverfall leicht vergessen, in denen die Scheidung zum Symbol der Unbeständigkeit und der egoistischen Suche nach Bequemlichkeit gemacht wird.

Auch die Prostitution sorgt für Beunruhigung. Durch die neuen Techniken des Kundenfangs und die Zunahme der Bordelle wird sie deutlicher sichtbar.[55] Die sogenannten „eigenmächtigen" oder „ordnungswidrigen" – nicht in den Polizeiakten vermerkten – Mädchen werden immer zahlreicher. Sie sind unkontrollierbar im Gegensatz zu den „ordnungsgemäßen" Prostituierten, die ihrerseits einer zunehmend schärferen Kontrolle unterliegen. Die Nachfrage der Männer ist während des Krieges und in der Zeit danach gestiegen. Die Syphilis, die man noch nicht heilen kann, ist gefürchtet. Für die Zeitgenossen kommt eine Frau, deren Sexualleben außerhalb ehelicher Bindungen stattfindet, einer Prostituierten gleich.

4.4 Die Lesbierinnen werden sichtbarer

Daß die Homosexualität sich weiter verbreitet habe, ist ein Gemeinplatz der 1920er Jahre, eine der von den Moralisten bevorzugten Phrasen. Man sollte vielmehr sagen, daß sie sichtbarer geworden ist: In Paris entsteht durch Netzwerke von Freundinnen und Freunden eine homosexuelle Kultur in Salons, Bars und Tanzlokalen, Orten, an denen man sich trifft, die in keiner Weise klandestin sind. Denn Frankreich steht im Ruf der Toleranz: Homosexualität ist dort kein Straftatbestand.[56] Paris zieht Lesbierinnen an, die eine bedeutende Rolle im kulturellen und künstlerischen Leben spielen. Freilich sind sie nicht alle offen lesbisch: Manche schützen ihr Privatleben, manche sind verheiratet und führen ein Doppelleben wie die Bankierin Marthe Hanau und die Sportlerin Violette Morris. Andere wie die Sängerin Suzy Solidor sind offen lesbisch. Zu Beginn des Jahrhunderts entstand eine sapphische Lite-

54 Francis Ronsin: Les divorciaires. *Affrontements politiques et conceptions du mariage dans la France du XIXe siècle*, Aubier, 1991.

55 Alain Corbin: *Les filles de noce*, Aubier Montaigne, 1978, S. 6.

56 Florence Tamagne: *L'Histoire de l'homosexualité en Europe*, Le Seuil, 2000.

ratur, deren berühmteste Repräsentantin die Dichterin Renée Vivien ist. Colette ist vertraut mit *Ces plaisirs* (*Diese Lüste*), um den Titel ihres Essays aufzugreifen, der 1941 in *Le Pur et l'impur* (*Das Reine und das Unreine*) geändert wurde. Eine kleine anglo-amerikanische Gemeinschaft versammelt sich auf dem linken Seineufer, wo Gertrude Stein und Alice Toklas sich in der Rue de Fleurus niedergelassen haben und Natalie Clifford-Barney in der Rue Jacob einen Salon führt.[57] Die Buchhandlung von Adrienne Monnier an der Place de l'Odéon ist ein Treffpunkt. Engländerinnen wie Vita Sackville-West und Violet Trefusis oder Radclyffe Hall, deren Roman *The Well of Loneliness* von 1928 in ihrem Land verboten ist, 1929 aber auf Französich erscheint (*Le Puits de solitude*), kommen zu kürzeren Aufenthalten nach Frankreich.

Dieses „Paris-Lesbos" profitiert von einer zweideutigen Publizität. Gefangen in den Diskursen von Moralisten und Pamphletisten, die gegen die Dekadenz wettern, von Medizinern, die Ansteckungsgefahren wittern, von Schriftstellern auf der Suche nach „gewagten" Sujets, spiegelt das Bild der Lesbierinnen vor allem männliche Phantasien wider.[58] Auch die Furcht vor dem sozialen Kreislauf des Lasters kann man hier wieder entdecken: Der Lesbianismus in der Belle Epoque begrenzte sich noch auf die Spitzen der Gesellschaft (die Aristokratie) und auf deren Niederungen (die Prostituierten). In den 1920er Jahren werden jedoch angeblich die Mittelschichten davon erreicht. Wir finden auch den Antifeminismus wieder: Ist es nicht die Frauenemanzipation, die jene „Amazonen" hervorgebracht hat, die jungenhafter sind als die Garçonnes, die Colette zufolge „fluchen wie die Kutscher und ihren Automechaniker duzen"? Hat die Frauenemanzipation aber nicht auch jene glücklichen Künstlerinnen, die der männlichen Tyrannei entgehen konnten, jene Studentinnen und Sportlerinnen, die gut ohne die Begleitung von Männern auskommen können, hervorgebracht?

Die legendäre französische Toleranz hat einen Preis: die Diskretion. Eine Person des gleichen Geschlechts zu lieben, bedeutet, eine verborgene, heimliche Liebe zu erleben, eine Liebe, „die ihren Namen nicht zu nennen wagt" (Oskar Wilde). Bezeichnet man sich selbst als homosexuell und gebraucht damit einen neueren, von Medizinern erfundenen Begriff (1869), der sich allmählich verbreitet, bedeutet das nicht auch, daß man sich ihrer Vorstellung anschließt, wonach gleichgeschlechtliche Beziehungen eine „Perversion" sind?[59] Die Zeitgenossen halten Homosexualität vor allem für ein Symptom des allgemeinen Verfalls. Daß sie aber mittlerweile ohne Schuldgefühle erlebt und öffentlich sichtbar wird, deutet darauf hin, daß die heterosexuelle Ordnung nicht mehr selbstverständlich ist.

---

57 Shari Benstock: *Femmes de la rive gauche, Paris 1900–1940*, éd. Des femmes, 1987.

58 Marie-Jo Bonnet: *Les Relations amoureuses entre les femmes du XVIe au XXe siècle*, Odile Jacob, 1995, S. 312.

59 Didier Éribon: *Réflexions sur la question gay*, Fayard, 1995.

4.5 Eine surrealistische Alternative?

Welche Vorstellungen über die Verhältnisse zwischen den Geschlechtern sind von einer Kunstbewegung zu erwarten, die sich für revolutionär hält? Ganz besonders, wenn sie sich dem Kult der „Amour fou“[60] verschrieben hat und eine schrankenlose Sexualität fordert? „Den Surrealisten ist es nicht gelungen, die Schranken niederzureißen, die traditionell die männliche und die weibliche Welt begrenzten. Sie haben es abgelehnt, ihren Körper zum Objekt der Begierde zu machen. Sie haben die Frau zu einem Objekt der bloßen Kontemplation gemacht. Für eine wahrhaft revolutionäre Bewegung hätte es sich im übrigen nicht darum gehandelt, die Rollen zu vertauschen, was sinnlos ist, sondern darum, sie durcheinanderzubringen.“[61] „Die Zukunft des Mannes ist die Frau“, schreibt Aragon in *Le fou d'Elsa*. Der Surrealismus unterzieht die Phylogynie einer antipatriarchalischen Revolte: Die einzige Frau ist die Mutter, welcher der Sohn eine inzestuöse, präödipale Liebe widmet. Auch die Hysterikerin wird wegen der Schönheit ihres Wahns und dessen Umsetzung in verbrecherische Taten zur idealisierten Frau. Violette Nozière, die 1933 ihre Eltern vergiftet hat, und die Schwestern Christine und Lea Papin, die im gleichen Jahr auf sadistische Weise ihre Dienstherrinnen umbrachten, sind Heroinnen des Surrealismus. Jung und begierig, ihr „Leben zu leben“, aber von der Obrigkeit erdrückt, vollziehen sie die allerletzte und verzweifelte Geste der Rebellion.[62] Man kann die Widersprüche der Surrealisten betonen; man kann erkennen, daß sie weniger mit den Normen ihrer Zeit gebrochen haben, als sie meinten; sie bleiben trotzdem eine Gegenbewegung, insbesondere durch ihr Loblied auf die sexuellen Perversionen und ihre genußvolle Vorliebe für das Verbotene. Wenn der Eros eine subversive Kraft ist, wenn „die wahre Revolution für die Surrealisten der Sieg des Begehrens ist“[63], dann tut sich ein beachtlicher Riß auf, dessen Befreiungsversprechen seine Wirkung auf Frauen nicht verfehlen kann. Freilich bleibt die surrealistische Anklage gegen die sexuelle Unterdrückung in den bürgerlichen westlichen Gesellschaften ebenso wie die weniger heftige Anklage Freuds fast ohne unmittelbare Wirkung.

4.6 Die Dreißiger Jahre oder die Vergeltung der Patriarchen

1929: Die Rückkehr zu langen Haaren markiert das Ende der androgynen Nachkriegserfahrungen. Die Garçonne hat, wie das Ende des Romans zeigt, die bösen Geister vertrieben.

60 *Anm. d. Ü.*: L' Amour fou („Die ver-rückte Liebe“) ist der Titel eines 1937 erschienenen Romans von André Breton, in dem der für den Surrealismus programmatische Zusammenhang zwischen dem Unbewußten, der (sexuellen) Liebe und der Ästhetik noch einmal entfaltet wird.

61 Xavière Gauthier: *Surréalisme et sexualité*, Gallimard, 1971, S. 272.

62 Das Ereignis wurde später von Jean Genet zu einem Theaterstück (*Les Bonnes*, 1947) und von Ruth Rendall zu einem Roman verarbeitet, den Claude Chabrol verfilmt hat (*La Cérémonie*, 1995), außerdem entstanden aus dem Stoff zwei Filme im Jahr 2000.

„Die hochfahrende Garçonne fand sich als Frau wieder, von der Größe der wahren Liebe ergriffen." Die Gleichschaltung durch die Ehe ist ein im Kino der 1930er Jahre häufig benutztes Verfahren: Die Filme zeigen sexuell emanzipierte Frauen auf dem Gipfel ihres beruflichen Erfolges, die wieder zu einfachen liebenden Frauen werden.[64] Wenn manche Drehbücher auch einer Logik der Bestrafung unabhängiger Frauengestalten folgen, die gegen Ende des Jahrzehnts häufig von Edwige Feuillère gespielt werden, so präsentieren die dominanten Muster doch überzeugendere Frauenfiguren: Auf der einen Seite das frische und naive junge Mädchen – Danielle Darrieux in *Abus de confiance* von Henri Decoin, 1937 –, das, vom Leben schlecht behandelt, schließlich froh ist, bei einem Mann reifen Alters Schutz zu finden. Auf der anderen Seite die kokette Ehefrau – Gaby Morlay in *Quadrille* von Sacha Guitry, 1937 –, die Dummheiten macht, ehe sie bereitwillig auf die männlichen Lektionen in ehelicher Liebe eingeht. Freilich gibt es zu diesen beruhigenden Vorstellungen den beunruhigenden (und aufregenden) Kontrapunkt: das Biest. Man denke an *La femme du boulanger* („Die Frau des Bäckers"; Pagnol, 1937): Ginette Leclerc, die junge flatterhafte Ehefrau eines sympathischen Alten (Raimu), flüchtet sich in die Arme eines italienischen Schäfers, bevor sie nach Hause zurückkehrt. Man entdeckt das Biest auch in den Zügen von Viviane Romance in *La Belle Equipe* (Julien Duvivier, 1936), welche die proletarische Solidarität der Männer zerstört. Was die Filme der 1930er Jahre auszeichnet, ist vor allem die Vorrangstellung männlicher Schauspieler – obwohl die Epoche in Hülle und Fülle über weibliche Diven verfügt –, darunter der große Star der Zeit, Jean Gabin. Dabei kommt den Patriarchen eine schöne Aufgabe zu: nämlich die, verletzliche und unreife junge Mädchen zu schützen. Dieses „inzestuöse Paar",[65] das in jeder Hinsicht durch eine Beziehung der Ungleichheit geprägt wird, ist gleichermaßen im Boulevardtheater präsent, welches ein starkes Bild männlicher Herrschaft liefert. Auf der Leinwand stellt *Hélène* (Jean Benoît Lévy und Marie Epstein, 1936) eine Ausnahmeerscheinung dar, indem hier eine junge Frau in Szene gesetzt wird, die gegen alle Widrigkeiten ein Chemiestudium fortsetzt und sich auf eine Berufslaufbahn vorbereitet. Jacques Feyder mit *Le Grand Jeu* (1934) und *La Kermesse héroïque* (1935) oder Jean Grémillon mit *L'Étrange Victor* (1938) und *Remorques* (1939) stellen herrliche emanzipierte Frauengestalten dar, die sich in der Landschaft des französischen Kinos der 1930er Jahre ebenso modern wie selten ausnehmen.

Künstlerinnen, Pfadfinderinnen, Garçonnes: Es ist verführerisch, sich der Faszination des kulturellen Wandels zu überlassen, und viel schwieriger, die konservativen Widerstände abzuwägen. Jedoch muß man dem Mythos der Années folles das Gewicht der religiösen

63 Maurice Nadeau, zitiert nach Xavière Gauthier: *Surréalisme et sexualité*, op. cit., S. 38.

64 Noël Burch, Geneviève Sellier: *La Drôle de guerre des sexes dans le cinéma français 1930–1956*, Nathan, 1996.

65 Dies wird nachgewiesen bei Ginette Vincendeau: Daddy's Girls. Oedipal Narratives in 1930s French Films, in: *Iris*, Nr. 8, Januar 1989. Vgl. auch Dies.: *Jean Gabin, Anatomie d'un mythe*, Nathan, 1993.

Moral – für die Frauen viel empfänglicher sind als Männer – entgegensetzen, die weiterhin die Grenze zwischen dem Erlaubten und dem Verbotenen bestimmt und die dem kulturellen Brodeln der Hauptstadt, der Vorhut für die am schärfsten verdammten Veränderungen, das provinzielle Frankreich entgegensetzt. Auch muß der Generationenkonflikt betont werden, zu einer Zeit, in der die Jugend sich als Akteur des kulturellen Wandels behauptet, indem sie insbesondere die Freizeit und die Mode beeinflußt. Der Konflikt zwischen den Geschlechtern ist nicht weniger augenfällig. Die Emanzipation der Frauen trifft offensichtlich nicht auf Zustimmung. Im kulturellen Bereich sind die Künstlerinnen, selbst wenn sie zahlreicher geworden zu sein scheinen, zugleich in der Minderheit und werden herabgesetzt. Das heißt, daß die Repräsentationen des Weiblichen, des Männlichen und des Geschlechterverhältnisses mehrheitlich von Männern erzeugt werden. Sie reflektieren deren Ansichten, in denen „der Frau" häufig eine Subjektposition abgesprochen wird. Dies wird sehr deutlich in den Texten, die den Rassismus „vergeschlechtlichen": Die Frauen sind darin nur Tauschobjekte, arglose Beute des männlichen Begehrens oder im Gegenteil, lüsterne Körper auf der Suche nach Exotik. Freilich wird in der Literatur die wichtige Figur der „freien Frau", die ökonomisch und sexuell unabhängig ist, entworfen.[66] Colette liefert davon eine „feministische" und differenzierte Version. Indessen setzt sich unter der Feder zahlreicher Autoren eine düstere Version durch. Deren antifeministische und ganz allgemein reaktionäre Tendenz hervorzuheben, ermöglicht es, die Ursprünge der patriarchalen Revanche zu verstehen, die sich in den 1930er Jahren zusammenbraut.

66 Nathalie Heinich: *États de femmes. L'identité féminine dans la fiction occidentale,* Gallimard, 1996, S. 304.

Kapitel 6

Von den Schwarzen Jahren bis zur Befreiung

„Umgeben von Drohungen und Gefahren leben wir ohne Freude und mit angespanntem Gemüt: Unser Denken wird beherrscht von dem Kampf, der sich zwischen den totalitären Doktrinen und unseren Freiheitsprinzipien abspielt. In diesem Kampf müssen wir Frauen Position beziehen und haben unsere unerbittlichen Pflichten sofort zu erfüllen."[1] So ist es im Februar 1939 um die Gefühle der Suffragistinnen bestellt. Die letzten Erklärungen der Feministinnen vor der Auflösung ihrer Vereine und dem Verschwinden ihrer Zeitungen folgen der Logik ihrer antifaschistischen Stellungnahmen in den 1930er Jahren und verdeutlichen die Ambivalenz des Pazifismus, den viele weiterhin vertreten. Es wird ein Bündniskomitee aus Frauenvereinen und feministischen Vereinen mit der Bezeichnung „Les Françaises au service de la nation" („Die Französinnen im Dienste der Nation") gebildet. 28 000 Gesuche von Freiwilligen für die Armee und die Industrie gehen beim Wehrdienstamt ein, das am Ende keine Verwendung dafür hat. Das Gesetz von 1938 über die Organisation der Nation in Kriegszeiten hatte zusätzlich zur Einberufung der Wehrpflichtigen die Rekrutierung von Freiwilligen beiderlei Geschlechts vorgesehen. Aber die fliegenden Krankenschwestern und Sanitäterinnen bleiben am Boden. Ehrenamtliche schließen sich den Kraftfahrzeugsektionen der Sanitätsdienste des Roten Kreuzes an. Eine kleine Anzahl von Frauen trägt also die Khakiuniform, geht eine Verpflichtung ein, sich der Militärhierarchie unterzuordnen, ohne ein Entgelt zu beanspruchen.[2] Die „Drôle de guerre"[3] reißt den Graben zwischen den Soldaten – Männern – und den Zivilisten, unter denen Frauen in der Mehrheit sind, wieder auf.

Feministinnen, Ehrenamtliche und andere Freiwillige bilden eine Minderheit. Wie verhalten sich die Frauen, denen jede Art von Engagement fern liegt? Dies ist durch keine einzigen Meinungsumfrage belegt. Es ist überaus wahrscheinlich, daß die Hypothese zutrifft, die Reaktionen von Frauen und Männern seien gleich gewesen. Das heißt, daß die Opfer, in die man während des Ersten Weltkrieges eingewilligt hatte, nicht noch einmal erbracht

1 Lagebericht vom Kongreß der französischen Frauenstimmrechtsvereinigung im Februar 1939, zitiert nach Christine Bard: *Les Filles de Marianne*, a.a.O., S. 437.

2 Luc Capdevila: La défense nationale au féminin. Mobilisation des femmes, réajustement du genre et identité de sexe du côté de la France combattante (1940–1945), in: *Clio*, Nr. 12, 2000, S. 57–80.

3 *Anm. d. Ü.*: Drôle de guerre („Komischer Krieg"): Kennzeichnet die Situation zwischen September 1939 und Mai 1940, als es trotz der Kriegserklärung von Frankreich an Deutschland nicht zum Kampf kam und sich die Kriegsgegner in ihre Stellungen (am Westwall und der Maginot-Linie) zurückzogen. In Anspielung auf den „Blitzkrieg" wird diese Situation im Deutschen auch als „Sitzkrieg" bezeichnet. – Als „Les années noires" („Die schwarzen Jahre") bezeichnet man in Frankreich die Jahre unter dem Vichy Régime und der deutschen Besatzung zwischen 1940 und 1944.

werden können. Wenn man neben jener traumatischen Erinnerung auch die Verkennung des Nazismus, den Mißkredit der Dritten Republik und die Unzufriedenheit verschiedener Gruppen berücksichtigt, so versteht man besser, welche Rolle der Zivilgesellschaft bei der „seltsamen Niederlage" zukam.[4]

1 Vichy und die Frauen

1.1 Die „Familienmystik" des neuen Regimes

Die militärische Niederlage gegen Deutschland, die Wahl vom 10. Juli 1940, mit der die Dritte Republik abgeschafft und alle Macht dem Marschall Pétain übertragen wurde, sowie die Unterzeichung des Waffenstillstandes standen am Beginn einer außergewöhnlichen Periode in der Geschichte des Landes. Die „nationale Revolution" ist allerdings ein Bruch mit der Vergangenheit, der sich daran zeigt, daß die Devise „Freiheit, Gleichheit, Brüderlichkeit" zugunsten des Dreigestirns „Arbeit, Familie, Vaterland" aufgegeben wird. Als dann mit der republikanischen Vergangenheit abgerechnet wird, stellt man die Frauenfrage.[5] „Die nationale Revolution ist eine sehr mann-menschliche Reaktion auf eine effeminierte Republik, eine Republik der Frauen oder der Invertierten,"[6] schreibt einer der Vorbeter des neuen Regimes im Jahr 1942. Der Einfluß des Feminismus wird nun als eine der Ursachen dargestellt, die für die Niederlage verantwortlich sind. Die Vorstellung, daß die vom Individualismus getriebenen und dem Geist des „Genusses" erlegenen Frauen die Nation dadurch geschwächt hätten, daß sie sie ihrer Verteidiger beraubten, stößt auf breiten Konsens: Seit einem halben Jahrhundert ist die Öffentlichkeit an diese Art der Beschuldigung angesichts der Gefahr der Entvölkerung gewöhnt. Die Fortschritte zur Gleichstellung der Geschlechter im Bereich von Bildung und Arbeit werden zu jenen Erscheinungen gezählt, die die Frauen „ihrer Natur abspenstig gemacht" und sie ihrer Aufgabe im Inneren des Hauses entfremdet hätten. Weitere Ursachen, die zur Erklärung des Verlustes ordnungsgemäßer Geschlechtsidentitäten angeführt werden, sind das moderne Stadtleben, das Gleichheitsdenken, der

---

4 Marc Bloch: *L'Étrange défaite. Témoignage écrit en 1940*, (1946), Neuauflage Gallimard, 1990; Dt.: Ders.: *Die seltsame Niederlage: Frankreich 1940. Der Historiker als Zeuge*, Frankfurt am Main, Fischer-Verlag, 1992.

5 Francine Muel-Dreyfus: *Vichy et l'éternel féminin*, Seuil, 1966; Hélène Eck: Les Françaises sous Vichy, in: Georges Duby, Michelle Perrot (Hg.): *Histoire des Femmes*, Bd. 5, S. 185–211, Dt. Dies.: Die Französinnen unter dem Vichy-Regime. Frauen in der Katastrophe – Bürgerinnen dank der Katastrophe? In: Georges Duby, Michelle Perrot (Hg.): *Geschichte der Frauen*, Bd. 5, 20. Jahrhundert, Campus Verlag, Frankfurt/New York, 1995, S. 223–255.

6 Jean de Fabrègues: Valeurs de la Révolution nationale, in: *Idées*, September 1942, zitiert nach Michèle Bordeaux: Femmes hors d' État français, 1940 – 1944, in: Rita Thalmann (Hg.): *Femmes et fascismes*, Thierce, 1986, S. 138.

durch die laizistischen Gesetze und die öffentliche Schule bewirkte Rückgang des Einflusses der Religion sowie die Aufgeschlossenheit Frankreichs gegenüber dem Ausland. Jene ordnungsgemäßen Geschlechtsidentitäten wiederherzustellen, indem man ihnen einen naturgegebenen, ewigen Charakter verleiht, ist ein wesentliches Anliegen aller autoritären Regime, die auf der biologischen Grundlage der Geschlechterordnung bestehen. Angeblich hatte die Republik die Männer entmännlicht, indem sie sie zu passiven, feigen und pazifistischen Geschöpfen machte. Die Verherrlichung der Männlichkeit à la française steht mehr unter dem Vorzeichen eines katholischen Traditionalismus als unter dem des nazistischen Männlichkeitskults: Sie hat es hauptsächlich auf Wiederherstellung der männlichen Funktionen für die Aufgaben des *pater familias* und des Arbeiters abgesehen... Die Bestrebungen der staatlichen Propaganda, der Vereinigungen und der Institutionen, die sie verbreiten, aber auch die der gesetzgeberischen und gerichtlichen Aktivität sind zugleich auf die Bestrafung der Schuldigen wie auf die Umerziehung der Frauen ausgerichtet. Man erwartet von ihnen, daß sie die Rolle einer Erlöserin übernehmen: Durch das Beispiel an Fügsamkeit, Demut und Selbstlosigkeit bis zur Aufopferung, das sie in ihren Familien unter der Obhut ihres Ehemannes und vor den Augen ihrer Kinder geben, sollen sie jene hierarchische Gesellschaftsordnung garantieren, die das neue Regime fordert. Sie sollen nicht mehr über sich selbst verfügen und sich auf andere Zusammenhänge stützen: auf die Familie und die Nation. Die „Nationalisierung" der Frauen, deren Auftakt wir schon während des Ersten Weltkrieges erlebt haben, wird jetzt umgesetzt, unter dem Zwang, den die neue Macht ausübt, aber auch durch Pädagogen, Mediziner, Juristen etc. Sie vollzieht sich zu einem Zeitpunkt, an dem die Nation neu defininiert wird: Diese wird von ihren als fremd empfundenen, nicht assimilierbaren Elementen „gesäubert" und unter Rückgriff auf eine gegenrevolutionäre Mythologie „französisiert". Die Nationalisierung findet durch den Ausschluß von Juden und Ausländern statt, aber auch von Junggesellen, Homosexuellen und Frauen, die ein ungebundenes Leben führen, und nicht zuletzt von Aktivisten linker Organisationen, die das neue Regime bekämpft. Da Nationalisierung als politische Herausforderung ersten Ranges betrachtet wird, wirft sie keine besonderen Konflikte auf, bringt die widersprüchlichen Tendenzen der nationalen Revolution jenseits ihrer Gegensätze auf einen Nenner und kann sich sogar einer breiten Zustimmung sicher sein: All dies ist wohl ein Zeichen für die Zerbrechlichkeit der feministischen Errungenschaften in der ersten Hälfte des 20. Jahrhunderts.

„Die gefallsüchtige Frau ohne Kinder hat im Gemeinwesen keinen Platz, sie ist überflüssig"; „Das neue Frankreich schützt die Mütter", proklamieren die Plakate des Generalkommissariats für die Familie. Das neue Regime trennt die Spreu vom Weizen und wertet die „guten" Französinnen auf, die dem Vorbild von Brigitte, der Heldin der Romane Berthe Bernages entsprechen, einer ihrem Ehemann ergebenen Hausfrau, die sich ihren Kindern widmet und praktizierende Katholikin ist...[7] Der Horizont der Frauen engt sich auf die

7 Colette Cosnier: Maréchal nous voilà! ou *Brigitte* de Berthe Bernage, in: Christine Bard (Hg.): *Un siècle d'antiféminisme*, op. cit., S. 241–255.

Familie ein. Der schon 1926 geschaffene, aber von der Öffentlichkeit abgelehnte Muttertag wird 1941 institutionalisiert. Für den letzten Maisonntag werden unter der Ägide des Generalsekretariats für die Familie sämtliche Propagandamittel aufgeboten: Plakate, Flugblätter, Wettbewerbe und Medaillen, die Radiosendung „France-Famille", Theatervorstellungen, eine Familienausstellung (1943), Predigten in den Kirchen und den Schulen. Diese „Hommage" an die Mütter Frankreichs wendet sich auch an kleine Mädchen (die auf den Plakaten Mutter spielen) und an weibliche Jugendliche, um „ihnen zu zeigen, daß der höchste Ruhm der Frau in der vollkommenen Erfüllung ihrer Mutterrolle besteht".[8] Der im öffentlichen Bereich sorgfältig zum Ritual ausgebaute Muttertag wird auch privat gefeiert. Er ist, wie sein Nachruhm belegt, ein Erfolg, dessen ideologische Absichten häufig vergessen werden: Es geht darum, die Frauen in das Haus zu verweisen und die Geburtenzahlen zu steigern. Im März 1942 wird Hauswirtschaftslehre zum Pflichtfach.

Als Individuen müssen die Frauen also vor dem höheren Interesse der Familie zurücktreten, um das der Staat sich zu kümmern gedenkt.[9] Mit dem Gesetz Gounot vom 29. Dezember 1942, das als „Familiencharta" ausgegeben wird, richtet man eine Föderation der Französischen Familien ein, die sich mehr oder weniger am Modell der Bauernkorporation (1940) und der Arbeitscharta (1941) orientiert. In jeder Kommune wird ein einheitlicher Familienverband eingerichtet, in dem die Familien zusammengefaßt werden, die sich auf der Ehe und legitimer Abstammung oder Adoption gründen, und in denen der Familienvorstand und die Kinder Franzosen sind. Jede Familie wird durch ihren Vorstand – den Vater oder die Mutter im Falle der Verhinderung ihres Ehegatten – vertreten. Dieser wählt das Leitungskomittee nach dem Modus der Familienwahl – eine Stimme für den Familienvorstand plus eine Stimme für jedes lebende minderjährige Kind, plus eine Stimme für eine Gruppe von jeweils drei Kindern, welche bis zum 21. Lebensjahr gelebt haben. Die Einrichtung wird der direkten Kontrolle des Generalkommissariats für die Familie unterstellt. Das Gesetz Gounot ist ein erster Schritt in Richtung eines „Familienstaates", für den sich die familialistischen Organisationen einsetzen, welche sich die außergewöhnliche Gelegenheit zunutze machen, um ihre „Familienmystik" durchzusetzen. Die Anhänger des neuen Regimes sind über diesen Bruch mit dem individualistischen Prinzip, das in der Erklärung der Menschenrechte und im „allgemeinen" Wahlrecht am Werk ist, hoch erfreut. Das Individuum, ob Mann oder Frau, muß in der Familie aufgehen, trotzdem hängt sein gesamtes soziales Schicksal von seinem Geschlecht ab. Der im Jahr 1941 vom Nationalrat von Vichy vorgelegte Verfassungsentwurf geht in seinem Artikel 56 davon aus, daß das Gesetz

---

8 Propagandabroschüre des Generalkommissariats für die Familie zum Muttertag, April 1942, zitiert nach Francine Muel-Dreyfus: *Vichy*, op. cit., S. 148. Vgl. auch Miranda Pollard: *Reign of Virtue, Mobilizing Gender in Vichy France*, Chicago und London, The University of Chicago Press, 1998.

9 Aline Coutrot: La politique familiale, in: *Le Gouvernement de Vichy 1940–1942*, Presses de la FNSP, 1972, S. 245–264.

die Mutter im Hause „festhalten" müsse. Von den Anreizen, die in den 1930er Jahren gegeben werden sollten, wird nun zum Zwang übergegangen.

Zwar wird auf die reale Mutterschaft Wert gelegt, die symbolische Mütterlichkeit dabei aber nicht vernachlässigt. Nur durch sie lassen sich bestimmte Tätigkeiten von Frauen im öffentlichen Bereich und in der Berufswelt legitimieren. Ein kleine Pforte öffnet sich auf die Politik: Die neuen Gemeinderäte, die nach der Einstellung der Wahlen in Städten mit mehr als 2 000 Einwohnern von den Machthabern eingesetzt werden, müssen eine geeignete Frau aufnehmen, die sich um private Hilfsdienste und die nationalen Wohltätigkeitsorganisationen kümmern kann, aber auch einen Repräsentanten der Familienverbände und einen Vater aus einer kinderreichen Familie. Die Union féminine civique et social („Bürgerliche und soziale Frauenunion"), die auf diese Weise über etwa hundert Gemeinderätinnen verfügt, beglückwünscht sich für diese „feministische" Reform.

Der Anteil der Frauen, die politisch kollaboriert haben, ist noch kaum untersucht. Angeblich gehörten 15 % der französischen Miliz an.[10] Für eine paramilitärische Gruppierung ist dieser Prozentsatz sehr hoch.[11] In den Parteien, die kollaboriert haben, stellen Frauen ein Viertel der Mitglieder.[12] Auch das ist eine große Zahl, selbst wenn man in Rechnung stellt, daß die Mitgliedschaft einer Familienlogik folgt. Daß Frauen sich in ihrer Eigenschaft als Ehefrauen oder Töchter, aber auch als Individuen in diesen Parteien engagiert haben, muß nicht überraschen, denn das politische Engagement von Frauen ist selbst bei der extremen Rechten keine neue Erscheinung. Und in Deutschland verschaffen die Nazi-Organisationen den Frauen eine Position, die zwar untergeordnet ist, aber von vielen Freiwilligen, an denen es nicht mangelt, gerne angenommen wird.[13] Es fällt auf, daß unter den Besatzungstruppen auch Frauen sind, „graue Mäuse", die die deutsche Uniform tragen. Französinnen können sich ebenfalls zu Ideologien bekennen, in denen die Unterlegenheit der Frauen zum gesellschaftlichen Organisationsprinzip gemacht wird. Freilich nicht ohne Widersprüche, da eine Verpflichtung zum Einsatz, insbesondere im paramilitärischen Bereich, einen nur allzu virilen Charakter bewahrt.

1.2 Das Privatleben unter Kontrolle

Ein Klischee überlebt hartnäckig: Daß der Krieg die Frauen emanzipiere. Eine Untersuchung der Lage von Ehefrauen französischer Kriegsgefangener zwischen 1940–1945 beweist

10 Nach Philippe Burrin; in Toulouse ergeben sich aber nur 4 %. Hier müsste weitere Forschung ansetzen.

11 Hanna Diamond: L'expérience des femmes toulousaines, in: *Clio*, Nr. 1, 1995, S. 95.

12 Henry Rousso: *La Collaboration, les noms, les thèmes, les lieux*, M. A. éditions, 1987, S. 164.

13 Rita Thalmann: *Être femme sous le IIIe Reich*, Robert Laffont, 1982; Claudia Koonz: *Les Mères-patrie du IIIe Reich*, Lieu commun, 1989; Rita Thalmann (Hg.): *La Tentation nationaliste 1914–1945*, Tierce, 1990. – Dt.: Rita Thalmann: *Frausein im Dritten Reich*, München, Carl-Hanser-Verlag, 1984; Claudia Koonz: *Mütter im Vaterland. Frauen im Dritten Reich*, Kore-Verlag, Freiburg i. Brsg., 1991.

eher das Gegenteil.[14] Es handelt sich um 790 000 Frauen, von denen 616 000 „Familienvorstände" sind, die für Kinder zu sorgen haben. Ihr schwieriges und frustrierendes Leben ist eher dazu angetan, die traditionelle Variante der Paarvorstellung zu verstärken. Autonom sind sie kaum: Staatliche Einrichtungen wie das 1941 geschaffene Generalkommissariat für Kriegsgefangene oder halboffizielle wie La Famille du prisonnier („Die Familie des Gefangenen") versuchen sie in paternalistischer Manier zu betreuen. Viele von ihnen beschreiben ihre Ängste: Die Schlacht um Frankreich hat 92 000 Tote gefordert und die Frauen bleiben manchmal monatelang ohne Nachrichten. Die psychischen Leidenserfahrungen: das Warten, die Einsamkeit, aber auch materielle Probleme, weil es nicht möglich ist, ausschließlich von der Militärbeihilfe zu leben, die sie bekommen und die den Inflationsraten nicht angeglichen wird. Man spricht über sie auf zweierlei Weise: Der eine Diskurs idealisiert die Frau des „Abwesenden", die treue Hüterin des Hauses, die sich ökonomisch zu helfen weiß und ihre Gefühle beherrschen kann, der andere stigmatisiert die „gefallene" Frau, die ohne die Kontrolle des Ehemannes Versuchungen erliegt. Die Presse betont, wie unverzeihlich es ist, wenn Frauen Ehebruch begehen. Bis in die Gefangenenlager gelangen anonyme Briefe, in denen einmal jene Frau denunziert wird, die allein ins Kino geht, ein anderes Mal jene, die zu häufig zum Arzt geht. Die Gerüchte bestätigen den schlechten Ruf der Frauen der Gefangenen und der Vermittlungsdienst der Kriegsgefangenen mischt sich ein, indem er ein Gesetz fordert, das den Ehebruch der Frauen Kriegsgefangener ahnden soll. Er bekommt es im Jahr 1942. Um den Haushalt zu „schützen" wird die Vernachlässigung des ehelichen Domizils zum Straftatbestand. Der Haushalt ist eine „juristische Person", deren Würde durch das Gesetz vom 23. Dezember 1942 geschützt wird. Dank des Denunzianteneifers kann das Regime von der Möglichkeit Gebrauch machen, denjenigen zu verfolgen, von dem bekannt ist, daß er in wilder Ehe mit der Frau eines anderen lebt, der kriegsbedingt außer Landes ist: Der Schuldige ist mit Gefängnis zwischen drei Monaten und drei Jahren und mit einer Geldbuße zwischen 1 500 und 25 000 Francs zu bestrafen. Die ehebrecherische Frau dagegen kann auf Anzeige des Ehegatten strafrechtlich verfolgt werden. Das Zusammenleben mit der Ehefrau eines Gefangenen wird nicht unbedingt als Verstoß gegen die privatrechtliche Ordnung betrachtet, sondern vielmehr als Verstoß gegen die öffentliche Ordnung. Auch als Mütter werden die Frauen von Kriegsgefangenen beschuldigt: Da sie aus Mangel an Autorität angeblich unfähig sind, ihre Kinder „festzuhalten", werden sie manchmal für den Anstieg der Jugendkriminalität verantwortlich gemacht.

Zur Zeit der Befreiung kommt ein weiteres Phantasma zum Vorschein: Nämlich die Ansicht, daß es einen schwindelerregenden Anstieg der Scheidungen nach der Rückkehr der Gefangenen zwischen März und Juli 1945 gegeben habe. Die Relation zwischen Kriegsgefangenschaft und Scheidungsziffern ist aber niemals überprüft worden. War das Wieder-

14 Sarah Fishman: *Femmes de prisonniers de guerre 1940–1945*, Übersetzung aus dem Amerikanischen, L'Harmattan, 1996.

sehen für die einen wunderbar, so war es für andere schwierig.[15] Die Gefangenen kommen häufig mit psychologischen Problemen zurück, mit einer angegriffenen Gesundheit und einer verkürzten Lebenserwartung. Manche sind verbittert, nervös, aggressiv und gekränkt durch etwas, was sie als Undankbarkeit empfinden (sie sind die Besiegten aus dem Jahr 1940). Die Frauen der Gefangenen dagegen fühlen sich gereift durch die Verantwortung, die sie im Alltagsleben hatten, weil sie zum Beispiel wichtige Angelegenheiten erledigen mußten, für die früher der Mann zuständig war, wie etwa eine Postanweisung zu tätigen. Einige engagieren sich in der Fédération des associations des femmes de prisonniers („Bund der Vereine von Gefangenenfrauen"). Im Jahr 1941 in der Nähe von Lyon gegründet, versammelt der Bund zum Zeitpunkt der Befreiung 150 000 Frauen: Die Rekrutierung, die durch einen „Gemeinschaftsreflex" erleichtert wird, ist einfach. Aber – und das ist ein wichtiges Symbol – Andrée Aulas hatte, ehe sie den Vorsitz für den Bund übernahm, ihren Ehemann um Erlaubnis zu fragen. Weibliche Solidarität reimt sich nicht unbedingt mit Feminismus. Und die Frauen der Kriegsgefangenen hören mit dem Tag der Befreiung auf zu kämpfen. Viele möchten die Kinder bekommen, die sie während der Besatzungszeit nicht haben konnten – und diese „Heimkehrerkinder" werden zahlreich sein. Die Frauen bemühen sich mit viel Taktgefühl darum, ihren Männern zu helfen, sich wieder in das Zivilleben einzugliedern und zu ihrer traditionellen Rolle in der Familie zurückzufinden.

Die Kontrolle der Frauen von Kriegsgefangenen ist nur eine der Facetten einer ambitionierten Gesetzgebung, welche die individuelle Autonomie im privaten und insbesondere im sexuellen Bereich einschränkt. Ein Gesetz von 1942 schafft den Straftatbestand der schamlosen oder naturwidrigen Handlung mit einem oder einer Minderjährigen gleichen Geschlechts oder zwischen Minderjährigen gleichen Geschlechts. Mit dieser Diskriminierung wird auch das Alter der Volljährigkeit und damit der Zustimmung für homosexuelle Akte auf 21 Jahre heraufgesetzt. In Deutschland werden Homosexuelle seit 1933 in Konzentrationslager geschickt; die gleiche Politik kommt in den annektierten Gebieten zum Einsatz, darunter im Elsaß: Im besetzten Frankreich ist daher Vorsicht geboten. Homosexuelle Frauen, die in der Öffentlichkeit wenig sichtbar sind, werden von der Repression weniger berührt als Männer. Die Behauptung, daß die Homosexualität eine Gefahr für die Fortpflanzung der menschlichen Gattung darstelle, ist eines der Grundelemente für diese Explosion von Homophobie.[16]

Die Eugenikbewegung will seit dem 19. Jahrhundert die „Rasse" verbessern. Aber die französischen Mediziner bleiben dem Liberalismus verbunden; sie mißtrauen dem Staat und lassen sich nur auf eine minimale eugenische Forderung ein: die medizinische Untersuchung vor der Ehe. Sie werden schließlich bestätigt durch die Verabschiedung des Gesetzes vom 16. Dezember 1942, „den Schutz der Mutterschaft und der frühen Kindheit betref-

15 Thema einer der beiden Erzählungen von Marguerite Duras in *La Douleur*, POL, 1985. – Vgl. Marguerite Duras: *Der Schmerz*, Carl Hanser Verlag, München/Wien, 1986.

16 Daniel Borillo: *L'Homophobie*, PUF/Que sais-je?, 2000, S. 76 ff.

fend", das die künftigen Ehegatten beiderlei Geschlechts verpflichtet, eine medizinische Bescheinigung beizubringen, die mindestens einen Monat vor der Trauung durch den Standesbeamten vorliegen muß. Es geht darum, die Kindersterblichkeit zu bekämpfen und gesundheitlich unerwünschte Verbindungen zu reduzieren, indem man erbliche oder erworbene Gesundheitsprobleme wie die Syphilis oder die Tuberkulose rechtzeitig entdeckt. Der „harte" Flügel der Hygieniker bedauert die Zaghaftigkeit dieser nicht zwingenden Maßnahme, dennoch wird er den Ärzten gestatten, sich gegen die Ausstellung der erwarteten Ehetauglichkeitszeugnisse zu verwahren.[17]

Das Scheidungsgesetz vom 2. April 1941 macht die Verfahren komplizierter, verlängert sie und schränkt die Scheidungsgründe ein – auf Ehebruch, Mißhandlungen, schwere und wiederholte Verletzungen der ehelichen Pflichten. Es ist darauf angelegt, die Trennung von Tisch und Bett wiedergutzumachen und läßt den schuldigen Ehegatten für entstandene Schäden und Zinsen zahlen. Mit dem Gesetz wird eine Bedenkzeit von sieben Jahren eingeführt. In diesen Maßnahmen drückt sich eine Sehnsucht nach der Unauflöslichkeit der Ehe, dem katholischen Sakrament, aus, und einige bedauern, daß die Scheidung nicht wie in Mussolinis Italien verboten wurde. Der Siegelbewahrer Joseph Barthélémy beruft sich hingegen auf die Verteidigung des „Staatswohls".[18] Der atheistische Pétain, der bis zu seinem 65. Lebensjahr Junggeselle war, und jetzt mit einer geschiedenen Frau verheiratet und kinderlos ist, gibt kein Vorbild ab.

Die 1941 gegründete Ärztekammer beteiligt sich an der von Vichy verstärkten Verfolgung der Abtreibung. Die Verletzung der ärztlichen Schweigepflicht wird zugelassen, Anzeigen werden unterstützt. Ein erstes Gesetz vom 14. September ordnet die Abtreibung unter die „Vergehen ein, die der nationalen Einheit, dem Staat und dem französischen Volk schaden". Ein zweites vom 15. Februar stellt sie einem „Verbrechen gegen die Sicherheit des Staates" gleich, das von einem Sondergericht zu verurteilen und mit der Todesstrafe zu belegen ist. Es wird eine besondere Polizeieinheit zur Bekämpfung der Abtreibung eingerichtet. Die Zahl der Verurteilungen steigt: 1225 sind es im Jahr 1940, 2135 im Jahr 1941, 3831 im Jahr 1942, 4055 im Jahr 1943.[19] In diesem Jahr wird Marie-Louise Giraud, eine Familienmutter von 40 Jahren, Wäscherin aus Cherbourg, die zur „Engelmacherin" wurde, „exemplarisch" mit der Höchststrafe, dem Todesurteil, belegt: Sie wird guillotiniert, da Pétain sich geweigert hatte, sie zu begnadigen.[20] Andere, die eine Abtreibung durchgeführt haben, werden zu lebenslänglicher Zwangsarbeit verurteilt. Außerdem wird 1943 das System der Mütterheime, Bewahranstalten für schwangere Frauen, durch die mögliche

17 Anne Carol: *Histoire de l'eugenisme en France*, Le Seuil, 1995, S. 312–338.

18 Michèle Bordeaux: Femmes hors d' État français, 1940–1944, in: Rita Thalmann (Hg.): *Femmes et fascismes*, Tierce, 1986, S. 144–156.

19 Nach Roger-Henri Guerrand und Francis Ronsin: *Le Sexe apprivoisé. Jeanne Humbert et le contrôle des naissances*, La Découverte, 1990, S. 129.

20 Francis Szpiner: *Une affaire des femmes, Paris, 1943. Exécution d'une avorteuse*, Balland, 1986.

Abtreibungen verhindert werden sollen, ausgebaut. Das Gesetz zum „Geburtenschutz" vom 2. September verschärft die Strafen für Kindstötung: Da diese von nun an den Strafgerichten zugewiesen wird, werden strafmildernde Umstände nicht mehr berücksichtigt, und sie kann mit Freiheitsentzug von zehn Jahren bestraft werden.

Die Kontrollbestrebungen dehnen sich auch auf die Prostitution aus. Während der Besatzung nimmt die Überwachung der Prostituierten durch die doppelten Reglementierungsvorgaben des französischen Staates und der deutschen Behörden beträchtlich zu. Bordelle erhalten zunächst (am 24. September 1940) den Status einer Aktien- oder Kommanditgesellschaft, dann werden sie (am 31. Dezember 1941) in die Rubrik von Schaustellungen dritter Klasse eingeordnet. Am 31. Dezember 1942 wird die medizinische Behandlung von Personen, die sich mit Geschlechtskrankheiten angesteckt haben, obligatorisch. Die Besatzungsbehörden richten mit Etablissements für deutsche Offiziere und anderen für deutsche Soldaten ein Parallelsystem der Prostitution ein. Diese requirierten Freudenhäuser prosperieren. In ihnen wird die Vorsorge gegen Geschlechtskrankheiten bis zum Äußersten getrieben und die kranken Prostituierten werden herausgeworfen, verhaftet, ins Krankenhaus oder ins Gefängnis gesteckt. Manche Gelegenheitsprostituierte waren aufgegriffen und gezwungen worden, in den Bordellen der Besatzer zu arbeiten.

Am 13. April 1946 werden mit dem sogenannten Gesetz Marthe Richard, das den Namen seiner Initiatorin, einer ehemaligen Angehörigen der Résistance und Stadträtin von Paris trägt, die Bordelle geschlossen, der Kampf gegen Kuppelei verschärft und der Straftatbestand des Kundenfangs geschaffen. Dieser Bruch mit der Tradition der reglementierten Prostitution läßt sich aus einem Zusammentreffen verschiedener günstiger Umstände erklären: Bestrafung von Bordellinhabern, die mit dem Feind kollaboriert haben, Fortschritten in der Behandlung mit Antibiotika, Wahlerfolg des MRP,[21] Zugang der Frauen zu den Staatsbürgerrechten, Vorherrschen der natalistischen Ideologie, Erfolglosigkeit der Gegenwehr der Bordellinhaber. Aber das Gesetz ruft geharnischte Reaktionen hervor, und einige Tage später (am 24. April 1946) wird eine nationale Gesundheitskartei geschaffen, mit der eine medizinische und polizeiliche Kontrolle wiedereingeführt wird. Zahlreiche Bordelle bleiben trotz des Gesetzes weiter geöffnet.

21 *Anm. d. Ü.*: MRP : Mouvement Républicain Populaire:"Republikanische Volksbewegung", eine 1944 gegründete politische Partei, die in den 1950er Jahren neben der deutschen CDU/CSU und der italienischen Democrazia Cristiana zu den drei großen christdemokratischen Parteien Europas zählte. Der MRP gewann 1945 zusammen mit den Kommunisten die Wahlen zur französischen Nationalversammlung und bildete mit diesen sowie den Sozialisten die provisorische Regierung.

1.3 Die durch wirtschaftliche Notwendigkeiten und die Kollaboration behinderte Rückkehr in den Haushalt

Mit dem Gesetz vom 11. Oktober 1940 versucht der französische Staat eine neue Wirtschaftsordnung durchzusetzen. Das erklärte Ziel ist der Kampf gegen die Arbeitslosigkeit. Er verbietet die Einstellung verheirateter Frauen in den Staatsdienst und in andere öffentliche oder halb-öffentliche Verwaltungen. Die Betriebsleiter haben drei Monate Zeit, um einen prozentualen Höchstsatz von Frauenarbeitsplätzen festzulegen; ein finanzieller Anreiz für Heiratswillige unter 28 Jahren wird geschaffen; die verheirateten Frauen, die weniger als drei Kinder haben und deren Ehemann für die Haushaltskosten aufkommt, werden ohne Gehalt beurlaubt; die Frauen über 50 Jahren werden aus dem Amt entlassen und in den Ruhestand geschickt. Auch außereheliche Lebenspartnerinnen entgehen den Maßnahmen nicht, die verheiratete Frauen betreffen. Da das Gesetz es nicht auf die allerdings zahlreichen Frauen abgesehen hat, die eine Prüfung für ein öffentliches Amt abgelegt haben, kann man daran zweifeln, wie weitreichend seine Konsequenzen etwa im Bildungswesen tatsächlich sind.[22] Dagegen wird die Beschäftigung von Frauen im privaten Sektor eingeschränkt. Dazu wird er im übrigen auch durch das Gesetz vom 8. Oktober 1940 angehalten, das die Einstellung von Familienvätern mit mehr als drei Kindern, von Männern, die aus dem Militärdienst entlassen wurden und von Witwen mit mehr als zwei Kindern begünstigt. Das Generalkommissariat für die Familie versucht sein Projekt außerdem dadurch umzusetzen, daß es die Arbeit verheirateter Frauen im Privatsektor verbietet, wenn der Lohn, das berufliche Einkommen oder die Umsatzerträge des Ehemannes „ausreichend" und „stabil" sind.

Zwar wird die Einstellung von Frauen gebremst, aber Entlassungen sind selten, weil man davor zurückscheut, die Dienststellen umzukrempeln und die Rücklagen und Altersrenten auszugeben. Vor allem geht die Arbeitslosigkeit zurück (1 Million Personen im Oktober 1940, 77 000 zwei Jahre später) und das Zahlenverhältnis zwischen den Geschlechtern kehrt sich zwischen 1940 und 1943 um (der Frauenanteil unter den Arbeitslosen steigt von 26 % auf 60 %). Ab 1941 mangelt es an qualifizierten Arbeitskräften, noch mehr aber nach der Einführung des STO (Service de travail obligatoire; „Zwangsarbeitsdienst") im Jahr 1943. Am 12. November 1942 werden mit einem neuen Gesetz die 1940 gegen die Erwerbstätigkeit verheirateter Frauen erlassenen Maßnahmen wieder rückgängig gemacht. Die unverheirateten Französinnen im Alter zwischen 21 und 35 Jahren können nach Deutschland gehen, um zu arbeiten. Im Jahr 1944 sind es 44 000. Im Februar 1944 werden schließlich alle Frauen im Alter zwischen 18 und 45 Jahren für geeignet erklärt, zum STO eingezogen zu werden. Der deutsche Bedarf an Arbeitskräften und die Politik der Kollaboration machen die Reden der nationalen Revolution über die Frau am heimischen Herd

22 Michèle Bordeaux: Femmes hors d' État français, 1940–1944, in: Rita Thalmann (Hg.): *Femmes et fascismes*, op. cit., S. 135–155.

zunichte.[23] Die Realitäten widersprechen dem Ideal eines „ewig Weiblichen", einer Frau, die sich ausschließlich der häuslichen Sphäre widmet. Dies gilt auch für die ländlichen Regionen, wo 300 000 Frauen Leiterinnen eines Betriebs sind, während 100 000 Ehefrauen von Landarbeitern zu Ernährerinnen ihrer Familien werden.

Der État Français[24] verlängert in seiner Familienpolitik die Maßnahmen, die 1938–1939 eingeführt wurden. Am 29. März wird die Beihilfe für nicht erwerbstätige Mütter durch die Beihilfe für Alleinverdiener abgelöst; die Ziele sind jedoch die gleichen: Man will mit einer Beihilfe, die einem jungen Paar gezahlt wird, das nur über ein Erwerbseinkommen verfügt, erreichen, daß die Frauen im Haus bleiben. Dabei wird darauf gesetzt, daß die Geburtenzahlen steigen, und gehofft, daß die Frauenerwerbsarbeit zurückgeht. Bei der Befreiung wird ab dem 17. Oktober 1944 die Beihilfe für Alleinverdiener nicht nur beibehalten, sondern auch noch erhöht. Wenn hier auch die Besonderheiten der Zeit zwischen 1940 und 1944 betont werden, so sollte doch die Kontinuität einer Familienpolitik, die zugleich eine Beschäftigungspolitik für Frauen ist, nicht gering veranschlagt werden. Diese Politik wird in einem sehr viel längeren Zeitraum umgesetzt, der vom Ende der Dritten Republik bis zum Beginn der Fünften Republik reicht und in dem sich erweist, daß es einen breiten politischen Konsens darüber gibt, daß der Platz der Mutter im Haus ist.

1.4 Im Film dominieren die Frauen

Trotz wirtschaftlicher Einschränkungen, der Zensur, des Ausschlusses der Juden aus den Kulturberufen und politischer Umstände, welche die Routine hätten in Frage stellen können, blieb das Kino – wie das Theater oder die Buchproduktion – produktiv und brachte brillante Filme hervor. Die verdunkelten Säle leerten sich nicht. Auf der Leinwand kann man nun beherrschende, positive weibliche Figuren entdecken, die die Patriarchen der 1930er Jahre auf den zweiten Rang verwiesen hatten.[25] So konnte die in dem ersten großen Erfolg der Besatzungszeit *Premier rendez-vous* (*Ihr erstes Rendez-vouz;* Henri Decoin 1941) von Danielle Darrieux gespielte Heldin – ein junges Mädchen, das aus einem Internat flieht – aufgrund ihrer Aura als junger Star den inzestuösen Trieben des alten Fernand Ledoux die Stirn bieten. Die Frauen bestimmen selbst über ihr Schicksal. *Le ciel est à vous* (*Sprung in die Wolken*; Jean Grémillon 1943) liefert dafür eine der besten Illustrationen: Eine tatkräftige Mutter (gespielt von Madeleine Renaud) löst sich aus den familialen Zwängen, um ihrer Passion zu folgen: dem Fliegen. Was in diesem Film nur angedeutet wird, das weibliche Begehren, wird

23 Miranda Pollard: La politique du travail féminin, in: Jean-Pierre Azéma, François Bédarida (Hg.): *Vichy et les Français*, Fayard, 1992, S. 242–250.

24 *Anm. d. Ü.*: État Français („Französischer Staat") war die offizielle Bezeichnung für das Vichy-Regime.

25 Vgl. Noël Burch und Geneviève Sellier: *La Drôle de guerre des sexes du cinéma français 1930–1956*, Nathan, 1996; Dies.: Les pères châtrés du cinéma de l'Occupation, in: *Génériques*, Nr. 1, Winter 1995.

ohne besondere Ängstlichkeit in anderen Filmen offener bekannt: Die Frauen, die begehren, sind nicht mehr notwendig Biester. Freilich entsprechen die idealisierten Frauenfiguren insgesamt dem traditionellen christlichen Vorbild und geben ein Beispiel für Selbstaufopferung, wie in einem der größten Erfolge der Zeit *Le voile bleu* (*Blaue Schleier;* Jean Stelli 1942) mit Gaby Morlay in der Rolle einer Amme, die in der absoluten Hingabe an die Kinder anderer ein Mittel gefunden hat, die Trauer um ihren Mann und ihr eigenes Kind während des Krieges von 1914 zu überwinden.

Man kann in diesen frauenfreundlichen Filmen auch lauter soziopolitische Metaphern erkennen. Das Patriarchat ist krank und gedemütigt – Niederlage, Besatzung, ein Greis an der Spitze des Staats –, aber glücklicherweise halten die Frauen stand! Insofern sie als Stellvertreterinnen fungieren, haben sie sogar die schwere Aufgabe, eine verwundete nationale Identität wiederherzustellen. Und die Männer? Mehrere männliche Figuren treten deutlich hervor: Der abwesende Mann (Spiegelbild einer Wirklichkeit), der Mann auf der Flucht (oder beim Ausreißen), der bemutternde (aber nicht inzestuöse) Mann, Anzeichen für eine Verweiblichung, die in der Gestalt des „sanften Mannes“ manifest wird. Letztere findet sich vor allem in den Filmen von Marcel Carné: *Les Visiteurs du soir* (*Nacht mit dem Teufel;* 1942 mit Alain Cuny) und *Les Enfants du paradis* (*Kinder des Olymp;* 1944–1945 mit Jean-Louis Barrault). Männer, die jeder Aggressivität entbehren, werden von Jean Marais verkörpert, der als begehrenswert und begehrt erscheint, oder von Fernandel, der die Einfältigen mit unattraktivem Äußeren spielt. In *Le Corbeau* (*Der Rabe;* 1943, Louis Chevance und Henri-Georges Clouzot), der die Abtreibung anprangert, wird die Schuld der Männer hervorgehoben. Das Kino der Besatzungszeit hat im kollektiven Imaginären zur Regeneration des Patriarchats beigetragen, indem es ihm „weibliche“ Züge verliehen hat. Es verwandelt auch die gesellschaftliche Realität, geht sogar so weit, sie umzukehren. Durch Melodramen, die in der Privatsphäre angesiedelt sind, stellt es ebenfalls seine Fähigkeit unter Beweis, auf die Schocks der Gegenwart zu reagieren, insbesondere auf die Demütigung durch die Niederlage, welche die männliche Identität erschüttert hat.

1.5 Alltagsschwierigkeiten

Mit dem Kriegseintritt werden bestimmte Lebensmittel zur Mangelware und die Preise steigen. Die Bevölkerung ist von materiellen Problemen in Anspruch genommen und die Ernährung wird zur wichtigsten Sorge, weil sie bis zu 80 % der finanziellen Mittel in Arbeiterhaushalten verschlingt.[26] Man rechnet mit den „Familienpaketen“, die Bekannte und Verwandte vom Land schicken. Man sucht nach Surrogaten für bestimmte Produkte, dem sogenannten „Ersatz“. Man kann den Schwarzmarkt nutzen, vorausgesetzt man hat die Mittel dafür, und Tauschhandelsgeschäfte machen, wenn man etwas zum Tauschen hat. Wenn

26 Dominique Veillon: *Vivre et survivre en France*, Payot, 1995, S. 320.

eine Familie einen Garten bewirtschaftet oder eine Kleintierzucht betreibt, so kann das eine große Unterstützung sein. Die Stadtbewohner werden von der Knappheit hart getroffen. Armut, Mangel an Beziehungen und an Zeit machen das Leben noch schwieriger. Broschüren, Radiosendungen und Zeitungen erklären den Hausfrauen, wie sie die mit den Einschränkungen verbundenen Hindernisse überwinden können: das Omelette ohne Eier, die Suppe aus Kräutern... Diejenigen, die am meisten benachteiligt sind, weisen körperliche Zeichen des Mangels auf. Mit Kleidung läßt sich das Elend nicht mehr verbergen: auch sie zeigt die Armut. Es wird sehr schwierig, Schuhe aufzutreiben – das Leder ist rationiert, im Januar 1941 werden Marken für Schuhe eingeführt. Frankreich muß den Besatzern tonnenweise Wolle und Baumwolle liefern: Im Juli 1941 wird eine Kleiderkarte eingeführt, aber das Angebot bleibt weit unterhalb der Nachfrage. Die Knappheit während der Besatzung ändert nichts daran, daß die Modehäuser weiter arbeiten.[27] Aber die mageren Geldbeutel verlangen den Modebewußten Erfindungsreichtum ab: Sie ändern Männeranzüge um oder zeichnen sich einen vertikalen Strich auf die Wade, der eine Strumpfnaht imitieren soll...

In den Schlangen, die sich vor den Geschäften bilden, sind die Frauen in der überwiegenden Mehrheit. Das lange und beschwerliche Stehen führt zu einem neuen Beruf, dem der Schlangesteherin, die für 7 Francs in der Stunde diejenigen vertritt, die es sich leisten können. Sie legen dann in den Geschäften die Abschnitte ihrer Lebensmittelkarte vor. Bei dieser Karte, die am 23. Oktober 1940 eingeführt und auf den Bürgermeisterämtern ausgegeben wird, macht man keine Unterschiede nach Geschlecht und bezieht sich nur auf das Alter und die Art der Tätigkeit. Die tägliche Ration wird während der Besatzungszeit immer kleiner. „Vichy verliert das Vertrauen der Franzosen zuerst in den Geschäften und auf der Straße. Und die Französinnen, die begabten Geschäftsführerinnen des Alltags, waren als erste desillusioniert."[28] Wie mündliche Zeitzeugenberichte belegen, sind sie auch die ersten, die ihre Nahrungsmittel opfern, um ihren Lieben mehr davon geben zu können, und die ersten, die aufbegehren, und zwar als Hausfrauen. Die offizielle Idealisierung der Mutter, die mit Vorwürfen an die Adresse der „schlechten" Französin einhergeht, die eitel, belanglos, verschwenderisch und zum Opfer unfähig ist; all das, was zur Propaganda des Vichy-Regimes gehört, reicht ab 1942 nicht mehr aus, um die Unzufriedenheit im Zaume zu halten: Die Wirklichkeit widerlegt den offiziellen Diskurs.[29]

---

27 Dominique Veillon: *La Mode sous l'Occupation*, Payot, 1990.

28 François Rouquet: Dans la France du Maréchal, in: Christine Fauré (Hg.): *Encyclopédie politique et historique des femmes*, PUF, 1997, S. 671.

29 Dominique Veillon: La vie quotidienne des femmes, in: Jean-Pierre Azéma, François Bédarida (Hg.): *Vichy et les Français*, Fayard, 1992, S. 638.

2 Widerstand, Verfolgung und Deportation

2.1 Die Frauen im Widerstand: Eine wesentliche, aber unterschätzte Rolle

Über einen langen Zeitraum hat die Geschichtsschreibung einige wenige emblematische Gestalten des weiblichen Widerstandes privilegiert: Berty Albrecht, eine Feministin und linke Aktivistin, die mit Henry Frenay zusammen die Bewegung Combat („Kampf") ins Leben ruft und stirbt, nachdem sie gefoltert worden ist. Oder Danielle Casanova, eine ehedem für die Union des jeunes filles de France zuständige Kommunistin, die mit 34 Jahren in Auschwitz stirbt. „Sie wurden als Beispiele ausgewählt, weil sie sich ähnlich verhielten wie die Männer."[30] Verkannt blieben die „Kämpferinnen im Schatten", die einer ausschließlich kriegerischen und militärischen Darstellung der Résistance zum Opfer fielen. Wenn man nun versucht, „gewöhnliche Frauen", die in der Résistance aktiv waren, wiederzuentdecken, so stellt sich heraus, daß ihr Werdegang bedeutende Unterschiede zu dem von Männern aufweist, aufgrund der Besonderheit ihrer Rekrutierung, der Art ihrer Tätigkeiten und der Leiden, die sie durchzumachen hatten. Die Widerstandsorganisationen machen sich im übrigen die verschiedenen, Männern und Frauen zugeschriebenen Rollen zunutze, insbesondere solche Mittel, wie sie der Kinderwagen, der Einkaufskorb der Hausfrau, das charmante Lächeln eines jungen Mädchens auf dem Fahrrad bieten, Listen, die im kollektiven Gedächtnis zu Klischees geworden sind.

Was versteht man denn eigentlich unter „Résistance"? Seit mehreren Jahren bieten Historikerinnen eine Neudefinition an, die der Geschlechterdifferenz Rechnung trägt.[31] Einige Frauen aus dem Widerstand schließen sich in ihren autobiographischen Werken oder in ihren neueren Zeugenberichten dieser Tendenz an. „Von meinen Eltern war mein Vater, ein Parteikommunist, in der Résistance. Er empfing damals eine Menge Männer und Frauen, die ins Haus kamen. Man kann sagen, daß meine Mutter keinen Widerstand geleistet habe, aber wer stand morgens auf, um sich um den Widerstandskämpfer zu kümmern, der vor Tagesanbruch weggehen mußte? Wer besserte die Schuhe aus und wusch die Wäsche des Widerstandskämpfers, der schlief? Wer bereitete das Essen zu, das er mitnehmen sollte? Wer empfing die Polizei, wenn es einen Alarm gab?"[32] Diese in der Logistik der Résistance unverzichtbaren Tätigkeiten von Frauen bleiben unbeachtet.

---

30 Paula Schwartz: Résistance et différence des sexes, in: *Clio*, Nr. 1, 1995, S. 74. S. Claire Andrieu: Les résistantes, perspectives de recherche, in: Antoine Prost (Hg.): *La Résistance, une histoire sociale, Le Mouvement social,* 1997, S. 69–96.

31 Neben der bereits zitierten Arbeit von Paula Schwarz und der weiter unten zitierten von Marie-France Brive ist gegenwärtig die vollständigste Arbeit zum Thema, die von Margaret Collins Weitz: *Les Combattantes de l'ombre. Histoire des femmes dans la Résistance*, Albin Michel, 1997.

32 Interview mit Mme Dou am 8. Mai 1987, das Hannah Diamond geführt hat. Vgl. Dies.: L'expérience des femmes toulousaines, in: *Clio. Histoire, femmes* et sociétés, Nr. 1, 1995, S. 97.

Wenn man Befragungen durchführt, stößt man bei den Frauen aus der Résistance auf das „zu erwartende Bild der Weiblichkeit: Bescheidenheit und Diskretion", das sich häufig in dem Satz äussert: „Oh! Ich habe gar nichts gemacht."[33] Viele sehen zwischen den Männern und den Frauen in der Résistance überhaupt keinen Unterschied. Dennoch „haben sie [die Frauen], indem sie Widerstand leisteten, nicht nur die geltenden Gesetze überschritten, sondern auch gegen die stillschweigenden Gesetze dessen verstoßen, wie eine Frau sein ‚soll'. Deshalb der objektiv ‚außerhalb der Norm' liegende Charakter ihres Engagements, den sie sich zu recht als solchen nicht zu eigen machen wollen, weil er aus rechtlichen oder faktischen Einschränkungen resultiert, auf die Gesetzgebung und soziale Praktiken sie festlegten."[34] Halten wir den Begriff „Überschreitung" fest: Wenn die Frauen, die sich in der Résistance engagieren, sich als Citoyennes fühlen, so werden und wurden sie vor dem Krieg doch als solche nicht anerkannt. Für die Männer dagegen „stellt der Kampf im Widerstand keinen der ideologischen Werte in Frage, die ihre männliche Identität konstituiert hatten: den militärischen Mut, das Waffentragen, den Kampf, der ihnen möglicherweise den Tod bringen, aber auch einen Heldenstatus verschaffen kann."[35]

Die Verknüpfung der privaten und der öffentlichen Sphäre, die für ein kämpferisches Engagement häufig entscheidend ist, wird bei den Frauen in der Résistance besonders sichtbar. Liebe und Freundschaft gehören ebenso zur Geschichte der Résistance wie Tragik: Folter, Deportation und Tod. Um „nicht dem Nazismus, der nur über ein Imaginäres des Todes verfügte, nachträglich einen Sieg zu überlassen", empfiehlt die Historikerin Marie-France Brive, „das nicht zu entwerten, was die Kämpfer und Kämpferinnen im Schatten – unbedingt – getragen hat: die Räume und Augenblicke des Glücks, der Freude oder des Lebens, die sie sich im Alltag zu schaffen, zu geben oder zu entreißen verstanden, in einer Gegenwart, die um so stärker präsent war, als sie bedroht war."

Man kann hier an Lucie Aubrac denken, die in *Ils partiront dans l'ivresse* (1986; *Heldin aus Liebe*) die Kraft ihrer Liebe beschreibt, die ihr zu all der Tapferkeit verhilft, derer sie bedarf, um das Leben ihres Ehemannes und seiner Kameraden zu retten. Nachdem ihr Buch von Claude Berri verfilmt wurde (*Lucie Aubrac*, 1997), kann man sich wahrscheinlich besser vorstellen, worin die Gefahren jener historischen Vergegenwärtigung des „Gefühls" liegen. Das Risiko ist nämlich, das Stereotyp der Frau als „großer Liebender" oder als „Zuflucht des Kriegers" zu verstärken.[36] Aber eine genauere Untersuchung würde wahrscheinlich ergeben, daß mögliche „Überschreitungen" in außergewöhnlichen Zeiten

33 Marie-France Brive: Les Résistantes et la Résistance, in: *Clio. Histoire, femmes* et sociétés, Nr. 1, 1995, S. 57–66.

34 Id.

35 Id.

36 Der Film von Claude Berri huldigt einer apolitischen Darstellung der Résistance, die zur simplen Kulisse einer in jede Zeit und an jeden Ort übertragbaren Liebesgeschichte wird. In der Rolle der Lucie sind die Vorstellungen, die Kultur, die Überzeugungen der Résistante vollständig gestrichen. Demgegenüber

häufig sind: Eine ungewöhnliche Wertschätzung gemischt- oder gleichgeschlechtlicher kameradschaftlicher und freundschaftlicher Beziehungen, zahlreiche außereheliche Liebesbeziehungen, eine spürbare Veränderung mütterlicher Gefühle, so daß es ein „politischer" Wunsch sein kann, ein Kind zur Welt zu bringen oder die Tatsache, daß eine Familienmutter bereit ist, „alle Risiken auf sich zu nehmen, da sie sich für sich selbst und für die Ihren einsetzt". So empfängt Lucie Aubrac ihre beiden Kinder von Raymond Samuel zu ausgesprochen symbolischen Zeitpunkten, wobei sie uns übrigens auch dazu auffordert, diese als solche zu betrachten: Das erste Kind bei der Rückkehr ihres aus dem Gefangenenlager entflohenen Mannes, das zweite am Tag nach seiner Entlassung aus dem Gefängnis am 14. Mai 1943. Sie situiert ihren Zeugenbericht innerhalb der neun Monate dieser Schwangerschaft, in deren Verlauf sie den spektakulären Ausbruch ihres Mannes organisiert. Diese Schwangerschaft steht auch im Mittelpunkt der Finte, in der sie unter der falschen Identität einer jungen Adligen behauptet, von ihrem „Entehrer" verführt und schwanger geworden zu sein. Sie stellt auf diese Weise den Kontakt zu ihrem Ehemann wieder her, was ihr ermöglicht, seine Flucht zu organisieren. Hélène Viannay, Mitbegründerin der Bewegung Défense de la France („Verteidung Frankreichs"), bringt ihr Baby 1943 zur Welt: „Man muß zugeben", sagt sie, „daß das wunderbar war: Das erste Baby unserer Widerstandsgruppe wurde am 14. Juli geboren."[37] Diese kollektive Abstammung („unserer") ist bemerkenswert, denn sie belegt, daß sich in gewissem Maße unter dem Einfluß der ausgesprochen starken Freundschaftsbindungen, welche die jungen Leute dieser Gruppe, häufig Studierende, zusammenschweißte, der Entwurf eines verheirateten Elternpaares auf ungewöhnliche Weise aufzulösen beginnt. Lucie Aubrac ist wahrscheinlich diejenige unter den Résistantes, die sich am stärksten auf die weibliche Besonderheit ihrer Erfahrung eingelassen hat. Sie achtet sehr stark auf das Familienleben – sie sieht übrigens wie viele andere die Résistance als eine über das ganze Land verteilte geheime Familie – und auf den Alltag. Sie beschreibt ihr Doppelleben als Ehefrau und Mutter, die stundenlang Schlange steht, um ihre Angehörigen ernähren zu können, und als Funktionärin der Befreiung, zwei Leben, die selbstverständlich miteinander verbunden werden.[38]

Das Augenmerk auf die alltäglichen Versorgungsprobleme kennzeichnet die Aktivität kommunistischer Frauen, die Komitees für die weibliche Bevölkerung organisieren und Demonstrationen von Hausfrauen gegen den Mangel an Kohle und an Nahrungsmitteln,

---

ist das Buch *Lucie Aubrac. Cette exigeante liberté* (Gespräche mit Corinne Bouchoux, L'Archipel, 1997) vorzuziehen. – Zu *Ils partiront dans l'ivresse* (Le Seuil, Paris, 1986) vgl. die deutsche Übersetzung von Andrea Spingler: Lucie Aubrac: *Heldin aus Liebe: Eine Frau kämpft gegen die Gestapo*, Beck-Verlag, München, 1996.

37 Interview mit Hélène Viannay von Françoise Thébaud und Dominique Veillon, in: *Clio*, Nr. 1, 1995, S. 249.

38 Vgl. Claire Gorrara: Reviewing Gender and the Résistance: the Case of Lucie Aubrac, in: H. R. Kedward und Nancy Wood (Hg.): *The Liberation of France. Image and Event*, Berg, Oxford 1995, S. 143–154; und Dominique Veillon: Résister au féminin, in: *Pénélope*, Nr. 12, Frühjahr 1995, S. 87–91.

aber auch gegen die „Boches“ und die Miliz. Die Rettung jüdischer Kinder ist häufig eine Sache der Frauen: Jüdinnen vom Kinderhilfswerk OSE (Œuvre de secours aux enfants[39]) und Protestantinnen von Cimade (Comité inter-mouvements auprès des évacués, dessen Generalsekretärin Madeleine Barot ist) kümmern sich um Unterbringung auf dem Land.[40] Die Tätigkeiten der Frauen im Widerstand gleichen oft den Tätigkeiten, die auch unter normalen Umständen den Frauen überlassen werden: Soziale Dienstleistungen, Sekretariatsaufgaben, Beherbergung. Häufig wird ihnen die Aufgabe einer Verbindungsagentin und einer Begleiterin auf den Durchgangs- und Fluchtwegen übertragen, weil die jungen Männer stärker kontrolliert werden.

Freilich nehmen Frauen auch direkt am bewaffneten Kampf teil, wie Madeleine Riffaud, die in Paris einen deutschen Offizier erschießt. Jeanne Bohec muß, obwohl sie als ausgezeichente Sprengstoffspezialistin bekannt ist, viele Widerstände überwinden, ehe ihre Fähigkeiten genutzt werden.[41] Im Jahr 1944 weigern sich die FFI (Forces françaises de l'intérieur; „Französische Streitkräfte des Inneren“) trotz allem, sie an die Front gehen zu lassen.

Die Forces françaises libres („Freie Französische Streitkräfte“), die de Gaulle in London versammelt hat, lassen zunächst etwa hundert Freiwillige (Sekretärinnen, Fahrerinnen) für ein „weibliches Corps“ zu, dann richten sie 1941 ein Corps der Freiwilligen ein (500 Frauen). Die Nachrichten der BBC appellieren im Laufe der Zeit mit immer mehr Nachdruck an den Widerstand von Frauen und Mädchen. Sanitäterinnen, die „Rochambelles“ genannt werden, begleiten die Truppen der 2. Panzerdivision von Leclerc. Im Jahr 1944 werden die AFAT geschaffen (Arme féminine de l'armée de terre; „Frauenabteilungen der Landarmee“) und die Frauenabteilungen der Flotte und der Luftwaffe, die am Ende des Krieges 15 000 Frauen umfassen, das heißt, zwei bis drei Prozent der neuen Armee ausmachen.[42] Die Überschreitungen, die durch den Untergrund möglich waren, wurden von dem Zeitpunkt an nicht mehr geduldet, als „der Krieg sein normales Aussehen zurückgewann: das einer staatlichen Armee, bestehend aus ‚richtigen‘ Soldaten, die den Feind offen bekämpfen.“[43] Auch wenn ihnen nur Hilfsaufgaben übertragen werden, verändern die weiblichen Soldaten – man wagt nicht, sie „Soldatinnen“ zu nennen – ebenso wie die Partisaninnen im inneren Widerstand die Vorstellungen vom weiblichen Geschlecht.

---

39 Sabine Zeitoun: *L'Œuvre de secours aux enfants sous l'Occupation en France. Du légalisme à la Résistance, 1940–1944*, L'Harmattan, 1990.

40 *Anm. d. Ü.*: OSE und Cimade: Sowohl die jüdische Kinderhilfsorganisation wie das protestantische „Komitee für die Verlegung von Evakuierten“ konnten jüdische Kinder aus den Lagern in der nicht besetzten Südzone Frankreichs retten.

41 Jeanne Bohec: *La Plastiqueuse à bicyclette*, éd. du Félin, 1999.

42 Luc Capdevila: La défense nationale au féminin. Mobilisation des femmes, réajustement du genre et identité de sexe du coté de la France combattante (1940–1945), in: *Clio*, Nr. 12, 2000.

43 Hélène Eck: Les Françaises sous Vichy, in: Georges Duby, Michelle Perrot (Hg.): *Histoire des Femmes*, Bd. 5, S. 209.

Innerhalb der Widerstandsorganisationen bleibt die Macht männlich besetzt, bis auf Ausnahmen: Marie-Madeleine Fourcade, die für den Intelligence Service das Informationsnetz Alliance leitet, unterstehen 3 000 Personen, von denen 700 Frauen sind; Marie-Louise Dissart steht an der Spitze des dem *War Office* zugeordneten Netzes Françoise; Madeleine Braun ist die Anführerin des Front national in der Südzone; Claude Gérard ist die Leiterin eines Maquis, in dem sieben Départements des Südwestens zusammengefaßt sind. Trotz der geschlechtsspezifisch verteilten Aufgaben kommt mitten in diesem nicht konventionellen Krieg eine egalitäre Utopie zum Vorschein, die von Brigitte Friang glühend verteidigt wird: „Wir hatten für eine gewisse Zeit eine neue Gesellschaft gestaltet, in der jeder über seine volle menschliche Würde verfügte und dem anderen gleichgestellt war. Dies galt für den Arbeiter und den Großbürger, aber vor allem für Frau und Mann."[44] In den Interviews mit Frauen aus der Résistance finden sich keine Beweggründe, die sich mit der Tatsache verbinden, daß sie Frauen sind, und schon gar nicht oder nur sehr selten solche feministischer Art. Einige von ihnen gestehen sogar zu, daß ihnen die repressive Politik des Vichy-Regimes gegen die Frauen gar nicht aufgefallen sei. Wie für die Männer besteht der Hauptgrund ihres Engagements darin, daß sie sich gegen ein besetztes Frankreich wehren, häufig verbunden mit einer Ablehnung des Nazismus und des Antisemitismus.

Weil das Engagement im Widerstand ein persönliches ist, das sich auf „innere Überzeugungen" gründet und nicht durch den üblichen politischen Rahmen vorgegeben wird, weil es sich zwar auf gewerkschaftliche und politische Netzwerke von vor 1940 stützt, aber auch auf „private Netze und intime Beziehungen", spielen Frauen eine ausschlaggebende Rolle. Muß man daran erinnern, daß mehr als eineinhalb Millionen Männer in Gefangenenlagern festgehalten werden und daß die „Helfer" der Résistance ganz überwiegend Frauen sind? Hier wird ganz deutlich, daß es unbedingt der *Oral History* bedarf, um die Frauen sichtbar werden zu lassen. Denn wenn man zum Beispiel Zeitungen der Résistance liest, tauchen nur sehr wenige Frauennamen auf. In *Défense de la France,* einer der berühmtesten Résistance-Zeitungen, die 1941 entstand und von der bis zu 400 000 Exemplare verbreitet wurden, ist (im Jahr 1943) die erste Signatur einer Frau, die von „Gallia", Geneviève de Gaulle, der Nichte des Generals. Obwohl Studentinnen in dieser Gruppe zahlreich vertreten sind, trauen sie sich nicht, Artikel zu schreiben, weil sie fürchten, damit überfordert zu sein. Dagegen liegt die Verantwortung für den Druck, für die zur Redaktion erforderliche Logistik und vor allem für die Verbreitung in hohem Maße bei ihnen: Nur in Gesprächen kann dies zum Vorschein kommen. Das Selbstvertrauen, das zum Schreiben unentbehrlich ist, finden die Résistantes in Gruppen, in denen sie unter sich sind. Frauenzeitungen oder handgeschriebene Bögen werden für die Verbreitung im Stadtviertel, für eine lokale und seltener regionale oder nationale Verbreitung erstellt: *Voix des femmes, Femmes, Les Mères de France, Les Femmes à l'action, La Ménagère du Pas-de-Calais, La Patriote parisienne, La Marraine des réfractaires, Le Cri des femmes, L'Appel des femmes, La Madelon des FTP* sind einige der ent-

44 Brigitte Friang: *Regarde-toi qui meurs (1943–1945)*, Plon, 1989, S. 47 f.

sprechenden Titel. Auch im Untergrund der Gefängnisse wird geschrieben: *La Patriote enchaînée* (eine Monatsschrift aus La Roquette in Paris), *Le Trait d'union des Baumettes* (in Marseille). Außergewöhnlich ist die aus dem kommunistischen Widerstand hervorgegangene Monatszeitung *Femmes Françaises*, die mit Hilfe von Matrizen in 40 000 Exemplaren reproduziert wird.[45]

Die Frauen haben, seltener als die Männer, ihre Rechte auf die Verleihung des Titels *Combattant volontaire de la Résistance* („Freiwilliger Widerstandskämpfer") geltend gemacht. Das Studium der entsprechenden Akten zeigt, daß es nur etwa 10 % Frauen waren. Nach dieser Quelle treten Männer und Frauen gleichermaßen schon als Jugendliche in die Résistance ein (etwa 20 % sind unter 20 Jahren) und zwar im gleichen Zeitraum (einen hohen Stellenwert haben die Jahre 1942 und 1943). Differenzen zwischen ihnen spiegeln nur die Unterschiede zwischen Männern und Frauen in der Gesellschaft der Zeit wider: Frauen haben ein etwas niedrigeres Bildungsniveau, sind aber vor allem weniger in die Arbeitswelt sowie in berufliche und gewerkschaftliche Netzwerke eingebunden; sie haben eine direkte Beziehung zur Widerstandstätigkeit von Mitgliedern der eigenen Familie. Geht man vorrangig von dieser Art von Quellen aus, so kann man tatsächlich behaupten: „Wenn man vom Waffengebrauch absieht, ist der Widerstand der Frauen nicht von anderer Wesenart als der der Männer, ebensowenig wie es ihre Motivationen sind."[46]

Die Propaganda des Vichy-Regimes, die sich an Frauen wendet: Das Beispiel der „Ablösung"

Propagandaplakat des Vichy-Regimes zugunsten der „Ablösung" (das Prinzip einen Kriegsgefangenen gegen drei nach Deutschland gehende qualifizierte Arbeitskräfte auszutauschen, eine Regelung, die Laval am 22. Juni 1942 in einer Rede im Radio angekündigt hat, in der er „den Sieg Deutschlands" wünscht).
Das Dokument wird in der BDIC verwahrt.

„Französische Frauen!
Diese Zeilen sind für Sie geschrieben.

Für SIE, deren Leben aus Selbstverleugnung und Opferbereitschaft besteht.

SIE müssen den ergreifenden Aufruf gehört und verstanden haben, den Präsident Laval am 22. Juni an die Franzosen gerichtet hat.

SIE, die das große Glück hatten, Ihre Söhne, Ehemänner und Verlobten, die in den Fabriken arbeiten, bei sich zu behalten.

45 Évelyne Sullerot: *La Presse féminine*, Armand Colin, 1966, S. 63–65.

46 Hélène Chaubin: Femmes dans la Résistance méditerranéenne. Deux exemplaires régionaux: Corse et Languedoc, in: *Clio. Histoire, femmes et sociétés*, Nr. 1, 1995, S. 53.

SIE werden besser als jeder andere die gebieterische Notwendigkeit verstehen, eben diesen Söhnen, eben diesen Männern, eben diesen Verlobten zu sagen, daß DIE STUNDE DER ABLÖSUNG GESCHLAGEN HAT. Daß andere Mütter, andere Ehefrauen, andere Verlobte es Ihnen unendlich vergelten werden, ihnen ihren abwesenden Liebsten zurückgegeben zu haben, auf den sie seit zwei Jahren warten.

Willigen Sie in diese vorübergehende Trennung ein.

SIE werden das Glück in eine Familie bringen und für das Wohlbefinden ihrer eigenen Familie sorgen.

Ab heute, französische Frauen, sollten sich Ihre Söhne, Ihre Ehemänner, Ihre Verlobten unverbindlich bei den Einsatzbüros nach Arbeit in Deutschland erkundigen.

2.2 Verfolgung und Deportation

Zu Beginn der Besatzungszeit wurden die Frauen aus der Résistance, weil die Behörden sie für weniger bedrohlich hielten als die Männer, nicht mit besonders schweren Strafen belegt. Bei ihrer Verteidigung ziehen die Angeklagten Nutzen aus den Vorurteilen ihrer männlichen Richter, indem sie die Ahnungslosigkeit der Verlobten, die Verblendung der Geliebten vortäuschen, oder indem sie mit Notfällen argumentieren, in die sie in ihrer Rolle als Mutter und Hausfrau geraten seien. Sie profitieren von einer gewissen Milde. Madeleine Marzin,

Die Aufrufe zum Widerstand der Frauen

Handzettel der (mit der Kommunistischen Partei verbundenen) Frauenkommitees; mit der Erlaubnis von Lucie Aubrac wiederabgedruckt bei Margaret Collins Weitz: Les Combattants de l'ombre, *Albin Michel, 1997.*

TUN WIR ES IHREM BEISPIEL NACH!
In Rouen haben 1500 Frauen durch ihre Aktion eine bessere Versorgung mit Nahrungsmitteln erreicht. In Montbéliard demonstrieren am 11. Juni 200 Frauen und erreichen, daß Eier und Trockengemüse verteilt werden. In Besançon gehen 600 Frauen auf die Präfektur und bekommen Eier, Gemüse und Konfitüren; am nächsten Tag, dem 12., machen 250 Frauen ihre Ansprüche geltend und erhalten Genugtuung! FRAUEN VON REIMS, FOLGT DIESEM BEISPIEL. Schließt Euch zusammen, geht auch Ihr ins Rathaus. Verlangt Konfitüren für Eure Kinder, ein Kilo Zucker zusätzlich und Kartoffeln.

FRAUEN VON REIMS!
Der Verräter Laval läßt die Stoffe, die für Kinderlager bestimmt waren, für Arbeiter beschlagnahmen, die im Land der Boches arbeiten. Deshalb findet Ihr nichts, um Eure Kinder und Eure Männer einzukleiden! Frauen von Reims! Geht in Scharen zum Bürgermeisteramt, um gegen die Beschlagnahmung von Stoffen zu protestieren. Fordert etwas zum Anziehen.

Die Boches wollen Frankreich zerstören, indem sie uns aushungern. Franzosen! Raus aus Frankreich mit den Besatzern!

FRAUEN VON REIMS!
Eure Kinder haben Hunger, sie vergehen vor Verlangen vor den Auslagen mit Früchten, Kirschen, Aprikosen etc. Ihr könnt ihnen nichts davon kaufen, weil die Früchte zu teuer sind! Der Lohn Eurer Männer reicht nicht aus! Frauen, Mütter, protestiert gegen den Anstieg der Lebenshaltungskosten.

WARNUNG!
Mütter, Frauen, Schwestern, Verlobte, laßt die, die ihr liebt, nicht weggehen, um in Nazideutschland, das von Bombenangriffen der englischen Luftwaffe überzogen wird, zu arbeiten. Widersetzt Euch mit Nachdruck dem Abzug Eurer Lieben, überzeugt sie, aufs Land zu gehen und mit all ihrer Kraft gegen die Boches zu kämpfen!

MÜTTER!
Jeden Tag ergehen sich die gierigen Verräter von Vichy in schwülstigen Reden über die Kindheit und die Familie. Was aber bleibt von alledem, wenn sie Maßnahmen ankündigen, um die für die Kleinsten vorgesehene Kondensmilchmenge zu reduzieren? Frauen, laßt Eure Kinder nicht sterben. Fordert Milch, um sie großzuziehen.

Die Frauenkomitees

die Organisatorin der Demonstration kommunistischer Frauen in der Rue de Buci in Paris im Sommer 1942, in deren Verlauf zwei Polizisten erschossen wurden, wird zum Tode verurteilt und dann begnadigt.[47] Sie entkommt vor ihrem Transport nach Ravensbrück. Pétain setzt die übliche Praxis fort, zum Tode verurteilte Frauen zu begnadigen – was nicht für Marie-Louise Giraud, die 1943 wegen Abtreibung hingerichtet wird, gilt –, aber für viele kommt die Deportation einer Todesstrafe gleich. Ab 1942 wird den Machthabern allmählich bewußt, daß Frauen in den Untergrundbewegungen eine aktive Rolle spielen. Sie

47 Paula Schwarz: La répression des femmes communistes (1940–1944), in: *Cahiers de l'IHTP, Identités féminines et violences politiques 1936–1946*, Nr. 31, Oktober 1995, S. 25–37.

werden nun viel härter verfolgt und zwar besonders, wenn sie Jüdinnen und/oder Ausländerinnen sind. Im Gegensatz zu den Männern, die in Frankreich hingerichtet werden, werden die Frauen zunächst nach Deutschland verschleppt, wo sie fern von französischen Augen und Ohren exekutiert werden.

Die Widerstandskämpferinnen – die „Politischen" –, aber auch zahlreiche einfache Rechtsbrecherinnen – werden nach Ravensbrück geschickt, dem ersten und wichtigsten Frauenlager, in das 10 000 Französinnen deportiert wurden. Von ihnen werden 2 000 überleben und, wie die Ethnologin Germaine Tillion, für die anderen Zeugnis ablegen.[48] Die Deportierten werden einer entmenschlichenden Behandlung unterzogen: Folter, Schwerarbeit, Entzug von Schlaf und Pflege, Kälte und Hunger.[49] Sie stehen dies mit ungezählten Gesten der Freundschaft, der Solidarität, des Miteinanderteilens durch. Gegen Ende des Krieges finden in Ravensbrück Massenvernichtungen von Jüdinnen und Zigeunerinnen statt.

Der État Français verschafft sich über die Verfolgung der „terroristischen" Machenschaften der Résistance hinaus Mittel, um Bevölkerungsteile wegzusperren, die „vom nationalen Standpunkt aus verdächtig sind oder die öffentliche Ordnung gefährden". Im Jahr 1940 erbt er die „Konzentrationslager" (so der offizielle Begriff) für Ausländer, in denen die zu Ende gehende Dritte Republik Hunderte von Flüchtlingen aus Spanien versammelt hatte. Im Oktober 1939 werden die Ausländerinnen im Lager von Rieucros (Département Lozère) zusammengetrieben. Ab dem 17. Mai 1940 werden auch deutsche Staatsangehörige – mehrheitlich antifaschistische Jüdinnen – interniert. Die Gefangenenzahlen von Rieucros gehen schnell in die Höhe. Fast 10 000 Frauen werden verhaftet und in Lager geschickt. Rieucros dient bis Februar 1942 als Frauenlager. Danach wird es durch Brens in der Nähe von Gaillac (Département Tarn) ersetzt.[50] Andere werden in das im Dezember 1940 eröffnete Lager von Rivesaltes geschickt, das „Zentrum für Familienzusammenführung", in dem die Mütter mit ihren Töchtern von den Männern und ihren Söhnen getrennt werden. In diesen Lagern werden die Politischen (Französinnen, Spanierinnen, Deutsche, Polinnen) mit Delinquentinnen, unter denen keine einzige Verbrecherin ist, und Prostituierten, die manchmal verhaftet werden, weil sie deutsche Soldaten mit Syphilis angesteckt haben, zusammengewürfelt. Sie haben dort unter Hunger, Kälte, fehlender medizinischer Behandlung, aber auch unter Angst zu leiden.

Nach dem Waffenstillstand, der festlegt, daß die deutschen Gefangenen den Behörden der Nazis auszuliefern sind, schließt sich die Falle, abgesehen von denjenigen, denen es gelingt, Frankreich zu verlassen. Die Deportation antifaschistischer Häftlinge wird erleich-

---

48 Germaine Tillion: *Ravensbrück*, (1946), Le Seuil, 1988. Dt.: Dies.: Frauenkonzentrationslager Ravensbrück, Verlag zu Klampen, Lüneburg 1998.

49 Vgl. Charlotte Delbo: *Le Convoi du 24 janvier*, Minuit, 1965.

50 Vgl. den Dokumentarfilm von Rolande Trempé in der Regie von Claude Aubach: *Camps des femmes*, den das Centre audiovisuel de l'Université de Toulouse Le Mirail 1994 produziert hat. Vgl. auch Mechtild Gilzmer: *Camps des femmes. Chroniques d'internées. Rieucros et Brens 1939–1944*, Autrement, coll. Mémoires, Nr. 65, September 2000.

tert, später dann, ab August 1942, auch die von Jüdinnen.[51] Die Judenstatute, die am 3. Oktober 1940 und am 2. Juni 1941 erlassen werden, sowie das Gesetz vom 7. Juni, das den gelben Stern vorschreibt, machen keinerlei Unterschied zwischen den Geschlechtern: Diese frühzeitig von Frankreich beschlossenen und nicht von Deutschland geforderten Maßnahmen führen zur gesellschaftlichen Ausgrenzung von Männern und Frauen, die als Juden identifiziert werden. Bei den ersten Razzien am 16. und 17. Juli 1942 werden 3013 Männer, 5802 Frauen und 4051 Kinder von der französischen Polizei gefaßt. Viele Männer wurden bereits in den vorhergehenden Monaten verhaftet. Bis zum Juli 1942 ist die in Drancy internierte Bevölkerung, die für die Deportation in Vernichtungslager vorgesehen ist, ausschließlich männlich. Danach kommen massenhaft Frauen und Kinder an. Insgesamt sind es 80 000 Juden, Männer und Frauen.

Die in Gang gesetzte Vernichtungslogik berücksichtigt das Geschlecht nicht, auch nicht das Alter, den sozialen Status oder die Nationaliät. Die Idee, die Frauen, die Kinder oder die Greise zu verschonen, kommt den Köpfen, welche die Deportation und die Todeslager organisieren, erst gar nicht in den Sinn. Es ist der État Français (Laval im Juli 1942), der die – nicht von den deutschen Behörden geforderte – Deportation von Kindern unter sechzehn Jahren unter dem zynischen Vorwand beschließt, „die Familien nicht zu trennen“. Am 13. August gibt Berlin seine Zustimmung, die Kinder nach Auschwitz zu deportieren.

Annette Muller erinnert sich an den Tag (den 6. August 1942), an dem sie mit ihrem Bruder von ihrer Mutter getrennt wurde

„Alle standen in der Mitte des Lagers. Die Kinder klammerten sich an ihre Mütter, zerrten sie an den Kleidern. Mit Gewehrkolben, Gummiknüppeln, mit Güssen von kaltem Wasser versuchte man, uns auseinanderzutreiben. Es war ein wildes Gedränge, Geschrei, Weinen, Brüllen vor Schmerz. Die Gendarmen rissen den Frauen die Kleider herunter, suchten nach Schmuck und Geld.

Dann auf einmal eine große Stille. Auf der einen Seite Hunderte von Kindern, auf der anderen die Mütter mit den Größeren. Dazwischen die Gendarmen, die barsche Befehle erteilen. Michel und ich halten uns an der Hand ohne uns zu rühren, Tränen trocknen auf unseren Gesichtern, wir sehen auf Mama, die unbeweglich in der ersten Reihe der Gruppe uns gegenüber steht.

Von weitem sehe ich ihr Lächeln, ihren liebevollen Blick. Ihre Hand deutet ein Winken an. Die Gruppe wurde weggeführt, wir waren allein. [...]

---

51 Anne Grynberg: *Les Camps de la honte. Les internés juifs des camps français 1939–1944*, La Découverte, 1991.

Uns wurde angekündigt, daß wir alle das Lager verlassen würden. Am frühen Morgen schleppten wir uns mit unseren Bündeln zu Hunderten, einer hinter dem anderen bis zum Bahnhof. Die Kleinsten wurden auf Lastwagen transportiert. Erschöpft mußten wir lange unter den Augen der Einwohner durch das ganze Dorf Beaune-la-Rolande marschieren. Ich haßte ihre Blicke. Sie machten mich noch schmutziger. Auf dem Bahnsteig wartete ein Zug aus Viehwaggons. Unter Gebrüll und Geschubse stieß man uns hinein. Das Trittbrett war zu hoch. Die Kinder fielen hin. Die Bündel rollten zu Boden. Manche weinten, riefen nach Bruder oder Schwester, die sie verloren glaubten.

Michel und ich klammerten uns aneiander. Ich versuchte, meine Sandale nicht zu verlieren. Der Riemen war in dem Gedränge gerissen. Es war dunkel im Waggon, als die Türe geschlossen wurde. Man bekam keine Luft, alle waren zusammengepfercht. Ein Geschiebe und Geschubse begann, alle wollten näher an die hohe Luke, um ein bißchen frische Luft abzubekommen."

Aus: Annette Muller: *La Petite fille du Vel d'Hiv*, Denoël, 1991; Dt.: *Die Razzia*, aus dem Französischen von Christel Gersch, Berlin, Nicolai, 1998. (Die Übersetzung von Christel Gersch wurde hier geringfügig verändert).

Die Kinder, die aus den Lagern im Département Loiret (Pithiviers und Beaune-la-Rolande) kommen, erreichen das Lager Drancy.

Zeugenbericht von Odette Daltroff, die monatelang in Drancy interniert war, aus: Serge Klarsfeld (Hg.): *Mémorial de la déportation des Juifs de France*, Fayard, 1978

„Wir sind bei den ersten Deportationen dabei, Nervenkrisen von Frauen, die sich im vierten Stock aus den Fenstern stürzen. Es ist schrecklich heiß. Man kündigt uns das Eintreffen von 3 000 Kindern ohne Eltern an, den Rest der Razzia vom 15. Juli aus dem Vel d'Hiv; man hatte sie nach Pithiviers gebracht; dort werden 1. die Männer deportiert, 2. die Frauen, die sich von ihren Kindern losreissen, welche sie nicht gehen lassen wollten. Ein Gendarm erzählt, wie schauderhaft und herzzerreißend dieser Anblick war; sie trennen Frauen und Kinder mit Gewehrkolbenschlägen; die Frauen gehen weg in dem Glauben, das Rote Kreuz werde sich um ihre Kinder kümmern können.

Hastig nähen sie Namen und Adressen auf ihre Kleider. Um den ersten September herum kommen 1 000 Kinder an. Man rekrutiert unter uns hilfsbereite Frauen, die sich um diese Kinder kümmern sollen. Wir werden mit Armbinden ausgestattet und mit von der Gendarmerie ausgestellten Passierscheinen, die uns berechtigen, im Lager herumzulaufen.

Autobusse kommen an. Wir holen aus ihnen kleine Wesen in einem unvorstellbaren Zustand heraus. Umgeben von Insektenschwärmen strömen sie einen schrecklichen Geruch aus. Sie haben Tage und Nächte gebraucht, um in plombierten Eisenbahnwagen von Pithiviers zu kommen; 90 in einem Waggon mit einer Frau, die im allgemeinen 2, 3, 4 eigene Kinder in dem Haufen hat. [...]

Feige haben wir ihnen gesagt, daß sie ihre Eltern wiedersehen würden; und dafür würden sie alles ertragen. Niemals werden wir die Mienen dieser Kinder vergessen; unaufhörlich ziehen sie vor meinen Augen vorbei. Sie sind ernst und tiefsinnig und, was aussergewöhnlich ist, der Schrecken der Tage, die sie durchgemacht haben, hat ihre kleinen Gesichter gezeichnet. Sie haben alles verstanden, wie Grosse. Manche haben kleine Brüder oder Schwestern und kümmern sich bewunderswert um diese; sie haben ihre Verantwortung begriffen. Sie zeigen uns das Kostbarste, was sie haben: die Photographie ihres Vaters oder ihrer Mutter, die diese ihnen im Augenblick der Trennung gegeben hat. In aller Hast haben die Mütter eine zärtliche Widmung geschrieben. Wir haben alle Tränen in den Augen, weil wir uns diesen tragischen Moment vorstellen, den unermeßlichen Schmerz der Mütter."

Es ist das Vernichtungslager Auschwitz, in dem die meisten Deportierten aus rassischen Gründen getötet werden, ohne Unterschied des Geschlechts. Der Bau von Gaskammern hat nicht nur eine Beschleunigung des Massenmordes ermöglicht, er hat ihn auch erleichtert, indem er denjenigen SS-Männern, die sich schwer damit taten, Frauen und Kinder zu erschießen, Skrupel ersparte. Himmler erklärt 1943, daß die Entscheidung, die Frauen und die Kinder auszurotten durch den „primitiven, ursprünglichen, natürlichen Rassenkampf" begründet sei, dem sich der Nationalsozialismus verpflichtet habe.[52] Die Eliminierung potentieller Mütter ist offenbar eines der Merkmale von Völkermorden.[53] Daß Frauen (Jüdinnen und Zigeunerinnen), wie es scheint, in den Todeslagern zahlreicher vertreten waren als Männer, hat nichts Besonderes zu bedeuten, außer daß die erwachsenen Männer, die mobiler waren, den Razzien in größerer Zahl entkommen, ins Exil gehen, sich dem bewaffneten Kampf anschließen konnten oder unter anderen Umständen starben. Das Wesentliche ist, daß es keinerlei Unterscheidung nach Geschlecht (und nach Alter) gab, was die Ausbeutung der Arbeit und die Tötung der Deportierten betraf.

---

52 Gisela Bock: Le nazisme, in: *Histoire des femmes. Le XXe siècle*, op. cit., S. 150. – Hier zitiert nach Dies.: Nationalsozialistische Geschlechterpolitik und die Geschichte der Frauen, in: *Geschichte der Frauen* Bd. 5, 20. Jahrhundert, S. 182.

53 In *Les Françaises à Ravensbrück* (Gallimard 1965) erinnern die Amicale de Ravensbrück und die Association des déportées et internées de la résistance an den (ungesühnten) Präzedenzfall des von der türkischen Regierung begangenen Völkermordes an den Armeniern im Jahr 1915.

Diese Erfahrung haben viele mitzuteilen versucht, sie sind aber bei ihrer Rückkehr im Frühling 1945 auf zahlreiche Schwierigkeiten gestoßen, es zu tun.

> „Ihr möchtet wissen
> Fragen stellen
> und ihr wißt nicht, welche Fragen
> und ihr wißt nicht, wie die Fragen stellen
> deswegen fragt ihr
> einfache Dinge
> der Hunger
> die Angst
> der Tod
> und wir wissen nicht, zu antworten
> wir wissen nicht, mit euren Wörtern zu antworten
> und unsere Wörter
> versteht ihr nicht
> darum fragt ihr einfache Dinge:
> Sagt uns beispielsweise
> Wie ein Tag verlief!
> das ist so lang, ein Tag
> ihr hättet die Geduld nicht
> und wenn wir antworten
> ihr wißt nicht, wie ein Tag war
> glaubt ihr, wir können nicht antworten.“[54]

Charlotte Delbo, eine Französin die nach Auschwitz deportiert wurde, wird mehrere Bücher über jenes nahezu unsagbare Leid schreiben.

> „Jeden Tag etwas mehr
> sterbe ich wieder
> den Tod aller derer, die gestorben sind
> und ich weiß nicht mehr welche die wirkliche ist
> die Welt hier
> die andere Welt dort
> heute

54 Charlotte Delbo: *Mesure de nos jours*, Minuit, 1971, S. 77. Hier zitiert nach Dies.: *Maß unserer Tage*, in: *Trilogie. Auschwitz und danach*, aus dem Französischen von Elisabeth Thielicke, Fischer-Verlag, Frankfurt a. M., 1993, S. 383.

weiß ich nicht mehr
wann ich träume
und wann
ich nicht träume.[55]

„Wir haben zu sprechen versucht, sagt Simone Veil, aber niemand wollte es hören."[56] Ab 1946 veröffentlicht die Vereinigung der Deportierten und Internierten der Résistance Zeugenberichte. Das Buch von Marie-Claude Vaillant-Couturier, die beim Nürnberger Prozeß als Zeugin aussagt, findet wenig Resonanz. Die kommunistisch geprägte Zeitschrift *Femmes françaises* ist die einzige Frauenzeitschrift, die den État Français der Kollaboration beschuldigt bei der „Jagd auf die Juden" und dem „Massaker an jüdischen Kindern, die den Deutschen ausgeliefert wurden". Eine eigene Kultur der Erinnerung an den Judenmord wird sich erst in den 1970er Jahren herausbilden. Heute widmen sich Vereine dem Gedenken.[57]

3 Die Befreiung

3.1 Die Bestrafung von Frauen, die der Kollaboration beschuldigt werden

Die Säuberung beginnt mit wilden, das heißt ungesetzlichen Hinrichtungen auf Veranlassung von improvisierten Standgerichten oder einzelnen Mitgliedern der Résistance oder Soldaten. Die unvollständigen Quellen lassen für die Verteilung nach Geschlecht nur eine Schätzung zu.[58] Auf eine unvollständige Gesamtzahl von 2 150 Hinrichtungen werden 454 Hinrichtungen von Frauen veranschlagt. Mehrere Départements geben für die Hinrichtung von Frauen insgesamt zwischen 20 und 30 Prozent an. Diese Frauen, die häufig von einer Maschinengewehrsalve mitten auf der Straße oder bei sich zu Hause niedergestreckt werden, beschuldigt man, intime Beziehungen zu den Besatzern gehabt zu haben: Sexuelle Beziehungen (als Geliebte oder Prostituierte), berufliche und politische Beziehungen (Denunziation oder Mitgliedschaft bei der Gestapo) oder sogar Beziehungen zu einer Person, die der Kollaboration verdächtig ist.

Die Säuberung wird mit einer gerichtlichen Phase fortgesetzt. Die Frauen, die für schuldig befunden werden, Handlungen begangen zu haben, die der „nationalen Verteidigung

---

55 Charlotte Delbo: *Une connaissance inutile*, Minuit, 1970, S. 184. – Hier zitiert nach Dies.:*Ein nutzloses Wissen*, in: *Trilogie. Auschwitz und danach*, aus dem Französischen von Elisabeth Thielicke, Fischer-Verlag, Frankfurt a. M., S. 316.

56 Florence Montreynaud: *Le XXe siècle des femmes*, Nathan, 1999, S. 343.

57 Annette Wieviorka: *Déportation et génocide, entre la mémoire et l'oubli*, Plon, 1992.

58 Nach den Informationen von Françoise Leclerc und Michèle Weindling. Vgl. Dies.: La répression des femmes coupables d'avoir collaboré pendant l'Occupation, in: *Clio*, Nr. 1, 1995, S. 129–150.

schaden", „Verbindung mit dem Feind" unterhalten und „die äußere Sicherheit des Staates" beeinträchtigt zu haben, müssen mit Strafen rechnen, die vom Todesurteil – fast alle werden begnadigt – bis zur Inhaftierung mit Zwangsarbeit reichen. Die dieser Verbrechen Beschuldigten sind in erster Linie Denunziantinnen (76 % der Frauen, die dem Gerichtshof des Départements Seine überstellt werden). Das höchste Strafmaß wird bei denjenigen verhängt, die den deutschen Diensten angehörten und die zugeben, was sie getan haben, und sich dazu bekennen. Andere leugnen oder nehmen eine „weibliche" Verteidigungshaltung ein, indem sie vorgeben, unter Einfluß oder aus Liebe gehandelt zu haben, ohne die Folgen ihres Handelns absehen zu können. Die Beweggründe der einen wie der anderen sind komplex und schwer nachvollziehbar, selbst wenn in den Geständnissen zwei Gründe immer wieder angeführt werden: die Verlockung des Geldes und die ideologische Überzeugung.

Die Zivilrechtskammern und Gerichtshöfe verurteilen in zahlreichen Fällen diejenigen zum Verlust der bürgerlichen Ehrenrechte, die freiwillig für den Feind gearbeitet, Schwarzmarkthandel betrieben oder einer kollaborationistischen Partei angehört haben. In den Départements, die am stärksten von der deutschen Besatzung betroffen waren, liegt die Zahl der zu dieser Strafe verurteilten Frauen über der der Männer. Die Frauen, die sexuelle Beziehungen zu den Besatzern hatten, werden freilich anders verurteilt und bestraft – mit Verlust der bürgerlichen Ehrenrechte und Zwangsarbeiten, einige wenige werden freigesprochen. Am 1. Januar 1946 sind 21 % derjenigen, die aufgrund von Kollaborationstatbeständen inhaftiert sind, Frauen.[59] Diese 6 091 Häftlinge werden in Einrichtungen untergebracht, die Frauen vorbehalten sind – darunter die Lager von Jargeau und Schirmeck und die Zentralstellen in Haguenau und Rennes. Von ihnen sind 4 190 rechtmäßig verurteilt, davon 1 389 zu Zwangsarbeiten. Im Jahr 1952 sind es nur noch 478, die letzte wird 1958 freigelassen.

Wie bei den Männern fällt die Säuberung je nach dem sozialen und beruflichen Milieu und der Art der Kollaboration mehr oder weniger hart aus. Schauspielerinnen, Sängerinnen, Modeschöpferinnen, Damen der Pariser Gesellschaft, die sich mit der Besatzung eingelassen haben, riskieren das brutale Ende ihrer Laufbahn, eine Zeit der Verbannung, einen Verweis. Arletty, der man ihre politisch extravaganten Beziehungen und ihre Affaire mit einem deutschen Offizier zum Vorwurf macht, steht unter Arrest, als *Les enfants du Paradis* in die Kinos kommt. Ihr wird der folgende kurzgefaßte und provokatorische Verteidigungsspruch zugeschrieben: „Mein Herz ist französisch, aber der Rest ist international!"[60]

Während sie normalerweise nur 10 % der straffällig gewordenen Bevölkerung ausmachen, stellen Frauen einen Anteil von 25 % der Bevölkerung, die bei der Befreiung den Gerichten (Zivilkammern und Gerichtshöfen) überstellt wird. In der Bretagne sind es sogar 41,5 %.[61] Diese Härte muß hervorgehoben werden, weil die Frauen auf politischer Ebene

59 Id.

60 Denis Demonpion: *Arletty*, Flammarion, 1996, S. 321.

61 Luc Capdevila: Les femmes en Bretagne au lendemain de l'Occupation allemande: une libération inachevée, in: *Mémoires de la société d'histoire et d'archéologie de Bretagne*, Bd. LXXVII, 1999, S. 361–382.

noch nicht mündig sind und weil sie traditionell von einer gewissen Milde der Justiz ihnen gegenüber profitieren. Diese Geschlechtertrennung hat wahrscheinlich die Entfesselung von Gewalt gegenüber den Frauen, die der Kollaboration aus Liebe verdächtigt wurden, beeinflußt.

3.2 Die geschorenen Frauen

Als starkes Bild der Säuberung, das die ganze „schmachvolle" Erinnerung an die Jahre 1944–45 prägt, wie sie in Romanen, Chansons oder Filmen gepflegt wird, haben die geschorenen Frauen lange Zeit die Geschichtsbücher illustriert, ohne daß irgendein Kommentar diesen „hässlichen Karneval" erklärt hätte.[62] Die Berichte der Regionalkommissare der Republik, der Präfekten, der nationalen Gendarmerie, die Akten der Säuberungskommissionen, der Zivilkammern und der Gerichtshöfe sowie die Presse lassen dennoch eine gründliche Untersuchung zu, der auch die zahlreichen Photographien dienen, die von den allierten Armeen aufgenommen wurden.[63] Es handelt sich um eine Massenerscheinung, welche die Städte und die ländlichen Gebiete gleichermaßen betrifft (wo ist das Dorf, das nicht „seine" Geschorene hätte?). Das Scheren beginnt im März 1944 und zieht sich bis in den Herbst. Es fängt im Mai und Juni 1945 in dem Augenblick wieder an, als die Gefangenen, die Deportierten und die Zwangsarbeiter des Arbeitsdienstes zurückkehren. Die öffentliche Demütigung der Geschorenen wird als ein Spektakel organisiert, das von Ort zu Ort verschieden ist: Die Haare werden in der Öffentlichkeit geschnitten, es folgt ein Umzug durch die Stadt, manchmal werden die Frauen bis auf die Haut entblößt, Hakenkreuze werden mit Teer oder Farbe auf ihren Körper und ihren Schädel gemalt, ihre Körper sind von Schlägen geschwollen, man hängt ihnen Schilder mit entwürdigenden Aufschriften um. Die meisten werden beschuldigt, „mit den Boches geschlafen" zu haben; nicht immer ist dies als Tatsache erwiesen, aber die Flüsterpropaganda funktioniert perfekt. Anderen wird vorgeworfen, „in Saus und Braus" gelebt zu haben, seltene und begehrte Güter besessen zu haben (einen Radioapparat oder Liköre). Für die „horizontale Kollaboration" (so der quasi offizielle Begriff) gibt es freilich keine rechtliche Definition: Manche Zivilkammern weigern sich, die „professionelle" Prostitution aus der politischen Perspektive zu betrachten, andere fragen sich, was zu tun ist, wenn eine Klage des Ehemannes wegen Ehebruchs nicht vorliegt. Vichy hat jedoch eine Möglichkeit der Strafverfolgung mit dem Gesetz vom 23. Dezember 1942 eröffnet, das der Staatsanwaltschaft einzugreifen erlaubt, um die ständige wilde Ehe einer Ehefrau zu bestrafen, deren Mann aufgrund von Kriegsfolgen in der Ferne festgehalten ist. Die Frauen der Kriegsgefangenen, die von ihrer Umgebung überwacht werden, sind der Gefahr der Schur in allerhöchstem Maße ausgesetzt. Das

62 Alain Brossat: *Les Tondues: un carnaval moche*, Manya, 1992.

63 Fabrice Virgili: *La France „virile". Des femmes tondues à la Libération*, Payot, 2000.

Befreiungskomittee des Départements Pyrénés-Orientales beschließt, daß mit Ausnahme der Prostituierten in den kontrollierten Bordellen, den Frauen, die intime Beziehungen zu den Deutschen hatten, der Kopf zu rasieren sei. Die Verordnung vom 26. Dezember 1944, die jeden Einzelnen für ehrlos erklärt, der Deutschland wissentlich in Frankreich oder im Ausland eine direkte oder indirekte Unterstützung hat zukommen lassen, trägt zur juristischen Legitimation der Strafmaßnahmen gegen die „horizontale Kollaboration" bei.

Aber die Organisation des Scherens geht vollkommen an der Justiz vorbei. Diese Sühnezeremonien setzten die Ahndung eines moralischen und politischen Vergehens – des Verrats –, die Strafaktion – erniedrigter, verunstalteter Körper, der in seiner durch die Haare symbolisierten „Weiblichkeit" getroffen wird – in Szene, aber sie bieten auch ein positives Bild der Rekonstruktion an – das Scheren wird als eine Maßnahme der Hygiene, der „Desinfektion" dargestellt. Sie bringen „einen wiedergefundenen Stolz auf Kosten dieser Frauen [zum Ausdruck], die offenbar immer noch nicht begriffen haben, daß ihr Körper ihnen nicht gehört".[64] Diese Inszenierung, eine Gelegenheit zur kollektiven Verdrängung, stützt sich auf archaische Grundlagen, die nicht zuletzt an die Hexenverfolgung erinnern. Die Frauen bleiben mitten im 20. Jahrhundert und just zu dem Zeitpunkt, an dem ihnen ihre Staatsbürgerrechte zuerkannt werden, als Sündenböcke sehr verführerisch. Diese männliche Gewalt gegen die Frauen ist eine Einschüchterung, eine Vorwarnung, die ankündigt, daß man zu der Ordnung zurückkehren werde, welche unter den Umständen der Besatzung, die einigen Frauen eine neue Art von Autonomie verschafft hatten, eine Zeitlang außer Kraft gesetzt war.

3.3 Der Aufbruch der Männer bei der Befreiung

Es ist sehr wichtig, den chronologischen Umbruch von 1944 differenziert zu betrachten, um zu verstehen, warum die Staatsbürgerschaft der Frauen die Züge des Unvollendeten und Partiellen aufwies.[65] Die Libération ist nämlich ein Schlüsselmoment der „Rekonstruktion der Männlichkeit", in dem der „Mythos des Kriegers" und des „ewig Männlichen" wiederbelebt wird.[66] Sie weckt ein Imaginäres, das die männliche Sozialordnung festigt. Die unkonventionellen Kämpfe der Libération sind das konkrete Theater dieses Imaginären. Sie spielen sich nicht an einer entfernten Front ab, sondern mitten in den Städten und Dörfern;

---

64 Id.

65 Marie-France Brive: L'image des femmes à la Libération, in: Rolande Trempé (Hg.): *La Libération dans le Midi de la France*, Toulouse, Eché:UTM, 1986, S. 390–397.

66 Michael Kelly: The Reconstruction of Masculinity at the Liberation, in: H. R. Kedward und N. Wood (Hg.): *The Liberation of France. Image and Event*, Oxford, Berg 1995, S. 117–128. Und Luc Capdevila: Le mythe du guerrier et la construction sociale d'un "éternel masculin" après la guerre, in: *Revue française de psychanalyse*, Nr. 2, 1998, S. 607–635.

sie sind nicht die Sache von Berufskriegern, sondern von bewaffneten Partisanen, die sich die militärischen Rituale aneignen. Einige Wochen lang verfügen die Gruppen der FFI über eine eigene Polizei und Justiz; sie setzen sich auch in Szene, indem sie durch die Straßen marschieren. Die Frauen der Résistance dagegen bleiben im Schatten. Das offizielle Gedächtnis verbirgt sie bereits; das Kino bietet seine Faszination ausschließlich für die kriegerischen Ereignisse auf, die seit der Landung der Alliierten vorgefallen sind. Auf den Plakaten politischer Formationen, die aus der Résistance hervorgegangen sind, thriumphiert der Krieger in Waffen mit aufgekrempelten Ärmeln, eine muskulöse Riesengestalt, die auch den Arbeiter heraufbeschwört, der dargestellt wird, als würde er allein sich auf sein Handwerk in einer weiteren, ökonomischen, Schlacht verstehen, die nun beginnt.

Diese gesamte symbolische Produktion garantiert das männliche Monopol im ökonomischen, politischen und militärischen Herrschaftsbereich und verweist die Frauen auf die Rolle der Hausfrau und Mutter. Aber dieser Männlichkeitsschub, der wahrscheinlich die Schande der Niederlage von 1940 und die der Besatzung wegspülen soll, vollzieht sich um den Preis einer besonders frauenfeindlichen Sichtweise: Da gibt es ein besetztes, passives Frankreich, das mit dem Weiblichen gleichgesetzt wird, und ein befreites Frankreich, dessen Zukunft sich männlich gestalten wird. In einem solchen Zusammenhang kann die „Inthronisierung der Citoyenne" im Jahr 1944 als „unauffällig" bezeichnet werden.[67]

3.4 21. April 1944: Die Französinnen erhalten das Wahlrecht

Mit der von General de Gaulle unterzeichneten Anordnung vom 21. April 1944 bekommen die Französinnen das aktive und das passive Wahlrecht zu den gleichen Bedingungen wie die Männer. Die Entscheidung wird am Ende einer letzten Debatte in der beratenden Versammlung von Algier gefällt, die General de Gaulle eingesetzt hatte. Diese Versammlung setzt sich aus Widerstandskämpfern und ehemaligen Abgeordneten der Dritten Republik zusammen. Am Anfang hat nur eine einzige Frau einen Sitz darin, später kommt Lucie Aubrac noch dazu. Den Vorsitz der Kommission für Staatsreform hat François Giacobbi, ein ehemaliger Senator der Radikalen aus Korsika, der aus Gewohnheit gegen das Frauenstimmrecht ist. Der Artikel 16, den er am 24. März zur Abstimmung vorlegt, sieht auch nur das passive Wahlrecht für Frauen vor. Der Kommunist Fernand Grenier bringt dann einen Änderungsantrag zugunsten der vollkommenen Gleichstellung bei den politischen Rechten ein, der schließlich bei insgesamt 67 Stimmberechtigen mit einer Mehrheit von 51 gegen 16 Stimmen angenommen wird; nach einer Debatte, die sehr deutlich die Hartnäckigkeit traditioneller Mentalitäten in einer Versammlung zeigt, die doch mit der Erneuerung der Institutionen beauftragt ist.

67 Sylvie Chaperon: *Les Années Beauvoir 1945–1970*, Fayard, 2000, S. 11.

Wie schon unter der Dritten Republik werden Feindseligkeiten häufig mit verfahrenstechnischen Spitzfindigkeiten getarnt. Man zeigt sich vor allem wegen der Tatsache besorgt, daß die Kriegsgefangenen und Deportierten noch nicht zurückgekehrt sind: „Ist es angebracht, das allgemeine Wahlrecht der Männer durch das allgemeine Wahlrecht der Frauen zu ersetzen?" fragt Giaccobi. „Es sei zu befürchten, wird hinzugefügt, daß die Frauen bei einer Volksabstimmung, bei der sie in der Mehrheit seien, unverdienten Beschuldigungen und Vorwürfen ausgesetzt würden." Daran schließen sich die verrücktesten Zahlenspekulationen über das Mißverhältnis von Männern und Frauen bei den Wahlberechtigen an: „doppelt so viele Frauen wie Männer" sagen die einen, „zweieinhalb mal mehr" die anderen. Die Schätzungen, die der Wirklichkeit am nächsten kommen, beziehen sich auf einen Anteil von 62 % Frauen in der Wählerschaft von 1945. Und wie sind dann die Listen zu erstellen? Betrügereien zu vermeiden? Der Mangel an Zeit zu überwinden? Die Verteidiger des Änderungsantrages argumentieren nicht feministisch. Louis Vallon meint, daß „man manchmal Risiken eingehen können muß". Nach Darnal „hat die Résistance uns durch die Stimme von R. Prigent mitgeteilt, daß wir mit unseren Frauen und unseren Töchtern zusammen Widerstand geleistet haben. Warum sollen die Frauen als diejenigen, die ihren körperlichen Beitrag geleistet haben, nun nicht auch ihre geistige Hilfe beisteuern?" Jaques Duclos, einer der Anführer der Kommunistischen Partei, würdigt dagegen die „Opfer" und den „Mut" der Französinnen, indem er gleichzeitig behauptet, daß „die Frauen der Gefangenen und derer, die für das Vaterland gefallen sind, ihre Ehemänner ersetzen werden". Hier stößt man wieder auf den Begriff des „Totenwahlrechts", für das Barrès während des Ersten Weltkrieges eingetreten war. Wahrscheinlich ist das ein Beleg dafür, daß eine innere Überzeugung den Widrigkeiten der Zeit und allen politischen Spaltungen zum Trotz standhält. So ist auch Ribière überzeugt, daß „die Frauen, die in Frankreich sind und deren Männer sich in Deutschland befinden, im gleiche Sinne wählen werden, wie ihre Männer es getan hätten."[68] Aus dieser Debatte bleibt vor allem der Eindruck zurück, die Staatsbürgerechte seien als Belohnung für die Frauen in der Résistance zu rechtfertigen. Doch werden die Résistantes vom Zeitpunkt der Befreiung an von den Ehrungen und aus dem offiziellen Gedächtnis ausgeschlossen. So werden von 1059 Orden der „Compagnons de la Libération" nur 6 an Frauen vergeben. Auch in den Befreiungskomitees der Départements sind sie stark in der Minderheit.

Zum Zeitpunkt der Befreiung stellen sich die Bestrebungen der Résistantes sehr unterschiedlich dar. Einige meinen, sie hätten an der Unabhängigkeit in ihrem Privatleben und in ihrem Berufsleben Geschmack gefunden. Unbestreitbar sind in der Aktion Temperamente starker Frauen zum Vorschein gekommen, die im Gegensatz zu dem Bild der zurückhaltenden und ergebenen Ehefrau stehen, die vollkommen in ihrem Haushalt aufgeht; dies Bild

68 *Journal Officiel de la République Française*, 30. März 1944, S. 2–3. Auszüge werden wiedergegeben und kommentiert von William Guéraiche in: *Clio. Histoires, femmes et sociétés*, Nr. 1, 1995, S. 265–271.

wird jedoch in den 1950er Jahren vorherrschen. Aber die folgende Bemerkung von Célia Bertin trifft auf eine ganze Reihe von Résistantes zu: „Wie sollte man sich bemerkbar machen? Man schien uns nicht mehr zuzuhören." Ohne sich gegen diesen Rückschritt aufzulehnen, „wurden die meisten von ihnen [den Frauen] im Schoße der Familie und in der Gesellschaft wieder zu den Individuen zweiter Klasse, die sie vor dem Krieg gewesen waren."[69]

3.5 Die ersten Wählerinnen

Bei den Wahlen, die in kurzem Zeitabstand zwischen April 1945 und Oktober 1946 aufeinander folgen, sind zwölf Millionen Wählerinnen, die von Photographen, Journalisten und Karikaturisten aufs Korn genommen werden, zur Stimmabgabe aufgerufen. Egal welcher politischen Linie sie folgen, die Zeitungen schwanken zwischen Paternalismus und Verachtung, wenn sie sich zur Wahl der Frauen äußern. Man kann das Bild von der Wählerin sogar ohne Übertreibung unter einem Stichwort zusammenfassen: der Dummheit. *Elle* beschert (am 30. April 1946) der schlichten Anfängerin ihre Ratschläge: „Wenn Sie MURF und MRP, UDSR und URD verwechseln, vertrauen sie auf Ihren Gatten. Vielleicht wird er, wenn Sie ihn freundlich fragen, sein Entgegenkommen so weit treiben, daß er ihnen die Gründe seiner Entscheidung erklärt."[70] Im *Canard Enchaîné*, der doch eher bilderstürmerisch und rebellisch ist, wird die Wählerin als Idiotin dargestellt und auf drei Funktionen reduziert: Prostituierte, Nonne oder Hausfrau. Sie trägt die Kosten der ironischen Distanz, die das Journal gegenüber dem staatsbürgerlichen Akt einnimmt.[71]

Germaine Peyroles, eine Anwältin mit feministischem Gespür, Christdemokratin, Mutter von vier Kindern, meint im Jahr 1946, daß „kein großes Problem den Frauen fremd sein kann. Aber die Frau muß Frau bleiben."[72] Das ist ein „Aber", das sehr viel über ein weitverbreitetes Gefühl aussagt. *La Femme*, die vom Mouvement de Libération nationale („Partei der nationalen Befreiungsbewegung") publiziert wird, äußert am 29. Mai 1946, daß „die Frauen sich insgesamt ihrer Rolle als Staatsbürgerin bewußt sind, ohne ihren weiblichen Eigenschaften zu schaden. Wenn Sie beim Verlassen des Wahlbüros Ihre Lippen nachziehen oder sich pudern, wird Ihr Gatte beruhigt sein."[73] Die Neuwählerinnen scheinen die Bedeu-

69 Célia Bertin: *Les femmes sous l'Occupation*, Stock, 1993, S. 218.

70 Zitiert nach Claire Duchen: Une femme nouvelle pour une France nouvelle?, in: *Clio*, Nr. 1, 1995, S. 155.

71 Bruno Denoyelle: Canard Déchaîné et poules enchaînées: les premiers actes civiques des femmes au regard de la caricature satirique (1944–1946), in: *Clio*, Nr. 1, 1995, S. 272.

72 In einem Interview für *L'Epoque*, 9. April 1946, zitiert nach Claire Duchen: Une femme nouvelle pour une France nouvelle?, op. cit., S. 154.

73 Zitiert nach Claire Duchen: Une femme nouvelle pour une France nouvelle?, op. cit., S. 155.

tung der Wahl sofort verinnerlicht zu haben: Ein geheimer und weihevoller Akt, mit dem eine staatsbürgerliche Pflicht erfüllt wird. Aber ihre Autonomie ist schwach angesichts der republikanischen Moral und angesichts der Männer, Väter oder Ehepartner, die sie in die politischen Dinge einweihen,[74] oder angesichts von Bischöfen, die die Gläubigen drängen, sich in die Wählerlisten einzutragen. Linke und Rechte, Katholiken und Laien finden zusammen, wenn es darum geht, die Kompetenzen der Wählerinnen auf den Schutz des Haushalts und der Kinder zu beschränken. Auch die Rhetorik der Regeneration durch die Frauen taucht wieder auf, derzufolge diese das Staatsleben reinigten, erneuerten, verjüngten und ihm zudem „eine Seele" gäben. Dank ihrer politischen Jungfräulichkeit sei die Wählerin von Natur aus rechtschaffen, ernsthaft, realistisch, aufrichtig und von einer um sich selbst kreisenden Politik angewidert... Die Presse dekliniert ihre Fehler oder ihre Qualitäten, je nachdem von welcher alten Schablone der Frauenverehrung oder der Frauenverachtung sie ausgeht.

Die Machtergreifung der mit den gleichen politischen Rechten wie Männer ausgestatteten „Citoyenne" beseitigt den Geschlechtsunterschied nicht. Die Kommentare der Zeit

Plakat der Union des femmes françaises von 1945 (BMD)

Vor der ersten Frauenwahl kann Marianne lächeln: Sie ist nicht mehr das Sinnbild einer ausschließlich männlichen Republik, sie verkörpert eine Wählerin. Das Plakat aus dem Einflußbereich der kommunistischen Partei beschränkt sich darauf, die Frauen zur Teilnahme an der Wahl aufzufordern, ohne besondere Empfehlungen zu geben.

74 Virginie Martin: Les premiers votes des femmes. Vécus et schèmes de représentations 1944–1946, in: Armelle Le Bras-Chopard, Janine Mossuz-Lavau (Hg.): *Les Femmes et la politique*, L'Harmattan, 1997, S. 57–79.

zeugen im Gegenteil von einem „spezifischen" und „spezifizierenden" Diskurs über die Französinnen, die Staatsbürgerinnen geworden sind.[75] Im ganzen kann man die erste Wahl der Französinnen im Jahr 1945 als ein „Nicht-Ereignis" betrachten, als Ende einer Anomalie, mit dem die feministische „Querelle" abgeschlossen werden sollte. Die Vorurteile werden von den Fakten widerlegt: Die große reaktionäre Katastrophe ist nicht eingetreten – damit werden auch die warnenden Voraussagen der linken Antisuffragisten widerlegt. Die Wahlbeteiligung war beachtlich, obwohl man den Wählerinnen nachgesagt hatte, sie seien schlecht informiert oder gleichgültig gegenüber der Politik. Die Frauen schließen sich „der patriotischen Dynamik der Zeit [an], indem sie in ähnlichem Maße wie die Männer, Gruppierungen der Mitte und der Rechten ablehnen, die an die früheren Regime erinnern: die Dritte Republik und die Regierung von Vichy."[76] Zusätzlich zu dieser wichtigen Festellung sollen noch zwei Tendenzen erwähnt werden, die sich bereits abzeichnen: Die Sympathie für die Konservativen und der Prozentsatz der Unentschiedenen haben in der weiblichen Wählerschaft ein stärkeres Gewicht.

75 Bruno Denoyelle: Des corps en élections. Au rebours des universaux de la citoyenneté: les premiers votes des femmes (1945–1946), in: *Genèses*, Nr. 31, Juni 1998, S. 76–98.

76 Luc Capdevila: Les femmes en Bretagne au lendemain de l'Occupation allemande: une libération inachevée, op. cit., S. 372.

Kapitel 7

Frauen und Politik seit 1945

Nachdem sie gleiche politische Rechte erlangt haben, kann man die Frage nach dem Wahlverhalten und nach der Vertretung von Frauen in den gewählten Versammlungen und in der Regierung stellen. Der Verlauf der zweiten Jahrhunderthälfte lädt dazu ein, nach dem Fortbestand des männlichen Machtmonopols in der Politik zu fragen. Nicht immer wird man sich dabei auf eine enge Definition des Politischen beschränken können. Es ist wichtig, den Unterschied der Geschlechter zu berücksichtigen, der bei bedeutenden politischen Ereignissen wie im Algerienkrieg und im Mai 68 zu Tage treten kann. Auch muß die Rolle der Frauenbewegungen berücksichtigt werden. Der Aufschwung eines radikalen Protests gegen die Macht der Männer nach dem Mai 68 stellt einen Bruch dar, dessen Tragweite es zu ermessen gilt.

1 Frauen und Politik bis zum Ende der 1960er Jahre

1.1 Wählerinnen unter Einfluß

Bis zum Ende der 1960er Jahre ist das aus Stichprobenerhebungen bekannte Wahlverhalten der Französinnen durch eine starke Enthaltung – 7 bis 12 Punkte Abstand zu den Männern – und Entscheidungen gekennzeichnet, die konservativer sind als die der Männer.[1] Bei der zweiten Runde der Präsidentschaftswahl von 1965 erhält François Mitterand 51 % der männlichen und 39 % der weiblichen Stimmen. Er wäre also gewählt worden, wenn die Frauen nicht gestimmt hätten. Eine Umfrage vom Beginn der 1960er Jahre belegt, daß nur 65 % der Befragten das Frauenwahlrecht für legitim halten.[2] 21 % sind immer noch dagegen, 10 % sind unentschieden. Diese Prozentsätze sind bei beiden Geschlechtern gleich. Bei den Gegnern und Gegnerinnen zeigt sich vor allem, daß sie einem traditionellen Bild der Frau im Haus verhaftet sind, demzufolge diese sich in politische und gesellschaftliche Angelegenheiten nicht einzumischen hat. Besonders bei den Arbeiterstichproben fällt die Gegnerschaft sehr stark ins Gewicht: Sie bezieht sich nicht auf das Prinzip, sondern wird mit der Furcht vor einem „Mangel an politischer Bildung" bei den Frauen begründet. Das Urteil über das Frauenwahlrecht ist abhängig davon, welche politischen Interessen vertreten wer-

1 Janine Mossuz-Lavau: Le vote des femmes en France (1945–1993), in: *Revue française de science politique*, 43 (4), August 1993.

2 Marie-José und Paul-Henry Chombart de Lauwe et al.: *La Femme dans la société. Son image dans les différents milieux sociaux*, CNRS, 1963, S. 112–118.

den: Die wohlhabenden Schichten sind eher dafür, weil sie es für ein „ausgleichendes" Element halten.

Der gleichen Umfrage zufolge gibt der Einfluß des Ehemannes beim Wahlverhalten der Frauen den Ausschlag – meinen 68 % der Männer und 63 % der Frauen. An zweiter Stelle steht die „Vertretung der Familieninteressen" (41 % und 58 %). Dann folgen die Persönlichkeit des Kandidaten (30 % und 26 %) und das Wahlprogramm (21 % und 33 %). Die Meinungsunterschiede der Geschlechter sind nicht zu vernachlässigen, gleichwohl zeigen die Ergebnisse, wie weit die Frauen selbst noch davon entfernt sind, sich für autonome Subjekte zu halten, und wie wenig die anderen sie dafür halten: Sie sind vor allem Ehefrauen unter Einfluß und für die „Familieninteressen" empfängliche Mütter.

Männer und Frauen erleben auch den Wahlakt, der vor allem als eine „Pflicht" betrachtet wird – 55 % der Männer, 64 % der Frauen nach einer Erhebung von 1953 –, nicht in der gleichen Weise.[3] Bloß 19 % der Wählerinnen haben das Gefühl, „ein Recht auszuüben" (gegenüber 28 % der Wähler). Läßt sich dies als geringere Einbeziehung in die aktive Staatsbürgerschaft interpretieren? Der Begriff der „Pflicht" ist freilich ambivalent, weil er als Akzeptanz und Wertschätzung der staatsbürgerlichen Verantwortung und Tugenden verstanden werden kann. Obwohl Rechtsgleichheit erreicht ist, wird in den herrschenden Vorstellungen, denen zufolge eine Wählerin unter – ehelichem oder kirchlichem – Einfluß steht, an einer männlichen Suprematie in der Wählerschaft festgehalten.

1.2 Eine Feminisierung der Macht an der Grenze zur Bedeutungslosigkeit

Diese Vormachtstellung wird selbstverständlich in den gewählten Versammlungen wesentlich deutlicher. Die Libération, ein außergewöhnlicher Moment des Umbruchs der politischen Ordnung, ist für die Aufnahme der neuen Vertreterinnen in die Versammlungen ein günstiger Kontext (es sind 33 Frauen im Jahr 1945). Aber die Rückkehr zur Ordnung im Rahmen einer Verfassung, die jener der Dritten Republik vergleichbar ist, schließt sie aus.

Der Niedergang ist unabwendbar bis zum Beginn der Fünften Republik (9 weibliche Abgeordnete). Die bedeutende Verfassungsänderung von 1958 kehrt die Tendenz nicht um; im Gegenteil, die Politologen meinen, daß die neue Verfassung und der neue Wahlmodus (Mehrheitswahl) die Frauen behinderten. Im Senat vollzieht sich die gleiche Entwicklung: 3,6 % Frauen im Jahr 1946; 1,8 % im Jahr 1962. Zu Beginn der 1960er Jahre zeichnet sich Frankreich durch eine der weltweit niedrigsten Zahlen weiblicher Volksvertreter aus. Die Zahl hätte ohne den substantiellen Anteil der Kommunistinnen und in geringerem Maße auch der Christdemokratinnen noch niedriger ausfallen können. Die Erosion des PCF und des MRP bei den Wahlen trägt dazu bei, daß es noch weniger weibliche Abgeordnete gibt. Die zahlenmäßige Unterlegenheit der Frauen ist manchmal in den nichtparla-

3 Maurice Duverger: *La Participation des femmes à la vie politique*, UNESCO, 1955, S. 182.

mentarischen Körperschaften noch ausgeprägter: 0,5 % Frauen bei den Regionalräten (im Jahr 1952 und 1960), das heißt 17 Regionalrätinnen für ganz Frankreich (ohne die Kolonien). Im Jahr 1952 sind 3 % Frauen in den Gemeinderäten vertreten, im Jahr 1960 2,4 % (das heißt 11 276 Frauen von insgesamt 460 487). Ungefähr 1 % sind Bürgermeisterinnen (381 von 38 000).

Es ist sinnlos, den Prozentsatz der Frauen in der Regierung zu berechnen, so außergewöhnlich ist es, wenn dort überhaupt eine Frau vertreten ist. Die erste Ministerin ist Germaine Poinso-Chapuis, die 1947 in die Regierung Maurice Schumans berufen wird.

Die seit 1945 in die Nationalversammlung gewählten Abgeordneten

	Frauen	Männer und Frauen	Frauen in Prozent
21. Oktober 1945*	33	586	5,6
2. Juni 1946*	30	586	5,1
10. November 1946*	35	518	5,7
17. Juni 1951*	22	627	3,5
2. Januar 1956*	19	596	3,2
23. – 30. November 1958	9	586	1,5
18. – 25. November 1962	8	482	1,7
5. – 12. März 1967	10	487	2,1
23. – 30. Juni 1968	8	487	1,6
4. – 11. März 1973	8	490	1,6
12. – 17. März 1978	18	491	3,7
14. – 21. Juni 1981	26	491	5,3
16. – 23. März 1986*	34	577	5,9
5. – 12. Juni 1988	33	577	5,7
21. – 28. März 1993	35	577	6,1
25. Mai – 1. Juni 1997	63	577	10,9

* = Verhältniswahl
Bei den Wahlen, die nach dem Mehrheitswahlrecht mit zwei Wahlgängen stattfanden, ist die angegebene Zahl der Kandidatinnen und Kandidaten die des ersten Wahlgangs.

Quelle: Philippe Bataille, Françoise Gaspard: *Comment les femmes changent la politique et pourquoi les hommes résistent*, La Découverte, 1999, S. 187.

Mit 46 Jahren hat die Marseiller Anwältin bereits eine reichhaltige politische Vergangenheit als Frauenstimmrechtskämpferin, Christdemokratin, Widerstandskämpferin und Deputierte.[4]

4 Yvonne Knibiehler (Hg.): *Germaine Poinso-Chapuis. Femme d'État*, Aix-en-Provence, Edisud, 1998.

Ihre Ernennung wird keiner besonderen Erwähnung für wert befunden, ebensowenig wie die Wahl des Ministeriums für Gesundheit und Bevölkerung, die den anerkannten Kompetenzen von Frauen für soziale und gesundheitliche Fragen entspricht. Germaine Poinso-Chapuis nimmt die Position nur für den kurzen Zeitraum zwischen dem 27. November 1947 und dem 18. Juli 1948 ein, der sehr schlecht ausgeht. Der Ratspräsident hat ihr einen Gesetzeserlaß, gegen den sie sich zuvor gewendet hatte, aufgedrängt, indem er gegen ihren Willen ihren Namen benutzte. Nun wird aber mit dem fraglichen Erlaß, der die Verteilung öffentlicher Mittel an Schüler von Privatschulen autorisiert, der Schulstreit wiederbelebt, und dies trägt zum Sturz der Regierung bei. Germaine Poinso-Chapuis kann gegen Robert Schuman nicht vorgehen, ohne ihrer „politischen Familie" zu schaden, und muß deshalb ihre politische Karriere begraben. Man muß dann bis 1957 warten, bis eine weitere Frau in die Regierung berufen wird: Jacqueline Thome-Patenôtre wird für sieben Monate Unterstaatssekretärin für Wohnungsbau. Mit der Machtübernahme des Gaullismus bleibt die Präsenz von Frauen ebenfalls eine absolute Seltenheit. Von 1959 bis 1962 ist Nafissa Sid-Cara Unterstaatssekretärin für Algerische Angelegenheiten. Man muß wiederum mehrere Jahre warten, um eine Frau in der Regierung erscheinen zu sehen: Marie-Madeleine Dienesch ist von 1968 bis 1974 Staatssekretärin mit wechselnden Zuständigkeiten (Bildung, Soziale Angelegenheiten, Gesundheit). 1973/1974 sind es zwei Frauen: Suzanne Ploux ist Staatssekretärin beim Bildungsminister.

Die extreme Unterrepräsentanz von Frauen in den politischen Ämtern wird zu jener Zeit selten als eine Diskriminierung wahrgenommen. Viele meinen, wenn Frauen so selten gewählt würden und wenn sie so selten kandidierten, so liege das daran, daß sie der Politik gegenüber gleichgültig seien. Die ersten politikwissenschaftlichen Studien zu dieser Frage führen zu anderen Ergebnissen.[5] Hervorgehoben wird die Einstellung der Wähler, die, vor allem auf den Listen, bei denen Panaschieren möglich ist, für Männer stimmen. Den Kandidatinnen fehlt eher das Vertrauen der Wähler als das der Wählerinnen; dies steht im Gegensatz zu der oft angeführten Vorstellung, daß Frauen nicht für Frauen stimmten. Wenn die Parteiführer Männer auswählen, so hat das auch damit zu tun, daß sie häufig das Prinzip vertreten, die Frau gehöre ins Haus. Vor allem aber ist die Vorstellung weit verbreitet, die politische Macht stehe den Männern zu. Bei einer Umfrage im Jahr 1954 bejahen nur 22 % der Frauen und nur 14 % der Männer die Frage, ob eine Frau geeignet sei, das Amt des Präsidenten der Republik zu übernehmen.[6] Bereits 1955 behauptet der Politologe Maurice Duverger, daß „die ‚Frauenförderung' im politischen Bereich auf eine männliche Barriere stößt".[7]

---

5 Mattei Dogan, Jacques Narbonne: *Les Françaises face à la politique*, Armand Colin, 1955.

6 Umfrage zitiert bei Andrée Michel und Geneviève Texier: *La Condition de la Française aujourd'hui*, Denoël Gonthier, 1964, S. 188.

7 Maurice Duverger: *La Participation*, op. cit., S. 128.

1.3 Frauenausschüsse in männlichen Parteien

Die Funktionsweise der politischen Parteien seit der Befreiung ist eines der Schlüsselelemente, um die Gründe für die Minderheitenposition von Frauen in der Politik zu verstehen.[8] Den Parteien kommt nämlich eine wesentliche Aufgabe im demokratischen Leben zu, da sie das politische Personal ausbilden und auswählen. Trotz ihrer relativ geringen Mitgliederzahlen stellen sie die Zirkel, in denen über die Vergabe von Ämtern entschieden wird. Nun sind Frauen, die sich schon unter den Parteimitgliedern in der Minderheit befinden, noch seltener in verantwortlichen Positionen anzutreffen und auch, wie wir wissen, unter den Kandidaten, die sich zur Wahl stellen. Daß Frauen an der Basis in der Minderheit sind, ist kein besonderer Grund zur Aufregung. Diese Situation erschien lange Zeit als nachvollziehbar, da das politische Engagement als männliches Verhalten galt und da den Frauen erst vor kurzem die Staatsbürgerschaft gewährt worden war. Die Hindernisse für eine Parteimitgliedschaft von Frauen sind zahlreich: Der Mangel an Zeit spielt eine Rolle für die, die Familie und Erwerbstätigkeit verbinden, aber bis zu einem gewissen, nur schwer zu bestimmenden Grade auch der Mangel an Motivation, sich auf Organisationsstrukturen einzulassen, die für Männer und von Männern konzipiert wurden. Aus der Erfahrung mit den Frauenausschüssen in verschiedenen Parteien ist eine zumindest zwiespältige Bilanz zu ziehen.[9]

Die SFIO hat 1944 wieder ein Sekretariat für Frauenfragen eingerichtet, aber dieses ist nicht imstande, Frauen in der Partei zu fördern, deren Leitungskomittee ausschließlich aus Männern besteht: weder bei den Wahlen – es gibt 1947 nur drei weibliche sozialistische Abgeordnete in der Nationalversammlung – noch in der Regierung – der Regierung Guy Mollet vom Jahr 1956 gehört keine Frau an. Das Parteiorgan *La Femme socialiste* hat nur 3000 Abonnentinnen und sein politischer Beitrag ist schwach. Man nimmt an, daß die weiblichen Mitglieder 17 % der Gesamtmitgliedschaft der Partei ausmachen.[10]

Der PC erweist sich als wesentlich dynamischer: Er verfügt seit der Befreiung über eine weibliche Massenorganisation, die Union des femmes françaises („Union französischer Frauen"), die in ihren Anfängen ebenso viele Mitglieder zählt wie die Partei. Diese Strategie zahlt sich in Bezug auf den Einfluß und die Mitgliederrekrutierung der Partei aus, die freilich in ihren eigenen Reihen einen Arbeitsausschuß unter den Frauen organisiert. Diese Organisation ermöglicht innerhalb der Partei eine Förderung von Frauen, die etwa 18 % der Mitglieder ausmachen.

---

8 William Guéraiche: *Les Femmes et la République. Essai sur la répartition du pouvoir de 1943 à 1979*, L'Atelier, 1999.

9 William Guéraiche: La question „femmes" dans les partis (1946–1962), in: *Historiens et géographes*, Nr. 358, Juli-August 1997, S. 235–248.

10 Nach Mattéi Dogan, Jacques Narbonne: *Les Françaises*, op. cit., S. 137. Auch die Schätzungen zum MRP und zum PC entstammen dieser Quelle.

Der MRP (Mouvement républicain populaire; „Republikanische Volksbewegung"), der aus der Résistance hervorgegangen ist, richtet bereits 1944 Frauenräte ein, die in allen Départements sehr effizient organisiert werden. Sie arbeiten mit Frauenvereinigungen (mit dem Nationalrat der französischen Frauen und der UFCS) sowie mit der CFTC zusammen. Ihr Einfluß bei den Abgeordneten und den Ministern des MRP geht sehr weit. Die Abgeordnete Francine Lefebvre führt die Abolitionistinnenbewegung fort, die für die Abschaffung der reglementierten Prostitution kämpft; die Gründung der allgemeinen Konsumentenvereinigung geht auf Germaine Touquet zurück. Daß die erste Ministerin, Germaine Poinso-Chapuis, aus dieser Gruppierung hervorgegangen ist, ist also nicht dem Zufall zu verdanken; es ist die Widerspiegelung eines erheblichen kämpferischen Einsatzes von Frauen innerhalb dieses christdemokratischen Einflußbereichs. Aber das Experiment wird 1959 beendet, zu diesem Zeitpunkt zerfällt der MRP. Im Jahr 1955 zählt die Partei in ihren Reihen 16 % Frauen.

Dagegen gibt es beim RPF (Rassemblement du peuple français; „Sammlungsbewegung des französischen Volkes", die 1947 gebildet wurde) keinen Frauenausschuß. Bei den Wahlen kandidieren genügend Frauen, aber nur sehr wenige werden gewählt. Zwei von ihnen sind Feministinnen: Irène de Lipkowski, Abgeordnete von 1951 bis 1957, und Marcelle Devaud, die zwölf Jahre lang dem Rat der Republik angehört, dessen Vizepräsidentin sie zwischen 1949 und 1952 ist. De Gaulle, der doch seine Wahl von 1965 den Frauen verdankt, verhält sich indifferent gegenüber einer Einbeziehung von Frauen in das politische Leben. Das Zentrum für Frauenstudien und Information, das in jenem Jahr geschaffen wird, ist dem Eingeständnis seiner ehemaligen Präsidentin zufolge eine „Scheinoperation" im Dienste der Wahlkampagne.

Im Laufe der 1960er Jahre kündigen sich wie in der Frauenvereinsbewegung auch im Verhältnis der Frauen zur Politik die Zeichen einer Veränderung an. Die Krise, die die nichtkommunistische Linke erschüttert (Zerfall der SFIO und Entstehung der PSU im Jahr 1960), hat auf eher verdeckte Weise auch mit der Frauenfrage zu tun. Im Jahr 1960 bildet sich ein kurzlebiges Frauenkomitee der demokratischen Linken mit der Radikalen Marcelle Kraemer-Bach, der linken Gaullistin Irène de Lipkowski und der Sozialistin Jeannette Brutelle. Die Initiative ist originell, weil sie ein Bündnis unterschiedlicher politischer Richtungen zustande zu bringen versucht, um die Interessen von Frauen zu vertreten. Die Parteien können dem nichts abgewinnen. Die demokratische Frauenbewegung, die 1962 gegründet wird, schließt sich der Convention des institutions républicaines von François Mitterand und Charles Hernu an.[11] Die Bewegung vereinigt vor allem feministisch orientierte, sozialistische Frauen und bildet eine Arbeitsgruppe (im Zusammenhang mit ihrer Zeitschrift *La Femme au XXᵉ siècle*). Aus ihren Reihen ist Marie-Thérèse Eyquem hervorge-

---

11 *Anm. d. Ü.*: Convention des institutions républicaines (CIR): Von François Mitterrand und Charles Hernu 1964 durch die Vereinigung mehrerer politischer Clubs der republikanischen und sozialistischen Linken geschaffene Partei.

gangen, die Generalinspektorin für Jugend und Sport (1961), die von François Mitterand in der „Gegenregierung", die er nach seinem Scheitern bei den Präsidentschaftswahlen von 1965 gebildet hatte, mit der „Frauenförderung" beauftragt wurde. Hat der künftige Anführer des PS schon zu jener Zeit die Bedeutung dieser Frage für die Linke zumindest auf der Ebene der Wähler begriffen? Auf jeden Fall scheinen die Frauen auf dem Schauplatz der Politik seit Beginn der 1960er Jahre aktiver zu sein.

Die Frauen, die in den politischen Parteien zu stark in der Minderheit sind, haben einen engen Handlungsspielraum, sobald sie versuchen, Frauenrechte zu verteidigen. Sie stoßen auf einen latenten oder manifesten Antifeminismus. Sie verinnerlichen auch die Verbote und die Grenzen, die nicht zu durchbrechen sind, da ihre Überschreitung eine verhängnisvolle Marginalisierung zur Folge haben würde. Sie sind zudem nicht alle gleichermaßen empfänglich für feministische Forderungen, die sie häufig für überholt oder übertrieben halten. Alle geben sie der Parteidisziplin den Vorrang. Eine Einheit ist unter diesen Aktivistinnen, diesen Volksvertreterinnen mit unterschiedlichen politischen Ansichten, schwer vorstellbar. Wenn die „Frauenfrage" in den Parteien als vernachlässigbar erscheint, so hat das natürlich auch mit einem ungünstigen ideologischen Kontext zu tun – das algerische „Problem" und die Funktionsstörungen der politischen Institutionen beherrschen das Zeitgeschehen – und damit, daß der feministische Kampfgeist einen Großteil seiner Kraft verloren hat.

2 Die Umstrukturierung von Frauenbewegung und feministischer Bewegung

2.1 Das Erbe des Feminismus der ersten Welle

Die Zäsur der Besatzung und die Verwirklichung der politischen Gleichstellung im Jahr 1944 haben die feministische Bewegung verändert.[12] Die Union française pour le suffrage des femmes („Französische Frauenstimmrechtsvereinigung"), nunmehr zur Union française des électrices („Französische Wählerinnenvereinigung") geworden, versucht während der Wahlperioden Volksvertreterinnen von allen Seiten zusammenzubringen und mehr Frauen zur Kandidatur zu bewegen, läßt aber allmählich nach, vor allem nach dem Tod ihrer Präsidentin, Cécile Brunschvicg. Bei der ehemaligen Union nationale pour le vote des femmes, die zur Union nationale des femmes wurde, verdrängt die politische Versuchung den Feminismus: Sie verschreibt sich dem Antikommunismus und nähert sich dem Parti républicain de la liberté und der Frauensektion des Centre national des indépendants an.[13] Nur die fran-

12 In diesem Teil werden mehrere Kapitel von Sylvie Chaperon: *Les Années Beauvoir*, op. cit., zusammengefaßt.

13 *Anm. d. Ü.*: Parti républicain de la Liberté („Republikanische Partei der Freiheit"): Die 1944 gegründete liberale Partei geht 1949 im 1948 entstandenen rechtsliberalen Centre national des indépendants („Nationales Zentrum der Unabhängigen") auf.

zösische Frauenrechtsliga, die noch immer von Andrée Lehmann geleitet wird, bleibt ihrer Geschichte treu und hält an einem feministischen Kurs fest. Sie fordert die „vollständige Umsetzung des Absatzes 3 der Präambel zur Verfassung: ‚Das Gesetz garantiert der Frau in allen Bereichen die gleichen Rechte wie dem Mann'."[14] Sie legt zum Beispiel Reformvorschläge zum ehelichen Güterrecht vor.

Im Umkreis dieser drei Vereinigungen bewegen sich eine ganze Reihe anderer Frauenvereine, die aus der „ersten Welle" hervorgegangen sind: Der Conseil national des femmes françaises, die Association française des diplômées de l'université, die Union professionelle féminine, die Association des femmes juristes, die Amicale des avocates de France, die Alliance féderaliste des femmes pour la paix, der Comité de liaison des associations féminines, der Comité de défense contre l'alcoolisme... Manchmal schließen sie sich zusammen, um Politikerinnen mit feministischen Sympathien das Wort zu erteilen: Marcelle Devaud (RPF), Rachel Lempereur (SFIO), Germaine Poinso-Chapuis (MRP). Sie rufen die Wählerinnen dazu auf, ihre Stimme Frauen zu geben, aber die Niederlage beim Ausgang der Parlamentswahlen von 1951 ist vernichtend: Die Zahl der weiblichen Abgeordneten ist zurückgegangen. Ihre Strategie, die sich auf Aufrufe zur Wahlbeteiligung und auf Lobbying beschränkt, kann den Antifeminismus der Parteien nicht wirksam bekämpfen. Man muß bis Mitte der 1950er Jahre warten, um die Zeichen einer Erneuerung aus der Hinterlassenschaft dieser alternden Vereine hervorsprießen zu sehen.

Eines der Anzeichen für die Sklerose des organisierten Feminismus ist der Empfang, den er der „Bombe" von 1949 beschert: dem Erscheinen von Simone de Beauvoirs *Le Deuxième Sexe*. Es gibt sofort einen Skandal und die feministischen Vereine bleiben stumm. Gewiß, Simone de Beauvoir führt sich als Philosophin ein und nicht als Feministin – sie wird dieses Etikett erst viel später übernehmen. Aber das ist nicht der Grund für das Schweigen der Feministinnen: Das Buch, eine radikale Anklage männlicher Herrschaft, sorgt für Unruhe. Als störend wird auch sein Beharren auf der Bedeutung der Sexualität empfunden. Dennoch kündigt es die kommenden Kämpfe an.

2.2 „Junge Frauen" und „Glückliche Mutterschaft": Anzeichen der Erneuerung

Mitte der 1950er Jahre kommt die Erneuerung aus den protestantischen Milieus. Die Bewegung Jeunes femmes („Junge Frauen"), die nach dem Krieg entstand, setzt sich aus Frauen unter 35 Jahren zusammen, von denen viele ein Studium absolviert, anschließend geheiratet, Kinder bekommen und ihre Erwerbstätigkeit aufgegeben haben. Bei ihren Treffen und in ihrem Nachrichtenblatt, das eine Million Abonnentinnen hat, äußern sie sich über das Elend der Hausfrau, überdenken ihre Rolle als Erzieherin, planen die Förderung von Frauen auf kirchlicher Ebene und eine Reform der Theologie. Vor allem wird neben

14 Zitiert nach Sylvie Chaperon: *Les Années Beauvoir*, op. cit., S. 204.

anderen Aspekten der „Lage der Frau" die Geburtenkontrolle einer Überprüfung unterzogen. Diese originelle und fortschrittliche Bewegung hält sich dennoch nicht für „feministisch": Das Wort schreckt ab, da es an die schwarze Legende der aus der Mode gekommenen Suffragetten erinnert.

Marie-Andrée Lagroua Weill-Hallé, die den Anstoß zu einer Bewegung, die sich für die Verhütung einsetzt, geben wird, ist ebenfalls keine Feministin im militanten Sinne des Begriffs. Sie geht an die Frage „professionell" heran (sie ist Gynäkologin) und ihr Ruf als Katholikin, die mit einem angesehenen Kinderarzt verheiratet ist, wirkt überzeugend – im Gegensatz zu dem anarchistischer Neomalthusianer wie Jeanne Humbert. Nach einer Reise in die Vereinigten Staaten im Jahr 1947, wo sie die Familienplanung entdeckt, ist sie entschlossen, gegen das Gesetz von 1920 zu kämpfen. Zunächst stößt sie nur auf Gleichgültigkeit oder Feindseligkeit. Aber ihre Intervention bei einem Prozeß wegen Kindstötung – eine Frau, die innerhalb von fünf Jahren fünf Schwangerschaften durchgemacht hatte, die erschöpft war und sich in einer Notlage befand, hatte sich um ihr letztgeborenes Kind nicht gekümmert –, bei der sie nach der Mitschuld des Gesetzes fragt, das dieser Frau eine Schwangerschaftskontrolle hätte gestatten müssen, trägt ihr Sympathie ein. Eine Umfrage „Sind die Frauen schuldig?", die von dem militanten Kommunisten Jacques Derogy durchgeführt wird, löst eine wahre Schlacht aus. Der PCF mißbilligt Geburtenkontrolle ebenso wie die Kirche, aber in dem einen wie im anderen Lager gibt es bekennende Anhänger der Geburtenkontrolle. Marie-Andrée Lagroua Weill-Hallé ruft zusammen mit Évelyne Sullerot am 8. März 1956 die Bewegung Maternité heureuse („Glückliche Mutterschaft") ins Leben. Die Benennung ist wegen des Gesetzes von 1920 zurückhaltend, aber auch, weil die Initiatorinnen im Gegensatz zu den Neomalthusianern der ersten Hälfte des 20. Jahrhunderts weder ihre Kampagne politisieren, noch Geburten beschränken wollten: Sie wollten lediglich erreichen, daß diese Geburten unter den bestmöglichen Voraussetzungen stattfinden. Die Bewegung wird sogleich von Jeunes Femmes unterstützt sowie von der Großloge für Frauen in Frankreich.

2.3 Katholikinnen und Kommunistinnen

Die kommunistischen und die katholischen Frauenvereine sind damals in der Mehrheit gegen *birth control*. Nun können sie aber behaupten, die Frauen zu repräsentieren, und zwar wesentlich stärker als die Feministinnen. Das katholische Lager dominiert. Die Union féminine civique et sociale spielt eine bedeutende Rolle, indem sie ihre Mitglieder (70 000 im Jahre 1945) ermutigt, sich zu organisieren und in die Politik einzumischen, vor allem auf kommunaler Ebene. Die Gemeinnützigkeit der Union wird 1947 anerkannt. In Bezug auf die Verhütung ist die Ablehnung zwar differenziert, aber entschieden: Erlaubt ist allein periodische Enthaltsamkeit, ohne die, so die Präsidentin der Union, die Gefahr bestünde, daß die Frau zu einem „bloßen Lustinstrument" würde. Die Action catholique générale des femmes zieht es dagegen vor, zu schweigen. Die katholischen Frauen stellen nämlich die Mutterschaft ins Zentrum ihres Interesses: Sie haben unter anderem 1947 die weltweite Mütterbewegung gegründet, die, wie im ersten Jahr des Kalten Krieges zu erwarten war, die (Pseudo-)Auflösung der Familie in der Sowjetunion an den Pranger stellt. Die Mütter im Haus zu halten oder sie wieder dorthin zurückzubringen: das ist das Ziel der von den Katholiken gewünschten familienpolitischen Strategien. Sie sind die ersten, die die Beihilfe für Alleinverdiener verteidigen. Der Natalismus bleibt trotz des Babybooms aktuell, weil man der Meinung ist, Arbeitnehmerinnen brächten nicht genug Kinder zur Welt. Zunehmend werden psychologische Argumente vorgebracht, um zu begründen, warum die Mutter dauernd bei ihren Kindern sein soll.

Trotz ideologischer Optionen, die denen der Katholikinnen diametral entgegengesetzt sind, macht sich die 1945 gegründete und aus dem kommunistischen Widerstand hervorgegangene Union des femmes françaises eine ziemlich ähnliche Mütterlichkeitsideologie zu eigen. Die Union ist eine Massenorganisation (627 000 Mitglieder im Jahr 1945), deren Anführerinnen innerhalb des PCF verantwortliche Positionen einnehmen. In ihren Anfängen ist sie bestrebt, die vollständige Gleichstellung der Geschlechter zu vertreten, unter anderem in der Arbeitswelt und auf rechtlicher Ebene. Aber für die UFF ist eine Frau vor allem anderen eine Mutter: Wer als Mutter zu Hause bleibt, um die Kinder groß zu ziehen, muß mit bedeutenderen Familienbeihilfen unterstützt werden. Der Slogan, mit dem die Union für mehr Geburten wirbt, ist vom Geist der Résistance beseelt: „Schenken wir Leben, um unsere Toten zu rächen." Im Laufe ihrer Entwicklung gibt sie ihr Egalitätsdenken auf – im Jahr 1949 verschwindet die Forderung nach einer Revision des Code Civil aus dem Programm; der Familialismus tritt überall hervor. Sie versucht, die „Mamas" auf einer politischen Ebene zu mobilisieren, die sie vermeintlich unmittelbar betrifft: Verteidigung der Familie und des Friedens. Für die UFF ist Geburtenkontrolle ein „individualistisches" Anliegen. „Seit wann nähmen die Arbeiterinnen für sich das Recht auf einen Zugang zu den Lastern der Bourgeoisie in Anspruch? Niemals", schreibt Jeannette Vermeersch (*France nouvelle*, 12. Mai 1956). Es ist im Gegenteil das „Recht auf Mutterschaft", das sie unisono mit ihrem Ehemann Maurice Thorez, dem Generalsekretär des PCF, verteidigt. Ist die Polemik, die sich 1956 an der Frage der Verhütung entzündet, ein Manöver, das die Aufmerksamkeit von dem Bericht Chrustschows und vor allem von dem sowjetischen Einmarsch in Ungarn ablenken soll? Auf jeden Fall zeigt sich in ihr eine Überzeugung, die seit Mitte der 1930er Jahre im PCF tief verankert ist, und die jetzt zu Dissidenzen führt: Jacques Derogy, der heftig angegriffen wurde, gibt seine Mitgliedskarte zurück.

Der Maternalismus steht auch im Zentrum der Reden kommunistischer Friedenskämpfer. Sie versuchen mit ihrer Propaganda die Frauen in ihrer Eigenschaft als Mütter, die „von Natur aus" gegen Kriege sind, zu mobilisieren, und nicht in ihrer Eigenschaft als Staatsbürgerinnen, einer nunmehr zweitrangigen Rolle. Seit 1947 entwickelt die UFF auf ihre Weise Schlagworte gegen den amerikanischen Imperialismus, gegen eine drohende faschistische Diktatur in Frankreich und vor allem gegen die militärische Übermacht des Westens, der einen neuen Weltkrieg zu riskieren bereit sei. Unter der Aufsicht der Kominform werden weltweite pazifistische Organisationen eingerichtet mit Hilfe der Fédération démocratique internationale des femmes („Internationale Demokratische Frauenföderation"), die von Marie-Claude Vaillant-Couturier geleitet wird. Bei der Tagung des Weltkomitees der Friedensanhänger in Stockholm im März 1950, bei der sie vertreten ist, verteilt die UFF den Aufruf zur Abrüstung und zum Verbot von Atomwaffen.

Das militante Engagement ist ein Kampf der Ideen, aber auch eine Erfahrung, die das Leben der Frauen verändert. Freilich geht das nicht soweit, daß sie zu einer Versammlung gehen, wenn „ihre" Wäsche nicht gemacht ist. Für die militanten katholischen oder kommunistischen Hausfrauen jedoch „bedeutet kämpfen, existieren".[15] Sie mischen sich in die unterschätzten Bereiche des Gemeinschaftslebens ein (Gesundheit, Wohnen, Erziehung), und sie unterstützen die Arbeiterkämpfe – mit Komitees, Demonstrationen, Delegationen bei den Behörden oder auch durch die Aufnahme von Kindern der streikenden Bergarbeiter in den Jahren 1948 und 1963. Für sie besteht kein Zweifel daran, daß Klassensolidarität vorgeht. Die Identität der Werktätigen hat Vorrang vor der Geschlechtsidentität.

3 Auf dem Weg zur Entkolonialisierung

Die Öffentlichkeit in Frankreich ist nicht besonders für das Kolonialreich eingenommen. Das ferne Indochina bis hin zu Dien Bien Phu läßt sie ziemlich gleichgültig, ebenso wie Schwarzafrika. Nur Algerien, wo eine der Zahl nach starke französische Bevölkerung lebt, macht eine Ausnahme. Mit der Kolonisierung hatten die Afrikanerinnen ihre politische Macht[16] verloren und wurden auf ökonomischer Ebene bestraft, indem man sie auf den Anbau von Nahrungsmitteln verwies, während die Männer Zugang zur Lohnarbeit, zur Rentenversorgung und zu den technologischen Neuerungen bekamen. Wenn man außerdem noch den ungleichen Zugang zur Schulbildung berücksichtigt, so befinden sich die Afrikanerinnen gerade zu dem Zeitpunkt in einer ohnmächtigen Position, an dem die letzten politischen Versuche zur Rettung des Kolonialreichs unternommen werden.[17]

Es gibt bis zu den Unabhängigkeitserklärungen der Kolonien in den 1960er Jahren nur sehr wenige Französinnen, die sich über koloniale Fragen informieren und Stellung dazu beziehen. Allerdings nehmen Feministinnen, Ethnologinnen, Missionsschwestern und Akti-

---

15 Dominique Loiseau: Les militantes de l'ombre: femmes de…, in: Michel Dreyfus, Claude Pennetier, Nathalie Viet-Depaule (Hg.): *La Part des militants*, L'Atelier, 1996, S. 270. Vgl. Dominique Loiseau: *Femmes et militantisme*, L'Harmattan, 1996; darin wird der Militantismus der Hausfrauen von Saint-Nazaire untersucht.

16 Catherine Coquery-Vidrovitch: *Les Africaines. Histoire des femmes d'Afrique noire du XIXe au XXe siècle*, Desjonquères, 1994.

17 Odile Goerg: Femmes africaines et politique: les colonisées au féminin en Afrique occidentale, in: *Clio*, Nr. 6, 1997, S. 105–125.

vistinnen am Schicksal indigener Frauen Anteil, indem sie diese mit einem anderen Blick betrachten, als es die Kolonialverwalter tun. So kritisiert Marie-Hélène Lefaucheux, die Präsidentin des CNFF, an dem Gesetz vom 27. August 1947, mit dem das Wahlrecht auf bestimmte Gruppen in Afrika (Beamte, Angestellte, Kaufleute) ausgedehnt wird, es vergesse die Frauen, von denen nur wenige die geforderten Voraussetzungen erfüllten. Im Jahr 1951 wird eine Gesetzesänderung angenommen, durch die sich die Wählerschaft um Mütter mit zwei Kindern erweitert. Im Jahr darauf werden die ersten Afrikanerinnen auf kommunaler Ebene gewählt. Die geschlechtsspezifische Ungerechtigkeit, der durch einen besonderen, von der Mutterschaft abgeleiteten Staatsbürgerschaftsstatus abgeholfen werden soll, ist freilich innerhalb eines System angesiedelt, das in sich selbst schon ungerecht ist: Das französische Westafrika verfügt nämlich nur über 13 Abgeordnete für 16 Millionen Einwohner. Die Beteiligung von Frauen an den Wahlen ist trotzdem beachtlich und politische Aktivistinnen trotzen den Widerständen der Männer, so Aoua Keïta, die 1959 Abgeordnete des Soudan français[18] wird. Der Zugang zu eingeschränkten politischen Rechten kommt auf jeden Fall zu spät, um einen Umbruch herbeizuführen: Der Unabhängigkeitsprozeß ist bereits im Gange.

3.1 Der Algerienkrieg

Der Frieden war immer eines der wichtigsten Anliegen für die Bewegungen fortschrittlicher Frauen, gleich ob sie linken oder feministischen Vereinen angehörten. Aber der Pazifismus ist in Zeiten des Konflikts für Männer wie für Frauen eine schwer aufrechtzuerhaltende Position. Das vorherrschende Gefühl der Französinnen ist vor allem die Angst, einen Sohn, einen Ehemann, einen Verlobten, einen Bruder zu verlieren, der nach Algerien gerufen wurde, um einen Krieg zu führen, der nicht beim Namen genannt wird. Die Zensur hilft den Französinnen nicht, sich zu informieren. Selbstzensur ist ein absolutes Gebot für die Soldaten, die an ihre Familie schreiben oder auf Heimaturlaub kommen, denn sie vermeiden damit, daß ihre Angehörigen sich Sorgen machen. Nicht alle Frauen wollen sich informieren, viele halten sich auf Abstand gegenüber etwas, das politisch sein könnte. So protestieren zahlreiche Leserinnen, als die Zeitschrift *Elle* ihr Titelbild mit dem Photo des blutüberströmten Gesichts der kleinen Delphine Renard, dem Opfer eines Attentats der OAS,[19] präsentiert.[20] Im Laufe der Zeit wird die Existenzberechtigung des Konflikts an der Elle des-

18 *Anm. d. Ü.*: Soudan français: Das heutige Mali.

19 *Anm. d. Ü.*: OAS (Organisation armée secrète): Die „Geheime Armeeorganisation" war eine aus der französischen Armee hervorgegangene Terrororganisation, die mit dem Ziel, die Unabhängigkeit Algeriens zu verhindern, zahlreiche Anschläge auf die Zivilbevölkerung in Algerien und in Frankreich durchführte.

20 Nach Évelyne Sullerot: *La Presse féminine*, Armand Colin, 1966, S. 216.

sen gemessen, was die Französinnen am stärksten betreffen muß: der Verlust des Lebens ihrer Angehörigen.

In Algerien dagegen beteiligen sich die Frauen sehr stark an den Kämpfen. „Das Engagement militanter Frauen ist vielleicht die außergewöhnlichste Erscheinung und eine der ausschlaggebenden Gegebenheiten des Algerienkrieges", denn „nichts deutete darauf hin, daß die Algerierin der fünfziger Jahre, die zugleich Südländerin, Berberin, Muslimin und Kolonisierte und eben dadurch in einer Zwangsposition gefangen war, am Kampf teilnehmen könnte."[21] Diejenigen, die das koloniale Frankreich „Muselmaninnen" nannte, waren nämlich auf die Familie beschränkt, entbehrten der Schulbildung[22] und waren von der partiellen Staatsbürgerschaft ausgeschlossen, zu der die „Muselmanen" spät zugelassen worden waren: Das Gesetz vom 7. Mai 1946 gewährte nur den Männern die persönlichen Staatsbürgerrechte. Erst mit dem Gesetz vom 29. September 1947 bekamen die Frauen gleiche Rechte. Allerdings nur prinzipiell, denn die Wahlmodalitäten werden erst 1958 mitten im Krieg festgeschrieben. Die überwiegende Mehrheit der Franzosen im Mutterland meint „Algerien ist Frankreich", und wenn es ans Sterben geht, denkt man an die Frauen. Marguerite Pichon-Landry, Präsidentin des CNFF, und Marie-Hélène Lefaucheux, die Frankreich beim Frauenausschuß der UNO vertritt, sind der Auffassung, daß „man über die Frauen gehen muß, wenn man in Algerien etwas tun will [...]. In diesem Land hatten die Frauen die Absicht, sich zu emanzipieren".[23] Sie schlagen Michel Debré danach vor, „die Frauenkarte auszuspielen". Der Premierminister schließt sich ihrer Meinung an und ernennt 1959 Naffisa Sid Cara, die gerade eben Abgeordnete für die Vororte von Algier geworden war, zur Unterstaatssekretärin. Bis zur Unabhängigkeit im Jahr 1962 ist sie für die Fragen zuständig, die die algerischen Départements betreffen: Schulentwicklungsplanung, Berufsbildung, Veränderung der Rechtssprechung durch Anerkennung der gewohnheitsrechtlichen Ehen im französischen Recht. Diese Geste, mit der man sich „gutwillig gegenüber den muslimischen Bevölkerungsteilen" zeigen wollte, kommt zu spät. Aber in hoffnungslosen Situationen ist es immer verführerisch, das „Heil durch die Frauen" zu suchen: Es ist die „letzte Karte", die man ausspielen kann, die Karte, welche die politische Macht unter normalen Umständen nicht beachtet.

In kleiner Zahl haben Frauen in Algerien trotzdem begonnen, sich zu organisieren. Aber die der nationalistischen Strömung angehörende Association des femmes musulmanes („Verein muslimischer Frauen"; 1947), die vor allem soziale Aktivitäten entfaltet, zählt nur einige hunderte Mitglieder. In der Kommunistischen Partei Algeriens sind nur wenige

---

21 Djamila Amrane: *Les Femmes algériennes dans la guerre*, Plon, 1991, S. 19; Danièle Djamila Amrane-Minne: *La Guerre d'Algérie (1954–1962). Femmes au combat*, Rahma, 1993; Jacqueline Guerroudj: *Des douars et des prisons*, Alger, Bouchene, 1993.

22 1954 können nur 4,5 % der Algerierinnen lesen und schreiben im Verhältnis zu 13 % der Algerier. Die Schulpflicht (von 6 bis 14 Jahren) gilt nicht für die muslimischen Mädchen.

23 Zitiert nach William Guéraiche: *Les Femmes et la République*, op. cit., S. 174.

Frauen, sehr viel mehr aber sind es in der 1944 entstandenen Union des femmes d'Algérie („Algerische Frauenunion"), die 1946 nach eigenen Angaben über 20 000 Mitglieder verfügt, unter denen sowohl Europäerinnen wie Algerierinnen sind. Dieser Beginn kollektiver Organisation erschüttert nicht die männliche Hegemonie in den Oppositionsparteien, in denen gelegentlich vom „Problem der Frau" die Rede ist, dessen Lösung jedoch auf später vertagt wird, wenn das Land die Unabhängigkeit erreicht haben wird.

Für viele Algerierinnen verbindet sich die Hoffnung auf nationale Unabhängigkeit, die jener der Männer vergleichbar ist, mit der Hoffnung auf ihre Unabhängigkeit als Frauen. Im Hexagon wird ihre Rolle als Kämpferinnen durch die Presse entdeckt, die von Verhaftungen und Verurteilungen berichtet: Djamila Bouhired, 22 Jahre, Verbindungsagentin des Chefs des FLN in Algier,[24] wird zum Symbol eines ganzen kämpfenden Volkes. Sie wird 1957 verhaftet, fünfzehn Tage lang von französischen Soldaten gefoltert und anschließend zum Tode verurteilt (nachdem die Strafe in lebenslange Haft umgewandelt worden war, wird sie schließlich 1962 befreit). Drei Jahre später kommt die Affäre Djamila Boupacha ans Licht; eine Aktivistin des FLN, ebenfalls 22 Jahre alt, die angeklagt wurde, eine Bombe gelegt zu haben – was sie leugnet – und gefoltert wurde: Unter den Mißhandlungen, die ihr zugefügt werden, ist auch die Defloration mit einer Flasche. Ihre Anwältin Gisèle Halimi fordert eine Untersuchung und ruft im Juni 1960 ein Unterstützungskomitee ins Leben zusammen mit Simone de Beauvoir und Germaine Tillion, der ehemaligen Widerstandskämpferin und Deportierten, die sich als Ethnologin auf Algerien spezialisiert hat und seit mehreren Jahren über Haftbedingungen forscht.[25]

Ohne Zweifel drängt der große Widerhall, den diese Affäre findet, mehr Frauen dazu, sich gegen den Krieg zu engagieren: Es sind sehr viele, die im September 1960 das „Manifest der 121" unterzeichnen, in dem das Recht auf Ungehorsam im Algerienkrieg verlangt wird – genannt seien Simone de Beauvoir, Marguerite Duras, Florence Malraux, Christiane Rochefort, Nathalie Sarraute, Geneviève Serreau, Simone Signoret. Die Tatsache ist der Hervorhebung wert, weil Namen von Frauen unter Petitionen und Manifesten, die seit der Dreyfus-Affäre das Engagement von Intellektuellen markieren, selten zu finden sind. Dieses Manifest setzt im Unterschied zu vielen anderen seine Unterzeichnerinnen der Strafverfolgung aus und macht sie zu Angriffszielen für Attentate der OAS. Unter den „Kofferträgern"[26] waren auch „Kofferträgerinnen": Die kommunistische Literaturprofessorin Hélène Cuénat, die Schauspielerin Cécile Marion und die ehemalige Widerstandskämpferin, For-

---

24 *Anm. d. Ü.*: FLN (Front de Libération Nationale): 1954 von Ahmed Ben Bella gegründete „Nationale Befreiungsfront" Algeriens, die sich nach der Unabhängigkeit zu einer Einheitspartei entwickelte.

25 Gisèle Halimi: *Djamila Boupacha*, Gallimard, 1962. Djamila Boupacha wurde 1962 freigelassen. Gerechtigkeit ist ihr nicht zuteil geworden: Diejenigen, die sie gefoltert hatten, sind niemals behelligt worden und profitieren vom Amnestiegesetz.

26 *Anm. d. Ü.*: Kofferträger: eine damals gebräuchliche Bezeichnung für die Unterstützer des FLN aus der politischen Linken.

scherin und Photographin Dominique Darbois hatten sich zwischen 1957 und 1958 dem Netz Jeanson angeschlossen. Im Februar 1961 gelingt ihnen zu sechst die Flucht aus dem Gefängnis Petite Roquette.[27] In Algerien lebende Französinnen beschließen, sich der FLN anzuschließen.[28] Viele von ihnen sind Kommunistinnen.

Lehrerinnen – darunter Madeleine Rebérioux, die künftige Präsidentin der Liga für Menschenrechte – sind im Comité pour la défense des libertés et la paix en Algerie („Komitee zur Verteidigung der Menschenrechte und des Friedens in Algerien") aktiv, das im Anschluß an das Comité de vigilance universitaire („Wachsamkeitskomitee der Universitätsanhörigen") entsteht. Sich an gewerkschaftlichen Aktionen für den Frieden in Algerien bei dem SNES, der UNEF, der CGT und der CFTC zu beteiligen, ist eine weitere Möglichkeit für die Frauen. Gegen Ende des Krieges finden immer mehr Demonstrationen für den Frieden statt, aber auch gegen die OAS und gegen den „Faschismus". Sehr zahlreich sind Arbeiterinnen und Angestellte vertreten, als die Polizei am 8. Februar 1962 die Demonstration an der Metrostation Charonne zerschlägt: Neun Personen finden dabei den Tod, darunter drei Frauen.

Die Aktivistinnen gegen den Algerienkrieg sind eine engagierte Minderheit, so wie auch die Männer im antikolonialen Kampf in der Minderheit sind. Durch diese Erfahrung entsteht bei einigen der Frauen ein feministisches Bewußtsein, andere fühlen sich in ihrem bereits bestehenden Feminismus bestätigt. Die Perspektive einer „Dekolonisierung" der Frauen, die Infragestellung der imperialistischen Macht des Westens in der Welt wirkt ansteckend auf die Analyse der Lage von Frauen, ob sie westlich sind oder nicht.

4 Mai 68

Der Mai 68 steht am Ursprung tiefgreifender Transformationen in der französischen Gesellschaft, die insbesondere das Leben von Frauen verändert haben. Wenn man sich aber in erster Linie für das Ereignis und seine zwei Gesichter – die Studentenrevolte und den Generalstreik – interessiert, so muß die Unauffälligkeit der Frauen überraschen. Denn sie sind ja anwesend in den Fakultäten, den besetzten Fabriken, bei den Demonstrationen auf der Straße. Die von den Medien für die Öffentlichkeit entdeckten Hauptakteure aber sind Männer. Im Rückblick stellen Studentinnen, die Feministinnen geworden sind, fest, daß „der Reinigungsdienst der Sorbonne sich nahezu ausschließlich aus jungen Frauen zusammensetzte. Aber wie viele junge Frauen machten in den Vollversammlungen den Mund auf?"[29] Es sind tatsächlich sehr wenige, trotzdem wagen sich manche vor, etwa die jungen Aktivistinnen von Féminin, Masculin, Avenir („Weiblich, Männlich, Zukunft"), einer gemischt-

27 Hervé Hamon, Patrick Rotman: *Les Porteurs de valises*, Points Le Seuil Histoire, 1981.

28 Andrée Doré-Audibert: *Des Françaises d'Algérie dans la guerre de libération*, Paris, Karthala, 1995.

29 Zitiert nach Monique Rémy: *De l'utopie à l'intégration. Histoire des mouvements des femmes*, L'Harmattan, 1990, S. 35.

geschlechtlichen feministischen Gruppe von etwa zehn Personen, die sich 1967 gebildet hat. „Ihr wollt eine Diskussion über die Frauen veranstalten? Na prima! Seit fünfzehn Tagen ist Revolution und von den Frauen war noch nicht die Rede", antwortet ihnen ein „junger Langhaariger", den sie um einen Hörsaal in der Sorbonne gebeten hatten.[30] Am nächsten Tag wird dieser Hörsaal voll sein. Danach organisieren sie Diskussionen mit der Soziologin Évelyne Sullerot und der Anwältin Gisèle Halimi, um sich schließlich in Arbeitsgruppen über die Hausarbeit oder die sexuelle Revolution wiederzutreffen. Letzteres Thema liegt bereits in der Luft. In Studentenwohnheimen hatte es spektakuläre Zwischenfälle gegeben. Da die Jungen keinen Zutritt zu den Mädchenwohnheimen bekamen, wurde das Mädchenwohnheim von Nanterre am 21. März 1967 besetzt. Daniel Cohn-Bendit, der an der Universität Nanterre die Bewegung des 22. März ins Leben gerufen hatte, richtete diesbezüglich eine Frage an den Minister für Jugend und Sport und löste damit einen netten Skandal aus. Als Leser von Reich und Marcuse, deren Analyse der Rolle der sexuellen Unterdrückung zur Kontrolle der Massen sie übernahmen, prangerten die Studenten die Heuchelei der herrschenden Moral und die Schwierigkeiten des Zugangs zu Verhütungsmitteln an, ohne jedoch die Perspektive der jungen Frauen besonders zu berücksichtigen.

Die symbolischen Formen, in denen sich die Studentenbewegung selbst ausdrückt, lassen den Frauen wenig Spielraum. Die Referenzen auf die übermächtigen Porträts von Revolutionshelden – Marx, Che Guevara, Ho Chi Minh – (eine seltene Ausnahme ist Rosa Luxemburg) stehen im Kontrast zum ausgelassenen Fetencharakter, und die Jugend wird durch das Gesicht eines jungen Mannes repräsentiert: Daniel Cohn-Bendit, der Rotschopf von Nanterre, verkörpert die Bewegung. Selbst wenn Bernadette Laffont in *La Fiancée du pirate* oder die Studentin, die in *La Chinoise* von Godard die Revolution entdeckt, die Silhouette eines Mädchens, das Pflastersteine wirft („die Schönheit ist auf der Straße") oder das fotogene Gesicht eines Mädchens, das auf den Schultern eines Jungen sitzt, etwas mehr Weiblichkeit ins Bild bringen. Insgesamt gesehen ist das Imaginäre der Revolte eher männlich und inszeniert eine Konfrontation zwischen Männern – von Söhnen, die sich gegen ihre Väter erheben, von Studenten, die träumen, sie seien Widerstandskämpfer gegen die „CRS-SS". „Ich glaubte an die Revolution, aber die Organisationshierarchien waren grotesk, der Kleinkrieg stieß mich ab", gesteht Jahre später eine der Akteurinnen der Bewegung: „Es hatte etwas von einem Spiel unter Mackern." Ihr Resümee ist: „Im Mai habe ich gewissermaßen mit Freuden gelitten".[31]

Auch die demokratische Frauenbewegung merkt an, daß „in den Unterredungen zwischen Gewerkschaften, Arbeitgebern und Regierung niemand ausdrücklich Lohngleichheit

30 Nach dem Bericht von Anne Zelensky, einer der damaligen Veranstalterinnen, in: Anne Tristan und Annie de Pisan: *Histoires du MLF*, Calmann-Lévy, 1977, S. 38.

31 Nadja Ringart, die zu einer militanten feministischen Soziologin geworden ist, in einem Interview von 1985. In: Hervé Hamon und Patrick Rotman: *Génération*, Bd. 2 *Les années de poudre*, Points Le Seuil, 1988, S. 196.

gefordert, niemand die Einrichtung von Gemeinschaftsdiensten und Krippen geplant habe, um die Frauen mit ihrem doppelten Arbeitstag zu entlasten."[32] Als „Women's Lib" in den USA entsteht, spielen die Frauen in Frankreich als kollektive Kraft noch keine gewichtige Rolle. Trotzdem ist der Mai 68 eine grundlegende Erfahrung. Die meisten Aktivistinnen des künftigen MLF sind 1968 20 Jahre alt.[33] Mit den jungen Männern ihres Alters teilen sie den Überschwang der Revolte, die Überzeugung, daß man die Gesellschaft und sein eigenes Leben im Kollektiv verändern kann, und sie machen sich die gleiche Protestkultur zu eigen. Aber sie erfahren auch ein Herrschaftsverhältnis der Männer ihnen gegenüber, selbst in den Gruppen der extremen Linken, die damals in Blüte stehen.

5 Die Frauenbefreiungsbewegung

5.1 Entstehung einer einzigartigen kollektiven Bewegung

26. August 1970. „Un homme sur deux est une femme" („Einer von zwei Männern/Menschen ist eine Frau"); „Es gibt noch etwas Unbekannteres als den Soldaten: seine Frau!" heißt es auf den Spruchbändern der etwa zehn Demonstrantinnen, die gekommen sind, um unter dem Arc de Triomphe einen Kranz für die Unbekannte niederzulegen. Diese von der Polizei unterbrochene Manifestation gilt als die Geburtsstunde des MLF. Der Ausdruck „Mouvement de libération des femmes", der sich an das amerikanische *Women's Liberation movement* anlehnt, wird am nächsten Tag von *France-Soir* lanciert. Eine sehr informelle Bewegung entsteht: Versammlungen in der École nationale des beaux arts, Gruppen ohne Mitgliedskarten und förmlichen Beitritt, ohne Vorsitzende, ohne Tagesordnung und verschiedene Initiativen von den bescheidensten (ein Flugblatt zur Abtreibung auf einem Markt verteilen) bis zu den medienwirksamsten (das Forum von *Elle* durcheinander bringen). Es setzt eine Arbeitsphase der kritischen Reflexion ein, deren erster Akt die Veröffentlichung einer Sondernummer von *Partisans*, einer Zeitschrift der extremen Linken, mit dem Titel „Libération des femmes, année zéro" („Befreiung der Frauen, Jahr null") ist.

Das Wort „Befreiung" muß hervorgehoben werden, weil es eine neue Etappe in der Geschichte eines Feminismus markiert, der sich zunächst an der „Emanzipation" und danach etwas bescheidener an der „Förderung" von Frauen festgemacht hatte. Die Datierung („Jahr null") deutet auf die Unkenntnis vergangener Kämpfe hin und zugleich auf die Distanzierung gegenüber einem Feminismus, der als allzu zaghaft gilt. Der MLF hält sich für radikal und revolutionär, er ist von der Gegenkultur der 1968er Jahre durchdrungen und viele seiner Aktivistinnen kommen aus maoistischen und trotzkistischen Organisatio-

32 In der Sorbonne verteiltes Flugblatt, abgedruckt in Christine Fauré: *Mai 68 jour et nuit*, Découvertes Gallimard, 1998, S. 118.

33 *Anm. d. Ü.*: MLF (Mouvement de libération des femmes):"Bewegung für die Befreiung der Frauen".

nen. Der Marxismus liefert ihnen ein Grundvokabular, das sie auf das Herrschaftsverhältnis der Männer zu den Frauen anwenden. Auch von der Psychoanalyse wird Gebrauch gemacht, allerdings in geringerem Maße. Die starke intellektuelle Prägung der entstehenden Bewegung schließt freilich andere Formen der Rede nicht aus. Der Erfahrungsbericht wird bevorzugt, um so mehr, als er dem Grundsatz der Bewegung entspricht: Die Frauen müssen das Wort ergreifen und selbstbestimmt über sich und die Welt sprechen. „Wer ist am besten geeignet, über die Zahl Ihrer Kinder zu entscheiden? Der Papst, der nie ein Kind gehabt hat, der Präsident, der die seinen erziehen lassen kann, der Arzt, der das Leben eines Fötus mehr achtet als das einer Frau, Ihr Mann, der bei seinen Kindern killekille macht, wenn er abends nach Hause kommt, oder Sie, die sie austragen und großziehen?"[34] Als Gegengift gegen die Traurigkeit der Zeugnisse über lange verschwiegene Leiden ist der Humor allgegenwärtig. Nichts wird ausgelassen, um den Gegner zu entwaffnen, um den Schwachsinn seines Diskurses zu verdeutlichen. Aus der Stimmung von 68, die vom Surrealismus heimgesucht wird, entstehen „Slogans": „Eine Frau ohne Mann ist wie ein Fisch ohne Fahrrad". Die Stärke des MLF besteht darin, eine Bewegung neuen Typs geschaffen zu haben, die eine „Organisation" mit „Wortführern" vollkommen ablehnt, weil sie sie für eine männliche und hierarchische Form der Macht hält. Trotz ihres Schwesterlichkeitsideals lassen sich jedoch Spaltungen innerhalb der Bewegung nicht vermeiden.

Die Fraktion der „revolutionären Feministinnen" ist der Meinung, der „Hauptfeind" sei das patriarchalische System.[35] Sie läßt sich von dem amerikanischen Beispiel anregen und fühlt sich Simone de Beauvoir verbunden. Auf ihr Konto gehen mehrere spektakuläre Aktionen der Bewegung: Das Erscheinen des Manifests der 343 Frauen, die erklären, abgetrieben zu haben (April 1971 im *Nouvel Observateur*), die Demonstration von November 1971 für die freie und unentgeltliche Abtreibung, außerdem auch die Mitorganisation der „Tage zur Anklage der Verbrechen gegen Frauen" im Mai 1972. Innerhalb dieser Strömung ist auch die kurzlebige Gruppe (1971–1973) der Gouines rouges („roten Lesben") angesiedelt, die aus dem FHAR – Front homosexuel d'action révolutionnaire hervorgegangen ist, und bis 1973 bestehen Stadtteilgruppen, die versuchen, Frauen aus den Unterschichten zu erreichen.

---

34 Flugblatt vom November 1970, das bei dem Forum von *Elle* verteilt wurde und das den offiziellen Fragebogen parodiert; zitiert nach Françoise Picq: *Libération des femmes, les années-mouvement*, Le Seuil, 1993, S. 22. Diese Arbeit ist eine der nützlichsten zur Geschichte des MLF, zusammen mit der von Monique Rémy: *De l'utopie à l'intégration. Histoire des mouvements des femmes*, L'Harmattan, 1990. Die Bücher von Naty Garcia Guadilla: *Libération des femmes. Le MLF* (PUF, 1981) und von Danièle Léger: *Le Feminisme en France* (Le sycomore, 1982) weisen eher eine essayistische Tendenz auf und können im Hinblick auf ihr Erscheinungsdatum beinahe als Quellen betrachtet werden.

35 „L'ennemi principal" („Der Hauptfeind") ist der Titel eines grundlegenden Artikels des MLF, der von Christine Dupont (ein Pseudonym der Soziologin Christine Delphy) gezeichnet und in einer Sondernummer von *Partisans* zu „Libération des femmes" im November 1970 veröffentlicht wurde. Wieder veröffentlicht wurde er in Christine Delphy: *L'ennemi principal*, Bd. 1.: *Économie politique du patriarcat*, Syllepse, 1998.

Die Fraktion „lutte de classe" („Klassenkampf") bildet sich 1973 und versucht, eine „autonome" Bewegung ins Leben zu rufen, die zugleich für die „Massen" ist und der sich Arbeiterinnen und weibliche Angestellte anschließen sollen. Sie steht dem MLAC nahe und beteiligt sich aktiv an der Kampagne zur Abtreibung, ohne die alltäglicheren Forderungen, wie etwa die nach der Einrichtung von Krippen, zu vergessen. Die Verbindungen der militanten Feministinnen zu den Gruppierungen der extremen Linken führen zu internen Spaltungen, zum Beispiel zwischen den Pétroleuses, die der kommunistischen Liga verbunden sind, und den Femmes en lutte, die der Gruppe Révolution und der Gauche révolutionnaire nahestehen.

Die Fraktion „psychanalyse et politique" („Psychoanalyse und Politik") des MLF lehnt den Begriff „feministisch" ab, selbst wenn er im radikalen Sinne gebraucht wird. Für sie ermöglicht der Feminismus keine Überschreitung des Patriarchats. Ihre Anhängerinnen wollen allerdings auch eher einem „Weiblichen" zur Entstehung verhelfen, das sich von männlichen Normen gelöst hat. Wie ihr mit „Psychépo" (sprich: psyképo) abgekürzter Name schon andeutet, gründet die Gruppe sich auf die Psychoanalyse, die ermöglichen soll, das weibliche Unbewußte (wieder)zufinden, eine nichtphallische Instanz (autonom in Bezug auf den Phallus), die „matricielle" (von Matrix, Mater, Materie) genannt wird. Mit den großen Kampagnen der Zeit hat diese Fraktion nicht viel zu tun. Sie bevorzugt es, Versammlungen und Treffen zu veranstalten und sich in der intellektuellen Produktion zu betätigen (Gründung der „éditions des femmes" und des Buchladens „des femmes" im Jahr 1974). Die Psychoanalytikerin Antoinette Fouque beeinflußt und leitet diese Gruppe, die zu den anderen Strömungen sehr gespannte Beziehungen unterhält.

Dem MLF, das muß betont werden, können nur Frauen angehören, und dies vermehrt die Faszination und den Haß, die er hervorruft. Politische Gründe werden angeführt: Man lädt den Unterdrücker nicht ein, um mit ihm über die Befreiung der Unterdrückten zu diskutieren. Die Aktivistinnen, die zuvor Gruppen der extremen Linken frequentiert hatten, haben genug von der arroganten Haltung der Genossen, die gerne Lehren erteilen. Sich unter Frauen zu treffen, erleichtert die Aussprache und das Zuhören bei intimen Fragestellungen, die zu der Zeit besonders drängend sind: der Körper, die Sexualität mit oder ohne Männer. Die Entdeckung der Lust der Homosexualität und – für eine beträchtliche Zahl der Aktivistinnen – der Möglichkeit, lesbisch zu sein und sich dazu zu bekennen, haben ebenfalls eine sehr wichtige Rolle gespielt. „Als Frauen, die die Rollen der Ehefrau und Mutter ablehnen, ist für uns die Stunde gekommen, daß wir das Schweigen durchbrechen und sprechen müssen", sagen die Gouines rouges im Jahre 1972.[36]

Der Feminismus der 1970er Jahre beschränkt sich nicht auf den MLF. Es gibt Vereine, zu denen auch Männer Zutritt haben, selbst wenn sie darin nicht besonders zahlreich ver-

36 Flugblatt, das bei den „Tagen der Anklage von Verbrechen gegen die Frauen" verteilt wurde; zitiert nach Claudie Lesselier: Les regroupements de lesbiennes dans le mouvement féministe parisien: positions et problèmes, 1970–1982, in: GEF: *Crises de la société, féminisme et changement*, Tierce, 1991, S. 88.

treten sind. Genannt seien der Planning familial („Familienplanung") und der MLAC (Mouvement de libération de l'avortement et de la contraception, „Bewegung zur Freigabe der Abtreibung und der Verhütung"): eine neue gemeinnützige Organisation nach dem Gesetz von 1901[37], gegründet im April 1973, unter deren Dach das Planning, der Groupe information santé, MNEF, Lutte ouvrière, die Ligue communiste révolutionnaire, der PSU, das Syndicat des travailleurs sociaux, die Conféderation nationale des associations familiales etc. zusammengefaßt sind. Dazu kommen die Unterzeichner des „Manifests der 331 Ärzte", die erklären, (illegal) Abtreibungen vorgenommen zu haben, die von der Aufsicht der Ärztekammer als „Vereinigung von Missetätern" bezeichnet werden. Die Stärke des MLAC besteht vor allem in seiner praktischen Zielsetzung: Frauen ständig zur Beratung zur Verfügung zu stehen und ihnen bei Abtreibungen zu helfen, indem Reisen in die Niederlande oder nach England organisiert werden; gelegentlich auch dadurch, daß Abtreibungen vor Ort durchgeführt werden. Als das Gesetz Veil verabschiedet ist, löst sich der MLAC auf, auch wenn einige Gruppen weiterbestehen. Der Verband für Familienplanung etwa setzt seine Arbeit fort.

5.2 1975: Das „internationale Jahr der Frau"

Gegen Ende 1974 zeigt sich in der Annahme des Gesetzesvorhabens Veil wie wirksam der feministische Druck gewesen war. Eine dem Vorhaben eher feindlich gesonnene rechte Regierung sah sich gezwungen, nachzugeben. Aus Furcht, die Unterstützung der Wählerinnen zu verlieren? Valéry Giscard d'Estaing, der 1974 gewählt wurde, hält sich für einen Liberalen, einen Modernisierer, der für gesellschaftliche Entwicklungen aufgeschlossen ist. Er hat Françoise Giroud, eine Journalistin, die der linken Mitte zugerechnet wird, in ein neues Amt berufen: Sie wird Staatssekretärin für Frauen, deren Aufgabe es ist, „alle Maßnahmen zu fördern, die geeignet sind, die Situation von Frauen zu verbessern, den Zugang von Frauen zu verschiedenen Verantwortungsebenen in der französischen Gesellschaft zu fördern und Diskriminierungen zu beseitigen, denen sie ausgesetzt sein könnten." Simone Veil wird mit dem Gesundheitsministerium betraut. Sie ist die zweite Ministerin in Frankreich (ein Vierteljahrhundert nach Germaine Poinso-Chapuis). Der Frauenanteil der ersten Regierung (unter Jacques Chirac) in der siebenjährigen Amtszeit des Präsidenten Valéry Giscard d'Estaing verdient hervorgehoben zu werden, denn ihr gehören fünf Staatssekretärinnen an, was noch nie dagewesen war.[38] Die UNO erklärt ihrerseits das Jahr 1975 zum

37 *Anm. d. Ü.*: Gesetz von 1901: Gesetz, das die Gründung und das Funktionieren von gemeinnützigen Vereinen regelt.

38 Es handelt sich neben Françoise Giroud und Hélène Dorlhac (Justiz) um Alice Saunier-Séïté (Universitäten), die 1968 die erste Dekanin einer Fakultät gewesen war, um die Ärztin Annie Lesur (Vorschulerziehung) und Christiane Scrivener (Wirtschaft und Finanzen).

„Internationalen Jahr der Frau" und übernimmt die Schirmherrschaft für eine Weltkonferenz in Mexiko, deren Vorsitz nicht einer Feministin übergeben wird, sondern der Prinzessin Ashraf, der Zwillingsschwester des Schah von Persien, die versichert, daß sie nichts ohne die Zustimmung des „Familienoberhauptes" unternimmt.

„Ein Jahr gefeiert, ihr ganzes Leben lang ausgebeutet": Die Feministinnen in Frankreich prangern diese „Vereinnahmung" an und kritisieren den Reformismus des Staatssekretariats. Der „MLF will die ‚Lage der Frau' nicht verbessern, sondern sie abschaffen".[39] Dies macht den ganzen Unterschied zwischen der reformistischen und der revolutionären Perspektive aus. Aber der Bewegung geht ihr utopischer Atem aus. Eine Reihe von Aktivistinnen wenden sich konkreten Aktionen zu. Gisèle Halimi hatte sich ab 1971 für den Pragmatismus entschieden, indem sie „Choisir. La cause des femmes" („Wählen. Die Sache der Frauen") gründete. 1974 ist Anne Zélensky an der Reihe, einen eingetragenen gemeinnützigen Verein – und keine informelle Gruppe – zu gründen: die Ligue du droit des femmes („Liga für Frauenrechte") unter dem Vorsitz Simone de Beauvoirs. Sie beabsichtigt mit den Mitteln der Rechtssprechung gegen sexistische Diskriminierung zu kämpfen – ein „Kompromiß" mit dem Recht und der Justiz... Im Jahr 1978 kann „SOS Femmes-Alternative" („SOS Frauenalternative") als Zuflucht für geschlagene Frauen das erste vom Staat subventionierte Frauenhaus eröffnen. Auch „SOS femmes violées" („SOS für vergewaltigte Frauen") ist aus dieser pragmatischen Strömung hervorgegangen.

Die militanten Aktivistinnen sind zweifellos niemals zuvor so zahlreich gewesen, aber es ist unmöglich, ihre Zahl genau zu bestimmen. Der MLF, der anfänglich sehr von Paris und, wenn man so will, bürgerlich, ganz gewiß aber von Intellektuellen geprägt ist, entwickelt sich auch in der Provinz.[40] Das Thema der freien und unentgeltlichen Abtreibung, das symbolisch für eine Reihe sehr viel weitgehenderer Bestrebungen steht, die der Slogan „unser Körper gehört uns" zusammenfaßt, ist geeignet, Frauen aus allen sozialen Schichten zu mobilisieren, auch wenn in den Frauengruppen die Angehörigen der Mittelschicht dominieren, die einen Hochschulabschluß haben und im Bildungs- und Gesundheitsbereich tätig sind. Die Demonstration für die Freigabe der Abtreibung am 6. Oktober 1979 ist ein großer Erfolg. Kurz danach gründet die Fraktion „Psychépo" ihre eigene Organisation mit der Bezeichnung „Mouvement de libération des femmes" und läßt das Kürzel MLF als Warenzeichen beim nationalen Patentamt eintragen. Die große Mehrheit der militanten Aktivistinnen wird damit in einen „nicht eingetragenen MLF" abgeschoben. Dieser Gewaltstreich markiert für viele das Ende der glorreichen Jahre.

---

39 Françoise Picq: *Libération des femmes*, op. cit., S. 175.

40 CLEF: *Chroniques d'une passion, le mouvement de libération des femmes à Lyon*, L'Harmattan, 1989.

5.3 Wechselfälle der Jahre des Kampfes (1981–2000)

Nachdem 1981 die Linke an die Macht gekommen war, folgten für den Feminismus – wie für andere soziale Bewegungen – einige schwierige Jahre, die geprägt waren von Motivationsverlust und Abwarten. Die Bewegung ist nun nicht mehr so sichtbar und die Medien sind nicht mehr so aufgeschlossen; dennoch werden die Kämpfe trotz des Mangels an finanziellen Mitteln in sehr unterschiedlichen Formen weitergeführt. In Paris ist das Haus der Frauen, das 1981 in der Cité Prost gegründet wird, einer der Marksteine der Bewegung. Lesbierinnen gründen ihre eigenen Zeitschriften und Gruppen. Einige werden zu Separatistinnen (Front des lesbiennes radicales 1981), andere definieren sich immer noch als Feministinnen und geben der Eroberung neuer Rechte und der „Sichtbarkeit" der Lesben den Vorrang: so etwa der MIEL (Mouvement d'information et d'expression des lesbiennes), der 1981 gegründet wird, oder die Monatszeitschrift *Lesbia*, die im darauffolgenden Jahr entsteht. Ist sie in den 1980er Jahren noch ziemlich unauffällig, so setzt sich diese identitätspolitische Bewegung im folgenden Jahrzehnt durch. Im Jahr 1997 wird die Coordination lesbienne nationale („Nationale Lesbenkoordination") geschaffen, die sich öffentlich gleichzeitig im feministischen Bereich und für die Rechte von Schwulen und Lesben einsetzt. Die Lesben sind seitdem im kulturellen Bereich (Kino, Medien, Literatur) deutlicher „sichtbar". Der 1999 verabschiedete PACS[41] ist für viele von ihnen eine politische Errungenschaft, auch wenn er hauptsächlich auf Kämpfe der Schwulen im Zusammenhang mit AIDS zurückzuführen ist. Die jährlichen Umzüge der „lesbian and gay pride", die seit den 1990er Jahren für die Medien das Barometer und das Abbild der militanten Homosexualität sind, zeigen die kulturellen und politischen Differenzen zwischen Schwulen und Lesben.

Die 1990er Jahre sind als Jahrzehnt der „lesbischen Selbstbehauptung" auch die Jahre einer Erneuerung des Feminismus nach dem Rückschlag der 1980er. Die Rückkehr der Rechten zur Macht im Jahr 1993, die Vorbereitung der Weltfrauenkonferenz von Peking zwischen 1993 und 1995 und die Kommandoaktionen der Abtreibungsgegner[42] wecken die Feministinnen auf. Die CADAC (Coordination des associations pour le droit à l'avortement et à la contraception; „Koordination der Vereinigungen für das Recht auf Abtreibung und Verhütung"), ProChoix („Wahlfreiheit") und das nationale Kollektiv für Frauenrechte organisieren sich. Der Kampf gegen Männergewalt bleibt aktuell: Die AVFT (Association contre les violences faites aux femmes au travail; „Verein gegen Gewalt gegen Frauen am Arbeitsplatz"), die den Anstoß für das Gesetz gegen sexuelle Belästigung gibt, berät weiterhin Opfer, SOS Viol („SOS Vergewaltigung") und die Zentren für geschlagene Frauen setzten ihre Arbeit fort. 1995 erfährt die Mobilisierung der Kampfbereitschaft einen Auf-

---

41 *Anm. d. Ü.*: PACS (Pacte civil de solidarité): „Ziviles Solidaritätsabkomment", vor dem Amtsgericht geschlossene eingetragene Lebenspartnerschaft, die allen unverheirateten Paaren, ob heterosexuell oder homosexuell, einen Rechtsstatus verleiht.

42 Fiammetta Venner: *L'opposition à l'avortement, du lobby au commando*, Berg, 1996.

schwung: Eine nationale Demonstration „für das Recht auf Abtreibung und Verhütung, für das Recht auf Arbeit, für eine wirkliche Gleichstellung von Frauen und Männern, gegen die Rückkehr zur Moralordnung“ vereint zum ersten Mal seit 1982 wieder tausende von Personen. Es ist auch das Jahr der vierten Frauenkonferenz der Vereinten Nationen in Peking; eine Gelegenheit festzustellen, daß sich die Lage in der Welt zurückentwickelt, daß die auf den früheren Konferenzen festgelegten Ziele nicht erreicht worden sind. Das Abschlußdokument der Konferenz markiert jedoch einen Fortschritt, indem es das Prinzip verkündet, daß „die Grundrechte von Frauen und Mädchen unveräußerlicher, fester und unteilbarer Bestandteil aller Menschenrechte und Grundfreiheiten sind“.

Seit 1992 wird die Parität (vgl. unten) zu einem Mobilisierungsziel. Diese Idee „ergreift die Massen“ ohne Demonstrationen, ohne zentrale Organisation, ein Zeichen dafür, daß sich die Waffen des politischen Kampfes entschieden geändert haben. Meinungsumfragen und die Medien ermöglichen einen spektakulären Vormarsch der Idee der Parität, die einige Jahre früher von vornherein verteufelt worden wäre. Eine neue Generation erscheint auf der feministischen Bühne: die von Marie Pas Claire (1991) und Mix'cité (1996). Daß in der feministischen Bewegung Männer ausgeschlossen sein sollten, ist nun ein schwer zu verstehendes Prinzip; die Erfahrung derjenigen, die 1968 zwanzig Jahre alt waren, ist schwierig zu vermitteln. Als ob die Tradition bestätigt werden sollte, fällt es auch wieder schwer, das Wort „Feminismus“ zu übernehmen.

Bei den jungen Generationen beschwört es zweifelhafte Exzesse und „Männerhaß“ herauf. Sollte der Antifeminismus mit der Durchsetzung dieser negativen Vorstellung das Spiel gewonnen haben? Diesen Eindruck könnte man schon bekommen. Wenn man aber nach den tieferen Gründen für die Ablehnung sucht, so erkennt man bald ihre Oberflächlichkeit – das heißt, der Feminismus wird in Wirklichkeit verkannt – und ihre Ambivalenz. Außer der Tatsache, daß der ideologische Radikalismus der 1970er Jahre für viele sehr exotisch geworden ist, scheint es, als würde jede Generation „ihren“ Feminismus erfinden, auf die Gefahr hin, eine andere Bestimmung dafür zu entdecken. Seit etwa zwanzig Jahren hat in gewisser Weise der Antisexismus den Feminismus ersetzt. Die Begriffe sind nicht vollständig synonym: Der Kampf gegen den Sexismus umfaßt den Ausgleich von Ungerechtigkeiten und die Achtung vor der Würde des Menschen; sein Horizont ist der der Geschlechtergerechtigkeit; selbstverständlich finden sich diese Anliegen auch im feministischen Kampf, aber er geht darin nicht auf. Der Feminismus in seiner utopischen Dimension folgt den Wegen der kulturellen und sozialen Veränderung in unterschiedlicher Weise – indem er die Solidarität und/oder die Liebe zwischen Frauen aufwertet oder auch, indem er die weibliche Erfahrung als eine Alternative zu männlichen Verhaltensweisen betrachtet. Dieser Feminismus auf der Basis von Identität – selbst wenn er die patriarchalen Identitätsdefinitionen ablehnt – ist zurückgegangen und rein egalitären und pragmatischen Initiativen gewichen, wie denen der Chiennes de Garde („Wachhündinnen“), die seit 1999 gegen Beleidigungen von Frauen im öffentlichen Raum vorgehen. Auch hier zeigt sich, wie sehr sich die Rezepte der politischen Mobilisierung geändert haben: Eine schockierende Selbstbezeichnung, ein von bekannten Persönlichkeiten (Frauen und Männern) unterzeichnetes Manifest, eine Website, Arbeiten im Netzwerk, Vermittlung von – wenn möglich – spektakulären Aktionen durch die Medien.

Die Feministinnen machen auf ihre Weise Politik, häufig mit Mißtrauen gegenüber der „institutionalisierten" Politik. Sie fordern die Macht von außen heraus, manchmal aber auch von innen, selbst innerhalb der Parteien. Dies bleibt nicht ohne Wirkung.

6 Frauen und Politik seit den 1970er Jahren

6.1 Der Linksruck im Wahlverhalten der Frauen

In den 1970er Jahren verringert sich der Abstand zwischen Wählerinnen und Wählern sowohl bezüglich der Enthaltungen als auch bezüglich ihrer Option für die Linke – Stichprobenerhebungen bei der Urnenauszählung ergeben einen Unterschied zwischen 7 und 5 Prozentpunkten.[43] Im Laufe des darauffolgenden Jahrzehnts gleicht sich das Wahlverhalten an; die Frauen wählen sogar mehrheitlich links. Jetzt ist die Zeit der Autonomie angebrochen. Das Wahlverhalten der Frauen bietet neue Besonderheiten, die vor allem bei den jungen Frauen deutlich hervortreten. Der Front national[44] wird von den Wählerinnen abgelehnt – 5 bis 7 Prozentpunkte weniger als bei den Männern seit den Europawahlen von 1984. Seit 1986 wählen die Frauen eher sozialistisch als die Männer – der Abstand liegt bei 1 bis 4 Prozent. In Bezug auf die Wahl der Ökologiepartei liegen die Frauen leicht vor den Männern.

Anhand welcher Faktoren läßt sich das Wahlverhalten der Frauen erklären? Die abhängige Situation im Haushalt begünstigt Wahlenthaltungen und konservatives Wahlverhalten, während die Integration in das Berufsleben das Verhalten von Frauen und Männern einander annähert (Sozialisation und Politisierung durch Arbeit). Das Berufsleben ist auch dann noch auschlaggebend für das Verhalten von Frauen, wenn die bezahlte Erwerbstätigkeit aufgegeben wurde – die „ehemaligen Erwerbstätigen" wählen nicht so wie die Frauen, die nie einer Erwerbstätigkeit nachgegangen sind –, und es hat auch Einfluß auf die Meinung ihres Lebensgefährten und ihrer Kinder. Die Fortschritte der Frauenerwerbstätigkeit erklären auch, daß sich die Frauen weiterentwickeln und von den Normen ihres Milieus lösen, die in katholischen Familien mit rechtem und ländlichem Hintergrund traditionell erzogen worden sind. Aber es gibt Ausnahmen von der Regel. Im ländlichen Milieu vertreten Hausfrauen und Landwirtinnen eher konservative Meinungen. Auch das Alter bringt die Regel

43 Janine Mossuz-Lavau: Le vote des femmes en France (1945–1993), in: *Revue française de science politique*, 43 (4), August 1993.

44 *Anm. d. Ü.*: Front national: Die Partei „Nationale Front" wurde 1972 von Jean-Marie Le Pen gegründet, Wahlerfolge konnte sie erst seit 1983 erzielen.

durcheinander: Die Frauen unter 35 Jahren sind 1978 eine politischere Generation, die sich stärker von der Kirche gelöst hat, über eine bessere Schulbildung verfügt und entschiedener für die Linke votiert. Die Regel, daß das Wahlverhalten der Arbeiterinnen sich dem der Arbeiter annähert, bleibt bestehen. Freilich gibt es einige kleine Unterschiede.

In ihrer Mehrheit stehen die Arbeiterinnen mit einer geringeren Schulbildung und niedrigeren Qualifikationen in den Unternehmen am unteren Ende der Stufenleiter. Sie sind auch weniger als die Männer in Organisationen, Parteien und Gewerkschaften eingebunden und nicht so stark bei Auseinandersetzungen – Streiks und Demonstrationen – vertreten. Dagegen protestieren die Erwerbstätigen aus den Mittel- und Oberschichten, die die Universität absolviert haben, wesentlich häufiger. Das kulturelle Kapital ist also ein Erklärungsfaktor für das Wahlverhalten. Es ist die Hochschulbildung, die zu einer Übereinstimmung mit dem Verhalten der Männer führt, ja sogar zu einem deutlich rebellischeren Wahlverhalten.

Die im engeren Sinne politischen Faktoren für das Wahlverhalten von Frauen sind schwerer zu bestimmen als die soziologischen und kulturellen Faktoren. Erwiesen ist, daß Frauen bis 1969 dem Gaullismus einen Stimmenüberhang verschafft haben. Wahrscheinlich entsprach dies einer unter den Frauen ziemlich verbreiteten Ablehnung politischer Fehden: Der Gaullismus gab vor, sich jenseits der Rechts-Links-Spaltung zu situieren, indem er das französische Volk auf sich versammelte – und das Staatsoberhaupt bot ein beruhigendes Bild der Stabilität, indem es den möglichen Wechsel als Chaos abqualifizierte. Vielleicht hat der Staatschef auch davon profitiert, daß die Anordnung, den Französinnen die Staatsbürgerrechte zu geben, seine Unterschrift trug. In den 1970er Jahren findet eine klarere Neuaufteilung zwischen dem rechten und dem linken Spektrum statt. Der Einfluß der Kirche wird schwächer. Das Protestklima ermutigt die Wählerinnen. Die feministische Bewegung bringt neue Urteilskriterien in das politische Bewußtsein ein. Wählen die Frauen nun mehr im Sinne ihrer eigenen Interessen? Man kann diesen Eindruck gewinnen, da sie die Formationen der extremen Rechten ablehnen, die die einzigen sind, die sich ausdrücklich gegen die Fortschritte der Frauenrechte stellen. Wenn auch die weibliche Wählerschaft für die Parteien eine Herausforderung darstellt, so gibt es doch kein Abstimmungsverhalten von „Frauen“ und auch bei den Wählerinnen selbst ist nicht das Bewußtsein vorhanden, daß sie eine besondere Gruppe bildeten. Die Zukunft wird erweisen, ob die Einführung der Parität in der Wählerschaft ein Geschlechterbewußtsein wecken kann.

6.2 Die männliche Hegemonie besteht fort

Der Übergang von der Vierten zur Fünften Republik kam für die Politikerinnen einer schweren Bestrafung gleich: Hatte das 1944 erworbene passive Wahlrecht dazu beigetragen, daß gewählte Vertreterinnen aus allen Bereichen hervorgehen konnten, so kommt die Änderung der politischen Praktiken seit 1958 den hohen Beamten zugute, einer Gruppe, der kaum Frauen angehören.[45] Die Jahrgänge der ENA sind in den 1970er Jahren zu 90 % männlich.[46] Auf dem Höhepunkt des gaullistischen Triumphs schafft die Wahl des Präsidenten der Republik nach dem allgemeinen Wahlrecht gleichsam durch Ansteckung „starke Männer", die die Macht in den Départements und Gemeinden auf sich versammeln. Außerdem trägt der neue gesetzliche Wahlmodus – Mehrheitswahl mit einer Stimme und zwei Wahlgängen ersetzt die Verhältniswahl mit Listen der Départements – dazu bei, daß die Frauen marginalisiert werden, da ihnen das Profil der Honoratioren fehlt und sie deshalb nicht als genügend durchsetzungsfähig gelten. Für die Frauen als Außenseiterinnen läßt die bestehende Ämterhäufung kaum Posten übrig. Darüber hinaus walzt das Mehrheitswahlrecht Organisationen nieder, die wie der PCF, mehr Kandidatinnen als andere Parteien stellen. Die „Durststrecke" dauert von 1958 bis 1978, zwanzig Jahre, in denen der Frauenanteil in der Nationalversammlung nicht über 2 % hinausgeht. Die Zahl der Frauen schwankt zwischen 9 und 13. Der Anteil der Kandidatinnen ist entschieden zurückgegangen: 13,6 % im Jahr 1946, 2,3 % im Jahr 1958. In den 1970er Jahren sind sie zahlreicher (10 % im Jahr 1978), was nicht automatisch zu einer Erhöhung der Zahl weiblicher Abgeordneter führt: Denn den Frauen sind viele uneinnehmbare Wahlbezirke zugeteilt worden. Was den Senat betrifft, so ist er im Jahr 1974 mit 2 % gewählten Vertreterinnen noch stärker männlich dominiert. Die indirekte Wahl für das Senatorenamt ist ein zusätzlicher Filter, der zum Konservatismus führt.

Die gleiche Marginalisierung läßt sich auf der Regierungsebene feststellen. De Gaulle hat in den elf Jahren, in denen er an der Macht war, nur zwei Frauen ernannt, beide wurden Unterstaatssekretärinnen – Nafissa Sid Cara, die von 1959 bis 1962 in Algerien für soziale Fragen verantwortlich war, und ab 1967 Marie-Madeleine Dienesch, zunächst für die Bildung, später für Soziales zuständig. Unter der Präsidentschaft von Georges Pompidou verlängert sich diese Situation bis 1974. Die Wahl von Valéry Giscard d'Estaing führt einen Wandel herbei: In seiner ersten Regierung, mit der Jacques Chirac betraut ist, sitzen 6 Frauen, die, mit Ausnahme der Gesundheitsministerin Simone Veil, bescheidene Ämter innehaben. Wie konnte man (bei der Fernsehübertragung) von der Einsamkeit dieser Frau unbeeindruckt bleiben, die einer fast ausschließlich männlichen Versammlung gegenüberstand, um ihren Gesetzesentwurf zur Freigabe des Schwangerschaftsabbruchs zu verteidigen? Wenn die ersten Ministerinnen im kollektiven Gedächtnis keine Spuren hinterlassen haben, so wird doch Simone Veil als politisch couragierte, aufrichtige, kompetente Frau zu einem Vorbild werden. Aber sie hat nicht die Unterstützung der Parteiapparate. Valéry Giscard d'Estaing ist das erste Staatsoberhaupt, das „die Lage der Frau" berücksichtigt. Das erste

45 Mariette Sineau: Les femmes politiques sous la Ve Republique. À la recherche d'une légitimité électorale, in: *Pouvoirs*, Nr. 82, September 1997, S. 45–57.

46 *Anm. d. Ü.*: ENA (École Nationale d'Administration): Eine in Straßburg angesiedelte Elitehochschule für künftige höhere Beamte. Sie wurde 1945 von Charles de Gaulle ins Leben gerufen, um den Aufbau einer von der Vergangenheit unbelasteten Verwaltung zu ermöglichen.

Staatssekretariat, das mit dieser Frage betraut ist, wird entsprechend benannt. Der Druck der Feministinnen ist nicht umsonst gewesen. Aber im Gegensatz zu den nordeuropäischen Ländern steigt die Zahl der weiblichen Parlamentsabgeordneten nur geringfügig an, und dieser Fortschritt ist zudem hauptsächlich dem PCF zu verdanken, der Partei, der 1978 die Hälfte der Parlamentarierinnen angehört.

Der Regierungswechsel im Jahr 1981 ermöglicht unstreitige Fortschritte. Die sozialistischen Regierungen haben nie weniger als 6 Frauen in ihren Reihen gezählt (ihr Anteil variiert zwischen 13 und 16 %). Yvette Roudy, die von 1982 bis Juli 1986 Ministerin für Frauenrechte ist, hat die erste siebenjährige Amtszeit geprägt. Sie hegt jedoch keine Illusionen über die geringe Macht der Frauen auf institutioneller Ebene und über den „erschreckenden Machismo", der innerhalb des PS herrscht. „Man bleibt auch heute noch [1992] eine Alibifrau."[47] Die Rechte schafft 1986 das Ministerium für Frauenrechte ab. Es dauert bis 1988, daß die wieder an die Macht gekommene Linke erneut eine entsprechende Institution einrichtet, diesmal aber nur in Form eines Staatssekretariats. Die Ernennung von Édith Cresson zum Premierminister – eigentlich müßte es „Premièreministerin" heißen – symbolisiert für die Zuversichtlichsten, die an die rettende Kraft des Weiblichen glauben, einen Fortschritt... Jedoch bedarf es gewiß einer Interpretation, daß sie in einem sehr schwierigen Kontext von Wachstumsrückgang, steigender Arbeitslosigkeit und sozialer Unzufriedenheit ernannt wurde und zu einem Zeitpunkt, als sich bei den Sozialisten der Machtverschleiß deutlich bemerkbar machte. In ihrer Regierung, zu der sechs Frauen gehören, ist Martine Aubry für Arbeit, Beschäftigung und Beruf zuständig, Edwige Avice für Zusammenarbeit und Entwicklung, Frédérique Bredin für Jugend und Sport. Élisabeth Guigou ist die für Europäische Angelegenheiten zuständige Ministerin, Catherine Tasca ist im Außenministerium für die Frankophonie zuständig. Véronique Neiertz, die für Frauenrechte und Alltagsleben verantwortliche Staatssekretärin, gibt zu, über „keine Entscheidungsgewalt zu verfügen, da alles von den großen vertikal organisierten Ministerien abhängt", und sie stellt fest, daß die Ernennung von Édith Cresson „eine Tendenz zur Selbstzensur verschärft hat, die bei den Frauen in der Regierung schon angelegt war. [...] Sogar das Wort *Frau* ist danach zu einem Tabu geworden."[48] Édith Cresson, die in den ersten 15 Tagen nach ihrem Amtsantritt förmlich in den Himmel gehoben wurde, verläßt die Regierung im April 1992 mit einem eher negativen Bild in den Medien.

Die nachfolgende Regierung, die von Pierre Bérégovoy geführt wird, stellt mit 7 Ministerinnen und Staatssekretärinnen einen historischen Rekord auf. Das Profil dieser Frauen hat sich in den letzten zwei Jahrzehnten ziemlich verändert: Die ersten, älteren Politikerinnen hatten sich ihre Sporen innerhalb des PS und in Wahlämtern verdient; sie müssen einer neuen Generation begabter junger Frauen weichen, welche die Verwaltungshochschule ENA oder die École Normale absolviert haben. Anders als ihre männlichen Kollegen kom-

47 Zitiert nach Laure Adler: *Les femmes politiques*, Le Seuil, 1993, S. 194 f.

48 Id., S. 212.

men sie über die Ministerkabinette in die Politik und begeben sich erst beim zweiten Mal in die Wahlkampfarena. Ihnen allen gemeinsam ist, daß sie von François Mitterand ausgewählt und protegiert wurden. Im Jahr 1995 belegt die Affäre der „Juppettes" („Röckchen"), wie unsicher diese Art der politischen Förderung durch Kooptation ist. Als Jacques Chirac eben Präsident der Republik geworden war, kündigt sein Premierminister Alain Juppé einen neuen historischen Rekord an: 12 Frauen in der Regierung (darunter 4 Ministerinnen). Aber sechs Monate später zählt seine zweite Regierung nur noch 4 Frauen (darunter eine Ministerin). Ein gewaltiger Rauswurf, der von Juppé mit geringschätzigen Äußerungen über die Frauen erklärt wird, denen er ihren Mangel an „politischer Repräsentativität" und an „persönlicher Bedeutung in den Parteien" vorwarf. Die Kommunalwahlen von 1995 führen zur Erhöhung der Zahl der Ratsfrauen (um mehr als 20 %), bei den Bürgermeisterinnen ist dieser Anstieg sehr viel geringer (7,5 % gegenüber 7 % sechs Jahre zuvor). Catherine Trautmann ist die einzige Frau, die an der Spitze einer Stadt von mehr als 100 000 Einwohnern steht. Der Wechsel von 1997 anläßlich der vorgezogenen Parlamentswahlen führt zu einem wirklichen Bruch: Die Zahl der weiblichen Abgeordneten überschreitet die Hürde von 10 %. Zum ersten Mal hat der PS eine Quote von 30 % für Kandidatinnen in für sie „reservierten" Wahlbezirken eingeführt.[49] 17 % seiner gewählten Volksvertreter sind Frauen, mehr als beim PC (13,5 %). Bei den Verts[50] („Grünen") sind drei von acht gewählten Volksvertretern Frauen (37,5 %). Die Rechte mit dem Rassemblement pour la République (RPR)[51] und der Union pour la démocratie française (UDF)[52] zählt nur 4,8 %; Zeichen eines Konservatismus, der wahrscheinlich einer der für ihre Wahlniederlage verantwortlichen Faktoren ist. Der Wechsel konkretisiert sich auch auf der Ebene der von Lionel Jospin geführten Regierung: 30 % Frauen (8 von 26 Regierungsmitgliedern) und zwei Frauen in Schlüsselpositionen: dem Ministerium für Arbeit und Solidarität (Martine Aubry) und dem Justizministerium (Élisabeth Guigou).

---

49 Philippe Bataille und Françoise Gaspard: *Comment les femmes changent la politique et pourquoi les hommes résistent*, La Découverte, 1999.

50 *Anm. d. Ü.*: Les Verts: Die Partei der „Grünen" konstitutierte sich im Januar 1984 auf dem Vereinigungsparteitag der Parti écologiste (gegründet 1982) und der Confédération écologiste (gegründet 1983).

51 *Anm. d. Ü.*: Rassemblement pour la République (RPR): Die "Sammlungsbewegung für die Republik" wurde als Partei im Dezember 1976 von Jacques Chirac gegründet, im September 2002 löste sie sich zugunsten der Nachfolgepartei Union pour un Mouvement populaire (UMP) auf.

52 *Anm. d. Ü.*: Union pour la démocratie française (UDF): „Vereinigung für die französische Demokratie", 1978 auf Initiative von Valéry Giscard d'Estaing als Parteienbündnis gegründet, dem mehrere Parteien des Zentrums und der liberalen Rechten angehörten. Im November 1998 wurde die UDF zu einer einheitlichen Partei.

6.3 Warum bleibt die Politik eine Männerdomäne?

Im Jahr 2000 steht Frankreich in Bezug auf den Frauenanteil seines Parlaments – 62 Abgeordnete, bzw. 10,9 % während der europäische Durchschnitt bei 18,2 % liegt – auf dem vorletzten Platz der Länder der Europäischen Union. Es ist hier nicht mehr nötig, an die historischen Gründe (Kapitel 4) dieser Situation zu erinnern, aber es ist angebracht, das Fazit aus den Hemmnissen zu ziehen, die in den letzten dreißig Jahren festgestellt werden konnten. Die „politische Klasse" ist ein Refugium der Homosozialität, der männlichen Komplizenschaft, in dem man die Frauen für Eindringlinge hält.[53] Die „kleinen Redensarten" vieler Politiker lassen die Alltäglichkeit ihres Machismo und die Prägnanz männlicher Handlungsmuster erkennen. Die journalistischen Kommentare tragen ebenfalls dazu bei, eine Andersartigkeit der Politikerinnen zu schaffen, die eine besondere Behandlung erdulden müssen: Sie halten sich vor allem über deren Privatleben, deren äußere Erscheinung und deren Kleidungsstil auf. Ob die Politikerinnen ein Chanelkostüm tragen und einen beruhigenden Haarknoten wie Simone Veil oder eine Hose und eine Lederjacke wie Dominique Voynet, bevor sie in die Regierung kam, ob das Urteil schmeichelhaft oder unflätig ausfällt, spielt kaum eine Rolle, denn sie alle werden umstandslos auf ihren Status als „Frau" zurückverwiesen, dem eine Art Dilettantismus unterstellt wird. Weiblichkeit gehört nicht zur Ausstattung der Macht.[54]

Dieser Blick der anderen verweist die Politikerinnen auf ihre „Andersartigkeit" und schließt sie darin ein, indem sie auf einige wenige Rollen reduziert werden: Mutter, Schwester, Sozialhelferin, Mätresse. Gelegentlich geschieht das auch durch eine Verneinung, indem man sie „Monsieur" nennt.[55] Äußerliche Reize sind für sie ein Tabuthema, ein bißchen wie das Alter, das ihre Autorität, ihre „Ansehnlichkeit" jedoch verstärkt. Die älteren Frauen, die Großmütter, machen den Männern weniger Angst, als ob sie nach Überwindung der Menopause entsexualisiert wären. Unter den Politikerinnen in fortgeschrittenem Alter ist eine Reihe von Witwen, die die Nachfolge ihres Ehemannes antreten. Die Unverheiratete wird dagegen behindert durch Verdachtsmomente, mit denen ihr Lebenswandel unweigerlich belastet wird. Das ökonomische und das kulturelle Kapital ist von großer Bedeutung. In Interviews werden auch die Schwierigkeiten deutlich gemacht: die Minderwertigkeitskomplexe, die Verpflichtung sich dauernd „zu bewähren", das Fehlen eines Leitbildes, das dazu dient, sich, sei es in Männer, sei es in „traditionelle" Frauen einzufühlen. Letzteres tun die meisten, indem sie ihre soziale Berufung und ihre Selbstlosigkeit betonen – die Politik bedeutet, sich um andere zu kümmern, so wie eine Mutter sich um ihre Familie kümmert–, und indem sie sich bescheiden verhalten. Die Abgeordneten verwalten ihr schlechtes Gewis-

53 Françoise Gaspard in "L' antiféminisme en politique" in: Christine Bard (Hg.): *Un siècle d'antiféminisme*, op. cit., S. 339–345.

54 Jane Freedman: *Femmes et politique: mythes et symboles*, L'Harmattan, 1997.

55 Nach Mariette Sineau (*Des femmes en politique*, Economia, 1988), die bei vierzig Politikerinnen zwischen 1984 und 1985 eine Umfrage durchgeführt hat.

sen als Ehefrau oder Mutter, die ihrer Familie Opfer auferlegt. Sie sind sich untereinander kaum einig, selten sind sie feministisch.

Der feministische Protest hat wahrscheinlich gerade innerhalb der Parteien nicht genügend bewirkt, selbst wenn er in den linken Parteien zu Turbulenzen geführt hat. Dies liegt an der Ausrichtung des französischen Feminismus, der sich mehrheitlich als autonom gegenüber den Parteien verstand. Im gemeinsamen Programm der Linken wird die Frauenfrage in einigen vagen Zeilen geregelt. In den Führungsgremien sind Frauen kaum vertreten. Im PS gibt es 1973 nur 4 Frauen unter 81 Vorstandsmitgliedern, im Exekutivkomitee (21 Mitglieder) keine, im Nationalsekretariat (13 Mitglieder) ebenfalls keine.[56] Keine Abgeordnete und eine einzige Senatorin. Schüchtern fordert Marie-Thérèse Eyquem dann eine Frauenquote von 10 % bei den Wahlen. Im Jahr 1978 bildet sich der (feministische) Flügel III im PS, unter dessen Anhängern sich kaum mehr als 15 bis 20 % Frauen befinden. Françoise Gaspard ist dessen treibende Kraft. Sie ist jung (31 Jahre), Absolventin der ENA, voller Humor, und sie ist eine der wenigen Frauen, die in einer Stadt mit mehr als 30 000 Einwohnern, in Dreux, Bürgermeisterin ist. Der Protest wird mit der Zeitschrift *Mignonnes allons voir sous la rose* verbreitet, die unter anderem das Ziel verfolgt, eine Frauenquote von 50 % auf der Liste für die Europawahlen zu fordern. Die Beteiligung von Frauen an den Führungsgremien wird ebenfalls zu einer dringenden Angelegenheit. Aber im Innern des PS bekommen die Fraktionskämpfe die Oberhand und die militanten männlichen und weiblichen Parteimitglieder schließen sich nicht an: 1979 bekommt der neue Flügel beim Kongreß in Metz nur 1 % der Stimmen. Zur gleichen Zeit versucht der Apparat des PC die „fraktionellen Aktivitäten" „seiner" Feministinnen zu blockieren: Einige Aktivistinnen bringen 1979 die Zeitschrift *Elles voient rouge* heraus. Da sie innerhalb ihrer Partei nicht zu Wort kommen, schließen sie sich der feministischen Bewegung an. Der PSU[57] scheint sich dadurch zu unterscheiden, daß er eine Kämpferin des MLAC und der Familienplanungsorganisation auf seinen Spitzenposten wählt: Huguette Bouchardeau. Aber die neue Generalsekretärin erkennt ganz klar, daß „es kein Zufall [ist], wenn eine Frau diese Partei führt; es hat damit zu tun, daß der PSU kein Machtfaktor mehr ist"[58], denn diese Partei hatte viele ihrer Mitglieder verloren, die Michel Rocard in den PS gefolgt waren. Die Veränderung kommt von den Rändern, und Arlette Laguiller ist eine weitere Persönlichkeit, die diese Tendenz verkörpert. Sie tritt zum ersten Mal 1974 im Fernsehen auf: als Kandidatin für die Präsidentschaftswahlen. Mit ihren 34 Jahren ist sie die erste Frau, die sich dafür zur Verfügung stellt. Die Bankangestellte hatte sich bei Entstehung der Organisation im Juni 1968 der

---

56 *Anm. d. Ü.:* PS (Parti socialiste): Im Juli 1969 aus der SFIO hervorgegangen. 1971 fusionierte der PS mit der Convention des institutions républicaines (CIR). Danach war François Mitterrand bis 1981 Erster Sekretär des PS.

57 *Anm. d. Ü.:* PSU (Parti socialiste unifié): "Vereinigte Sozialistische Partei", im April 1960 durch den Zusammenschluß der UGS (Union de la Gauche socialiste) und des PSA (Parti socialiste autonome) entstanden.

58 Zitiert nach William Guéraiche: *Les Femmes et la République*, op. cit., S. 256.

Lutte ouvrière angeschlossen.[59] Mit einer kämpferischen Rede, die sie lächelnd vorträgt, gewinnt sie Sympathien auch jenseits der Wählerschaft der extremen Linken und erreicht ein beachtliches Wahlergebnis – 600 000 Stimmen, das heißt 2,33 % der abgegebenen Voten. Für eine feministische Partei ist in Frankreich kein Platz. Der 1975 von Suzanne Blaise geschaffene Parti féministe unifié („Vereinigte Feministische Partei") ist ein Mißerfolg. Die 44 Kandidatinnen von Choisir, die Gisèle Halimi mitbringt, erhalten im Durchschnitt nicht mehr als 1,4 % der Stimmen.

Auf der Rechten wird Florence d'Harcourt 1974 stellvertretende Generalsekretärin der Union des démocrates pour la République (UDR). Dies ist das erste Mal, daß der gaullistische Apparat eine Frau auf einen so verantwortungsvollen Posten stellt. Die Wahl von Michelle Alliot-Marie im Jahr 1999 an die Spitze des Rassemblement pour la République (RPR), dessen Führungsgremien so wenige Frauen angehören, ist ein bemerkenswertes Ereignis. Und es bedarf der Interpretation. Zwar hat Michelle Alliot-Marie in ihrer Kampagne unter den Aktivisten und gegenüber den Medien unleugbare Qualitäten gezeigt, aber sie hat von einem vorteilhaften Kontext „profitiert", in dem der – unpassende – Rückgriff auf eine Frau als letzte Chance für eine Partei erscheinen konnte, die unter extremen Spaltungen litt und der die Ideen ausgegangen waren. Mangels Veränderung modernisiert die Partei ihr Image.

In den 1980er Jahren taucht eine neue Politikerinnengeneration auf, für die es unproblematisch ist, persönliche Motive (Interessen, Neigungen) offen einzugestehen, die nicht auf privates Glück verzichtet und gedenkt, auf andere Weise Politik zu machen. Die „Weiblichkeit" bekommt einen „zusätzlichen Wert". Die Frauen werden etwas anderes einbringen, nicht weil sie von Natur aus verschieden wären, sondern weil ihr Leben anders ist. Mit ihnen verbindet man gern „gesunden Menschenverstand", „Pragmatismus", „Tüchtigkeit", „Sinn für das Konkrete", „Authentizität", eine „andere Art zu sprechen", die „einfacher" und „natürlicher" ist, eine „konstruktivere" Einstellung, die „ernsthafter" und „arbeitsamer" ist, die mehr „Bodenhaftung" hat und näher an den „Alltagsproblemen" ist. Schließlich sprechen diese Frauen ab Mitte der 1990er Jahre ohne Hemmungen über die Frage des Sexismus in ihrem Milieu und scheuen sich nicht, gegenüber den Medien und Redakteuren ihre Erfahrungen offen zu thematisieren, in dem zunehmenden Bewußtsein, daß sie mit ihrer Art, Politik zu machen, einen neuen Weg eingeschlagen haben.

6.4 Von den Quoten zur Parität

Zunächst zog man Quoten als Verfahren in Betracht, um eine bessere Vertretung von Frauen in der Politik zu erreichen. Im Jahr 1982 wurde mit einem Artikel des Kommunalgesetzes für beide Geschlechter eine Maximalquote (75 %) auf den Kandidatenlisten festgelegt, gültig für die Kommunalwahlen in Städten mit mehr als 3 500 Einwohnern. Nachdem der

59 *Anm. d. Ü.:* Lutte ouvrière („Arbeiterkampf"): Eine trotzkistische Partei, die stark in der Arbeiterschaft verankert ist.

Artikel nahezu einstimmig verabschiedet worden war, wurde er vom Verfassungsrat im Namen der Gleichheit aller Staatsbürger vor dem Gesetz annulliert. 1992 wird in einem Buch von Françoise Gaspard, Anne Le Gall und Claude Servan-Schreiber mit dem Titel *Au pouvoir citoyennes! Liberté, égalité, parité* ein einfaches Gesetz vorgeschlagen: „Die gewählten Versammlungen sollen sich aus ebensoviel Frauen wie Männern zusammensetzen." Die Idee macht auf europäischer Ebene Furore. Für die Juristin Élisabeth Sledziewski ist „eine Demokratie ohne Frauen nicht bloß eine unvollkommene Demokratie. Sie ist überhaupt keine Demokratie." Im darauffolgenden Jahr ziehen die Feministinnen nach den Parlamentswahlen eine bittere Bilanz: 94 % der gewählten Abgeordneten sind Männer. Dies wird zum Anlaß, die Mechanismen zur Ausschaltung von Frauen durch die Parteien zu untersuchen, die nur wenige Kandidatinnen aufstellen – der PC stellt 16,4 % Kandidatinnen, die Verts 13 %, der PS 8, 3 %, die UDF 6,8 % und der RDR 6,3 % – und ihnen nur allzu oft Wahlbezirke überlassen, die als uneinnehmbar gelten. Die Parität, die Feministinnen und Politikerinnen jeder Couleur fordern, wird 1995 zu einem Kampagnenthema. Und im Jahr 1997, nach dem Wahlsieg der Linken – der PS hatte, was noch nie dagewesen war, 133 Kandidatinnen gestellt–, bemüht sich Lionel Jospin um eine Verfassungsänderung. Die Öffentlichkeit steht diesem Unterfangen sehr positiv gegenüber – nach einer Umfrage von 1996 sind 77 % der Befragten für die Parität. Die Verfassungsänderung wird am 28. Juni 1999 vom Kongreß bestätigt. Der angenommene Text –„das Gesetz fördert den gleichberechtigten Zugang von Männern und Frauen zu Wahlmandaten und gewählten Funktionen" – kann als Zurücknahme der Präambel zur Verfassung erscheinen, die bestimmt, daß das Gesetz „in allen Bereichen die Gleichstellung der Frau und des Mannes garantiert". Das Gesetz vom 6. Juni 2000 verfügt allerdings, daß die Listen für die Kommunalwahlen, die Regionalwahlen, die Wahlen zum Europaparlament und zum Senat (für die Départements, in denen die Senatoren nach Listenwahl bestimmt werden) paritätisch sein müssen.

In diesem Kapitel soll eine Antwort auf die sehr berechtigte Frage angedeutet werden, die man sich seit dem Beginn der Parität stellt: Was wird diese – grundlegende – Reform am politischen Leben verändern können? Es gibt ganz gewiß Unterschiede zwischen dem politischen Verhalten der Männer und der Frauen. Der „weibliche Konservatismus" gehört der Vergangenheit an. Die Frauen vertreten ihre Interessen nicht in der gleichen Weise wie die Männer. Der Unterschied bei den Stimmen für die extreme Rechte ist ein beredtes Beispiel dafür. Trotz der Absicht, sein Erscheinungsbild weiblicher zu gestalten, haftet dem Front national zu Recht ein viriles und antifeministisches Bild an, das ihn Stimmen und Unterstützung der weiblichen Wählerschaft einbüßen läßt.[60] Anerkanntermaßen wird Gewalt von

60 Von den Versuchen des Front national, sein Image zu feminisieren, seien hier angeführt: die Gründung des Cercle national femmes d'Europe im Jahr 1985, die Wahl von Yann Piat, der einzigen Abgeordneten des FN im Jahr 1988, anschließend die Wahl der Ehefrauen von Stirbois, Mégret und Le Chevalier und zum guten Schluß die Mobilisierung von Frauen in den Pro-vie Vereinen (Claudie Lesselier, Fiammetta Venner (Hg.): *L'Extrême droite et les femmes*, Golias, 1997).

Frauen stärker verurteilt als von Männern. Zum Beispiel haben die Frauen im Zusammenhang mit dem Terrorismus, der sich in Korsika entwickelt hat, für friedliche Lösungen demonstriert. Die Frage des Zugangs von Frauen zur Politik bleibt offen. Nicht umgesetzt worden ist die Parität innerhalb der Parteien, die sich weigern, die genaue Zahl ihrer weiblichen Mitglieder bekannt zu geben.[61] Und das mit Grund.

61 Die Nachfrage ruft fast immer Unbehagen hervor und bleibt bis auf den PC, der seine weiblichen Mitglieder mit 38 % „schätzt", und die Grünen (31 %), unbeantwortet. Vgl. Françoise Gaspard: Quelle place pour les femmes dans les partis politiques français?, in: *Parité-Infos,* Supplement zu Nr. 10, Juni 1995, S. 2.

Kapitel 8

Die Veränderungen des Privatlebens in der zweiten Jahrhunderthälfte

Während eines ziemlich kurzen Zeitraums zwischen 1945 und 1965 steigt die Zahl der Eheschließungen und der Geburten stark an. Danach kündigen der Rückgang der Fertilität und der Aufschwung der Frauenerwerbstätigkeit eine neue Konstellation an, die von einem Wiederaufleben des feministischen Protests begleitet wird. Kommt hier nicht im Grunde eine Tendenz wieder zum Vorschein, die schon im Laufe des frühen 20. Jahrhunderts in Gang gesetzt worden war? Dies wird jedoch kaum sichtbar, weil der Kontext jetzt ein ganz anderer ist, nämlich der der „sexuellen Revolution".[1] Dieser der Protestkultur einer Minderheit entstammende Ausdruck ist nicht geeignet, das gesamte Spektrum an Verhaltensweisen wiederzugeben. Er weist allerdings auf Veränderungen im Recht, in den Normen und Vorstellungen der Allgemeinheit hin. Hier wird es darum gehen, seine Tragweite für die Frauen einzuschätzen. Verhütung, Abtreibung, Anprangerung männlicher Gewalt: In den 1970er Jahren werden die Sitten und Gebräuche erschüttert. Zwischen Gleichstellungsstreben und der Suche nach privatem Glück behaupten sich die Frauen zunehmend als autonome Individuen. Aber diese Befreiung von gesellschaftlichen Zwängen hat ihre Grenzen.

1 Die Zeit des Babybooms

600 000 Geburten jährlich zu Ende der 1930er Jahre, mehr als 850 000 zu Beginn der 1950er Jahre: Kein europäisches Land erlebt ein derartiges Wachstum, selbst wenn überall im Westen die Geburtenraten wieder ansteigen.[2] Diese Geburtenexplosion zeigt sich vor allem in der Zunahme von Familien mit 2, 3 oder 4 Kindern, während der Anteil der sehr kinderreichen Familien abnimmt. Im März 1945 verkündet General de Gaulle, es sei „für die Zukunft der Nation notwendig, zwölf Millionen hübsche Babys zur Welt zu bringen, die Frankreich in zehn Jahren braucht." Sein Wunsch wird nahezu erfüllt: 8,5 Millionen Kinder werden das Licht der Welt erblicken. Die Geburtenrate wird ein Hauptanliegen des Staates bleiben, weil sich weiterhin die Überzeugung behauptet, daß die Macht eines Landes von seiner Einwohnerzahl und seiner Geburtenstärke abhängig sei.

---

1 Um den Titel (*La Révolution sexuelle*) eines damals vielgelesenen Werkes von Wilhelm Reich (1936) aufzugreifen, das 1968 bei Plon in Paris erschien. – Vgl. Wilhelm Reich: *Die Sexualität im Kulturkampf* (1936), Neuauflage unter dem Titel *Die sexuelle Revolution*, Frankfurt a. M. 1966.

2 Vgl. Agnès Fine und Jean-Claude Sangoï: *La Population française au XXe siècle*, PUF, Que sais-je?, 1998.

1.1 Der Staat: Wohlfahrt für die Familie

Mit der Befreiung werden die familienpolitischen Maßnahmen ausgeweitet.[3] Im neuen Sozialversicherungssystem ermöglicht die Mütterversicherung die Erstattung der Pflegekosten. Sie umfaßt das Recht auf 14 Wochen Urlaub bei einer Lohnfortzahlung in Höhe der Hälfte des Lohns. In Kraft bleibt die Beihilfe für Alleinverdiener, die 1941 eingeführt wurde. Diese Unterstützung, die ziemlich ansehnlich ist (Verdoppelung des Kindergeldes für das zweite Kind), zielt darauf ab, die Frauen im Haus zu halten, und kann als eine Art Mütterlohn betrachtet werden. Statt den Frauen kommt sie den Familien zugute; sie unterstützt genauer gesagt einen traditionellen Familientyp, in dem der Vater als Ernährer fungiert und die Mutter ihre Kinder zu Hause großzieht. Da die Anrechte sich aus der Erwerbsarbeit des Ehemannes ergeben, entsteht bei Witwen und verlassenen Ehefrauen, die nicht in den Genuß dieser abgeleiteten Rechte kommen, ein Problem. Zudem bekommt eine Hausfrau als Nutznießerin von Beihilfen keinen bezahlten Urlaub, keinen Schwangerschaftsurlaub und keine Rente. Schließlich zahlen die Landwirte, die Kaufleute, die Handwerker und Personen, die einen freien Beruf ausüben, nicht in die Sozialversicherung ein und profitieren daher auch nicht von den neuen Maßnahmen. Dennoch verändert sich trotz dieser Einschränkungen durch die Anerkennung bestimmter sozialer Rechte im Zuge der Herausbildung des Wohlfahrtsstaats die symbolische Funktion des Vaters: „Es findet eine Übertragung statt; ein Teil der Funktion des Vaters, den nun der Wohlfahrtsstaat übernimmt, wird aus der Familie ausgelagert."[4] Die Funktion der Mutter wird dagegen mit dem Muttertag gefeiert, der mit einem Erlaß vom 29. Mai 1950 (erneut) offiziell eingeführt wird.

Der Babyboom ist das Ergebnis einer ambitionierten Familienpolitik: Die Anhebung des Kindergeldes und seine Ausweitung auf andere Gruppen als die der Lohnabhängigen zwischen 1938 und 1939, das 1945 entwickelte System des Familienquotienten, das eine Einkommenssteuerersparnis ermöglicht, vor allem aber die Beihilfe für Alleinverdiener erklären den Anstieg der Geburtenrate. Bei der Frauenerwerbstätigkeit ist bis 1965 ein gewisser Rückgang zu verzeichnen, der zum Teil auf die Attraktivität der Alleinverdienerbeihilfe für Frauen aus den unteren Bevölkerungsschichten zurückzuführen ist (Kapitel 9).[5] Mit dem einstimmig verabschiedeten Gesetz vom 22. August 1946 wird diese Unterstützung ab dem zweiten Kind angehoben, und sie wird auf uneheliche und angenommene Kinder ausgedehnt. Die Familialisten, die vor dem Krieg die Meinung vertraten, eine Unterstützung, die eine Arbeiterin dazu bewegen könnte, im Haus zu bleiben, müsse mindestens 30 % ihres Lohnes ausmachen, sind zufriedengestellt. Die Beihilfe, für die sie sich unter Bezug auf

---

3 Antoine Prost: Histoire de la politique familiale en France depuis 1938, in: *Le Mouvement social*, Nr. 129, Oktober-Dezember 1984, S. 7–28.

4 Yvonne Knibiehler: *La Révolution maternelle depuis 1945*, Perrin, 1997, S. 32.

5 Jacqueline Martin: Politique familiale et travail des femmes mariées en France. Perspective historique: 1942–1982, in: *Population*, Nr. 6, 1998, S. 1119–1154.

die Lage der Arbeiterinnen eingesetzt hatten, kommt nun ohne Berücksichtigung des Einkommens allen Gruppen von Arbeitnehmern zugute.[6] Im Jahr 1947 entspricht die Summe des Kindergeldes und der Alleinverdienerbeihilfe in Familien mit zwei Kindern der Höhe des Lohns einer Arbeiterin, und in Familien mit drei Kindern beläuft sie sich auf das Eineinhalbfache. Diese Beihilfen ermöglichen es den Eltern, ohne materielle Einbußen mehr Kinder zu bekommen (ab Mitte der 1950er Jahre trifft diese Feststellung jedoch auf die unteren Bevölkerungsschichten nicht mehr zu). Die Beihilfen fördern die Konsumneigung. In *Les Petits enfants du siècle* (*Kinder unserer Zeit*) karikiert die Romanschriftstellerin Christiane Rochefort diese Konsumbesessenheit mit ihrer Figur der Paulette Mauvin, die ihren runden Bauch streichelt und sagt: „Dies ist mein Kühlschrank."[7]

Mit den familienpolitischen Maßnahmen allein läßt sich der Babyboom nicht erklären, jedoch sind die Motive psychologischer Art schwer zu durchschauen. Es kann eine Rolle gespielt haben, daß die Eltern mit ihrem Nachwuchs die Hoffnung verbanden, er werde die Nachkriegsgesellschaft wieder aufzubauen helfen. Wahrscheinlich schafft das ökonomische Wachstum der Jahre zwischen 1950 und 1960 ein Klima des Vertrauens: Der soziale Aufstieg wird möglich; Arbeitskäfte, die zur Erledigung der am geringsten entlohnten Arbeitstätigkeiten aus dem Ausland geholt wurden, bewahren Franzosen vor der Proletarisierung. Auf jeden Fall ist es längst nicht mehr so dringend geboten wie vor dem Krieg, die erste Geburt hinauszögern und die Zahl der Kinder pro Familie einzuschränken.

Die Kinder des Babybooms werden zwar „angenommen", sind jedoch selten „Wunschkinder" im modernen Sinne des Begriffs. Der Rückgriff auf Verhütungsmittel ist bis 1967 verboten; die Abtreibung wird nach dem Gesetz von 1920 immer noch juristisch geahndet; und auch wenn die äußerst schweren Strafen, welche die Vichy-Gesetzgebung vorsah, nicht mehr in Kraft sind, steigt doch die Zahl der Verurteilungen.

1.2 Profimütter und Hausfeen

Die Französinnen geben die Gepflogenheit auf, ihre Kinder zu Hause zu gebären. Im Jahr 1952 entbinden 53,2 % in einer Klinik; 1962 sind es 85,5 %; 1974 sind es 98,5 %. Die Quote der Müttersterblichkeit geht zurück – 81 auf 100 000 Gebärende im Jahr 1951; 32 im Jahr 1967– ebenso wie die Kindersterblichkeitsquote zwischen der Geburt und dem Ende des ersten Lebensjahres – 110 auf 1 000 Geburten im Jahr 1945, 50 im Jahr 1960, 18 im Jahr 1970. Für diese guten Ergebnisse ist nicht allein die medizinische Betreuung bei der Entbindung verantwortlich; sie haben auch mit der Verbesserung des

6 1955 wird die Beihilfe für nicht erwerbstätige Mütter für Familien in der Landwirtschaft eingeführt und 1956 für die unabhängigen Berufe in Handwerk und Gewerbe.

7 Zitiert nach Claire Duchen: *Women's Rights and Women's Lives in France 1944–1968*, London, New York, Routledge, 1994, S. 106.

Lebensstandards zu tun. Auch wenn die Frauen sich nicht darüber zu beschweren wagen, ist die Entbindung im Krankenhaus keineswegs frei von körperlichen und seelischen Schmerzen. Das Geburtsritual in der Klinik ist ziemlich verroht: Entbindungen finden am Fließband statt; das Personal ist überlastet; die manchmal groben Ärzte sind allmächtig; Technik und Methoden – Einlauf, Rasieren des Schamhaares, Stillstellung in Rückenlage auf einem geraden, hohen und harten Tisch, die Beine in der Luft, die Füße in Halteschlaufen – sind anfechtbar. Die Gebärenden werden infantilisiert und müssen sich ohne Protest in eine „gynäkologische Position" begeben. Die Melancholie der Wöchnerinnen wird noch nicht weiter beachtet (später, in den 1970er Jahren, werden gelegentlich „institutionelle Grausamkeiten" für die Depression nach der Entbindung verantwortlich gemacht).

Die Technik der „schmerzlosen Geburt" stellt in den 1950er Jahren eine erste Verbesserung dar. Nachdem sie von Dr. Lamaze nach einer Reise in die UDSSR, wo er sie entdeckt hatte, eingeführt wurde, kann sie sich gegenüber den antikommunistischen Sarkasmen der Ärztekammer behaupten und erhält 1956 die Unterstützung des Papstes sowie der Nationalversammlung, welche die Erstattung der Kosten für die Vorbereitungssitzungen beschließt.[8] Die Mediziner geben Informationen für Schwangere heraus und lehren Entspannungsübungen. Die Erfolge dieser „Revolution" sind gemischt: Schmerzlosigkeit stellt sich nicht immer ein, vor allem nicht bei der ersten Entbindung; das Krankenhauspersonal bleibt häufig unfreundlich und die Überprüfung der Öffnung des Muttermundes ist für viele weiterhin eine Tortur. Daß aber eine Vorbereitung stattfindet, ist ein wirklicher Fortschritt, der wahrscheinlich dazu geführt hat, daß so manche Tabus in den Familien gefallen sind. Immer mehr Frauen haben das Gefühl, bei der Entbindung mitzuwirken und sie nicht mehr einfach zu erdulden.

Am 2. November 1945 wird die Protection maternelle et infantile („Mutter- und Kinderschutz") geschaffen. Es werden Zentren für unentgeltliche und obligatorische Beratungen (vor und nach der Geburt) für Mütter, Kleinkinder und ältere Kinder eröffnet. Selbst wenn die Finanzierung aus öffentlichen Mitteln nicht so umfangreich ist wie vorher angekündigt, geht die Kindersterblichkeit doch zurück. Sozialarbeiterinnen vermitteln den Müttern die Gesundheitsvorschriften und -ratschläge und informieren die Ärzte. Sind sie „Kulturvermittlerinnen" oder einfach nur Rädchen im Getriebe der sozialen Anpassung in den ländlichen Bereichen und im Arbeitermilieu? Bis in die 1950er Jahre entspricht ihr Bild häufig dem einer (autoritären, bürgerlichen, bürokratischen, moralisierenden) Person, die das Privatleben ausforscht. Andere Vorstellungen von Respekt und Zuwendung sowie eine bessere Ausbildung in den Humanwissenschaften führen dann zu einer Weiterentwicklung des Berufs. Die Kinderpflege gewinnt mit dem Auftreten von Kinderpflegerinnen, für die 1947 ein nationales Diplom geschaffen wird, und von Kinderärztinnen und -ärzten ebenfalls eine bisher nicht dagewesene Bedeutung. Der Babyboom findet zeitgleich mit einer Periode der massiven Popularisierung von Wissen statt.

8 Caroline Gutmann: *Le Testament du docteur Lamaze, médecin-accoucheur*, Lattès, 1998.

Leitfäden und Ratgeberliteratur sind Buchhandelserfolge: Das Buch von Laurence Pernoud *J'attends un enfant* (*Ich freue mich auf mein Kind*), das seit 1956 von der Mutter an die Tochter weitergegeben wird, vermittelt eine Glückserfahrung, was ihm im Verhältnis zu den medizinischen Werken im Befehlston einen ganz neuen Klang verleiht. Die École des parents verbreitet seit 1929 Arbeiten von Kinderpsychiatern. Nicht ohne Streitigkeiten setzen sich beim Schnuller, bei der Sauberkeitserziehung und bei der Kleidung des Babys Normen durch: Die englische Mode, die – im Gegensatz zur französischen Tradition des Wickelns – die Beine frei läßt, verbreitet sich erst in den 1960er Jahren. Die handgestrickte Babyausstattung wird verdrängt durch eine nach Katalog gekaufte Aussteuer, die den Launen der Mode unterworfen und aus den neuesten Materialien, wie etwa der dehnbaren Strickware Babygros, gefertigt ist. Prénatal eröffnet 1947 sein erstes Ladengeschäft und verkauft sowohl Schwangerschaftskleidung wie Babyausstattung. Gegen Ende der 1960er Jahre kommen Papierwindeln zum Wegwerfen auf dem Markt, die sehr teuer sind.

Fläschchen oder Brust? Die Debatte geht weiter. Die Kliniken raten zum Fläschchen und die Firma Nestlé lanciert in den 1950er Jahren eine erfolgreiche Werbekampagne. Die vorherrschende Ideologie empfiehlt dennoch eher die „natürliche" Methode als das „künstliche" Fläschchen; und viele Frauen stillen ihr Kind über einen Zeitraum von drei bis sechs Monaten. Zwar scheint die Konsumgesellschaft das Leben der Mütter zu erleichtern, doch schaffen die Anweisungen der Ärzteschaft neue Zwänge und vermitteln vielen von ihnen das Gefühl, es „schlecht zu machen". Die Untersuchungen von Psychologen und von Kinderpsychiatern (eine 1972 eingeführte Spezialisierung) heben die erstrangige Bedeutung der Mutter bei der Entwicklung des Kindes hervor: Diese Aufwertung der Mutterliebe steht mit einer langfristigen Tendenz, die bereits im Zeitalter der Aufklärung einsetzte, im Einklang.[9] Krippen gibt es nur wenige. Während des Babybooms bleibt die ideale Mutter zu Hause, während die „schlechte" Mutter, die einer Erwerbsarbeit nachgeht, zur Zielscheibe öffentlicher Anschuldigungen wird.

In der Wirtschaftswunderzeit finden immer mehr sehr beliebte Wettbewerbe für Hausfrauen statt. Sie werden vom Staat unterstützt und profitieren von ihrer großen Werbewirksamkeit. Im Jahr 1947 lanciert die Union nationale des allocations familiales („Nationale Vereinigung für Familienbeihilfen") unter der Schirmherrschaft des Bildungsministeriums und des Ministeriums für Gesundheit und Soziales einen nationalen Wettbewerb für die „Hausfee", mit finanzieller Unterstützung der christdemokratischen Tageszeitung *Ouest-France*. Journalisten, Fachschulinspektoren, lokale Abgeordnete, Vertreter der Familienkassen nutzen die Veranstaltung, um die Beihilfe zu fordern, die es den „Feen" erlauben würde, auf Erwerbsarbeit zu verzichten, um die „unersetzliche Funktion der Hausfrau als

9 Élisabeth Badinter: *L'amour en plus. Histoire de l'amour maternel (XVIIe–XXe siècles), Flammarion, 1980*; Dt.: Dies.: *Die Mutterliebe*, München, Piper, 1982.

großer Organisatorin der häuslichen Lebensfreude" ausfüllen zu können. Die Verleihung des Preises findet auf der Haushaltswarenmesse statt; die Geschenke sind „ultramoderne" Haushaltsgeräte. Im Jahr 1971 bekommt der Wettbewerb einen anderen Namen, aber der Inhalt des „nationalen Wettbewerbs für Familienökonomie" ändert sich nicht.

Es gibt in den 1950er und 1960er Jahren eine ganze Reihe anderer Wettbewerbe, die Zehntausende Kandidatinnen anziehen. Es geht vor allem darum, Konsumanreize zu schaffen und die Frauen dafür zu mobilisieren, die sich offensichtlich mehr als Männer für Haushaltsgegenstände interessieren, da sie für die Arbeiten im Haushalt zuständig sind. Über den Konsumappell hinaus geht es auch darum, die Hausfrauenrolle und einen bestimmten Typus der Familienorganisation aufzuwerten. Die große Mehrheit der Frauen fühlt sich zweifellos von der Modernität der neuen Konsumangebote angezogen. Sie sind noch einmal davongekommen, nachdem sie die Entbehrungen der Nachkriegszeit und die fortwährenden materiellen Schwierigkeiten ertragen mußten, die vor allem auf die „Wohnungskrise" zurückzuführen sind. Im Frankreich der 1950er Jahre gab es viele Elendsquartiere und übervölkerte möblierte Hotels. Ein Drittel der Wohnungen verfügte nicht über fließendes Wasser, drei Viertel hatten keine Innentoiletten; Zentralheizung war noch ein Luxus und ein Badezimmer ein bürgerliches Privileg. Die ersten Wohltaten des Wirtschaftswachstums machen sich an der Wende zu den 1960ern bemerkbar. Die Waschmaschine und der Kühlschrank tragen zu unerhörtem Komfort bei. Die Entwicklung des Konsums in den Einzelhaushalten verdeutlicht den Anstieg des Lebenshaltungsniveaus: Die größer gewordenen Budgets erlauben nun die Ausstattung mit Gebrauchsgütern.

Entgegen aller Erwartung wird die Arbeitszeit im Haushalt durch die Haushaltsgeräte nicht verkürzt, weil neue Aufgaben an die Stelle der alten treten. Zu behaupten, die Geräte hätten „die Frauen befreit", wäre sehr übertrieben, denn die Ansprüche an die Hygiene sind gestiegen. Das Frankreich der 1960er Jahre scheint wie von einem Sauberkeitswahn besessen. Das Universalreinigungsmittel „Eau de Javel" könnte diese Periode einigermaßen zutreffend charakterisieren.[10] Soziologen entdecken seit den 1960er Jahren das verborgene Antlitz des Fortschritts. Der Fall der Arbeiterfamilien aus dem 13. Arrondissement in Paris, die in großen Hochhäusern untergebracht wurden, ist diesbezüglich interessant. Die Frauen von angelernten Arbeitern, die im Haushalt tätig sind, fühlen sich hier isoliert und haben die Vorteile ihrer alten sozialen Gemeinschaften verloren. Viele von ihnen leben, um der manchmal unerträglichen Realität zu entfliehen, wie in einem „Traum", um den Ausdruck der Frau eines Pariser Arbeiters aufzugreifen, die 1965 interviewt wurde. Ihrer sozialen Lage zu entkommen, ist der unerreichbarste aller ihrer Träume. Durch eine Heirat läßt sich diese Hoffnung nicht verwirklichen, weil die Heiraten nur innerhalb derselben Schicht möglich sind. Also wird die Hoffnung auf die Kinder übertragen.

---

10 Kristin Ross: *Aller plus vite, laver plus blanc. La culture française au tournant des années 1960*, Abbeville Press, 1997, S. 85.

Ausstattung mit Haushaltsgeräten

Statistisch erfaßte Haushaltsgeräte	Jahres-zahlen	Entwicklung
Erste Welle: Die Einführung		
– Gasherd und Gaskocher	1951	
– Elektroherd	1953	Käufe steigen um das Achtfache
– Gaswarmwasserboiler	1954	
– Elektrischer Warmwasserboiler	1956	Langsamer Start, Steigerung um das Eineinhalbfache in den ersten fünf Jahren (Daten danach nicht mehr verfügbar)
– Kühlschrank	1954	
– Waschmaschine und Wäscheschleuder	1953	
– Nähmaschine	1953	
– Staubsauger	1953	
– Elektrische Kaffeemühle	1955	Käufe steigen in den ersten sechs Jahren um das Fünffache, gegen Ende der Periode ungebräuchlich
Der Aufschwung		
– Der Elektrozähler („compteur bleu")	1963	
– Gaswarmwasserboiler	1965	Wendepunkt und schnellere Verbreitung
– Elektrischer Warmwasserboiler		
– Gaselektroherd		
– Telephon	1963	Langsame Verbreitung bis 1975
– Aufkommen des Zweitwagens	1965	
Zweite Welle: 1970...		
– Telephon		Deutlicher Wendepunkt ab 1975: Steigerung der Haushalte mit Telefon von 25 % im Jahr 1975 auf 80 % im Jahr 1980
– Geschirrspüler	1970	Steigerung der damit versehenen Haushalte von 2 % zu Beginn auf 23 % im Jahr 1984; langsames und stetiges Wachstum
– Tiefkühltruhe	1972	Steigerung der damit versehenen Haushalte von 7 % auf 34,5 % im Jahr 1984
Dritte Welle: 1980...		
– Mikrowelle	1982	Vervierfachung des Konsums in drei Jahren
– Wäschetrockner	1981	Start der Verbreitung
– Halogen- und Induktionskochplatten	1983	Start

Quelle: Claudine Sèze: *Évolution des activités des femmes induites par la consommation des substituts sociaux au travail domestique, 1950–1980*, CRIIS, 1988.

In der Mitte der 1960er Jahre zerbröckelt der Mythos von der Frau im Wirtschaftswunder allmählich. Der „Beruf Frau" – *Métier de femme* lautet 1965 der Titel eines Werks von Ménie Grégoire – wird von einer neuen Generation erheblich in Frage gestellt.

Interview mit der Frau eines angelernten Arbeiters aus dem 13. Arrondissement in Paris zu Beginn der 1960er Jahre

„Die Unterbringung im Hotel war unhaltbar; so waren wir alle froh, hierherzukommen. Um eine Wohnung zu bekommen, mußte man zunächst 50 000 Francs verauslagen: Zum Glück hatte ich die letzte Geburtsprämie gespart! Dann kam sehr schnell die Miete für den ersten Monat: 18 000 Francs. Die Möbel, die es im Hotel ja fast nicht gab, mußten alle gekauft werden: Einige Gelegenheitskäufe, ein oder zwei Spenden, einfach etwas für den Start. Man mußte einen Warmwasserboiler kaufen und ihn anbringen lassen: Mit drei kleinen Kindern ist das wirklich unverzichtbar. Aber das hieß 45 000 Francs aufzutreiben. Da auch noch Lampen, Vorhänge etc. gekauft werden mußten, war es sehr hart. Ein Darlehen mußte aufgenommen werden, um die erste Miete zu zahlen. Ein Jahr lang war es sehr eng. Mit den Möbeln hat man gewartet: Jetzt werden wir über die Familienbeihilfe ein Darlehen bekommen, um einen Tisch, Stühle und einen Schrank zu kaufen.

Dann kam der Ärger mit der Gesundheit. Ich bin sehr krank gewesen, ich war zweimal länger im Krankenhaus. Da ich die Kinder nicht allein lassen konnte, und da eine Familienhilfe nicht genug war (sie kommt erst um 8.30, während mein Mann schon um 5.30 weg muß), mußte mein Mann in der Zeit seine Arbeit aufgeben und anschließend wieder, weil ich entbunden habe.

Er hat jedoch nicht viel verdient und mußte 11 Stunden am Tag arbeiten, um 85 000 Francs nach Hause zu bringen. Seit dem letzten Sommer hat es einen Produktionsrückgang gegeben; er macht jetzt nicht mehr als 45 Stunden in der Woche und verdient nur 60 000; das wird unmöglich. Trotzdem will er nicht die Fabrik wechseln; er hat zuviel Angst, woanders nicht eingestellt zu werden. Wenn es die Kinder nicht gäbe, hätte ich wieder angefangen zu arbeiten wie früher. Aber es gibt dieses vierte: Ach, den da habe ich mir nicht gewünscht. Ich hatte drei Kinder in weniger als drei Jahren bekommen, ich dachte, das sei genug, und siehe da, es kam noch eins!

Unser Budget ist wirklich sehr schmal. Die Preise steigen andauernd; man muß auf den Centime rechnen, in allen Geschäften vergleichen, um etwas günstiger zu bekommen. Kleidung kaufe ich nur im Ausverkauf. Es gibt keine Extras mehr. Nur letztes Jahr, als wir nicht in die Ferien fahren konnten, hat mein Mann mir einen gebrauchten Fernseher geschenkt.

An dem Tag, an dem die Familienbeihilfen kommen, wird das Geld für die Miete beiseite gelegt und 10 000 Francs für meine Schwiegermutter, die sonst nichts zum Leben hat.

Die 4 000 Francs, die übrig bleiben, sind dazu da, den Kindern etwas zum Anziehen zu kaufen. Aber man ist immer in Geldschwierigkeiten, weil der Mietbetrag sich von einem Monat zum anderen ändert, ohne daß man wüßte warum: Man kann nicht vorausplanen, man weiß nicht, wieviel man auf die Seite legen muß. Und dann gibt es immer etwas Unvorhergesehenes: Man hat uns im letzten Sommer angeboten, die Kinder aufs Land zu schicken; wir mußten beinahe absagen, weil der Papierkram, der zu erledigen war, 6 000 Francs kostete, die wir nicht hatten.

Mittags ißt mein Mann in der Kantine, die Kinder essen in der Schule; ich selbst esse ein bißchen Käse; wenn ich arbeite, denke ich nicht ans Essen und außerdem brauche ich kein Fleisch wie sie. Aber was die Kleider betrifft, so bin ich schon gezwungen, auch bei ihnen zu knausern.

Um an den Monatsenden über die Runden zu kommen, wasche und bügle ich für andere; manchmal hüte ich ein Kind, aber ich verheimliche es vor meinem Mann, der nicht möchte, daß ich arbeite. Es kommt vor, daß ich zwei oder drei Stunden putzen gehe, aber ich beeile mich, daß meine eigene Arbeit rechtzeitig fertig wird, damit mein Mann nichts merkt. Ich kann nicht mehr, nie kann man alles kaufen, was man bräuchte; bei allem muß man rechnen, alles im Voraus einkalkulieren, das kleinste Paar Kinderschuhe macht Probleme. Ich bin abgespannt. Ich bin nach meiner letzten Entbindung zu schnell wieder aufgestanden; der Arzt sagt: „dafür bezahlen sie jetzt".

Mit all den Arbeitsunterbrechungen meines Mannes wird der bezahlte Urlaub dieses Jahr nicht groß ins Gewicht fallen; wir werden nicht wegfahren, schon wieder nicht. Für den Kleinen heißt das zwei Jahre ohne Luftveränderung. Früher hatten die Kinder einen Hof, hier habe ich sie von morgens bis abends am Hals, den ganzen Tag schreien sie einander an. Ich weiß nicht, was ich mit ihnen machen soll, drei Sommermonate lang. In neuen Gebäuden wie diesem sind die Kinder abhängig und bei den Mamas liegen die Nerven blank. Man geht niemals aus. Trotzdem würde ich mir gerne schöne Filme ansehen; sonntags gehen wir manchmal mit den Kindern spazieren; aber mit vier Kinder ist das eher eine Schinderei als eine Erholung. Wir gehen an die Quais, in den Jardin des Plantes; der Wald von Vincennes ist schon zu weit, man muß sein Essen mitnehmen; das ist eine wahre Expedition.

Nie haben wir alles, was wir brauchen. Vor allem was Möbel betrifft. Früher kümmerte ich mich darum, eine Unterkunft und ein Bett zu haben, ich hätte mich mit vier Mauern zufrieden gegeben; jetzt hätte ich gerne einen Kühlschrank, ein schönes Schlafzimmer; und auch nur einfach ein Passiersieb. Als wir hierherkamen, hatten wir keinerlei Möbel; ich habe alles gebraucht gekauft, immer nur das einfachste; ich will mir keinen Kredit aufhalsen; schon wenn ich 1 000 Francs schuldig bin, schlafe ich nicht. Wenn ich aber zu jemand anderem gehe, wird mir bewußt, daß ich nichts habe; ich sage mir dann, daß sie mehr finanzielle Mittel haben, daß ich genausoviel hätte, wenn ich arbeiten könnte. Wenn ich ein gut eingerichtetes Zuhause sehe, dann wird mir übel, ich würde gerne auch so etwas haben.

Als wir beide gearbeitet haben, haben wir auf nichts verzichtet, was auch immer es war; wir haben sogar versucht, Ersparnisse zu machen. Wir besuchten keine Jahrmärkte oder verbrachten die Wochenenden draußen, gingen aber trotzdem gelegentlich ins Kino; wir waren ruhige Arbeiter. Jetzt ist das nicht mehr möglich. Mein Mann hat zwei Päckchen Zigaretten am Tag geraucht, er traf seine Kumpel und ging mit ihnen ein Glas trinken. Seit wir hier sind, hat sich das geändert. Vielleicht ist es besser so. Zwei Päckchen Zigaretten und ein Aperitif am Tag, das macht fast die Miete aus.

Aber ich würde so gerne aufs Land gehen. Hier atmet man nicht durch. Ich hätte gerne viel Luft. Ich habe keinen Größenwahn, einfach eine kleine Hütte, ja nur ein Zimmer, aber mitten auf dem Land. Meine Kinder mitten auf ein Feld zu setzen und sie einen ganzen Vormittag dort lassen zu können! Sie könnten sich bewegen, soviel sie wollten; und mittags hätten sie dann vielleicht Appetit.

Und dann würde ich gerne einen Tag für mich haben, vollkommen frei. Ich würde morgens weggehen, ohne an etwas denken zu müssen; ich würde in die schönen Viertel gehen, wo die großen Kaufhäuser sind, zum Flanieren, zum Anschauen, in Richtung Étoile, Opéra... Aber wir müssen uns im Augenblick mit dem Traum begnügen, wie man sagt."[11]

2 Welche sexuelle Befreiung?

2.1 Der Zugang zu Verhütungsmitteln

„Ach, den da habe ich mir nicht gewünscht. Ich hatte drei Kinder in weniger als drei Jahren bekommen". Es ist nicht schwierig, sich vorzustellen, wie anders das Leben einer Frau mit einer sicheren Verhütungsmethode sein könnte. Die Fertilität geht genau in dem Augenblick langsam zurück, als dies sich seit 1965 allmählich abzeichnet.[12] Die angewendeten

11 Das Interview wird zitiert bei Henri Coing: *Rénovation urbaine et changement social*, Éditions ouvrières, 1966.

12 Die Beihilfen sind nicht mehr so attraktiv: Sie machen im Jahr 1962 nur noch 32 % des Lohns einer Arbeiterin für eine Familie mit zwei Kindern und 50 % für eine Familie mit drei Kindern aus.

Methoden sind traditionell: Es wird vor allem der Koitus Interruptus praktiziert. Die ersten Zentren des Planning Familial, die seit 1961 eröffnet werden, verordnen den Frauen, die zur Beratung kommen – und der Vereinigung beitreten müssen, die 1963 16 000 Mitglieder hat,– Diaphragmen, Gels zur Abtötung der Spermien und die neuen Intrauterinspiralen. 1960 wird in den USA die Pille zur Verhütung in den Verkauf gebracht, die von Dr. Gregory Pincus entwickelt und an Puertoricanerinnen getestet worden war. Dies ist das Ergebnis medizinischer Forschungen über Sexualhormone (man hat 1937 entdeckt, daß Progesteron den Eisprung unterbindet) und zur Herstellung synthetischer Hormone. In der vom Planning Familial begonnenen Debatte über Verhütung spielt diese Erfindung, die zahlreiche Widerstände hervorruft, eine maßgebliche Rolle: Man wirft ihr vor, die Frauen zu „denaturieren" und man sagt voraus, daß „die Natur sich rächen wird". „Ohne Zyklus gibt es nämlich keine Frau, keine Libido. Es ist aus mit den Launen, vorbei mit den Schmeicheleien, die den weiblichen Reiz ausmachen"[13], ruft 1967 ein Senator der Rechten aus. In diesem Jahr findet endlich die Parlamentsdebatte zur Verhütung statt. Endlich, weil bereits seit 1956 mehrere Gesetzesvorschläge eingereicht worden waren. Die Debatte hat sich während des Präsidentschaftswahlkampfes von 1965 wiederbelebt, da François Mitterand sich für die Geburtenkontrolle ausspricht. Umfragen zufolge würden 57 % der Franzosen den Verkauf von Verhütungsmitteln begrüßen, aber die Regierung ist sehr zurückhaltend. De Gaulle soll gesagt haben: „Mit der Verhütung ist es wie mit den Autos, sie sind zum Vergnügen geschaffen."[14] Es ist jedoch ein Abgeordneter der Rechten, Lucien Neuwirth, der die Zustimmung einer Mehrheit der Parlamentarier (der gesamten Linken und eines Teils der Rechten) für seinen Vorschlag zur Liberalisierung der Verhütung erhält. Freilich handelt es sich nicht um ein feministisches Votum: Nur eine Minderheit erfreut sich eines Zugangs zu Verhütungsmitteln, der die Frauen befreien und Voraussetzungen für eine glücklichere Sexualität schaffen soll. Neuwirth verfolgt eher die Absicht, die heimlichen Abtreibungen einzuschränken. Zu den Gegnern des Gesetzes von 1967 zählen die Antifeministen – wie jener Abgeordnete, der prophezeit, die Frauen würden zu „Objekten steriler Wollust" werden, während die Männer „das stolze Bewußtsein ihrer fruchtbaren Männlichkeit verlieren werden"[15]– und die Katholiken, die der Einstellung der Kirche treu bleiben.

Das Gesetz erlaubt die Herstellung und den Import von Verhütungsmitteln. Der Verkauf findet in der Apotheke statt, bei der Pille und den Intrauterinspiralen nach medizinischer Verordnung. Minderjährige brauchen die Erlaubnis ihrer Eltern. Werbung für Verhütungsmittel und Propaganda zur Geburtenbeschränkung bleiben verboten (das Gesetz von 1920 ist nicht abgeschafft). Diese restriktiven Voraussetzungen erklären den Erfolg des Vor-

---

13 Zitiert nach Janine Mossuz-Lavau: *Les Lois de l'amour. Les politiques de la sexualité en France (1950–1990)*, Payot, 1991, S. 45. Dieser Teil über die Verhütung und den freiwilligen Schwangerschaftsabbruch orientiert sich an Mossuz-Lavaus Arbeit, in deren Zentrum die politischen Debatten stehen.

14 Nach Dr. Pierre Simon im Vorwort zu Angus Mc Laren: *Histoire de la contraception*, Noêsis, 1996, S. 14.

15 Zitiert nach Janine Mossuz-Lavau: *Les Lois de l'amour,* op.cit., S. 47.

schlages von Neuwirth; sie reichen aber nicht aus, die Administration zu entwaffnen, welche die Veröffentlichung der Erlasse und Anwendungsvorschriften bis 1972 hinauszögert.

Im Jahr 1974 erlaubt ein neues Gesetz Minderjährigen den Zugriff auf Verhütungsmittel und ermöglicht die finanzielle Erstattung für verschreibungspflichtige Produkte. Familienplanungs- und Bildungszentren werden in die Zentren der PMI (Protection maternelle et infantile) integriert. Die Enzyklika *Humanae Vitae* vom 29. Juli 1968 mag die Gegnerschaft der katholischen Kirche gegen die modernen Verhütungsmethoden bekräftigen, trotzdem werden sie allgemein gebräuchlich. 1973 nehmen 12 bis 13 % der Frauen zwischen 20 und 44 Jahren die Pille. Fünf Jahre später sind es 28 %, die sie benutzen; 9 % haben eine Spirale; jedoch sind es immer noch 18 %, die den „Interruptus" praktizieren; 5 % verwenden Präservative; 6 % sind zeitweise enthaltsam; 33 % wenden keine Verhütungsmethode an. Im Jahr 1988, das heißt, kurz bevor das AIDS-Risiko allmählich zu Verhaltensänderungen führt, bei denen das Kondom zur Prävention im Vordergrund steht, hat sich diese Situation kaum verändert. Die jungen Mädchen sind immer noch schlecht informiert – 40 % haben ihre erste sexuelle Beziehung ohne für Verhütungsmaßnahmen zu sorgen. Von den Frauen im Alter zwischen 18 und 49 Jahren verwendet jede zweite ein sicheres Verhütungsmittel (Pille oder Spirale). Man muß sich daher fragen, warum Frauen Verhütungsmittel so wenig verwenden: Bei manchen Frauen ist ein niedriges Bildungsniveau die Ursache für ihren Informationsmangel; in den anderen sozialen Schichten aber tauchen seit jener Zeit Vorbehalte auf. Die Formel „die Pille befreit die Frau" wird angefochten, gelegentlich auch von Feministinnen. Der tägliche Zwang, das „Medikament" einzunehmen, die Angst vor gesundheitsschädigenden Nebenwirkungen, die einseitige Verantwortung für die Verhütung, die erhöhte Verfügbarkeit für das sexuelle Verlangen von Männern, all das sind Themen, die jetzt zum Vorschein kommen.[16] Es ist auch festzustellen, daß sich in einer mehr oder weniger „ökologischen" Intuition Bestrebungen durchsetzen, etwas zu vermeiden, das „künstlich" ist, „die Natur zu achten" und die Pharmakonzerne nicht noch reicher zu machen.

2.2 Die Einstellung der Strafverfolgung bei Abtreibung

2,5 Millionen, 1 Million? Trotz aller ungefähren Schätzungen bringt die Zahl der heimlichen Abtreibungen die Entschlossenheit der Frauen zum Ausdruck, die kein Kind haben wollen und zu allen Risiken bereit sind. Die Privilegierten können nach Holland fahren oder nach Großbritannien, um abtreiben zu lassen; die Mehrheit versucht es jedoch allein oder mit einer Helferin. Das Risiko ist tatsächlich hoch: Zehn von tausend Frauen sterben daran, viele verletzen sich und werden unfruchtbar, psychische Traumata sind verbreitet. Es

16 Catherine Valabrègue, Sandrine Treiner: *La pilule et après? Deux générations face au contrôle des naissances*, Stock, 1996.

besteht auch das Risiko, gerichtlich verfolgt zu werden, da das Strafgesetzbuch Gefängnisstrafen bis zu zwei Jahren für Frauen, die abtreiben, und bis zu zehn Jahren für diejenigen, die gewohnheitsmäßig Abtreibungen vornehmen, sowie hohe Geldbußen vorsieht. Doch gehen die Verurteilungen immer mehr zurück: 1946 sind es 5251; 1955 sind es 1336; 1965 noch 588. Die Vorschläge der Linken im Parlament in den Jahren 1956 und 1967, die in die Richtung gehen, man solle Abtreibungen in eingeschränktem Maße zulassen, etwa bei dramatischen Fällen wie Vergewaltigungen, bleiben toter Buchstabe. Ein günstiges Klima für eine Weiterentwicklung der Rechtsprechung entsteht nach der Verabschiedung des Gesetzes Neuwirth: Zunächst, weil es das Recht der Frauen auf eine Entscheidung für oder gegen die Mutterschaft anerkennt, dann, weil seine mangelhafte Umsetzung einen Rückgang der Abtreibungen nicht ermöglicht.

Der Druck, den die Feministinnen ausüben, führt zu einer großen nationalen Debatte über die Abtreibung. Die Schlacht beginnt mit einem Manifest, das am 5. April 1971 im *Nouvel Observateur* erscheint: „Eine Million Frauen jährlich lassen in Frankreich abtreiben. Sie tun es aufgrund der Illegalität, zu der sie verurteilt sind, unter gefährlichen Bedingungen, obwohl diese Operation eine der einfachsten ist, wenn sie unter medizinischer Kontrolle stattfindet. Man schweigt sich über diese Millionen von Frauen aus. Ich erkläre, daß ich eine von ihnen bin. Ich erkläre, abgetrieben zu haben. So wie wir den freien Zugang zu Verhütungsmitteln fordern, verlangen wir auch die Freigabe der Abtreibung." Unter den 343 Frauen, die mit der Unterzeichnung dieses Textes zu zivilem Ungehorsam aufrufen und sich gerichtlicher Verfolgung aussetzen, sind manche Unbekannte und manche Berühmtheiten (Simone de Beauvoir, Catherine Deneuve, Marguerite Duras, Gisèle Halimi, Jeanne Moreau, Christiane Rochefort, Françoise Sagan, Delphine Seyrig, Agnès Varda etc.). Nach einer Umfrage von 1971, bei der die Frage gestellt wird, ob „eine Frau, die ein Kind erwartet und es sich nicht wünscht, das gesetzlich verbriefte Recht haben sollte, ihre Schwangerschaft von einem Arzt unterbrechen zu lassen", antworten 55 % mit ja, 38 % mit nein und 7 % äußern sich nicht. Die öffentliche Meinung ist also ziemlich vorteilhaft für die militante Kampagne, die sich sehr schnell weiterentwickelt.

Für die Mobilisierung stellt der Prozeß von Bobigny, der im Oktober 1972 stattfindet, einen Höhepunkt dar. Gerichtlich verhandelt wird der Fall von Marie-Claire, einem minderjährigen Mädchen von 17 Jahren, das abgetrieben hat. Angezeigt hat sie derjenige, der für ihre Schwangerschaft verantwortlich ist. Sie wird freigesprochen. Mit dem Prozeß gegen ihre Mutter, gegen zwei ihrer Kolleginnen, die ihr eine Abtreiberin genannt hatten und nicht zuletzt gegen die Abtreiberin selbst, lebt die Affäre jedoch wieder auf. Die Anwältin Gisèle Halimi verteidigt die Mutter von Marie Claire und läßt als Zeugen zahlreiche bekannte Persönlichkeiten auftreten: Feministinnen (Simone de Beauvoir, Simone Iff), zwei Nobelpreisträger für Medizin (Jacques Monod und François Jacob), Politiker (etwa den Abgeordneten Michel Rocard) etc. Der Urteilsspruch ist milde: 500 Francs Geldbuße mit Zahlungsaufschub für die Mutter von Marie-Claire, ein Jahr Gefängnis auf Bewährung für die Abtreiberin. Einige Gruppen des MLAC intervenieren nicht nur zugunsten einer Straffreiheit, sondern agitieren auch dafür, daß Frauen sich die Technik der Abtreibung selbst aneignen, ohne Mediziner einzubeziehen. Diese Einstellung wird durch die neue Karman-Methode ermöglicht, welche die Öffentlichkeit durch den Film *Histoire d'A* („Geschichte der A" von Charles Belmont und Marie Issartel) kennenlernt, der zwar 1973 von der Zensur verboten wird, aber etwa von 200 000 Personen gesehen wurde.

Die Abtreibung ruft als Thema wesentlich mehr Leidenschaften auf den Plan als die Verhütung. Für diejenigen, die sich auf die christliche Moral beziehen, kommt die Absaugung eines Fötus von einigen Wochen einer Kindstötung gleich. Die heftigsten Gegner zeigen sich auf der Rechten, und sie werden von der Ärztekammer bestärkt. Jean Foyer, der 1971 Gesundheitsminister ist, hält die legale Abtreibung für den Beginn einer fatalen Aufwärtsentwicklung, die von der Eugenik über die Euthanasie bis zu „den verabscheuungswürdigsten [Extremen] unter dem Hitler-Regime"[17] reicht. 1970 entsteht eine Vereinigung Laissez les vivre („Laßt sie leben"), die das geltende Recht erhalten will. Sie vertritt die Vorstellung, daß „der Beginn des menschlichen Lebens sehr genau auf die Befruchtung zurückzudatieren" sei, abzutreiben sei daher kriminell. Sie verfolgt zudem natalistische Ziele: Das Altern der Bevölkerung bedroht die Nation, liefert sie ausländischen Mächten aus etc. Es entstehen auch andere Vereine „für die Achtung vor dem Leben".

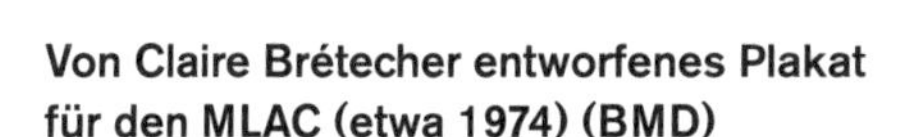
Von Claire Brétecher entworfenes Plakat für den MLAC (etwa 1974) (BMD)

Der Polizist, der Richter und der Arzt versperren den Eingang zum Krankenhaus. Wie lange noch? Sie zählen nicht viel angesichts einer Masse entschlossener Frauen, die mit Pflastersteinen bewaffnet sind, wie 68.

17 Zitiert nach Janine Mossuz-Lavau: *Les Lois de l'amour*, op. cit., S. 99.

Die Abtreibung ist eine der Herausforderungen für die Präsidentschaftswahl von 1974: François Mitterand tritt für die Freigabe der Abtreibung bis zur zwölften Schwangerschaftswoche ein, die in einer staatlich zugelassenen Einrichtung vorgenommen und von der Sozialversicherung finanziell erstattet werden soll. Valéry Giscard d'Estaing bezieht, weniger entschieden, eine liberale Position – Achtung des „Gewissens jeder Einzelnen und der medizinischen Freiheit"– und ist der Meinung, man müsse „die physisch bedrohten Frauen retten, indem man der Klandestinität eine Absage erteilt". Nachdem er gewählt ist, übergibt er die Akten der Gesundheitsministerin Simone Veil. Sie verkündet alsbald die Einstellung der Strafverfolgung, läßt die Gesetzesvorlage von der Regierung bestätigen und verteidigt sie Ende 1974 gegenüber den Parlamentsabgeordneten. Der Gesetzesentwurf legt fest, daß „die schwangere Frau, die durch ihren Zustand in eine Notlage gerät, den Arzt um eine Abtreibung vor dem Ende ihrer 10. Schwangerschaftswoche bitten kann. Der Arzt kann es ablehnen, sie durchzuführen." Nach zweimaligem Schlagabtausch und lebhaften Diskussionen sowohl in der Nationalversammlung wie im Senat wird der Entwurf am 20. Dezember mit 277 gegen 192 Stimmen definitiv befürwortet: Ohne die Linke wäre er aufgrund der Spaltungen unter den Rechten gescheitert. Das Gesetz wird am 17. Januar 1975 verkündet. Zusätze haben zur Einschränkung des ursprünglichen Entwurfs geführt. Sie sollen die allgemeine Verbreitung dessen verhindern, was von jetzt an IVG (interruption de grossesse volontaire; „freiwilliger Schwangerschaftsabbruch") genannt wird. Zu den Kompromissen gehört die obligatorische Beratung der Antragstellerin, die Unterlagen bekommt, in denen über die Rechte und Unterstützungsleistungen für Mütter und ihre Kinder sowie über Adoptionsverfahren informiert wird. In Privatkliniken kann das Personal Abtreibungen ablehnen; der Eingriff darf in diesen Einrichtungen nicht mehr als ein Viertel aller chirurgischen und geburtshelferischen Tätigkeiten ausmachen. Zudem ist das Gesetz nur für fünf Jahre verabschiedet worden. Die parlamentarische Schlacht, die dann im November 1979 stattfindet, hat an Heftigkeit nichts eingebüßt: Die Gegner sind nämlich der Meinung, die IVG sei zu einer banalen Angelegenheit geworden. Dennoch wird die Gesetzesvorlage mit 271 gegen 201 Stimmen angenommen. Nur 70 Abgeordnete der Parlamentsmehrheit (die 290 Deputierte ausmacht) haben für den von der („ihrer") Regierung vorgelegten Text gestimmt.

Das Gesetz (vom 31. Dezember 1979) wird angenommen, aber seine Anwendung löst immer noch manche Debatte aus. Die Feministinnen kämpfen weiterhin dafür, daß die IVG durch die Sozialversicherung erstattet wird. Mit der Verabschiedung des Gesetzes vom 10. Dezember 1982 durch die „rosa" Kammer bekommen sie Genugtuung. Die Rechte hat sich vehement dagegen ausgesprochen, allerdings vergeblich. Für die Linke geht es nicht nur um ein Maß an Gerechtigkeit, das die Gleichheit aller angesichts der IVG garantiert, sondern Yvette Roudy zufolge auch darum, „jene Schuld ein bißchen zu erleichtern, welche unsere Kultur den Frauen auferlegt, sobald es sich darum handelt, daß sie selbst über ihren Körper verfügen."[18]

---

18 Id., S. 125.

2.3 Die angefochtenenTabus

„Meine Angst, ihr zum gegebenen Zeitpunkt zu sagen, daß ich meine Regel bekommen hatte, das erste Mal ihr gegenüber das Wort auszusprechen, und ihr Erröten, als sie mir eine Binde hinhielt, ohne mir zu erklären, wie sie anzubringen sei“[19]: Annie Ernaux beschreibt eine Erfahrung, die fast alle Frauen bis in die 1970er Jahre hinein miteinander teilen (in manchen Familien gilt dies wahrscheinlich auch darüber hinaus). „Zum jungen Mädchen werden“, „indisponiert sein“: Diese schamhaften Ausdrücke verschwinden im letzten Drittel des 20. Jahrhunderts. Die Art der Intimpflege verändert sich. Nach den wegwerfbaren Damenbinden, der ersten Revolution, die die mühseligen und indiskreten Waschvorkehrungen überflüssig macht, kommen gegen Ende der 1970er Tampons auf, trotz mancher Widerstände, weil ihre Verwendung ein Mindestmaß an Kenntnissen über den eigenen Körper voraussetzt und vor allem, weil ihr regelmäßiger Gebrauch dazu führt, daß das Hymen der jungen Mädchen beseitigt wird. Die Aufhebung des Tabus der Menstruation ist freilich von großer Bedeutung. Mit der Medikalisierung der Gesellschaft setzen sich andere Gebräuche, andere Wörter durch, die einem anderen Körpererleben zum Ausdruck verhelfen. Allerdings wird die medizinische Macht, die eine Männermacht bleibt, mit Argwohn betrachtet, besonders bei den Feministinnen, die sich für „natürliche Medizin“ interessieren. *Notre corps nous-mêmes* (*Unser Körper unser Leben*) von 1977 ist ein Beleg für diese Erkundungen, welche die Frauen zuerst dazu anregen, ihren Körper besser kennenzulernen. Die Selbstbestimmung, von der in den 1970er Jahren soviel die Rede ist, dehnt sich auch auf den Intimbereich aus: gynäkologische Selbstuntersuchungen, Selbstuntersuchung der Brüste durch Abtasten etc.

Das althergebrachte Schamgefühl, das seit den 1920er Jahren etwas an Strenge verloren hatte, wird jetzt auf rüde Weise attackiert. Vom Bikini – einer kühnen Erfindung der Nachkriegszeit – geht man jetzt zum Monokini über: eine Revolution an den Stränden – die Mode, sich mit nackten Brüsten zu zeigen, hatte 1964 in Saint-Tropez angefangen –, die sich zeitversetzt und generationenspezifisch vollzieht.[20] Der Sinn für Natürlichkeit, der auch der Entstehung der politischen Ökologiebewegung entspricht, wird von den immer zahlreicher werdenden Nudisten (und Nudistinnen) verherrlicht. Die Kleidungssitten werden ebenfalls immer ungezwungener: Man muß nicht mehr unbedingt einen Büstenhalter tragen, was sich im kollektiven Gedächtnis als einer der Gründungsmythen des Feminismus festgesetzt hat – die Amerikanerinnen, die ihre Unterwäsche verbrannten. Miniröcke und enge Jeans sind bei der Jugend Anzeichen einer sexuellen Befreiung. Das große Konzert von Woodstock wird zum Inbegriff sämtlicher Verstöße von Jugendlichen gegen die Moralordnung. Sie bringen ihre Ablehnung, sich in die Gesellschaft zu integrieren, zum Ausdruck und schaffen eine Gegenkultur, in der die Musik, die Drogen, das Gemeinschaftsleben, die freie

19 Annie Ernaux: *Une femme*, Gallimard/Folio, S. 60.

20 Jean-Claude Kaufmann: *Corps de femmes, regards d'hommes. Sociologie des seins nus*, Nathan, 1995.

Liebe und vielfältige Sexualerfahrungen immer auch einen Bruch mit der verhaßten Welt der Eltern, der Erwachsenen, der Bourgeois darstellen. Entkommen die Frauen, die in diese Gegenkultur einbezogen sind, der im „erwachsenen" Modell so offensichtlichen männlichen Herrschaft? Dies ist nicht gewiß, selbst wenn man sich vor Verallgemeinerungen hüten muß. Doch stellen die Frauen in dieser allgemeinen Bewegung körperlicher Befreiung eine Avantgarde dar, logischerweise, weil sie körperlichen Zwängen viel stärker unterliegen als die Männer, und weil ihre körperliche Emanzipation einhergeht mit einem umfassenderen Kampf für ihre Emanzipation überhaupt.

In diesen Zusammenhang gehören auch zwei weitere Herausforderungen der sexuellen Befreiung: Die Masturbation,[21] die aufhört ein Tabu zu sein, und die Klitoris, der man allmählich stärkere Beachtung zukommen läßt. Zwei Entwicklungen, die nicht unabhängig voneinander sind, da das klitorale Lustempfinden vor allem in der Freudschen Psychoanalyse mit der infantilen und adoleszenten Phase verbunden wurde. Erwachsene Frauen sollten zur vaginalen Lustempfindung übergehen. Diese ganz offensichtlich männliche Vorstellung von der weiblichen Sexualität sollte ab 1970 unter den Feministinnen auf Einwände stoßen. Und die Sexualwissenschaftler waren ziemlich schnell bereit, zwar nicht ihren Diskurs über den „Mythos des vaginalen Orgasmus"[22] zurückzunehmen, aber doch zuzugestehen, daß die Reizung der Klitoris vor und während eines heterosexuellen Sexualkontaktes, ein wichtiges, ja entscheidendes Lustmoment sein könne. Daß die Masturbation moralisch nicht mehr so stark verurteilt wird, ermöglicht es den Frauen künftig selbst zu erkunden, wie sie Lust erleben können. „Das Private ist politisch" sagen die Feministinnen. Auch die Frigidität kann jetzt „politisch" werden.[23] Der Text von Christiane Rochefort zu diesem Thema ist nicht sehr bekannt, aber wer hätte nicht den Spruch gehört: „Es gibt keine frigiden Frauen, es gibt nur Männer, die nicht wissen, wie man es macht"? Der Wunsch „hemmungslos zu genießen", der 1968 an die Wände gemalt wurde, stößt jedoch auf juristische Hindernisse.

2.4 Die Freiheit zu lieben

Im Jahre 1969 wird Gabrielle Russier, eine 32jährige Lehrerin für Literatur an einem Lycée zu zwölf Monaten Gefängnis auf Bewährung wegen Verführung eines Minderjährigen (eines ihrer Schüler, dem 16jährigen Christian) verurteilt.[24] Drei Monate später begeht sie

21 André Béjin: La masturbation féminine en France. Un exemple d'analyse et de sous-estimation d'une pratique, in: *Population*, Nr. 5, 1993.

22 Titel eines Aufsatzes von Anne Koedt, vgl. Dies.: Le mythe de l'orgasme vaginal in: *Partisans*, Nr. 54–55, Juli-Oktober 1970, S. 54–60.

23 Christiane Rochefort: Le mythe de la frigidité féminine, in: *Partisans*, Nr. 54–55, Juli-Oktober 1970, wieder abgedruckt in: *Libération des femmes*, Petite collection Maspéro, 1974, S. 50–71.

24 Corinne Bouchoux: L'affaire Gabrielle Russier, in: *Vingtième siècle*, Nr. 33, Januar-März 1992, S. 63.

aus Verzweiflung über die heftige Kampagne, deren Objekt sie ist, Selbstmord. Für die Rechte ist sie zum Inbegriff der moralischen Laxheit nach 1968 geworden. Für die extreme Linke beweist die Affäre, wie repressiv die Macht der großen umstrittenen Institutionen Schule, Justiz und Familie ist. Die Jugendlichen, die 68 das Wort ergriffen haben, sind deren bevorzugte Opfer: Man wird erst mit 21 Jahren volljährig. Gabrielle Russier wird zur Heldin der Revolution der Sitten, von den Zuschauern beweint, die den Film *Mourir d'aimer* von André Cayatte (1971; *Aus Liebe sterben*) gesehen haben. Sie wird in den Köpfen präsent bleiben und dadurch eine Veränderung von Normen und Rechten unterstützen. Im Jahr 1974 wird die Volljährigkeit auf 18 Jahre herabgesetzt. In wenigen Jahren erreichen die Jugendlichen eine größere Freiheit in ihrem Sexualleben. Das Zusammenleben von Jugendlichen, das im studentischen Milieu sehr auffällig ist, ist ein Angriff auf die Tradition der Ehe. Seit den 1980er Jahren kann das Zusammenleben sogar schon im elterlichen Domizil beginnen.

Die Freiheit der Liebe ist auch für die Homosexuellen beiderlei Geschlechts eine Herausforderung. Mit einem Gesetz aus der Zeit des Vichy-Regimes wurde nämlich ein Altersunterschied für sexuelle Mündigkeit eingeführt: 21 Jahre für homosexuelle und 15 Jahre für heterosexuelle Handlungen.[25] Das Strafgesetzbuch behält 1945 diese repressive Maßnahme bei, wonach Zuwiderhandlungen mit Gefängnis zwischen sechs Monaten und drei Jahren geahndet werden können. Im Jahr 1960 wird der „Kampf gegen die Homosexualität" in ein Gesetz eingefügt, das die Regierung ermächtigt, gegen diverse „soziale Plagen" vorzugehen. Frankreich übernimmt 1968 die Klassifikation der Weltgesundheitsorganisation, wonach Homosexualität zu den Geisteskrankheiten gezählt wird. Für die katholische Kirche handelt es sich um eine „schwere Entartung", da Sexualität nur in der Ehe legitim ist. In Umfragen interessiert man sich erst seit 1968 für die Meinung der Franzosen zu diesem Thema. Im großen und ganzen stößt Homosexualität auf Ablehnung. Für eine große Mehrheit ist sie entweder eine Krankheit, die behandelt werden oder eine Perversion, die bekämpft werden muß. Bis in die 1980er Jahre hinein ist weniger als ein Drittel der Befragten der Meinung, sie sei „eine Art wie jede andere, seine Sexualität auszuleben". Kein bemerkenswerter Unterschied besteht bezüglich der Einschätzungen der weiblichen und der männlichen Homosexualität.

Der Protest nach dem Mai 68 gibt den Anstoß für so manche Veränderung. Der gemischtgeschlechtliche Front homosexuel d'action révolutionnaire (FHAR; „Revolutionäre homosexuelle Aktionsfront") macht 1971 durch spektakuläre Aktionen von sich reden: Er stört eine Sendung von Ménie Grégoire mit dem Thema „die Homosexualität, das quälende Problem"; er mischt sich mit der Parole „Nieder mit der Diktatur der Normalen" auf einem Spruchband fröhlich in den Umzug zum 1. Mai. Die aus der studentischen extremen Linken hervorgegangene Bewegung zieht sich den Zorn des PC zu, findet aber beim PS ein positiveres Echo. Der FHAR löst sich 1973 auf, aber andere Gruppen wachsen nach:

---

25 Janine Mossuz-Lavau: *Les Lois de l'amour*, op. cit., Kapitel V: "Pour une sexualité sans normes".

So die 1972 entstandene Gruppe David und Jonathan, die auf der Suche nach einer christlichen Form der Homosexualität ist, oder das 1976 gegründete Centre du christ libérateur („Zentrum des befreienden Christus") von Pastor Doucé, der 1979 die erste „homosexuelle Freundschaftsverbindung" zwischen zwei Frauen zelebriert. Der Groupe de libération homosexuelle (GLH; „Gruppe zur Befreiung Homosexueller") setzt zwischen 1974 und 1978 radikale Aktionen fort und prangert in einem seiner Flügel die Männer- und die Frauenrolle in einer männlich dominierten Gesellschaft an. Die militanten Lesben gehen entweder in diese Bewegung, in der Männer und Frauen gemeinsam kämpfen, oder in eine Gruppe der feministischen Bewegung, wo während der gesamten 1970er Jahre lesbische Gruppen und Bulletins entstehen. 1979 bildet sich schließlich der CUARH (Comité d'urgence anti-repression homosexuelle; „Hilfskomittee gegen die Unterdrückung Homosexueller") mit dem Ziel, alle diskriminierenden Maßnahmen abzuschaffen, gesetzlichen Schutz – zum Beispiel durch die Ausweitung des Gesetzes von 1972, mit dem rassistische Handlungen aufgrund des Geschlechts oder der sexuellen Orientierung bestraft werden – und Rechte für homosexuelle Paare zu fordern. Als die Linke an die Macht gekommen ist, kommt sie mehreren dieser Wünsche entgegen, indem sie repressive Maßnahmen streicht. Im Jahr 1981 verkündet der Gesundheitsminister, daß Homosexualität nicht mehr als Geisteskrankheit gelten soll. Im darauffolgenden Jahr wird als Ergebnis erregter Parlamentsdebatten die sexuelle Mündigkeit für alle Personen gleichermaßen auf 15 Jahre festgelegt. Im Jahr 1985 stellt ein Gesetz die Diskriminierung aufgrund des Geschlechts, der Sitten und der Herkunft, vor allem in Fällen der Verweigerung von Einstellungen oder Dienstleistungen unter Strafe. Die öffentliche Meinung hat sich der Bewegung angeschlossen: Nach den Umfragen wird die Aussage, Homosexualität sei „eine Art wie jede andere, seine Sexualität auszuleben" 1986 von 54 % und 1988 von 61 % der Befragten bejaht.

2.5 Die Ehe und ihre Auflösung

In den Wirtschaftswunderjahren war die Zahl der Eheschließungen außerordentlich hoch gewesen und das Heiratsalter deutlich zurückgegangen.[26] Die Ehe war die Norm. Die Ehe war auch eine Institution der Ungleichheit. Dies trifft auf die Situation nach Beginn der 1960er Jahre immer weniger zu. Ab 1965 kann der Ehemann seiner Frau die Ausübung eines Berufes nicht mehr verbieten. Das Gesetz macht 1970 der väterlichen Gewalt des „Familienoberhaupts" ein Ende: Mann und Frau teilen sich fortan die elterliche Gewalt.

---

26 Wir werden uns kurz fassen bei diesem Thema, zu dem es eine ungeheure Fülle von Literatur gibt. Erwähnt seien für die Demographie die Werke von Louis Roussel (vor allem *Le Mariage dans la société française*, PUF, 1975), für die ethnologische Perspektive die Arbeiten von Martine Ségalen (darunter ihre *Sociologie de la famille*, Armand Colin, Neuauflage 2000), für die Soziologie François de Singly: *Sociologie de la famille contemporaine*, Nathan Université, 1996; und Jean-Claude Kaufmann: *Sociologie du couple*, PUF, Que sais-je?, 1993.

1985 wird die Gleichheit der Ehegatten bei der Verwaltung des Familienvermögens gesetzlich festgelegt. Diese Gesetze werden damals als Anpassung des Rechts an die veränderten Sitten verstanden, als eine notwendige Modernisierung, die jedoch von einem Teil der Katholiken und der rechten Politiker bekämpft wird. Fortschrittliche Juristen wie etwa Jean Carbonnier spielen bei der Umgestaltung des Code Civil eine ausschlaggebende Rolle. Auch die Ehe wird dabei verändert: Ab 1975 ist Ehebruch kein Straftatbestand mehr und die Scheidung im gegenseitigen Einverständnis der Ehepartner wird eingeführt. Die Scheidungsziffern hatten seit 1963 zugenommen. Im Jahr 1960 wurde eine von zehn Ehen durch Scheidung beendet, im Jahr 1985 ist es eine von dreien. In den Randgebieten von Paris eine von zweien.

Die öffentliche Meinung hat sich geändert, eine Minderheit verurteilt Scheidungen unabhängig von den jeweiligen Motiven jedoch weiterhin, und zwar vor allem aus religiösen, manchmal aus moralischen Gründen. Es scheint, als ob sich die Feindschaft von Frauen gegen „traditionelle" Meinungen häufig mit der Furcht vor der Scheidung – der „Verstoßung" – erklären ließe. Es sind jedoch die Frauen, die mehrheitlich die Scheidung verlangen. Sie erwarten von der Ehe wesentlich mehr als ihre Partner und bewerten das Scheitern der ehelichen Partnerschaft nicht in der gleichen Weise.[27] Die Schande nimmt in dem Maße ab, in dem Scheidungen allgemein üblich werden. Ist dies ein Zugewinn an Freiheit? Die Antwort ist nicht einfach. Die Scheidung an sich wird in den meisten Fällen als Scheitern erlebt; das Gefühl einer Befreiung entsteht wohl erst nachträglich. Für die Mütter ist die Scheidung auch mit Konflikten, Gewalt und Schuld verbunden. Ihre sozialen und psychologischen Kosten sind für die Frauen wesentlich höher. Es wächst der Einfluß der Rechtsinstitutionen – und seit 1993 des Eherichters – auf das Privatleben.

Zwischen 1973 und 1998 halbiert sich die Zahl der Erstehen und das Heiratsalter wird weiter hinausgeschoben. In den letzten fünfzehn Jahren läßt sich bei der Zahl der Eheschließungen ein Rückgang von 35 % feststellen. Der sehr starke Anstieg außerehelicher Geburten (7 % im Jahr 1970; 36 % im Jahr 1994) belegt, daß die Ehe als Grundlage der Familie in Frage gestellt worden ist. Die Staatsorgane nehmen dies zur Kenntnis und handeln danach; die nichteheliche Lebensgemeinschaft bekommt einen offiziellen Status durch eine Bescheinigung des Bürgermeisteramtes, mit der Anrechte auf Unterkunft, Versicherungsleistungen, Sozialversicherung etc. verbunden sind.

Die Frauen spielen bei diesen Veränderungen eine entscheidende Rolle. Viele haben eine ökonomische Unabhängigkeit erreicht, die ihnen große Freiheit ermöglicht. Zudem entspricht der Rahmen der Ehe, die mit einer langen Geschichte weiblicher Unterordnung belastet ist, nicht mehr den Erwartungen an die Liebe, die sich die Frauen im Wandel der Zeiten zu eigen gemacht haben. Das Ideal wechselseitiger Liebe und Gleichstellung in der Partnerschaft läßt sich in einer freien Verbindung leichter umsetzen. Die Infragestellung der Ehe muß freilich relativiert werden. Das Geschäft mit Hochzeiten (von Brautkleidern bis zu

27 Irène Théry: *Le Démariage*, Odile Jacob, 1993, S. 275.

Geschenklisten) floriert noch immer. Die Zeremonie hat nichts von ihrer „Romantik" eingebüßt. Das von Schwulen- und Lesbengruppen geforderte Recht auf Heirat beweist, wie stark das Vorbild ist. Für viele bewahrt die Ehe den Charakter einer religiösen Bindung. Die nichteheliche Lebensgemeinschaft ist häufig eine Etappe, die der schließlich nach mehreren Jahren geschlossenen Ehe vorausgeht: Man heiratet dann „wegen der Kinder", wegen des Festes mit Freunden oder um „den Eltern eine Freude zu machen". Wenn man den aktuellen Zahlen glaubt, bleibt die Ehe die Norm: 12 Millionen verheiratete Paare, 1 Million Paare in nichtehelichen Lebensgemeinschaften.

Schließlich hat die Abnahme der Heiraten nicht zwangsläufig einen Verfall des Paarbegriffs zur Folge. Es haben sich neue Lebensformen herausgebildet, in denen der zivilrechtliche Status sich nicht niederschlägt. So gibt es etwa Paare, die nicht zusammenleben, weil sie sich der beruflichen Mobilität anpassen oder der Beziehung den Verschleiß durch den Alltag ersparen möchten. Wegen des Kostenaufwandes kommt diese Lebensweise vor allem für die Frauen der mittleren und höheren Einkommensschichten in Frage, die wahrscheinlich auch großen Wert auf Selbstverwirklichung in ihrer Berufskarriere legen. Die unverheirateten Frauen, eine Gruppe, die beständig größer wird, haben nicht unbedingt etwas gegen eine eheliche Partnerschaft: Viele hoffen wahrscheinlich darauf, finden aber nicht leicht jemand, der ihren Wünschen entspräche. Die Paarbildung kann also einfach um einige Jahre hinausgeschoben sein.

2.6 Die Mutterschaft: Welche Veränderungen?

Simone de Beauvoir, die Schutzpatronin der feministischen Bewegung, die Mutterschaft für sich selbst ablehnte, hat die jungen Feministinnen beeinflußt, die sich die Zwänge des Familienlebens ersparen wollten. *Maternité esclave* („sklavische Mutterschaft") lautet der aufschlußreiche Titel eines Werkes, das 1975 von einem feministischen Kollektiv herausgegeben wurde. Es deckt das in der patriarchalen Ideologie durchgängige Muster einer Verwechslung von Frau und Mutter auf. Bezeichnenderweise ist das erste Kapitel dem „Elend der weiblichen Sexualität" gewidmet. Dieses entsteht, wenn sich Scham, Schuldgefühl, Unwissenheit und Entfremdung (sich nach stereotypen Bildern richten, sich mit dem Blick des Mannes taxieren) verbinden, um jegliche sexuelle Erfüllung zu verhindern. Der Band prangert auch die erdrückende Arbeit der Mütter an: „Man wird angeknabbert, gefressen, gelutscht, ausgepumpt, verzehrt, entleert, zerstört, verschlungen..." Bei ihrer Untersuchung sämtlicher Modalitäten gesellschaftlicher Zurichtung prangern die Feministinnen den Sexismus einer Erziehung an, die menschliche Wesen vom frühesten Alter an auf starre, nach Geschlecht unterschiedene Rollen vorbereitet. Daher findet die eindringliche Studie von Elena Gianini-Belotti *Du coté des petites filles* (éditions Des femmes, 1974; *Was geschieht mit kleinen Mädchen?*) große Beachtung. Die Feministinnen rufen zwar nicht zu einem „Gebärstreik" auf, sie fordern aber für die Frauen einen vollgültigen Status außerhalb der Mutterschaft.

Die Feministinnen sprechen nicht nur mit einer Stimme. Manche von ihnen feiern im Gegensatz zu den anderen die Mutterschaft in neuen Tönen. Sie befreien die Wörter, um die physische und psychische Erfahrung der Schwangerschaft, der Geburt und des Stillens zum Ausdruck zu bringen. Über das mütterliche Lustempfinden wollen sie eine weibliche „Differenz" definieren, eine Andersheit, die mit dem Neologismus „Féminitude" wiedergegeben wird.[28] Im Jahr 1979 zeigt der Film von Yann Le Masson *Regarde, elle a les yeux grands ouverts* („Schau, sie macht die Augen auf") die Möglichkeit einer alternativen Geburt zu Hause mit den Angehörigen. Der zugleich lyrische und realistische Film plädiert dafür, daß Frauen sich ihren Körper aneignen. Eine der Protagonistinnen erklärt im Film: „Wenn die Frauen sich darüber klar wären, daß sie diese Kraft in sich haben, kannst Du Dir vorstellen, wie weit sie gehen würden ... sie würden sich nicht bei der Tatsache des Gebärens aufhalten ... wir haben in uns diese Kraft zu gebären, also haben wir sie auch für alles Übrige."[29]

Der Feminismus hat ebenso wie der Zugang zu Verhütung und Abtreibung das Bewußtsein verändert: Die Mutterschaft ist nun eine gewollte Entscheidung (allerdings nicht immer) und die weibliche Identität ist ihr nicht mehr untergeordnet.[30] Sie wird aufgrund der verlängerten Studienzeit und der Wünsche nach einer Verwirklichung im Beruf zusehends weiter hinausgeschoben. Die meisten jungen Frauen stellen sich darauf ein, „alles zu übernehmen", was sie zu einem hohen Energieaufwand zwingt. Am Ende des 20. Jahrhunderts sind viele Mütter der Meinung, daß sie stärker seien als die Männer. Sie leiten daraus kein Überlegenheitsgefühl ab, sind aber der Ansicht, ihr Leben sei ausgeglichener als das ihrer Lebensgefährten. Eine Familie zu gründen, ist ein Projekt, das die meisten jungen Mädchen im Gegensatz zu den Jungen verfolgen, die selten an ihre künftige Vaterschaft denken. Diese Asymmetrie im Verhältnis zur Elternschaft setzt sich bis ins Erwachsenenalter fort: Der Einsatz der Väter, der wichtiger ist als früher, bleibt wesentlich begrenzter als der der Mütter. Eine der großen Veränderungen der letzten zwanzig Jahre des Jahrhunderts ist übrigens die Erfassung der Einelternfamilien (INSEE übernimmt den Ausdruck 1981), die 1994 mit einer Million beziffert werden – 10 % der Kinder unter 15 Jahren leben nur mit ihrer Mutter zusammen. Es sind im wesentlichen Frauen, die allein mit Kindern leben; waren sie früher eher Witwen, sind sie heute unverheiratet oder geschieden. Einige haben sich tatsächlich dafür entschieden, „ganz allein ein Baby zu haben". Kann man vom Auftreten einer lustbetonten Generation sprechen, die ihr Recht auf ein Kind verteidigt? Die

---

28 *Anm. d. Ü.*: Féminitude: Der Begriff wird Simone de Beauvoir zugeschrieben, die ihn in Analogie zu „négritude" gebildet haben soll. Beide stellen Konzepte kultureller Selbstbehauptung dar, durch die Negativzuschreibungen positiv umgedeutet werden. Außerhalb des französischen Sprachraums wird in diesem Zusammenhang von „Differenzfeminismus" gesprochen.

29 Zitiert nach Françoise Audé: *Ciné-modèles, cinéma d'elles*, Lausanne, L'Âge d'Homme, 1981, S. 199.

30 Über die Mutterschaft heute vgl. *Repenser la maternité*, herausgegeben von Yvonne Knibiehler, *Panoramiques*, Nr. 40, 1999.

Medien sind voll von Beiträgen, die in diese Richtung gehen: Sie betonen insbesondere die sogenannte späte Mutterschaft (Erstgebärende mit mehr als 40 Jahren) und die Mutterschaft von Jugendlichen (unter 18 Jahren), die beide seit Beginn der 1980er Jahre zunehmen. Die sich seit 1981–1982 ausbreitenden neuen Reproduktionstechnologien, die Abhilfe bei Unfruchtbarkeit schaffen, werden zum Inbegriff eines neuen „Rechts auf ein Kind“: die Insemination von einem Spender, die In-vitro-Fertilisation (1982 Geburt von Amandine), das Aufkommen von Leihmüttern, die Einführung der Ovarstimulation beflügeln die Debatten über die Bioethik und die Familie. Auch bei Adoptionen hat eine spektakuläre Entwicklung stattgefunden; sehr viel öfter als früher wird dabei auf internationale Adoptionen zurückgegriffen; diese sind ebenfalls mit ethischen Problemen verbunden, weil sie sich nach Angebot und Nachfrage richten – und nun bereits über das Internet vermittelt werden. Die Biotechnologie hat auch dazu beigetragen, daß Schwangerschaften anders erlebt werden. Die Einführung der Ultraschalluntersuchung zwischen 1977 und 1983 hat vielfältige psychologische Wirkungen. Sie erlaubt, das Geschlecht des Fötus zu erkennen, aber unter Hinzuziehung anderer pränataler Medizintechniken auch, mögliche Mißbildungen festzustellen, und kann in manchen Fällen den Wunsch nach einem perfekten Kind nähren. Auch bei der Entbindung kommen zunehmend umfangreiche Technologien zum Einsatz: das Monitoring, die Epiduralanästhesie. Psychotechniken sind ebenfalls stark verbreitet und werden von den ängstlichen Frauen, die bemüht sind, ihr Bestes zu geben, gut aufgenommen. „Alles spielt sich vor dem dritten Lebensjahr ab“, sagt man ihnen, und sogar schon vor der Geburt. Das Baby „ist nicht einfach ein Nahrungsverwerter, den man vor Krankheitskeimen schützen muß“.[31] Es hat Rechte, welche die Psychoanalytikerin Françoise Dolto vehement verteidigt hat. Ein feministisches Plakat zeigte 1971 ein lachendes Baby, das ein Spruchband mit der Aufschrift hält: „Es ist auf jeden Fall viel wunderbarer zu leben, wenn man gewünscht wird“. Der einfachere Zugang zu Verhütung und Abtreibung verändert die Beziehung zwischen Mutter und Kind in radikaler Weise, dadurch, daß das Kind (sehr wahrscheinlich) „gewünscht“ worden ist. Für eine Mehrheit der Frauen ist ein Kind nach wie vor ein „bleibender Wert“. In der Hierarchie der Gefühle nimmt die Mutterliebe einen höheren Stellenwert ein als die eheliche Liebe.[32] Nach einer Umfrage von 1990 meinen 82 % der Frauen, daß eine Frau sich im Leben verwirklichen könne, ohne mit einem Partner zusammenzuleben, aber nur 53 % meinen, sie könne dies auch ohne Kind erreichen.

Seitdem der genetische Fingerabdruck ermöglicht, den Vater des Kindes mit Bestimmtheit zu erkennen (seit den 1980er Jahren), wird die Vaterschaft zu einem „gesellschaftlichen Thema“: Man entdeckt die „neuen Väter“, die den Kindern näher stehen, bei ihrer Geburt dabei sind, lernen, wie man Babys pflegt (Coline Serreau: *Trois hommes et un couffin; Drei Männer und ein Baby* von 1985); aber auch die Väter, die sich hereingelegt fühlen, besun-

---

31 Yvonne Knibiehler: *La Révolution maternelle*, op. cit., S. 205.

32 Die Umfrage wird zitiert bei Annik Houel: *Le Roman d'amour et sa lectrice*, L'Harmattan; 1997, S. 81.

gen von Daniel Balavoine (*C'est mon fils ma bataille*; „Mein Sohn ist mein Kampf") und sich den Väterbewegungen anschließen, die gegen die „Privilegien" der Mütter streiten, die im Falle einer Scheidung zu 80 % das Sorgerecht für die Kinder bekommen. Es ist noch zu früh, um zu beurteilen, ob diese neue Väterlichkeit einen umfangreichen kulturellen Wandel einleitet. Die Kleinkinderbetreuung bleibt bis heute in überwältigender Mehrheit der Fälle Sache der Frauen. Dies gilt auf jeden Fall für diejenigen, die die (1976 geschaffene) Beihilfe für alleinstehende Eltern und den Erziehungsurlaub (1977) in Anspruch nehmen, obwohl letzterer ab 1984 eindeutig beiden Geschlechtern zusteht. Ein Umfeld für Frauen bilden die Krippen. Die Kinderfrauen, die ins Haus kommen und die Tagesmütter, die Kinder unter drei Jahren bei sich aufnehmen, sind Frauen, deren berufliche Qualifikation darin besteht, „mütterlich" zu sein – trotz der Vorschriften, die 1988 für sie erlassen wurden. Die Beschäftigungskrise und die Kürzung der öffentlichen Mittel für Einrichtungen zur Kleinkindbetreuung haben solche Wahlmöglichkeiten begünstigt, welche die soziale Kluft zwischen wirtschaftlich schwachen und starken Frauen vertiefen. Das Erziehungsgeld (1985) ist verführerisch für diejenigen, die über die wenigsten Mittel verfügen. Der Natalismus des Staates ist nicht verschwunden, aber er ist subtiler, zurückhaltender geworden.

2.7 Vergewaltigung = Verbrechen

Die Wahrnehmung der Vergewaltigung ändert sich seit den 1970er Jahren. Den Feministinnen geht es darum, zu beweisen, daß die Vergewaltigung kein sexueller Akt, sondern eine von der patriarchalen Gesellschaft induzierte Gewalttat, der auf die Spitze getriebene Ausdruck eines Herrschaftsverhältnisses ist. Infolgedessen eröffnet sich für die Opfer, die wollen, daß ihr psychisches Leiden ernst genommen wird, ein Raum, in dem sie das Wort ergreifen können. Die Vorgehensweise der Justiz wird in Frage gestellt. Im Jahr 1978 führt ein Prozeß am Schwurgericht von Aix-en-Provence, der in einer bisher unbekannten Weise in den Medien hochgespielt wird, dazu, daß sich der Einstellungswandel in den Köpfen und im Recht beschleunigt. Die Opfer, zwei junge belgische, von drei Männern vergewaltigte Camperinnen, die von feministischen Vereinen unterstützt werden, betrachten den Prozeß als einen Kampf, der über die Schranken des Gerichts hinausgeht. Sie vergleichen die erlittenen Mißhandlungen mit einem psychischen Tod. Sie bestehen auf ihrem Recht, zu reisen und unbehelligt an einem einsamen Ort zu zelten. Sie sind auch in der Lage, sich gegen Verdächtigungen zu wehren, sie seien möglicherweise einverstanden gewesen: Sie haben „nein" gesagt und sich verteidigt, wobei sie einen der Angreifer verletzt haben. Dieser „Vergewaltigungsprozeß" führt bald zu der wichtigsten Gesetzesänderung seit 1810. Die Herausforderung besteht darin, das Verbrechen der Vergewaltigung mit ausreichender Klarheit und Genauigkeit zu definieren, damit es nicht mehr möglich ist, Vergewaltigung als „Vergehen" abzuqualifizieren, das mit einer Ordnungsstrafe belegt wird. Nach dem Gesetz vom 23. Dezember 1980 „stellt jeder Akt der sexuellen Penetration, welcher Art auch immer, der an der Person eines anderen durch

Gewalt, Zwang oder Heimtücke begangen wird, eine Vergewaltigung dar".[33] Die Klagen gegen Vergewaltigung haben seit etwa dreißig Jahren zugenommen (2823 Klagen im Jahr 1958, 5068 im Jahr 1991). Die aufgeklärten Fälle sind ebenfalls zahlreicher geworden (618 im Jahr 1985, 735 im Jahr 1990), und die Urteile fallen strenger aus, was auf tiefgreifende Veränderungen hindeutet.[34] In 68 % der Fälle ist der Vergewaltiger dem Opfer bekannt.

Das Strafgesetzbuch von 1992 (Artikel 222–223) schafft einen neuen Straftatbestand: die sexuelle Belästigung, die als Machtmißbrauch einer Person definiert wird, welche ihre höhere Stellung benutzt, um „Gunstbeweise sexueller Natur" zu erhalten. Die Frauen erlangen damit einen gesetzlichen Rückhalt, um eine Wiedergutmachung für Schäden mit schwerwiegenden psychischen und beruflichen Konsequenzen erhalten zu können. Für die Association contre les violences faites aux femmes au travail (AVFT, „Verein gegen Gewalt gegen Frauen am Arbeitsplatz") ist dies ein feministischer Sieg, der gebührend gefeiert werden muß. Ein Teil der Öffentlichkeit ist weiterhin gegen eine richterliche Intervention. Man soll die Frauen, die ihre Rechte häufig nicht kennen, vor allem unterstützen und beraten. Die militante Arbeit der Feministinnen hat wie bei der veränderten Einstellung zur Vergewaltigung auch den entscheidenen Anstoß für den sozialen und den juridischen Wandel gegeben. Die Gewerkschaften haben sich angesichts einer Frage, die doch eigentlich ihren, nämlich den betrieblichen Bereich betrifft, kaum engagiert.

Auch auf Seiten der Vereine hat die Gewalttätigkeit von Männern zu Initiativen geführt: Es wurden Häuser für geschlagene Frauen (seit 1975) und vereinzelt auch Zentren für gewalttätige Männer eingerichtet. Aber die Aufforderung der Feministinnen, das kulturelle Umfeld zu bekämpfen, das Gewalttätigkeit von Männern fördert, wird kaum vernommen. In Frankreich ist man an eine besonders sexistische Werbung gewöhnt.[35] Die „sexuelle Befreiung" im Kino schwelgt oft förmlich in Misogynie. Einer der Filme, die dafür ausgesprochen emblematisch sind, *Les Valseuses* (*Die Ausgebufften*) von Bertrand Blier, inszeniert ein Duo von Herumtreibern, deren brünftige Streifzüge regelmäßig von sexuellen „Überfällen" auf Frauen unterbrochen werden, die einwilligen oder nicht. Eine junge Frau (Miou-Miou), die sich ihnen anschließt, verkörpert die „befreite Frau", naiv und schamlos, aber in Wirklichkeit stets gefügig. Dieser große Publikumserfolg ist zeitgleich (1974) mit *Emmanuelle* (von Just Jaekin nach einem Roman von Emmanuelle Arsan), ein Film, der sich unter seiner „erotischen" Etikettierung als „Softporno" erweist. Auf dem Höhepunkt der feministischen Kämpfe erzielt der Porno – definiert nach dem Gesetz von 1975, mit dem die Filmkategorie X geschaffen wird[36]– in Spezialkinos, die immer zahlreicher werden, einen spekta-

---

33 Michèle Bordeaux, Bernard Hazo, Soizic Lorvellec: *Qualifié viol*, Genf, Méridiens Klincksieck, 1990.

34 Claire Aubin, Hélène Gisserot: *Les Femmes en France: 1985–1995*, La Documentation française, 1994, S. 77.

35 Vgl. Claude Herne: *Définition sociale de la femme dans la publicité*, L'Harmattan, 1993.

36 *Anm. d. Ü.*: Die Klassifikation X stammt daher, daß Plakate für Filme, die nicht durch die Zensur kamen, ehemals mit einem X durchgestrichen wurden.

Plakat des Kollektivs der Frauen gegen Vergewaltigung (BMD)

kulären Durchbruch. Es reicht nicht aus festzustellen, daß der Körper von Männern in dieser Art Filme genauso zum Objekt gemacht wird, wie der von Frauen: Das Herrschaftsverhältnis – das durch einen angeblichen Masochismus der Frauen legitimiert wird – ist omnipräsent und wahrscheinlich stimuliert es die Libido der Zuschauer mehr als die grellen Großaufnahmen der Geschlechtsteile.

Der Porno wird in den 1980er Jahren weiter kommerzialisiert; in die Privathaushalte dringt er mit den Videogeräten, später dann über private Fernsehsender ein. Zum gleichen Zeitpunkt verbreitet sich das sogenannte rosa Minitel mit einer marktschreierischen Reklame, die zehn Jahre früher undenkbar gewesen wäre. Die Mauern in den Städten sind mit Bildern nackter oder nur wenig bekleideter Frauen überschwemmt, die aufreizende Posen einnehmen und die „36 15" anpreisen.[37] Die Debatte über das Verhältnis zwischen visueller Zurschaustellung und Realität, zwischen dem Konsum pornographischer Materialien und

37 *Anm. d. Ü.*: Das Minitel (mit der Nummer „36 15") läßt sich am besten als eine Art Zwischending aus Internet und Videotext kennzeichnen: Über ein einfaches Endgerät, das einem Netzcomputer vergleichbar ist, erhält die Kundschaft Zugang zu den Angeboten verschiedener Dienstleister. Der Bildschirminhalt wird in einem einfachen Videotext-Layout ohne Bilder präsentiert. Unter anderem, weil die notwendige Hardware kostenlos zur Verfügung gestellt wurde, konnte das Minitel sich seit 1982 in Frankreich in der breiten Masse durchsetzen. Die vielfältigen Angebote umfassen Unterschiedliches: Reiseangebote, Immobilienmarkt, Börse und das „Minitel rose", das Pornoangebote aller Art verfügbar macht.

Kriminalität – insbesondere Vergewaltigungen – ist nicht sehr trennscharf. Sie stellt diejenigen, die absolute Freiheit wünschen, jenen gegenüber, die um den Preis einer Zensur Richtlinien und Gesetze fordern. Eine weitere Debatte taucht auf: Können Frauen sich das Pornokino aneignen, das herkömmlicherweise von Männern gemacht und konsumiert wird? Dies, so scheint es, ist bereits insofern der Fall, als der Porno, in dem Maße, in dem er sich verbreitete, auch Zuschauerinnen gefunden hat. Besonders symptomatisch ist jedoch, daß die Forderung nach einem „weiblichen Porno" auftaucht, der den männlichen Sexualphantasien und der Mittelmäßigkeit der Pornoindustrie den Garaus macht: Der Film *Baise-moi* (*Fick mich,* 2000) in der Regie der Romanautorin Virginie Despentes und der X-Filmschauspielerin Coralie Trinh Thi, die durch den Erfolg von *Romance* ermutigt wurden, ist ein gutes Beispiel dafür. Diese Strömung bleibt allerdings gegenwärtig noch marginal.

Das Messer auf dem Nachttisch oder das Reich der Einbahnstraßen

Es war im Frühling: Die Mauern und Zäune waren mit Plakaten beklebt, die aufgesperrte Mäuler voller (Haifisch-) Zähne und riesenhafte, weit geöffnete Frauenmünder (man erkannte es an der Rundung) darstellten. So wurde der Film *Calmos* angekündigt. In Rom sah ich das gleiche Plakat: Einen enormen Frauenmund mit einer grünlichen Schlange anstelle der Zunge, der Film nannte sich *Kobra*. „Sieh an, dachte ich, Verschlingungsphantasmen liegen in der Luft", und da ich aufsässig bin, sagte ich mir auch, daß die Männer, seit die Frauen sich weigern, ihnen die Suppe zu kochen, behaupten, sie wollten sie verschlingen. [...] Mit Schulbeginn brechen neue Filme über die Leinwände herein. Im Vertrauen auf die offensichtlich einmütigen Kritiken, die sich alle lautstark über die Schönheit, die suggestive Kraft dieses Filmes ausließen, auf den wegen der ästhetischen Qualität seiner Bilder das Etikett „pornographisch" nicht zuträfe, bin ich ins Kino gegangen, um mir *Im Reich der Sinne* anzusehen. Eine harte Probe. [...] ich bin rausgegangen, bevor die Heldin die Zeit hatte, sich ihrer Metzelei zu überlassen, indem ich mir sagte: „Mal ehrlich ihr Typen, ihr habt sie wohl nicht alle!"

Als ich einige Zeit danach das erlesene Team (ein Haufen Typen, ganz exklusiv) von der Radiosendung „Die Maske und die Feder" hörte, wie sie ihre Lauten stimmen, um Loblieder auf diesen wunderbaren Film zu intonieren, sah ich rot. Und ich schrie wie einst Catherine Crachat, daß es genug sei, daß dies entschieden zu weit ginge, daß es so nicht weitergehen könne und das Faß nun übergelaufen sei. Ich erfuhr dann zu meiner großen Überraschung, daß diese „Liebe", die durch den Wahnsinn zu ihrer äußersten Konsequenz getrieben werde, eine endgültige Repräsentation dessen sei, was man von Paarbeziehungen erwarten könne, wenn man seinen Phantasien bis zum Ende folge. Wenn dies zutrifft und wenn es sich um ein vorausschauendes Werk handelt, so leistet es einigen Hemmungen Vorschub. Eine Szene des Films zeigt den Mann, wie er ein Ei in die Vagina der Frau einführt, die jedoch von dieser Posse keineswegs erfreut scheint, da sie ihn bittet, es wieder herauszunehmen. Der Mann antwortet, sie müsse es nur legen, danach ißt er das wiedererlangte Ei auf. Eine merkwürdige Symbolik, in der man erkennt, wie der Mann sich die Kontrolle über das anmaßt, was in den Körper der Frau hineinkommt und über die Verwendung dessen entscheidet, was aus ihm herauskommt. Als unglückliches Opfer, das von seiner Partnerin bis aufs Blut ausgesaugt wird, findet er dennoch den Ausweg, sie mit einem Ei zu vergewaltigen.

Nicht einer der Kritiker von „Die Maske und die Feder" hat diese Szene aufgegriffen. Fasziniert von der finalen Kastration, der „roten Sonne" (*sic*) des verstümmelten Geschlechts [...], aber in keiner Weise von dem Gedanken berührt, daß eine solche Phantasmagorie typisch männlich sein könnte, daß die Darstellung der Frau als substantiell gefährlich für den Mann, die Unterdrückung der Frauen durch die Männer rationalisiert und letztlich rechtfertigt (und darin ist der Film grundlegend reaktionär), konnten sich diese Herren an der Ästhetik der Bilder ergötzen, die japanische Holzschnitte und die niedlichen Geishas heraufbeschwören [...]. Eine schüchterne Stimme meldete sich aber doch, die sagte, dies sei der dritte Film in diesem Jahr, der mit der Kastration des Helden ende und dies sei eindeutig zu viel. Diese Bemerkung fiel wie ein Stein; niemand hob ihn auf.

Bilder aggressiver, gewaltsamer Sexualität, Zwillingsphantasmen von erduldeter Vergewaltigung und erlittener Kastration, die Frauen sagen, sie seien es leid, vergewaltigt zu werden, und die Männer verstehen dies als Kastrationsdrohung. Wer Liebe macht, führt Krieg; und dabei ist die Zerstörung des anderen der größte Orgasmus; Männer sind in einem Blutkreis gefangen, das Blut ist die Voraussetzung ihrer Lust, ob es vergossen wird oder halluziniert [...].

Im Museum von Athen sah ich mir diesen Sommer die schönen Epheben an, junge Männer mit vorteilhafter Muskulatur, Meisterwerke der antiken Bildhauerkunst; Marie machte mich lachend darauf aufmerksam, daß sie alle im Laufe der Zeit kastriert worden waren. Ich antwortete ihr, daß ihnen das wahrscheinlich nicht passiert wäre, wenn sie sich nicht mit vorgestrecktem Schwanz hätten darstellen lassen.

Annie-Elm in: *Les Temps modernes*, November 1976, Nachdruck in: *Le sexisme ordinaire*, Seuil, 1979.

2.8 Was ist aus den Errungenschaften geworden?

Die Rechte hat es 1984 aufgegeben, sich weiter gegen die IVG zu stellen; in den Umfragen zeigt sich ganz deutlich, daß die öffentliche Meinung mehrheitlich für das Gesetz ist. Aber die Frage bleibt in Frankreich weiterhin ein Bestandteil der Presseberichterstattung. Im Jahr 1988 wird „die Pille danach", die sogenannte RU 486, die gerade für den Markt freigegeben worden war, von ihrem Hersteller Roussel-Uclaf wieder zurückgezogen. Der internationale Druck der Lobby „für das Leben" bleibt also äußerst stark. Der sozialistische Gesundheitsminister setzt sich schließlich durch, weil die Firma fürchtet, daß eine konkurrierende Unternehmensgruppe das Patent bekommt. Die extreme Rechte fordert die Aufhebung des Gesetzes Veil und vor allem macht sie sich zusammen mit einigen rechten Parlamentariern, darunter Christine Boutin, Abgeordnete der UDF, in den Pro-life- Lobbies für radikale Methoden stark. Als Beispiel sei die Organisation SOS-Tout petits („SOS – die Allerkleinsten") genannt, die 1986 von Xavier Dor gegründet wurde. In Kommandoaktionen dringen kleine Gruppen, die sich vor allem aus fundamentalistischen katholischen Milieus rekrutieren, in Einrichtungen ein, in denen Schwangerschaftsabbrüche vorgenommen werden, stellen die Frauen und das medizinische Personal zur Rede, machen das sterile Material unbrauchbar und ketten sich vor Ort an.[38] Die Zunahme derartiger Praktiken führt zur Verabschiedung des Gesetzes Neiertz von 1993, wonach die Behinderung des freiwilligen Schwangerschaftsabbruchs bestraft werden kann. Die Prozesse reichen freilich nicht aus, um die militanten Aktivisten abzuschrecken, außerdem sind die lautstarken Proteste vor den Kliniken nicht davon betroffen. Im Jahr 2000 wenden sich die Familienvereinigungen gegen die Abgabe „der Pille danach" an den Lyzeen durch Krankenschwestern, obwohl jedes Jahr 10 000 junge Mädchen schwanger werden und zwei Drittel von ihnen abtreiben. Mit der Revision des Gesetzes Veil, die 1999 begonnen wurde, sollte der gesetzlich zugelassene Zeitraum für den freiwilligen Schwangerschaftsabbruch – der in Großbritannien 16 Wochen und in den Niederlanden 20 Wochen umfaßt – von 10 auf 12 Wochen verlängert werden. Außerdem wurde die Vorschrift, daß Minderjährige eine elterliche Erlaubnis vorzulegen hätten, abgewandelt, indem man ihnen gestattet, sich von einer erwachsenen Bezugsperson begleiten zu lassen. Dem Planning familial zufolge sind die Kenntnisse über Sexualität immer noch sehr unzureichend und an der Unsicherheit der jungen Mädchen, die sich von der Organisation beraten lassen, scheint sich seit dreißig Jahren nichts geändert zu haben.

Der Begriff „sexuelle Verletzlichkeit" wird auf Minderjährige angewendet, aber auch auf Frauen, die als (häufig muslimische) Fremde und weil sie arm sind, gegen die Gefahren sexuell übertragbarer Krankheiten nicht gewappnet sind. Im Jahr 1998 stellt sich heraus, daß sich die Geschlechterproportion der mit AIDS infizierten Personen innerhalb von zehn

---

38 Fiammetta Venner: *L'Opposition à l'avortement: du lobby au commando*, Berg, 1995.

Jahren verändert hat: Stand bei den Erkrankungen früher eine Frau sieben Männern gegenüber, so kommt nun eine Frau auf drei Männer.[39] Der Mangel an Prävention wird deutlich. Die Familienplanungsorganisation entwickelt dann das originelle Experiment mit Gesprächsgruppen für Frauen, die dem Ansteckungsrisiko vermutlich am stärksten ausgesetzt sind. Die Freiwilligen kommen aus den Sozialzentren, den Obdachlosenunterkünften, den Alphabetisierungs- oder Sozialhilfevereinen, den Restaurants du cœur[40], den Centres d'aide par le travail (Arbeitsvermittlungsstellen für Behinderte), der Hilfsorganisation Secours populaire, den Hilfsvereinen für Drogenabhängige, die sich prostituieren; kurz, aus allen Organisationen, über die sich Frauen in Schwierigkeiten erreichen lassen. Das Experiment bestätigt, daß der Ansatz des Planning familial richtig war, die Kampagne gegen HIV nicht von der Verhütungskampagne und der Sexualaufklärungskampagne zu trennen. Denn die Frauen, die aufgrund ihrer unsicheren sozialen Lage anfällig sind, haben ihre Sexualität nicht unter Kontrolle. Sie haben ungeschützte Sexualkontakte: Die Männer sind es, die Präservative ablehnen. Viele haben als Jugendliche oder Erwachsene Vergewaltigungen erlebt, insbesondere Vergewaltigungen in der Ehe. Schläge und Demütigungen halten viele noch immer für „normal". Sie ergreifen gewissermaßen nie die sexuelle Initiative, sei es, weil sie keine Lust dazu haben, sei es, weil sie fürchten „als Prostituierte durchzugehen". Die „eheliche Pflicht" nehmen sie auf sich, indem sie sich offenbar damit abfinden, daß das Begehren nicht wechselseitig ist. Einige verweigern sich freilich auch. – „Ich bin doch nicht Mutter Theresa", ruft eine von ihnen aus, die 19 Jahre alt ist. Nur eine Minderheit erlebt Lust in sexuellen Beziehungen. Daß Besuche bei einer Gynäkologin so selten sind, schafft ebenso Probleme wie die mangelhafte Befolgung medizinischer Vorschriften: Erklärungen zur Einnahme von Medikamenten sind unbegriffene gelehrte Worte. Die Unkenntnis des eigenen Körpers ist groß: Wenige haben verstanden, was die Menstruation bedeutet. Das eigene Geschlecht zu berühren und anzuschauen ist ein Tabu. Diese Erfahrung zeigt, daß es eine dramatische Kluft gibt zwischen dem, was die Medien sagen und dem, was diese Schicht von Frauen, die selten gehört wird, erlebt. Der historische Fortschritt findet entschieden in unterschiedlichen Rhythmen statt. Die Grenzen der Autonomie von Frauen in ihrem Privatleben, ihrem Liebes- und Sexualleben sind abhängig vom Alter, von der sozialen Schicht, von der Bildung und den religiösen Sitten und Überzeugungen. Die Selbstachtung, die so grundlegend ist, fehlt vielen von ihnen, da sie daran gewöhnt sind, unter Absehung von sich selbst für andere zu leben.

---

39 In diesem Teil beziehe ich mich auf den Bericht von Janine Mossuz-Lavau an die Direction générale de la santé/division SIDA: *Une politique de réduction des risques sexuels pour les femmes en difficulté de prévention*, Mai 2000.

40 *Anm. d. Ü.*: Die Restaurants du cœur („Restaurants des Herzens") sind eine aus Spenden finanzierte Suppenküchenorganisation, die Arme und Obdachlose verpflegt. Initiiert wurde die Organisation von dem Schauspieler und Humoristen Coluche.

3 Formen der Marginalisierung

3.1 Das Lebensende

Zwischen der Lebenserwartung der Frauen (81,8 Jahre) und der der Männer (73,6) besteht im Jahr 1994 ein bedeutender Unterschied. Der Abstand ist im übrigen größer geworden, da er im Jahr 1946 nur 5,5 Jahre ausmachte. Dennoch haben bei den Geburten die Jungen einen Vorsprung in der Geschlechterproportion (512 auf 1 000). Dies kehrt sich jedoch bereits im frühen Kindesalter um – der plötzliche Säuglingstod trifft zum Beispiel mehr Jungen als Mädchen –, und in bestimmten Altersgruppen – um 20 Jahre, von 30 bis 35 Jahren, dann zwischen 50 und 70 Jahren – nimmt die höhere Sterblichkeitsrate bei den Männern noch zu.[41] Die Frauen profitieren von einer besseren medizinischen Betreuung, insbesondere bei den gynäkologischen Untersuchungen. Die psychologische Hypothese einer unterschiedlichen Einstellung zum Leben verdiente überprüft zu werden: Die Männer fallen nämlich wesentlich häufiger einem gewaltsamen Tod zum Opfer und sind häufiger von Alkohol- und Tabakmißbrauch sowie von Herz-Kreislauferkrankungen betroffen. Auch das Verhältnis der Geschlechter zum Selbstmord ist sehr asymmetrisch ausgeprägt.

Der Rückgang der Sterblichkeit betraf bis in die 1960er Jahre vor allem Personen unter 60 Jahren. Danach hat die Sterblichkeit erst für Frauen und anschließend für Männer über 60 Jahren abgenommen. Ein längeres Leben bei besserer Gesundheit läßt die seit langem auf 60 Jahre festgelegte Altersschwelle als fragwürdig erscheinen.[42] Die bedeutende Aktivität, die Frauen manchmal bis ins fortgeschrittene Alter aufrecht erhalten, ist leicht festzustellen, wenn man sich zum Beispiel das Vereinsleben ansieht. Sie ist jedoch nicht besonders medienwirksam. Außerhalb der Familie führt das Alter zu einer gewissen Segregation. Denn die französische Gesellschaft scheint mit dem Alter, dessen Wahrnehmung zunehmend negativ ausfällt, schlecht umgehen zu können. Die Demographen haben ihrerseits den Geburtenmangel unterstrichen und den Ausdruck vom „Altern der Bevölkerung" (Alfred Sauvy) verbreitet, um ihn in der natalistischen Propaganda als Waffe zu benutzen. Die Menschen, die heute die Schwelle von 60 Jahren überschritten haben, haben den „Jugendkult" bereits erlebt und wahrscheinlich auch verinnerlicht, der mit den 1920er Jahren einsetzte und sich seit den 1960er Jahren verstärkt hat. Man kann die psychologischen Folgen – vom Unbehagen am Alter bis zur Weigerung, alt zu werden – und die kommerziellen Folgen überprüfen – die ersten Antifaltencremes werden bereits Dreißigjährigen angeboten; später wird das entsprechende Arsenal wesentlich kostspieliger. Denn als kommerzielle Zielgruppe ist die ältere Bevölkerung wegen ihrer Kaufkraft, die beträchtlich gestiegen ist, sehr wohl vorhanden.

---

41 Denise Bauer, Frédéric Jésu: Mort et mortalité aujourd'hui: que disent, ne disent pas, pourraient dire les chiffres?, in: Jean-Hugues Déchaux et al. (Hg.): *Les Familles face à la mort*, Ésprit du temps, 1998, S. 39–55.

42 Patrice Bourdelais: *L'Âge de la vieillesse. Histoire du vieillissement de la population*, Odile Jacob, 1997.

Auch ihre Aufgabe für die finanzielle Solidarität zwischen den Generationen wird entdeckt. Es gibt allerdings eine spezifische Armut älterer Frauen, welche mit der Rente zusammenhängt, die sich an den geringen Gehältern und Löhnen orientiert, die sie bekommen haben.

Die Zunahme der Anzahl von Personen in wirklich sehr hohem Alter ist ein neueres Phänomen – Jeanne Calment, geboren 1875, galt von 1995 bis zu ihrem Tod im Jahr 1997 als die älteste Person in der Geschichte der Menschheit. Es gibt heute eine sehr wichtige Debatte über die ethischen, medizinischen und ökonomischen Aspekte der Verlängerung des Lebens; aber in dieser Debatte wird die Geschlechterdimension nicht berücksichtigt, obgleich sie eine zu weiten Teilen weibliche Bevölkerung betrifft und obgleich das Pflegepersonal für jene ebenfalls größtenteils aus Frauen besteht. In den geriatrischen Einrichtungen hat man das Gefühl einer Neutralisierung des Geschlechts – und der Sexualität – der auf sie angewiesenen alten Personen.

3.2 Einsamkeit

Die Einsamkeit von Frauen ist in den 1970er Jahren zu einem Thema der Medien geworden; sie wird als ein schmerzliches gesellschaftliches Problem gesehen; aber wovon wird eigentlich gesprochen? Hervorgehoben wird die erlittene Einsamkeit mit aufgeblähten Zahlen: 10 Millionen alleinstehende Frauen in Frankreich in den 1990er Jahren (aber nur 3,7 % für INSEE). Der generell dramatisierende Diskurs verschmilzt unterschiedliche Lebenslagen: Scheidung, Witwenschaft, sogenannte Einelternfamilien, gewollte Ehelosigkeit, unfreiwillige Ehelosigkeit. Die positive Erfahrung des gewollten „Singledaseins“ – allein wohnen, ohne zwangsläufig einsam zu sein – wird auf diese Weise verdeckt.[43] Dies ist auch eine Art, die Norm in Erinnerung zu rufen. Auf jeden Fall gibt es beim Alleinleben einen Unterschied zwischen den Geschlechtern: Viel mehr Frauen als Männer sind verwitwet und bleiben nach einer Trennung ohne Partner.

In den 1960er Jahren machten Witwen die Hälfte der alleinstehenden Frauen aus, heute sind es nur noch 20 %.[44] Im Jahr 1990 wurden auf etwa 4 Millionen überlebende Ehepartner 3 258 000 Witwen und 633 000 Witwer gezählt. Der Grund dafür ist die höhere Sterblichkeit der Männer, aber auch der Altersabstand zwischen den Ehegatten. Die mate-

---

43 Érika Flahaut: La triste image de la femme seule, in: Christine Bard (Hg.): *Un siècle d'antiféminisme*, op. cit., S. 390–400. Vgl. auch Jean-Claude Kaufmann: *La Femme seule et le prince charmant*, Nathan, 1999.

44 Nicole Hervé: Faut-il encore protéger la veuve et l'orphelin?, in: Jean-Hugues Déchaux et al. (Hg.): *Les Familles face à la mort*, Esprit du temps, 1998, S. 256. Wir werden uns aus Mangel an Untersuchungen nicht mit der Geschichte der Frauen angesichts des Sterbens befassen: Das oben erwähnte Buch weist weder in den Statistiken noch in den beschriebenen Einstellungen zum Tode Geschlechtsunterschiede aus. Forschungsarbeiten zum Sterben im 20. Jahrhundert (Beerdigungsrituale, Begleitung der Sterbenden), die den Geschlechtsunterschied berücksichtigen würden, stehen noch aus.

rielle Situation der Witwen hat sich leicht verbessert. Seit 1973 können die Ärmsten ab 55 Jahren eine staatliche Grundrente für Witwen aus der Sozialversicherung in Anspruch nehmen. Im Jahr 1981 wird eine Versicherung für Witwen unter 55 Jahren eingeführt, die ein Kind geboren haben und deren Einkommen sehr niedrig ist. Die Beihilfe selbst ist nicht besonders hoch; sie liegt ab dem zweiten Jahr unter der RMI.[45]

Es sind also in der großen Mehrheit Frauen, die mit psychischen Schwierigkeiten der Trauer konfrontiert werden – es heißt, sie kämen damit besser zurecht als die Männer, die im Alltagsleben an eine ziemlich große Abhängigkeit von ihren Ehefrauen gewöhnt sind. Dies kann zu einer schmerzhaften Auflösung sozialer Bindungen führen. Den religiösen oder laizistischen Vereinen (z. B. der Fédération des associations de veuves civiles chef de famille; „Föderation der Vereine für Witwen von Familienoberhäuptern") schließt sich nur eine Minderheit von Frauen an, die ihre Rechte verteidigen und jemand für ein Gespräch finden wollen. Witwe zu sein, war lange Zeit ein „Status", ein die eigene Identität deutlich verändernder „Zustand" (Visitenkarten oder Todesanzeigen auf denen die Angabe „Witwe" erscheint, gefolgt vom Vornamen und Namen des verstorbenen Ehemannes). Diese Art der Identifizierung ist im Verschwinden begriffen: Die Witwen behalten ihre eigene Identität und wenn sie jung sind, ziehen sie es manchmal vor, ihre Witwenschaft zu verbergen, um Mitleids- oder sogar Angstreaktionen zu vermeiden. Auch die äußeren Anzeichen der Witwenschaft sind im Verschwinden begriffen: Tiefe Trauer wird nicht mehr getragen. Obwohl sie nicht mehr so stark nach außen tritt, wie auch der Rückgang der Friedhofsbesuche beweist, bleibt die Trauer doch eine innere Prüfung, die von manchen mit Unterstützung der Familie, von anderen mit Hilfe der Religion durchlebt wird. Aber der Schmerzenskult der Witwenschaft ist nicht mehr angebracht und der Individualisierungsprozeß der Frauen macht sich auch hier bei jenen bemerkbar, die sich sagen, daß ihr Leben nicht zu Ende ist, daß sie nützlich sein und, wer weiß, auch noch einmal lieben könnten.

3.3 Exklusion

Hinter dem Begriff Exklusion verbergen sich unterschiedliche Realitäten. Wir werden uns auf zwei Formen gesellschaftlicher Marginalisierung konzentrieren: Auf die Prostitution und die Zugehörigkeit zu einer mit „Rassenmerkmalen" stigmatisierten Gruppe.

3.3.1 Die Prostituierten

Die Lebenswirklichkeit der Prostituierten ist den Darstellungen diametral entgegengesetzt, in denen für Männer entlastende Bilder der Prostitution bevorzugt werden. Für das Kino

45 *Anm. d. Ü.*: RMI (Revenu minimum d'insertion): nicht beitragsbezogenes, aus Haushaltsmitteln finanziertes Mindesteinkommen zur beruflichen und gesellschaftlichen Wiedereingliederung.

sei etwa auf den Film *Belle de jour* (*Schöne des Tages;* Luis Buñuel, 1967) oder neueren Datums auf *Mon homme* (*Für Deine Liebe mach' ich alles;* Bertrand Blier, 1995) verwiesen. Man weiß mehr über die Prostituierten als über ihre Kunden: Es sei daran erinnert, daß es nicht illegal ist, eine sexuelle Beziehung zu verkaufen oder zu kaufen. Der Staat mischt sich prinzipiell kaum ein: Die Deregulierung der Prostitution begann in Frankreich 1946 mit der Schließung der Bordelle, dann wurde die internationale Konvention von 1949 „zur Unterbindung des Menschenhandels und der Ausnutzung der Prostitution anderer" im Jahr 1960 ratifiziert, im gleichen Jahr, in dem die Gesundheitskartei für Prostitutierte abgeschafft wird. Dagegen ist Zuhälterei ebenso illegal wie Kundenfang. Abgesehen von den zahlreichen Geldbußen, die sie aufgrund von „Störungen der öffentlichen Ordnung" abführen müssen, zahlen die Prostituierten Einkommenssteuern. Sie üben freilich keinen anerkannten „Beruf" aus und profitieren daher nicht von den sozialen Sicherungsmaßnahmen.

Mit dem Feminismus der 1970er Jahre ändert sich die Wahrnehmung der Prostitution. Prostituierte besetzen die Kirchen. Im Jahr 1975 organisieren sie ein Treffen in Paris, bei dem Ulla als Wortführerin der Prostituiertenbewegung von Lyon auftritt. Im Saal bringt ein Spruchband – „Prostituierte: ja – Huren: nein!" – zum Ausdruck, worum es bei diesem ersten öffentlichen Auftritt geht: Um den Anspruch auf Würde, um eine Auflehnung gegen die gesellschaftliche Ächtung und die erlittenen Grausamkeiten. Die Forderung wird manchmal noch weiter getrieben, um für die Prostitution die Anerkennung als soziale Dienstleistung und einen Berufsstatus zu erreichen. Man verdingt sein Geschlechtsorgan, *wie* andere ihre Arme, ihr Gehirn verdingen; dies ist eine Überlegung, die man jetzt in Frankreich hören kann, die jedoch ursprünglich aus den Niederlanden stammt. „Es ist ein Gewerbe, weil es erlernt wird, aber es ist kein Beruf, weil man nicht möchte, daß die eigene Tochter ihn ausübt", erklärt eine Reiseleiterin für den „Frauenbus" in Paris.[46] Für die Feministinnen ist die Prostitution, die mit dem Sextourismus und der steigenden Zahl von Prostituierten ohne Papiere zu einer globalen Herausforderung geworden ist, Bestandteil eines Kontinuums männlicher Gewalt. Zu zeigen, was der Zwang, die Rolle der häufig von Kindheit an erlittenen Gewalt, der Einfluß von Drogen, die Armut, die erlittene Erpressung bedeuten, gehört zu den Zielen der Vereine, die Prostituierte vertreten. Es geht, anders gesagt, darum, zu zeigen, daß es sich bei der Prostitution nicht um eine freie Entscheidung handelt. Und es gibt ein Elend der Prostituierten, das mit der Aidsepidemie auch die Medien erreicht hat. Schließlich besteht eine Asymmetrie, die man sich merken sollte: Zwar prostituieren sich zunehmend mehr Männer, aber die Klientel bleibt zu 99 % männlich.

3.3.2 Die Immigrantinnen

Die Immigrantinnen haben nicht dieselbe Geschichte erlebt wie die Französinnen. Die in Frankreich lebenden Ausländerinnen stammen in der Mehrzahl vom afrikanischen Konti-

46 Daniel Welzer-Lang et al.: *Prostitution: les uns, les unes et les autres*, Métaillé, 1994, S. 9.

nent (die Hälfte davon sind Algerierinnen). Viele von ihnen sind nach 1974 gekommen, als die Staatsorgane beschlossen hatten, die Einwanderungsströme zu stoppen, gleichzeitig jedoch die „Familienzusammenführung" ermöglichten. Diese Maßnahme hat in der Geschlechterproportion zu einem Ausgleich geführt: 48 % der im Jahr 1990 gezählten 4,2 Millionen Einwanderer sind Frauen. Im Gegensatz zu den Männern, deren Einwanderungsmotiv die Arbeitssuche ist, verfolgen die Frauen nur sehr selten ein persönliches Anliegen. Häufig wird ihnen die Umsiedelung aufgezwungen. In Frankreich angekommen, finden sie sich in einer Situation vollkommener rechtlicher und wirtschaftlicher Abhängigkeit wieder. Sie finden eine Lebensweise vor, die sich auf der Paarbeziehung gründet und nicht mehr auf der erweiterten Familie. Häufig bäuerlicher Herkunft leben sie nun in den HLM der armen Vorstädte.[47] Ihrer traditionellen weiblichen Gemeinschaft beraubt, sind sie nur schwer in der Lage, sich ein neues Umfeld zu schaffen, im Gegensatz zu den Ehemännern, die sich bei der Arbeit oder im Café mit Landsmännern treffen. Sogar das Einkaufen, vor allem in den Supermärkten, wird ihnen abgenommen. Die Bemühungen zu ihrer Integration erweisen sich für sie oft als demütigend, weil ihr eigenes Know-how dabei übergangen wird.[48] Sie arbeiten selten außerhalb ihres eigenen Hauses; viele sind gezwungen, schwarz zu arbeiten: Erst 1985 wird den Frauen, die über eine zehnjährige gültige Aufenthaltserlaubnis verfügen, ein Recht auf Arbeit zuerkannt.

Die Immigrantinnen sind daher lange Zeit unsichtbar geblieben. Die Welle des Rassismus, die seit 1983 in Frankreich ausgelöst worden ist, zielt vor allem auf die Männer ab. Die Frauen dagegen erscheinen eher als Opfer.[49] Man stellt der „emanzipierten" Französin die „Immigrantin" gegenüber, die aufgrund ihrer Kultur, ihrer Tradition und ihrer Religion schon immer unterlegen war. Um dieses Bild zu korrigieren, sei angemerkt, daß der Feminismus keineswegs nur eine okzidentale Bewegung ist. So kritisieren etwa Afrikanerinnen wie die Senegalesin Awa Thiam (in *La Parole aux negresses; Die Stimme der Schwarzen Frau*) die Frühehe und die Zwangsverheiratung, die Mitgift, die Verstoßung, die Beschneidung von Mädchen und die Polygamie. Nach stürmischen Debatten wird das Problem der in Frankreich an kleinen afrikanischen Mädchen praktizierten Genitalverstümmelung durch die Gerichte geregelt, die diejenigen verurteilen, die diese Praxis verlangen und sie ausführen. Gegen den Diskurs zur Bewahrung der kulturellen Vielfalt machen Feministinnen – insbesondere die militanten Afrikanerinnen des GAMS (Groupe pour l'abolition des mutilations sexuelles; „Gruppe für die Abschaffung der Genitalverstümmelung") – das Recht auf körperliche Unversehrtheit der Frauen geltend.

47 *Anm. d. Ü.*: HLM (habitation à loyer modéré): Sozialwohnungen bzw. Wohnblock mit Sozialwohnungen.

48 Vgl. den Zeuginnenbericht von Marie-Louise Bonvicini: *Immigrer au féminin*, Éditions ouvrières, 1992.

49 Wie Danièle Djamila Amrane-Minne bemerkt. Vgl. Dies.: Femmes et islam en occident, in: Christine Fauré (Hg.): *Encyclopédie politique et histoire des femmes*, op. cit., S. 771–785.

Im Gegensatz zur Beschneidung der Mädchen wird Polygamie in Frankreich toleriert. Sie schwächt die regulären oder irregulären Mit-Ehefrauen, die von der Sozialversicherung nicht anerkannt werden, Erpressungen zum Opfer fallen und gewaltsam ins Heimatland verstoßen oder zurückgebracht werden. Die Akzeptanz der Polygamie im französischen internationalen Privatrecht stammt aus der Kolonialvergangenheit: In Algerien und im gesamten Kolonialreich galt der Code Civil nicht für die Einheimischen, die einen religiös oder gewohnheitsrechtlich begründeten Personenstand beibehielten, der sie von der französischen Staatsbürgerschaft ausschloß.[50] Auf Mayotte, einem französischen Archipel, wird die Polygamie anerkannt. Ausländische Bewohner behalten auf französischem Boden ihren nationalen personenstandsrechtlichen Status: Die Verfassung der Fünften Republik garantiert ihnen dieses Recht, wahrscheinlich, weil man von den Fremden entweder annahm, sie befänden sich auf der Durchreise nach Frankreich oder sie würden sich später durch den Erwerb der französischen Staatsangehörigkeit integrieren. Nun sind dort jedoch Populationen seßhaft geworden, die aus Ländern mit einem dem französischen Recht fernstehenden Privatrecht kamen. Die Polygamie, aber auch die Verstoßung und die Zwangsverheiratung Minderjähriger, liefern den Stoff für eine immer noch aktuelle Debatte: Soll Frankreich dieses „Recht auf Differenz" weiterhin anerkennen? Das Ergebnis dieser Debatte wird nicht folgenlos bleiben für die Integration der Fremden, von der man glaubt, daß sie sich „durch die Frauen vollzieht und vollziehen wird".

Diese Hoffnung beruht auf mehreren Feststellungen. Die älteste hat mit der Familiengründung der Fremden zu tun. Wenn sie in Frankreich eine Ehefrau nehmen und eine Familie gründen, richten sie sich auf die Dauer ein. Freilich waren die Ehefrauen (die zu Hause blieben) lange Zeit von der französischen Gesellschaft abgeschnitten und behielten ihre Sprache und ihre Kultur innerhalb des Familienzusammenhangs bei. Bei Frauen von den Antillen, die in der Metropole leben, läßt sich eine vergleichbare Rolle für die Wahrung kultureller Identität beobachten. Obwohl sie Französinnen sind, fühlen sie sich in der Metropole nicht zu Hause. Mehrheitlich in großen städtischen Wohnblocks lebend stellen sie eine karibische Gemeinschaft her, indem sie bestimmte Merkmale ihrer Herkunftsgesellschaft beibehalten.[51] Zum Beispiel heiraten sie selten und erziehen ihre Kinder häufig allein. Aber es fehlt ihnen hier an der weiblichen Solidarität, die dort eine große Rolle spielt. Die Frauen von den Antillen passen sich in der Metropole allerdings viel schneller an als die Männer. Letztere sind zum Beispiel vehemente Abtreibungsgegner und setzen sich auch nicht gerade für Verhütung ein. Die Tatsache, daß fast alle Antillanerinnen in der Metropole erwerbstätig sind, trägt auch dazu bei, daß die Beziehungen zwischen den Geschlechtern

---

50 Françoise Gaspard: Statut personel et intégration sociale, culturelle et nationale, rapport au Conseil national des populations immigrés, in: *Hommes et libertés*, Nr. 84, Juni 1995.

51 Claudie Beauvue-Fougeyrollas: *Les Femmes antillaises*, L'Harmattan, 1979, S. 42. Vgl. auch Arlette Gautier: Nou le pa z'enfants batards. La construction par la France du genre outre-mer, in: *Clio*, Nr. 12, 2000, S. 81–106.

sich verändern. Die Vorteile, welche die Frauen aus ihrer kulturellen Anpassung ziehen können, scheinen also auf der Hand zu liegen. Sie könnten deren beste Anwältinnen sein, da sie es andererseits verstehen, einen Teil ihrer Herkunftskultur zu bewahren.

Die Integration „durch die Frauen" verweist immer auch auf ihre Rolle als Mütter. Je nach ihrer Herkunft haben sie als Mütter mehr oder weniger Macht. Der kulturelle französische Kontext verleitet sie jedoch dazu, diese so weit wie möglich auszuspielen. Allerdings sind die Wünsche der eingewanderten Mütter breit gefächert. Einige entscheiden sich dafür, der Integration ihrer Kinder in die Gemeinschaft den Vorrang zu geben (indem sie zum Beispiel die Erziehung ihrer Töchter nach den eigenen kulturellen Traditionen ausrichten), andere dagegen möchten gerne, daß ihre Kinder sich einen doppelten kulturellen Standard zu eigen machen und sich so gut wie möglich in die französische Gesellschaft integrieren. Denn auch die „zweite Generation", die zu Beginn der 1980er in der öffentlichen Debatte auftauchte, ist Exklusionen ausgesetzt. Ihre Probleme mit der „Integration" spiegelt ein zweifaches Bild in den Medien wider: Es fällt für die Mädchen als brave und gute Schülerinnen positiv und für ihre Brüder als gewalttätige Schulversager negativ aus. Die „Beurettes"[52] von heute widersetzen sich diesem Klischee und halten gleichermaßen auf Abstand gegenüber dem Modell der „emanzipierten Französin" wie gegenüber dem der „traditionellen Maghrebinerin". Ohne lautstarke Erklärungen behaupten sie eine „andere" Identität, in der die „Ethnizität", zu der sie sich bekennen, sich mit den auf französischem Boden möglichen Freiheiten verbindet; jedoch wünschen sie, daß diese Freiheiten „gemäßigt" sein sollten.[53]

Die Integration durch die Frauen beinhaltet schließlich auch die Aufforderung, zu berücksichtigen, daß eine Neuverteilung stattgefunden hat und die ausländische Bevölkerung tatsächlich gemischtgeschlechtlich ist. Nun bleibt aber das rassistische Imaginäre stark geschlechtsspezifisch und rassistische Gewalt betrifft in der Praxis eher Männer als Frauen (die an öffentlichen Orten seltener in Erscheinung treten und in einem oft stark feminisierten beruflichen Umfeld besser akzeptiert werden). Wenn also das Verhältnis zu den Fremden auch eine Sache von Bildern, Projektionen und Ängsten ist, so kann das weibliche Gesicht der Immigration im Sinne einer Befriedung rassistischer Leidenschaften eingesetzt werden.

Obwohl verführerisch, ist die These von der Integration durch die Frauen schwer aufrechtzuerhalten. Sie bringt die (nicht sonderlich neue) Hoffnung zum Ausdruck, daß die Erlösung von den Frauen kommen werde, die zum Teil irrational ist, was in einem derart konflikthaften Zusammenhang nicht erstaunt. Man kann diese Vorstellung einer möglichen Integration für eine (zu) optiministische Zielsetzung halten, bei der die Machtverhältnisse zwischen den Geschlechtern vernachlässigt werden: Die männliche Herrschaft ist unter den

52 *Anm. d. Ü.*: Beurette: weibliche Form von „beur", ursprünglich eine Verballhornung von „arabe" in der Jugendsprache „verlan" („envers"), die inzwischen in die Wörterbücher eingegangen ist. Danach ist „beur" ein „in Frankreich geborenes Kind maghrebinischer Einwanderer".

53 Nacira Guénif Souilamas: *Des „beurettes" aux descendantes d'immigrants nord-africains,* Grasset, 2000.

Bevölkerungsschichten ausländischer und/oder „rassifizierter“ Herkunft stark ausgeprägt. Zahlreiche „Jugendliche aus den Vorstädten“ entwickeln darüber hinaus kompensatorisch eine frauenfeindliche Virilität (der Sexismus in der Rap-Szene ist ein Beispiel dafür).

Die Entwicklung, die wir in großen Zügen nachgezeichnet haben, ohne alle ihre Facetten zur Sprache bringen zu können, ist gemessen am Maßstab der Geschichte der westlichen Gesellschaften eine Revolution. Welcher Umbruch in den 1970er Jahren stattgefunden hat, kann nicht genügend betont werden. Für die Frauen, aber auch für die Männer hat ein Luftzug der Freiheit das Privatleben völlig verändert. Die Verhütung und die Abtreibung ermöglichen es Millionen von Frauen, selbst über ihr Leben zu bestimmen. Sollte es nur ein einziges Ereignis geben, das im Gedächtnis zu behalten wäre, so wäre es wegen seiner mannigfaltigen Auswirkungen auf das Leben der Frauen, eben dieses. Wenn die Voraussetzungen für eine größere Freiheit der Frauen in der Privatsphäre geschaffen werden, so ist dies jedoch nicht von der Unabhängigkeit zu trennen, die sie auf wirtschaftlicher Ebene erreicht haben.

Kapitel 9

Frauen und Arbeit seit der Libération

Im Jahr 1960 gehörten in Frankreich 6,5 Millionen Frauen zur erwerbstätigen Bevölkerung. Vierzig Jahre später sind es 11,5 Millionen. Der Anstieg der Zahl der weiblichen Erwerbstätigen ist so groß, daß man versucht ist, von einem Umbruch zu sprechen. Dieser Begriff kennzeichnet auch die Zunahme der Zahl der Studentinnen, die heute über der der Studenten liegt. Die Bilanz muß durch eine Überprüfung der Geschlechterverteilung in den verschiedenen Sektoren der Erwerbstätigkeit genauer geklärt werden, weil sich dort weiterhin große Unterschiede zeigen. Trotz der Gleichstellung, die gesetzlich garantiert werden sollte, bestehen Diskriminierungen fort, sowohl bei Löhnen und Gehältern als auch bei Beförderungen oder bei Einstellungen; nicht zu vergessen die massivste von allen: die der Doppelbelastung durch bezahlte Erwerbsarbeit und unentgeltliche Arbeit im häuslichen Bereich. Wir werden versuchen, die Bedeutung der demographischen, ökonomischen und politischen Konjunkturen sowie der veränderten Rechtssprechung einzuschätzen; anschließend werden wir überprüfen, welchen Einfluß die erwerbstätigen Frauen bei Streiks und in den Gewerkschaften hatten.

1 Die Gesamtentwicklung und die Entwicklung in den Sektoren

Im Laufe der letzten Jahrhunderthälfte ist die Klasse der Bauern untergegangen: Sie stellt heute nur noch 6 % der Erwerbstätigen. In der Arbeiterklasse hat seit Beginn der 1970er Jahre ein irreversibler Rückgang eingesetzt – heute macht sie weniger als 30 % der Erwerbstätigen aus. Dagegen haben die Büroangestellten einen ungeheuren Zuwachs erfahren und machen nunmehr 65 % der Erwerbstätigen aus.

Erwerbsbevölkerung (in Millionen)

Jahr	Erwerbsbevölkerung (in Millionen)			Nicht Erwerbstätige		
	Männer	Frauen	Gesamt	Männer	Frauen	Gesamt
1946	12,356	6,775	19,131	6,763	14,231	20,994
1955	12,856	6,875	19,731	8,001	15,486	23,497
1962	13,162	6,740	19,902	9,390	17,130	26,520
1974	14,010	8,225	22,235	11,620	18,446	30,086
1990	13,935	10,455	24,390	13,503	18,411	31,914

Anzahl der Erwerbstätigen nach Geschlecht (in Prozent)

Jahr	Erwerbsbevölkerung Gesamtbevölkerung			Erwerbsbevölkerung Bevölkerung im erwerbsfähigen Alter (1)			Erwerbsbevölkerung – Bevölkerung zwischen 15 und 64 Jahren (1)		
	Männer	Frauen	Gesamt	Männer	Frauen	Gesamt	Männer	Frauen	Gesamt
1946	64,6	32,3	47,7	81,8	39,7	59,4	95,2	48,0	70,6
1955	61,6	30,7	45,6	81,4	39,3	59,3	94,4	48,6	71,1
1962	58,4	28,2	42,9	82,0	39,8	60,4	92,1	46,8	69,3
1974	54,7	30,8	42,5	82,1	48,0	65,1	85,3	50,7	68,1
1990	50,8	36,2	43,3	78,7	58,9	68,8	75,1	56,4	65,7

(1) Die Bevölkerung im erwerbsfähigen Alter wird mit Bezug auf die Veränderungen des schulpflichtigen Alters und des Renteneintrittsalters folgendermaßen bestimmt:
- 1946 und 1955: Bevölkerung von 14 Jahren und mehr
- 1962 und 1968: Bevölkerung von 14 bis 74 Jahren
- 1974 und 1980: Bevölkerung von 16 bis 64 Jahren
- 1990: Bevölkerung von 17 bis 64 Jahren

Quelle: Olivier Marchand, Claude Thélot: *Deux siècles de travail en France*, INSEE Études, 1991, S. 68–69.

1.1 Die Feminisierung der Erwerbsbevölkerung

Nachdem sie seit Beginn des 20. Jahrhunderts eine stabile Größe gewesen war, schwoll die Erwerbsbevölkerung seit den 1960er Jahren plötzlich an, was sowohl mit dem Eintritt der Babyboomer in den Arbeitsmarkt als auch mit der Zunahme weiblicher Erwerbstätigkeit zu tun hat. Vor dieser Zeit gaben familienpolitische Maßnahmen „der Geburtenzahl gegenüber der Berufstätigkeit" den Vorrang.[1] Das Modell der Hausfrau und Mutter gerät jedoch in Widerspruch zu den ökonomischen Absichten der Wirtschaftsplanungsbehörde, die seit 1957 eine Ausweitung der Frauenerwerbstätigkeit empfiehlt.[2] Der Aufschwung läßt nicht auf sich warten. Ab 1965 ist er deutlich zu erkennen und er wird sich in den Folgejahren stabilisieren. „Jetzt, wo die Frauen arbeiten", sagen die damaligen Zeitgenossen. Die Behauptung ist falsch, aber aufschlußreich dafür, welche Wirkung die Zunahme der Frauenerwerbstätigkeit hat. Zwischen 1968 und 1975 tragen zu Dreiviertel Frauen dazu bei, daß die Erwerbsbevölkerung wächst. Innerhalb von acht Jahren treten eine Million Frauen in den Arbeitsmarkt ein. Dadurch nehmen die Erwerbsquoten in den mittleren

1 Jacqueline Martin: Politique familiale et travail des femmes mariées en France. Perspective historique: 1942–1982, in: *Population*, Nr. 6, 1998, S. 1119–1154.

2 Es ist nicht unwichtig festzuhalten, daß Frauen auf dieser politischen Ebene an den Überlegungen nicht teilhatten (sie stellen in der Wirtschaftsplanungsbehörde 1 %).

die sie erfüllen, sich (vor allem in der Buchhaltung) immer weiter spezialisiert haben und ihre Ausbildung sich verbessert hat, kommen sie zu der Auffassung, einen richtigen Beruf auszuüben. Außerdem leiten jetzt viel mehr Frauen als früher einen Betrieb (9,2 % im Jahr 1980), und es handelt sich dabei nicht nur um Witwen oder Junggesellinnen, sondern auch um verheiratete Frauen.[4] Mit der Reform des ehelichen Güterrechts im Jahr 1985 wird die alleinige Verwaltung des gemeinsamen Vermögens durch den Ehemann abgeschafft. Seine Gattin erhält gegenüber Dritten eine eigene Rechtsstellung und ist sozial gesehen nicht mehr nur seine Anspruchsberechtigte. „Nachdem sie in den letzten Jahrzehnten durch den Produktionsprozeß marginalisiert worden waren, haben sich [die Landwirtinnen] diesem Sog dadurch widersetzt, daß sie genau die Ressourcen aufwerteten, welche die Basis für ihre Randständigkeit gewesen waren."[5] Sie bringen kleine Betriebe mit einer breiten Produktpalette wieder in Schwung. Dieser Sektor gilt als wenig rentabel, aber sie versuchen ihr Glück mit Hilfe ihrer haushälterischen Erfahrung: Sie handeln finanziell besonnen, entscheiden sich eher für Qualität als Quantität, schätzen die Erzeugnisse der Region. Mit Bauerngasthöfen oder Ferienwohnungen, mit dem Angebot von Herbergen oder Unterkünften für Schulklassen, die aufs Land fahren, entwickeln sie vielfältige Erwerbsmöglichkeiten. Sie tragen also auf innovative Weise zur Erschließung der bäuerlichen Welt und zur Entstehung neuer Dienstleistungen im ländlichen Milieu bei. „Diese Dienstleistungen treffen den Kern der Maßnahmen, mit denen neue Arbeitsplätze gewonnen sowie nationale Solidarität und partizipative Staatsbürgerschaft gestärkt werden sollen."[6] Eine entscheidende Herausforderung für die Gleichstellung der Geschlechter ist auf jeden Fall die Professionalisierung: Auf dem Land sind die Frauen Legion, die ihr Leben lang gearbeitet haben und dabei als „Hausfrau" gemeldet waren; werden sie zu Witwen, müssen sie sich mit einer Witwenrente von 3 000 Francs zufriedengeben, die nur knapp über der RMI liegt.

Eine feministische Analyse der Abwanderung vom Land: „Das Zimmer und die Felder", Ariane Bruneton in: *Les femmes s'entêtent*, Gallimard, 1975.

„Weder habe ich die Absicht, das Schicksal der Landfrauen zu beklagen, noch will ich die ohnehin allzu deutliche Vorrangstellung der männlichen Mitglieder bäuerlicher Gemeinschaften herausstreichen. Das soziale und ökonomische System, das diesen Stand der Dinge herbeigeführt hat, ist im Begriff, eben jene zugrunde zu richten, die davon profitierten: Gewisse bäuerliche Landstriche sterben, weil der Bauer einsam stirbt, als Junggeselle ohne Nachkommen. Die Flucht der Mädchen vom Land in die Städte wird überall in Frankreich bestätigt; der Frauenmangel auf dem Land ist um so

4 Rose-Marie Lagrave (Hg.): *Celles de la terre*, École des Hautes études en sciences sociales, 1987.

5 Rose-Marie Lagrave: Les agricultrices, in: *Lunes*, Nr. 4, Juli 1998, S. 27.

6 Id.

gravierender, als man sich in einer sogenannten traditionellen Zone der Landwirtschaft befindet.

Im Augenblick trägt dieser Exodus der Mädchen teilweise dazu bei, das Problem der überzähligen Betriebe zu lösen, das sich aus der Sicht fast aller Agrarpolitiker stellt. Wenn ein Haushalt verschwindet, sind mehr Flächen verfügbar, die es dem Nachbarn erlauben, sich zu vergrößern.

Um das Phänomen zu erklären, daß das Mädchen vom Land sich dem Erstbesten an den Hals zu werfen scheint, sofern er kein Bauer ist, werden die spezifisch weiblichen Schwierigkeiten angeführt, mit denen sie sich hätte konfrontieren müssen, wäre sie auf dem Lande geblieben: Mangelnder Komfort der Wohnungen, unzureichende Ausstattung mit elektrischen Haushaltsgeräten, härtere und längere Arbeit als die, die sie in der Stadt hätte bekommen können. Dazu kommen die besonderen Schwierigkeiten der bäuerlichen Welt: die Einsamkeit, die Entfernung zu Schulen, Einkaufszentren, soziokulturellen Einrichtungen jeder Art; die Unmöglichkeit, Urlaub zu nehmen, die Unsicherheit der finanziellen Einkünfte. Man weist auch gern darauf hin, daß von der jungen Frau Gehorsam gegenüber den Älteren verlangt wird, besonders in den Regionen Frankreichs, in denen es üblich ist, daß aufeinanderfolgende Generationen unter einem Dach haushalten, hauptsächlich im Südwesten und im Massif Central.

Aber warum sollte sich mit diesen Gründen eigentlich die spezifische Landflucht von Frauen erklären lassen? Ließen sie sich nicht genauso gut für die Männer anführen, wenn diese ebenso zahlreich wie die Frauen vom Land weggingen? Warum sollte nicht auch ein Mann empfänglich dafür sein, ob ein Badezimmer vorhanden ist oder nicht, ob er einen freien Sonntag hat oder nicht, um Fußball zu spielen?

Man wird Gründe materieller Art suchen müssen, denn tatsächlich ist das Problem wesentlich heikler; es betrifft die Grundstruktur der traditionellen bäuerlichen Gesellschaft, die, um zu funktionieren, die Interessen der Familie denen des landwirtschaftlichen Betriebes und die der Frau denen des Mannes unterordnen muß."

1.3 Die Arbeiterinnen

Die Feminisierung des tertiären Sektors nimmt im Verlauf der zweiten Jahrhunderthälfte deutlich zu, bis dort schließlich zwei Drittel aller Arbeitsplätze mit Frauen besetzt sind, während der Frauenanteil in der Industrie unverändert bei 22 % geblieben ist. Die Lage der angelernten Arbeiterin kennzeichnet seit der Zwischenkriegszeit die Situation der Arbeiterinnen insgesamt am besten.[7] Sie sind für die „nicht qualifizierten“ Arbeitsplätze wegen ihrer „Genauigkeit“ und „Gründlichkeit“ sehr gesucht; Vorzüge, die als natürliche Eigenschaften der Frauen wahrgenommen werden, die in Wirklichkeit jedoch erworbene Eigenschaften sind, da viele von ihnen eine Schneiderinnenausbildung erhalten haben. Sehr viele arbeiten – bis zum Niedergang dieses Sektors in den Jahren zwischen 1960 und 1970 – in der Textil- und Bekleidungsproduktion. Im Jahr 1977 bringt der Dokumentarfilm *Mais qu'est-ce qu'elles veulent?* („Aber was wollen sie denn?“) von Coline Serreau Arbeiterinnen aus der Textilindustrie zum Sprechen. Da sie in den Zechenregionen des Département Pas-de-Calais wohnen, müssen sie nach einer Nacht von 4 bis 5 Stunden um 3.20 aufstehen, um den Bus zu nehmen, der sie in einen Vorort von Lille bringt. Dort arbeiten sie in einer Fabrik, die sie „Schlachthof“ nennen. Eine der interviewten Frauen wiegt 42 Kilo („es gelingt mir nicht, wieder hochzukommen“). Alle haben gesundheitliche Probleme (mit dem Sehen, weil sich der Wollstaub in den Augen festsetzt, und mit den Nerven wegen des Arbeitstaktes und der pedantischen, von einer verhaßten männlichen Führung durchgesetzten Regeln: „Man sieht uns kaum. Man hält uns für ein Nichts“). Sie haben nicht das Recht, ihren Durst während der Arbeitszeit zu löschen und müssen die gemeinsamen Toilettenpausen einhalten, je zehn Minuten am Morgen und am Nachmittag. Es gibt weder eine Dusche noch heißes Wasser. Keine Krippe. Um die Amme zu bezahlen, machen die Frauen Überstunden. Ihre „Rache“ ist der Absentismus. Trotz dieser Schwierigkeiten halten sie an ihrem Arbeitsplatz fest: Als Töchter von Bergleuten, die zwischen 14 und 15 anfingen zu arbeiten, mit 17 bis 18 Jahren geheiratet haben und zum Teil geschieden sind, brauchen sie ihren Lohn, wie gering er auch sein mag. Außerdem wollen sie keine „Haussklavinnen“ sein, für die die Arbeit „nie aufhört“.

Die Elektroindustrie, die sich seit den 1960er Jahren im Aufschwung befindet, sucht dringend angelernte Arbeiterinnen. Die Arbeiterinnen verdienen dort höhere Löhne als in der Textil- und Bekleidungsindustrie, aber die Arbeitsbedingungen gleichen sich; an den Fließbändern, welche die Arbeiterinnen in Roboter verwandeln, sind sie sogar schlechter. Manche Montagebänder sind mangels ausreichender Maschinenausrüstung mit Arbeiterinnen besetzt worden, deren Hände mit Ketten festgehalten wurden, um Unfälle zu vermeiden. Die Verletzungen sind bei denjenigen, die acht Stunden lang die gleiche Bewegung wiederholen und versuchen, sich dem ständig erhöhten Arbeitstakt anzupassen, auch psychologischer Art.

1.4 Die „Frauenberufe“ im tertiären Sektor

Wenn der sekundäre Sektor den Frauen *Beschäftigungen* anbietet, so bietet der tertiäre „Frauen*berufe*“: Dieser Ausdruck gibt nicht nur eine statistische Realität wieder, er setzt

7 Vgl. Danièle Kergoat: *Les Ouvrières*, Le Sycomore, 1982.

auch eine ganze „mit dem Geschlechterverhältnis verbundene soziale Konstruktion" voraus, welche „die Fallen der Differenz aufweist, die unter Berufung auf die Natur zum Organisationsprinzip einer ungleichen Beziehung erhoben wird".[8] Wie das sprichwörtliche Beispiel der zu 98 % von Frauen ausgeübten Sekretariatsberufe zeigt, die Mitte der 1980er Jahre 10 % der weiblichen Erwerbsbevölkerung aufnehmen. Diese nicht klar konturierte Berufsgruppe ist gleichzusetzen mit „Frauen, die der Hierarchie von Frauenarbeitsplätzen entsprechend in den mittleren Gehaltsstufen des gesamten Verwaltungsbereichs arbeiten".[9] Es ist ein „weiblicher" Beruf, weil er ein Abhängigkeitsverhältnis zu einem Mann (dem „Chef") voraussetzt, weil er zeitliche Verfügbarkeit, große Flexibilität bei der Aufgabenbewältigung, die Eigenschaften einer „Hausherrin", einer Gastgeberin, ja auch einer Vertrauten, einer Raumausstatterin und Kaffeekocherin erfordert. Die Sekretärin nimmt eine beruhigende, unaufdringliche Fraulichkeit an, sie ist dazu verpflichtet, Koketterie zu vermeiden. Ihre berufliche Leistung zeigt sich also auf mehreren Ebenen.

„Prof ist gut für eine Frau", hört man seit den 1960er Jahren immer öfter.[10] Der Beruf ist mit einer Ehe nicht mehr unvereinbar; die Hochschulabsolventinnen können nun legitimerweise den Zugang zu dieser Laufbahn anstreben, für die sie sich in großer Zahl entscheiden. Parallel dazu wird der Status des Lehrers bei Männern immer mehr abgewertet. So streben etwa die Studenten der Mathematik die lukrativeren Ingenieurs- oder Forschungskarrieren an, während die Studentinnen sich für den Unterricht entscheiden. Der spektakuläre Anstieg des Bestandes an Lehrkräften in den 1960er Jahren hat auch mit der Feminisierung der Collèges und Lycées zu tun. Die Arbeitszeiten, die Ferien, das pädagogische Know-how und die seit 1975 bestehende Möglichkeit, in Teilzeit zu arbeiten, erleichtern die Verbindung von Mutterschaft und Erwerbsarbeit tatsächlich sehr.

1.5 Die Eroberung männlicher Bastionen

In den letzten dreißig Jahren hat eine Eroberung männlicher Berufsbastionen durch Frauen stattgefunden. Die ENA, die seit ihrer Gründung im Jahr 1945 für Männer und Frauen zugänglich war, hat über lange Zeit nur eine verschwindend kleine Zahl von Absolventinnen hervorgebracht (weniger als 5 %).[11] An der École polytechnique werden ab 1971 auch Frauen zugelassen und 1972 wird Anne Chopinet dort als Kommandant aufgenom-

8 Michelle Perrot: Qu'est-ce qu'un métier de femme?, in: *Le Mouvement social*, Nr. 140, Juli-September 1987, S. 8.

9 Josiane Pinto: Le secrétariat, un métier très féminin, in: *Le Mouvement social*, Nr. 140, Juli-September 1987, S. 121–133.

10 Marlaine Cacouault: Prof, c'est bien ...pour une femme?, in: *Le Mouvement social*, Nr. 140, Juli-September 1987, S. 107–120.

11 Guy Thullier: *Les Femmes dans l'administration depuis 1900*, PUF, 1988.

men.[12] Im gleichen Jahr wird zum ersten Mal eine Frau zum *Botschafter* ernannt: Marcelle Campana.[13] 1974 wird Florence Hugodot zum ersten weiblichen *Unter-Präfekten*; 1981 Yvette Chassagne zum ersten weiblichen *Präfekten*. 1980 wird Michelle Legras als erste Frau *Kabinettsdirektor* eines großen Ministeriums, des Bildungsministeriums. Im Jahr 1982 wird Hélène Ahrweiler *Rektor* der Universität von Paris. Als erste Frau ist Simone Rozès ab 1984 *Erster Präsident* des Kassationsgerichtshofes. Die Liste der Bastionen, die fallen, wird beständig länger, aber die Frauen bleiben in den Sphären der Macht in der Minderheit: 5,5 % unter den Direktoren der Zentralverwaltung (1992), 2,6 % unter den Präfekten (1992), 2,7 % unter den Botschaftern (1994).

Die Frauen können bei der Polizei seit 1972 *Inspektoren* und *Fahnder* werden, *Kommissare* seit 1974; sie können aufsteigen und ab 1978 *Polizeiwachtmeister* werden, ab 1983 *Kommandanten* und *Offiziere*, aber nicht CRS.[14] Wir vermehren die Kursivierungen, um auf das Fehlen weiblicher Bezeichnungen für die Berufe und Funktionen, die bis dahin Männern vorbehalten waren, aufmerksam zu machen. Denn darin manifestieren sich wie in einem Lapsus die Widerstände gegen den Eintritt von Frauen in jene Laufbahnen und wahrscheinlich deutet der Mangel auch darauf hin, daß ihre Präsenz als unangebracht erlebt wird. Yvette Roudy und zahlreiche Feministinnen halten dies für eine Form der Diskriminierung. 1986 veröffentlicht das *Journal officiel* das Rundschreiben der Kommission für Feminisierung mit speziellen Empfehlungen für weibliche Berufsbezeichnungen.[15] Die Académie française spricht sich erbittert dagegen aus, aber zehn Jahre später werden sie durch die Intervention der Regierung Jospin – und der ihr angehörenden Ministerinnen – allgemein üblich. Die von diesen weiblichen Bezeichnungen betroffenen Frauen sind geteilter Meinung: Einige nehmen stolz das Femininum in Anspruch, andere weisen es heftig zurück und bevorzugen ein Neutrum, das im Französischen männlich ist. Zwar wünschen sie sich alle eine bessere berufliche Integration, machen sich dafür aber voneinander abweichende Strategien zu eigen.

Die Aufnahme von Frauen in die Armee hat eine besonders große symbolische Bedeutung: Das legale Gewaltmonopol innezuhaben, bedeutet über nicht gerade wenig Macht

12 *Anm. d. Ü.*: École Polytechnique: Die 1794 in Paris gegründete, technisch-naturwissenschaftlich orientierte Elitehochschule ist dem Verteidigungsministerium unterstellt, der Rektor ist ein General. Während ihrer gesamten Ausbildung gelten die „Polytechniciens" und „Polytechniciennes" als Militärs, bekommen einen Sold und tragen bei offiziellen Anlässen Uniform.

13 Sie ist Frankreichs Botschafterin in Panama. Die zweite Botschafterin, Marie-Madeleine Dienesch, wird nach Luxemburg geschickt. Die geopolitische Bedeutung der Orte ihrer Gesandschaften bleibt niemandem verborgen.

14 *Anm. d. Ü.*: CRS (Compagnie Républicaine de Sécurité): Die „Sicherheitskompanie der Republik", 1945 als mobile Bereitschaftspolizei gegründet, wird hauptsächlich zur Bewachung öffentlicher Gebäude und bei Demonstrationen eingesetzt. Das Kürzel „CRS" wird auch zur Bezeichnung einzelner Mitglieder der Einheit verwandt.

15 Anne-Marie Houdebine-Gravaud (Hg.): *La Féminisation des noms de métier en français et dans d'autres langues*, L'Harmattan, 1998.

zu verfügen. Daß diese Macht lange ausschließlich in den Händen von Männern lag, hat in der Gesamtbevölkerung – bewußt und unbewußt – einen ungeheuer nachhaltigen Eindruck hinterlassen. Die Beziehung zwischen Männlichkeit und Armee ist um so enger, als der Militärdienst – und damit auch der Status des Kriegsdienstverweigerers – bis zur Reform von 1999 nur jungen Männern vorbehalten war. Die Professionalisierung des Militärwesens bahnt Frauen den Weg in die Armee.[16]

Eine weitere symbolisch starke Bastion ist das Richteramt, das Frauen seit dem Gesetz vom 11. April 1946 offensteht (kurz zuvor, im Jahr 1944, waren Frauen bei den Gerichtshöfen und Schwurgerichten als Geschworene zugelassen worden).[17] Fünfzig Jahre später sind zu 45 % Frauen in diesem Beruf. Die in den letzten Jahren beschleunigte Zunahme des Frauenanteils erregt Aufsehen: Es sei nicht gerecht gewesen, heißt es, daß die Justiz in der Vergangenheit in den Händen von Männern gelegen habe, aber es sei gefährlich, daß sie heute in den Händen von Frauen liege. Vergleichbare Äußerungen sind auch in bezug auf das Bildungswesen zu hören. Freilich bleibt der Männeranteil an der Spitze der Hierarchie sehr hoch. Hat der freie Zugang beider Geschlechter das Wesen und den Status der Berufe verändert, die zuvor männliche Bastionen waren? Es ist wahrscheinlich zu früh, auf diese Frage eine Antwort zu geben. Forschungen zum Richterberuf zeigen, daß die Pionierinnen sich nur um den Preis eines gewissen Konformismus durchsetzen konnten. Indem Frauen das männliche Monopol brachen, haben sie jedoch zur „Entsakralisierung“ des Richteramtes beigetragen. Je stärker sie in dem Amt vertreten sind und je mehr sie akzeptiert werden, desto größer wird ihre Freiheit in der Berufsausübung. Ob man wohl später sagen wird, die Justiz sei dank der Frauen „den Menschen näher gekommen“ und „humaner“ geworden? So wie man es seit den 1990er Jahren über die Polizei, die Politik oder die Führungsetagen von Unternehmen hört? Verhält es sich mit dieser positiven Vorstellung von Feminisierung wie mit dem Wald, den man vor lauter Bäumen nicht sieht, weil sie eine schmeichelhafte Version der neuen Arbeitsteilung zwischen den Geschlechtern beinhaltet? Unter den Herren der Börse und den jungen Wilden der neuen Ökonomie sind nur wenige Frauen anzutreffen...

2 Blockierungen, Fortschritte und Widerstände

2.1 Die Wirkung von Repräsentationen: Die „Konditionierung“

Die Feindseligkeit gegen die Arbeit von Frauen außerhalb des Hauses spiegelt nicht nur das Gewicht der Tradition wider. Sie bleibt auch in einem gesellschaftlichen Imaginären erhal-

16 Emmanuel Reynaud: *Les Femmes, la violence et l'armée*, Fondation pour les études de la défense nationale, 1988.

17 Anne Boigeol: Les femmes et les cours. La difficile mise en œuvre de l'égalité des sexes dans l'accès à la magistrature, in: *Genèses*, Nr. 22, März 1996, S. 107–129.

ten, das von der Moderne geformt wird: Das Kino liefert wertvolle Hinweise über die Vorstellungen des alten Konflikts, der Erwerbsarbeit und Familie für die Frauen unvereinbar macht. Nun nehmen bis zum Auftreten der feministischen Welle in den 1970er Jahren die meisten Filme, die sich dem Thema nähern, einen männlichen und konservativen Standpunkt ein. Schon im Kino der 1930er Jahre konnte man ein erstes Stereotyp entdecken: das der jungen Angestellten, die am Ende einen Mann reifen Alters heiratete, die Verbindung der Sekretärin mit ihrem Arbeitgeber.[18] Zwischen Ende der 1940er und Anfang der 1960er Jahre gibt es im Film nicht wenige Heldinnen, die einen qualifizierten Beruf ausüben, aber ihre Berufstätigkeit scheint mit einem Zusammenleben als Paar nicht vereinbar zu sein. Sie entscheiden sich für die Ehe wie Jeanne Moreau in dem Film *Gas-oil* (Gilles Grangier 1955) als Primarschullehrerin, die in einen Lastwagenfahrer, Jean Gabin, verliebt ist. Der Erfolg von *Papa, maman, la bonne et moi* (Jean-Paul Le Chanois) ist bezeichnend: Die „Bonne" ist ein junges Mädchen, das, um die Tochter der bei der Geburt gestorbenen Schwester großzuziehen, sein Englischstudium aufgegeben und sich von seinen zukünftigen Schwiegereltern hat einstellen lassen. Indem die „Bonne" den Sohn des Hauses heiratet, wechselt sie von ihrer Stellung als bezahlte Hausangestellte in die der Hausfrau, die noch immer die gleiche Arbeit macht, nun aber unentgeltlich.[19] Wenn die Frauen sich für den Beruf entscheiden, dann nur, um später festzustellen, daß sie Schimären nachgejagt sind, anstatt zuzugreifen (*La Maternelle*, Henri Diamant-Berger, 1949). Das Kino der Nouvelle vague wird einem „modernen" Bild der Frau den Vorrang geben, deren Emanzipation allerdings ausschließlich auf der Ebene von Liebesbeziehungen und sexuellen Beziehungen zum Ausdruck kommt. Zum Beispiel Brigitte Bardot in *Et Dieu créa la femme* (*Und ewig lockt das Weib*) von Roger Vadim (1956) oder Jeanne Moreau in *Les Amants* (*Die Liebenden*) von Louis Malle (1958). Es ist die ökonomische und die berufliche Dimension der Frauenemanzipation, die verschwindet. Wenn arbeitende Frauen vorkommen, so verkörpern sie die soziale Entfremdung wie in *Les Bonnes femmes* (*Die Unbefriedigten*) von Claude Chabrol (1960) oder in *Vivre sa vie* (*Die Geschichte der Nana S.*) von Jean-Luc Godard (1962).

Die Werbung trägt in den glorreichen dreißig Jahren anhaltender Prosperität ebenfalls zu dieser Konditionierung bei, indem sie die Frauen als Hausfrauen in ihrem Heim darstellt. Um einen Herd, einen Warmwasserboiler oder auch einen Heizkörper zu verkaufen, wählen die Werbefachleute in der Mehrheit die Szene, wenn der Familienvater abends nach der Arbeit nach Hause kommt. Sie verstehen es auch, das Bild der Hausfrau zu modernisieren. Die bescheidene Frau des Hauses hat ausgedient. Auf den Plakaten der 1950er Jahre taucht die Verführerin auf, welche die noch vorhandene Hausfrauenschürze abwirft. Aber

18 Noël Burch, Geneviève Sellier: *La Drôle de guerre des sexes dans le cinéma français 1930–1956*, Nathan, 1996.

19 Geneviève Sellier: Femmes et travail dans le cinéma français d'après-guerre, in: Anne Guillou, Simone Pennec (Hg.): *Les Parcours de vie des femmes: travail, famille et représentations publiques*, L'Hartmattan, 1999, S. 221–232.

auch die Mutter, die ihre Kinder liebkost oder, was sehr häufig dargestellt wird, ihrer Tochter gerade etwas von ihrem Know-how beibringt. Nicht nur die Möglichkeit bezahlter Arbeit wird in dieser Art von Darstellungen ausgeklammert, sondern auch die Hausarbeit selbst wird ausgelöscht, da dafür ja eine Maschine zuständig ist. Die Fee des Hauses lächelt über ihr neues Glück: Sie ist eine „begnadete" Frau.

Rückkehr des arbeitenden Mannes in das weibliche Universum des Hauses, in allen Bedeutungen des Begriffs: Familie, Heim, Wärme (Werbung von 1954).

Der Wandel setzt sich nur zögerlich in kulturelle Repräsentationen um. Aber der Erfolg einer Schauspielerin wie Annie Girardot ist Anzeichen für einen Fortschritt.[20] Sie tritt auf der Leinwand als Charakterdarstellerin auf: als Taxichauffeurin in *Le dernier baiser* (*Der letzte Kuß*) von Dolores Grassian, 1977; als Ärztin in *Docteur Françoise Gailland* (*Dr. med Françoise Gailland*) von Jean-Louis Bertucelli, 1975; als Polizeikommissarin in *Tendre poulet* (*Ein verrücktes Huhn*) von Philippe de Broca, 1977; als Vierzigerin, die arbeiten möchte, um ihrer Hausfrauensituation zu entkommen in *Vas-y maman (Nimm's leicht Mama)* von Nicole de Buron, 1978. In den 1980er Jahren geht der Einfluß des Feminismus wieder zurück. Das französische Kino, das auf bürgerliche Intimität versessen ist, befaßt sich wenig mit Erwerbsarbeit. Indessen sieht man, wie das ambivalente Vorbild der „Super woman" auftaucht, gespielt zum Beispiel von Nicole Garcia, die in *État de grâce* (*Liebe der Florence Vannier*) von Jacques Rouffio (1986) als ehrgeizige Geschäftsfrau zu sehen ist. Der sprunghafte Anstieg der Zahl der Filmregisseurinnen in den 1990er Jahren ermöglicht das Auftauchen anderer Vorstellungen über die Beziehungen zwischen Männern und Frauen, die manchmal stärker in der sozialen Realität verankert sind. *Pas très catholique* (*Die Detektivin*) von Tonie Marshall (1994) zeigt eine Detektivin, die ihre mütterliche „Pflicht" ohne den Schatten

---

20 Françoise Audé: *Ciné-modèles, cinéma d'elles*, Lausanne, L'Âge d'Homme, 1981, S. 191 f.

eines Gewissensbisses ablehnt. *Y aura-t-il la neige à Noël?* (*Gibt es an Weihnachten Schnee?*) von Sandrine Veysset (1996) zeichnet das ausgefallene und behutsame Portrait einer Frau vom Lande, die von ihrem Liebhaber und Vater ihrer sieben Kinder ausgebeutet wird. Die Komödien interessieren sich seit dem berühmten Film *Drei Männer und ein Baby* (Coline Serreau, 1985) und *Je veux tout* (Guila Braondé, 1999) für die Frauen, die „zusammenbrechen“ angesichts der Verpflichtung, im Beruf, im Liebesleben, in der Mutterschaft erfolgreich zu sein, obwohl es sie zeitlich vollkommen überfordert.

2.2 In Meinungsumfragen wird Frauenerwerbstätigkeit weiterhin abgelehnt

Die Einstellungen zur Frauenerwerbsarbeit beziehen sich nicht nur auf kulturelle Bilder, sondern auch auf die Art, in der die Individuen ihre Interessen selbst wahrnehmen.[21] Eine ethnologische Sozialstudie vom Beginn der 1960er Jahre zeigt dies sehr gut. 41,6 % der Befragten sind für Frauenerwerbsarbeit, 41,3 % dagegen. Nach der Erwerbsarbeit von Müttern mit kleinen Kindern gefragt, sind aber 87,5 % dagegen und immerhin noch 68 % lehnen sie für Mütter mit Kindern im schulpflichtigen Alter ab. Diese Meinungsäußerungen korrelieren stark mit dem Geschlecht der befragten Personen und verweisen bei einem Drittel der Paare auf interne Differenzen: Die Ehemänner sind auf ihre Rolle als Alleinernährer fixiert, ein Vorrecht, das ihre Rolle als Familienoberhaupt garantiert und das sie als eine moralische Verpflichtung empfinden. Eine Frage der männlichen Ehre also. Weil sie die Mühen der Hausarbeit unterschätzen, verstehen sie den Wunsch, außerhalb des Hauses zu arbeiten, nicht. Im Arbeitermilieu erklären sich die negativen Meinungsäußerungen zudem vor dem Hintergrund der Erfahrung mit monotoner, unterbezahlter, anstrengender Arbeit. Je stärker der ökonomische Zwang ist, desto weniger wird der psychologische Nutzen einer Tätigkeit außerhalb des Hauses erkannt. Wie zu Beginn des Jahrhunderts wird die Frauenerwerbstätigkeit als eine Gefahr für Familie und Gesellschaft betrachtet. Nur eine Minderheit erkennt die Lust auf einen Beruf (40 %), das Bedürfnis, sich nicht zu Hause zu langweilen (33 %), den Willen, unabhängig zu sein (31 %), über eigenes Geld (25 %) und eine Rente zu verfügen (24 %) an.

Nach dieser Umfrage vom Beginn der 60er Jahre ist das Bild der erwerbstätigen Frau kein erfreuliches. Eine Minderheit bekennt sich offen zu ihrer Gegnerschaft („sie arbeiten, um sich begrapschen zu lassen“; „sie meinen, sie könnten es den Männern gleichtun“). Vorstellungen, daß die Frauen öfter bei der Arbeit fehlen, daß sie den Männern die Arbeitsplätze wegnehmen, daß sie einen unausgeglichenen Charakter haben und Streit auslösen, sind weit verbreitet. Freilich werden ihnen berufliche Qualitäten zugestanden, die jedoch alle mit

---

21 Marie-José und Paul-Henry Chombart de Lauwe, Michèle Huguet, Ella Perroy, Noëlle Bisseret: *La Femme dans la société. Son image dans les différents milieux sociaux*, (1963), CNRS, 2. Auflage 1967, S. 197–272.

den sogenannten weiblichen Eigenschaften verbunden werden. Eine große Mehrheit verurteilt die Ungleichheit der Löhne und Gehälter für die gleiche Berufstätigkeit (92,8 % bei den Arbeitern, 80 % in den höheren Schichten). 50 % der Befragten sprechen sich für Teilzeitarbeit aus, welche die Arbeiter für einen unerreichbaren Traum halten (weil die Arbeitgeber sie nicht wünschen).

Bis auf die jüngste Zeit verfügen wir nicht über kontinuierlich durchgeführte Meinungserhebungen zur Frauenerwerbstätigkeit. Nach einer Erhebung von 1978 sprechen sich 71 % der Franzosen gegen die Frauenerwerbstätigkeit aus. Im Jahr 1989 sind es immer noch 57 %.[22] Der typische Gegner der Frauenarbeit ist ein älterer Mann ohne Bildungsabschluß, der in einer Ortschaft mit weniger als 2000 Einwohnern lebt. Es ist die Erwerbsarbeit von Müttern mit kleinen Kindern, gegen die es die stärksten Einwände gibt: 1989 meinen 78 % der Befragten, finanzielle Beihilfen sollten diese dazu bewegen, ihre Erwerbstätigkeit zeitweise zu unterbrechen. Doch nimmt der Einfluß der Familiensituation auf das Erwerbsverhalten ab: 80 % der Frauen zwischen 30 und 34 Jahren mit einem Kind unter 2 Jahren üben eine Berufstätigkeit aus. Der Einfluß der Erwerbstätigkeit des Ehemannes ist nicht zu vernachlässigen: Frauenerwerbstätigkeit ist in den Mittelschichten weiter verbreitet als in den Oberschichten und im Arbeitermilieu.

Diese weiterhin sehr gemischten Ansichten über die Berechtigung von Frauenerwerbsarbeit erklären zum Teil die Diskriminierungen auf der Ebene der Arbeitsplätze und Löhne. Die Sozialpartner selbst sind ambivalent und denken über die Ausgestaltung der, wie es so schön formuliert wird, „Vereinbarkeit von Beruf und Familie“ nach: Ein „Problem“, mit dem es die arbeitenden Männer nicht zu tun haben.

2.3 Die Last der Haushaltsarbeit

Wenn es eine Arbeit gibt, die den Frauen nicht abgesprochen wird, so ist es die Hausarbeit. Man betrachtet sie traditionellerweise in Gestalt eines Tauschvertrages in der Ehe: Hausarbeit gegen Unterhalt. Jedoch ist der doppelte Arbeitstag das Los aller Frauen, die einer bezahlten Tätigkeit nachgehen. Wie wir gesehen haben, werden vor den 1970er Jahren wenige Einwände erhoben gegen die Familienaufgaben von Frauen. Hausfrau zu sein ist in den „Trente Glorieuses“[23] ein legitimer Status, welcher der natürlichen Ordnung zu entsprechen scheint. Die linken Organisationen protestieren nicht dagegen und manche Frauenvereine werten ihn auf. Die erwerbstätigen Frauen sind daher gehalten, sich anzupassen,

22 Zitiert nach Christine Cordero: *Le travail des femmes*, Le Monde éditions/Marabout, 1994, S. 164.

23 *Anm. d. Ü.*: Trente Glorieuses: Nach dem gleichnamigen Buch des französischen Wirtschaftswissenschaftlers Jean Fourastié die „dreißig glorreichen“ Nachkriegsjahre zwischen 1946 und 1975, die Frankreich und anderen westlichen Industriestaaten Wohlstand, Bildung und Stabilität in einem bis dahin ungekannten Ausmaß brachten.

Altersgruppen zu, während die Entwicklung in den jüngeren und höheren Altersgruppen für Männer und Frauen gleich ist. Der Anstieg ist bei Müttern von zwei und sogar von drei Kindern offensichtlich. Dafür können mehrere Erklärungen vorgebracht werden. Auf den Bedarf an Arbeitskräften wurde bereits eingegangen. Die Familienpolitik bietet den Müttern weniger Anreize, zu Hause zu bleiben: Die Familienbeihilfen werden nicht angehoben und die Alleinverdienerbeihilfe schwindet dahin.[3] Der Aufschwung der Erwerbstätigkeit fällt mit dem Rückgang der Fertilität zusammen. Die mittlerweile erhöhten Frauenlöhne sind attraktiver geworden. Der Ehrgeiz, sozial aufzusteigen, spielt eine Rolle: Mit einem doppelten Erwerbseinkommen kann man sich „modernen Komfort" leisten. Auch stellt die bezahlte Arbeit für Frauen, die der erstickenden häuslichen Enge entkommen wollen, eine Form der Unabhängigkeit dar. Schließlich gibt es so etwas wie einen „Bildungseffekt" (mehr Frauen verfügen über Diplome); die Feminisierung der qualifizierten Berufe ist jedoch hauptsächlich in die 1980er Jahre zu datieren. Seit 1975 geht die Erwerbsquote bei Männern zurück (72 % im Jahr 1975; 64 % im Jahr 1989), während sie bei Frauen zunimmt (41 % im Jahr 1975; 46 % im Jahr 1989) und dies trotz der Krise. Während die männliche Erwerbsbevölkerung zwischen 1975 und 1998 konstant bleibt, steigt die weibliche Erwerbsbevölkerung um drei Millionen an. Die Frauen machen 1998 44,3 % der gesamten Erwerbsbevölkerung aus. In wenigen Jahrzehnten hat sich ein beträchtlicher Wandel vollzogen, der den Prognosen zufolge irreversibel ist. Die Frauenerwerbstätigkeit ist zur Regel, das Hausfrauendasein zur Ausnahme geworden.

1.2 Die Landwirtinnen

Nach dem Krieg findet in der Landwirtschaft eine Konzentrationsbewegung statt, die dazu führt, daß zahlreiche Betriebe verschwinden. Durch die Modernisierung verliert die bäuerliche Welt einen Großteil ihrer Arbeitskräfte. Auf den Bauernhöfen werden Dienstmädchen und Mägde knapp. Die Landflucht ist bei den Frauen ausgeprägter als bei den Männern. Abgesehen von Großbetrieben reduziert sich die zum Haushalt gehörende Gruppe allmählich auf die Ehegatten und die unverheirateten Kinder. Die Frauen arbeiten, werden aber selten bezahlt: Die Lohnkosten würden die Mittel der kleinen und mittleren Betriebe übersteigen. Noch im Jahr 1974 fordert die Conféderation nationale de la famille rurale („nationale Konföderation der Landfamilie") für die Mutter einer Bauernfamilie einen Status in der Sozialversicherung. Aber diese Forderung geht gegen den Strom der allgemeinen gesellschaftlichen Entwicklung. Dagegen setzt sich die Vorstellung durch, die Landwirtschaft sei ein „Paarberuf", für den es notwendig sei, daß die jeweiligen Kompetenzen sich ergänzten und Probleme gemeinsam bewältigt würden. Die Landwirtinnen werden ab 1980 fordern, daß ihnen ein voll anerkannter Berufsstatus zugesprochen wird. Weil die Aufgaben,

---

3 Ihre Höhe ist seit 1946 unverändert geblieben. Am 1. Januar 1978 wird diese Beihilfe abgeschafft.

indem sie sich abmühen, zu beweisen, daß auch sie gute „Hausherrinnen" sein können. Wenn man die Beschwerlichkeit der Aufgabenhäufung realisiert, die mit der Zahl der Kinder dramatisch zunimmt – die „weibliche Überbelastung" ist in den 1950er Jahren ein geläufiges Thema –, so besteht die geplante Lösung selten in der Aufgabenteilung zwischen den Ehepartnern oder im Rückgriff auf Dienstleistungen von außen, sondern in der Rückkehr der Frau an den Herd oder der vorläufigen Einstellung der Erwerbstätigkeit der Frau. Zudem scheint auch die Modernisierung der Haushaltsaustattung eine Lösung für den doppelten Arbeitstag zu sein, indem sie die Zeit verkürzt, die für die Wäsche und die Einkäufe aufgewendet werden muß.

Durch die „befreite Frau" kommt in den 1960er Jahren die bescheidene Hausfrau aus der Mode.

Erster Auftritt der „befreiten Frau" in einem Messekatalog von 1962.

Ab 1970 bricht der radikale Feminismus mit dieser idyllischen Vorstellung, indem er die Hausarbeit als wahre Form der Sklaverei analysiert. Die Soziologin Christine Delphy bringt die Überlegungen um einen entscheidenden Schritt weiter: Die Frauen werden nicht nur durch die industrielle Produktionsweise ausgebeutet, was als Tatsache weitgehend zugestanden, wenn auch unzureichend bekämpft wird. In der häuslichen Produktionsweise wird ihnen ihre Arbeit abgepreßt, ohne irgendeine Gegenleistung – „während die Lohnarbeiterin ihre Arbeitskraft verkauft, verschenkt die verheiratete Frau sie".[24] Die Frauen sind also zugleich einer Ausbeutung durch den Kapitalismus und durch das Patriarchat ausgeliefert. Diese Analyse ist zu revolutionär, als daß man sie anerkennen würde. Sie stellt die ökono-

24 Christine Delphy: *L'Ennemi principal* (1970), Neuauflage, Syllepse, 1998, S. 49.

mischen Theorien in Frage, die verkennen, daß mehr als die Hälfte aller Arbeitsstunden unbezahlte Arbeitsstunden sind.[25] Sie stellt die soziale Schichtung in Frage, bei der davon ausgegangen wird, daß die Ehefrau der Klasse ihres Mannes angehört. Nun „ist es fast genauso richtig, wenn man behauptet, die Frauen der Bourgeois seien selbst Bürgerliche, wie wenn man behauptet, der Sklave eines Plantagenbesitzers sei selbst ein Plantagenbesitzer."[26] Die Analyse zeigt die Blindheit der antikapitalistischen Linken auf, die sich vor allem um die Verteidigung der Interessen der Männer kümmert, die den ausgebeuteten Klassen angehören. Sie erschüttert nicht mehr und nicht weniger als eine Sozialordnung, die sich auf die Familie gründet, den wesentlichen Ort der Ausbeutung von Frauen nicht allein aufgrund der Arbeit, die sie verrichten, sondern auch aufgrund anderer Zwänge, denen sie unterliegen (sexuelle und mütterliche Dienstleistungen). „Indem man die Existenz dieses Produktionssystems leugnet, leugnet man die Existenz der für dieses System spezifischen Produktionsverhältnisse und man verbietet den Beteiligten, sich gegen diese Produktionsverhältnisse zu erheben."[27]

Die Hausarbeit gilt nicht als Arbeit. Die Ökonomen berücksichtigen sie bei der volkswirtschaftlichen Gesamtrechnung nicht: Ein Mann, der seine Haushälterin heiratet, senkt damit das Bruttoinlandsprodukt! Eine Frau ohne Beruf wird als eine Frau betrachtet, „die nicht arbeitet" oder „ohne Beschäftigung" ist. Die Hausarbeit wird abgewertet, selbst von denen, die sie verrichten.[28] Sie ist auch für die Augen der meisten Männer nicht sichtbar. Selbst das Erlernen der zu verrichtenden Aufgaben geschieht auf unmerkliche Weise. Die Untersuchungen über „Zeitbudgets" stoßen auf methodologische Probleme. So können etwa Freiwilligkeit und Pflicht nicht klar voneinander unterschieden werden. Die Grenzlinie zwischen Freizeit und Arbeit hängt von der individuellen Wahrnehmung ab. Was ist von selbstgemachten Marmeladen zu halten? Ist es eine unnötige Eigenproduktion oder nützt sie der Haushaltskasse? Handelt es sich um Arbeit oder um Entspannung? Oder das Bügeln vor dem Fernseher, wobei man mit dem einen Auge gleichzeitig einen Eintopf auf dem Herd und mit dem anderen die spielenden Kinder beobachtet? Wie soll schließlich die immaterielle Seite dieser Arbeit gemessen werden (die Sorgen, die Zeitplanung)?

Verheiratete Frauen verrichten 1958 im Durchschnitt 60 Stunden unentgeltliche Hausarbeit; 35 Stunden sind es bei Frauen ohne Kinder, 52 Stunden bei Frauen mit einem Kind, 64 Stunden bei Frauen mit zwei und 70 Stunden bei Frauen mit drei Kindern.[29] INSEE zufolge arbeiten im Jahr 1986 drei von vier Frauen 68 Stunden pro Woche: 40 Stunden im Beruf und 28 Stunden im Haushalt. Während berufstätige Frauen im Durch-

---

25 Im Jahr 1955 wurden von 105 Milliarden Arbeitsstunden 43 Milliarden für bezahlte Arbeit verwendet und 45 Milliarden für nicht entlohnte Hausarbeit (nach Delphy: *idem*).

26 *Id.*, S. 50.

27 *Id.*, S. 51.

28 Annie Dussuet: *Logiques domestiques. Essai sur les représentations du travail domestique chez les femmes actives de milieu populaire*, L'Harmattan, 1997.

29 Zitiert nach Delphy: *idem*, S. 43.

Die Verteilung der Haushaltsarbeit bei Paaren, bei denen der Mann und die Frau berufstätig sind

Aufgaben im Haushalt	**Nach den Antworten der Männer und der Frauen wird die Aufgabe in erster Linie erledigt von ...**						
	Mann	Frau	Beide Ehepartner gleich	Andere Person im Haushalt	Dritte gegen Bezahlung	Total	Anzahl der Fälle, in denen sich der Mann helfend beteiligt, nach den Aussagen der Männer
W Wäsche mit der Hand waschen	1,1	96,7	0,5	0,9	0,8	100	5,7
Große Wäsche mit der Maschine	2,6	94,2	1,3	0,9	1,0	100	11,7
Kleine Wäsche mit der Maschine	2,0	95,0	1,7	0,8	0,5	100	13,3
Bügeln	2,2	89,3	0,9	2,4	5,2	100	13,7
Einen Knopf annähen	2,0	93,3	0,9	2,4	1,4	100	18,3
Toilette putzen	4,4	89,7	1,9	1,2	2,8	100	14,4
V Kochen	8,3	84,0	5,1	1,9	0,7	100	37,4
Fenster putzen	13,6	77,9	2,1	1,1	5,2	100	21,1
Staubsaugen, fegen	13,5	75,3	5,5	2,9	2,9	100	41,7
Geschirrspülen mit der Hand	16,4	73,7	6,8	2,6	0,5	100	44,6
Einkäufe machen	19,9	67,4	10,6	2,0	0,2	100	47,0
Geschirrspüler ein- und ausräumen	21,9	63,0	6,3	8,4	0,3	100	48,3
Tisch decken	23,5	52,0	8,4	15,9	0,3	100	48,3
M Holz, Kohle, Heizöl holen	74,1	20,2	2,2	3,2	0,2	100	12,8
Auto waschen	71,3	12,3	2,3	3,1	11,1	100	9,5

W = Weiblicher Pol **V** = Verhandelbare Aufgaben **M** = Männlicher Pol

Quelle: INSEE, Économie et statistique, Division du travail domestique, 228, Januar 1990

schnitt 5,24 Stunden am Tag für die Aufgaben im Haushalt aufwenden, begnügen sich die berufstätigen Männer mit 2,40 Stunden. Jede Generation meint, eine spürbare Zunahme der Beteiligung von Männern am Haushalt feststellen zu können, aber die Erhebungen zeigen Fortschritte in der Größenordnung von einer zusätzlichen Minute pro Jahr an. Man kann heute feststellen, daß es aushandelbare Bereiche gibt (Einkäufe machen, Kochen, Geschirrspülen), ist aber weit von einer „häuslichen Parität“ entfernt, die jedoch für die tatsächliche Gleichstellung der Geschlechter wesentlich wäre.[30] Die Zwänge des Haushalts beeinflussen schon sehr früh den Werdegang junger Mädchen, die ihren beruflichen Ehrgeiz einschränken, um sich ihrer künftigen „Rolle" anzupassen. Eine neuere Umfrage bei Oberstufenschülern zeigt, daß 72 % der Mädchen den Bedarf an frei verfügbarer Zeit zu einem entscheidenden Kriterium ihrer Berufswahl machen, im Unterschied zu 11 % der Jungen.[31] Die Illusion, daß Gleichstellung erreicht worden sei, ist dennoch sehr stark ausgeprägt. Es reicht „ein leichter Bruch in der intergenerationellen Übertragung: Es genügt, daß der Mann etwas tut, was der Vater seiner Lebensgefährtin nicht tat oder was seine Schwiegermutter zu erledigen pflegte, daß er von seinem Zuhause etwas nicht fordert, was die vorhergehende Männergeneration zu bekommen beanspruchte, damit das Paar – zumindest in den Tagen der Verzauberung – glaubt, die Revolution der Ehe vollbracht zu haben."[32]

2.4 Muß man die arbeitenden Frauen schützen? (1945–1965)

Die Libération ist ein wichtiger Zeitpunkt in den Kämpfen um die Gleichstellung der Geschlechter in der Erwerbsarbeit. Auf Druck der CGT beschließt der kommunistische Arbeitsminister Ambroise Croizat (am 30. Juli 1946) die Beseitigung der Abschläge bei den Frauenlöhnen. Nach der Verfassung von 1946 „garantiert das Gesetz der Frau in allen Bereichen die gleichen Rechte wie den Männern". Das Sekretariat der Internationalen Arbeitsorganisation empfiehlt ebenfalls Lohngleichheit (Konvention Nr. 100), ein Prinzip, das im Vertrag von Rom 1957 wieder aufgegriffen wird. Die Lohnungleichheit bleibt jedoch ein Hauptproblem. Die arbeitenden Frauen werden auf die am geringsten entlohnten Arbeitsplätze abgeschoben. Die Verbesserung ihres Schicksals hängt davon ab, daß Druck ausgeübt wird, um eine Anhebung der Niedriglöhne und eine Erhöhung des Mindestlohns zu erreichen. Die Beschäftigten in der Landwirtschaft werden mit einem Mindestlohn, der weniger als die Hälfte des SMIG ausmacht, am schlechtesten bezahlt.[33] Sie sind in der Mehrheit Frauen und Immigranten.

Seit der Libération und bis zur Mitte der 1950er Jahre nehmen die gewerkschaftlichen Organisationen radikal verschiedene Positionen in bezug auf Frauenarbeit ein. Die CFTC propagiert das Recht der Mütter, zu Hause zu bleiben. Sie widersetzt sich der Verbreitung von Kinderkrippen und -horten. Die Beihilfe für Alleinverdiener, ein – wie wir gesehen

30 Jean-Claude Kaufmann: *La Trame conjugale. Analyse du couple par son linge*, Nathan, 1992.

31 Christian Baudelot und Roger Establet: *Allez les filles!*, Le Seuil, 1992, S. 136.

32 François de Singly: Les habits neufs de la domination masculine, in: *Esprit*, Nr. 196, November 1993, S. 57.

33 *Anm. d. Ü.*: SMIG (Salaire minimum interprofessionnel garanti): Garantierter Mindestlohn für alle Berufssparten. Wurde in Frankreich mit dem Gesetz vom 11. Februar 1950 eingeführt.

haben – wirksames Mittel, um die Frauen aus den Unterschichten im Hause zu halten, wird seit Mitte der 1950er Jahre nicht mehr angehoben und stellt daher keine wirkliche Förderungsmaßnahme mehr dar. Es stellt sich dann die Frage ihrer Umwandlung. Zu Beginn der 1960er Jahre möchten die Familialisten der CFTC daraus eine „Beihilfe für die Mutter im Hause" (70 % des SMIG) machen, die den Einkommensverlust ausgleichen soll, wenn die Mutter mit der Erwerbsarbeit aufhört. Sie soll jedoch nur den Frauen zugesprochen werden, die ihren Arbeitsplatz aufgeben. Die Frauenkommission des Gewerkschaftsbundes hält dies für eine diskriminierende Maßnahme und würde eine Beihilfe für alle Mütter vorziehen, für die erwerbstätigen und die nichterwerbstätigen. Für erstere könnten damit die Betreuungskosten und der Verlust verschiedener Beihilfen (Schulstipendien, Ferienzuschüsse etc.) kompensiert werden.

Die CGT dagegen besteht auf dem Recht der Frauen auf Erwerbsarbeit. Sie prangert die Ideologie der Frau im Haus als reaktionär an und erklärt, sie sei gegen die Beihilfe für Alleinverdiener. Sie fordert, daß diese an alle Mütter vergeben werden solle, ob sie einer Berufstätigkeit nachgingen oder nicht (Bundeskongreß der CGT 1953). Nach der Streichung des Abschlags von 10 % auf die Frauenlöhne, der dank einer außergewöhnlichen Mobilisierung der militanten CGT-Mitglieder zustandegekommen war, bleibt die Gleichstellung von Männer- und Frauenlöhnen weiterhin deren Hauptforderung. Denn die Arbeitgeber halten sich nicht an das Gesetz, und die Rückkehr zu einer Politik der Einzelverträge bei der Lohnfestsetzung führt erneut zu großen Unterschieden. Die anderen Forderungen der CGT in bezug auf die weiblichen Arbeitskräfte sind der Reihenfolge nach: die berufliche Gleichstellung, die Verbesserung der Arbeitsbedingungen (der Kampf gegen „die höllischen Arbeitstakte") und die Verbesserung der mit der Mutterschaft verbundenen Rechte. Dazu gehören eine Verlängerung des Mutterschaftsurlaubs und vor allem seine Bezahlung zu 100 %, damit die Beschäftigten nicht mehr dazu verleitet werden, auf ihren Mutterschaftsurlaub zu verzichten, um ihr Einkommen nicht zu beschneiden.

Um dem wachsenden Bedarf an Arbeitskräften zu entsprechen, vertritt der Staat die Idee der Teilzeitarbeit für Frauen. Diejenigen, die zu Hause sind, stellen eine nützliche Reserve dar. Man stellt sich vor, daß sie sich leicht mit einem „Zuverdienst" begnügen würden. Die Familialisten betrachten die Teilzeitarbeit mit Wohlwollen, weil sie es den erwerbstätigen Frauen ermöglichen würde, sich weiterhin um ihr Zuhause zu kümmern. Gewerkschafter und Feministinnen werden sich wirksam gegen jede Art der Verbreitung von Teilzeitarbeit einsetzen. Die Arbeitgeber im Privatsektor sind von dieser Methode zu jener Zeit sowieso nicht angetan.

Ab Mitte der 1960er Jahre finden indessen sowohl bei der CFTC wie bei der CGT Veränderungen statt. Der „Mutterschutz" bleibt ein sehr wichtiges Anliegen. Handelt es sich darum, Rechte zu garantieren oder darum, die Arbeit der Frauen ihrer Funktion als Mütter anzupassen? Die Rechte der arbeitenden Frauen, die Mütter werden, sind weit davon entfernt, gesichert zu sein. Der „Schutz" wird jedoch manchmal in den Forderungen, die aus den erwerbstätigen Müttern eine Sonderkategorie machen wollen, viel weiter getrieben.

Dies ist der Weg, den die CGT wählt. Ende 1964 betont sie in ihrer Kampagne „Fünf Millionen Frauen wollen Zeit zum Leben haben" die soziale Funktion der Mutterschaft, fordert die Garantie des Arbeitsplatzes und den Schutz der schwangeren Frau; vorverlegte Entlassungen und Wiedereinstellungen ab dem 5. Monat; Mutterschaftsurlaub von 16 Wochen bei vollem Lohnausgleich; die Möglichkeit für ein Jahr unbezahlten Urlaub mit der Garantie auf Wiedereinstellung zu nehmen; für den Urlaub zur Pflege kranker Kinder eine Kostenerstattung durch die Sozialversicherung; Entschädigung für die Betreuung von Kindern unter drei Jahren (in Höhe von Krippentagessätzen) und Gemeinschaftseinrichtungen (Kinderkrippen und -horte). Viel spektakulärer ist die Forderung einer Rente für Frauen ab 55 Jahren mit 60 % des Lohns. Wegen der sehr harten Arbeitsbedingungen, unter denen zahlreiche Lohnabhängige zu leiden haben und der Erschöpfung, die daraus resultiert, hat diese Forderung eine beträchtliche Wirkung. Von vielen wird sie zwar als eine gerechte Entschädigung für die Arbeit betrachtet, welche die Frauen als Mütter und Erzieherinnen geleistet haben, sie ruft aber auch lebhafte Kritik hervor.

Zahlreiche Feministinnen protestieren gegen diese Orientierung, welche die Unterschiede betont. Für André Lehmann von der Liga für Frauenrechte sind solche Vergünstigungen unvereinbar mit der Gleichstellung der Geschlechter: Die Hausarbeit soll gerecht verteilt werden, und es müssen Kinderkrippen, Kindergärten und Kinderkrankenhäuser verfügbar sein. Für die CFDT stellt „jeder Protektionismus ... in dem Maße, in dem er die Belastung der Arbeitgeber erhöht, eine Bremse für die Beschäftigung und Förderung von Frauen dar und wendet sich auf diese Weise gegen die Gesamtheit der weiblichen Arbeitskräfte; darüber hinaus verzögert er eine allgemeine Lösung der Probleme, die durch die für alle inhumanen Arbeitsbedingungen entstehen."[34] Die CFDT tritt daher für das Recht auf eine Rente mit 60 Jahren für alle diejenigen ein, die anerkanntermaßen unter beruflich bedingter Erschöpfung leiden sowie für eine Arbeitszeitreduzierung ohne Lohnabzüge für alle. Die CFDT (s. unten) löst sich nach und nach von dem Familialismus, der die Gewerkschaftsbewegung so stark geprägt hat.

Das Arbeitsministerium richtet im September 1965 das Comité d'études et de liaison des problèmes du travail féminin („Komitee zur Untersuchung und Zusammenführung von Problemen der Frauenerwerbsarbeit") ein, eine technisch beratende Einrichtung ohne Budget, die von einer Feministin, Marcelle Devaud, geleitet wird. Trotz schwieriger Anfänge wird diese Einrichtung zu einer Informationsstelle, die zu Untersuchungen und Statistiken über Frauenerwerbstätigkeit anregt, gewerkschaftliche Organisationen und Frauenorganisationen zusammenbringt und eine Plattform bietet, um sich an die Repräsentanten des Staates zu wenden: Man debattiert dort vor allem über Teilzeitarbeit, die Alleinverdienerbeihilfe und Nachtarbeit. Man kann in dieser Einrichtung die Anfänge eines „Prozesses [sehen], der in Frankreich von der Herausbildung eines neuen Bereichs für die Intervention der Staats-

34 Bericht der CFC vom 13. Juni 1965, zitiert nach Stéphanie Batailler: *La Commission*, op. cit., S. 171.

organe zum Staatsfeminismus führt."[35] Selbst für die Frauen und Männer, die sich gegen die damalige gaullistische Politik wenden, erweist sich die Initiative als nützlich, um bessere Informationen zu bekommen und Aktionen wirksamer zu gestalten.

2.5 Kämpfe um die Gleichstellung (1965–1983)

Im Jahr 1966 ermöglicht der große Streik von Herstal in der Nähe von Liège in Belgien, das Problem der Diskriminierungen auf eine europäische Ebene zu bringen. Die 3 500 Arbeiterinnen der nationalen Waffenfabrik führen einen Streik gegen die ungleichen Löhne – 26 % Unterschied zwischen den Löhnen der Männer und der Frauen bei gleicher Arbeit. Arbeitslose Männer, die aufgefordert werden, den Streik zu brechen, weigern sich, was zu einem nachhaltigen Beispiel für mögliche Solidarität im Kampf gegen den Sexismus werden wird. Die Streikenden bekommen Recht und ihr Beispiel führt zur Dynamisierung der Kampagne für Lohngleichheit. In Frankreich lanciert die CGT eine Kampagne für Lohngleichheit und bringt ein breites Bündnis der Linken zur beruflichen Förderung von Frauen zusammen. Die gewerkschaftliche und die feministische Mobilisierung nach dem Mai 1968 führt zu einer Verstärkung der Gleichstellungsgesetzgebung. In den Tarifverträgen muß der Grundsatz „gleicher Lohn für gleiche Arbeit" in Zukunft respektiert werden. Das Gesetz vom 11. Juli 1975 untersagt jede Diskriminierung aufgrund des Geschlechts „bis auf legitime Motive", um vor allem die Verweigerung von Einstellungen aufgrund des Geschlechts oder der Familiensituation ahnden zu können. Man beginnt dann allmählich, die Auswirkungen der Krise auf die Beschäftigung von Frauen zu erkennen. Die Diskriminierungen nehmen zu. Im März 1981 liegt der Arbeitslosenanteil von Frauen bei 9,5 % und der von Männern bei 4,9 %. François Mitterand schlägt vor, die Arbeit gleich zu verteilen, die wöchentliche Arbeitszeit für alle Männer und Frauen auf 35 Stunden zu verkürzen und wendet sich gegen die Teilzeitarbeit für Frauen.

Nachdem Mitterand im Mai 1981 gewählt wurde, richtet er ein Ministerium für Frauenrechte ein, mit dem Yvette Roudy betraut wird. Das Gesetz vom 10. Juli 1982, das nicht abhängig beschäftigten Frauen vermittels dreier verschiedener Möglichkeiten – beteiligte Mitarbeiterin, Arbeitnehmerin des Ehegatten oder Leiterin des Unternehmens – einen beruflichen Status verschafft, ist ein Fortschritt für die Rechte der aufgrund ihres Familienstandes unsichtbar gewordenen arbeitenden Frauen.[36] Am 13. Juli 1983 wird das Gesetz zur „beruflichen Gleichstellung von Männern und Frauen" verabschiedet, mit dem Frankreich sich den Vorgaben der Europäischen Gemeinschaft anpaßt (Richtlinie von 1976). Es unter-

35 Martine Lévy: *Le Féminisme d'État en France 1965–1985: 20 ans de prise en charge de l'égalité professionnelle entre hommes et femmes*, Diss., IEP Paris, 1988, S. 24.

36 Zehn Jahre später haben sich jedoch nur 20 % der betroffenen Frauen für eine dieser Positionen entschieden.

sagt die Diskriminierung von Frauen bei Einstellung, Qualifizierung und Eingruppierung sowie bei Beförderung und Entlassung. Dieses neue Gesetz füllt eine Lücke in der Rechtsprechung, die dazu geführt hatte, daß die früheren Gesetze wenig Wirkung zeitigten. Es definiert die „gleichwertige" Arbeit,[37] es streicht das „legitime Motiv", es begünstigt Gerichtsverfahren, indem es den Vertretungsorganisationen innerhalb des Betriebes erlaubt, sich für das Opfer einer Diskriminierung einzusetzen, und es schützt die Klägerin davor, infolge ihrer Klage entlassen zu werden. Es obliegt jetzt dem Arbeitgeber, zu beweisen, daß er nicht in diskriminierender Absicht gehandelt hat. Über seine (hier zusammengefaßten) repressiven Aspekte hinaus wird mit dem Gesetz auch die Förderung der Chancengleichheit durch besondere Maßnahmen zugunsten von Frauen verfolgt. Es handelt sich darum, soziokulturelle Benachteiligungen auszugleichen, indem man es den Sozialpartnern zur Aufgabe macht, in den Betrieben eine Art „Nachhilfepläne" auszuhandeln, die Frauen bei Einstellung, Weiterbildung und Beförderung mit Hilfe einer finanziellen Unterstützung des Staates den Vorrang geben sollen. Ein Jahresbericht mit Zahlenbelegen soll die Ergebnisse darstellen.

Die Weiterentwicklung der Rechtsprechung, die von europäischen Überlegungen angestoßen wird, ist beachtlich: Man geht vom Grundsatz der Gleichberechtigung zu dem der Gleichbehandlung (d. h. der angewandten Rechte) über. Es geht nicht mehr darum, die Frauen zu „schützen", sondern darum, die Ungleichheit zu bekämpfen, der sie zum Opfer fallen. Eine besser geeignete und vielfältigere Ausbildung soll Chancengleichheit garantieren. Aber die liberale Wende der Linken, nachdem sie an die Macht gekommen ist, wird diese schönen Grundsätze ab 1983 zusehends entstellen. Den Tatsachen nach bestehen die Ungleichheiten fort und werden zwischen den Geschlechtern sogar noch größer.

2.6 Die Ungleichheiten verschärfen sich (1983–2000)

Die große, 1981 versprochene Arbeitszeitverkürzung wird auf 39 Stunden und eine fünfte Woche bezahlten Urlaub begrenzt; sie hat also nur einen äußerst geringen Beschäftigungseffekt. Im März 1983 vollzieht die Regierung die Wende zu einer „härteren Gangart", indem sie Flexibilität bei der Ausgestaltung von Beschäftigungsverhältnissen akzeptiert.[38] Im Grunde genommen unterstützt sie die Schaffung atypischer Beschäftigungsverhältnisse und paßt sich der Sprache und den Interessen der Unternehmensleitungen an. Der Anreiz zur Teilzeitarbeit wird selbst in den öffentlichen Verwaltungen verstärkt, um die Arbeit mehr zu

---

37 „Nur die Arbeiten werden als gleichwertig betrachtet, die bei den Arbeitnehmern einen vergleichbaren Umfang an beruflichen Kenntnissen, die durch einen Titel, ein Diplom oder die berufliche Praxis belegt sind, an Fähigkeiten, die sich aus der erworbenen Erfahrung ergeben, an Verantwortlichkeit und an physischer oder psychischer Belastbarkeit voraussetzen."

38 Jane Jenson, Mariette Sineau: *Mitterand et les Françaises. Un rendez-vous manqué*, Presses de sciences po, 1995, Kapitel 7.

verteilen, aber auch um eine bessere Vereinbarkeit von Familie und Beruf zu erreichen. Diese letztgenannte Rechtfertigung läßt keinen Zweifel, auf welches Publikum man es abgesehen hat. Man spricht immer weniger von Gleichstellung. Im Jahr 1992 ersetzt die Regierung diesen Grundsatz bei Beschäftigungsverhältnissen durch den der „Mixité".[39] „Der allgemeine Verfall der Gewerkschaftsbewegung und der Rückgang feministischer Positionen sowohl innerhalb von Organisationen als auch bei autonomen Gruppen, hat François Mitterand letzten Endes freie Hand gelassen, um eine Wirtschaftspolitik zu betreiben, die das Recht der Frauen auf Erwerbsarbeit wieder in Frage gestellt hat."[40] Wir werden nacheinander die drei wichtigsten Aspekte der wirtschaftlichen Unterlegenheit von Frauen behandeln: Die Entwicklung prekärer Beschäftigungsverhältnisse in Teilzeit, die häufig mit „atypischen" Arbeitszeiten verbunden sind, die sehr hohe Arbeitslosigkeit und schließlich das Fortbestehen des Lohngefälles zwischen den Geschlechtern.

Die Teilzeitarbeit, die mindestens um ein Fünftel unter der gesetzlichen Arbeitszeit liegt, hat sich mit Unterstützung des Staates sehr verbreitet, der sie für ein Mittel zur Bekämpfung von Arbeitslosigkeit hielt.[41] Diese Arbeitsplätze werden heute in der überwältigenden Mehrheit von Frauen besetzt (85 %). Das heißt, daß eine von vier Frauen (im Jahr 1991) in Teilzeit arbeitet (und nur 3,5 % der Männer). Die 3 Millionen betroffenen Lohnabhängigen (1993) haben gering qualifizierte Arbeitsplätze inne, im wesentlichen im tertiären Sektor (Handel, Dienstleistungen). In den 1980er Jahren als eine moderne Form gleitender Arbeitszeit gepriesen, die ein Gleichgewicht zwischen Arbeit und Familienleben ermöglichen würde, wird die Teilzeitarbeit zunehmend als eine für die Arbeitgeber vorteilhafte, für ihre Arbeitnehmer jedoch nachteilige Flexibilisierung von Beschäftigungsverhältnissen gesehen. Sie führt zu Prekarität, außer in den sehr wenigen Fällen, in denen sie wirklich gewollt ist – bei den Sekretärinnen, den Beamtinnen und den Inhaberinnen qualifizierter Arbeitsplätze in den freien Berufen und in der Informatikbranche. Die sogenannten atypischen Beschäftigungsverhältnisse (unsicher, in Teilzeit) sind so wenig einträglich – ein halber SMIC läuft auf ein RMI hinaus –, daß sie einen Rückzug ins Haus befördern.[42] Die jungen Mütter erleben, daß ihr Zugang zu Arbeitsplätzen, die eine hohe Einsatzbereit-

---

39 *Anm. d. Ü.*: Mixité: Gemeint ist hier, daß beide Geschlechter gleichermaßen vertreten sein sollen; „Gemischtgeschlechtlichkeit" wäre eine etwas ungelenke Übersetzungsmöglichkeit für den Tatbestand. Von „mixité" wird im Französischen auch gesprochen, wo im Deutschen von „Koedukation" die Rede ist.

40 Id., S. 237.

41 Es gibt heute in Frankreich 16 % Teilzeitbeschäftigung. Die Zahl dieser Arbeitsplätze hat sich seit 1973 verdoppelt. Davon sind 3,6 Millionen Personen betroffen oder eine(r) von 6 Erwerbstätigen.

42 *Anm. d. Ü.*: SMIC (Salaire minimum interprofessionnel de croissance): Dynamischer Mindestlohn für alle Berufssparten, der von der Regierung entsprechend der allgemeinen Lohnentwicklung regelmäßig festgesetzt wird. Nachfolger des SMIG. – RMI (Revenu minimum d'insertion): Mindesteinkommen zur beruflichen und gesellschaftlichen Eingliederung, das per Gesetz ab Ende 1988 eingeführt wurde, um die „neuen Armen" zu unterstützen.

schaft erfordern, eingeschränkt wird, vor allem bei den großen Einzelhandelsketten und in Restaurant- und Hotelbetrieben, die wechselnde Arbeitszeiten zur Auflage machen. Die 1985 geschaffene Erziehungsbeihilfe für Eltern – in Wirklichkeit aber für Mütter – von zwei Kindern, die in den fünf Jahren vor der Geburt mindestens zwei Jahre lang erwerbstätig waren, kommt einer Einladung gleich, den Arbeitsplatz aufzugeben. Diese Beihilfe macht im Jahr 1997 3000 Francs monatlich aus, die nicht zu versteuern sind, und wird einer halben Million Personen zugesprochen. Sie stellt eine Alternative zur Arbeitslosigkeit oder einer gering entlohnten Arbeitstätigkeit dar und läßt die Arbeitslosenzahlen schrumpfen – ein Drittel der Empfänger waren 1998 arbeitslos.[43] Schlecht bezahlte und häufig in Teilzeit besetzte Arbeitsplätze für Frauen entstehen in der häuslichen Kinderbetreuung und bei Haushaltsarbeiten aufgrund der Beihilfe zur häuslichen Kinderbetreuung, die den Arbeitgebern (Arbeitgeberinnen) Steuervorteile bietet und über das System Scheck-Job-Service vermittelt wird. Die Nutznießer, die zu den Schichten der Besserverdienenden gehören, werden im Laufe der Zeit immer mehr. Die vom Staat verkündete Absicht, neue Beschäftigungsmöglichkeiten zu fördern, führt dazu, daß Frauen weiterhin auf die unterqualifizierten Bereiche beschränkt bleiben und weist die Tendenz auf, sich mit der Familienpolitik zu vermischen. Denn es wurde eine Entscheidung zugunsten individueller Dienstleistungen (bei der Hausarbeit, bei der Betreuung und Pflege von Kindern, Alten und Kranken) getroffen und nicht zugunsten gemeinschaftlicher Dienstleistungen. Der Rückgang der Zahl der Krippen und Horte kann nicht ohne Auswirkung auf die Beschäftigung von Frauen bleiben.

Im Jahr 2000 war Frankreich endlich bereit, sich der europäischen Richtlinie von 1976 anzupassen, welche das Nachtarbeitsverbot für Frauen als eine Diskriminierung von Frauen auslegt. In Frankreich war das Verbot, das sich nur auf Industrieunternehmen erstreckt, 1979 für die Frauen abgeschafft worden, die Leitungspositionen oder technische Positionen mit Verantwortung innehaben. In der Praxis wurden eine Reihe von Ausnahmen zugelassen: Vor 1992 verrichteten 450 000 Frauen Nachtarbeit. Die zunehmende Flexibilisierung der Arbeit drückt sich in einer Zunahme der Nachtarbeit aus, die allerdings nur eine Minderheit der Frauen betrifft – 1991 arbeiteten in allen Sektoren zusammen 17,3 % der Männer nachts und nur 5,3 % der Frauen.[44]

Die Höhe der Arbeitslosigkeit liegt 1996 bei den Frauen bei 14,2 % und bei den Männern bei 10,4 %. Erstere sind zu drei Viertel Angestellte, während letztere vor allem Arbeiter sind. Die arbeitslosen Frauen bleiben über einen längeren Zeitraum auf der Suche nach einer Beschäftigung. Die Jüngsten sind am härtesten betroffen: Arbeitslosigkeit bei den unter 25jährigen liegt 1996 bei 22 % für Männer und bei 32 % für Frauen, die besondere Eingliederungsschwierigkeiten erleben. Sehr häufig geraten Frauen in die Arbeitslosigkeit,

43 Françoise Battagliola: *Histoire du travail*, op. cit., S. 106 f.
44 INSEE, zitiert nach Christine Cordero: *Le Travail des femmes*, op. cit., S. 90.

wenn ihr Zeitarbeitsvertrag ausläuft oder wenn sie nach einer Unterbrechung wieder eine Erwerbstätigkeit aufnehmen wollen. Die Männer dagegen sind stärker von Entlassungen aus ökonomischen Gründen betroffen. Arbeitslosigkeit trifft nicht alle Frauen in gleichem Maße: Diejenigen, die einen qualifizierten Abschluß haben, unterliegen den gleichen Bedingungen wie ihre männlichen Kollegen, während die unterqualifizierten Frauen in sehr hohem Maße prekären Verhältnissen ausgeliefert sind. Es gibt „harte Kerne von übergroßer Arbeitslosigkeit und Unterbeschäftigung bei Frauen, die sich fest etabliert haben und weitgehend toleriert werden". „Daß man von der Vorstellung ausgeht, die Frauen könnten sich stillschweigend vom Arbeitsmarkt zurückziehen, um sich in die Erwerbslosigkeit zu flüchten, bedeutet wohl, daß ihr Recht in dieser Angelegenheit immer noch kontingent ist – stets den Zufällen des Augenblicks unterworfen. Und daß ihre Arbeitslosigkeit weitaus weniger schlimm ist als die Arbeitslosigkeit der Männer."[45]

Vor dem Hintergrund ökonomischer Veränderungen und des Fortbestandes von Arbeitslosigkeit auf einem extrem hohen Niveau nehmen die Diskriminierungen qua Geschlecht zu. Das Gesetz „Roudy", Symbol für die Gleichstellungsabsicht der Linken, ist enttäuschend: Sehr wenige Unternehmen arbeiten Gleichstellungspläne aus (sie betreffen nur 4000 Frauen). Im Jahr 1989 muß Frankreich sogar nachbessern, um sich der europäischen Regelung anzupassen, die in bezug auf die faktische Gleichstellung anspruchsvoller ist. Die durchschnittliche Differenz zwischen den Löhnen der Männer und der Frauen bleibt groß: 1982 27,4 %, 1989 28,2 % und 2000 24,0 %. Die Frauen arbeiten ganz überwiegend in den am geringsten entlohnten Tätigkeitsbereichen. Zudem bestehen weiterhin Gehaltsunterschiede innerhalb ein und derselben sozioprofessionellen Gruppe: 1992 liegt die Differenz bei den Führungskräften bei 27 %. Bei den Arbeitern liegt sie bei 23 % und bei den Angestellten und mittleren Einkommensgruppen zwischen 13 und 10 %. Im Staatsdienst, wo der Gleichheitsgrundsatz besonders strikt angewendet wird, macht die Differenz 1990 15,3 % aus.[46] Selbst wenn die Faktoren, welche die Differenzierung beeinflussen, wie die Dauer der Arbeit, die Qualifikation und die Berufserfahrung herausgerechnet werden, bleibt ein Unterschied bestehen, der auf bloße Diskriminierung zurückzuführen ist.[47] Er ist um so größer, je höher man in der Hierarchie aufsteigt. Am meisten Besorgnis erregt jedoch die Situation der zahlreichen Frauen, die arbeiten, ohne ihren Lebensunterhalt verdienen zu können: Eine Pauperisierung, von der wenig gesprochen wird.[48]

---

45 Margaret Maruani: Les temps modernes de l'emploi féminin, in: *Manières de voir/Le Monde diplomatique* Nr. 44, März-April 1999.

46 INSEE, zitiert nach Claire Aubin, Hélène Gisserot: *Les Femmes*, op. cit., S. 53.

47 Catherine Sofer: Analyse économique des discriminations sexuelles dans les entreprises, in: Nicole Aubert, Eugène Enriquez, Vincent de Gaulejac (Hg.): *Le Sexe du pouvoir. Femmes, hommes et pouvoirs dans les organisations*, Desclée de Brower, 1986, S. 96–106.

48 Die jedoch eines der Themen beim weltweiten Marsch der Frauen im Jahr 2000 ist.

2.7 Frauen im Streik

Der Streik weist nicht alle Formen des Widerstandes auf, die sich bei der Arbeit zeigen. Wir werden uns hier nicht mit dem Absentismus befassen und auch nicht mit den verschiedenen Strategien, die darauf abzielen, die geforderte Arbeitsanstrengung herabzusetzen, Unvermögen vorzutäuschen und „Zeit zu schinden", wann immer es möglich ist, weil diese Widerstände auf die einzelnen beschränkt bleiben und selten offen angesprochen werden. Der Streik als kollektives Phänomen ist dagegen eine außergewöhnliche Gelegenheit, *das Wort zu ergreifen.* Er macht daher Verhältnisse publik, die für gewöhnlich erduldet werden. Davon zeugen Filme wie *Quand les femmes ont pris la colère* (1977) von Soazig Chappedelaine und René Vautier oder *La reprise du travail chez Wonder* (1996) von Hervé Leroux, der den Akteurinnen und Akteuren eines Streiks von 1968 zwanzig Jahre danach begegnet ist. Der Autor war zutiefst beeindruckt gewesen von dem Bild einer jungen Frau aus dieser Fabrik in einem Pariser Vorort, die in dem Augenblick, als die Gewerkschaften die Wiederaufnahme der Arbeit empfahlen, unter Tränen gesagt hatte, daß sie „nie mehr in diesen Knast zurückgehen" würde. Das Bild dieser angelernten Arbeiterin, die durch die Schikanen des Aufsichtspersonals, die geringen Löhne und den aufgezwungenen Arbeitstakt bis zum Äußersten getrieben wird und plötzlich revoltiert, indem sie jeden Kompromiß verweigert, ist tatsächlich ein Sinnbild. Denn traditionell sind es nicht die am stärksten Ausgebeuteten, die am ehesten zum Streik bereit sind. Seit den 1960er Jahren mehren sich jedoch die Streiks von angelernten Arbeitern und Arbeiterinnen (bei denen Frauen in der Mehrzahl sind), um die Festsetzung eines garantierten Mindestlohns, höhere Löhne und eine Herabsetzung der Arbeitstakte zu erreichen. Die Streiks vom Mai 1968, bei denen häufig die Betriebe besetzt werden, ermöglichen zwar eine Herabsetzung der Wochenarbeitszeit und eine Anhebung des SMIG, aber die Arbeitsbedingungen bleiben erbärmlich und die Zukunftsaussichten sind ziemlich schwarz für alle die, die verurteilt sind, bis zur Rente immer die gleiche Bewegung auszuführen.

Die Streiks der 1970er Jahre fallen durch ihre lange Dauer auf. Lip, eine Uhrenfabrik, deren Personal zur Hälfte aus angelernten Arbeiterinnen besteht – die dann zu einem Vorbild selbstverwalteter Organisationen geworden ist –, erregt besonders viel Aufsehen: Die Frauen, die diese Erfahrung mitgemacht haben, geben sie in dem Buch *Lip au féminin* (Syros, 1977) weiter. Man findet dort Gleichstellungsforderungen in bezug auf das Recht auf Arbeit, die Löhne, Ausbildung und Beförderung, die Abschaffung der Leistungslöhne für angelernte Arbeiter(innen), die Arbeitszeitverkürzung für alle und die Entwicklung von Gemeinschaftseinrichtungen, die von den Nutzerinnen kontrolliert werden. Aber das Buch ist auch Ausdruck einer feministischen Revolte, da das Leben von Frauen, die Fallen der traditionellen Familienorganisation, die bei der Arbeit aber auch bei der Organisation des Kampfes (unter männlicher Führung) erfahrenen Diskriminierungen gemeinsam analysiert werden. Vergleichbare Erfahrungen gibt es bei der CIP, einer Fabrik, die drei Jahre lang (1975–1978) von der weiblichen Belegschaft besetzt gehalten wurde, die dort die Hemdenfabrikation weiterführte.[49] Diese beiden Beispiele zeigen einen bedeutsamen Wandel im Wesen der Streiks im privaten Sektor an: Es sind defensive Streiks, in denen nach der letzten Chance gesucht wird, die Schließung des Unternehmens zu vermeiden, Streiks in Zeiten der Krise. Die Deindustrialisierung führt zu verzweifelten Streiks, die je nach der Art der Produktion, manchmal von Männern, manchmal von Frauen geführt werden. Die Zunahme der Arbeitslosigkeit und die Prekarisierung der Beschäftigungsverhältnisse führen zu einem Rückgang der Streiks, die seit zwanzig Jahren die Tendenz haben, sich auf den öffentlichen Sektor zu beschränken. Die Filmemacherin Dominique Cabrera hat in ihrem Film *Nadia et les hippopotames* (1999) sehr gut die neue Herausforderung festgehalten, welche die Streikbewegung von 1995 darstellte, indem sie eine Gruppe gewerkschaftlich organisierter Eisenbahner auf eine junge Frau (gespielt von Ariane Ascaride) treffen läßt: Sie ist die Mutter eines Babys, dessen Vater sie sucht; eine Frau ohne Arbeit, die völlig verloren und ohne einen Cent keine Möglichkeit hat, zu ihrer Verteidigung die Waffe des Streiks einzusetzen.

2.8 Welche Macht haben Frauen in den Gewerkschaften?

Die Antwort auf diese Frage ist nicht einfach, weil die Welt der Gewerkschaften sehr unterschiedlich ist und seit der Befreiung wesentliche Veränderungen durchgemacht hat. Wir werden hier nur die beiden wichtigsten Gewerkschaftsbünde betrachten: GGT und CFTC-CFDT.[50] Dort sind wie anderswo Frauen immer seltener anzutreffen, je höher die verantwortliche Position ist.

1946 sitzt eine einzige Frau, Marie Couette, im Hauptbüro der CGT. Trotzdem entstehen seit der Befreiung immer mehr Frauenausschüsse.[51] Seit dieser Zeit wird eine gezielte Politik der Rekrutierung von weiblichen Gewerkschaftsmitgliedern, Aktivistinnen und Führungskräften betrieben. Dies geht nicht ohne Schwierigkeiten vor sich, weil die Vorurteile hartnäckig und die Widerstände sehr stark sind. In der Mehrzahl der Fälle werden die Maßnahmen in bezug auf die Frauen vollständig von den Frauen selbst verantwortet. *La Vie ouvrière* und *Le Peuple* haben Rubriken für Frauen, am bemerkenswertesten ist aber das Vorhandensein einer Monatszeitschrift, die ausschließlich für Arbeiterinnen gedacht ist: *La Revue des travailleuses*, entstanden 1952, 1955 ersetzt durch *Antoinette*, die mit einer Auflage von 50 000 Exemplaren einen bedeutenden Einfluß hat.[52] Die CGT investiert eben-

49 Annie Borzeix, Margaret Maruani: Le *Temps des chemises*, Syros, 1982.

50 Für diesen Bereich ist die Geschichtsschreibung noch sehr lückenhaft. Bei der aus der Spaltung von 1948 hervorgegangenen CGT-Force Ouvrière sitzt von 1948 bis 1963 eine einzige Frau (Rose Étienne) im Büro des Gewerkschaftsbundes, danach bis 1974 keine, dann eine (Paulette Hofman). Der Frauenausschuß wurde erst sehr spät, 1970, gebildet (Paulette Lanvin).

51 Slava Liszek: *La CGT et la défense des femmes salariées de 1944 à 1968*, DEA, Université de Paris VII, 1997.

52 Anne-Clémence Wisner: *„Antoinette", magazine féminin de la CGT de 1955 à 1969*, Magisterarbeit, Université de Paris VII, 1997.

falls sehr stark in die Ausbildung der Aktivistinnen, indem sie sich deren familialen Zwängen anpaßt: Lehrgänge in ihrer näheren Umgebung ermöglichen es ihnen, abends nach Hause zu gehen. Die Ergebnisse sind zwar nicht spektakulär, aber doch deutlich sichtbar. Die Beteiligung von Frauen an den Kongressen wird besser – 1946 machen sie nur eine Handvoll, in den 50er Jahren 15 % und gegen Ende der 1960er Jahre 20 % aus. Auch in den Leitungsgremien sind sie zahlreicher vertreten: 10,6 % sind im Jahr 1946 im Verwaltungsausschuß, 23 % im Jahr 1953. Freilich gibt es keine einzige Statistik, aus der sich die Entwicklung der Zahlen der gewerkschaftlich organisierten Frauen zuverlässig ermitteln ließe.

Bei der CFTC sind Frauen besonders zahlreich – 42 % der Mitglieder im Jahr 1949 und 48 % im Jahr 1964. Dennoch haben sie in der Organisation kein starkes Gewicht. Zur Zeit der Befreiung hat dieser Gewerkschaftsbund die Frauengewerkschaften abgeschafft, die den einen als zu konservativ und den anderen als zu revolutionär galten.[53] Ist dies ein Fortschritt in der Gleichstellung, wie manche junge Aktivistinnen meinen? Oder ist es ein Verlust an Macht und Autonomie, wie die „Alten" denken? Während die Frauen vor dem Krieg nie weniger als 25 % der Mitglieder des nationalen Büros gestellt hatten, sind sie 1949 nur noch 3 von 36. 1961 ist eine Frau unter den 22 Mitgliedern. Der aus 40 Mitgliedern bestehende Rat des Gewerkschaftsbundes ist ausschließlich männlich besetzt. Würde es ohne den in den Statuten vorgeschriebenen Posten der stellvertretenden Generalsekretärin, die den Frauenausschuß des Bundes ins Leben gerufen hat, überhaupt eine Frau in der Führungsspitze geben? Die Teilnahme von Frauen an den Kongressen ist schwach (6,6 % im Jahr 1963) und die weiblichen Delegierten ergreifen dort selten das Wort. Der Leitungsapparat hat sich also stark vermännlicht, eine Entwicklung, die man in bezug auf den allgemeinen Kontext betrachten muß: Das Gewicht des Familialismus während jener Jahre des Babybooms, die zunehmende Infragestellung der bezahlten Arbeit von Frauen und davon ausgehend ihrer gewerkschaftlichen Aktivität. Denn die Ehefrauen der Aktivisten, die zu Hause bleiben, repräsentieren die Normalität, während die Aktivistinnen dagegen als anormal erscheinen und dies um so mehr, wenn sie unverheiratet und kinderlos sind. Im Frauenausschuß gibt es indessen Aktivistinnen, die entschlossen sind, die Stellung der Frauen zu verbessern und auf eine Entkonfessionalisierung der Gewerkschaften hinzuarbeiten. Unter ihnen ist Jeannette Laot, offen für einen Austausch mit den feministischen und sozialistischen Intellektuellen, die ihre Zeit – den Beginn der 1960er Jahre – als eine Übergangsperiode analysieren, in der die Wünsche der Frauen mit der Tradition zusammenstoßen.

1964 findet der Kongreß statt, bei dem der christliche Gewerkschaftsbund in die Confédération française démocratique du travail (CFDT)[54] umgewandelt wird, während eine Minderheit die CFTC fortführt. Bei dem Kongreß wird eingeräumt, daß eine Gesellschaft

---

53 Stéphane Batailler: *La Commission féminine confédérale de la CFTC (CFDT) dans les années 1960*, Magisterarbeit, Université de Paris I, 1997.

54 Anm. d. Ü.: Confédération française démocratique du travail (CFDT): Französischer Demokratischer Gewerkschaftsbund, der dem PS nahesteht.

entwickelt werden muß, in der Frauen sich als menschliche Wesen gleichberechtigt mit den Männern verwirklichen können, unter der Voraussetzung, daß „das Wohlergehen und das Gleichgewicht der Familie" gesichert werden. 1967 wird Jeannette Laot zur festangestellten Vertreterin der Frauenabteilung, die eine schwierige interne Auseinandersetzung führt. – „Man schlägt sich schon mit den Bossen herum, da will man sich nicht mit den Genossen aus der Gewerkschaft streiten", sagt eine Aktivistin. – Der Mai 68 beschleunigt die Entwicklung: „Die Befreiung der Frau von all dem, was sie in der gegenwärtigen Gesellschaft entfremdet, ist eine unabdingbare Voraussetzung für den Übergang zum Sozialismus" (Kongreß der CFDT, 1970). Die CFDT überholt in gewisser Weise die CGT, indem sie einen selbstverwalteten Sozialismus vertritt, der mehr auf der Höhe der Zeit ist als der dogmatische Kommunismus, aber auch indem sie „feministisch" wird (das Wort wird zwar nicht gebraucht, aber die Wendung „Befreiung der Frau" ist 1970 prägend). 20 % Frauen nehmen an diesem Kongreß teil. Der einer Frau als stellvertretender Generalsekretärin vorbehaltene Posten wird gestrichen – der Paternalismus der Quoten entspricht nicht dem Zeitgeist. Im darauffolgenden Jahr wird der Frauenausschuß auch für Männer zugänglich: Die Forderungen der Frauen müssen sich im Prinzip alle zu eigen machen.

Man hat in den Gewerkschaften niemals so viel über „Frauenfragen" diskutiert wie während der 1970er Jahre: Der MLF hatte aufstachelnd gewirkt, aber auch die extreme Linke sowie die Intellektuellen, die sich auf Frauenerwerbsarbeit spezialisiert hatten. Damals vollzieht sich eine mentale Revolution: die Neudefinition des gewerkschaftlichen Feldes.[55] Die mit der Sexualität zusammenhängenden Fragen, die ehedem als private Fragen galten, werden nun einbezogen: Die Gewerkschaften beteiligen sich an den Auseinandersetzungen über Verhütung und Abtreibung. Es sind – allgemeiner gesagt – nicht mehr allein die Arbeitsbedingungen, über die debattiert wird, sondern die Lebensbedingungen. Die Schönwetterperiode hält nicht lange an. Politische Faktoren – die in den sozialen Bewegungen durch die Machtübernahme der Linken ausgelöste Unruhe – und sozioökonomische Faktoren – die Deindustrialisierung und das Fortbestehen von Arbeitslosigkeit auf sehr hohem Niveau – schwächen die Gewerkschaften. Die Träume der 1970er Jahre schmelzen dahin. Madeleine Colin gesteht ein, daß es zwischen Syndikalismus und Feminismus verpaßte Gelegenheiten gegeben habe. In ihrer Organisation, der CGT habe der Feminismus zwangsläufig als „bourgeois" gegolten, was eine ungerechtfertigte Bezeichnung sei. Gleichzeitig bedauert sie jedoch, daß die Feministinnen niemals „jene Form des Feminismus anerkannt [hätten], welche die arbeitenden Frauen in sich tragen und auf ihre Weise zum Ausdruck bringen. Jener Feminismus, der sich in *Antoinette* kräftig und frei entfalten konnte", der Zeitschrift, die sie bis 1975 herausgegeben hatte.[56] Die Leitung der CGT dagegen schätzt den unabhängigen Ton der Zeitschrift nicht, den diese nicht nur im Zusammenhang mit Frauenkämpfen, sondern auch bei internationalen Fragen an den Tag legt: 1982 tritt der Redaktionsstab zurück.

55 Margaret Maruani: *Les Syndicats à l'epreuve du féminisme*, Syros, 1979.

56 Interview in *Le Féminisme et ses enjeux*, op. cit., S. 93.

In den 1990er Jahren kann man den Aufstieg einzelner Frauen in die Leitung gewerkschaftlicher Organisationen verzeichnen. Nicole Notat, die 1992 an die Spitze der CGT gewählt wird, ist die bekannteste dieser Frauen. Auch SUD (hervorgegangen aus einer Spaltung der CFDT bei der PTT), der SNES (Lehrergewerkschaft), der CNJA (Centre national des jeunes agriculteurs) sind in diesem Zusammenhang zu nennen. Diese Fortschritte bringen zweifellos einen Rückgang der Diskriminierungen zum Ausdruck, sie rufen aber auch sexistische Reaktionen sogar von seiten der Gewerkschaftsführer hervor. Sie gehen nicht mit einer allgemeinen Feminisierung der Führungsgremien einher. Das nationale Büro der CFDT zum Beispiel zählt (1999) nur acht Frauen unter seinen 32 Mitgliedern. Hängt die Krise der Gewerkschaften nicht auch damit zusammen, daß ihr männliches Betriebsmodell zur Anpassung nicht taugt? Diese Krise hat jedenfalls einen Raum für andere Formen kollektiven Protests eröffnet. Die Koordinationsgruppen der Krankenschwestern, die 1988–1989 in Erscheinung traten, sind ein gutes Beispiel dafür. Es ist gewiß folgerichtig, daß sie nach dem Muster eines zu 85 % weiblichen Berufs stark von Frauen dominiert werden. Jedoch wirkt sich das Fehlen bürokratischer Mechanismen bei dieser Art von sozialen Bewegungen grundsätzlich zugunsten einer wirklichen Offenheit für beide Geschlechter aus.[57]

3 Die Ausbildung der Mädchen

3.1 Gemeinsame Erziehung von Mädchen und Jungen in der Schule

Bis zu Beginn der 1960er Jahre unterlag das Schulsystem grundsätzlich der Geschlechtertrennung, jedoch nahmen neben reinen Mädchen- und Jungenschulen Gemeinschaftsschulen in der Sekundarstufe I immer mehr zu und vor allem in den öffentlichen Schulen auch gemischte Klassen in der Primarstufe.[58] Dann wird die gemeinsame Erziehung per Erlaß in den weiterführenden Collèges (1963) und in den Grundschulen (1965) eingeführt.[59] Das Bildungsministerium begründet diese Maßnahme im Namen der „Weiterentwicklung

57 Danièle Kergoat, Françoise Imbert, Hélène Le Doaré, Danièle Senotier: *Les Infirmières et leur coordination 1988–1989*, Lamarre, 1992.

58 Françoise und Claude Lelièvre: *Histoire de la scolarisation des filles*, Nathan, 1991.

59 *Anm. d. Ü.*: Mit der Verlängerung der Schulpflicht auf 16 Jahre wurden 1959 auch die Primarabschlüsse reformiert. Je nach Leistung auf der Ecole primaire konnten die Schüler nun ein Gymnasium (lycée) oder ein berufsvorbereitendes Collège d'enseignement général besuchen. Nach einer zweijährigen Orientierungsstufe erfolgte eine erneute Differenzierung. Eine weitere Liberalisierung des Bildungszugangs fand 1963 statt: Die Orientierungsstufe wurde auf vier Jahre verlängert. Dafür wurden erstmals eigenständige Schulen, die collèges d'enseignement secondaire (CES), eingerichtet. Verzweigungen in den Collèges eröffneten sowohl die Möglichkeit eines einfachen Hauptschulabschlusses als auch den Weg zu einer berufsorientierten Ausbildung oder den Besuch eines Lycée. Die Differenzierung in den Collèges wurde unter Bildungsminister Haby 1975 wieder abgeschafft und durch ein einheitliches Collège ersetzt. Diese Gesamtschule kennzeichnet noch heute das moderne Schulsystem Frankreichs.

sozialer Vorstellungen", welche die Vorbehalte von Familien und Lehrkräften gegen die Koedukation beseitigt habe. Es findet keine öffentliche Debatte statt. Es ist die Administration, die den Anstoß zur gemeinsamen Erziehung von Mädchen und Jungen gibt, in dem Bemühen, ein Schulsystem besser lenken zu können, das aufgrund des demographischen Wachstums und des 1959 von 14 auf 16 Jahre angehobenen Pflichtschulalters immer mehr Kinder aufnehmen muß. Implizit geht es auch darum, der Nachfrage nach Arbeitskräften besser zu entsprechen – ein Rundschreiben von 1966 fordert „eine systematische Anstrengung zur Information der Familien" über die für junge Mädchen angebotenen Ausbildungsmöglichkeiten. Zuerst wird für die Klassen der Grundschule und der Sekundarstufe I Gemeinschaftsunterricht eingeführt, dann erfolgt ab 1968 eine beschleunigte Entwicklung auf der Ebene der Lycées. Die gemeinsame Erziehung von Mädchen und Jungen wird mit dem Gesetz Haby von 1975 zur Regel. Die Anhänger der Koedukation haben gewonnen, aber ihr Sieg ist unauffällig, wie die Übernahme des Begriffs der „Mixité" – und nicht der „Koedukation" – beweist, der die alte Debatte befriedet. Die egalitäre und feministische Perspektive taucht offiziell nur in einem späten amtlichen Rundschreiben von 1982 auf, das die gemeinsame Erziehung als ein Mittel darstellt, um „die volle Chancengleichheit" zwischen Mädchen und Jungen sicherzustellen, um „sexistische Vorurteile" zu bekämpfen und „jede Diskriminierung in Bezug auf die Frauen verschwinden zu lassen".[60]

3.2 Der Bildungserfolg der Mädchen

In diesem für die Massen demokratisierten Unterrichtssystem haben die Mädchen einen glänzenden Erfolg. Schon die erste Grundschulklasse müssen sie seltener wiederholen als die Jungen, selbst wenn sie aus einem sozial schwachen Milieu kommen. Dennoch werden bei gleichem Durchschnittsniveau bei der Versetzung in eine höhere Klasse im Zweifelsfalle die Jungen bevorzugt. Im Jahr 1990 gibt es in der letzten Klasse (terminale)[61] vor dem Baccalauréat 54,8 % Mädchen: Ihre Zahlen sind nach 1969 sehr schnell angestiegen. Langzeitstudien zufolge haben sie in der letzten Klasse einen deutlichen Vorsprung, gleich aus welchem Milieu sie kommen, und der Vorsprung ist sehr stark, wenn sie aus einem privilegierten Milieu kommen. Die Marge von 50 % weiblichen Studierenden an Universitäten wurde

60 Über „Mixité" heute vgl. Claude Zaidman: *La Mixité à l'école primaire*, L'Harmattan, 1996; Nicole Mosconi: *La Mixité dans l'enseignement sécondaire: un faux-semblant?*, PUF, 1989.

61 *Anm. d. Ü.*: Die Klassen werden in Frankreich im Gegensatz zu Deutschland in umgekehrter Reihenfolge gezählt: 6. Klasse in Deutschland = sixième (6.) in Frankreich; 7. Klasse in Deutschland = cinquième (5.) in Frankreich; 8. Klasse in Deutschland = quatrième (4.) in Frankreich; 9. Klasse in Deutschland = troisième (3.) in Frankreich; 10. Klasse in Deutschland = seconde (2.) in Frankreich; 11. Klasse in Deutschland = première (1.) in Frankreich; 12. Klasse in Deutschland = terminale (Jahr des Abiturs).

1971 überschritten, dies war das Ergebnis einer seit einem Jahrhundert stetigen und gleichmäßigen Aufwärtsentwicklung.

Die Schule scheint den Beweis für die Gleichheit der Geschlechter und sogar für die Überlegenheit der Mädchen anzutreten. Sollte sie ein gegen Ungleichheiten schützender Kokon sein? Nein, denn sie reproduziert sehr stark die Ungleichheiten zwischen den Klassen und auch – heute etwas weniger offensichtlich – die zwischen den Geschlechtern. Wir werden dies im Zusammenhang mit dem Problem der Orientierung noch genauer betrachten, zuvor geht es jedoch darum, den Schulerfolg der Mädchen zu analysieren. Nach Aussagen von Pädagogen und Soziologen verinnerlichen letztere die schulische Disziplin bis zur Übertreibung. Sie sind viel artiger, aufmerksamer und ordentlicher als die Jungen. Dies ist offensichtlich nichts weniger als natürlich: Außerhalb des Schulsystems haben sie nämlich vom frühesten Alter an unter der Kontrolle und dem Einfluß ihrer Angehörigen gelernt, sich so zu verhalten. So sind sie gegenüber dem „ungeschriebenen Gesetz der schulischen Sozialisation" im Vorteil. Die Jungen dagegen nehmen sich ihren Vorteil in dem „ungeschriebenen Gesetz des schulischen Wettbewerbs" dank einer Erziehung zum Kampf und zur Rivalität, die als solche hauptsächlich aus ihrer Perspektive gesehen wird. „Die machistische Kultur des *agon* [des Kampfes] kann Selbstüberschätzungen ermöglichen, die sehr nützlich sind, um zum Bac C[62] zu kommen"[63] – so wie sie auch für Jungen aus sozial schwachen Milieus zu einer Falle werden kann. Die Trümpfe, welche die Schule ins Spiel bringt, um die Situation von Jungen und Mädchen zu egalisieren – die frühzeitige Einschulung ab drei Jahren, die Feminisierung des Lehrkörpers, Erziehungsprinzipien, die grundsätzlich jede Unterscheidung nach Geschlecht ausschließen –, sind also nicht ausreichend: Innerhalb wie außerhalb der Mauern der Institution sind in Gestalt weitverbreiteter gesellschaftlicher Stereotype Gärstoffe für Ungleichheit am Werk.

So liegt im Lycée, wo die Mädchen in der Mehrheit sind, 1989–1990 die Mädchenquote in den Zweigen A, B oder G (Literatur, Ökonomie, Dienstleistungstechnologie) bei 70 % und in den Zweigen C, D oder F (Naturwissenschaft oder Industrietechnik) bei 40 %.[64] Der Zugang der Mädchen zum mathematisch-naturwissenschaftlichen Bac, dem

62 *Anm. d. Ü.*: Bac C: Mathematisch-naturwissenschaftliches Abitur, das lange Zeit als die angesehenste Form des Baccalauréat galt.

63 Christian Baudelot und Roger Establet: Allez les filles!, Le Seuil, 1992, S. 155.

64 *Anm. d. Ü.*: Das hier verwendete Klassifikationsschema der zum Abitur führenden Zweige (filières) datiert auf die Zeit vor den Reformen von Bildungsminister François Bayrou (1994). Damals gab es an den französischen Gymnasien 27 verschiedene Zweige zum Abitur, die seitdem durch 7 Hauptzüge (séries oder sections) – 3 für das allgemeinbildende (bac général), 4 für das Fachabitur – ersetzt worden sind. Nach dem ersten Jahr am Lycée, der 2. Klasse, haben die Schüler die Wahl zwischen: der allgemeinbildenden Richtung mit den Zweigen L (Geisteswissenschaften), S (Naturwissenschaften) oder ES (Wirtschaft und Sozialwesen) und der fachbildenden Richtung, entweder in den Zweigen STI (Industriewissenschaft und -technik), STL (Laborwissenschaft und -technik), STT (Dienstleistungswissenschaft und -technologie) oder SMS (medizinisch-soziale Wissenschaften).

angesehensten Schulabschluß, entwickelte sich nicht als linearer Fortschritt: In den 1980er Jahren machen Mädchen diesen Abschluß seltener als in den 1970er Jahren. Junge Frauen sind auch in den beiden ersten Studienabschnitten für das höhere Lehramt in der Mehrzahl (1989 sind es beim DEUG 56 % und im Hauptstudium 55 %).[65] Aber nur 36 % besuchen die Vorbereitungsklassen für die Grandes Écoles, 19 % ingenieurwissenschaftliche Hochschulen, 42 % Wirtschaftshochschulen. Die Berufswünsche unterscheiden sich nach Geschlecht: Die Mädchen bevorzugen Bildungs- und Gesundheitsberufe, ohne sich mit den Jungen zu vergleichen, die ihrerseits höhere soziale Positionen anstreben. Die einen wie die anderen orientieren sich an den jeweiligen gesellschaftlichen Rollenmustern für Männer und Frauen.[66] So richten sich die Mädchen 1987–1988 in großer Zahl an Literaturwissenschaft, Sprachen und Humanwissenschaften aus, wollen Kunsthochschulen (59 %) besuchen, streben Laufbahnen im Sozialwesen (74 %) und im Gesundheitswesen (85 %) an. Seit 1970 stagniert der Frauenanteil in den naturwissenschaftlichen Studiengängen bei 34 %, was für die juristischen und medizinischen Studiengänge nicht gilt, wo der Frauenanteil steigt. Die Kinder aus der Arbeiterklasse haben siebenmal geringere Chancen an die Universität zu kommen als die Kinder von Führungskräften und Freiberuflern; es soll jedoch angemerkt werden, daß die Mädchen das soziale Handicap besser überwinden als die Jungen.

In den Studiengängen für eine berufsorientierte höhere Fachausbildung (in denen 1967 10 000 und 1990 70 000 Frauen eingeschrieben waren), machen junge Frauen heute die Hälfte der Immatrikulierten aus, etwas weniger als 1981 (57 %). Das „zweite Geschlecht“ bleibt drittrangig, während bei den Männern das Geschlecht immer sekundär ist. Als 1965 die IUT[67] ihre Pforten öffnen, zählen sie nur 10 % Studentinnen, 1986 sind es 39 %, dann geht ihr Anteil leicht zurück. Mehrheitlich sind sie in den Studiengängen für mittlere Führungskräfte im tertiären Sektor zu finden, sehr viel seltener in denen für Industrietechnik; und entgegen den Erwartungen hat sich diese Asymmetrie seit den 1970er Jahren zugespitzt. Die IUT passen sich der Nachfrage aus der Produktion an, zudem reproduzieren sie nur eine aus der Familiensozialisation und der Schulbildung übernommene Situation. Der leichte Rückgang des Frauenanteils an den IUT ist deshalb hervorzuheben, weil die Studierendenzahlen insgesamt dort seit einigen Jahren zunehmen und weil man die berufliche Bildung an den IUT eben zu dem Zeitpunkt zu schätzen gelernt hat, an dem die allgemeinen Universitätsstudiengänge diesbezüglich enttäuschten. Nun „sind aber die Zahlen der jungen Mädchen um das Zweieinhalbfache gestiegen, die sich auf die Geisteswissenschaften orientieren (31,5 % im Verhältnis zu 12,3 % 1988–1989)“ mit entsprechend eingeschränkten und unsicheren Berufsaussichten.

65 *Anm. d. Ü.*: DEUG (Diplôme d'études universitaires générales): Grundstudienabschluß an den Universitäten nach zweijährigem Studium.

66 Marie Duru-Bellat: *L'École des filles. Quelle formation pour quels rôles sociaux?*, L'Harmattan, 1990.

67 *Anm. d. Ü.*: IUT (Instituts universitaires de technologie): Wissenschaftlich-technische Hochschulinstitute.

Es wäre in bezug auf die sehr negative Bilanz, die aus der Arbeitslosigkeit und den prekären beruflichen Verhältnissen von Frauen zu ziehen ist, interessant zu überprüfen, ob dafür nicht zum Teil die Erstausbildung verantwortlich ist. Auf den Erwerb des CAP in drei Jahren nach der 5. haben es vor allem die Jungen abgesehen: Die Zahlen der Mädchen sind dabei seit den 1970er Jahren rückläufig. Sie sind weniger häufig als Jungen in den technologischen Zweigen der 3. und 4. Am Ende der 3. gehen sie eher in die lange dreijährige Sekundarstufe II, während die Jungen sich auf das BEP (Brevet d'études professionelles) orientieren, das sich manchmal für Berufsaussichten in der Industrie als sehr tauglich erweist, während die BEP für den dritten Sektor, welche die Mädchen anstreben, weniger zahlreich und nicht mit sonderlich guten Berufsaussichten verbunden sind.[68]

Das CAP in zwei Jahren nach der 3. Klasse und das BEP werden zwischen 1970 und 1984 in der Mehrheit von Mädchen (55 %) erworben; 1989 sind die Anteile für Jungen und Mädchen gleich. Trotz eines Zahlenanstiegs bleiben die Mädchen in den landwirtschaftlichen Berufsbildungszweigen in der Minderheit. Dagegen hat sich ihr Zugang zu Lehrstellen im sekundären und tertiären Sektor verbessert. Im Arbeitermilieu nahmen zu Beginn der 1960er Jahre viel mehr Mädchen mit 14 Jahren eine Arbeit ohne Lehrvertrag auf als Jungen. Die Neuorganisation des Technikunterrichts (1971) ist den Mädchen zugute gekommen, selbst wenn 1988 nur 28 % in entsprechenden Lehrausbildungen sind, da sie im wesentlichen für den Handel ausgebildet werden (87 % der weiblichen Lehrlinge). Man kann auf dieser Ebene die geschlechtsspezifische Arbeitsteilung in karikaturistisch verzerrter Weise wiederentdecken. In sehr wenigen Berufsbildungszweigen sind tatsächlich beide Geschlechter gleichermaßen vertreten und dies zudem in den randständigsten Bereichen – Berufe die mit Glas, Papier und Karton, Photographie oder Graphikindustrie zu tun haben. Berufsbildungszweige für die Textilindustrie werden zu 97 % von Frauen absolviert. Diejenigen, die sich auf mechanische, elektromechanische und metallverarbeitende Berufe vorbereiten, machen jedoch höchstens 5 % aus. 85 % der Mädchen, die ein CAP oder BEP anstreben, entscheiden sich für den tertiären Sektor, vor allem für Berufe im medizinischen Umfeld und im Bürobereich. Das Spektrum ihrer Berufsaussichten ist eingeschränkter als das der Jungen. Seit 1974 hält der Staat diese Situation für bedenkenswert und versucht, mit mehreren interministeriellen Vereinbarungen Anreize zur Diversifizierung der von Mädchen gewählten Ausbildungszweige zu geben. Ab 1981 wird der Anreiz durch eine Sen-

68 *Anm. d. Ü.*: CAP (Certificat d'aptitude professionnelle): An den berufsbildenden Gymnasien können Schüler, die nach den ersten beiden Schuljahren auf dem Collège (6. und 5. Klasse) eine berufspraktische Ausbildung anvisieren, in drei Jahren einen Facharbeiterbrief erwerben. Die (höheren) 3. und 4. Klassen des Collège sind eine Orientierungsstufe, an deren Ende sich entscheidet, ob die dreijährige Oberstufe (lycée) oder eine zweijährige Ausbildung an einem berufsbildenden Gymnasium (lycée d'enseignement professionnel) gewählt wird. Bei erfolgreicher Prüfung können Schüler, die nach dem zweiten Jahr das Lycée verlassen, um eine Ausbildung zu beginnen, ein Berufsausbildungszeugnis BEP (brevet d'éducation professionelle) erhalten.

sibilisierungskampagne (mit Plakaten und im Fernsehen) verstärkt; danach wird ein „Stipendium für Frauen mit naturwissenschaftlicher und technischer Begabung" geschaffen (1985). Aber die Bilanz ist für die „Pionierinnen", die es gewagt haben, einen „nicht traditionell weiblichen" Industrieberuf zu erlernen, enttäuschend. Nur 37 % von ihnen üben den Beruf aus, den sie erlernt haben. Sie haben Einstellungsschwierigkeiten und prekäre Arbeitsplatzregelungen erlebt. Manchmal haben die allzu diskriminierenden Arbeitsbedingungen sie dazu gebracht, aufzugeben. Auch läßt sich die klassische Erklärung in Zweifel ziehen, wonach die Berufsorientierung von Frauen einem simplen gesellschaftlichen Konformismus, ja sogar einer Form des Konservativismus entspringt. Sind sie sich nicht im Gegenteil vollkommen im klaren über die Regeln beruflicher Integration *für eine Frau* und über die Bewertung der Risiken, denen die „Pionierinnen" begegnen? In diesem Fall entspräche ihre Entscheidung „einer vernünftigen Anpassung an ihre objektive Lage".[69]

Die Untersuchungen zum technischen Unterricht enthalten nachdrückliche Belege für eine Situation „geschlechtlicher Apartheid". Dieser Befund ist folgerichtig, wenn man den Arbeitsmarkt berücksichtigt, noch mehr war er zu erwarten, wenn die Frage der beruflichen Orientierung innerhalb der Problematik von „Gender" situiert wurde.[70] Die weiblichen Jugendlichen, die sich auf den tertiären Sektor oder die Bekleidungsbranche orientieren, die männlichen Jugendlichen auf das Bauhandwerk, reproduzieren ein soziales Schema besonders nachdrücklich, da sie mit der Adoleszenz eine Periode der Selbstfindung durchlaufen und das Bedürfnis verspüren, sich in ihrer Geschlechtsidentität zu bestätigen. Die Mädchen, die ein CAP oder BEP anstreben, tragen eine betonte Weiblichkeit zur Schau (zum Beispiel schminken sie sich sehr stark). Die Jungen dagegen markieren die „Abgebrühten", indem sie jedes Anzeichen von Weiblichkeit gewaltsam zurückweisen: Sie trennen sich radikal von der Welt der Mädchen, weil diese sie ihrer Männlichkeit berauben könnte, und legen eine sehr starke Ablehnung von Homosexualität an den Tag (die bevorzugten Beleidigungen sind „Schwuchtel", „Schlappschwanz", „Homo"). Sie erweisen sich (entsprechend ihrem Herkunftsmilieu) als sehr traditionalistisch in ihren Vorstellungen vom häuslichen und ehelichen Leben.[71] Sollte die Erreichbarkeit einer Geschlechterbalance und einer Neutralisierung der Bedeutung von Geschlecht daher ein Klassenprivileg sein?

Die erste Lektion aus diesem abgelaufenen halben Jahrhundert ist, daß die Zahl der erwerbstätigen Frauen zunimmt (45 % aller Erwerbstätigen) trotz der Krise und der Arbeitslosigkeit (51 % aller Arbeitslosen). Das statistische Absinken des Hausfrauenanteils und des Anteils derjenigen, die ihre Erwerbstätigkeit unterbrechen, um die Kinder zu erziehen sowie der massive Bildungszuwachs von Frauen hätte eine radikale Revision der geschlechtlichen Rollenverteilung zur Folge haben müssen. Aber das alte Schema behält eine gewisse Schwer-

---

69 Id., S. 197.

70 Christian Baudelot und Roger Establet: *Allez les filles*, op. cit., Kapitel 8.

71 Pascal Duret: *Les jeunes et l'identité masculine*, PUF, 1991.

kraft.[72] Trotz der Gleichstellungsfortschritte im Recht halten die Unterschiede bei den Löhnen und den Arbeitsplatztypen ebenso wie die familialen Zwänge und die ungleiche Verteilung der Haushaltspflichten zahlreiche Frauen in einer untergeordneten Situation fest; dies ist die zweite Lektion. Ihre wirtschaftliche Macht ist schwach und sie verfügen über geringe Druckmittel, um den ökonomischen Veränderungen der letzten Jahre zu trotzen, da sie wie die Männer und wahrscheinlich mehr als diese unter der Schwächung der Gewerkschaften und der Streiks zu leiden haben. Schließlich verfügen sie quasi über keinerlei ökonomische Entscheidungsmacht. Man muß die außergewöhnliche Zunahme der Zahlen von Studienabsolventinnen mit zurückhaltendem Optimismus betrachten, weil die geschlechtsspezifische Verteilung des Wissens die Arbeitsteilung zwischen den Geschlechtern perpetuiert.

72 Margaret Maruani: *Mais qui a peur du travail des femmes?*, Syros, 1985.

Kapitel 10

Kulturen, zweite Hälfte des 20. Jahrhunderts

Worin besteht der Anteil von Frauen als Produzentinnen und Konsumentinnen von Kultur in der zweiten Hälfte des 20. Jahrhunderts? Die Feminisierung künstlerischen Schaffens und ihre Herausforderungen werden uns im ersten Teil des Kapitels beschäftigen. Daran anschließend werden wir sehen, wie sich die Unterscheidung der Geschlechter in den kulturellen Alltagspraktiken auswirkt. Die Massenkultur vernachlässigt mit ihrem kommerziellen Auftrag die Konsumentinnen nicht, an die sie sich wendet. Der Erfolg der sogenannten Frauenpresse oder gefühlsbetonter Romane ist dafür ein beredtes Beispiel. Kann man von einer „weiblichen Kultur" sprechen? Man wird das Ausmaß des großen Umbruchs der 1970er Jahre erkennen: Nie zuvor war der Protest gegen den Sexismus – ein neues Wort, das die Feministinnen nach dem Vorbild von „Rassismus" geprägt haben –, so machtvoll, so radikal gewesen. Die kulturellen Veränderungen, die daraus hervorgingen, sind ebenso bedeutend wie die Veränderungen in den bereits thematisierten Bereichen Beruf, Bildung, Politik und Sexualität. Aber man schafft das „Patriarchat" nicht innerhalb eines Jahrzehnts ab; Widerstände treten zutage, es kommt zu einer Neustrukturierung männlicher Herrschaft, was eine detaillierte Bilanz erfordert.[1]

1 Literatur, Kino, bildende Kunst und Theater

1.1 Literatur: Skandal und Subversion

Die Frauen, die in der zweiten Hälfte des 20. Jahrhunderts zur Feder greifen, sind in vieler Hinsicht innovativ, aber sie sind auch Erbinnen (Kapitel 5). Man darf nicht außer acht lassen, daß ihr Ausschluß aus den Institutionen des literarischen Lebens fortbesteht. Die Jury des Prix Fémina ist aufgrund der Entstehungsbedingungen des Preises davon ausgenommen, ebenso wie die Jury des 1958 begründeten und von einem Mäzen finanzierten Prix Médicis, die in ihrer Zusammensetzung paritätisch ist, aber nicht in ihren Entscheidungen (6 Preisträgerinnen seit seiner Entstehung). Insgesamt sind die Jurys der Literaturpreise weitgehend von Männern dominiert. Im Jahr 1999 ist keine Frau beim Renaudot vertreten

1 Vgl. Susan Faludi: Backlash. *La guerre froide contre les femmes*, éditions Des femmes, 1993. Faludi schreibt über den "Rückschlag" ("backlash") der Männer in den 1980er Jahren in den USA. Der Erfolg des Buches von Pierre Bourdieu *La Domination masculine* (Le Seuil, 1998) zeigt, daß die französische Öffentlichkeit nicht indifferent ist.

und drei beim Goncourt.[2] Ausnahmen ändern nichts an den Spielregeln. Als die berühmteste dieser Ausnahmen, Marguerite Yourcenar, stirbt, die als erste Frau 1980 in die Académie française gewählt worden war, annoncieren die „Unsterblichen“ den Tod ihres „Mitbruders“ und die Journalisten würdigen ihr „viriles“ Werk. Haben die Schriftstellerinnen diese für die geschlechtsspezifische Verteilung von Macht und Ehre aufschlußreiche Exklusion zu bedauern? Sie betrachten die veralteten Institutionen mit ironischem Blick. Françoise Parturier ist eine der wenigen, die vorstellig wird, um im Jahr 1970 die Aufnahme in die Académie française zu fordern. Ihre Außenseiterposition ist für viele von ihnen vor allem eine Quelle der Inspiration.

Um dies zu zeigen, muß man ein ganzes Korpus von Frauenwerken zusammenstellen, eine Vorgehensweise, die an sich schon problematisch zu sein scheint, weil sie auf Schriftsteller selten angewandt wird, denen man ohne weiteres zugleich Verschiedenheit und Universalität zugesteht. Wahrscheinlich wird es in Frankreich als ein Akt symbolischer Gewalt, als ein reduktives, simplifizierendes Verfahren erlebt, wenn Künstler – Personen, die am meisten dazu neigen, ihre indidividuelle Besonderheit zu übertreiben – nach Geschlecht klassifiziert werden. Dieses ermöglicht jedoch, Tendenzen herauszuarbeiten, die nützliche Informationen für die Geschichte der Frauen liefern.

Nathalie Sarraute, deren erstes Werk, *Tropismes* (*Tropismen*) 1939 entsteht, situiert sich im Abseits. Als Erfinderin einer neuen Romanform, die das Subjekt, die Handlung, Psychologie und Soziologie zum Verschwinden bringt, um mit Hilfe „kleiner wirklicher Fakten“ die Grenzen des Bewußten und des Unbewußten zu erforschen, arbeitet das Verhältnis zwischen den Geschlechtern nicht besonders stark heraus. Die Strömung des „Nouveau roman“ ist nicht ausschließlich männlich und Nathalie Sarraute spielt dabei auch für die Theoretisierung eine tragende – wenngleich zurückhaltende – Rolle (*L'Ère du soupçon, Zeitalter des Mißtrauens,* 1956). Simone de Beauvoir hat den doppelten Status der engagierten Intellektuellen an der Seite von Sartre, dessen Prestige damals immens ist, und der Romanschriftstellerin, die sich um die Analyse und die Schilderung ihres Lebens und des Lebens von Frauen bemüht. Ihr engagiertes Werk stößt auf Entrüstung, setzt sich aber durch: *Les Mandarins* (*Die Mandarins von Paris*), 1954 ausgezeichnet mit dem Prix Goncourt; *Mémoires d'une jeune fille rangé* (*Memoiren einer Tochter aus gutem Hause*), 1958; *La Force de l'âge* (*In den besten Jahren*), 1960; La Force des choses (*Der Lauf der Dinge)*, 1963; *Une mort très douce* (*Ein sanfter Tod*), 1964; *Les belles images* (*Die Welt der schönen Bilder*), 1966; *La Femme rompue* (*Eine gebrochene Frau*), 1968. Der realistischen und der feministischen Tradition schließt sich auch das Werk von Christiane Rochefort an, die 1958 mit *Le Repos du guerrier* (*Das Ruhekissen*) bekannt wird. Ihr Stil, den sie „écrit-parlé“ („geschrieben-gesprochen“) nennt, ist durchdringend, voller Humor, aber auch voller Ingrimm gegen jede Form von Unterdrückung. „Das Unglück ist der Boss“, schreibt sie in *La Porte du fond* (*Die Tür dahin-*

2 Delphine Naudier: *La cause littéraire des femmes. Mode d'accès et modalités de consécration des femmes dans le champ littéraire, 1970–1998,* Diss., EHESS, 2000.

ten) (Prix Médicis von 1988), denn der fragliche Boss ist der Vater, der seine Tochter vergewaltigt. Auf dieser Linie kann man auch Annie Ernaux situieren, die 1974 ihren ersten Roman *Les Armoires vides* („Die leeren Schränke") veröffentlicht. Hypersensibel gegenüber den sozialen Beziehungen – Klassen-, aber auch Geschlechterverhältnissen – beschreibt sie in *La Femme gelée* („Die erstarrte Frau") von 1981 die Metamorphose einer Studentin der 1960er Jahre, die den unerbittlichen Mechanismen gesellschaftlicher Zwänge erlegen war.

Die autobiographische Inspiration ist eine der Stärken und einer der Gründe für den Erfolg der meisten dieser Schriftstellerinnen. Von sich zu sprechen, heißt auch, von den anderen Frauen zu sprechen, eine gemeinsame Geschichte zu schaffen, nach der die Leserinnen in den 1970er Jahren begierig sind. Diese Leserinnen verhelfen Marie Cardinal zu ihrem Erfolg, die nach *Écoutez la mer* (internationaler Preis für den ersten Roman 1962) 1972 *La Clé sur la porte* und 1975 *Les Mots pour le dire* (*Schattenmund*) veröffentlicht, die Erzählung einer Frau, die im Laufe ihrer siebenjährigen Psychoanalyse die Ursprünge ihrer Krankheit in der verdrängten Beziehung zu ihrer Mutter entdeckt. In feministischen Kreisen schlagen die Wellen dann in der Debatte über die „écriture-femme" sehr hoch.[3] Diese erreicht ein breites Publikum mit dem Buch von Annie Leclerc *Parole de femme* (1974), das die weibliche Erfahrung in ihren körperlichsten und am meisten tabuisierten Dimensionen aufwerten soll. Der Tonfall ist ernst, persönlich, überzeugt und lyrisch, und er zeugt nicht von einer besonderen Auseinandersetzung mit formalen Mitteln. Hélène Cixous dagegen sucht die Alternative zur patriarchalen Sprache.

Hélène Cixous: Das Lachen der Medusa, aus: *L' Arc*, Nr. 61, 1975, S. 39 f.

„Ich werde vom Schreiben der Frauen sprechen: von dem, was es tun wird. Es ist notwendig, daß die Frau sich schreibt; daß sie über die Frau schreibt und die Frauen zum Schreiben kommen läßt, von dem man sie genauso gewaltsam ferngehalten hat wie von ihren Körpern; aus den gleichen Gründen, durch das gleiche Gesetz, in der gleichen tödlichen Absicht. Es ist notwendig, daß die Frau sich in den Text einbringt – wie in die Welt und in die Geschichte – durch ihre eigene Bewegung. [...] Wenn ich sage „die Frau", spreche ich von ihrem unvermeidlichen Kampf mit dem klassischen Mann; und von einem allgemeinen Subjekt-Frau, das die Frauen zu ihrem/ihren Sinn(en) und ihrer Geschichte bringen soll. [...] Was mich verblüfft, ist der unendliche Reichtum ihrer einzigartigen Konstitutionen: Man kann nicht von *einer* uniformen, homogenen weiblichen Sexualität mit einem kodifizierbaren Verlauf sprechen, ebensowenig wie von einem Unbewußten, das dem der anderen ähnlich ist. Das Imaginäre der Frauen ist unerschöpflich wie die Musik, die Malerei, das Schreiben: Ihr Phantasiestrom ist unerhört. Ich

3 Béatrice Didier: *Écriture-femme*, PUF, 1981. Vgl. auch Merete Stistrup Jensen: La notion de nature dans les théories de „l'écriture féminine", in: *Clio*, Nr. 11, 2000, S. 165–177.

bin mehr als einmal entzückt gewesen, wenn eine Frau mir ihre eigene Welt beschrieb, die sie insgeheim seit ihrer frühen Kindheit verfolgte. Einer Welt der Erkundung, der Ausarbeitung eines Wissens, das von der systematischen Erprobung der Körperfunktionen, einer genauen und leidenschaftlichen Prüfung ihrer Erogenität ausgeht. [...] Dann wünschte ich, daß sie über dieses einmalige Reich schreiben und es proklamieren sollte: Damit andere Frauen, andere uneingestandene Souveräninnen ausrufen könnten: Auch ich fließe über, meine Begierden haben neue Begierden erfunden, mein Körper kennt unerhörte Gesänge, auch ich habe mich so viele Male bis zum Bersten voll mit leuchtenden Strömen gefühlt, voller Formen, die viel schöner sind als die, die in Rahmen gesteckt und für ein stinkendes Vermögen verkauft werden. Und auch ich habe nichts gesagt, ich habe nichts gezeigt, ich habe den Mund nicht aufgemacht, ich habe meine Hälfte der Welt nicht neu angestrichen. Ich habe mich geschämt. Ich habe Angst gehabt und ich habe meine Scham und meine Angst gefressen. Ich sagte mir: Du bist verrückt! Was ist mit diesen Aufregungen, diesen Wallungen, diesen Überschwemmungen? Wo ist die überschäumende und grenzenlose Frau, die, überschwemmt von ihrer Naivität, durch den großen eisernen elterlich-ehelich-phallogozentrischen Griff in Obskurantismus und Selbstverachtung festgehalten, sich *ihrer Macht nicht schämte*? Die sich nicht durch den phantastischen Aufruhr ihrer Triebe überrascht und erschreckt (denn man hat sie glauben gemacht, daß eine ordentliche, normale Frau von einer göttlichen Ruhe sei) als Monster beschuldigte; die, weil sie in sich eine komische Lust verspürte (zu singen, zu schreiben, etwas auszusprechen, kurz, etwas Neues hervorzubringen), sich für krank hielt. Nun, ihre beschämende Krankheit ist, daß sie dem Tod widersteht, daß sie Unruhe stiftet.

Und warum schreibst Du nicht? Schreib! Die Schrift ist für Dich, Du bist für Dich, Dein Körper ist Deiner, nimm ihn."

Wie Texte von Chantal Chawaf werden auch die von Hélène Cixous von den Éditions Des femmes publiziert, die 1974 von Antoinette Fouque gegründet wurden, in deren Umkreis sich die Gruppe Psychanalyse et Politique gebildet hatte. Der Einfluß von Luce Irigaray auf dieser Suche nach einer nichtphallischen Alternative ist groß. Als Psychoanalytikerin am Rande der École freudienne, aus der sie ausgeschlossen wurde, erarbeitet sie in ihren Werken allmählich eine feministische Theorie, die trotz ihrer Komplexität und gelegentlichen Unverständlichkeit viel gelesen wird. Sie nimmt sich die Wiederentdeckung der mächtigen Mutter-Tochter-Beziehung vor (*Spéculum de l'autre femme*, 1974, *Speculum, Spiegel des anderen Geschlechts*), propagiert eine „Dissimilation der Frauen", die sich vom phallischen Imperialismus der Psychoanalyse lösen sollen, denkt über eine Symbolisierung des weiblichen Geschlechts nach („zwei Lippen, die sich beständig küssen"). Marguerite Duras ist, ohne sich Feministin zu nennen, von den Anliegen ihrer Zeitgenossinnen nicht weit entfernt. Davon zeugt ihr Hang zu einer der Oralität nahen Schreibweise ebenso wie ihr Werk, das „Territorien des Weiblichen" kartographiert: die Mutter, den Liebhaber, die Stille.[4] „Die Frau, das ist das Begehren. Man schreibt keineswegs an der gleichen Stelle wie die Männer. Und wenn die Frauen nicht am Ort des Begehrens schreiben, so schreiben sie nicht, dann ist es ein Plagiat", erklärt sie Xavière Gauthier in *Les Parleuses* (1974). „Definiert das Männliche sich durch das Phallische, das Eine, die Totalisierung, die Instrumentalisierung, so bestimmt das Weibliche sich durch das Offene, das Nicht-Eine, das Unendliche, das Undefinierte, die Grenzenlosigkeit. Die dergestalt erweiterten Metaphern werden übrigens explizit auf die Morphologie des einen und des anderen Geschlechts bezogen. Die Haupttheoretikerinnen dieser Strömung bestreiten indessen die Existenz einer Definition ‚der' Frau".[5] Die „Féminitude" regt vor allem das literarische Schaffen zu einem Zeitpunkt an, als auch die Vielfalt der franzözischsprachigen Literatur von den Antillen bis zum Maghreb mit einem Umweg über Quebec (Simone Schwarz-Bart, Maryse Condé, Leila Sebbar, Antoine Maillet) entdeckt wird.

Die Problematik der Entkolonisierung wird dann auf die Frauen selbst angewendet. Seit den 1950er Jahren, dem Gipfel der Anständigkeit, widersetzen sich mehrere Schriftstellerinnen dem höchsten Tabu, indem sie weibliches Begehren und weibliche Lust zum Ausdruck bringen. Françoise Mallet-Joris veröffentlicht mit 21 Jahren *Le Rempart des béguines* (1951), die Geschichte eines jungen Mädchens, das von der Geliebten seines Vaters verführt wird. Françoise Sagan löst mit 19 Jahren mit *Bonjour tristesse* (1954) einen Skandal aus; und so beginnt ihr „Mythos", der von einer Verwechslung der Autorin mit der jungen Erzählerin genährt wird. Die Medien konstruieren ein Phänomen Sagan: das einer Frau, die ihr Leben am Steuer schneller Wagen, in den Casinos und auf Partys zwischen Deauville und Saint-Tropez verschwendet. Violette Leduc, die von Simone de Beauvoir protegiert wird, ist deutlicher, zugleich unmittelbar und poetisch in einem stark autobiographischen Werk, in dem die weibliche Homosexualität einen wesentlichen Platz einnimmt (*Thérèse et Isabelle*, 1955). Da ihr Werk unbequem ist, wird es zensiert und bleibt lange Zeit bis zu ihrem ersten Erfolg: *La Batarde* (*Die Bastardin*) von 1964 unterschätzt. Die feministische Revolte scheint sich in der lesbischen Erotik gut zu kristallisieren, ebenso wie der Ausdruck weiblichen Begehrens und weiblicher Lust, der sich bei Colette, Renée Vivien und anderen Schriftstellerinnen am Beginn des Jahrhunderts schon angekündigt hatte. Mit Monique Wittig nimmt dies eine wirklich neue Form an. Als Feministin, die gegen die Féminitude ist, situiert sie den Lesbianismus außerhalb der Kategorie Geschlecht, sowohl in ihren politischen Schriften wie in ihrer Fiktion: *Les Guérillères* (*Die Verschwörung der Balkis*), 1969; *Le Corps lesbien* (*Aus deinen zehntausend Augen, Sappho*), 1973. In ihrem ersten, sehr beachteten

4 Marcelle Marini: *Territoires du féminin avec Marguerite Duras*, Minuit, 1977.

5 Françoise Collin: Différence et différend, in: George Duby, Michelle Perrot (Hg.): *Histoire des femmes*, op. cit., Bd. 5, S. 270. Dt.: Françoise Collin: Differenz und Widerstreit. Die Frauenfrage in der Philosophie, in: George Duby, Michelle Perrot (Hg.): *Geschichte der Frauen*, Bd. 5, op. cit. S. 321 f.

Roman *L'Opoponax* (1964), in dem sie die Sprache der Kindheit untersuchte, hatte sie bereits geschlechtsdeterminiernde Pronomina vermieden und das unpersönliche „man" verwendet. Die diffuse Erotik der genannten Bücher hat nicht zufolge, daß sie in einer besonderen Kategorie erotischer Literatur klassifiziert werden. Unter den ausdrücklich als solche bekannten Werken sollen freilich gewisse Romane von Régine Desforges und die *Histoire d'O* (1954) (*Die Geschichte der O*) erwähnt werden. Letztere erschien unter dem Namen einer mysteriösen Pauline Réage, zu deren Urheberschaft sich Dominique Aury, die Generalsekretärin der angesehenen NRF, sehr spät bekannte. Man hatte diese rebellische Erzählung über den weiblichen Masochismus lange Zeit einem Mann zugeschrieben, dem Autor des Vorworts, Jean Paulhan.

Die Erotik inspiriert auch die neue Generation der Alina Reyes (*Le Boucher*, 1988) und Virginie Despentes (*Baise-moi*, 1994)... Die Autofiktion findet in Christine Angot (*L'Inceste*, 1999; *Der Inzest*) eine wunderbar provokatorische Repräsentantin. Es ist ein sehr leibhaftes weibliches Ich, das im Zentrum dieser Erzählungen steht. Dominique Rollin, Andrée Chedid, Nancy Huston, Françoise Chandernagor, Danielle Sallenave... Die Liste der aktuellen Schriftstellerinnen könnte verlängert und je nach ihren bevorzugten Sujets abgewandelt werden. Es gibt jedoch keinen explosionsartigen Anstieg ihrer Zahl. Sie stellen etwa ein Drittel aller Literaten, ein „Anteil, der im Urteil der Nachwelt noch kleiner zu werden droht".[6] Auf quantitativer Ebene ist allerdings in der letzten Jahrhunderthälfte eine Stabilität der Entwicklung zu verzeichnen. Ganz anders verhält es sich mit dem Filmschaffen, bei dem es zu Anfang für die Frauen viele Nachteile gab.

1.2 Das Kino

1.2.1 Die Durchquerung der Wüste: Eine männliche Nouvelle vague

Das für seine „Qualität" bekannte französische Kino vom Ende der 1940er bis Anfang der 1950er Jahre läßt Regisseurinnen sehr wenig Spielraum. Jacqueline Audry ist eine rühmliche Ausnahme. Vom Publikum gut aufgenommen dreht sie zwischen 1946 und 1969 16 Spielfilme, in erster Linie verfilmt sie Literatur von Colette und den Roman *La Garçonne* von Victor Margueritte. Diese Vorliebe für die Emanzipationsthematik der Belle Époque und der Zwanziger Jahre ist an sich aufschlußreich, selbst wenn man heute rückblickend meinen könnte, sie habe deren Absicht verwässert. Aber hatte dies nicht mit dem erstickenden Konformismus ihrer Zeit zu tun? In ihrem Berufsmilieu herrschte jedenfalls ein gemächlicher Machismo vor, wie man in einem Episodenfilm von 1960, *La Française et*

6 Marcelle Marini: La place des femmes dans la production culturelle. L'exemple de la France, in: *Histoire des femmes*, op. cit., Bd. 5, S. 287. Dt.: Marcelle Marini: Die Stellung der Frau im Bereich der Kultur, in: *Die Geschichte der Frauen*, Bd. 5, S. 341.

l'amour (*Die Französin und die Liebe*), erkennen kann, der die „vieille vague" („alte Welle") vereint (Henri Decoin, Michel Boisrond, René Clair, Jean Delanoy, Henri Verneuil, Christian Jacques, Jean-Paul Le Chanois). Schon tritt das neue Kino der Truffaut, Godard, Chabrol etc. seinen Siegeszug an, das bis in unsere Tage von Kritikern hochgeschätzt wird: 150 Filmschaffende drehen zwischen 1957 und 1962 einen ersten Film. Darunter ist keine Frau. Agnès Varda hatte früher begonnen (ihr erster Film ist *La Pointe courte* von 1954). Die privilegierte Beziehung zwischen Filmkritik und Autorenkino (die „neue Welle") kann unter der Genderperspektive analysiert werden: Es ist eine Beziehung von Männern zu Männern, ein narzißtischer Spiegeleffekt.[7] Der Kult, den diese Generation Schauspielerinnen wie Bernadette Laffont zuteil werden läßt oder die Frauenfreundlichkeit von Truffaut (*L'homme qui aimait les femmes*, 1977; *Der Mann, der die Frauen liebte*) ändern nichts daran; sie könnten im Gegenteil nur die Bedeutung der Muse als Objekt des Begehrens erneut bestätigen, die die romantische und patriarchale Tradition den Frauen vorbehalten hat. Eine neue Welle, aber ein altes Schema, denn es gibt zahlreiche „femmes fatales" in den Filmen der Nouvelle vague, die zumeist durch eine männliche Hauptfigur strukturiert werden, die, vollkommen von ihrem Privatleben in einem privilegierten Milieu vereinnahmt, sehr auf ihre Freiheit bedacht und im Grunde vereinsamt ist.[8]

1.2.2 Die Stars und ihre Fans

1956 macht der Film *Et Dieu créa la femme* (*Und ewig lockt das Weib*) von Roger Vadim Brigitte Bardot zu einem „Star", das heißt zu einem Mythos, der sich aus Filmen, Medienbildern und Aspekten der realen Person zusammensetzt.[9] Drei Jahre später hat der nationale Star ein internationales Format, das einer Marilyn Monroe Konkurrenz macht. Dennoch hat es mit der drallen Hollywoodfrau nichts zu tun. Brigitte Bardot bietet im konservativen Frankreich der 1950er Jahre das überraschende Bild einer modernen, emanzipierten, respektlosen und charismatischen Frau. Es ist das Bild einer Kindfrau (ihre Sprechweise, ihr Schmollmund), wie ihre Initialen anzeigen („bébé"), mit einer radikal neuen Erotik: direkt und ungekünstelt – „natürliche" Nacktheit ohne Komplexe in der ersten Szene von *Et Dieu créa la femme* –, ostentativ und nahezu animalisch – Tanzszene mit nackten Füßen nach dem Rhythmus afrikanischer Trommeln. Die Medien bemächtigen sich dieser jungen Frau, welche die Mode beflügelt: Saint-Tropez, Bohème, Sauerkrautfrisur etc. B.B. symbolisiert vor allem eine sexuelle Emanzipation, die für das junge weibliche Publikum prägend ist; aber sie bedroht die gesellschaftliche Macht der Männer nicht. Bardot spielt in *Le Mépris* (*Die Ver-*

---

7 Noël Burch, Geneviève Sellier: Cinéphilie et masculinité, in: *IRIS*, Nr. 26, Herbst 1998, S. 191–206.

8 Geneviève Sellier: Images de femmes dans le cinéma de la Nouvelle vague, in: *Clio*, Nr. 10, 1999, S. 216–232.

9 Geneviève Sellier, Ginette Vincendeau: La Nouvelle vague et le cinéma populaire: Brigitte Bardot dans *Vie privée* et dans *Le Mépris*, in: *IRIS*, Nr. 26, Herbst 1998, S. 115–129.

achtung) von 1963 auch unter der Regie von Jean-Luc Godard und in *Vie privée* (*Privatleben*) von 1961 unter der von Louis Malle. Sie ist, wenn man so will, als Star zugleich ein Symptom, in dem sich die „Befreiung der Sitten" ankündigt und das dazu mit einer einzigartigen Kraft beiträgt.

Simone Signoret repräsentiert als Antithese zu Bardot einen anderen Typus des Stars. Ihre Schönheit, die in Jacques Beckers *Casque d'or* (*Goldhelm*) von 1952 förmlich blendet, wartet mit anderen Trümpfen auf: mit der Kraft des Blicks, der Persönlichkeit, einer Zweideutigkeit des Geschlechts, in der sich Männliches und Weibliches verbinden. Sie verkörpert auf der Leinwand häufig die Frauen aus dem Volk, die Opfer. Zwischen 1961 und 1966 hat sie mit gesundheitlichen Problemen, die ihre äußere Erscheinung verändern, und mit psychischen Leidenserfahrungen (als Ehefrau des flatterhaften Montand) zu tun, was ihre Künstlerpersönlichkeit bereichert: Wie die realistischen Sängerinnen macht sie sich diese Empfindlichkeit ästhetisch zunutze, zum Beispiel in *La vie devant soi* (*Madame Rosa*) von 1977, wo sie eine alte Prostituierte spielt.[10] Das Publikum schätzt sie: Simone Signoret ist „wahrhaftig", sie erschüttert die Zuschauer. Daß sie so menschlich erscheint, hat auch mit ihren politischen Kämpfen zu tun: Freundin der Existentialisten, Weggefährtin des PC bis 1956, Unterzeichnerin des „Manifests der 121" (Kapitel 7).

Seit gut zwanzig Jahren hat sich das Starsystem grundlegend verändert. Zweifellos ist Catherine Deneuve ein Star. Aber im Laufe ihrer langen und vielfältigen Karriere – von Jacques Demy zu Lelouch, von Buñuel zu Téchiné – hat sie es verstanden, sich ihr Privatleben zu bewahren, das nicht zum Aufmacher der Journale geworden ist. Juliette Binoche, die in Hollywood den Oscar bekommen hat, scheint den gleichen Weg einzuschlagen.

Es gibt keine Stars ohne Fans, und zahlenmäßig dominieren in dieser Gruppe die Frauen. Wer sind diese Fans, deren Anbetungsbedürfnis als hysterisch abgekanzelt wird? Viele sind junge Mädchen, die sich im Übergangsstadium der Adoleszenz befinden, wo die Grenzen zwischen Traum und Realität noch fließend sind; es sind aber auch „Frauen aus den mittleren Gesellschaftschichten: Kleine Angestellte, Kleinbürgerinnen, verträumte und unausgefüllte, verblendete Provinzlerinnen".[11] Sind sie „unausgefüllt" oder unzufrieden? Die Fans sind also Liebende, große Liebende, die ihren Gefühlsüberschwang auf männliche Stars als Verkörperungen einer Perfektion übertragen, die zu Hause nicht zu finden ist, aber auch auf weibliche Stars als eine Art gleichgeschlechtlicher, gleichaltriger alter egos. Sie bemühen sich, diese Vorbilder zu kopieren, um ihre Persönlichkeit und ihre äußere Erscheinung dem gewählten Ideal anzupassen.

---

10 Susan Hayward: Simone Signoret 1921–1985: the star as sign – the sign as scar, in: Diana Knight, Judith Still (Hg.): *Women and Representation*, Nottingham, WIF Publications, 1995, S. 65.

11 Edgar Morin: *Les Stars*, Le Seuil, 1972, S. 132.

1.2.3 Das Erwachen des Frauenfilms

Um Frauenfilme und -videos in der Herstellung und Verbreitung zu fördern, gründen die Feministinnen 1973 die Vereinigung Musidora. Der Name ist eine Hommage an eine der Pionierinnen des Kinos. Sie organisieren 1974 das erste Frauenfilmfestival, die Vorläuferveranstaltung für das jährliche Internationale Festival von Créteil. Die Entstehung eines von Frauen gestalteten Kinos stellt in einer Industrie, die stark von der Arbeitsteilung zwischen den Geschlechtern geprägt ist, ein wenig mehr Gleichgewicht her. „Den Männern kamen Produktion und Beherrschung der Technik zu, während die Frauen auf die ‚Kleinarbeit' beschränkt waren: Kostüme, Maske oder Skript. Auch wenn die Diven/weiblichen Stars es manchmal zu einer relativen Gleichstellung mit ihren männlichen Partnern brachten, so galt doch dergleichen nicht für die Herstellung."[12] Was sind die Ursachen für diesen Wandel, der Frankreich dazu verholfen hat, mit der Vielzahl seiner Regisseurinnen heute weltweit den ersten Rang – etwa 14 % mit einer Spitze von 20 % in der Mitte der 1990er Jahre – einzunehmen?

Der Beginn dieser Entwicklung ist auf 1970 zu datieren: Das Datum hat eine doppelte Bedeutung, weil man darin einerseits die Nachwirkung des Mai 1968 erkennen kann, der den Stimmen der Unterdrückten – vor allem in militanten Dokumentarfilmen – zur Artikulation verholfen hat, andererseits aber auch die Nachwirkung der Frauenbefreiungsbewegung, die es erleichtert, kollektiv das Wort zu ergreifen. Feministische Theorien zum Kino, die vor allem aus dem angelsächsischen Sprachraum kommen, finden freilich in Frankreich wenig Anklang, und die Filmschaffenden hüten sich mit wenigen Ausnahmen davor, ihre Filme als „Frauenfilme" oder „feministische" Filme zu bezeichnen, da sie dies für reduktionistisch halten. Das ändert nichts daran, daß viele von ihnen die feministische Energie ihrer Zeit weitergeben und sich gemeinsam mit Schauspielerinnen wie Delphine Seyrig zur Sache der Frauen solidarisch verhalten. Es scheint auch, als habe die Ausbildung an Filmhochschulen, erst am IDHEC, dann an der FEMIS[13], im Laufe der Zeit den Zugang von Frauen zu jenem männlichen Reservat einfacher gemacht. Die Verwendung neuer, leichterer Kameras, die Anerkennung von Low-Budjet-Filmen und die Möglichkeit, Vorschüsse auf das Einspielergebnis zu bekommen, haben dazu beigetragen, eines der Probleme zu lösen, mit denen die Frauen zu kämpfen hatten: den Geldmangel. Die 1990er Jahre sind eine zweite Phase, in der die Zahl und das Ansehen der Filmemacherinnen zunimmt: Es tritt eine neue Generation in Erscheinung, die von kraftvollen und originellen Einfällen beflügelt wird. Schauspielerinnen wie Coline Serreau, Diane Kurys, Josiane Balasko, Nicole Garcia – von denen einige Filmemacherinnen geworden sind – haben davon profitiert, nachdem sie in

---

12 Brigitte Rollet: Femmes cinéastes en France: l'après-mai 68, in: *Clio*, Nr. 10, 1999, S. 234.

13 *Anm. d. Ü.*: IDHEC (Institut des hautes études cinématographiques) und FEMIS (Fondation européenne pour les métiers de l'image et du son): Das „Institut für Höhere Filmstudien" IDHEC wurde 1943 von dem Komponisten Yves Baudrier gegründet, 1986 wurde es abgelöst durch die „Europäische Stiftung für Bild und Ton" FEMIS, die dem Kulturministerium unterstellt ist.

den 1980er Jahren darunter zu leiden hatten, daß es nur wenige tragende Frauenrollen mit häufig sehr stereotypem Charakter gab.

Heute haben die zeitgenössischen Regisseurinnen im Autorenkino einen anerkannten Platz. Erwähnt seien neben zahlreichen anderen, die hier nicht aufgeführt werden können, Pascale Ferran, Laurence Ferreira Barbosa, Noémie Lvovsky, Laëtitia Masson. Einige bringen die Einteilung zwischen Autorenfilm und Unterhaltungsfilm (oder kommerziellem Film) durcheinander, indem sie die von der Nouvelle vague eingeführte und verteidigte Hierarchie außer Kraft setzen. Mit dem Film *Drei Männer und ein Baby* (1985), der an den Kinokassen – mit 10 Millionen Eintrittskarten – *Rambo* übertrifft, erneuert Coline Serreau die Komödie, die bis dahin nicht eben frauenfreundlich war. Sie bricht einem Kino Bahn, das ein breites Publikum erreicht und dabei zugleich eine feministische Sensibilität zum Ausdruck bringt (Josiane Balasko und Tonie Marshall setzen diesen Trend gleichzeitig in der Komödie und im Kriminalfilm um). Andere entscheiden sich dafür, die Sexualität zu erkunden und gehen über deren traditionelle Darstellung hinaus: In ihren Filmen von *Tapage nocturne* (*Nächtliche Ruhestörung*, 1979) bis *Romance* (1998) befaßt sich Catherine Breillat ebenso wie Christine Pascal in *Félicité* (1979) in einer sehr direkten und umstrittenen Weise mit weiblichen Phantasien. Regisseurinnen von Fernsehfilmen wie Nina Companeez (*Les Dames de la Côte*, „Die Damen von der Küste", 1979) und Josée Dayan (*Les Misérables*, 2000) haben beträchtliche Publikumserfolge gehabt.

1.3 Die bildenden Künste: Malerei und Performance

Die Nachkriegszeit stellt für Künstlerinnen in Frankreich einen Rückschritt dar, selbst wenn einzelne Persönlichkeiten ein bemerkenswertes Œuvre schaffen: Germaine Richier, Vieira da Silva, Aurélie Nemours, Geneviève Asse...[14] Sie sind sehr isoliert und selten wird eines ihrer Werke von Museen oder Galerien erworben. Alle die Frauen, die am Leben der Künste in Montparnasse teilhatten, sind vergessen, sogar die Moderne der Russinnen ist in der Versenkung verschwunden. Wenn im Umkreis der niedergehenden surrealistischen Bewegung Frauen – wie Toyen, Dorothea Tanning, Meret Oppenheim – auftauchen, so deuten die ihnen zugeschriebenen Qualitäten auf eine essentialistische Interpretation weiblichen Schöpfertums hin, welche die Frauen der Natur und der Traumwelt annähert... Seit dem Krieg erfährt die Kunst ihren Auftrieb nicht mehr in Europa, sondern in New York, wo Frauen zwar aktiv an der Moderne teilhaben, für die Institutionen und die Kritiker aber noch im Schatten der Männer bleiben.

---

14 Ich danke Catherine Gonnard für ihre Auskünfte über Künstlerinnen in Frankreich. Vgl. Élisabeth Lebovici und Catherine Gonnard: *Femmes, artistes, artistes femmes*, Hazan, 2007.

Man muß bis zu den 1970er Jahren warten, bis die Kunstwelt von amerikanischen Feministinnen aufgerüttelt wird: „Warum gibt es keine großen Künstlerinnen?“ fragt Linda Nochlin 1971. Eine der Antworten darauf ist das Werk von Judy Chicago *The Dinner Party* von 1979, wo 999 Namen bedeutender Frauen vorgestellt werden. Es setzt dann ein Erdrutsch ein: Die Historikerinnen entdecken Namen und Werke aus allen Epochen – wie etwa das Werk von Camille Claudel – und greifen die entsprechenden Zuschreibungen an; die Kritiker stellen einige Künstlerinnen heraus, wie etwa Louise Bourgeois, die plötzlich sehr zeitgemäß ist, während die Künstlerinnen selbst durch ihre Arbeit nicht nur den Kunstbetrieb in Frage stellen, sondern auch die Weiblichkeit, das Geschlecht und alle den weiblichen Wesen zugeschriebenen Werte. Die Nanas von Niki de Saint-Phalle sind dafür ein berühmtes Beispiel. Body Art und Performances ermöglichen den Künstlerinnen auch, die Gewalt, die Intimität und vor allem das Verhältnis zum Körper in Gestalt einer Anklage oder Demonstration zu überprüfen: Gina Pane arbeitet über den Schmerz und behauptet ihr Dasein als Künstlerin zugleich in einer Theatralisierung der Geste wie in der Ablehnung jeglicher Weiblichkeit. Orlan formt als eine zweite Schöpferin mit Hilfe der Schönheitschirurgie ihren Körper um, indem sie sich eine Wiedergeburt schenkt und als eine letzte Selbstschöpfung bejaht. Fröhlicher geht Annette Messager mit der Intimität und der Eingeschlossenheit um, indem sie Stofftiere und andere Frauen und Kindern zugeschriebene Objekte verfremdet. Schneidern und Sticken werden dabei zu Elementen des Schaffensprozesses, der die Kunst in ihrem Verhältnis zu den sogenannten niederen und zumeist weiblichen Künsten untersucht. Gemeinschaftsausstellungen finden statt; Gruppen wie die Union des Femmes Peintres et Sculpteurs en France („Vereinigung der Malerinnen und Bildhauerinnen in Frankreich“) blühen wieder auf.

Eine weitere Schockwelle wird 1988 mit den Guerilla Girls aus den USA kommen, die mit Humor die Politik der Institutionen gegenüber den Künstlerinnen anprangern, wobei sie vor allem die offiziellen Statistiken über Ankäufe von Werken benutzen. Sie reagieren auf eine Ausstellung des Museum of Modern Art „An International Survey of Painting and Sculpture“, in der bei insgesamt 169 Ausstellern nur 13 Frauen vertreten waren. Die wachsende Zahl von Frauen in den Kunsthochschulen und bei Ausstellungen scheint ein neues Gleichgewicht anzukündigen.

1.4 Schauspielkunst

Das Theater bringt Schauspieler und Schauspielerinnen mit Frauen und Männern im Publikum zusammen, welche die gleiche Leidenschaft teilen. Ein gleichberechtigtes Paar Madeleine Renaud und Jean-Louis Barrault (die 1940 heirateten) verkörpert dieses gemeinsame Abenteuer: Mit einer Truppe, die sie 1946 gründen und einem Theater am Rond-Point der Champs Élysées, das ihren Namen trägt, arbeiten sie bis zum ihrem Tode im Jahr 1994 zusammen. Hinter den Anfängen des Volkstheaters, das Jean Vilar in Frankreich auf dem Festival von Avignon vertreten hat, steht eine Frau, eine Beamtin: Jeanne Laurent hat sich für die Dezentralisierung des Theaters und die Einrichtung nationaler Zentren der dramatischen Kunst eingesetzt. Jedoch werden nur wenige Stücke von Frauen gespielt und nur wenige Frauen führen Regie. Ganz wenige leiten ein Theater. Die Schauspielerin Silvia Monfort hat 1974 das Theater Nouveau Carré gegründet, das heute ihren Namen trägt. Ariane Mnouchkine ist die berühmteste Ausnahme. Sie leitet das Théatre du Soleil, eine als Kooperative organisierte, nicht hierarchische Truppe, die 1964 gegründet wurde und sich 1970 in der alten Munitionsfabrik von Vincennes eingerichtet hat. Die Schauspielerinnen und Schauspieler arbeiten mit Improvisationen; der Geist von 68 durchdringt das kollektive und politisch engagierte Schaffen. Die Inszenierungen, die von großer Originalität sind, bezaubern ein Publikum, das der Truppe seit den 1970er Jahren wegen der thriumphalen Darstellungen in *1789* und *1793* die Treue hält. Im Jahr 1978 erreicht die Verfilmung des Theaterstücks *Molière* ein sehr breites Publikum. Das breite Repertoire von Ariane Mnouchkine reicht von Shakespeare bis zu Hélène Cixous und greift die Kämpfe der unterdrückten Völker auf: 1987 *L'Indianade ou l'Inde de leurs rêves* („Die Indianade oder das Indien ihrer Träume") über die Entkolonisierung, 1998 Tibet. Nathalie Sarraute und Marguerite Duras sind auf dem Theater gespielt worden, Coline Serrau verändert das Kino und das Theater, Anne Delbée und Brigitte Jacques schreiben und inszenieren. Yasmina Réza erlebte mit *Art* (1995) einen internationalen Erfolg.

Wesentlich stärker sind die Frauen im modernen Tanz vertreten, den man in Frankreich seit Mitte der 1980er Jahre entdeckt. Viele von ihnen gründen und leiten regionale choreographische Zentren, wahrscheinlich, weil der *modern dance* eine Erfindung von Frauen ist, die mit dem klassischen Ballett brechen wollten, das „von Männern geschaffen und kodifiziert wurde, wobei in einer Tradition, welche die Französin Sylvie Guillem, eine der größten Tänzerinnen des Jahrhunderts fortsetzt, die Ballerina die ideale Weiblichkeit verkörpert".[15] Von den Frauen, die innovativ arbeiten, seien neben den Amerikanerinnen Ruth Saint-Denis und Carolyn Carlson sowie der Deutschen Pina Bausch die Französinnen Karine Saporta, Maguy Marin, Régine Chopinot, Mathilde Monnier, Odile Duboc, Catherine Diverrès genannt.

Zur Bühne gehört auch das Kleinkunsttheater, das zu unterschiedlichen Karrieren im Kino, im Fernsehen etc. führen kann. Die Komik nimmt hier einen breiten Raum ein und hat nach dem Mai 68 Züge des politischen Protests angenommen, womit sie den Frauen die Möglichkeit verschaffte, den Feminismus ihrer Zeit auf ihre Weise zum Ausdruck zu bringen. Die Entstehung einer besonderen „weiblichen Komik" ist eine der interessantesten Entwicklungen der letzten zwanzig Jahre, denn seit der berühmten Thérésa, die Mitte des 19. Jahrhunderts das Publikum in den Café-Concerts erfreute, hatten sich Komikerinnen rar gemacht. Eine Ausnahme war die Schauspielerin Jacqueline Maillant. Bis in die 1970er Jahre hinein hatten Männer das Privileg gehabt, das Publikum (häufig auf Kosten der

---

15 Florence Montreynaud: *Le XXe siècle*, op. cit., S. 747.

Frauen) zum Lachen zu bringen, eine nicht zu vernachlässigende Machtquelle. Die feministischen „trois Jeanne" und danach Zouc und Sylvie Joly haben in den 1980er Jahren den Weg freigemacht für Muriel Robin, Charlotte de Turckheim, Anne Roumanoff, die Vamps und Valérie Lemercier.[16] Sie bevorzugen Themen, die aus dem privaten, ja sogar aus dem persönlichen Leben stammen, da sie nicht davor zurückschrecken, über sich selbst zu spotten. Sie beuten das Bild des ungeliebten Körpers aus, der „zu" dick oder ungelenk ist, eignen sich Schlüpfrigkeiten, Grobheiten, skatologische Ausdrücke an, die herkömmlicherweise eine männliche Domäne sind, überlassen den Männern aber den sexuellen Bereich, wie ein Sketch von Muriel Robin andeutet – „Ich renne der Sexualität nicht hinterher..., was auf Gegenseitigkeit beruht, wie man wohl zugeben muß...". Die Komik weist die Tendenz auf, die Stereotypen der Megäre, des süßen angepassten Frauchens, der frustrierten alten Jungfer und des hinreißenden Dummchens zu verstärken. Aber auch die Männer bekommen dabei etwas ab und werden häufig als gleichgültig, kindisch, verantwortungslos, gewalttätig oder auch autoritär dargestellt. Der diffuse Einfluß des Feminismus zeigt sich in Neuerungen wie der Inszenierung von Frauenrollen jeden Alters – und nicht nur von Dreißigjährigen –, im Einverständnis unter Frauen – im Unterschied zur Rivalität –, schließlich auch in der Kritik an der weiblichen Entfremdung. Die Durchschlagskraft des weiblichen Humors macht sich, wie wir gesehen haben, auch im Kino bemerkbar, ist aber wesentlich zurückhaltender im Comicstrip, wo Claire Brétecher seit bald dreißig Jahren mit ihren Zeichnungen von „frustrierten" Zeitgenossen beiderlei Geschlechts auf den Seiten des *Nouvel Observateur* und in ihren Alben ziemlich allein steht.

2 Die kulturellen Alltagspraktiken

Es ist an dieser Stelle nicht möglich, allen kulturellen Praktiken Rechnung zu tragen, da sie zu zahlreich, zu verschieden, im einzelnen aber auch zu wenig erforscht sind; und wenn sie es sind, fehlt die Frage nach Gender und die historische Dimension wird kaum herausgearbeitet. Die religiösen Praktiken verdienen unsere ganze Aufmerksamkeit, weil sie bei den Frauen, die immer noch „stärker praktizieren", weiterhin auffällig sind. Die Religion hat jedoch viel von ihrem Einfluß verloren und kann bei der Frage nach der ungleichen Machtverteilung zwischen den Geschlechtern nicht ausgeklammert bleiben. Um die Reflexion darüber fortzuführen, was für die Mentalitäten der meisten Frauen prägend war, werden wir uns mit der Rolle der Medien und insbesondere der „Frauenpresse" genauer befassen. Sie trägt nämlich zur Herausbildung einer spezifisch „weiblichen Kultur" ebenso bei wie die Kitschromane, mit denen wir uns ebenfalls beschäftigen werden. Von der Nahrung für das Gemüt und den Traum werden wir zur irdischen Nahrung übergehen, weil auch sie – von

16 Élisabeth Pillet: Quand elles entrent en scène: le comique dans les sketches de femmes, in: *Humoresques*, Nr. 11, Januar 2000, S. 169–186.

den kulinarischen Praktiken bis zur Ernährung und ihren Störungen – etwas über das Alltagsleben von Frauen verrät. Dies wird uns zur Sorge um den Körper führen, das heißt zu einem der bedeutendesten Umbrüche der Jahrhunderhälfte: Den eigenen Körper aufzubauen, ihn schlank, muskulös und in Form erhalten zu wollen sowie modisch zu kleiden, ist ein Anspruch, den heute Millionen von Frauen (und auch Männer) miteinander teilen und der einer differenzierten Interpretation bedarf: Ist dies der Weg zu einer größeren individuellen Autonomie? Oder eine neue Art der Entfremdung? Wir werden unsere anfängliche Ratlosigkeit zerstreuen, denn wie in anderen Bereichen läßt sich auch hier ebenso der Einfluß eines emanzipatorischen feministischen Vorbilds feststellen wie die Wirksamkeit der Fallen, welche die Konsumgesellschaft für die Frauen bereithält.

2.1 Religionen

„25 % der getauften Erwachsenen besuchten Ende der 1950er Jahre jeden Sonntag die Messe; heute sind es vielleicht weniger als 10 %. Eine der plausibelsten Erklärungen für diesen Schwund besteht in nichts anderem als in dem abnehmenden Interesse der Frauen, das dazu tendierte, die Unterschiede bei den Geschlechtern abzubauen, ohne sie doch vollkommen zu annulieren. Ob es sich um Aktivistinnen handelt, um Nonnen oder einfache Gläubige, zum großen Teil scheinen also die Frauen für das verantwortlich zu sein, was man die gegenwärtige Krise des französischen Katholizismus zu nennen pflegt."[17]

Unter den Katholiken, die regelmäßig in die Kirche gehen (10 % der Bevölkerung im Jahr 1993) sind 75 % Frauen. Freilich betrifft der Rückgang der religiösen Praxis die Männer wie die Frauen gleichermaßen und lediglich die alten Frauen (34 % sind älter als 60 Jahre) garantieren jene Frauenmehrheit unter den praktizierenden Katholiken. Sie sind auch in den konfessionellen Vereinen zahlreicher vertreten als Männer (5 % im Verhältnis zu 4,5 %). In bezug auf den gelegentlichen Besuch einer Kirche gibt es bei den Katholiken keinen nennenswerten Unterschied zwischen den Geschlechtern (26 % der Männer; 28 % der Frauen). 18 % der Männer geben im Verhältnis zu 14 % der Frauen an, „ohne Religion" zu sein. Bei den unter 25jährigen läßt sich aber feststellen, daß das Verhältnis sich umkehrt (31 % der Männer gegen 33 % der Frauen).[18]

Viele katholische Frauen handeln sehr bewußt, indem sie zu den Interessen der Kirche auf Distanz gehen. Sie gehen wie die Männer seit einem halben Jahrhundert immer seltener zur Beichte. Die Angst vor der Sünde und die Heilssuche sind nicht mehr Antrieb zum Glauben. Ohne es unbedingt auf feministische Weise zu sagen, finden manche Katholikinnen doch das Priesterzölibat oder die Einstellung der Kirche zur Sexualität überholt. Im

17 Étienne Fouilloux: Femmes et catholicisme dans la France contemporaine, in: *Clio*, Nr. 2, 1995, S. 326.

18 INSEE: *Les Femmes*, collection contours et caractères, 1995, S. 206 f.

Laufe der Jahre nimmt die Gleichgültigkeit zu, mit der die Erklärungen des Papstes zur Sexualität aufgenommen werden. In den 1980er Jahren verurteilen nur 25 % der regelmäßig praktizierenden Gläubigen die Verhütung bei verheirateten Frauen. Auch die Priester selbst gestehen immer öfter ein, eine andere Auffassung von Sexualmoral zu haben, als sie Johannes Paul II. verkündet.[19]

Es wäre falsch, die „wachsende Teilnahme von Frauen in den verschiedenen Sektoren des Apostolats" allein auf den Einfluß des Zweiten Vatikanischen Konzils (das 1965 zu Ende ging) zurückzuführen, auch wenn dies einem damals formulierten Wunsch entspricht.[20] Daß heute zahlreiche Tätigkeiten in der katholischen Kirche von Frauen übernommen werden, läßt sich genauso gut, wenn nicht besser mit dem Rückgang der Berufung von Männern und dem Schwund an praktizierenden Gläubigen erklären. So setzen sich im Religionsunterricht, der modernisiert wird, Damen im Ehrenamt und professionnelle Katecheten durch: 84 % der 220 000 Katecheten in den 1980er Jahren sind Frauen. Einige Frauen gelangen in die Diözesanleitung für den Religionsunterricht. In der Seelsorge sind die Frauen in der Mehrheit und seit mehreren Jahren gibt es weibliche Lehrkräfte an den theologischen Fakultäten. Zunehmend übernehmen Laien, Männer und Frauen, Aufgaben, welche die Priester, die zu wenige sind, nicht erledigen können. Dutzende von Frauen werden mit der Betreuung von Gemeinden ohne Priester beauftragt. Auch in den Pfarrgemeinderäten, den Diözesanräten und Diözesansynoden werden sie immer zahlreicher. Aber sie dürfen keine Sakramente austeilen; diese Macht ist den Priestern vorbehalten. In der katholischen Rangordnung wird nämlich an der Ablehnung der Frauenordination festgehalten. Im übrigen scheint der Zugang von Frauen zum Priesteramt in Frankreich keine sehr populäre Forderung zu sein. Die Kirche behält den Männern auch die Funktionen des Diakons, des Lektors und des Akolythen vor. Die seit 1970 von der internationalen Vereinigung Femmes et hommes dans l'Église („Frauen und Männer in der Kirche") geforderte Gleichstellung der Geschlechter entwickelt sich freilich weiter.[21] Nach einer Umfrage von *La Vie* im Jahr 1985 möchten 36 % der Kleriker den Frauen den Zugang zum Priesteramt gewähren. Meinungsäußerungen, in denen die Priesterehe befürwortet wird, nehmen zu. Aber zweifellos wird es noch lange dauern, bis der jahrhundertelangen Angst vor „der Frau" ein Ende gesetzt werden kann. Die Auseinandersetzungen in der Ökumene könnten diesen Prozeß wahrscheinlich beschleunigen. Der neue Katechismus von 1992 nimmt zum Teil die Kritik mancher feministischer Theologinnen auf, insbesondere in bezug auf die Schöpfung des Menschen –

19 Gérard Vincent: Les catholiques: l'imaginaire et le péché, in: Philippe Ariès, Georges Duby (Hg.): *Histoire de la vie privée*, Bd. 5 : *De la Première Guerre mondiale à nos jours*, Le Seuil, coll. Points, 1985, S. 18.

20 Monique Hébrard: L'Église catholique: dernière place forte du patriarcat?, in: *Le Féminisme et ses enjeux*, FEN/Edilig, 1988, S. 414–434.

21 Vgl. den Zeuginnenbericht einer ihrer Vorkämpferinnen: Marie-Thérèse van Lunen Chenu: *Femmes et hommes*, Le Cerf, 1998.

„als Mann und Frau schuf er sie"– und die Erbsünde – Eva ist nicht mehr die Ursache des Sündenfalls. Insgesamt bleiben die Frauen, „von denen nur im Zusammenhang mit ihren besonderen Pflichten oder den Stellen und Aufgaben, von denen man sie besser ausschließt, die Rede ist", aber „eine bloße Abwandlung des Mannes".[22]

Die protestantische Kultur kommt den Frauen tatsächlich viel mehr entgegen: In ihrer calvinistischen Version sakralisiert sie nicht wie der Katholizismus das Zölibat und die Jungfräulichkeit; sie entwickelt eine wesentlich offenere Konzeption der Ehe; sie fördert seit dem 19. Jahrhundert die Mädchenbildung. Der Feminismus hat daher in diesem Milieu eine Wahlheimat gefunden. Zudem ist für die Protestanten das geistliche Amt allgemein: Es gibt keine Priester, sondern Pastoren, die verheiratet sein können. Die erste Pastorin in Frankreich (1927) stammte aus der reformierten Kirche von Elsaß-Lothringen. Ab 1966 gelangen die Frauen in der reformierten Kirche Frankreichs zu den gleichen Bedingungen wie die Männer ins Pastorenamt, ab 1968 in der reformierten Kirche von Elsaß-Lothringen, ab 1970 in der lutherischen Kirche des Elsaß und ab 1974 in der lutherischen Kirche von Montbéliard und von Paris. Frankreich verfügt in den 1980er Jahren über etwa 70 Pastorinnen unter den 900 lutheranischen und reformierten Pastoren. Der Gegensatz zur katholischen Kirche ist also beachtlich: Als der Papst sich zum ersten Mal in Frankreich in einen protestantischen Gottesdienst begibt, ist es eine Frau, Thérèse Klipffel, die Präsidentin der reformierten Kirche von Elsaß-Lothringen, die in einer lutheranischen Kirche in Straßburg die Begrüßungsworte und das Gebet spricht.[23]

Wie die anderen monotheistischen Religionen, von denen sie die älteste ist, vermittelt die jüdische Religion eine patriarchale Tradition; sie teilt den Männern und den Frauen verschiedene und ungleiche Rollen zu. Die Frauen werden als Gattinnen, Mütter und Hüterinnen des Hauses, als Garantinnen der Abstammung und der Tradition verehrt. Wenn man allerdings weiß, „welchen Platz die Familie in der jüdischen Tradition einnimmt, wenn man weiß, daß im häuslichen Rahmen zahlreiche religiöse Vorschriften angewendet werden und daß die Frauen für ihre Einhaltung sorgen müssen und daß sie nur in dieser Hinsicht die sichersten Garantinnen der Tradition sind, versteht man den Grund für soviel Ehre".[24] Jedoch nehmen die Frauen in der Synagoge nur von fern am Ritus teil, hinter einem Vorhang oder von einer Balustrade aus; sie dürfen nicht mit lauter Stimme beten oder die Torah vortragen; sie zählen nicht zu dem Quorum von zehn Getreuen, die zum gemeinsamen Gebet erforderlich sind; sie sind vom Studium und den Debatten über das Religionsgesetz und seine Anwendung ausgeschlossen. Zur Ungleichheit verurteilt, haben die jüdischen

---

22 Françoise Lautmann: L'image brouillée des femmes dans le nouveau Catéchisme de l'Église catholique, in: *Clio*, Nr. 2, 1995, S. 274.

23 Gabrielle Cadier-Rey: 9 octobre 1988: quand une femme accueillait le pape à Strasbourg, in: *Bulletin de la Société de l'Histoire du Protestantisme français*, Nr. 146, Januar-März 2000, S. 193–204.

24 Régine Azria: La femme dans la tradition et la modernité juives, in: *Archives des sciences sociales des religions*, Nr. 95, 1996, S. 121.

Frauen sich seit dem 19. Jahrhundert sehr stark in der säkularisierten Welt engagiert. In der liberalen Strömung des Judentums, die sich der Moderne anpassen will, bekommen sie Gelegenheit, eine wichtigere Rolle für die Religion zu spielen. Aus dieser Strömung stammt Pauline Bèbe, die nach einem Studium in London 1990 zur ersten und einzigen Rabbinerin Frankreichs wurde. Aber die Welt des Judentums ist gespalten und junge Frauen, die in einer laizistischen Gesellschaft aufgewachsen sind, ziehen die neoorthodoxe Strömung vor, wobei sie einen ungleichen Status akzeptieren. Ist dies eine Form, sich der eigenen Identiät zu vergewissern? Diese Frage stellt sich auch für junge, in Frankreich lebende Musliminnen.

Sie hat sich vor den 1980er Jahren nicht gestellt. Bis dahin praktizierten die Muslime in Frankreich, die hauptsächlich aus dem Maghreb kamen, ihren Glauben mit einem Schwerpunkt auf Individuum und Familie auf zurückhaltende Weise: Es war ein „kultureller Islam", der als integrierbar galt und mit der französischen säkularisierten und multikonfessionellen Gesellschaft vereinbar zu sein schien. Für die seit den 1980er Jahren auftretenden islamistischen Aktivisten war es nicht schwierig, die bereitwillige Anpassung als unzulässigen Kompromiss zu verurteilen. Obwohl sie eine Minderheit darstellten, hatten diese politischen Vorkämpfer, die von der iranischen Revolution von 1979 angespornt wurden, starken Einfluß auf eine bestimmte Strömung des Islam, den „tätigen Islam". Dessen religiöse Praxis wird betont öffentlich zur Schau gestellt. Ihr sichtbarstes Zeichen ist die Einführung des Hijab (Schleier) für junge Frauen, die ihn manchmal freiwillig tragen. Es sind Maghrebinnerinnen, Türkinnen, konvertierte Französinnen, häufig unter dreißig Jahren, die gebildet sind, Universitätsabschlüsse vorweisen können und in einem städtischen Milieu leben. Das „islamische Kopftuch", das Haare und Nacken bedeckt und die Männer davor bewahren soll, von Frauen verführt zu werden, hat zwischen 1989 und 1994 vor dem Hintergrund eines Ausbruchs von Rassismus und Xenophobie zu heftigen öffentlichen Auseinandersetzungen geführt. Diese komplexe Debatte berührt die Frage nach der Stellung der Religion im öffentlichen Raum – vor allem in der Schule – und spitzt sich auf den Sonderstatus des Islam in Frankreich zu. Daß aber die Affekte in ihr so stark zum Tragen kommen, ist auf die unterschiedlichen Interpretationen dessen zurückzuführen, was der Schleier bedeutet. Für zahlreiche Feministinnen ist er vor allem anderen ein Zeichen der Unterordnung gegenüber den Männern. Die Solidarität mit den Frauen, die in den Ländern, in denen sich der politische Islam durchgesetzt habe, dazu gezwungen seien, den Schleier zu tragen, gebiete in Frankreich einen besonderen Respekt vor dem Laizismus. Jedoch kommt dem Kopftuch eine eindeutige Bedeutung nicht zu.[25] Es kann einen religiösen Wert haben und tatsächlich aus Bekehrungseifer getragen werden, es kann aber auch eine kulturelle Identität bestätigen oder eine Familienidentität bei den Mädchen in der Adoleszenz, die dem Wunsch des Vaters entsprechen und dadurch gewisse Freiheiten zu erlangen hoffen, wie etwa die Freiheit auszugehen. Weil die Kopftuchaffäre vor allem die Mädchen in den

25 Vgl. Françoise Gaspard, Farhad Khosrokhavar: *Le Foulard de la République*, La Découverte, 1995; Nadine B. Weibel: *Par delà le voile. Femmes d'islam en Europe*, Complexe, 2000.

Collèges und Lycées betrifft und weil ihr Ausschluß aus den schulischen Einrichtungen das in Erwägung gezogene Druckmittel ist, wird die Debatte ungeheuer kompliziert. Es wird sehr viel Vermittlungsarbeit zwischen den Schulen und den Familien der Mädchen, die den Schleier tragen, nötig sein, um aus der Sackgasse herauszukommen.

2.2 Medien und Massenkultur

Im Jahr 1960 wird die für Frauen bestimmte Presse in Auflagen von mehr als 15 Millionen Exemplaren verkauft und wahrscheinlich von drei- bis viermal so vielen Personen gelesen. Man könnte sagen, daß in einem Land, das 17,7 Millionen Frauen über 15 Jahren zählt, praktisch keine Frau unerreicht bleibt von *Nous deux*, *Modes et travaux*, *Marie Claire*, *Elle*, *Bonnes soirées*, *Intimité*, *Marie-France*, *Modes de Paris*, *Pour vous Madame* – um nur die zu nennen, die eine Auflage von mehr als 700 000 haben.

Zwei Frauenzeitschriften halten eine deutliche Distanz zu diesen Erzeugnissen: die katholische Zeitschrift *L'Écho des Françaises*, die mit ihren 2,3 Millionen Exemplaren an der Spitze der Zeitschriftenpresse steht, und die kommunistische *Heures claires*, von der nur 98 000 Exemplare an militante Kommunistinnen verkauft werden können. Kommen wir aber auf die eindeutig kommerzielle Frauenpresse zurück: Von ihren enormen finanziellen Gewinnen, die durch Anzeigen und den regelmäßigen Verkauf gesichert sind, profitieren Industriekonzerne (Dassault bei *Jours de France*; Prouvost bei *Marie-Claire*) und mächtige Verlagsgruppen (Pierre Lazareff bei *Elle*; Cino Del Duca bei fünf Wochenzeitschriften für Frauen und bei Photoromanen). Dies steht im Gegensatz zu der Abwertung, deren Objekt diese Presse ist: Sie beschäftigt nur wenige im Journalismus ausgebildete Frauen; ihre Redakteurinnen, die einen unsicheren Status haben, fühlen sich nicht wirklich als Journalistinnen. Die Frauenpresse bietet Nischenbeschäftigungen für Frauen, die durch männliche Ächtung aus den Redaktionen der Tageszeitungen vertrieben wurden. Moralismus und apolitische Haltung scheinen die Leitwerte dieser Zeitschriften zu sein, die bemüht sind, allen Frauen zu gefallen, indem sie Themen wie Heim, Komfort, Gesundheit, Freizeit, Fürstenhochzeiten und empfehlenswerte Bücher behandeln.

Die Modernisierung der 1960er Jahre, bei der das Fernsehen eine neue Rolle spielt, zwingt die Frauenpresse, sich anzupassen.[26] Das Lesepublikum aus den unteren Bevölkerungsschichten, aus der Provinz und vom Land bröckelt ab; Zeitungen wie *Femme pratique* oder *Bonne soirée* haben darunter zu leiden. Manche Titel mit einem starren Inhalt und aus der Mode gekommenem Layout veralten. Im Gegenzug öffnet sich mit den Babyboomern zwischen 15 und 20 Jahren ein neuer Markt. Neben der – offensichtlich von zahlreichen Mädchen gelesenen – *Salut les copains* erscheinen *Mademoiselle âge tendre*, danach *Jacinthe*

---

26 Zur Frauenpresse seit den 1960er Jahren vgl. Samra-Martine Bonvoisin, Michèle Maignien: *La Presse féminine*, PUF, Que sais-je? 2. Auflage 1996.

(1975) und *Vingt ans*. Aber bei den Haupttiteln der Frauenpresse sinken die Auflagen zwischen 1966 und 1976 um 30 %. Die Redaktionen begreifen, daß dies zum Teil darauf zurückzuführen ist, daß sie während der Phase einer schnellen Veränderung des Lebenszusammenhangs von Frauen und der Infragestellung der Konsumgesellschaft nicht angemessen reagiert haben. Die Frauenpresse wird sehr stark von der Frauenbefreiungsbewegung kritisiert, die ihr vorwirft, einer der wichtigsten Träger der Selbstentfremdung von Frauen zu sein.[27] *Marie-Claire* und *Elle* passen sich den neuen Gegebenheiten an, indem sie das Thema der befreiten Frau in ziemlich ambivalenter Weise aufgreifen. Allerdings wird es der feministischen Presse selbst in ihrer Blütezeit nicht gelingen, der Frauenpresse Konkurrenz zu machen: Sie erreicht höchstens 150 000 Leserinnen. Das im Januar 1978 von Claude Servan-Schreiber gegründete *F Magazine* versucht mit nichtprofessionellen Mitteln den großen Abstand zwischen zwischen Kommmerz und Feminismus zu überbrücken. Die Monatszeitschrift, die zur Gruppe Expansion gehört, wird im feministischen Sinne von Frauen für Frauen gemacht. Sie ist zwei Jahre lang erfolgreich (200 000 Exemplare), aber das Experiment ist nicht von Dauer.

Indem sie ihre Titel differenziert und sich spezialisiert, überwindet die Frauenpresse ihre vorübergehende Unbeliebtheit. *100 Idées* (1974) revolutionniert das Genre „Mode und Handarbeiten"; auf *Santé Magazine* (1976) folgen bald andere Titel in der Marktlücke Körperertüchtigung und sanfte Medizin. *Cosmopolitan* (1973) hat es mit einem ziemlich snobistischen Ton auf eine wohlhabende Klientel abgesehen, *Biba* (1980) übernimmt das Rezept des *Working Woman Magazine* für aktive Frauen, die daran glauben möchten, daß „man kann, wenn man nur will". Die Gruppe Prisma-Presse lanciert mit *Prima* (1982) einen Markterfolg; danach besetzt *Femme actuelle* (1984) eine Marktlücke im Bereich „Praktische Ratschläge"; es folgen *Voici* (1987) und *Gala* (1993) für den Bereich „People". Ab 1980 hat die Frauenpresse den Tod des Feminismus beschlossen und vollzieht eine Kehrtwendung zurück zu dem „Glück, eine Frau zu sein". Im Gewand neuer Worte und Bilder geht es immer wieder darum, wie man „ihn" erobern und festhalten kann. Neben den Patentrezepten zur Verführung werden andere Interessenschwerpunkte – Unterhaltung, Gesundheit, Kochen, Dekorieren etc. – beibehalten; und es ist das Gleichgewicht dieser Rubriken, das *Femme actuelle* zu einem breiten Lesepublikum verhilft.

Die Frauenpresse ist heute der florierendste Sektor der Zeitschriftenpresse. Sie zählt 76 Titel (10 Wochenzeitschriften, 33 Monatszeitschriften, 30 Vierteljahresschriften). Von 20 Magazinen mit einer Auflage von mehr als 500 000 sind 9, die mit Fernsehzeitschriften rivalisieren, „für Frauen". Jeden Monat werden 15 Millionen Exemplare verkauft. Die Fortschritte waren in den letzten 15 Jahren beachtlich. Eine von zwei Frauen liest diese Erzeugnisse: Es sind mehr Leserinnen aus den privilegierten Schichten, junge Frauen aus den Städten, die weniger fernsehen und öfter mehrere Titel kaufen.

---

27 Anne-Marie Dardigna: *Femmes-femmes sur papier glacé*, Maspéro, 1975; Dies.: *La Presse féminine: fonction idéologique*, Maspéro, 1978.

Meinungsjournale für Frauen haben, wie das flüchtige Experiment mit *F Magazine* zeigt, keinen wirklichen Raum; die Leserinnen, die sich über nationale und lokale Nachrichten informieren wollen, lesen Tages- und Wochenzeitungen. Die regionalen Tageszeitungen – die in Frankreich von Männern wie Frauen am meisten gelesen werden – verfügen auch über Rubriken und Sonderseiten, die für ihre Leserinnen bestimmt sind. Dort findet man die Stimmung der Frauenmagazine wieder, zumindest in den Photos und der Werbung. Wenn die regionale Presse an Machismo nicht zu übertreffen ist, dann zweifellos deshalb, weil in ihren Redaktionen so wenig Frauen vertreten sind. Noch heute kommt dort eine Journalistin auf 4,6 Männer.[28] Das Mißverhältnis ist auch in den überregionalen Tageszeitungen sehr groß (1 Frau : 3 Männer) und es scheint ein Verhältnis von Ursache und Wirkung zwischen der Männerdominanz in den Redaktionen und der Leserschaft zu bestehen. Die Nachrichtenmagazine werden wie die Tageszeitungen abgesehen vom *Nouvel Observateur* mehrheitlich von Männern gelesen. Wenn *La Croix* mit 53 % Leserinnen eine Ausnahme darstellt, dann liegt das nicht nur an ihrer religiösen Ausrichtung, sondern auch daran, daß innerhalb der Redaktion eine Balance zwischen den Geschlechtern hergestellt wurde, was sich im Inhalt der Tageszeitung niederschlägt.

Im Fernsehen ist das Verhältnis von Journalisten und Journalistinnen immer noch drei zu eins, trotz des Effekts „Ockrent-Sinclair-Chazal“[29] und der neuen Mode, die Nachrichtensendung mit einem paritätischen Duo zu besetzen. Das Radio ist für Frauen leichter zugänglich (1 Frau : 2,3 Männer). Wenn es heute nach einer beschleunigten Feminisierung in den 1990er Jahren 37 % Frauen unter den Journalisten gibt,[30] so arbeiten sie doch nicht zu den gleichen Konditionen wie ihre Kollegen, verdienen im Durchschnitt monatlich 2 800 Francs weniger und kommen selten in Führungspositionen. Ihr Spielraum, um Methoden und Inhalte ihres Berufs zu verändern, ist daher ziemlich eng. Die „vierte Gewalt“, die der Medien, ist nicht feministisch geworden.[31]

2.3 La vie en rose

„Quand il me prend dans ses bras, qu'il me parle tout bas, je vois la vie en rose“ (1947) („Wenn er mich in die Arme nimmt, wenn er ganz leise zu mir spricht, sehe ich das Leben rosig“). Als Quelle für die Geschichte der Tagträume von Frauen hätten Chansons verwendet werden können, angefangen mit den von Édith Piaf so überwältigend vorgetra-

28 Diese und die folgenden Zahlen stammen aus dem Artikel von Florence Beaugé: Le „deuxième sexe“ et le journalisme, in: *Manière de voir/Le Monde diplomatique*, Nr. 44, März-April 1999, S. 42–46.

29 Anm. d. Ü.: Effekt „Ockrent-Sinclair-Chazal“: Christine Ockrent, Anne Sinclair und Claire Chazal sind drei Fernsehjournalistinnen mit großem Einfluß in politischen Zusammenhängen unterschiedlicher Couleur.

30 1985 waren von 20000 Journalisten 5225 Frauen, zehn Jahre später sind es 10445 von 28471.

31 Myriame El Yamani: *Médias et féminsmes. Minoritaires sans paroles*, L'Harmattan, 1998.

genen Liedern bis zu den fadesten Songs der Schlagerwelle. Man könnte auch den nie nachlassenden Erfolg der Regenbogenpresse hervorheben: *Nous deux* mit ihrer Millionenauflage, *Intimité*, die eher für junge Mädchen bestimmt ist (750 000 Exemplare), und *Confidences* (300 000 Exemplare). Wir werden uns hier jedoch auf die Kitschromane beschränken. Ihr erfolgreicher Aufstieg hat in der Zwischenkriegszeit begonnen, unter anderem mit den Autoren Delly (Pseudonym von Marie und Frédéric Petitjean de La Rozière) und Max du Veuzit (Alphonsine Vavasseur-Archer). Seitdem haben Übersetzungen aus dem Englischen den Markt überschwemmt, wobei sich die Romane von Barbara Cartland am besten verkaufen. Die 1949 in Kanada entwickelte Harlequin-Reihe kommt 1978 auf den französischen Markt. 15 Millionen verkaufte Exemplare im Jahr, 47 Neuerscheinungen im Monat; vierteljährliche Umfragen, um den Wünschen der Leserinnen besser entsprechen zu können: Harlequin bleibt ein florierendes Unternehmen, das die breitesten Bevölkerungsschichten erreicht, da die Bücher im Taschenbuchformat sehr preiswert sind. Man kann während der gesamten letzten fünfzig Jahre einen konstanten Bedarf an diesen Erzeugnissen verzeichnen, der während der feministischen Welle der 1970er Jahre nicht nachläßt. Für die intellektuelle Elite handelt es sich dabei um eine verachtenswerte Literaturgattung voller Wiederholungen und Stereotype: Werden die Leserinnen auf zynische Weise ausgebeutet? Wie soll man sie verstehen, wenn man nicht nach den Bedürfnissen fragt, die diese Literatur befriedigt? Bei vielen Leserinnen dieser Art von Literatur gleicht die Lektüre ein Gefühl der Leere und des Mangels aus.

Sie wirkt wie ein „Tranquilizer", die Frauen übrigens viel häufiger einnehmen als Männer. Das Szenario ist sehr festgelegt: Auf die Begegnung folgt eine Konfrontation, die zu einem Liebesgeständnis führt. Das Happy-End – „sie feierten Hochzeit", ohne viele Kinder zu bekommen – ist unvermeidlich. Der Gatte aus Papier ist für die Leserin der imaginäre Liebhaber. Zum Teil sind diese Romane eine Initiation in die Weiblichkeit, wie häufig angemerkt worden ist.[32] Während die Regenbogenpresse zu Beginn der 1950er Jahre gerade einmal einen Kuß erwähnt, widmet Harlequin der verliebten Annäherung seitenlange Beschreibungen: Die äußerste Sanftheit der Liebkosungen, die Länge des Vorspiels, die Zensur, der das männliche Geschlechtsorgan und die Penetration unterliegt, könnten uns glauben machen, die Leserin verwirkliche ihren Traum nach Verschmelzung ... mit ihrer Mutter! Diese Literatur läßt solche milden Regressionen mit euphorisierender Wirkung zu. Sie führt sogar zu einer wahren Abhängigkeit, die manchmal als „geheimes Laster" erfahren wird: Die „Süchtigen" gehen der „Konfrontation mit der Wirklichkeit" aus dem Weg und sie geben dies auch ohne weiteres zu, wenn sie ihre Lektüre mit der Lektüre von Märchen vergleichen.[33] Daher muß der ungeheure Erfolg einer Reihe wie Harlequin als ein sehr aussagekräftiges Symptom betrachtet werden. Er beruht nämlich auf der psychischen Verletzlichkeit von Frauen, die leidenschaftlich lieben, um dann wieder depressive Phasen durch-

32 Michelle Coquillat: *Romans d'amour*, Odile Jacob, 1988.

33 Annik Houel: *Le Roman d'amour et sa lectrice*, L'Harmattan, 1997, S. 143.

zumachen. Da, wo die Psychoanalyse das unbewußte Begehren feststellen kann, das verlorene Paradies einer verschmelzenden Mutter-Tochter-Beziehung wiederzufinden, kann die Geschichtswissenschaft die Auswirkungen affektiver, sexueller und sozialer Frustrationen erwachsener Frauen erkennen. Ist es eine Folge der Erziehung, welche die Mädchen Freundschaft und Liebe hoch schätzen, sie ein gefühlsbetontes Innenleben entwickeln läßt?[34]

2.4 Irdische Nahrung

Der Tradition nach sind die Frauen für das Kochen zuständig, genauer, die Mütter. Ihre Gewohnheiten haben sich unter dem Einfluß der Hauswirtschaftslehre, der Wissenschaft und der Diätetik seit den 1930er Jahren sehr verändert.[35] Das eklatanteste Symbol dieses Wandels ist das Buch *Je sais cuisiner* von Ginette Mathiot (1932), das in seiner Taschenbuchversion bis heute in fünf Millionen Exemplaren verkauft worden ist. Das nüchterne Werk gibt den Geist sehr gut wieder, der an der École normale d'enseignement ménager („Hochschule für Hauswirtschaftslehre") herrscht, wo Ginette Mathiot zunächst ausgebildet wurde, dann unterrichtete und schließlich zur Direktorin avancierte. Es hat Generationen von Frauen geprägt, die für eine sparsame und einfache Alltagsküche zuständig waren. Die Vorstellungen über Ernährung verändern sich im Laufe der Wirtschaftswunderjahre: Die Einkaufsgewohnheiten (Häufigkeit und Art der Einkäufe) wandeln sich – 1960 gibt es 17 Supermärkte, 1989 sind es 6 500; in den Küchen sammeln sich Haushaltsgeräte an, die Ernährungsgewohnheiten werden umgestellt. Man verzehrt mehr Gemüse und Früchte, Milchprodukte und Fleisch. Die Auffassung von Ernährung entwickelt sich mit den sozialen Veränderungen weiter: Nahrhaftigkeit, die für Handarbeiter eine Rolle spielte, ist nicht mehr so wichtig. In einer prosperierenden Gesellschaft, in der man nicht mehr – wie in Kriegszeiten – fürchten muß, etwas zu entbehren, in der das Lebenshaltungsniveau angehoben wird und man die Ernährungsgewohnheiten der höheren Schichten nachahmen möchte, findet ein Wechsel von der Quantität zur Qualität statt. Medien und Mediziner fordern die Konsumentinnen dazu auf, ein „Gleichgewicht zu finden", um „Exzesse zu vermeiden". Die Restaurantbesuche nehmen zu; dies ist heute eine der kulturellen Praktiken, von denen am meisten Gebrauch gemacht wird, noch vor dem Kinobesuch. In den Restaurants war seit 1973 die von Gault und Millau geförderte „Nouvelle cuisine" zu finden, die sich gegen eine alte – weibliche – Küche behauptet. Das berufliche Prestige des Kochs nimmt seither beträchtlich zu und Chefköchinnen sind in diesem als machistisch bekannten Milieu kaum anzutreffen. Es gibt einen augenfälligen Gegensatz zwischen der gehobenen Gastronomie (männlich) und der alltäglichen Küche (weiblich). Es findet eine Globalisierung des Geschmacks statt: Die

34 Das bei den jungen Mädchen weitverbreitete Tagebuch ist bei den Jungen selten. Auch der Austausch von Briefen und Telefonaten wird von den jungen Mädchen weitaus stärker gepflegt.

35 Luc Rosenzweig: Ginette Mathiot ou la République aux fourneaux, in: *Le Monde*, 22. Februar 1998.

„Jugendkultur" unterliegt dem Imperialismus von „Macdonald", daneben behauptet sich aber auch eine neue Vielfalt der Gerichte und ihrer Zutaten. Es werden Rezepte aus Spezialzeitschriften und der Frauenpresse gesammelt und im Fernsehen werden Kochsendungen übertragen, zum Beispiel die mit Maïté. Häufig wird das Ende der mündlichen Überlieferung beklagt, das wahrscheinlich in den 1980er Jahren stattgefunden hat. In einer neueren Umfrage sagen 53 % der befragten Personen, sie hätten von ihrer Mutter kochen gelernt, 53 % sagen, sie hätten es allein gelernt, 32 % sagen, sie hätten es aus Büchern gelernt (Mehrfachnennungen waren möglich). Haben die Mütter, die zunehmend in Eile sind, das Beispiel dafür gegeben, wie die Küche sich durch Verwendung von Konserven, Tiefkühlkost und Mikrowelle vereinfachen läßt? Haben die Töchter sich an den Jungen orientiert, indem sie sich lediglich als Konsumentinnen der mütterlichen Küche verhielten? Auf alle Fälle bleiben mehrheitlich Frauen für die Zubereitung der Mahlzeiten verantwortlich, und sie stehen an der Spitze, wenn es um die Einführung von Neuerungen geht, wie „biologisches" oder „kalorienarmes" und sogar vegetarisches Essen. Die Werbefachleute, die sie zur bevorzugten Zielgruppe machen, wissen das. Es geht nicht mehr allein darum, die Frauen als diejenigen anzusprechen, die für die Küche der Familie einkaufen und die Mahlzeiten vorbereiten, sondern ihren Geschmack und ihre persönlichen Konsumvorlieben zu treffen. Eine realistische Einstellung, weil sich nämlich von früher Kindheit an eine Differenzierung des Geschmackssinns nach Geschlecht beobachten läßt, die sich mit der Adoleszenz verstärkt.[36]

2.5 Körperpflege und Körperbilder

Mädchen (wie Jungen) sind lange Zeit zur Mißachtung ihres Körpers erzogen worden. Diese christliche Zurichtung der Körper ist heute im Verschwinden begriffen. Das Ideal, das von den Magazinen, aber auch von den Psychologen verkündet wird, besteht darin, seinen Körper zu lieben. Weil der Körper nicht mehr mit Schuldgefühlen besetzt ist, hat sich auch die Wahrnehmung von Körper- und Schönheitspflege verändert. Das ganze Jahrhundert hindurch sind immer anspruchsvollere Regeln für die Körperhygiene aufgestellt worden. In den Oberschichten war die Grenze zwischen Sauberkeit und Schmutz ehemals gleichbedeutend mit der Klassenschranke.[37] Dennoch konnte ein Bergarbeiter, der nach der Arbeit von seiner Frau geschrubbt wurde, genauso sauber, wenn nicht gar sauberer sein als dessen Arbeitgeber! Natürlich verfügten die Unterschichten vor den 1960er Jahren nur sehr selten über die sanitären Anlagen, welche die Körperhygiene erleichtern. – Der Zugang zu einer Badewanne oder einer Dusche ist freilich auch keine Garantie ... Bis die Wohnungskrise in den 1960er Jahren gelöst worden war, wurde das Spülbecken in der Küche von der ganzen Familie zur Körperpflege benutzt.

36 Claude Fischler: *L'Homnivore. Le goût, la cuisine et le corps*, Odile Jacob, 1990, S. 202.

37 Georges Vigarello: *Le Propre et le sale. L'hygiène du corps depuis le Moyen Âge*, Le Seuil, 1985.

Innerhalb eines Jahrhunderts hat sich der weibliche Körper grundlegend verändert. Dank der verbesserten Lebensbedingungen hat das körperliche Wachstum bei Frauen in einem schnelleren Tempo zugenommen als bei den Männern: Die Unterschiede schwächen sich auch in diesem Bereich ab. Die Pflege des Körpers wird durch Übungen unterstützt, die ihn formen, muskulöser machen, jung und schlank erhalten sollen. Die Schönheitschirurgie bietet nicht mehr allein die Möglichkeit, gewisse Unschönheiten zu beseitigen, sondern auch die, sich dem idealen Look anzupassen und die Spuren des Alters zu reduzieren. Diese Art, seinen Körper zu gestalten, ist natürlich nicht allgemein verbreitet. Aber der Umstand, daß Models zu Stars geworden sind, welche die Sängerinnen, Schauspielerinnen und gekrönten Häupter an Ansehen übertreffen, deutet auf die Apotheose des Körperkults hin.

Die Sorge, schlank zu bleiben, ist mehrheitlich unter Frauen verbreitet. Nach einer Umfrage von 1979 hielten sich 24 % der Männer und 40 % der Frauen für „eher zu dick“. Im Jahr 1989 sind es 43 % der Männer und 57 % der Frauen. Das Schlankheitsgebot hat sich weiter verbreitet und der Abstand bleibt fast gleich; wahrscheinlich ist also mehr als jede zweite Frau mit ihrem Körper nicht zufrieden. Die Frauen sind die ersten Opfer der Fettphobie moderner Gesellschaften. Die Fettleibigkeit, deren Schwelle im Laufe des Jahrhunderts herabgesetzt worden ist, ist zu einem Problem der Volksgesundheit geworden. Seit den 1920er Jahren befassen sich amerikanische Versicherungsgesellschaften, auf wissenschaftliche Arbeiten gestützt, mit dem Problem der höheren Sterblichkeit Fettleibiger und schlagen vor, das Idealgewicht zum Maßstab zu erheben. Dieses Beispiel erinnert uns daran, daß das den Frauen seit den 1920er Jahren auferlegte Schlankheitsideal westlicher Herkunft ist und nicht allein für Frankreich gilt. Wie jedes Ideal ist auch dieses sehr schwer, wenn nicht unmöglich, zu erreichen. Ein derartiger Umbruch in der langen Geschichte vieler Zivilisationen seit dem Paleolytikum verdient eine genauere Analyse. Der Jugendkult, der das 20. Jahrhundert kennzeichnet, ist eine der Spuren, die es dabei zu verfolgen gilt. Das ästhetische Modell der Jugendlichkeit hat sich faktisch in den 1960er Jahren als siegreich behauptet – „die Babyboomer verjüngen die Gesellschaft“[38] – und es steht in radikalem Gegensatz zu dem Modell der Fruchtbarkeitsgöttinnen. Es ist eine beunruhigende Koinzidenz, daß sich zur gleichen Zeit die Frauen als Subjekte durchsetzen, die Schwangerschaften ablehnen oder sie einschränken möchten. Noch seltsamer ist, daß sie häufig die Schlankheit, um nicht zu sagen Magerkeit, erotisieren, was sie von den Wünschen entfernt, welche die Männer äußern, die den „weiblichen Rundungen“ verbunden bleiben. Verdankt die Schlankheit ihren Erfolg bei den Frauen dem Umstand, daß sie im Unbewußten nicht als weiblich kodiert ist? Ist sie also ein Manifest der Unabhängigkeit, bei einigen sogar eine Form der Ablehnung ihres sexuierten Körpers? Das Bemühen um ästhetische Anpassung spielt natürlich eine wichtige Rolle. Reicht es aber aus, um den explosionsartigen Anstieg

38 Claude Fischler: *L'Homnivore*, op. cit., S. 348. Dieser Abschnitt geht von Kapitel 13 des Buches von Fischler aus.

der Eßstörungen zu erklären? Die Anorexie ist bei Frauen zehn- bis zwanzigmal weiter verbreitet als bei Männern. Häufig wird sie von Amenorrhoe (Ausbleiben der Regelblutung) begleitet und kann sich als tödlich erweisen. Der Eindruck, daß diese Krankheit, die vor allem Frauen unter 25 Jahren betrifft, zugenommen hat, kann täuschend sein, weil ihn keine Untersuchung tatsächlich belegt. Die von den Magersüchtigen vorgebrachten Rechtfertigungen – wie die Sorge um das Aussehen – können tieferliegende Gründe ihres Problems verbergen: einen Wunsch nach Reinheit, nach Allmacht, nach Selbstauslöschung.[39] Die Bulimikerinnen wechseln dagegen zwischen strengen Diäten und unbezähmbaren Anfällen von Freßsucht, gefolgt von Erbrechen oder der Einnahme von Abführmitteln. Sie können ein durchschnittliches Gewicht haben, empfinden aber einen krankhaften Ekel vor ihrem Körper und sich selbst. Die Krankheit, die zuerst in den 1970er Jahren festgestellt wird, scheint moderner zu sein: In ihr manifestieren sich die Widersprüche zwischen der Überflußgesellschaft und den Schwierigkeiten der zunehmend vereinzelten Individuen, ihre Ernährung ohne Unterstützung durch das Ritual gemeinsamer Mahlzeiten zu regulieren. Bulimie tritt häufig am Ende einer drakonischen Abmagerungskur auf und scheint daher mehr als die Anorexie mit dem Schlankheitsimperativ zu tun zu haben.

2.6 Seinen Körper gestalten: Von der Gymnastik zum Bodybuilding

Bis in die 1960er Jahre hinein bleibt der Frauensport ein wenig entwickelter Bereich. Einige Sportarten sind sogar rückläufig gewesen: Der Frauenfußball verschwand zum Beispiel aus Mangel an Subventionen im Jahr 1934 und tauchte erst 1968 wieder auf. Diese beiden Jahreszahlen markieren recht gut die Periode des Thriumphs der Weiblichkeit. Nur eine jener Vorstellung von Weiblichkeit konforme Ästhetik kann sportliche Praktiken rechtfertigen. Dies erklärt den Erfolg der ersten Wasserballetts in Frankreich. Sie entstanden 1945 unter dem Einfluß der Begeisterung, die das Musical *Le Bal des Sirènes* von Esther Williams ausgelöst hatte. Ab 1952 ist Synchromschwimmen als olympische Disziplin zugelassen. Es wird im Laufe der Zeit immer sportlicher und entledigt sich seiner glitzernden Verkleidungen, wird aber ausschließlich von Frauen betrieben. Die Beschränkung der Sportlerinnen auf bestimmte Bereiche erlaubt, den Sport als „mythische Erhaltungsmaßnahme männlicher Identitäten" nicht in Frage zu stellen.[40] Zwar haben sich hier wie anderswo seit dreißig Jahren Gleichstellungsfortschritte ergeben, zwar repräsentieren die Sportlerinnen und die Zuschauerinnen bei Sportereignissen auch einen zu erobernden Wirtschaftsmarkt, bei den Olympischen Spielen sind die Frauen jedoch immer noch unterrepräsentiert (30 % im Jahr 1996 in Atlanta).

39 Ginette Raimbault, Caroline Eliacheff: *Les Indomptables. Figures de l'anorexie*, Odile Jacob, 1989.

40 Annick Davisse, Catherine Louveau: *Sports, école société: la différence des sexes*, L'Harmattan, 1998, S. 9.

Auch Körperertüchtigung auf bescheidenerem Niveau war ein männliches Privileg gewesen. Ihre massive Ausweitung auf Frauen beginnt in den 1980er Jahren: 1983 betätigten sich 32 % der Frauen regelmäßig oder gelegentlich sportlich, 1994 sind es 64 % (weniger als bei den Männern mit 72 %). Auch hier läßt sich eine klare Geschlechtertrennung beobachten.[41] Die eigenständigen Gymnastikclubs, die in ihren Anfängen in den 1950er Jahren vollkommen gemischt waren, werden heute zu 93 % von Frauen besucht.[42] Nach dem schwedischen Vorbild sollte in diesen Clubs zu Hygienezwecken eine nicht übertrieben sportliche Form der Leibesübungen entwickelt werden, die sehr gut für Mütter geeignet war. Mit den Gymnastikclubs wird die Nachfrage der Frauen nach einer besseren körperlichen Verfassung tatsächlich befriedigt werden, denn sie ermöglichen eine wirksame Bekämpfung der Folgen von Schwangerschaften und Alter; als Orte der Begegnung und des Austauschs sorgen sie zudem für eine bessere seelische Verfassung. Die Besucherinnen sind im Durchschnitt vierzig Jahre alt und kommen aus der Mittelschicht, viele haben keinen Beruf. Sie halten ohne Exhibitionismus und mit bescheidenen Mitteln ihren Körper „instand".

Das Image der Gymnastik ändert sich radikal zwischen 1980 und 1982. Durch das Magazin *Vital* (1980), den Erfolg der Methode von Jane Fonda (1981) und durch die von Véronique und Davina moderierte Fersehsendung „Gym-Tonic" lernen Millionen Fernsehzuschauerinnen Aerobic nach Disco-Rhythmen kennen. „Ihre letzte Eroberung ist der Muskel" titelt *Paris-Match* 1980. Das aus den USA importierte Bodybuilding wird in Frankreich mit Erfolg verbreitet; das Muskeltraining hört auf, eine gesonderte männliche Domäne zu sein. Die Presse ist begeistert über diesen „Feminismus nach den Barrikaden" (*Cosmopolitan*), feiert „den ästhetischen Ausdruck einer neuen Gleichheit zwischen Männern und Frauen" und kündigt an, die Zukunft gehöre den „Kämpfernaturen": „Und man kann sicher sein, daß sie keine schlaffen Gesäßmuskel haben!" (*Le Noveau F*).[43] Man spricht von einer „Selbstbejahung", von einer „neuen weiblichen Macht". Der Medienrummel, der der ersten Miss World im Bodybuilding (1980) zuteil wird, bringt die Ambiguität des Phänomens auf den Punkt: Diese Absolventin der Universität von Kalifornien ist *Paris-Match* zufolge „zu schön, um Ethnologin zu sein", aber schön genug, um für den *Playboy* zu posieren.[44] Sport und Verführung sind, wenn man den Sportjournalisten glaubt, für Frauen widersprüchliche Begriffe.

41 Sie überschneidet sich mit anderen Differenzen: Jung sein, in Paris oder in dessen Umfeld wohnen, kein Kind haben, über ausreichende Einkünfte verfügen, ein Hochschulstudium absolviert haben, zur Gruppe der Führungskräfte und der höheren intellektuellen Berufe zählen, sind allesamt Faktoren, die eine umfänglichere sportliche Betätigung begünstigen. Vgl. Annick Davisse, Catherine Louveau: *Sports,* op. cit., S. 36.

42 Nicole Dechavanne: La féminisation de la FFEPGV. Émergence d'une spécifité de l'expression féminine, in: Pierre Arnaud, Thierry Terret (Hg.): *Histoire du sport féminin*, Bd. I, L'Harmattan, 1996, S. 39–49.

43 Yves Travaillot: Les gymnastiques de forme: nouvelle conquête féminine?, in: Pierre Arnaud, Thierry Terret (Hg.): *Histoire du sport féminin*, op. cit., S. 51–67.

44 Zitiert bei Annick Davisse, Catherine Louveau: *Sports, école société: la différence des sexes*, L'Harmattan, 1998, S. 141 f.

2.7 Sich kleiden: Der Zugriff der Mode

Der Zweite Weltkrieg hat wie schon der Erste Weltkrieg die Frauen angeblich vermännlicht. 1947 verkündet Christian Dior, er wolle sie „refeminisieren". Sein „New Look" schnürt Sylphidentaillen, läßt „Nymphenhälse" hervortreten und verwandelt die Röcke in weite Glockenblumenkelche, die unterhalb des Knies enden, während die Absätze höher werden.[45] Das Mieder von Marcel Rochas ist in Mode, die Nylonstrümpfe kommen nach Frankreich. Die androgynen Tendenzen kommen 1965 wieder zum Vorschein: André Courrèges erfindet das *Moon girl*, das einen Minirock, Stiefel, undurchsichtige Strümpfe und eine Zelluloidbrille trägt, während die Engländerin Mary Quant ein schwarz-weißes Kleid entwirft, das nur bis zur Oberschenkelmitte reicht. Die Wiederkehr des Knies, eines von der Anatomie häufig mißachteten Körperteils, ruft so manche mißbilligenden Äußerungen hervor. Die Eleganz, die das Chanel-Kostum repräsentiert, indem es den Körper zurücktreten läßt, macht dem „jugendlichen" Aussehen Platz. Man kann seinen Körper nun ohne sich zu schämen in enganliegenden kurzen Hosen und Trikots zeigen. Aber welchen Körper? Das damals berühmteste Model ist Twiggy, eine spindeldürre sechzehnjährige Engländerin. Die junge und sexy „Lolita" dient einer Mode als Vorbild, die für die meisten Frauen nicht tragbar ist. Aber der „Mini" zusammen mit den Shorts, den Hot Pants, dem Bikini, den Strumpfhosen und dem Make-up bleiben trotzdem im kollektiven Gedächtnis, als Zeichen, die die „Befreiung der Sitten" in den 1970er Jahren ankündigen. Diese verschafft den Mädchen der ersten Generation des Babybooms Gelegenheit, sich im Konsum zu bestätigen, ohne unbedingt den mütterlichen Ratschlägen folgen zu müssen. Im Jahr 1963 zeigt eine Umfrage des INSEE, daß die größten Ausgaben für Kleidung von Jugendlichen zwischen 15 und 20 Jahren gemacht werden.

Die Jugendlichen werden auch weiterhin die stärksten Modetrends ankündigen. Die Antimode der 1970er geht in allen ihren Variationen auf ihre Protestkultur zurück: Röcke und Blusen im Retrostil, exotische Anleihen bei indischer, lateinamerikanischer, chinesischer Kleidung ..., Jeans im Unisex und lange hennagefärbte Haare. Im darauffolgenden Jahrzehnt, in dem man beginnt, die Kleidungsstücke nach ihren Marken zu identifizieren, findet eine eindeutige Verbürgerlichung des Aussehens statt. Die großen französischen Couturiers entwickeln einen farbigen Glamourstil, aber der Minimalismus der japanischen und amerikanischen Modeschöpfer von (Luxus-) Konfektion setzt sich schließlich durch. Er reduziert die Farbpalette auf Beige, Grau und Schwarz, die Farbe, die am Ende des Jahrhunderts obsiegt. Sie gilt als „chic", „sexy", schlankmachend und wird nicht mehr mit Trauer verbunden. In den 1990er Jahren ist die „Weiblichkeit" wieder zurückgekehrt. Davon zeugt der Aufschwung der feinen Wäsche (üppige Büstenhalter aus Spitze und Seide) ebenso wie die Wiederkehr der Strumpfgürtel und der halterlosen Strümpfe, die 1986 kommer-

---

45 Valerie Steele: *Se vêtir au XXe siècle. De 1945 à nos jours*, Adam Biro, 1998.

zialisiert werden.[46] Die Geschäftsfrau im Kostüm, die „in Rodier überzeugt", kann dem *backlash* in der Kleidung nur schwer widerstehen, bei dem enganliegende Kleidungsstücke propagiert werden, die für knabenhafte junge Frauen gedacht sind. Daß lange Haare so weit verbreitet sind, deutet darauf hin, daß sich die androgynen Tendenzen (der 1920er und 1960er Jahre) nicht in allen Bereichen des Erscheinungsbildes durchsetzen.

Worin bestehen die wesentlichen Veränderungen des 20. Jahrhunderts, wenn sie aus einer Distanz betrachtet werden, die den periodischen Wandel von Modetrends relativiert? Die wichtigste ist zweifellos die Verminderung des Unterschieds zwischen weiblichem und männlichem Erscheinungsbild. Das Tragen von Hosen ist das beste Beispiel dafür. Die Hose, die zu Ende der 1920er Jahre noch selten war, wurde in den darauffolgenden Jahrzehnten aus praktischen Erwägungen von einer Minderheit von Frauen getragen, endgültig durchgesetzt hat sie sich in den 1960er Jahren: Damals wurden mehr Hosen als Röcke verkauft. Jeans und Freizeitkleidung werden in der Folge allgemein üblich: Diese beiden großen Innovationen des 20. Jahrhunderts werden von Anfang an von beiden Geschlechtern übernommen. Kurze Haare haben ihre subversive Note verloren und sind sehr verbreitet bei Frauen, die ins Alter kommen, während lange Haare seit den 1970er Jahren längst kein weibliches Monopol mehr sind. Man kann diese Entwicklung innerhalb einer allgemeinen Lockerungstendenz der Anstandsregeln für Kleidung beziehungsweise „Toilette" (dieses Wort ist inzwischen veraltet) situieren. Die striktesten Vorschriften der Bourgeosie haben ihre sichtbarsten Kennzeichen (den Hut, die Handschuhe) eingebüßt. Man kann die Abschwächung der Geschlechtsunterschiede auch für ein greifbares Anzeichen der Fortschritte in der Gleichstellung der Geschlechter halten.

Dennoch muß man sich fragen, warum die Mode in der weiblichen Kultur weiterhin einen so breiten Raum einnimmt, trotz der zutreffenden Kritik von Feministinnen, Soziologen und auch Medizinern, die dies für eine Entfremdungserscheinung halten.[47] Es ist zum Beispiel bekannt, daß Frauen ein wesentlich unvernünftigeres Konsumverhalten an den Tag legen als Männer: Spontankäufe, Kaufrausch der „*fashion victims*". Schuhe sind wahrscheinlich eines der besten Beispiele, die es dafür gibt, wenn man die engen Schuhspitzen, die Stilettoabsätze, die Plateausohlen mit einer maßvollen Distanz betrachtet. Warum willigen so viele Frauen in derartige Unbequemlichkeiten ein? Bequemlichkeit und Wohlbefinden scheinen in den Augen derjenigen vernachlässigbar zu sein, die sich abmühen, das Weiblichkeitsideal zu erreichen, das dem Zeitgeist entspricht. Wichtig ist es, durch den Konsum an der großen Kollektivbewegung teilzuhaben, welche die Mode repräsentiert. Nun hat sich die Mode dank des höheren Lebensstandards, der Konfektion und der öffentlichen Zurschaustellung der Kollektionen der Haute Couture demokratisiert. Die großen Schneider, die zu „Modeschöpfern" geworden sind, gewinnen an Einfluß dank der Modenschauen,

46 Farid Chenoune: *Les Dessous de la féminité. Un siècle de lingerie*, Assouline, 1998.

47 Gilles Lipovetsky: *L'Empire de l'éphémère. La mode et son destin dans les sociétés modernes*, Gallimard, 1987.

der Starmannequins, der Frauenpresse und der Werbung, aber auch dank solcher Puppen wie Barbie, die 1959 auf den Markt kam. Die Mode gehört zu einer Traumwelt, womit sich zum Teil das Fortbestehen der Haute Couture erklärt, trotz des Rückgangs ihrer Klientel (in der Welt unserer Tage gibt es noch etwa 1 500 Klientinnen dafür).[48] Die Frauen, die sich nach der Mode richten, um nicht zu sagen, sich ihr unterwerfen, sind sehr zahlreich.

Viele finden auf diese Weise ein Mittel, sich selbst zu bestätigen durch die Sicherheit, welche das Gefühl verleiht, verführerisch zu sein. Die Erotisierung der Elemente des Erscheinungsbildes, die den Blick anziehen sowie den Tast- und den Geruchssinn mobilisieren, ist selbstverständlich nicht zu vernachlässigen. Das durch die Mode bestimmte Erscheinungsbild ist ein komplexes und paradoxes Phänomen, da es zugleich vom sanften Zwang der Konsumgesellschaft und von einer individuellen Freiheit abhängt, die vielleicht illusorisch ist, aber doch als solche erlebt wird und in unseren Tagen zugenommen zu haben scheint. Ist es noch sinnvoll, von Fortschritt oder Emanzipation zu sprechen, wenn man zugeben muß, daß das Reich der Phantasie die Mode ist? Darauf ist zu erwidern, daß Phantasien ja hergestellt werden und daß in diesem Fall das Erscheinungsbild eine Konstruktion von Geschlecht ist. Das Äußere bleibt ein Schlüsselelement der geschlechtlichen Identität.

Ausblick

Viele andere Themen der neueren Kulturgeschichte verdienten es, genauer ausgeführt zu werden. Man denke nur an die ungeheure Produktion der Humanwissenschaften in den letzten dreißig Jahren. Heute wird in allen Disziplinen die Genderfrage gestellt. Schließen wir mit einigen Bemerkungen dazu, was diese intellektuelle Revolution ermöglicht hat. Der feministische Protest hat eine Hauptrolle gespielt. Er stützte sich auf den starken Zulauf der Frauen an Universitäten und auf die Feminisierung des Hochschulwesens: 1946 gab es 182 (6,5 %) weibliche Lehrkäfte, 1954 waren es 1 000 (18,7 %), 1968 6 320 (29,3 %) und 1991 10 000 (27 %).[49] Im Verlagswesen, einem sehr männlichen Milieu, wurde endlich die Verbreitung neuen Wissens möglich (ab 1963 brachte Colette Audry die Reihe „Femmes" heraus).

Im Jahr 1982 wurde an der Universität von Toulouse ein großes Kolloquium zu Feministischen Studien organisiert. Yvette Roudy richtete drei für Frauen „designierte" Stellen an der Universität ein (in Jura, Geschichtswissenschaft und Soziologie), ein lächerliches Unterfangen im Vergleich zu der Explosion von *Women's Studies* in anderen Ländern. Einige Jahre lang finanzierte das CNRS ein multidisziplinäres Forschungsprogramm über die Frauen.

---

48 Dominique Waquet, Marion Laporte: *La Mode*, PUF, Que sais-je?, 1999. Und Yvonne Deslandres, Florence Müller: *Histoire de la mode au XXe siècle*, Somogy, 1986.

49 Christophe Charle: Les femmes dans l'enseignement supérieur. Dynamique et freins d'une présence, 1946–1992, in: Vincent Duclert, Patrick Fridenson (Hg.): *Avenirs et avant-gardes en France XIXe–XXe siècles, hommage à Madeleine Rebérioux*, La Découverte, 1999, S. 84–105.

Bei dem 1989 in Paris veranstalteten Kolloquium über *Sex* und *Gender* wurde die große Fülle der in allen Disziplinen – bis hin zur biologischen Anthropologie und zur Geschichte der Mathematik – durchgeführten Forschungsarbeiten deutlich, insbesondere in Bezug auf die konzeptionellen Fortschritte.[50] Im gleichen Jahr, der Zweihundertjahrfeier der Revolution, fand wieder in Toulouse ein Kolloquium zur Geschichte der Frauen statt. Die intellektuelle Protestbewegung von Frauen, die von ihren Gegnern als vorübergehende Mode betrachtet wird, antwortet auf eine gesellschaftliche Nachfrage und auf politische Fragestellungen.[51] Offensichtlich ist es jedoch gerade ihr militanter Charakter, der störend (oder zufriedenstellend) wirkt und zwar um so mehr, als der Zerfall der Ideologien die Illusion erzeugt, die Humanwissenschaften seien politisch neutral geworden.

Das Wort zu ergreifen ist eine Sache, Gehör zu finden eine andere. Um im kulturellen Bereich und bei der Wissenvermittlung zu bleiben: Im Jahr 1997 zeigt sich ein parlamentarischer Bericht über den Sexismus in den Schulbüchern beunruhigt, der sich trotz der 1982 ausgesprochenen Empfehlungen des Bildungsministeriums für „ein pädagogisches Vorgehen gegen sexistische Vorurteile" darin findet.[52] Eine Studie über Geschichtsbücher weist die fortwährende Unterschlagung der Geschlechterverhältnisse nach, und ein einfacher Blick in die Namensregister neuerer Werke zur Kulturgeschichte ermöglicht die Feststellung, daß Namen von Frauen dort einen Prozentsatz von weniger als 5 % ausmachen.[53] Deshalb sind einige abschließende Bemerkungen zum Bereich der Kulturgeschichte angebracht. Wie man das Geschlechterverhältnis in der Kultur darstellt, ist eine Frage, die in Frankreich immer noch vollkommen zweitrangig zu sein scheint. Dieses Desinteresse, das sich aus Mißachtung und gelegentlich aus Antifeminismus speist, wird mit einer Methodologie gerechtfertigkeit, die selbst wiederum angreifbar ist: Der Kult der „großen Autoren" (welcher der männlichen Identität eine namhafte Genealogie verschafft),[54] die Analyse der Form auf Kosten des Inhalts und die Verachtung der Volks- oder Massenkultur sind Tendenzen, die dazu beitragen, den Anteil der Frauen an der Kulturproduktion wie an der Rezeption von Kulturerzeugnissen unsichtbar zu machen.

---

50 Marie-Claude Hurtig, Michèle Kail, Hélène Rouch (Hg.): *Sexe et genre. De la hiérarchie entre les sexes*, CNRS, 1991.

51 Vgl. Rose-Marie Lagrave: Recherches féministes ou recherches sur les femmes?, in: *Actes de la recherche en scieces sociales*, Nr. 83, Juni 1990, S. 27–39; und ANEF: Études féministes et études sur les femmes en France, in: EPHESIA: *La Place des femmes*, La Découverte, 1995, S. 689–710.

52 Über Geschlechterstereotype in Primarschulbüchern vgl. den „Klassiker": Annie Decroux-Masson: *Papa lit et Maman coud*, Denoël-Gonthier, 1979; und Catherine Valabrègue (Association pour une éducation non-sexiste): *Filles ou garçons, une éducation sans préjugés*, Magnard, 1985.

53 Denise Guillaume: *Le Destin des femmes et l'école. Manuels d'histoire et société*, L'Harmattan, 1999.

54 Dies trifft in noch stärkerem Maße für die Philosophie zu, vgl. Michèle Le Doeuff: *L'Étude et le rouet*, Le Seuil, 1989; Dies.: *Le Sexe du Savoir*, Aubier, 1998; Geneviève Fraisse: *La Raison des femmes*, Plon, 1992; Dies., Monique David-Ménard: *L'exercice du savoir et la différence des sexes*, L'Harmattan, 1991.

Schluß

Wir haben einen weiten Weg zurückgelegt. Von einer Gesellschaft, welche die Segregation der Geschlechter organisiert, die, kurz gesagt, sexistisch ist, in eine Gesellschaft, die weniger sexistisch ist, die begonnen hat, die Beteiligung beider Geschlechter in vielen Bereichen umzusetzen, die Parität anstrebt und zumindest prinzipiell Rechtsgleichheit garantiert. In vielen Bereichen hat sich die geschlechtliche Differenzierung abgeschwächt. In den Worten des beginnenden 20. Jahrhunderts könnte man von einer „Vermännlichung" der Frauen sprechen. In den Worten von heute könnte man sagen, daß Frauen sich die bürgerlichen und sozialen Rechte der Männer angeeignet haben, ebenso wie die äußeren Anzeichen von Männlichkeit (Rauchen, Hosentragen...). In der mächtigen Gleichstellungsbewegung ist der Mann der Bezugspunkt, die Frau rennt immer ein wenig hinterher, ist immer bemüht, den Vorsprung aufzuholen, um das Bild aus dem Sport aufzugreifen, das berufliche Gleichstellungspläne verwenden. Zahlenberechungen und Vergleiche enden immer wieder mit der Feststellung der Ungleichheit zwischen den Geschlechtern. Deren Mechanismen sind bekannt. Wir werden auf ihre Komplexität hier nicht mehr eingehen, denn die Unterordnung der Frauen ist ebensosehr das Ergebnis der jahrtausendealten Kultur des Patriarchats und eines ökonomischen Systems, wie von Politik und Ideologien, Glaubensüberzeugungen und Gewohnheiten. Sollte man sich nur eine von vielen Ursachen merken wollen, so würden wir mit Véronique Nahoum-Grappe die folgende wählen: „Und was wäre, wenn die Erfüllung der sogenannten weiblichen Aufgaben im Haus wirklich die gesamte Zeit von Frauen in Anspruch nehmen und sie wirklich daran hindern würde, phantastische Symphonien zu komponieren? Und was wäre, wenn diese Hypothese wiederum zu ‚platt', zu offensichtlich wäre, um die Aufmerksamkeit brillanter Forscher zu fesseln?"[1]

Doch läßt sich die Geschichte der Frauen im 20. Jahrhundert nicht auf ein Schicksal von Beherrschten reduzieren. Es hat in den verschiedensten Bereichen zahlreiche „Komponistinnen" gegeben: Künstlerinnen, Wissenschaftlerinnen, Mystikerinnen, Sportlerinnen, Pädagoginnen, Modemacherinnen, Kämpferinnen, die die Welt verändern wollten... Wer kennt den Namen der ersten Ministerin in Frankreich? Eine Umfrage hat vor kurzem ergeben, daß die meisten Abgeordneten das Datum nicht kennen, an dem die Frauen das Wahlrecht erhalten haben. Während Erinnerung, wie man uns sagt, eine „Pflicht" ist, und man sich für „Orte" begeistert, an denen sie zelebriert wird, muß man sich fragen, wo die Erinnerung an die Frauen bleibt und ob sie nicht beinahe inexistent ist. Außer natürlich, man interessiert sich für Alltags- und Familienerinnerungen, für das private Gedächtnis.[2] Zwar scheint die Amnesie unheilbar zu sein, doch verleiht Geschichtsschreibung unserer Gegenwart auf ganz andere Weise Tiefe. Sie muß die Erinnerungen notgedrungen verraten:

1 Véronique Nahoum-Grappe: *Le Féminin*, Hachette, 1996, S. 74.

2 Vgl. Agnès Fine: Écritures féminines et rites de passage, in: *Communications*, Nr. 70, 2000, S. 121–141.

Die großen Daten in der Geschichte jeder einzelnen Frau sind nicht die, welche eine Geschichtsschreibung aufnehmen wird, die für alle gedacht ist. Zudem beziehen sich die Frauen wahrscheinlich auch auf große Ereignisse, die für beide Geschlechter bedeutend waren: Auf den Krieg und den Mai 68 und nicht auf das Frauenstimmrecht oder die Pille. Das bedeutet, daß es sehr heikel, ja falsch sein kann, von einem Geschlechtsbewußtsein feministischen Typs auszugehen, dessen Anhaltspunkte in der Chronologie der Frauenrechte gegeben wären. Das heißt auch, daß eine Geschichtsschreibung nicht ausreichend wäre, die sich nur für die Frauen interessierte, die ihre Autonomie als bewußte Subjekte verwirklichen.

Wie soll man die Spuren bewerten, die die Frauen in der Geschichte des 20. Jahrhunderts hinterlassen haben? Sind die Kriterien für das, was erinnerungsfähig oder für den Geschichtsprozeß wichtig ist, nicht männliche Kriterien? Gerade aus diesem Grund muß man das Risiko eingehen, eine Frauengeschichte zu schreiben, das heißt, zu verstehen versuchen, was für die Hälfte der Bevölkerung relevant war und davon ausgehend auch für die Gesamtbevölkerung, selbst wenn es davon kein klares Bewußtsein gibt. Wird dieses Bewußtsein klarer werden, wenn wir nach der Geschichte der Frauen die Geschichte der Männer entdecken werden?

Literaturempfehlungen

In diesem Buch werden Informationen zusammengefaßt, die in den meisten angeblich allgemeinen Lehrbüchern fehlen. Es bietet eine Synthese aus zahlreichen Arbeiten (aus der Geschichtswissenschaft oder aus dem weiteren Umfeld der Humanwissenschaften), die in die akademische Lehre der Geschichtswissenschaft bisher kaum einbezogen werden. Im Folgenden wird eine Auswahl präsentiert, in der manches weggelassen wird (zur Ergänzung vgl. die Fußnoten zu den jeweiligen Kapiteln), und die auch durchaus nützliche Werke ausklammert, deren Problematik jedoch nicht auf Frauen bezogen ist.

Zur Frauengeschichtsschreibung:

Thébaud, Françoise: *Écrire l'histoire des femmes*, Fontenay-aux-Roses, ENS Saint-Cloud, 1998.

Sohn, Anne-Marie und Thélamon, Françoise (Hg.): *L'Histoire sans les femmes est-elle possible?*, Perrin, 1998.

Für einen Überblick zum 20. Jahrhundert in der westlichen Welt:

Duby, Georges; Perrot, Michelle (Hg.): *Histoire des femmes en Occident*, Bd. V: *Le XX*[e] *siècle*, herausgegeben von Françoise Thébaud, Plon, 1992.

Duby, Georges; Perrot, Michelle (Hg.): *Geschichte der Frauen*, Bd. 5: *20. Jahrhundert*, herausgegeben von Françoise Thébaud, Campus Verlag, Frankfurt a. M./New York 1995.

Zur Vervollständigung der Dokumentation:

Montreynaud, Florence: *Le XX*[e] *siècle des femmes*, Nathan, 1999 [Nachschlagewerk mit einer sehr nützlichen Bibliographie].

Zu methodologischen und epistemologischen Fragestellungen:

Duby, Georges; Perrot Michelle (Hg.): *Femmes et Histoire*, Plon, 1993.

Fraisse, Geneviève: *La Difference des sexes*, PUF, 1996.

Fraisse, Geneviève: *La Raison des femmes*, Plon, 1992.

Guillaumin, Colette: *Sexe, race et pratique du pouvoir*, Côté femmes, 1992.

Hurtig, Marie-Claude; Kail, Michèle; Rouch, Hélène (Hg.): *Sexe et genre. De la hiérarchie entre les sexes*, éditions du CNRS, 1991.

Laqueur, Thomas: *La Fabrique du sexe. Essai sur le corps et le genre en Occident*, Gallimard, 1990.

Laqueur, Thomas: *Auf den Leib geschrieben: Die Inszenierung der Geschlechter von der Antike bis Freud*, Campus Verlag, Frankfurt a. M., 1992.

Mathieu, Nicole-Claude: *L'Anatomie politique. Catégorisations et idéologies du sexe*, Côté femmes, 1991.

Nahoum-Grappe, Véronique: *Le féminin*, Hachette, 1996.

Perrot, Michelle (Hg.): *Une Histoire des femmes est-elle possible?*, Rivages, 1984.

Perrot, Michelle: *Les Femmes ou les silences de l'histoire*, Flammarion, 1999.

Über die Geschichte der Frauenbewegungen

Bard, Christine: *Les Filles de Marianne, histoire des feminismes 1914–1940*, Fayard, 1995.

Bard, Christine (Hg.): *Un siècle d'antiféminisme*, Fayard, 1999.

Chaperon, Sylvie: *Les Années Beauvoir. 1945–1970*, Fayard, 2000.

Klejman, Laurence; Rochefort, Florence: *L'Égalité en marche. Le féminisme sous la Troisième République*, Presses de la Fondation nationale des sciences politiques et éditions Des femmes, 1989.

Picq, Françoise: *Libération des femmes. Les années-mouvement*, Le Seuil, 1993.
Scott, Joan: *La citoyenne paradoxale. Les féministes françaises et les droits de l'homme*, Albin Michel, 1998.

Über die Politik:

Adler, Laure: *Les Femmes politiques*, Le Seuil, 1993.
Guéraiche, William: *Les Femmes et la République. Essai sur la répartition du pouvoir de 1943 à 1979*, L'Atelier, 1999.
Jenson, Jane; Sineau, Mariette: *Mitterrand et les Françaises. Un rendez-vous manqué*, Presses de Sciences-Po, 1995.
Le Bras-Chopard, Armelle; Mossuz-Lavau, Janine (Hg.): *Les Femmes et la politique*, L'Harmattan, 1997.
Lesselier, Claudie; Venner, Fiammetta (Hg.): *L'Extrême droite et les femmes*, Villeurbanne, Golias, 1997.
Mossuz-Lavau, Janine: *Femmes/hommes pour la parité*, Presses de Sciences-Po, 1998.
Sineau, Mariette: *Des femmes en politique*, Economica, 1988.
Viennot, Éliane (Hg.): *La Démocratie "à la française" ou les femmes indésirables*, Publications de l'Universite Paris VII-Denis Diderot, 1996.

Erster und Zweiter Weltkrieg:

Audoin-Rouzeau, Stéphane: *L'Enfant de l'ennemi. 1914–1918*, Aubier, 1995.
Collins Weitz, Margaret: *Les Combattantes de l'ombre. Histoire des femmes dans la Résistance*, Albin Michel, 1997.
Muel-Dreyfus, Francine: *Vichy et l'eternel féminin*, Le Seuil, 1996.
Thalmann, Rita (Hg.): *La Tentation nationaliste 1914–1945*, Tierce, 1990.
Thébaud, Françoise: *La Femme au temps de la guerre de 14*, Stock, 1986.
Virgili, Fabrice: *La France "virile". Des femmes tondues à la Libération*, Payot, 2000.

Kolonisierung und Entkolonisierung:

Amrane, Djamila: *Les Femmes algériennes dans la guerre*, Plon, 1991.
Knibiehler, Yvonne; Goutalier, Régine: *La Femme au temps des colonies*, Stock, 1985.

Zur Frauengeschichte auf lokaler Ebene:

Dubesset, Mathilde; Zancarini-Fournel, Michelle: *Parcours de femmes. Réalites et représentations. Saint-Etienne 1880–1950*, Presses Universitaires de Lyon, 1993.
Loiseau, Dominique: *Femmes et militantismes*, l'Harmattan, 1996. [über Saint-Nazaire]

Über die Liebe und die Sexualität:

Ariès, Philippe; Duby, Georges (Hg.): Histoire de la vie privée, Bd. V, herausgegeben von Antoine Prost und Gérard Vincent : *De la Première Guerre mondiale à nos jours*, Le Seuil, 1987.
Bonnet, Marie-Jo: *Les Relations amoureuses entre les femmes du XVe au XXe siècle*, Odile Jacob, 1995.
Corbin, Alain: *Les Filles de noce*, Aubier, 1978.
Jaspard, Maryse: *La Sexualité en France*, La Decouverte, 1997.
Mossuz-Lavau, Janine: *Les Lois de l'amour. Les politiques de la sexualité en France (1950–1990)*, Payot, 1991.

Über die Mutterschaft:

Cova, Anne: *Maternité et droits des femmes en France (XIXe–XXe siècles)*, Anthropos, 1997.
Guerrand, Roger-Henri; Ronsin Francis: *Le Sexe apprivoisé. Jeanne Humbert et la lutte pour le contrôle des naissances*, La Découverte, 1990.
Knibiehler, Yvonne: *La Révolution maternelle depuis 1945*, Perrin, 1997.

Knibiehler, Yvonne; Fouquet, Catherine: *Histoire des mères*, Montalba, 1977.
Sévegrand, Martine: *Les Enfants du bon Dieu. Les catholiques et la procréation au XXe siècle*, Albin Michel, 1995.
Thébaud, Françoise: *Quand nos grand-mères donnaient la vie. La maternité en France dans l'entre-deux-guerres*, Presses universitaires de Lyon, 1986.

Über das Alltagsleben:
Schwarz, Olivier: *Le Monde privé des ouvriers. Hommes et femmes du Nord*, PUF, 1990.
Sohn, Anne-Marie: *Chrysalides. Femmes dans la vie privée. XIXe–XXe siècles*, 2 Bde., Publications de la Sorbonne, 1996.
Veillon, Dominique: *Vivre et survivre en France*, Payot, 1995.

Über die Arbeit
Battagliola, Françoise: *Histoire du travail des femmes*, La Découverte, 2000. [Eine sehr gute Zusammenstellung mit einer reichhaltigen Bibliographie]
Schweitzer, Sylvie: *Les femmes ont toujours travaillé. Une histoire du travail des femmes aux XIXe et XXe siècles*, Odile Jacob, 2002.

Über die Kultur:
Keine zusammenfassende Darstellung bis heute. „Höhere" Kultur und Volkskultur werden nur durch spezielle Untersuchungen vermittelt.

Über das Kino:
Audé, Françoise: *Ciné-modèles, cinéma d'elles. Situations de femmes dans le cinéma français 1956–1979*, Lausanne, L'Âge d'homme, 1981.
Burch, Noël; Sellier, Geneviève: *La Drôle de guerre des sexes dans le cinéma français 1930–1956*, Nathan, 1996.

Über die Bildung:
Baudelot, Christian; Establet, Christian: *Allez les filles!*, Le Seuil, 1992.
Lelièvre, Françoise und Claude: *Histoire de la scolarisation des filles*, Nathan, 1991.
Mayeur, Françoise: *L'Enseignement secondaire des jeunes filles sous la IIIe République*, Presses de la FNSP, 1977.

Über die Religionen:
Lautman Françoise (Hg.): *Ni Ève, ni Marie. Luttes et incertitudes des héritières de la Bible*, Labor et Fides, 1998.

Über den Sport:
Arnaud, Pierre; Terret, Thierry (Hg.): *Histoire du sport féminin*, 2 Bde., L'Harmattan 1996.
Davisse, Annick; Louveau, Catherine: *Sports, école, societé : la différence des sexes*, L'Harmattan, 1998.

Über die Presse:
Bonvoisin, Samra-Martine; Maignien, Michèle: *La Presse féminine*, PUF, Que sais-je?, 2. Auflage, 1996.
Sullerot, Évelyne: *La Presse feminine*, Armand Colin, 1966.

Über die Mode
Bard, Christine: *Les Garçonnes. Modes et fantasmes des Années folles*, Flammarion, 1998.

Delbourg-Delphis, Marylène: *Le Chic et le look. Histoire de la mode féminine et des moeurs de 1850 à nos jours*, 1981.
Deslandres, Yvonne; Muller, Florence: *Histoire de la mode au XXe siècle*, Somogy, 1986.

Sehr viel hat diese Arbeit gemeinsamen Überlegungen zu verdanken, die seit mehr als zwanzig Jahren in Seminaren, bei Kolloquien und in Zeitschriften angestellt wurden. Z. B. in der seit 1995 mit zwei Themenheften pro Jahr erscheinenden Zeitschrift:
Clio. Histoire, femmes et societes, Toulouse, PUM.
Nr. 1: Résistances et libérations
Nr. 2: Femmes et religions
Nr. 3: Métiers, corporations et syndicalismes
Nr. 4: Le temps des jeunes filles
Nr. 5: Guerres civiles
Nr. 6: Femmes d'Afrique
Nr. 7: Femmes, dots et patrimoines
Nr. 8: Georges Duby et l'histoire des femmes
Nr. 9: Femmes du Maghreb
Nr. 10: Femmes travesties : un « mauvais » genre
Nr. 11: Parier, chanter, lire, écrire
Nr. 12: Le genre de la nation
Nr. 13: Intellectuelles
Nr. 14: Festins de femmes
Nr. 15: Chrétiennes
Nr. 16: L'histoire des femmes en revue
Nr. 17: Prostituées
Nr. 18: Mixité et coéducation
Nr. 19: Femmes et images
Nr. 20: Armées
Nr. 21: Maternités
Nr. 22: Utopies sexuelles
Nr. 23: Le genre du sport
Nr. 24: Variations
Nr. 25: Musiciennes

Glossar

Académie des inscriptions et belles lettres
„Akademie der Inschriften und schönen Künste", Gelehrte Gesellschaft für wissenschaftliche Forschungen, die sich mit Sprachen, Geschichte, Kultur und Kunst der gesamten Alten Welt von den Anfängen bis heute beschäftigt. Die Mitglieder werden auf Lebenszeit gewählt.

Action française
1899 gegründete nationalistische Bewegung in Frankreich, die in der Konfrontation wegen der Dreyfus-Affäre um die Schriftsteller Charles Maurras und Léon Daudet entstand. In der Zwischenkriegszeit war sie eine der einflußreichsten Organisationen der französischen Rechten, obwohl sie im parlamentarischen System Frankreichs keine Rolle spielte. Zeitweilig hatte sie rund 60 000 Mitglieder, bis 1944 gab sie die Tageszeitung *Action française* heraus.

Action libérale
Die Action libérale oder Action libérale populaire wurde 1901 von den ehemaligen Monarchisten Jacques Piou und Albert de Mun gegründet, die sich auf Verlangen Papst Leos XIII. zur Republik bekannten. Die Action libérale übte starken moralischen Einfluß auf die katholische Wählerschaft aus.

Agrégation
Staatsprüfung im Auswahlverfahren (Concours), die Zugang zum Lehramt auf den Sekundarstufen und an den Hochschulen gibt; Agrégé bzw. Agregée ist der entsprechende Titel.

Années folles
„Verrückte Jahre", in Frankreich ein Synonym für die („Goldenen") Zwanziger Jahre.

Bac C
Mathematisch-naturwissenschaftliches Abitur, das lange Zeit als die angesehenste Form des Baccalauréat galt.

Baccalauréat
Französisches Abitur in Form einer anonymen, für ganz Frankreich einheitlichen Prüfung.

Beurette
Weibliche Form von „beur", ursprünglich eine Verballhornung von „arabe" in der Jugendsprache „verlan" („envers"), die inzwischen in die Wörterbücher eingegangen ist. Danach ist „beur" ein „in Frankreich geborenes Kind maghrebinischer Einwanderer".

Bibliothèque Marguerite Durand (BMD)
1932 wurde die nach der Schauspielerin, Journalistin und Frauenrechtlerin Marguerite Durand (1864–1936) benannte Frauenbibliothek in Paris gegründet. Im Jahr zuvor hatte Durand der Stadt ihre Privatbibliothek geschenkt, mit der Auflage, sie der interessierten Öffentlichkeit zur Verfügung zu stellen. Die Bibliothek versteht sich als Studien- und Forschungseinrichtung und ist in Form einer Präsenzbibliothek zugänglich.

CAP (Certificat d'aptitude professionnelle)
An den berufsbildenden Gymnasien können Schüler, die nach den ersten beiden Schuljahren auf dem Collège (6. und 5. Klasse) eine berufspraktische Ausbildung anvisieren, in drei Jahren einen Facharbeiterbrief erwerben. Die (höheren) 3. und 4. Klassen des Collège sind eine Orientierungsstufe, an deren Ende

sich entscheidet, ob die die dreijährige Oberstufe (lycée) oder eine zweijährige Ausbildung an einem berufsbildenden Gymnasium (lycée d'enseignement professionnel) gewählt wird. Bei erfolgreicher Prüfung können Schüler, die nach dem zweiten Jahr das Lycée verlassen, um eine Ausbildung zu beginnen, ein Berufsausbildungszeugnis BEP (brevet d'éducation professionnelle) erhalten.

CGT (Confédération générale du travail)
„Allgemeiner Arbeitsbund", größte französische Gewerkschaft, gegründet 1895. Vor dem Ersten Weltkrieg war die CGT die einzige Gewerkschaftsorganisation Frankreichs. 1921, bei der Trennung zwischen Sozialisten und Kommunisten erfuhr die CGT die gleiche Trennung: 1936, während der Volksfrontregierung von Léon Blum fand eine Wiedervereinigung der CGT statt. Während des Vichy-Regimes wurden die CGT und die ihr angeschlossenen Gewerkschaften aufgelöst. 1943 fand die Wiedergründung der CGT im Untergrund statt.

Code Civil (1804)
Nach der Französischen Revolution unter Napoleon erarbeitetes Bürgerliches Gesetzbuch. Danach wird eine verheiratete Frau zur Minderjährigen.

Code de la famille
Mit diesem Familiengesetzbuch wurde die moderne französische Familienpolitik institutionalisiert. Die zunächst im außerstaatlichen Bereich durch sozialkatholische Unternehmer entwickelten familienpolitischen Maßnahmen wurden damit gesetzlich geregelt

Collège de France
Renommierte Lehranstalt in Paris, deren Vorlesungen von jedem besucht werden können, die aber keine Diplome o. ä. vergibt.

Camelots du roi
Militante Jugendorganisation der (royalistischen) Action française, gegründet 1908. Als „Camelots" werden in Frankreich Straßenhändler bezeichnet.

Concours
Auf allen Ebenen des öffentlichen Dienstes sowie im Schul- und Hochschulwesen praktizierte einheitliche, anonyme Wettbewerbsprüfung.

Concours général
Jährlicher Leistungswettbewerb der besten Lycéens und Lycéennes.

Confédération des travailleurs intellectuels (CTI)
„Konföderation geistiger Arbeiter", gegründet 1920.

Confédération française démocratique du travail (CFDT)
Französischer Demokratischer Gewerkschaftsbund, der dem PS nahesteht.

Convention des institutions républicaines (CIR)
Von François Mitterrand und Charles Hernu 1964 durch die Vereinigung mehrerer politischer Clubs der republikanischen und sozialistischen Linken geschaffene Partei.

CRS (Compagnie Républicaine de Sécurité)
Die „Sicherheitskompanie der Republik", 1945 als mobile Bereitschaftspolizei gegründet, wird hauptsächlich zur Bewachung öffentlicher Gebäude und bei Demonstrationen eingesetzt. Das Kürzel „CRS" wird auch zur Bezeichnung einzelner Mitglieder der Einheit verwandt.

Déclaration des droits de la femme et de la citoyenne
„Erklärung der Rechte der Frau und der Bürgerin", diese Schrift von Olympe de Gouges (1748–1793) ist in Anlehnung an die „Erklärung der Menschen- und Bürgerrechte" vom 26. August 1789 verfasst worden. De Gouges, die unter anderem auch einen Entwurf für einen Gesellschaftsvertrag unter Ehepartnern geschrieben hat, wurde 1793 verhaftet und guillotiniert.

DEUG (Diplôme d'études universitaires générales)
Grundstudienabschluß an den Universitäten nach zweijährigem Studium.

Droit de cuissage
Die Bezeichnung „Schenkelrecht" geht angeblich auf den Brauch zurück, daß der Grundherr in der Hochzeitsnacht sein Bein in das Bett der Braut eines Bauern legte und damit symbolisch sein Vorrecht auf diese anzeigte. Eine andere Bezeichnung für dieses Vorrecht ist „ius primae noctis". Im übertragenen Sinne wird die sexuelle Ausnutzung von Abhängigkeitsverhältnissen am Arbeitsplatz als „droit de cuissage" bezeichnet.

Drôle de guerre
„Komischer Krieg", kennzeichnet die Situation zwischen September 1939 und Mai 1940, als es trotz der Kriegserklärung von Frankreich an Deutschland nicht zum Kampf kam und sich die Kriegsgegner in ihre Stellungen (am Westwall und der Maginot-Linie) zurückzogen. In Anspielung auf den „Blitzkrieg" wird diese Situation im Deutschen auch als „Sitzkrieg" bezeichnet. – Als „Les années noires" („Die schwarzen Jahre") bezeichnet man in Frankreich die Jahre unter dem Vichy Régime und der deutschen Besatzung zwischen 1940 und 1944.

École normale supérieure de la rue d'Ulm (ENS)
Hochschule zur Ausbildung von Lehrern an Höheren Schulen.

École Polytechnique
Die 1794 in Paris gegründete, technisch-naturwissenschaftlich orientierte Elitehochschule ist dem Verteidigungsministerium unterstellt, der Rektor ist ein General. Während ihrer gesamten Ausbildung gelten die „Polytechniciens" und „Polytechniciennes" als Militärs, bekommen einen Sold und tragen bei offiziellen Anlässen Uniform.

Effekt „Ockrent-Sinclair-Chazal"
Christine Ockrent, Anne Sinclair und Claire Chazal sind drei Fernsehjournalistinnen mit großem Einfluß in politischen Zusammenhängen unterschiedlicher Couleur.

ENA (École Nationale d'Administration)
Eine in Straßburg angesiedelte Elitehochschule für künftige höhere Beamte. Sie wurde 1945 von Charles de Gaulle ins Leben gerufen, um den Aufbau einer von der Vergangenheit unbelasteten Verwaltung zu ermöglichen.

État Français
„Französischer Staat", die offizielle Bezeichnung für das Vichy-Regime.

Féderation républicaine
„Republikanische Föderation", 1903 von Anti-Dreyfusards gegründete, ursprünglich liberalkonservative Partei.

Féminitude
Der Begriff wird Simone de Beauvoir zugeschrieben, die ihn in Analogie zu „négritude" gebildet haben soll. Beide stellen Konzepte kultureller Selbstbehauptung dar, durch die Negativzuschreibungen positiv umge-

deutet werden. Außerhalb des französischen Sprachraums wird in diesem Zusammenhang von „Differenzfeminismus" gesprochen.

Filmkategorie X
Die Klassifikation X stammt daher, daß Plakate für Filme, die nicht durch die Zensur kamen, ehemals mit einem X durchgestrichen wurden.

FLN (Front de Libération Nationale)
1954 von Ahmed Ben Bella gegründete „Nationale Befreiungsfront" Algeriens, die sich nach der Unabhängigkeit zu einer Einheitspartei entwickelte.

Front national
Die Partei „Nationale Front" wurde 1972 von Jean-Marie Le Pen gegründet, Wahlerfolge konnte sie erst seit 1983 erzielen.

Garce
Dieser Begriff bedeutet soviel wie „Biest".

Gesetz von 1901
Gesetz, das die Gründung und das Funktionieren von gemeinnützigen Vereinen regelt.

HEC Jeunes Filles
Eine Frauenhochschule für Wirtschaft (École des hautes études commerciales), die nicht mehr existiert.

Hexagon
Sechseck, geläufige Bezeichnung für die territoriale Gestalt Frankreichs auf dem europäischen Kontinent.

HLM (habitation à loyer modéré)
Sozialwohnungen bzw. Wohnblock mit Sozialwohnungen.

Höhere Primarschulen
Écoles primaires supérieures, die zum Abschluß des „brevet" (mittlere Reife) führen.

IDHEC (Institut des hautes études cinématographiques) und FEMIS (Fondation européenne pour les métiers de l'image et du son)
Das „Institut für Höhere Filmstudien" IDHEC wurde 1943 von dem Komponisten Yves Baudrier gegründet, 1986 wurde es abgelöst durch die „Europäische Stiftung für Bild und Ton" FEMIS, die dem Kulturministerium unterstellt ist.

INSEE (Institut national de la statistique et des études économiques)
„Nationales Institut für Statistik und Wirtschaftsstudien", gegründet 1946.

IUT (Institut universitaire de technologie)
Wissenschaftlich-technisches Hochschulinstitut.

Jeunesses Patriotes
„Patriotische Jugend", eine extrem rechte, paramilitärische Organisation mit mobilen Einsatzgruppen, die ihre Mitglieder hauptsächlich unter Studenten rekrutierte und von Industriellen finanziert wurde. Gegründet wurde sie 1924 von Pierre Taittinger, der unter anderem von Mussolinis „Schwarzhemden" inspiriert war.

Journal officiel de la République
Tageszeitung des französischen Staates, die zugleich als Amtsblatt fungiert.

Khâgne
Vorbereitungsklasse für den Concours zur Aufnahme in die École(s) normale(s) supérieure(s).

Kofferträger
Eine damals gebräuchliche Bezeichnung für die Unterstützer des FLN aus der politischen Linken.

L' Amour fou
„Die verrückte Liebe", Titel eines 1937 erschienenen Romans von André Breton, in dem der für den Surrealismus programmatische Zusammenhang zwischen dem Unbewußten, der (sexuellen) Liebe und der Ästhetik noch einmal entfaltet wird.

Les Verts
Die Partei der „Grünen" konstitutierte sich im Januar 1984 auf dem Vereinigungsparteitag der Parti écologiste (gegründet 1982) und der Confédération écologiste (gegründet 1983).

Lutte ouvrière
„Arbeiterkampf", eine trotzkistische Partei.

Lycée
Bis zur gaullistischen Schulreform von 1959 traditionelle siebenjährige Sekundarstufe des Schulwesens, vergleichbar dem Gymnasium; seither Bezeichnung für die dreijährige Sekundarstufe II. Das französische Lycée schließt mit dem Baccalauréat (Abitur) ab.

Malthusianismus
Bevölkerungstheorie, die sich auf Thomas Robert Malthus (1766–1834), einen britischen Theologen und Nationalökonomen, stützt. Malthus ging davon aus, daß das Bevölkerungswachstum exponentiell steige, die Nahrungsmittelproduktion aber nur linear. Wegen der mit einer tendenziellen Überbevölkerung verbundenen Hungersnöte, Kriege und anderen Gefahren setzt sich der Malthusianismus für eine Geburtenbeschränkung mit verschiedenen Mitteln ein.

Matignon-Vereinbarungen
Am 7. Juni 1936 zwischen Léon Blum als Regierungschef, dem französischem Arbeitgeberverband und der CGT im Hôtel Matignon getroffene Vereinbarungen, die zur Grundlage von Tarifverträgen werden.

Metöke für frz. „métèque"
Schimpfwort für unerwünschte Ausländer.

Minitel (mit der Nummer „36 15")
Dieses läßt sich am besten als eine Art Zwischending aus Internet und Videotext kennzeichnen: Über ein einfaches Endgerät, das einem Netzcomputer vergleichbar ist, erhält die Kundschaft Zugang zu den Angeboten verschiedener Dienstleister. Der Bildschirminhalt wird in einem einfachen Videotext-Layout ohne Bilder präsentiert. Unter anderem, weil die notwendige Hardware kostenlos zur Verfügung gestellt wurde, konnte das Minitel sich seit 1982 in Frankreich in der breiten Masse durchsetzen. Die vielfältigen Angebote umfassen Unterschiedliches: Reiseangebote, Immobilienmarkt, Börse und das „Minitel rose", das Pornoangebote aller Art verfügbar macht.

Mixité
Hiermit ist gemeint, daß beide Geschlechter gleichermaßen vertreten sein sollen; „Gemischtgeschlechtlichkeit“ wäre eine etwas ungelenke Übersetzungsmöglichkeit für den Tatbestand. Von „mixité“ wird im Französischen auch gesprochen, wo im Deutschen von „Koedukation“ die Rede ist.

MLF (Mouvement de libération des femmes)
„Bewegung für die Befreiung der Frauen“.

MRP (Mouvement Républicain Populaire)
„Republikanische Volksbewegung“, eine 1944 gegründete politische Partei, die in den 1950er Jahren neben der deutschen CDU/CSU und der italienischen Democrazia Cristiana zu den drei großen christdemokratischen Parteien Europas zählte. Der MRP gewann 1945 zusammen mit den Kommunisten die Wahlen zur französischen Nationalversammlung und bildete mit diesen sowie den Sozialisten die provisorische Regierung.

Neo-Malthusianer
Der Neomalthusianismus verband die Bevölkerungsfrage mit der Sozialen Frage und der Frauenfrage und revolutionierte die Sexualethik.

Nigerbogen – heute Burkina Faso
1896 durch Frankreich besetzt, 1919 Schaffung der französischen Kolonie Haute-Volta (Obervolta), 1932–1947 Aufteilung der Kolonie auf die Nachbarkolonien Soudan Français, Niger und Côte d'Ivoire, 1960 Unabhängigkeit.

Normalien, Normaliennes
Studierende und Absolventen/Absolventinnen der ENS.

OAS (Organisation armée secrète)
Die „Geheime Armeeorganisation“ war eine aus der französischen Armee hervorgegangene Terrororganisation, die mit dem Ziel, die Unabhängigkeit Algeriens zu verhindern, zahlreiche Anschläge auf die Zivilbevölkerung in Algerien und in Frankreich durchführte.

OSE und Cimade
Sowohl die jüdische Kinderhilfsorganisation wie das protestantische „Komitee für die Verlegung von Evakuierten“ konnten jüdische Kinder aus den Lagern in der nicht besetzten Südzone Frankreichs retten.

PACS (Pacte civil de solidarité)
„Ziviles Solidaritätsabkomment“, vor dem Amtsgericht geschlossene eingetragene Lebenspartnerschaft, die allen unverheirateten Paaren, ob heterosexuell oder homosexuell, einen Rechtsstatus verleiht.

Parti républicain de la Liberté („Republikanische Partei der Freiheit“)
Die 1944 gegründete liberale Partei geht 1949 im 1948 entstandenen rechtsliberalen Centre national des indépendants („Nationales Zentrum der Unabhängigen“) auf.

PC (Parti communiste)
Kommunistische Partei.

Professorat
Lehrer und Lehrerinnen an den weiterführenden Schulen in Frankreich haben Anspruch auf den Titel „professeur".

PS (Parti socialiste)
Im Juli 1969 aus der SFIO hervorgegangen. 1971 fusionierte der PS mit der Convention des institutions républicaines (CIR). Danach war François Mitterrand bis 1981 Erster Sekretär des PS.

PSU (Parti socialiste unifié)
„Vereinigte sozialistische Partei", im April 1960 durch den Zusammenschluß der UGS (Union de la Gauche socialiste) und der PSA (Parti socialiste autonome) entstanden.

Rassemblement pour la République (RPR)
Die „Sammlungsbewegung für die Republik" wurde als Partei im Dezember 1976 von Jacques Chirac gegründet, im September 2002 löste sie sich zugunsten der Nachfolgepartei Union pour un Mouvement populaire (UMP) auf.

Restaurants du cœur
„Restaurants des Herzens", eine aus Spenden finanzierte Suppenküchenorganisation, die Arme und Obdachlose verpflegt. Initiiert wurde die Organisation von dem Schauspieler und Humoristen Coluche.

RMI (Revenu minimum d'insertion)
Mindesteinkommen zur beruflichen und gesellschaftlichen Eingliederung, das per Gesetz ab Ende 1988 eingeführt wurde, um die „neuen Armen" zu unterstützen.

Schule der Annales
Benannt nach der 1929 von den Historikern Marc Bloch und Lucien Febvre begründeten geschichtswissenschaftlichen Zeitschrift Annales d'histoire économique et sociale (seit 1994: Annales. Histoire. Sciences sociales). Mit dieser mittlerweile mehrere Generationen von Historikern umfassenden Schule wurden durch eine Orientierung an Disziplinen wie Geographie, Soziologie und Ökonomie in die Methodologie und Praxis der Geschichtswissenschaft bedeutende Neuerungen eingeführt.

SMIC (Salaire minimum interprofessionnel de croissance)
Dynamischer Mindestlohn für alle Berufssparten, der von der Regierung entsprechend der allgemeinen Lohnentwicklung regelmäßig festgesetzt wird. Nachfolger des SMIG.

SMIG (Salaire minimum interprofessionnel garanti)
Garantierter Mindestlohn für alle Berufssparten. Wurde in Frankreich mit dem Gesetz vom 11. Februar 1950 eingeführt.

Société des gens de lettres (SDGL)
„Verein der Literaten", Schriftstellerverband.

Soudan français
Das heutige Mali.

Trente Glorieuses
Nach dem gleichnamigen Buch des französischen Wirtschaftswissenschaftlers Jean Fourastié die „dreißig glorreichen" Nachkriegsjahre zwischen 1946 und 1975, die Frankreich und anderen westlichen Industriestaaten Wohlstand, Bildung und Stabilität in einem bis dahin ungekannten Ausmaß brachten.

Tricoteuse und Pétroleuse
Frauengestalten, die mit der Gewalt und dem Terror der (revolutionären) Massen assoziiert werden bzw. den gefürchteten „weiblichen“ Charakter des Mob symbolisieren. Dem Bild der Tricoteuse (Strickerin) entspricht eine Frauenfigur, die während der Französischen Revolution (manchmal umgeben von ihren Kindern) strickend den Debatten der Nationalversammlung folgte, politische Clubs besuchte etc. Das Bild der Pétroleuse (Brandstifterin) gehört zur Pariser Commune von 1871. Später haben Frauen die polemischen Bezeichnungen gelegentlich auch als Ehrentitel verwendet, wenn sie etwa Olympe de Gouges eine „Tricoteuse“ nannten und Louise Michel eine „Pétroleuse“.

TSF
Abkürzung für „Transmission sans fil“ („drahtlose Übertragung“).

Ulmien, Ulmienne
Studierende der École normale supérieure de la rue d'Ulm.

Union pour la démocratie française (UDF)
„Vereinigung für die französische Demokratie“, 1978 auf Initiative von Valéry Giscard d'Estaing als Parteienbündnis gegründet, dem mehrere Parteien des Zentrums und der liberalen Rechten angehörten. Im November 1998 wurde die UDF zu einer einheitlichen Partei.

Union sacrée
„Heiliges Bündnis“, mit dieser rhetorischen Formel wurde die patriotische Eintracht aller Franzosen bei der Verteidigung Frankreichs jenseits ihrer politischen, religiösen und sozialen Differenzen im Ersten Weltkrieg beschworen und durchgesetzt. In Deutschland wird das gleiche Phänomen als „Burgfrieden“ bezeichnet.

Register

L'Homme Schriften

Reihe zur Feministischen Geschichtswissenschaft

Herausgegeben von einem internationalen Team aus 20 Wissenschaftlerinnen

Bd. 1: Edith Saurer (Hg.)
Die Religion der Geschlechter.
Historische Aspekte religiöser Mentalitäten.
1995. 279 S. 4 s/w-Abb. Br. ISBN 978-3-205-98388-0

Bd. 2:
Brigitte Mazohl-Wallnig (Hg.)
Bürgerliche Frauenkultur im 19. Jahrhundert.
1995. 443 S. 14 s/w- Abb. Br.
ISBN 978-3-205-05539-6

Bd. 3: in Vorbereitung

Bd. 4: Gudrun Wedel
Lehren zwischen Arbeit und Beruf.
Einblicke in das Leben von Autobiographinnen aus dem 19. Jahrhundert.
2000. 350 S. Br.
ISBN 978-3-205-99041-3

Bd. 5: Bärbel Kuhn
Familienstand: ledig.
Ehelose Frauen und Männer im Bürgertum (1850–1914).
2002. X, 498 S. Br.
ISBN 978-3-412-11101-4

Bd. 6: Angelika Schaser
Helene Lange und Gertrud Bäumer.
Eine politische Lebensgemeinschaft
2000. 416 S. 10 s/w-Abb. auf 8 Taf. Br.
ISBN 978-3-412-09100-2
vergriffen

Bd. 7: Christa Hämmerle/ Edith Saurer (Hg.)
Briefkulturen und ihr Geschlecht.
Zur Geschichte der privaten Korrespondenz vom 16. Jahrhundert bis heute.
2003. 312 S. 4 s/w Faks. Br.
ISBN 978-3-205-99398-8

Bd. 8: Margareth Lanzinger
Das gesicherte Erbe.
Heirat in lokalen und familialen Kontexten, Innichen 1700–1900.
2003. 384 S. Zahlr. s/w-Abb. u. Tab. 1 farb. Abb. Br.
ISBN 978-3-205-99371-1

Bd. 9: Edith Saurer/ Margarete Grandner (Hg.)
Geschlecht, Religion und Engagement.
Die jüdischen Frauenbewegungen im deutschsprachigen Raum. 19. und frühes 20. Jahrhundert.
2005. 262 S. Zahlr. s/w-Abb. u. Faks. Br.
ISBN 978-3-205-77259-0

Bd. 10: Ingrid Bauer/ Christa Hämmerle/Gabriella Hauch (Hg.)
Liebe und Widerstand.
Ambivalenzen historischer Geschlechterbeziehungen.
2005. 468 S. 11 s/w-Abb. Br.
ISBN 978-3-205-77374-0

Ursulaplatz 1, D-50668 Köln, Telefon (0221) 913900, Fax 9139011